에듀윌과 함께 시작하면,
당신도 합격할 수 있습니다!

목표한 대학에 진학하기 위해
대학 입시를 준비하는 고등학생

졸업을 앞두고 취업을 하기 위해 시간을 쪼개어
KBS한국어능력시험 공부를 하는 취준생

원하는 일과 삶을 찾기 위해
회사 생활과 병행하며 이직을 준비하는 직장인

누구나 합격할 수 있습니다.
해내겠다는 '열정' 하나면 충분합니다.

마지막 페이지를 덮으면,

**에듀윌과 함께
KBS한국어능력시험 합격이 시작됩니다.**

KBS한국어능력시험 1위

에듀윌 KBS한국어능력시험
합격 스토리

한O희 합격생

최고난도 시험에서 전보다 향상된 등급을 받았어요!

제61회 KBS한국어능력시험을 준비하면서 기출문제에서 자주 출제된 어휘를 반복적으로 살펴보았습니다. 낯선 어휘 문제와 생소한 현대 소설 문제가 출제되어 난도가 높은 시험이었는데, 저는 2-급을 취득했습니다. 아쉽다면 아쉬운 등급이지만 처음 시험을 쳤을 때보다 에듀윌 강의를 들은 후 향상된 등급을 받아 이렇게 합격후기를 남깁니다. 앞으로 KBS한국어능력시험의 문제 유형이 더 다양해지리라고 예상합니다. 점점 더 어려워지는 KBS한국어능력시험에 대비하기 위해 에듀윌 오선희 교수님의 강의 커리큘럼을 따라가시는 것을 추천드립니다!

김O원 합격생

에듀윌 '2주 플랜' 따라 1급 취득했어요!

시험을 제대로 준비하기 위해 앞서 시험을 본 친구가 추천해 준 <에듀윌 KBS한국어능력시험 한권끝장>을 구매하였습니다. 교재 구성이 좋았는데, 특히 교재에 수록된 플래너가 한 달 플랜과 2주 플랜으로 나눠져 있다는 점이 좋았습니다. 공부 계획을 세우기 어렵다면 상황에 따라 교재에서 제시하는 대로 따라도 좋을 것 같다는 생각이 들었습니다. 저는 기본적으로는 '2주 플랜'을 따르되, 빈출이론편과 기출변형 문제편을 모두 꼼꼼히 봤습니다. 제 버킷리스트 중 하나가 'KBS한국어능력시험 2급 이상 취득하기'였는데요. 결과는, '1급'으로 기분 좋게 초과달성했습니다!

김O은 합격생

비전공자도 고등급 취득 가능해요!

저는 국어 관련 전공자가 아니고, 다른 일들과 병행하여 준비하느라 KBS한국어능력시험에 올인할 수 없었습니다. 그래서 독학보다는 인강을 듣는 게 더 효율적이라고 보았습니다. 저는 에듀윌 오선희 교수님의 KBS한국어능력시험 초단기 1급 완성반 커리큘럼을 따라 시험을 준비했습니다. 가장 도움이 되었던 부분은 고득점 특강이었는데, 소름 돋을 정도로 적중률이 좋았어요. 실제 시험에서 어휘·어법 영역을 문제당 약 10초 만에 풀어내어 다른 영역에서 풀이 시간을 활용할 수 있었습니다. 그 결과, 저는 2+급을 취득했습니다. 여러분도 모두 목표하는 등급에 도달할 수 있기를 바랍니다.

다음 합격의 주인공은 당신입니다!

에듀윌 한국어

한국어 교재 48만 부 판매 돌파
327개월 베스트셀러 1위

에듀윌이 만든 한국어 BEST 교재로
합격의 차이를 직접 경험해 보세요

KBS한국어능력시험

한국실용글쓰기   ToKL국어능력인증시험   TOPIK 한국어능력시험

* 에듀윌 KBS한국어능력시험 한권끝장/2주끝장/통기출 600제/통기출 600제②/더 풀어볼 문제집, ToKL국어능력인증시험 한권끝장/2주끝장,
  한국실용글쓰기 1주끝장, TOPIK한국어능력시험 TOPIK Ⅰ/Ⅱ/Ⅱ 쓰기(이하 '에듀윌 한국어 교재') 누적 판매량 합산 기준 (2014년 7월~2025년 7월)
* 에듀윌 한국어 교재 YES24 베스트셀러 1위 (2015년 2월, 4월~2025년 7월 월별 베스트. 매월 1위 아이템은 다를 수 있으며, 해당 분야별 월별 베스트셀러 1위 기록을 합산하였음)
* YES24 국내도서 해당 분야별 월별, 주별 베스트 기준

KBS한국어능력시험
모든 강의팩 제공

무료 강의팩으로 목표 등급 빠르게 달성!

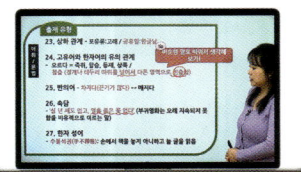

기출문제 해설 특강(18강)
교수님이 시험 응시 후 바로 제공하는 기출 분석

수강경로 에듀윌 도서몰(book.eduwill.net) > 동영상강의실 > 검색창에 'KBS' 검색

어휘·어법 기초특강(5강)
어휘·어법 기초 완성(수강신청일로부터 7일)

수강경로 에듀윌(eduwill.net) > 편입/능력검정 > KBS한국어/실용글쓰기 > 상단의 학습자료 탭

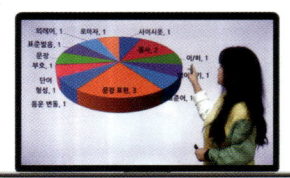

어휘·어법 BEST 기출특강(5강)
최빈출 어휘·어법 모음(수강신청일로부터 7일)

수강경로 에듀윌(eduwill.net) > 편입/능력검정 > KBS한국어/실용글쓰기 > 상단의 학습자료 탭

* 위 내용은 서비스 개선을 위해 예고 없이 변경될 수 있습니다.

에듀윌
KBS한국어능력시험

1년 6회분을 다 담은
통기출 600제 ❸ + 무료특강

6회분 기출북

시험 소개

국가공인자격의
KBS한국어능력시험

KBS한국방송공사에서 실시하는 KBS한국어능력시험은 문화체육관광부로부터 공인민간자격을 공인받음으로써 명실공히 우리나라를 대표하는 한국어능력 자격검정이다.

- **"문화체육관광부, 국립국어원이 공공성을 인정하고 지원하는 시험"**

☑ **시행 기관**: KBS한국방송 주최, KBS한국어진흥원 주관

☑ **자격증 및 성적의 유효 기간**: 성적 조회 개시일로부터 만 2년

☑ **검정 기준**

[자격증 예시]

등급	검정 기준
1급	전문가 수준의 뛰어난 한국어 사용능력을 가지고 있음. 창조적인 언어 사용능력의 소유자로서 언론인, 방송인, 저술가, 작가, 국어 관련 교육자, 기획 및 홍보 업무 책임자로서 갖추어야 할 언어능력을 충분히 갖추고 있음.
2+급	일반인으로서 매우 뛰어난 수준의 한국어 사용능력을 가지고 있음. 언론인, 방송인, 저술가, 작가, 국어 관련 교육자, 기획 및 홍보 업무를 수행할 언어 사용능력을 갖추고 있음.
2-급	일반인으로서 뛰어난 수준의 한국어 사용능력을 가지고 있음. 언론인, 방송인, 저술가, 작가, 국어 관련 교육자, 기획 및 홍보 업무를 수행할 기본적인 언어 사용능력을 갖추고 있음.
3+급	일반인으로서 보통 수준 이상의 한국어 사용능력을 가지고 있음. 일반 업무를 수행할 수 있는 언어 사용능력을 갖추고 있음.
3-급	국어교육을 정상적으로 이수한 일정 수준 이상의 한국어 사용능력을 가지고 있음. 일정 범위 내에서 일반 업무를 수행할 수 있는 언어 사용능력을 갖추고 있음.
4+급	국어교육을 정상적으로 이수한 수준의 한국어 사용능력을 가지고 있음. 일정 범위 내에서 일반 업무를 수행할 수 있는 기초적인 언어 사용능력을 갖추고 있음.
4-급	고교 교육을 이수한 수준의 한국어 사용능력을 가지고 있음. 일정 범위 내에서 기본 업무를 수행할 수 있는 기초적인 언어 사용능력을 갖추고 있음.
무급	한국어 사용능력을 위해 노력해야 함.

※ 국가공인 자격증 발급 (1급 ~ 4+급)

국가공인의 검정시험

- 「자격기본법」 제19조 (민간자격의 공인) 제1항에 근거한 민간자격 국가공인 취득

  제19조【민간자격의 공인】 ① 주무부장관은 민간자격에 대한 신뢰를 확보하고 사회적 통용성을 높이기 위하여 심의회의 심의를 거쳐 법인이 관리하는 민간자격을 공인할 수 있다.

- 「국어기본법」 시행에 근거한 시험

  제4장 국어능력의 향상 제23조【국어능력의 검정】 ① 문화체육관광부장관은 국민의 국어능력의 향상과 창조적인 언어생활의 정착을 위하여 국어능력을 검정할 수 있다.

☑ 응시 자격: 제한 없음.

☑ 출제 수준: 한국의 고교 수준의 국어교육을 정상적으로 받은 사람이 풀 수 있는 수준

☑ 출제 방식: 객관식 5지 선다형, 100문항

☑ 출제 배점: 문항당 균일 배점이 원칙이나 필요시 차등 배점(990점 만점)

☑ 시험 시간: 총 120분(쉬는 시간 없음.)

  시험 당일 10:00~12:00(반드시 09:30까지 입실 완료)
  ① 듣기·말하기 평가 25분(10:00~10:25)
  ② 어휘·어법, 쓰기, 창안, 읽기, 국어 문화 평가 95분(10:25~12:00)

☑ 시험 일정(연 6회)

회차	시험일	접수 기간	성적 발표일
A회	2월 경	1월~2월 경	시험일 기준 열흘 뒤
B회	4월 경	3월~4월 경	
C회	6월 경	5월~6월 경	
D회	8월 경	7월~8월 경	
E회	10월 경	9월~10월 경	
F회	12월 경	11월~12월 경	

※ 일정은 시행처의 사정상 변경될 수 있습니다. 시험 접수 전 KBS한국어진흥원 홈페이지를 확인하시기 바랍니다.

☑ 수험생 유의사항
- **준비물**: 수험표, 신분증, 연필, 지우개, 시계
- 문제지와 답안지 모두 성명, 수험 번호 기입/시험지 불출 엄금

KBS한국어능력시험 응시생만 아는 은밀한 수험장

- KBS한국어능력시험은 답안을 컴퓨터용 사인펜이 아닌 연필로 기입합니다. 연필을 미리 둥글게 깎아 두면 마킹하는 시간을 줄일 수 있습니다. 잘 지워지는 지우개도 함께 준비하면 시간을 절약할 수 있어요!

- 시험 중에 휴대 전화가 울리거나 기타 통신 장비를 소지하다가 발각되면 부정행위로 간주됩니다. 휴대 전화 및 기타 전자기기는 전원을 완전히 꺼두세요!

- 답안지 마킹에 은근히 시간이 오래 걸립니다. 시간 배분을 적절히 하세요!

시험 활용처 & 시험 영역

시험 활용처

① 공무 영역	공사 지원자 및 종사자	자기점검, 임용, 승진
② 군인·경찰 영역	경찰공무원, 군간부 지원자 및 종사자	자기점검, 임용, 승진
③ 교사·강사 영역	자기점검, 교원 및 강사 채용	자기점검, 교원 및 강사 채용
④ 청소년 영역	중·고등학교 학생	자기점검, 특목고 진학 및 대입 면접, 학교생활기록부 등재
⑤ 언론 영역	언론사 지원자 및 종사자	자기점검, 채용 및 승진
⑥ 직무 영역	일반회사 지원자 및 종사자	자기점검, 채용 및 승진
⑦ 외국어 영역	국내 거주 외국인	자기점검, 외국인 근로자 채용

공사/공기업/정부 기관
KBS, 경찰청, 국민건강보험공단, 국민체육진흥공단, 근로복지공단, 도로교통공단, 동작구청, 마포구청, 한국고전번역원, 한국교육방송공사, 한국농촌경제연구원, 한국농어촌공사, 한국생산성본부, 한국석유관리원, 한국수자원공사, 한국자산공사, 한국전력, 한국지도자육성장학

언론사/기업
GS홈쇼핑, 경향신문, 국악방송, 농수산홈쇼핑, 농심기획, 머니투데이, 서울신문사, 세계일보, 스포츠서울, 우리은행, 전주방송JTV, 파워킹시스템, 한겨레신문, 한국남동발전, 한국일보, 해외한국어방송인턴십

군간부
간부사관, 군악부사관, 군종부사관, 민간부사관, 여군부사관, 여군사관, 육군부사관, 법무부사관, 학사사관, 현역부사관, 헌병부사관

대학교
경기대, 경인교대, 경희대, 공주영상대, 군산대, 대구가톨릭대, 대구대, 대진대, 덕성여대 법학과, 동신대, 동아대, 서울대, 성균관대, 순천향대, 신라대, 아주대대학원, 안양대, 위덕대, 전주대, 청주대, 춘천교육대, 한국외대, 한양대

※ 활용처는 변경될 수 있으니, 반드시 해당 활용처의 홈페이지를 확인하세요!

1 문법 능력 (어휘·어법)

모든 국어 능력의 기초는 어휘 능력과 어법 능력이다. 이 능력은 언어의 4대 기능이라고 하는 말하기, 듣기, 읽기, 쓰기 능력의 기초가 된다. 풍부한 어휘를 정확하게 사용하고 어법을 정확하게 구사하는 문법 능력이 뛰어나면 바르고 교양 있게 말하고 듣고 읽고 쓸 수 있다.

어휘는 고유어, 한자어, 외래어에 대한 이해 및 표현 능력을 측정하며, 어법은 4대 어문 규정, 즉 ① 한글 맞춤법, ② 표준어 규정, ③ 외래어 표기법, ④ 로마자 표기법에 대한 이해 능력을 측정한다. 또한 외국어가 범람하고 어려운 전문 용어가 그대로 사용되는 오늘날의 언어 현실을 반영하여 순화어 관련 문항을 포함하고 있다. 이와 더불어 한자에 대한 이해 및 사용 능력도 측정하고 있다.

2 이해 능력 (듣기·읽기)

듣기 능력은 인간의 의사소통에 가장 기본이 되는 영역이다. 교양인은 자기 말을 앞세우기보다 상대방의 말을 주의 깊게 잘 경청하는 사람이다. 이 영역은 강의, 강연, 뉴스, 토론, 대화, 인터뷰 자료 등 다양한 구어 담화를 듣고 문제를 해결하는 방식으로 구성되어 있다.

읽기 능력은 다양한 텍스트를 제시하고 글에 대한 사실적 이해, 추론적 이해, 비판적 이해 능력을 측정한다. 텍스트는 문예 텍스트, 학술 텍스트, 실용 텍스트로 구성되어 있다.

3 표현 능력 (쓰기·말하기)

쓰기 능력은 논술 방식처럼 글쓰기를 통해 주관식으로 평가하여야 하고, 말하기 능력도 직접 말하는 것을 평가하여야 한다. 그러나 현재는 대규모 인원이 응시하여 시험 운영과 관리의 제약 때문에 객관식으로 쓰기와 말하기 능력을 측정하고 있다. 쓰기 능력은 다양한 글을 쓸 때 거치는 '주제 선정 → 자료 수집 → 개요(outline) 작성 → 집필 → 퇴고'의 일련의 과정을 잘 이해하고 실습해 본 사람이면 누구나 풀 수 있도록 쓰기 과정별로 문항이 구성되어 있다.

말하기 능력은 발표, 토론, 협상, 설득, 논증, 표준 화법(언어 예절, 호칭어와 지칭어 사용 등) 등의 다양한 말하기 상황과 관련된 능력이다. 정확한 발음과 관련하여 표준 발음법 관련 문항도 포함되어 있다. 이는 국민의 발표 능력, 토론 능력, 설득 및 협상 능력이 매우 부족하다는 지적을 반영한 것이다.

4 창안 능력 (창의적 언어 능력)

창안 능력은 넓게 보면 쓰기나 말하기 능력에서 창의적, 독창적 아이디어를 만들어 내는 능력을 말한다. 즉, 언어를 창의적으로 사용하는 능력을 측정하는 것이다. 창의적인 표어를 제작하거나, 글을 읽고 감동적이거나 인상적인 제목을 만들거나 추출할 수 있는 능력, 기타 창의적 사고력을 기반으로 각종 언어 사용에서 아이디어를 창안하는 능력, 비유법과 관련한 창의적 수사법, 고사성어와 속담 등을 활용한 표현 능력 등이 해당된다.

5 문화 능력 (국어 관련 교양 지식)

국어 문화 능력은 기존 국어 시험들에서 배제되어 온 국어와 관련된 교양 상식에 대한 이해 능력이다. 기존 국어 시험들은 듣기, 읽기 기능 중심의 평가로 이해력, 사고력 평가에 치우치고 국어 교과상의 지식들은 배제해 왔다. 그러나 본 시험에서는 국어학이나 국문학에 대한 지식들도 국어 능력의 고급 문화 능력으로 함양되어야 할 것으로 보아 이를 측정하고 있다.

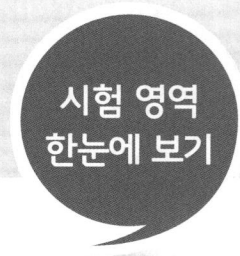
시험 영역 한눈에 보기

1 문법 능력 (어휘·어법)

1. 어휘
① 고유어　② 한자어　③ 순화어

2. 어법
① 한글 맞춤법　② 표준어 규정　③ 외래어/로마자　④ 문장 부호

2 이해 능력 (듣기·읽기)

1. 듣기
강의, 강연, 뉴스, 토론, 대화, 인터뷰 자료 등 다양한 구어 담화

2. 읽기
① 사실적(분석적) 이해: 실용 텍스트(기사문, 보고서, 설명서, 편지글, 다매체 텍스트)
② 추론적(상상적) 이해: 문예 텍스트(문학, 정서 표현의 글)
③ 비판적(논리적) 이해: 학술 텍스트(인문, 사회, 과학, 예술 등)

3 표현 능력 (쓰기·말하기)

1. 쓰기
① 주제 선정　② 자료 수집　③ 개요 작성　④ 집필　⑤ 퇴고

2. 말하기
① 다양한 말하기 상황과 관련된 능력(발표, 토론, 협상, 설득, 논증, 표준 화법
– 언어 예절, 호칭어와 지칭어 등)
② 표준 발음법

4 창안 능력 (창의적 언어 능력)

1. 텍스트 창안
① 유비 추론을 통한 내용 생성
② 조건에 맞는 내용 생성

2. 그림 창안
① 구체적 그림을 통한 내용 생성
② 시각 리터러시

5 문화 능력 (국어 관련 교양 지식)

1. 국문학
고전과 현대의 작품과 작가

2. 국어학
국어사 자료 읽기

3. 매체와 국어생활
신문, 점자, 수어, 법률, 방송 매체 등

문항배분 한눈에 보기

문항 번호	영역(출제 비중)	유형	문항 수
1~15	듣기·말하기 15%	사실적 이해	7~14
		추론적 이해	1~7
		비판적 이해	0~1
16~45	어휘·어법 30% / 어휘	고유어/한자어의 사전적 의미	2~3
		고유어/한자어의 문맥적 의미	4~6
		어휘 간의 의미 관계	3~5
		한자어 표기(독음)	1~2
		속담/한자 성어/관용구	2~3
		순화어	1~2
	어법	표준어/맞춤법	1~4
		띄어쓰기	1
		문장 표현	3
		문법 요소	1~2
		문장 부호	1
		표준 발음법/사이시옷	1~2
		외래어/로마자 표기법	2
46~50	쓰기 5%	글쓰기 계획	1
		자료 활용 방안	1
		개요 수정 및 상세화 방안	1
		퇴고	2
51~60	창안 10%	시각 자료를 통한 내용 생성	2~5
		조건에 따른 내용 생성	7~8
61~90	읽기 30% / 현대 시	시에 내포된 의미	2~3
		표현상의 특징 및 효과	
		화자의 심리 상태	
		시어의 의미와 역할	
	현대 소설	서술상의 특징 및 효과	2~3
		작품의 이해와 감상	
		추론적 이해 - 어휘·구절을 통한 작품 해석	
		추론적 이해 - 상황이나 인물의 심리 상태에 적절한 한자 성어, 속담	
		비판적 이해	
	학술문 (인문, 예술, 과학, 사회)	사실적 이해 - 정보 확인	4~5
		사실적 이해 - 내용 전개 방식	
		사실적 이해 - 자료의 활용 방법	
		사실적 이해 - 서술상 특징	
		추론적 이해 - 빈칸에 들어갈 표현 추리	3~5
		추론적 이해 - 글쓴이의 의도 추리	
	실용문 (교술, 안내문, 평론, 자료, 보도 자료, 공문)	사실적 이해 - 글, 자료의 내용	8~10
		사실적 이해 - 도표, 그래프의 내용	0~2
		사실적 이해 - 전개 방식, 서술 방식, 자료의 활용방안	0~1
		추론적 이해 - 구체적 사례에 적용	2~4
		추론적 이해 - 빈칸에 들어갈 내용, 어휘 추리	
		추론적 이해 - 적절한 한자 성어, 속담, 관용 표현	0~1
		비판적 이해 - 글에서 설명 주장한 내용에 대한 비판 (교술)	0~1
91~100	국어 문화 10%	국문학 - 작품/작가	3
		국어학 - 국어사/내용 파악	3
		국어학 - 수어/점자	2
		국어학 - 매체	2

이 책의 구성

6회분 기출북

최다 문항으로 반복 학습 공략!

- 1년 동안 출제된 최신 기출 6회분을 통째로 수록하여 최다 모의고사를 통한 문제 풀이 연습으로 확실하게 실전 감각을 익힐 수 있다.
- 실제 시험지의 형태 및 문제 구성을 구현하여 시험 현장을 간접적으로 체험할 수 있다.

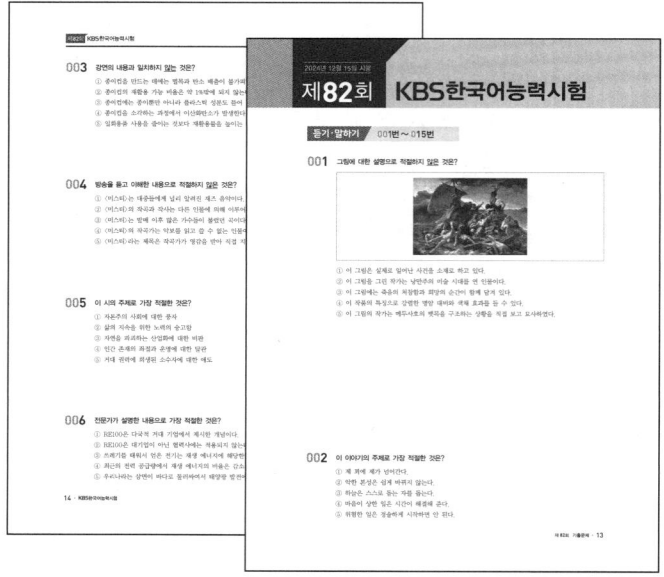

클리닉 해설북

상세한 해설로 실수 제로 공략!

- 모든 문항의 시험 유형 및 출처 등을 제시함으로써 출제 경향을 한눈에 파악할 수 있다.
- 상세한 정답 및 오답 해설로 문항별 이해도를 높여 고난도 문제까지 대비할 수 있다.

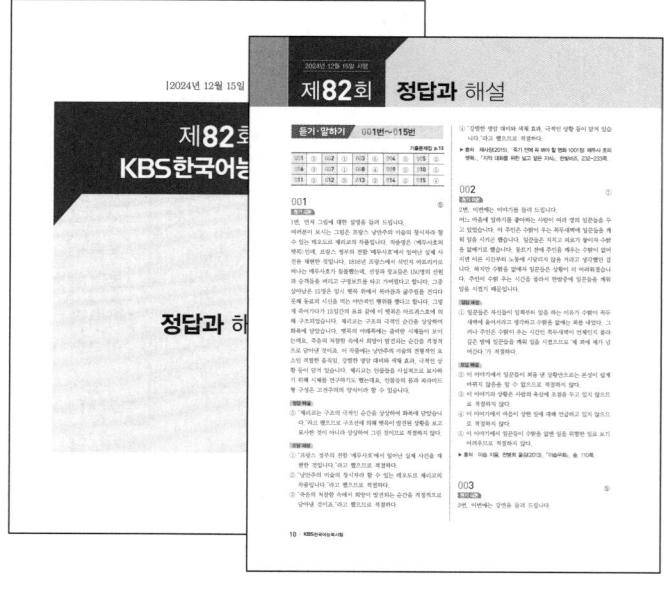

OMR 답안지 & 오답노트

완벽한 연습으로 실전 대비 공략!

- 직접 OMR 답안지를 작성하면서 실전 대비를 할 수 있다.
- 문제 풀이 후 본인만의 오답노트를 통해 정답률이 낮은 문제까지 확실하게 공략하여 고득점을 얻을 수 있다.

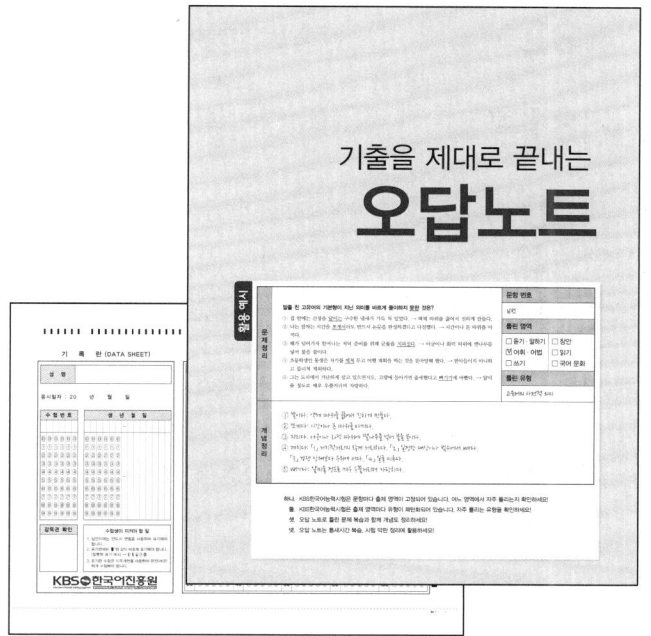

무료 강의PACK

☑ **기출문제 해설 특강 18회분(최신 6회분 포함)**
  [수강경로] 에듀윌 도서몰(book.eduwill.net) → 동영상강의실 → 'KBS' 검색

☑ **어휘·어법 기초특강(5강)**
  [수강경로] 에듀윌(eduwill.net) → 편입/능력검정 → KBS한국어/실용글쓰기 → 상단의 학습자료 탭

☑ **어휘·어법 BEST 기출특강(5강)**
  [수강경로] 에듀윌(eduwill.net) → 편입/능력검정 → KBS한국어/실용글쓰기 → 상단의 학습자료 탭

※ 위 내용은 서비스 개선을 위해 예고 없이 변경될 수 있습니다.

이 책의 차례

6회분 기출북

제 **82** 회	KBS한국어능력시험 기출문제	13
제 **81** 회	KBS한국어능력시험 기출문제	61
제 **80** 회	KBS한국어능력시험 기출문제	107
제 **79** 회	KBS한국어능력시험 기출문제	153
제 **78** 회	KBS한국어능력시험 기출문제	199
제 **77** 회	KBS한국어능력시험 기출문제	245

클리닉 해설북

제 **82** 회	정답과 해설	10
제 **81** 회	정답과 해설	36
제 **80** 회	정답과 해설	64
제 **79** 회	정답과 해설	91
제 **78** 회	정답과 해설	119
제 **77** 회	정답과 해설	147

2024. 12. 15.

성 명	
수험번호	
감독관 확인	

제82회 KBS한국어능력시험

KBS 한국방송

- 문제지와 답안지에 모두 성명, 수험 번호를 정확히 기입하십시오.
- 답안지와 함께 문제지를 반드시 제출하십시오.
- 본 시험지를 절취하는 것은 부정행위로 간주합니다.
- 본 시험의 내용을 무단으로 전재·복사·복제·출판·강의하는 행위와 인터넷 등을 통해 복원하는 행위는 저작권법에 저촉됩니다.

한국어능력시험 문항 100문항

영역	문항
듣기 · 말하기	001번~015번
어휘 · 어법	016번~045번
쓰기	046번~050번
창안	051번~060번
읽기	061번~090번
국어 문화	091번~100번

2024년 12월 15일 시행

제82회 KBS한국어능력시험

듣기·말하기 001번~015번

001 그림에 대한 설명으로 적절하지 않은 것은?

① 이 그림은 실제로 일어난 사건을 소재로 하고 있다.
② 이 그림을 그린 작가는 낭만주의 미술 시대를 연 인물이다.
③ 이 그림에는 죽음의 처참함과 희망의 순간이 함께 담겨 있다.
④ 이 작품의 특징으로 강렬한 명암 대비와 색채 효과를 들 수 있다.
⑤ 이 그림의 작가는 메두사호의 뗏목을 구조하는 상황을 직접 보고 묘사하였다.

002 이 이야기의 주제로 가장 적절한 것은?

① 제 꾀에 제가 넘어간다.
② 악한 본성은 쉽게 바뀌지 않는다.
③ 하늘은 스스로 돕는 자를 돕는다.
④ 마음이 상한 일은 시간이 해결해 준다.
⑤ 위험한 일은 경솔하게 시작하면 안 된다.

003 강연의 내용과 일치하지 <u>않는</u> 것은?
① 종이컵을 만드는 데에는 벌목과 탄소 배출이 불가피하다.
② 종이컵의 재활용 가능 비율은 약 1%밖에 되지 않는다.
③ 종이컵에는 종이뿐만 아니라 플라스틱 성분도 들어 있다.
④ 종이컵을 소각하는 과정에서 이산화탄소가 발생한다.
⑤ 일회용품 사용을 줄이는 것보다 재활용률을 높이는 것이 더 중요하다.

004 방송을 듣고 이해한 내용으로 적절하지 <u>않은</u> 것은?
① 〈미스티〉는 대중들에게 널리 알려진 재즈 음악이다.
② 〈미스티〉의 작곡과 작사는 다른 인물에 의해 이루어졌다.
③ 〈미스티〉는 발매 이후 많은 가수들이 불렀던 곡이다.
④ 〈미스티〉의 작곡가는 악보를 읽고 쓸 수 없는 인물이다.
⑤ 〈미스티〉라는 제목은 작곡가가 영감을 받아 직접 지은 것이다.

005 이 시의 주제로 가장 적절한 것은?
① 자본주의 사회에 대한 풍자
② 삶의 지속을 위한 노력의 숭고함
③ 자연을 파괴하는 산업화에 대한 비판
④ 인간 존재의 좌절과 운명에 대한 달관
⑤ 거대 권력에 희생된 소수자에 대한 애도

006 전문가가 설명한 내용으로 가장 적절한 것은?
① RE100은 다국적 거대 기업에서 제시한 개념이다.
② RE100은 대기업이 아닌 협력사에는 적용되지 않는다.
③ 쓰레기를 태워서 얻은 전기는 재생 에너지에 해당한다.
④ 최근의 전력 공급량에서 재생 에너지의 비율은 감소세에 있다.
⑤ 우리나라는 삼면이 바다로 둘러싸여서 태양광 발전에 유리하다.

007 진행자의 말하기 전략에 대한 설명으로 가장 적절한 것은?

① 대담 주제의 핵심 개념을 언급하며 이야기를 시작하고 있다.
② 전문적인 개념에 대해 상세한 예시를 보충하여 설명하고 있다.
③ 전문가의 설명에 부합하지 않는 예외적 경우를 보충하고 있다.
④ 객관적인 통계 자료를 제시하여 청취자가 스스로 판단하도록 하고 있다.
⑤ 해소되지 않은 질문을 청취자에게 던지며 사회적 관심을 당부하고 있다.

008 대화를 통해 알 수 있는 내용으로 가장 적절한 것은?

① 발견된 돈의 액수는 20만 원이다.
② '준하'가 돈을 최초로 발견한 사람이다.
③ 서재에 있는 가방에서 돈이 발견되었다.
④ '해미'는 임자 없는 돈일 경우 발견자에게 줄 생각이다.
⑤ '민호'는 돈의 주인과 관계없이 자신의 권리를 주장하고 있다.

009 대화를 통해 알 수 있는 등장인물의 생각으로 적절하지 않은 것은?

① 해미: '준하'의 주장은 믿기 어렵다.
② 준하: 서재는 내가 주로 이용하는 곳이다.
③ 어머님: 남편 몰래 다른 사람에게 빌려줬던 돈이다.
④ 민호: '준하'와 '어머님'은 돈의 주인이 아니다.
⑤ 해미: '준하', '어머님', '민호' 중에 돈의 주인이 있다.

010 강연의 내용으로 적절하지 않은 것은?

① 성형은 조작되고 계량된 사회의 사례이다.
② 현대인은 타인을 기준으로 자신을 계량한다.
③ 조작된 세상에서는 스스로를 사랑하기 어렵다.
④ 우월감은 상대적인 열등감을 불러오기 마련이다.
⑤ 현대의 개미지옥은 결핍이라는 모래로 채워져 있다.

011 이 강연의 특징에 대한 설명으로 가장 적절한 것은?

① 주제를 뒷받침하는 통계적 수치를 직접 인용하고 있다.
② '조작'과 '계량'이 나타나는 구체적인 사례를 언급하고 있다.
③ 자신의 경험을 토대로 체득한 주제의 현실적 적용 과정을 제시하고 있다.
④ '결핍'과 '성장'의 관계를 개미의 생활과 비유하여 알기 쉽게 설명하고 있다.
⑤ 강연에서 언급한 주제의 의미를 청중과 공유하기 위해 추가 질문을 던지고 있다.

012 발표의 내용에 대한 이해로 적절하지 <u>않은</u> 것은?

① 컨테이너의 등장으로 바다와 육지 모두에서 일관된 수송이 가능해졌다.
② 표준화된 컨테이너 사용으로 화물의 하역 비용이 획기적으로 낮아졌다.
③ 컨테이너는 베트남전의 수송 수요에 대처하기 위해 처음 개발되었다.
④ 컨테이너에 대한 특허 포기는 컨테이너 보급에 기여를 하였다.
⑤ 컨테이너가 이룬 혁신은 우리의 삶의 모습을 바꾸어 놓았다.

013 발표의 내용 구성 전략으로 가장 적절한 것은?

① 청중의 구체적 행동을 촉구하며 발표를 마치고 있다.
② 질문을 통해 인물의 업적에 대한 궁금증을 유발하고 있다.
③ 특정한 성과를 이룬 인물의 삶을 시간 순으로 소개하고 있다.
④ 비유적 표현을 통해 인물이 처했던 갈등 상황을 강조하고 있다.
⑤ 전문가의 발언을 인용하여 인물에 대한 평가에 신뢰성을 주고 있다.

014 두 사람의 입장에 대한 이해로 적절하지 <u>않은</u> 것은?

① 김 대리는 회사마다 급여 체계가 다르다는 점을 인정하고 있다.
② 김 대리는 자신의 향후 업무에 대해 자신감과 도전 의식을 드러내고 있다.
③ 인사팀장은 김 대리와 기존 직원과의 형평성을 고려해야 한다고 생각한다.
④ 인사팀장은 김 대리에게 현 직장보다 더 나은 대우를 해 주어야 한다고 생각한다.
⑤ 인사팀장은 가족 수당과 교통비의 추가 지급은 회사 규정에 어긋난다고 생각한다.

015 두 사람의 갈등 해결 방식으로 가장 적절한 것은?

① 양측은 협상 결렬을 무기로 자신의 요구를 강하게 주장하고 있다.
② 양측은 협상을 통한 문제 해결에 실패했다고 생각해 협상을 유예하였다.
③ 양측은 상대방의 제안을 전부 수용하는 방식으로 갈등을 해결하고 있다.
④ 양측은 일방의 추가적인 요구에 대한 조정을 통해 협상을 진행하고 있다.
⑤ 양측은 상대방이 표명한 우려를 불식하기 위한 중재자의 개입에 합의하고 있다.

어휘·어법　016번~045번

016 "너저분한 물건이 어지럽게 많이 매달려 있는 모양"이라는 의미의 고유어는?

① 두두룩두두룩　　　　　　　　② 미주알고주알
③ 버르적버르적　　　　　　　　④ 주저리주저리
⑤ 휘뚜루마뚜루

017 밑줄 친 한자어의 사전적 뜻풀이로 옳지 않은 것은?

① 친구는 <u>목하(目下)</u> 열애 중이다. → 이전부터 지금까지.
② 해 질 무렵 일이 <u>거반(居半)</u> 끝났다. → 거의 절반 가까이.
③ 친구는 나의 선물을 <u>극구(極口)</u> 사양하였다. → 온갖 말을 다하여.
④ 회사는 며칠 사이에 <u>물경(勿驚)</u> 수십 억의 손해를 보았다. → 엄청난 것을 말할 때에 미리 내세우는 말.
⑤ 불합격 소식이 전해지자 식구들의 얼굴에서 <u>졸연(猝然)</u> 웃음이 사라졌다. → 갑작스럽게.

018 밑줄 친 고유어의 의미로 적절하지 않은 것은?

① 손이 건조하면 손 거스러미가 생기기 쉽다.
  → 몸 안에 병균이 들어가 생기는 염증
② 여기 너덜만 지나면 휴식할 장소가 나온다.
  → 돌이 많이 흩어져 있는 비탈
③ 예전에는 한여름이면 집에 오자마자 목물을 하곤 했었다.
  → 상체를 굽혀 엎드린 채로 허리에서부터 목까지 물로 씻는 일
④ 호텔의 식탁은 가두리에 화려한 레이스 장식이 되어 있었다.
  → 물건 가에 둘린 언저리
⑤ 농부는 날마다 산비탈 천둥지기를 맴돌며 비가 오기만 기다렸다.
  → 빗물에 의하여서만 벼를 심어 재배할 수 있는 논

019 밑줄 친 한자어의 쓰임이 적절하지 않은 것은?

① 몇 배의 이익을 남길 가량(假量)으로 주식을 샀다.
② 오늘 저녁에는 오찬(午餐) 모임에 참석할 예정이다.
③ 새로운 천체의 발견을 세상에 공표(公表)하기로 했다.
④ 엄격한 선생님은 잘못에 대해 일호의 가차(假借)도 없으셨다.
⑤ 잘못된 역사를 전철(前轍) 삼아 다시는 이런 일이 없도록 하자.

020 〈보기〉의 밑줄 친 ㉠~㉢에 해당하는 한자로 올바르게 묶인 것은?

보기

- 본관 사무실에서 택배 ㉠수령을 하시기 바랍니다.
- 이 일대는 ㉡배수가 잘 안되어 비만 오면 땅이 질척거린다.
- 본인이 원해서 사직서를 제출하면 ㉢수리를 하도록 하겠습니다.

	㉠	㉡	㉢
①	受領	背水	受理
②	受領	排水	修理
③	受領	排水	受理
④	首領	背水	修理
⑤	首領	背水	受理

021 밑줄 친 고유어의 쓰임이 적절하지 않은 것은?

① 어제 만난 사람은 말투가 저속해서 드레져 보였다.
② 낡은 패딩이 해어져서 여기저기 솜털이 비어져 나왔다.
③ 내가 그때 사업에 실패한 이유를 이제야 깨단하게 되었다.
④ 아이가 딱지를 힘껏 내리치자 바닥에 있던 딱지가 뒤쳐졌다.
⑤ 친구의 부탁을 거절하는 것이 영 점직했지만 어쩔 수 없었다.

022 밑줄 친 단어 중 나머지 넷과 다의어 관계에 있지 않은 것은?

① 새로 산 옷이 내 몸에 딱 맞는다.
② 상대 차가 길을 딱 막고 비키지 않는다.
③ 물에 젖은 종이가 식탁에 딱 붙어 버렸다.
④ 매사에 거짓말을 하는 그런 사람은 딱 질색이다.
⑤ 좋아하는 사람과 눈이 딱 마주치자 그는 크게 당황했다.

023 두 단어의 의미 관계가 〈보기〉와 동일한 것은?

> **보기**
>
> 새 - 올빼미

① 부모 - 자식
② 축구 - 농구
③ 포유류 - 고래
④ 물고기 - 아가미
⑤ 샛별 - 개밥바라기

024 밑줄 친 '먹다'에 대응하는 한자어가 적절하지 않은 것은?

① 음식을 골고루 먹었다. → 섭취(攝取)하였다
② 뇌물을 먹는 바람에 파면을 당했다. → 수수(收受)하는
③ 경리 직원이 회사의 공금을 먹었다. → 착복(着服)하였다
④ 공사에 비용이 생각보다 많이 먹는다. → 소요(所要)된다
⑤ 나무는 생장을 위해 땅의 영양분을 먹는다. → 수렴(收斂)한다

025 〈보기〉의 밑줄 친 단어와 바꾸어 쓰기에 적절하지 않은 것은?

> **보기**
>
> 그는 차림새를 보니 <u>간데없는</u> 농부였다.

① 두말없는 ② 드팀없는 ③ 여지없는
④ 영락없는 ⑤ 틀림없는

026 '맹목적으로 남이 하는 대로 따라 함을 비유적으로 이르는 말'을 의미하는 속담은?

① 산 까마귀 염불한다
② 바람 따라 돛을 단다
③ 신 벗고 따라도 못 따른다
④ 서당 개 삼 년에 풍월을 한다
⑤ 밤눈 어두운 말이 워낭 소리 듣고 따라간다

027 밑줄 친 사자성어의 쓰임이 문맥상 적절하지 않은 것은?

① 그 성씨는 희귀해서 한국에서는 <u>구우일모(九牛一毛)</u>이다.
② 아버지는 아이의 돌발 행동에 <u>대경실색(大驚失色)</u>하였다.
③ 남이 싫어하는 줄도 모르고 <u>방약무인(傍若無人)</u>으로 떠들어 댄다.
④ 도덕성 회복을 위해서는 <u>극기복례(克己復禮)</u>하는 자세가 필요하다.
⑤ 그는 자신의 이익을 좇는 <u>견리사의(見利思義)</u>한 행동으로 비난을 받았다.

028 밑줄 친 관용 표현의 쓰임이 적절하지 않은 것은?

① 그 학생은 과제가 태산같이 많은데 <u>손을 맺고</u> 있었다.
② 은행원들은 월말에 일이 몰리면 서로 <u>손을 넘겨</u> 돕는다.
③ 작업반장은 일이 <u>손에 익어서</u> 누구보다 빨리 일을 해냈다.
④ 아이들은 다시 싸우지 않기로 <u>손을 걸었지만</u> 또 싸우고 말았다.
⑤ 그는 퇴사 후에 이것저것 <u>손을 붙여</u> 보았지만 되는 일이 없었다.

029 밑줄 친 한자어를 맥락에 맞게 순화한 표현으로 적절하지 않은 것은?

① 그는 서류들을 일일이 거증(擧證)하며(→ 증거를 들며) 발언했다.
② 장비의 내구연한(耐久年限)(→ 사용 가능 햇수)이 지나 폐기했다.
③ 담당자는 고객의 정보를 누가기록(累加記錄)하여(→ 상세히 적어) 관리했다.
④ 문제를 처리할 때는 여러 요인을 일실(逸失)하지(→ 놓치지) 않도록 해야 한다.
⑤ 고속도로에 동물이 다닐 수 있는 통로암거(通路暗渠)(→ 지하 통로)를 만들었다.

030 밑줄 친 표현을 다음은 말로 적절하지 않은 것은?

① 이 제과점은 수제 앙꼬(anko[餡子])를 넣은 빵으로 유명하다. → 팥소
② 러닝이 유행하면서 러닝 크루(crew)가 작년에 비해 2배로 증가했다. → 모임
③ 식사 후에 갑작스러운 혈당 스파이크(血糖 spike)로 피로감을 느낄 수 있다. → 혈당 파괴
④ 구단은 최근 지속된 경기력 저하로 팀을 리빌딩(rebuilding)하기로 결정하였다. → 재정비
⑤ 이 선수는 지난해에 이어 올 시즌에도 커리어 하이(career high)를 이어 나갔다. → 최고 기록

031 밑줄 친 부분의 표기가 옳지 않은 것은?

① 나는 새벽에 겨우 풋잠이 들었다.
② 동생은 아직 풋내가 나는 어린애였다.
③ 일꾼들은 풋고추를 고추장에 찍어 먹었다.
④ 이 소는 생풀만 먹고 자란 푿소라 힘이 없다.
⑤ 두루마기에 풋솜을 두어 솜두루마기를 지었다.

032 밑줄 친 명사의 표기가 옳지 않은 것은?

① 우리는 뚝빼기에다 된장찌개를 끓였다.
② 우리는 모두 자장면을 곱빼기로 시켜 먹었다.
③ 외양간에는 얼룩빼기 송아지 두 마리가 있다.
④ 외갓집은 산중에서도 구석빼기 외딴곳에 있다.
⑤ 입이 짧던 첫째가 동생이 생긴 뒤로 밥빼기가 되었다.

033 밑줄 친 부분의 표기가 옳은 것은?

① 그는 집안이 넉넉치 않다.
② 묻는 말에 서슴치 말고 대답해라.
③ 헛된 방황으로 세월을 허송치 말아라.
④ 오랜만에 만난 친구를 섭섭치 않게 대접했다.
⑤ 청소를 며칠째 하지 않아 구석구석이 깨끗치 않았다.

034 밑줄 친 부분의 띄어쓰기가 옳은 것은?

① 이젠 몇 분∨밖에 못 버틴다.
② 가진 돈이 천 원∨밖에 없다.
③ 아직 "맘마"∨밖에 할 줄 몰라.
④ 너∨밖에 친구가 두 명 더 온다.
⑤ 이젠 내가 직접 나서는 수∨밖에 없다.

035 밑줄 친 부분의 표기가 옳은 것은?

① 이제는 막냇동생이 나보다 키가 크다.
② 그는 얼굴이 얄쌍하고 갸름한 편이었다.
③ 합격 소식에 너무 기뻐 목이 메이고 말았다.
④ 종일 걸었더니 종아리가 당겨서 걷기가 어렵다.
⑤ 구조대는 악천후를 무릎쓰고 조난자를 구조했다.

036 다음 문장 부호의 쓰임에 대한 설명이 올바르지 않은 것은?

	문장 부호	설명
①	마침표(.)	서술성이 있는 명사로 끝나는 문장에 쓸 수 있다. 예 내일 회의 개최.
②	물음표(?)	의문문이 아니라도 의문을 나타내면 쓸 수 있다. 예 이게 무슨 일?
③	쉼표(,)	'곧'과 같은 말로 다시 설명할 때 앞에 쓴다. 예 내년, 곧 2025년에 졸업한다.
④	가운뎃점(·)	공통 성분을 줄여 묶을 때 쓴다. 예 금 · 은 · 동메달
⑤	큰따옴표(" ")	드러냄표 대신 큰따옴표를 쓸 수 있다. 예 지금은 "계획"이 아닌 "실행"이 필요하다.

037 밑줄 친 부분이 표준어인 것은?

① 아이의 손은 동쪽을 가르켰다.
② 신혼살림이 단출하기 그지없다.
③ 산나물을 된장에 버물러 무쳤다.
④ 나는 눈을 내려깔고 생각에 잠겼다.
⑤ 함께 먹으니 보리밥도 입에 달디달다.

038 다음은 문학 작품에 나타나는 방언이다. 대응하는 표준어가 적절하지 않은 것은?

① 나두 장(→ 항상) 꺽정이란 이가 보구시픈데 형님 왜 날 안 데리구 가우.
② 늘근이가 무류하야(→ 무안하여) 말업시 안젓다가 생각해 보니 분하든지.
③ "내가 어듸 잇는 것을 알구시퍼들 하지 안트냐." "왜요 대구(→ 대놓고) 캐어 뭇습듸다."
④ 오주의 안해가 눈을 흡뜨고(→ 치뜨고) 누어 잇는데 그 눈이 숨지는 사람의 눈과 가텃다.
⑤ 꺽정이가 긴치 안케 여기고 거북하게 여기고 민주스럽게까지(→ 면구스럽게까지) 여기어서.

039 다음 중 표준 발음이 아닌 것은?

① 맨입[맨닙]
② 첫여름[천녀름]
③ 눈인사[눈닌사]
④ 늑막염[능망념]
⑤ 우편엽서[우편녑써]

040 밑줄 친 말이 외래어 표기법에 올바른 것은?

① 비둘기는 평화의 심볼(symbol)이다.
② 인생은 보면 볼수록 코메디(comedy)이다.
③ 고대 고분에서 미이라(mirra)가 발견되었다.
④ 경찰은 용의자의 몽타쥬(montage)를 공개하였다.
⑤ 여름에는 시원한 리넨(linen)으로 만든 옷이 인기이다.

041 국어의 로마자 표기가 올바른 것끼리 짝지어진 것은?

> **보기**
> ㉠ 칠곡 Chilgok
> ㉡ 하회탈 Hahoital
> ㉢ 광희문 Gwanghimun
> ㉣ 대관령 Daegwallyeong

① ㉠, ㉡
② ㉠, ㉢
③ ㉠, ㉣
④ ㉡, ㉢
⑤ ㉡, ㉣

042 〈보기〉의 ㉠~㉤ 가운데 어법에 맞지 않는 문장은?

> **보기**
> ㉠우선 패러다임 변화에서 특히 유명한 경우인 코페르니쿠스 천문학의 탄생을 살펴보자. 그전 체계인 프톨레마이오스의 지구 중심 체계가 최초로 기원전 2세기부터 기원후 2세기까지에 걸쳐 전개되었을 때, ㉡그것은 항성과 행성의 변화하는 위치를 예측하는 데에 신통하리만큼 성공적이었다. ㉢고대의 체계로서 그렇게 잘 맞는 다른 이론은 없었다. ㉣항성에 대해서는 프톨레마이오스 천문학이 오늘날까지도 공학의 근사법으로 널리 쓰며, 행성에 대한 프톨레마이오스 체계의 예측은 코페르니쿠스의 것만큼 잘 맞았다. ㉤그러나 하나의 과학 이론으로서, 놀랄 만큼 잘 맞는다는 것이 완벽하게 성공적이라는 뜻은 결코 아니다.

① ㉠
② ㉡
③ ㉢
④ ㉣
⑤ ㉤

043 밑줄 친 높임 표현이 적절한 것은?

① 잠시만 <u>기다리실게요.</u>
② 할머니께서는 아직 <u>주무십니다.</u>
③ 선생님께서 내 생각을 <u>여쭤보셨다.</u>
④ 손님, 주문하신 커피 <u>나오셨습니다.</u>
⑤ 교장 선생님의 말씀이 <u>계시겠습니다.</u>

044 다음 중 중의성이 해소되지 <u>않은</u> 문장은?

① 영희는 또 미역국을 먹었다. → 영희는 이번 시험에서 또 미역국을 먹었다.
② 철수는 배를 좋아하지 않는다. → 철수는 배를 타는 것을 좋아하지 않는다.
③ 형은 나보다 동생을 더 사랑한다. → 형은 나보다 내 동생을 더 사랑한다.
④ 나는 모든 문제를 다 풀지 못했다. → 나는 모든 문제를 빠짐없이 푼 것은 아니다.
⑤ 나는 철수와 영희를 바래다주고 돌아왔다. → 나와 철수는 영희를 바래다주고 돌아왔다.

045 밑줄 친 번역 투 표현을 고친 것으로 적절하지 <u>않은</u> 것은?

① 그 도시는 해안에 <u>위치해</u>(→ 자리해) 있다.
② 그는 <u>갖고 있는 장점이 많다</u>(→ 장점이 많다).
③ 그는 <u>작가에 의해 창조된</u>(→ 작가가 창조한) 인물이다.
④ 독서 습관은 <u>아무리 강조해도 지나치지 않다</u>(→ 매우 중요하다).
⑤ <u>학습자의 성장에 있어</u>(→ 학습자가 성장하는 과정에서) 교사의 역할이 중요하다.

쓰기 046번~050번

[046~050] 다음은 '수면 부족의 문제점과 대처 방안'을 주제로 작성한 초고이다. 글을 읽고 물음에 답하시오.

마법 같은 신약이 개발되었다고 해 보자. 이 약은 면역력을 높여 감기와 독감을 막아 주고 심장 마비 발병 가능성을 낮춘다. 주의력뿐만 아니라 기억력까지 높여 준다. 이런 신약이 있다면 날개 돋친 듯 팔릴 것이다. 이 ㉠새로운 신약의 이름은 잠, 즉 '수면'이다.

그렇다면 우리는 이러한 수면을 충분히 취하고 있을까? 2021년 기준 한국인의 평균 수면 시간은 7시간 51분으로 OECD 국가 평균인 8시간 22분에 훨씬 못 미친다. 이는 OECD 최하위 수준이다. 이렇게 잠이 부족할 때 어떤 문제가 발생할까?

먼저 수면이 부족해지면 교감 신경계가 과잉 반응하게 되어 혈압이 높아진다. 이는 심장마비나 뇌졸중 발생 확률을 높인다. 또한 면역력을 약화하고 비만이나 알츠하이머도 유발하여 많은 의료비를 발생시킬 수 있다.

둘째, 인지 능력 및 주의력이 저하된다. 19시간 정도 깨어 있는 상태로 운전을 하면 음주 운전 단속에 ㉡적발할 수준의 인지 장애를 보인다. 이러한 주의력 결핍은 치명적 사고로 이어져 많은 인명 피해를 초래할 수 있다.

셋째, 우리 뇌는 깨어 있는 동안 수많은 정보를 받는데, 이 정보는 뇌의 '해마'라고 불리는 곳에 일시 저장된다. 숙면을 해야 단기 기억이 장기 기억으로 전환되고, 해마가 비워져 다음 날 새로운 정보를 받아들일 수 있다. 잠을 충분히 자지 않는다면 힘써서 공부한 내용을 다음 날 떠올릴 수 없다.

그렇다면 수면 시간을 충분히 확보하고 수면의 질을 높이기 위해서는 어떻게 해야 할까? 수면은 생화학적으로 멜라토닌과 아데노신이라는 두 가지 물질이 작용하여 만들어진다. 멜라토닌 분비량이 많아지면 몸 전체에 잠을 자라는 명령이 내려진다. 멜라토닌 분비량은 주기적으로 변하는데, 밤과 낮에 따라 다르다. 새벽에 빛이 눈에 닿으면 멜라토닌 분비가 차단된다. 따라서 밤에 ㉢잠에 들기 전과 중에는 강한 빛을 피하는 것이 좋다.

아데노신은 깨어 있는 동안 계속 증가하는 물질이다. 아데노신이 쌓이면 점점 피로해지고 졸음이 오므로 아데노신을 줄이기 위해서는 잠을 자야 한다. ㉣그래서 커피의 카페인은 아데노신 수용체에 결합하여 아데노신 신호를 방해한다. 그러면 아데노신이 쌓여 잠이 절실히 필요해도 단기적으로는 피로와 졸음을 느끼지 않을 수 있다. 그러나 장기적으로는 수면 패턴이 나빠지고 수면의 질이 떨어져 다음 날까지 피로가 지속될 수 있다. 그러므로 ㉤불가피한 상황이 아니라면 커피를 다량 마시는 것은 지양하는 것이 좋다.

대부분의 현대인은 잠을 [　　　㉮　　　] 그래서 우리는 날마다 커피를 입에 들이부으며 몰려오는 잠에 대응한다. 하지만 잠은 몸을 회복하고 면역을 좋게 만들며, 주의력을 향상하고 뇌의 기억 공간을 확보해 준다. 수면을 포기하고 일을 하기보다는 충분한 수면을 취하는 것이 어떨까?

046 다음은 윗글을 쓰기 전에 세운 글쓰기 계획이다. 윗글에 반영된 것으로만 묶은 것은?

> **글쓰기 계획**
> ㄱ. 비유의 방식을 활용하여 독자에게 중심 소재의 의미를 강조해야겠어.
> ㄴ. 서로 대비되는 견해를 절충하여 종합적인 결론을 도출해야겠어.
> ㄷ. 전문가의 견해를 인용하여 문제 상황의 심각성을 전달해야겠어.
> ㄹ. 질문의 방식을 활용해 독자들에게 특정 행동을 권장해야겠어.

① ㄱ, ㄴ　　　　　　　　② ㄱ, ㄷ
③ ㄱ, ㄹ　　　　　　　　④ ㄴ, ㄷ
⑤ ㄷ, ㄹ

047 다음은 윗글을 수정·보완하기 위해 추가로 수집한 자료이다. 자료의 활용 방안으로 적절하지 <u>않은</u> 것은?

	자료 내용	유형
(가)	⟨2018년~2022년 '수면 장애' 환자 성별 진료 인원⟩ (단위: 명, %) 	구분	2018년	2019년	2020년	2021년	2022년	'18년 대비 증감률	연평균 증감률
---	---	---	---	---	---	---	---
계	855,025	941,106	978,033	1,037,603	1,098,819	28.5	6.5
남성	355,522	405,826	423,660	445,063	475,003	33.6	7.5
여성	499,503	535,280	554,373	592,540	623,816	24.9	5.7		통계 자료
(나)	1986년 체르노빌 원자력 발전소 재앙은 수면이 부족했던 교대 근무자가 실수로 냉각 시스템을 꺼 버려서 원전 사고를 일으키는 데 일조한 것으로 알려져 있다. 또한 수면 부족에 시달리던 1등 항해사가 48시간 동안 6시간만 잠을 잔 상태에서 항해를 하다 상황을 잘못 파악하여 유조선이 좌초되는 사고가 발생한 것으로 나타났다.	뉴스 기사
(다)	우리는 대개 렘수면 중에 꿈을 꾼다. 꿈에 대해서 아직 완전히 이해하고 있지는 않지만, 꿈에 정신적 치유 효과가 있다는 증거가 있다. 트라우마가 될 만한 고통스러운 기억은 시각·청각·촉각 등으로 이루어진 사건 기억과 나쁜 감정으로 구성되는데, 꿈은 나쁜 감정을 배제한 사건 기억만 되새기도록 하여 트라우마를 극복하게 해 준다는 것이다.	전문 서적
(라)	⟨낮과 밤의 멜라토닌 분비량의 변화 그래프⟩	연구 보고서
(마)	이 교수는 수면 부족 문제를 해결하기 위해서는 낮잠을 자지 않고 규칙적인 시간에 잠자리에 들고 일어나는 습관을 갖는 것이 좋으며 적당한 강도의 운동을 꾸준히 하는 것이 좋다고 말했다. 또한 경우에 따라서는 수면제를 단기적으로 사용하는 것도 수면을 위해 도움이 된다고 말했다.	전문가 인터뷰

① (가)를 활용하여 충분한 수면 시간 확보에 어려움을 겪는 사람이 해마다 늘어나고 있다는 내용을 추가한다.
② (나)를 활용하여 수면 부족에 의해 기억력에 문제가 생길 수 있다는 내용을 뒷받침한다.
③ (다)를 활용하여 꿈을 꿀 수 있도록 충분한 수면 시간 확보가 필요한 이유를 추가한다.
④ (라)를 활용하여 낮과 밤의 멜라토닌 분비량에 대한 내용을 구체화한다.
⑤ (마)를 활용하여 충분한 수면 시간을 확보하고 수면의 질을 높이기 위한 방안을 추가한다.

048 다음은 윗글을 쓰기 전에 작성한 글의 개요이다. 윗글을 쓰는 과정에서 필자가 점검하여 반영한 내용으로 적절하지 <u>않은</u> 것은?

> **글쓰기 개요**
>
> Ⅰ. 수면의 중요성 및 필요성
>   1. 수면의 긍정적 효과
>   2. 수면 장애의 유형
>
> Ⅱ. 한국인의 수면 실태
>   1. 한국인의 평균 수면 시간
>   2. OECD 평균 수면 시간
>
> Ⅲ. 수면과 물질
>   1. 멜라토닌 관련 방안
>   2. 아데노신 관련 방안
>
> Ⅳ. 수면 부족의 문제점
>   1. 질병
>   2. 인지 능력 및 주의력 저하
>   3. 기억력 저하
>
> Ⅴ. 수면의 필요성 강조

① Ⅰ-2는 주제와 관련이 없는 내용이므로 삭제한다.
② Ⅱ-2는 상위 항목과의 연관성을 고려하여 Ⅲ의 하위 항목으로 이동한다.
③ Ⅲ은 주제를 고려하여 '수면의 원리를 고려한 숙면 방안'으로 수정한다.
④ Ⅲ은 글의 맥락을 고려하여 Ⅳ와 순서를 교체한다.
⑤ Ⅳ-1은 의미를 명료화하기 위해 '질병 유발'로 수정한다.

049 윗글의 ㉠~㉤을 고쳐 쓰기 위한 방안으로 적절하지 <u>않은</u> 것은?

① ㉠: 불필요하게 의미가 중복되었으므로 '신약'으로 수정한다.
② ㉡: 피동 표현이 쓰여야 하므로 '적발될'로 수정한다.
③ ㉢: 수식어와 피수식어의 의미 관계를 고려하여 '잠에 들기 전과 자는 중'으로 수정한다.
④ ㉣: 앞뒤 맥락을 고려할 때 쓰임이 적절하지 않으므로 '그런데'로 수정한다.
⑤ ㉤: 문장의 의미를 고려할 때 쓰임이 적절하지 않으므로 '부득이한'으로 수정한다.

050 글의 내용으로 미루어 볼 때, ㉮ 에 들어갈 내용으로 가장 적절한 것은?

① 과거의 기억을 일깨우는 역사서로 인식한다.
② 삶의 이유를 깨닫게 하는 나침판으로 인식한다.
③ 활동할 수 있는 시간을 빼앗는 적으로 인식한다.
④ 건강의 이상 유무를 알려 주는 의사로 인식한다.
⑤ 지친 몸과 마음을 회복시키는 보약으로 인식한다.

창안   051번~060번

[051~053] 다음 글을 읽고 물음에 답하시오.

은유(metaphor)는 '내 마음은 호수요'와 같은 예문으로 설명되는 것처럼 흔히 보조 관념('호수')의 의미에 착안해 원관념('내 마음')의 특별한 의미를 표현하는 수사적 장치로 이해된다. 그러나 사회 문제를 질병에 비유한 '사회의 병폐'와 같은 표현을 단순히 문학적 참신함을 잃은 '죽은 은유'라고 논하기 전에, 이러한 표현이 어떻게 형성되는가에 관한 인지적 원리를 규명할 필요가 있다. '죽은 은유'라 불리는 표현들이 실용적 측면에서 죽지 않고 여전히 빈번하게 활용된다는 점에 주목하면, 인간이 특정 은유를 '개념'으로서 지니고 있음을 추론할 수 있다. 개념적 은유는 인간이 구체적이고 명시적인 사실에 대해서만 논하는 것이 아니라, 구체적인 사실을 도구 삼아 추상적 주제를 생각할 수 있도록 함으로써 인간의 사고 영역을 넓히는 기능을 수행한다.

예) 영희는 합격을 <u>향해 나아가고</u> 있다.

예컨대 위의 예문에서 밑줄 친 '향해 나아가고'와 같은 방향과 진행의 표현이 가능한 것은 이 문장이 [인생은 여행]이라는 개념적 은유를 기반으로 하기 때문이다. 사람들은 삶의 어떤 측면을 여행에 비추어 이해한다. [인생은 여행]이라는 개념적 은유의 틀을 상정하면 이러한 은유로부터 일련의 다양한 생각이 발생하며, 이러한 생각의 양상은 다음과 같은 대응 체계로 표현할 수 있다.

개념적 은유: [인생은 여행]	
보조 관념	원관념
여행자	삶을 살아가는 사람들
이동	삶을 살아가는 과정
목적지	인생의 목적(도달 지점)
여행 경로	인생의 각 단계
안내자	인생의 조력자

한편 개념적 은유는 의미하고자 하는 목표 영역(원관념)의 어떤 양상은 부각하지만 다른 양상은 은폐한다. '나는 그녀에게 홀렸다.'라는 사랑 고백은 개념적 은유 ⓐ[사랑은 불가항력]을 바탕으로 진술된 피동 표현인데, 이러한 문장만으로는 '우리는 서로를 위해 태어났다.'라는 고백이 근거하는 ⓑ[사랑은 통합체]라는 개념적 은유를 포괄할 수 없다. 이는 '사랑'과 같은 추상적 개념이 은유를 통해 이해될 수 있지만, 추상적 개념 그 자체는 다수의 개념적 은유를 통해 구조화될 수 있음을 드러낸다. 하나의 은유만으로는 추상적 개념이 지닌 총체성을 포착하기 어렵다는 것이다.

051 ⓐ, ⓑ에 해당하는 개념적 은유의 표현으로 적절하지 <u>않은</u> 것은?

① ⓐ: 그는 사랑에 깊이 빠져 있었다.
② ⓐ: 우리는 불같은 사랑에 휩싸였다.
③ ⓐ: 내 사랑의 반쪽을 어디서 찾을 수 있을까?
④ ⓑ: 너와 나는 자석의 S극과 N극이야.
⑤ ⓑ: 어떤 시련도 사랑하는 우리를 떼어 놓을 수 없어.

052 윗글에 대한 이해를 바탕으로 〈보기〉의 ㉠, ㉡을 설명한 내용으로 적절하지 않은 것은?

> **보기**
>
> 동일한 개념적 은유에 근거하면서도 ㉠은 자연스럽게 이해되나, ㉡은 대부분의 맥락에서 어색하게 들린다.
> ㉠ 타당한 근거 없는 이론은 무너지기 쉽다.
> ㉡ 그 학자의 이론은 문이 잠긴 집과 같다.

① ㉠은 ㉡에 비해 '죽은 은유'에 가깝게 평가된다.
② ㉡은 ㉠에 비해 일차적으로 이해되기 쉬운 관념이다.
③ ㉡은 ㉠에 비해 참신한 비유를 사용한 표현으로 이해된다.
④ ㉡의 '문이 잠긴 집'은 소통이 되지 않는 상태를 비유한다.
⑤ ㉠과 ㉡은 모두 [이론은 건물]이라는 개념적 은유에 근거한다.

053 〈보기〉의 문장이 공통적으로 근거하는 개념적 은유로 가장 적절한 것은?

> **보기**
>
> • 나는 그의 주장을 깨부수었다.
> • 그의 비판은 과녁을 제대로 겨냥했다.
> • 그는 내 논증의 모든 약점을 공격했다.

① [논쟁은 힘]　　② [논쟁은 전쟁]　　③ [논쟁은 방향]
④ [논쟁은 요리]　　⑤ [논쟁은 생태계]

[054~056] 다음 그림을 보고 물음에 답하시오.

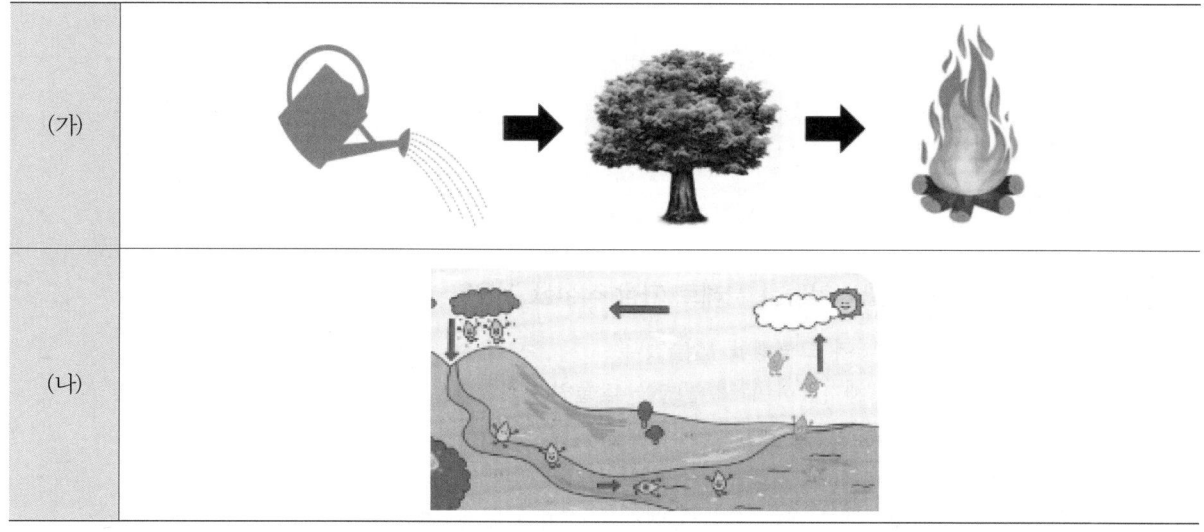

054 (가)와 (나)에 대한 이해로 적절하지 않은 것은?

① (가)는 화살표의 방향을 바꿀 수 없다.
② (가)의 이전 단계는 이후 단계를 위한 조건이 된다.
③ (나)의 화살표는 물질의 상태 변화를 의미한다.
④ (나)의 마지막 단계는 첫 단계로 이어질 수 있다.
⑤ (가)와 (나)는 모두 중간 단계를 생략하고 표현할 수 있다.

055 (가)의 화살표를 통해 설명 가능한 관계의 사례로 가장 적절한 것은?

① 거리 → 속력
② 부모 → 자녀
③ 빨대 → 음료
④ 시계 → 시간
⑤ 기생충 → 숙주

056 (나)를 활용하여 설명 가능한 사례로 가장 적절한 것은?

① 빵에 생크림을 넣어 크림빵을 만들었다.
② 빈 병을 녹이고 재가공하여 새 물병을 만들었다.
③ 여러 색깔의 펜을 한데 묶어 다색 볼펜을 만들었다.
④ 식물에서 추출한 천연 염료를 활용해 옷을 만들었다.
⑤ 엉겅퀴씨의 갈고리 형태를 모방해 벨크로 지퍼를 만들었다.

[057~058] 다음 글을 읽고 물음에 답하시오.

> 경찰청은 각 시도 자치경찰위원회와 협조하여 11월 1일부터 내년 1월 31일까지 3개월간 자동차 및 개인형 이동 장치에 대해 '연말연시 음주 운전 특별 단속'을 한다고 밝혔습니다. 음주 운전으로 사고가 나면 특정 범죄 가중 처벌법상 위험운전 치사상죄로 가중 처벌되고 ㉠상습 음주 운전자는 차량이 압수되는 등 강력하게 처벌됩니다. 경찰청 통계에 따르면 지난해 음주 운전 단속 적발 건수는 면허 정지 수치 3만 9,255건, 면허 취소 수치 9만 895건 등 총 13만 150건으로 2년 전보다 12% 증가했습니다. 또한 지난해 음주 교통사고는 1만 3,042건이 발생하여 159명이 사망하고 2만 628명이 다쳤습니다.

057 위 뉴스 기사를 참고하여, 시민들에게 경각심을 높이기 위해 제시할 만한 광고 사례와 문구의 연결이 적절하지 <u>않은</u> 것은?

①
한 잔도 당신의 판단력을 흐립니다.

②
나에게 방아쇠를 당기는 행위입니다.

③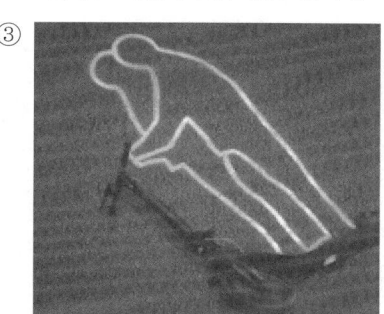
개인형 이동 장치,
함께 타다 함께 갑니다.

④
죽음으로 가는 길,
정지 신호는 없습니다.

⑤
한 잔 비우셨다면,
운전할 마음도 비우세요.

058 다음 〈조건〉을 바탕으로 ㉠의 대상자에게 보여 줄 문구를 창안할 때 가장 적절한 것은?

조건
- (가), (나)의 광고 사례에 나타난 메시지를 모두 포괄할 것.
- 의문형 문장으로 종결할 것.

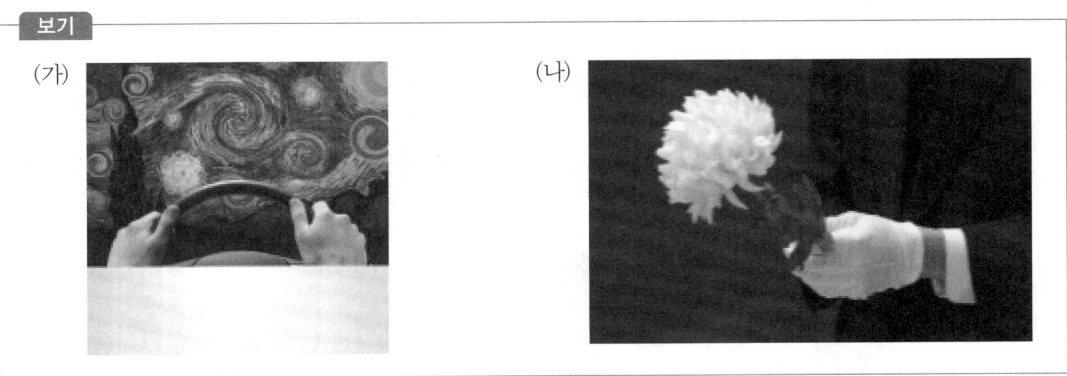

① 신나게 원 없이 밟으셨나요?
② 10분 먼저 가려다 영원히 먼저 갑니다.
③ 술 마시고 운전대를 잡은 당신, 갈 곳이 없습니다.
④ 별이 취하는 밤, 당신이 보는 마지막 명화는 아름다운가요?
⑤ 당신은 별이 빛나는 아름다운 밤을 더 이상 볼 수 없습니다.

[059~060] 다음 글을 읽고 물음에 답하시오.

한 심리학 연구자는 두 대의 중고차를 구매해 한 대는 변두리 지역에, 다른 한 대는 도심 지역에 주차했다. 그리고 두 차량 모두 보닛을 살짝 열어 두었다. 변두리 지역에 놓아 둔 차는 10분이 채 지나지 않아 부품이 도난당하기 시작해 하루 만에 대부분의 부품이 사라졌다. 한편 도심 지역에 둔 차는 5일간 아무 일도 일어나지 않았다. 연구자가 이 멀쩡한 차를 망치로 부수어 놓자, 그때부터 사람들이 차를 부수는 일이 일어났다. 실험을 통해 깨진 유리창 하나를 방치하면 점차 범죄가 확산된다는 결론이 도출되었고, 이에 착안하여 ㉠'깨진 유리창 이론'이 등장했다. 이후 이 이론은 범죄뿐만 아니라 정치, 경제, 교육 등 여러 분야에 적용되었다.

059 윗글의 ㉠을 통해 유추할 수 있는 교훈으로 가장 적절한 것은?

① 무슨 일이든 자기의 잘못으로 돌려야 한다.
② 작은 잘못이라도 빨리 고치고, 바로잡아야 한다.
③ 잘못도 많이 경험해 봐야 삶의 통찰력을 기를 수 있다.
④ 잘못은 누구나 할 수 있으니, 인생에서 큰 문제가 되지 않는다.
⑤ 잘못을 후회하기보다는 문제를 바로잡을 방법을 고민하는 것이 중요하다.

060 윗글을 바탕으로 〈보기〉의 창작 의도를 추론한 관용 표현으로 가장 적절한 것은?

> **보기**
>
> 행랑채가 퇴락하여 지탱할 수 없게끔 된 것이 세 칸이었다. 나는 마지못하여 이를 모두 수리하였다. 그런데 그중의 두 칸은 앞서 장마에 비가 샌 지가 오래되었으나, 나는 그것을 알면서도 이럴까 저럴까 망설이다가 손을 대지 못했던 것이고, 나머지 한 칸은 비를 한 번 맞고 샜던 것이라 서둘러 기와를 갈았던 것이다. 이번에 수리하려고 본즉 비가 샌 지 오래된 것은 그 서까래, 추녀, 기둥, 들보가 모두 썩어서 못쓰게 되었던 까닭으로 수리비가 엄청나게 들었고, 한 번만 비를 맞았던 한 칸의 재목들은 완전하여 다시 쓸 수 있었던 까닭으로 그 비용이 많지 않았다.

① 가는 날이 장날
② 가는 방망이 오는 홍두깨
③ 발 없는 말이 천 리 간다
④ 호미로 막을 것을 가래로 막는다
⑤ 윗물이 맑아야 아랫물이 맑다

읽기 061번 ~ 090번

[061~062] 다음 글을 읽고 물음에 답하시오.

산밑까지 나려온 ⊙어두운 숲에
몰이꾼의 날카로운 소리는 들려오고,
쫓기는 사슴이
눈 우에 흘린 따뜻한 핏방울.

골짜기와 비탈을 따라나리며
넓은 언덕에
ⓒ밤 이슥히 횃불은 꺼지지 않는다.

뭇 짐승들의 등뒤를 쫓아
며칠씩 산속에 잠자는 포수와 사냥개,
나어린 사슴은 보았다
오늘도 몰이꾼이 메고 오는
ⓒ표범과 늑대.

어미의 상처를 입에 대고 핥으며
어린 사슴이 생각하는 것
그는
ⓔ어두운 골짝에 밤에도 잠들 줄 모르며 솟는 샘과
깊은 골을 넘어 눈 속에 하얀 꽃 피는 약초.

아슬한 참으로 아슬한 곳에서 쇠북소리 울린다.
죽은 이로 하여금
죽는 이를 묻게 하라.

길이 돌아가는 사슴의
두 뺨에는
맑은 이슬이 나리고
눈 우엔 아직도 ⓜ 따뜻한 핏방울……

— 오장환, 「성탄제(聖誕祭)」

061 윗글에 대한 설명으로 가장 적절한 것은?

① 반어법을 활용하여 시적 대상이 처한 상황을 강조한다.
② 명사로 시행을 마무리하여 화자의 현실 극복 의지를 강조한다.
③ 동일한 시구를 반복하여 화자와 시적 대상의 거리감을 강조한다.
④ 시각적 이미지를 대비하여 시적 대상의 비극적 상황을 강조한다.
⑤ 시상을 시간의 흐름에 따라 전개하여 화자의 정서 변화를 강조한다.

062 〈보기〉를 바탕으로 윗글의 ㉠~㉤을 이해한 내용으로 적절하지 않은 것은?

보기

이 작품은 폭력적인 세상에서 순수한 존재가 희생되지 않기를 바라는 소망을 표현하고 있다.

① ㉠: 순수한 존재가 희생당하는 살육의 공간을 의미한다.
② ㉡: 순수한 존재에게 폭력을 가하는 이들의 집요함을 의미한다.
③ ㉢: 순수한 존재를 억압하고 유린하는 이를 의미한다.
④ ㉣: 상처 입은 순수한 존재가 소생하기를 바라는 마음을 의미한다.
⑤ ㉤: 희생당한 순수한 존재가 지녔던 생명력을 의미한다.

[063~065] 다음 글을 읽고 물음에 답하시오.

약속 시간까지는 아직도 충분한 여유가 있었다. 며칠 전 유리에 금이 간 낡은 손목시계는 다섯 시 오십오 분을 가리키고 있었다. 그러나 박모(薄暮)의 시간임엔 틀림없었고 사람들은 여섯 시 오 분 전의 시계 바늘처럼 상체를 약간 수그린 채로 어디로들 걸어가고 있었다.

ⓐ나는 양복 주머니에서 지갑을 꺼내 가지고 있는 돈이 얼마나 되는지를 확인했다. 누구를 만나기 전에 지갑을 점검해 보는 것은 나의 오랜 습관이었다. 나는 안심해도 좋을 만큼의 돈을 가지고 있지는 않은 상태였다. 하지만 은행 신용카드가 두 개 있었고 주민등록증과 운전면허증, 그리고 여차하면 밤늦게 불러내도 한번쯤은 나와 줄 수 있다고 믿는 사람들의 전화번호가 적힌 수첩이 지갑 안에 단단히 꽂혀 있었다. 그리고 벌써 몇 달째 넣고 다니는 손때가 묻은 ⓑ명함 몇 장.

내가 가지고 있는 명함철은 어제 확인해본 결과 세 권이었다. 모두가 검은 비닐로 장정이 된 그 명함철들은 가로 세로가 5:8의 황금 비율로 계산돼 만든 직사각형의 ㉠사망자 명부 같았다. 각각의 권(券) 마다에는 여든 장의 명함을 끼우게 되어 있었다. 말하자면 나는 거의 이백사십 명의 ⓒ사람들과 명함을 주고받은 셈이었다. 240이라는 숫자 앞에서 나는 망연한 기분이 되어 얼마간을 진공 상태로 숨도 쉬지 않고 있었다. 명함 수집가가 아닌 다음에야 어떻게 그렇게나 많은 이름 종이를 가지고 있을 수 있단 말인가. 솔직히 말해 나는 아무것에도 수집 취미를 가지고 있지 않았다.

내가 명함을 만들어 처음 만나게 되는 사람들의 그것과 교환하기 시작한 것은 불과 육 년 전의 일이었다. 그렇다면 나는 일 년에 약 마흔 명의 사람들을 새로 알게 됐다는 계산이었다. 과연 그랬나? 라고 자문하며 동시에 나는 천만에! 하고 혼자 소리내어 중얼거렸다. 내가 평균 일주일에 한 명씩의 사람을 새로 알아야 했고 그때마다 술을 마셨어야 했다니. ㉡이런 경을 칠 일이 있나!

이틀 전 나는 모두가 퇴근한 텅 빈 사무실의 의자에 앉아 그 명함들의 주인들을 기억해보려고 무모하게 두 시간 이상을 허비했다. 명함은 정확히 232개였다. 그중에서 내가 기억할 수 있는 명함의 주인은 모두 백 명을 넘지 않았다. 아니, 내 뇌세포에 저장돼 있는 사람의 수는 단지 아흔일곱 명에 불과했다. 불현듯이 나는 아득한 생각이 들어 등받이 의자에 몸을 오그려 붙이고 나머지 절반이 넘는 사람들과 함께했던 수많은 시간들을 반추해보았다. 더욱 아연한 것은 그들이 근무하는 곳의 이름조차도 생소한 곳이 그 나머지에서 절반가량이나 되었다. 해마다 연초가 되면 수첩을 바꾸면서 나는 많은 사람들의 이름을 옮겨 적지 않았다. 그때 누락당한 사람들의 명함들까지를 나는 쓸데없이 보관하고 있었던 것이다.

내가 미처 없애지 못해 가지고 있던 사람들의 명함을 나는 한 장 한 장씩 들여다보고 있었다. 내가 이렇게나 많이 모르는 사람들을 알고(?) 있었다는 ㉢사실에 나는 또 한 번 아연해지지 않을 수가 없었다. 도대체 언제 내가 이들을 만났었는지, 왜 만나야만 했는지 나는 기억할 도리가 없었다. 내 직업상 그들을 만날 이유는 어디에도 없었던 것이다. 물론 살다 보면 밥벌이하는 일과 무관한 사람들과 만나야만 하는 경우가 없는 것은 아니다. 따라서 그때마다 명함을 주고받았다고 해서 이상하게 생각될 이유는 없는 것이다. 하지만 그중 반이 넘는 사람이 다시는 볼 필요가 없었던 일회용이었다니! 이처럼 소모적인 만남을 위해 그토록 숙취에 시달리며 아침이면 무덤에서 기어나오는 듯한 피로감을 견디며 그들을 만나기 위해 뛰어야 했다니! 나는 천천히 자리에서 일어나 손을 씻기 위해 화장실로 갔다. 비상등만 켜져 있는 복도는 ㉣관 속처럼 어둡고 쓸쓸했다.

며칠 후 나는 육 년 동안 잘 알고 지내던 사람들과 헤어지게 될 처지였다. 그들에게도 사실 나는 단지 일회용이었는지도 모르는 일이었다.

나는 끝끝내 그들의 정체를 알 수 없는 약 삼십여 장의 명함을 따로 지갑에 넣고 사무실을 나왔다. 그러니까 육하원칙의 그물에 하나도 걸리지 않는 완전한 타인들의 명함을 말이다. 내일쯤 나는 그들 중 한 사람을 만나볼 작정이었다. 기왕에 알던 사람들이야 요식적인 인사로 가늠할 수 있겠고 내가 '소속'을 상실한 날로부터 그들이 내게 어떤 ㉤태도를 대하든지 나는 견뎌낼 각오가 돼 있었다. 그날로부터 당장 그들이 나를 어떻게 대하리라는 것을 나는 뚜렷이 알고 있었다.

– 윤대녕, 「그를 만나는 깊은 봄날 저녁」

063 윗글의 서술상 특징으로 가장 적절한 것은?

① 실재하지 않는 기술이 활용되는 세계를 가상하여 재현한다.
② 이야기의 외부에 존재하는 서술자가 인물의 내면을 관찰한다.
③ 현재의 행동과 사건을 설명하기 위해 과거로 전환하여 진술한다.
④ 정돈되지 않은 서술 내용이 착란을 유도하고 몽환성을 강화한다.
⑤ 여러 인물의 관점을 오가며 사태를 객관적으로 파악하도록 돕는다.

064 ⓐ~ⓒ와 관련하여 윗글의 내용을 바르게 이해한 것은?

① ⓐ는 ⓑ로써 교류가 기억나는 ⓒ를 근일 만나고자 했다.
② ⓐ는 자기와의 관계를 알 수 없는 ⓒ의 ⓑ를 추려 내었다.
③ ⓐ는 ⓑ를 정리하여 버림으로써 ⓒ와의 절연을 결심했다.
④ ⓐ는 ⓒ가 ⓑ를 건넨 이유를 확인하기 위해 만나기로 했다.
⑤ ⓐ는 ⓒ와 함께 같은 직장에 근무하면서 ⓑ를 빠짐없이 모아 왔다.

065 ㉠~㉤을 이해한 내용으로 적절하지 않은 것은?

① ㉠: 명함의 주인들과의 교제가 전혀 돈독하지 않았다고 보아야 하겠군.
② ㉡: 만났던 사람들의 수가 예상보다도 더 많은 것에 대한 의구심을 드러내는군.
③ ㉢: 만나기는 했을 터이나 만난 일뿐 아니라 만난 사람에 대해서도 모른다는 것이군.
④ ㉣: 실직이 임박해, 방에서 나온 통로가 죽음에 연관되는 듯이 묘사되었군.
⑤ ㉤: 명함을 주고받던 때와는 다른 태도를 보일 것이라고 짐작하는군.

[066~068] 다음 글을 읽고 물음에 답하시오.

　자유의 개념을 둘러싸고 진행되는 논쟁 가운데 가장 익숙한 것으로는 아무래도 '소극적 자유'와 '적극적 자유'의 구분과 관련된 것을 꼽을 수 있다. 영국의 지성사가인 벌린(Berlin)이 「자유의 두 개념」이라는 논문에서 이 두 개념을 도입하여 자유주의적 자유를 소극적 자유로 규정하고 또 그런 관점에서 옹호한 이래로 이와 같은 방식의 개념 구분은 자유를 설명하는 논의들에서 널리 사용되었다.

　벌린의 정의에 따르면, 소극적 자유란 '타인에 의해 방해받지 않고 각자가 자기 뜻대로 행동할 수 있는 상태'이며, 이에 비해 적극적 자유란 '합리적으로 결정하고 자율적으로 행동할 수 있는 개인의 상태나 능력'을 뜻한다. 그는 자유의 근본적인 의미는 타인들에 의한 사슬로부터, 감금으로부터, 노예 상태로부터의 자유에 있으며, 그 나머지는 이런 의미의 확장이거나 은유일 뿐이라고 본다. 그래서 벌린은 "강제란 내가 그것만 아니라면 이렇게 행동하였을 영역에 다른 사람이 의도적으로 간섭하여 다르게 행동하게끔 만드는 경우를 의미한다. 누군가에게 정치적 자유가 허용되지 않았다는 것은 그가 어떤 목표를 추구하는데 다른 사람 때문에 그 목표를 달성하지 못하였다는 의미이다."라고도 진술한다.

　벌린이 적극적 자유를 문제 삼는 이유는, 그것이 함축하는 '이성에 따른 자기 지배 혹은 자기실현'의 의미가 자유를 이해하는 데 혼란을 초래하고 나아가 자유를 억압하는 명분으로 활용될 수도 있기 때문이다. 그에 따르면 '합리적'이라든지 '이성에 따른'과 같은 개인의 상태나 능력을 강조하다 보면 자기 부정을 통한 금욕이 '진정한' 자유라는 논리로 나아가 버릴 수 있다는 것이다. 여기에다 '자기'의 범위를 어떻게 설정하느냐 하는 문제까지 더해지면 상황은 한결 심각해진다. 예컨대 이성의 주체로서의 '자기'의 범주를 국가나 민족 공동체로 확장하게 되면, '자유롭기 위한 강제'의 역설이 '참된' 자유의 이름으로 정당화된다. 즉 공동체 전체의 결정을 따르지 않거나 다른 의사를 갖는 개인의 경우 그는 비합리적인 충동이나 절제되지 않은 욕망에 이끌려 행동하는 것으로 간주되고, 공동체가 그에게 공동체의 결정을 강제하는 것이 그를 진정으로 자유롭게 만드는 것이 되고 만다.

　요컨대 벌린이 보기에 '이성에 입각한 자기 지배'라는 적극적 자유 개념은 필연적으로 두 종류의 자아에 관한 구분, 즉 '진정한 자아'와 '경험적 자아' 혹은 '최선의 자아'와 '저급한 자아' 같은 구분을 낳는다는 점에서 문제가 있다. 자아에 관한 이런 구분은 종종 계급이나 민족, 국가와 같은 사회적 전체를 '진정한 자아'와 동일시하고 그 명령을 따르는 것이 이성의 지배를 받는 것이며 참된 자유에 이르는 길이라는 논리로 나아감으로써 개인의 자유를 치명적으로 손상시킨다는 것이다. 그러므로 자유에 대한 논의는 외부적 간섭의 존재에 관한 탐색과 그것을 제거하기 위한 노력에 초점을 맞춰 진행되는 것이 바람직하며, 소극적 혹은 자유주의적 의미에서의 자유는 '민족자결'과 같이 흔히 자유의 이름으로 불려온 다른 이상들과 혼동되어서는 안 된다는 것이 벌린의 주장이다.

　이러한 벌린의 논의는 복잡하고 다층적인 자유 개념을 한결 명료하게 만들었을 뿐만 아니라 이후 자유에 관한 논의를 한 차원 높이 끌어올렸다고 평가받는다. 로크(Locke) 이래 자유주의 사상사에서 자유는 국가 권력을 포함하는 외적 간섭이나 강압의 부재라는 측면과 이성적인 자기 지배 혹은 자기가 원하는 것을 행할 수 있는 능력이라는 측면이 긴밀하게 맞물린 채로 제시되었다. 또한 역사적 맥락에 따라 자유주의적 자유로서 '–로부터의 자유'가 좀 더 부각되기도 하고 혹은 '–할 자유'가 좀 더 강조되기도 하는 모습을 보였다. 그런 만큼, 자유주의적 자유를 소극적 자유로 규정하여 옹호한 벌린의 입장이 자유주의 연구자들 사이에서 전적인 지지를 얻은 것은 아니며, ㉠자유주의적 자유를 설명하는 대표적인 것으로 인정받은 것도 아니다. 자유는 인간이 본질적으로 추구하는 개념이라는 점에서, 소극적 자유 대 적극적 자유의 유형 구분은 지극히 애매하며 자유주의적 자유에 관한 논의를 오히려 혼란에 빠뜨린다고 비판하는 입장에서부터, 아주 부분적으로만 그 유용성을 인정하는 입장이나 그 유형 구분은 받아들이되 자유주의적 자유를 도리어 적극적 자유 개념으로 설명하는 입장에 이르기까지 이 문제에 관한 논의는 단순하지 않게 펼쳐져 있다.

066 윗글의 내용에 대한 이해로 적절하지 않은 것은?

① 어떤 구속 없이 자의대로 행할 수 있는 것은 소극적 자유라 할 수 있다.
② 합리적 행동으로 행복과 번영에 기여하는 것은 적극적 자유라 할 수 있다.
③ 공동체의 존속을 위해 자발적으로 자기를 희생하는 것이 진정한 자유이다.
④ 자유를 자율과 관련한 것으로만 한정하게 되면 역설적으로 개인의 자유가 제한될 수 있다.
⑤ 여러 층위의 의미에서 자유 개념이 해석되고 적용될 수 있으며 벌린은 그중 일부를 제시했다.

067 윗글의 ㉠에 대한 이해로 가장 적절한 것은?

① 외부적 간섭이나 장애물을 외면하는 상태이다.
② 인간의 본성이자 권리로서 우선시되는 가치이다.
③ 무슨 문제라도 해결할 수 있는 능력을 가리킨다.
④ 자기를 참되게 지배하고 실현하는 존재가 있는 상태이다.
⑤ 타인의 지배에 종속되지 않은 정치공동체를 구성하는 일이다.

068 〈보기〉를 참고할 때 ⓐ의 관점에 대한 이해로 가장 적절한 것은?

> **보기**
>
> 한편 벌린이 자유를 ⓐ'외부적 장애물이 없는 상태'라고 했을 때 여기서 '외부적 장애물'의 의미는 그다지 분명하지 않다. 얼핏 그는 이것을 능동적인 강제로 여기는 듯 보인다. 하지만 벌린은 이 장애물이 오직 다른 누군가의 심사숙고한 행위에 의해서만 발생하는 것으로 일관되게 말하지는 않는다. 이를테면 그는 "직접적으로든 간접적으로든, 그렇게 할 의도가 있든 없든, 내가 하고자 하는 바가 좌절되는 과정에 타인들이 어느 정도로 작용했느냐"가 자유의 구속에 관한 문제라고 언급하기도 했다.

① 경제적 빈곤이 자유를 제한하는 경우를 말하는 것이겠군.
② 사회적 차별이 자유를 제한하는 경우를 말하는 것이겠군.
③ 소유물의 박탈이 자유를 제한하는 경우를 말하는 것이겠군.
④ 전체주의자의 집권이 자유를 제한하는 경우를 말하는 것이겠군.
⑤ 자신의 무능이나 무지가 자유를 제한하는 경우를 말하는 것이겠군.

[069~072] 다음 글을 읽고 물음에 답하시오.

　　혼인은 부부의 재산 관계에 영향을 미치지 않는 것이 원칙이다. 부부가 혼인 전에 따로 약정한 경우가 아닌 한, 혼인 당시의 재산이나 채무는 물론 혼인 후에 발생하는 재산이나 채무도 각각의 명의인에게 귀속된다. 이것을 '별산제'라고 한다.

　　이러한 별산제 원칙을 예외 없이 관철하면 전업주부의 역할을 담당했던 사람은 이혼할 때 불리한 처지에 놓이게 된다. 혼인 중 자기 명의로 취득한 재산이 많지 않을 것이기 때문이다. 이런 문제에 대처하기 위해 우리 민법에는 재산 분할 제도가 마련되어 있다. 이혼하는 부부의 일방은 상대방의 단독 명의로 되어 있는 재산의 일정 부분을 분할받을 수 있는 것이다. 재산 분할은 혼인 신고를 마친 부부뿐 아니라 사실혼 부부에게도 인정되는데, 사실혼이란 사회 통념상의 혼인 공동생활을 하고 있으나 혼인 신고만 하지 않은 상태를 뜻한다.

　　재산 분할의 구체적인 방법이나 내용은 당사자의 합의로 정해지는 것이 원칙이다. 그러나 합의가 성립하지 못하면 법원의 재판으로 재산 분할 비율과 이에 따른 재산 분할 액수가 정해진다. 재산 분할 합의는 이혼하는 과정에서 함께 이루어지는 경우가 적지 않다. 그런데 민법 조문에는 '이혼한 자가 재산 분할을 청구할 수 있도록 규정되어 있다. 이처럼 현실과 법이 부합하지 않는 상황에 대처하기 위해, 대법원 판례는 이혼을 전제한 재산 분할 합의를 먼저 한 경우 이러한 합의의 효력이 즉시 발생하지는 않지만 ㉠<u>부부가 그 후 이혼을 하면 그때 비로소 효력이 발생하는 것으로 본다.</u>

　　당사자 간에 재산 분할 합의가 성립하지 못하면 법원의 재판으로 재산 분할이 이루어진다. 재산 분할 재판을 하려면, 이혼 당시에 부부 명의로 된 재산과 채무의 전반적인 현황을 파악해야 한다. 이렇게 파악된 재산의 가액에서 채무의 가액을 공제하면 순 재산액이 정해지고, 여기에 재산 분할 비율을 곱하여 각자의 몫이 산정되기 때문이다. 이때 재산 분할 비율은 부부의 혼인 기간, 재산 유지에 대한 기여도 등을 반영하여 결정된다.

　　이처럼 재산 분할 비율은 이혼 당시 부부 명의로 되어 있는 재산과 채무를 전체적으로 고려하여 결정되는 것이지만, 국민연금의 분할 비율은 다른 재산들과 분리하여 별도로 정해진다. 국민연금의 분할 비율도 당사자의 합의로 정할 수 있고 합의가 안 되면 법원의 재판으로 정해질 수 있다. 그러나 국민연금 분할에 대한 합의나 재판이 없으면 법률에 따른 분할 비율이 적용된다는 점에서 다른 재산들과 구별된다. 법률에 따른 분할 비율은, 연금 납부 기간 중 혼인 공동생활 기간이 차지하는 비중에 따라 결정된다. 이때 혼인 공동생활 기간은 단순히 혼인 신고가 되어 있었던 기간을 뜻하는 것이 아니라, 실질적으로 부부다운 생활을 한 기간을 뜻하는 것이다. 따라서 사실혼 부부에 대해서도 국민연금 분할이 인정되고, 반대로 혼인 신고 기간이 전부 반영되지 않을 수도 있다.

069 윗글에 대한 이해로 가장 적절한 것은?

① 재산분할제도는 별산제를 실현하기 위한 것이다.
② 재산 분할은 각자의 명의로 된 재산을 각자 가져가기 위해 필요하다.
③ 혼인 후에 부부 일방이 취득한 재산은 부부가 공동으로 소유하게 된다.
④ 이혼하기 전에 이루어진 재산 분할 합의는 합의 성립 즉시 효력이 발생한다.
⑤ 이혼한 부부 사이에 재산 분할 합의가 성립하면 재산 분할 재판은 진행될 수 없다.

070 윗글을 통해 알 수 <u>없는</u> 것은?

① 별산제의 의미
② 사실혼의 의미
③ 재산 분할 청구권의 행사 기간
④ 재산 분할 비율의 결정 방법
⑤ 전업주부 보호를 위한 재산 분할 제도

071 ㉠의 이유로 가장 적절한 것은?

① 혼인 중에는 재산 분할을 할 수 없기 때문이다.
② 혼인 공동생활의 실태를 파악할 수 없기 때문이다.
③ 모든 채무가 재산 분할의 대상이 되는 것은 아니기 때문이다.
④ 재산 분할은 합의가 아니라 재판으로 정해져야 하기 때문이다.
⑤ 혼인 신고 전에 별도로 약정한 경우에만 재산 분할이 가능하기 때문이다.

072 국민연금의 분할 비율 에 관한 설명으로 적절하지 않은 것은?

① 사실혼 부부에 대해서도 적용될 수 있다.
② 다른 재산이나 채무의 현황을 고려하지 않고 정해진다.
③ 혼인 신고가 유지된 기간 중 일부가 반영되지 않을 수 있다.
④ 연금 납부 기간과 혼인 공동생활 기간을 고려하여 정해진다.
⑤ 법률에 의해 정해지므로 당사자의 합의나 재판으로 정할 수 없다.

[073~075] 다음 글을 읽고 물음에 답하시오.

과학자는 다양한 자연 현상을 설명하는 간단한 일반 원리를 추구한다. 이러한 예를 축척(scaling) 법칙에서도 찾아볼 수 있다. 축척 법칙이란 계의 크기에 따라 성질이 어떻게 축척되는지를 보여 주는 법칙을 말한다. 이러한 축척 법칙 중 하나는 동물의 종에 따른 질량과 비 대사율의 관계에서 찾아볼 수 있다. 동물의 비 대사율은 동물이 살아가는 데 있어 하루에 필요한 에너지를 kg당으로 환산한 값이다. 포유동물의 종에 따른 질량과 비 대사율의 관계를 도시하면 포유동물 간에 변화가 크다. 그러나 흥미로운 사실을 발견할 수 있는데 비 대사율은 동물 종의 질량을 M이라 하면 $M^{-0.25}$에 비례한다. 가령 4,000kg의 코끼리는 25g의 쥐보다 160,000배 무거우므로 쥐의 비 대사율은 코끼리의 $(160,000)^{0.25}$배 즉 20배이다. 이 법칙은 조류, 파충류, 심지어 박테리아에 대하여도 유효하며 동일 종이며 질량이 다른 개체 간에도 유효하다.

동물이 사용하는 대사 에너지는 열 형태로 동물 몸 밖으로 배출된다. 위의 예에서 코끼리의 질량은 쥐의 160,000배이지만, 표면적은 겨우 3,000배이다. 열의 배출 속도는 동물의 표면적에 따라 변하는데 표면적이 클수록 열의 배출 속도는 더 크다. 만약 코끼리가 쥐 크기의 신진대사를 가진다면 코끼리는 열을 충분히 빨리 배출할 수 없기에 생존할 수 없다. 이러한 열 배출이 신진대사를 제한하는 유일한 요인이라면 비 대사율은 $M^{-0.33}$에 비례하는 축척 법칙을 따라야 한다고 증명할 수 있다. 그런데 동물의 비 대사율은 $M^{-0.25}$에 비례한다.

정확히 무엇이 $M^{-0.25}$ 축척의 이유인가에 대해서는 여전히 논쟁이 있지만 최근 연구는 혈액 흐름의 제한이 이러한 축척의 이유라는 것을 지지한다. 모든 포유동물의 세포는 신진대사에 필요한 영양분과 산소를 혈류에서 받는다. 모세 혈관의 최소 크기는 모든 포유동물에 대해서 거의 비슷하다. 그런데 사람의 대동맥은 지름이 2.5cm인데, 쥐의 대동맥 지름은 사람의 20분의 1 정도이다. 따라서 쥐는 대동맥이 모세 혈관에 이르며 점점 작은 혈관으로 갈라지는 단계가 사람보다 더 적다. 이러한 단계의 수에 따라 혈류 흐름의 원활한 정도가 달라지는데, 단계의 수가 많을수록 혈류가 흐름의 저항을 더 받게 된다. 따라서 쥐의 혈류 순환계는 코끼리의 혈류 순환계와 매우 다르다. 혈류 제한에 기초한 비 대사율 모형은 관측된 축척 법칙과 일치한다. 이 연구가 올바른 것으로 증명될지에 대한 판단은 아직 이르지만, 자연 현상에는 물리 법칙에 기초한 수학적 관계를 따르는 대규모 규칙성이 있음은 논란의 여지가 없다. 즉, 자연은 다양하고 복잡해 보이지만, 축척이라는 렌즈를 통해 살펴보는 것은 우리에게 자연의 통일성과 단순성을 파악할 수 있게 해 준다.

073 윗글에 대한 설명으로 적절하지 않은 것은?

① 특정 법칙이 갖는 의미와 가치를 소개하고 있다.
② 특정 법칙이 적용되는 구체적인 사례를 제시하고 있다.
③ 특정 법칙을 유체의 흐름에 대한 과학적 사실을 기반으로 설명하고 있다.
④ 특정 법칙의 동물 종간 적용의 한계점과 이의 극복 방안을 제시하고 있다.
⑤ 특정 법칙이 특정 이론으로 설명되는 것이 맞는가의 판단을 유보하고 있다.

074 윗글에서 추론한 내용으로 적절한 것을 〈보기〉에서 있는 대로 고른 것은?

> **보기**
>
> ㄱ. 두 동물의 하루에 필요한 에너지가 같다면 몸무게가 더 작은 동물의 비 대사율이 몸무게가 큰 동물의 비 대사율보다 크다.
> ㄴ. 덩치가 큰 코끼리의 혈류는 덩치가 작은 쥐의 혈류보다 흐름의 저항을 덜 받는다.
> ㄷ. 크기가 큰 포유류가 작은 포유류보다 사용하는 대사 에너지가 더 빨리 배출된다.

① ㄱ ② ㄴ ③ ㄱ, ㄴ
④ ㄱ, ㄷ ⑤ ㄴ, ㄷ

075 윗글을 바탕으로 〈보기〉의 학생의 반응 중 적절한 것을 모두 고른 것은?

> **보기**
>
> 과학자 A는 실험을 통해 같은 품종인 생후 1개월 고양이(C1M)와 4살 고양이(C4Y) 각각의 질량, 비 대사율, 열의 배출 속도에 관한 데이터를 얻었다. 또한 기린 성체(GA)를 대상으로 질량, 비 대사율, 열의 배출 속도에 관한 실험 결과를 조사하였다.
>
> ● 학생의 반응
> ㄱ. C4Y의 질량이 C1M의 질량의 5배라면 C1M의 비 대사율은 C4Y의 비 대사율의 5배보다 작을 것이다.
> ㄴ. C1M과 C4Y는 비 대사율이 (질량)$^{-0.25}$에 비례하는 축척 법칙에 따르지만 GA는 고양이와 다른 종이므로 고양이의 질량과 비 대사율 관계와는 다른 축척 법칙을 따를 것이다.
> ㄷ. 대동맥이 모세 혈관에서 갈라지는 단계의 수는 C1M과 C4Y는 같지만 C1M과 GA는 다를 것이다.
> ㄹ. C1M과 C4Y의 열 배출 속도 데이터는 질량 M인 동물의 비 대사율이 $M^{-0.25}$에 비례한다는 것에 부합하지 않을 것이다.

① ㄱ, ㄴ ② ㄱ, ㄹ ③ ㄴ, ㄷ
④ ㄴ, ㄹ ⑤ ㄷ, ㄹ

[076~078] 다음 글을 읽고 물음에 답하시오.

신속 항원 검사(RAT)는 특정 항원의 존재 여부를 항원을 증폭하지 않고 신속하게 확인하는 진단 검사이다. 유전자를 증폭하여 항원-항체 반응을 이용하여 진단하는 PCR에 비해 RAT는 신뢰도는 떨어지지만, PCR보다 결과를 확인하는 데 걸리는 시간이 매우 짧고 저비용이라는 장점이 있다. RAT는 항원-항체 반응과 크로마토그래피의 원리를 결합한 것이다.

〈그림〉은 이러한 원리가 적용된 RAT 진단 키트이다. 〈그림〉의 ⓐ 부분은 우물 형태의 구조로 되어있는데 여기에 검체를 희석한 액체를 떨어뜨리면 희석액은 모세관 현상에 의해 점선 화살표 방향으로 흐른다. 이때 검체에는 검지하고자 하는 특정 항원과 상관없이 일반적인 항원이 존재하는데 검체의 모든 항원은 금 나노 입자와 같은 라벨과 결합한다. 검체 희석액이 〈그림〉의 ⓑ 부분으로 가면서 T로 표시한 검사선에 붙어 있던 특정 항체가 희석액의 특정 항원과 결합하여 색깔을 나타내게 된다. 이후 나머지 희석액은 계속 흘러 C로 나타낸 대조선에 도착하고 희석액에 있는 일반적인 항원이 대조선에 있는 항체와 결합하여 색깔이 나타난다. 검사선과 대조선 모두에 선이 나타나는 경우 양성이며 대조선에만 선이 나타나면 음성이다. 대조선은 정상적으로 희석액이 흘렀는지를 판단하는 데 유용하며 검사선 위치에 선이 나타나더라도 대조선에 선이 나타나지 않으면 검사 결과는 무효가 된다. 대조선과 검사선 모두 색이 나타나지 않아도 무효가 된다.

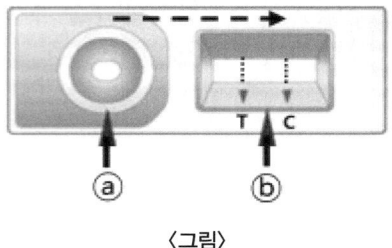

〈그림〉

이러한 RAT의 신뢰성은 민감도와 특이도라는 두 주요 지표를 통해 평가한다. 민감도는 실제 감염자를 얼마나 잘 찾아내는지를 나타내며, 높은 민감도는 거짓 음성을 줄이는 데 중요하다. 이에 비해 특이도는 비감염자를 얼마나 정확히 음성으로 판별하는지를 나타내며, 높은 특이도는 거짓 양성을 줄이는 데 중요하다. 여기서 음성이 아닌데도 음성으로 진단하는 경우를 위음성이라 하고 양성이 아닌데도 양성으로 진단하는 경우를 위양성이라 한다. 이에 비해 실제 감염자를 양성으로 진단하는 경우와 실제 비감염자를 음성으로 진단하는 경우를 각각 진양성과 진음성이라 한다. 따라서 민감도는 진양성을 진양성과 위음성을 더한 값으로 나눈 것을 백분율로 나타낸 값이며 특이도는 진음성을 진음성과 위양성을 더한 값으로 나눈 것을 백분율로 나타낸 것이다. 임신 진단 키트나 코로나 진단 키트와 같은 RAT 상품에는 제조사에서 제공하는 민감도와 특이도가 제시되어 있다.

076 윗글에 대한 설명으로 적절하지 않은 것은?

① 특정 장치의 성능을 향상하기 위한 기술적 방법을 제시하고 있다.
② 특정 장치가 다른 원리의 장치에 비해 갖는 장단점을 기술하고 있다.
③ 특정 장치에서 제조사가 제공하는 성능 지표가 무엇인지를 밝히고 있다.
④ 특정 장치의 원리를 그림으로 제시하여 설명함으로써 이해하는 데 도움을 주고 있다.
⑤ 특정 장치가 채택하고 있는 원리에 어떤 원리들이 결합되어 있는가를 알려 주고 있다.

077 윗글에서 알 수 있는 내용으로 가장 적절한 것은?

① RAT는 PCR보다 특정 항원의 존재 여부를 더 정확히 맞힌다.
② 특정 항원이 있는지를 빠르게 진단하기 위해서는 PCR이 RAT보다 유리하다.
③ 진단 키트의 대조선과 검사선에 붙어 있는 항체는 서로 다른 종류의 항체이다.
④ 검사선에만 색깔이 나타나는 경우는 항원-항체 반응이 일어나지 않았기 때문에 무효로 처리된다.
⑤ 대조선에 색깔이 나타나고 검사선에 색깔이 나타나지 않은 경우는 검체 희석액이 검사선을 지나지 않았기 때문이다.

078 윗글을 바탕으로 〈보기〉의 (가)와 (나)에 들어갈 말을 올바르게 짝 지은 것은?

> **보기**
>
> ● A사는 ○○ 바이러스에 대한 자사의 RAT 진단 키트의 민감도를 60%라고 보고하였다. 이후 A사는 보고한 민감도의 계산에서 위음성의 숫자를 실수로 더 작게 넣었음을 발견하였다. 따라서 A사의 진단 키트의 민감도는 60%보다 (가) 값으로 수정되었다.
>
> ● B사의 RAT 임신 진단 키트는 실제 임신하지 않은 사람 60명을 임신하지 않은 사람으로 판정했으며 실제 임신한 사람을 임신했다고 판정한 경우와 임신하지 않았는데도 임신이라고 판정한 경우가 각각 30명과 40명이었다. 이 임신 진단 키트의 특이도는 (나) %이다.

	(가)	(나)
①	큰	60
②	작은	60
③	큰	30
④	작은	30
⑤	큰	40

[079~082] 다음 글을 읽고 물음에 답하시오.

병원에 네 사람의 환자가 있다. 네 사람은 각각 간, 심장, 췌장, 폐를 이식받아야 하는데 장기 기증자가 없다. 마침 한 사람이 병문안을 위해 병원에 오는데, 의사는 그 사람을 납치하여 희생시킨 후 그의 장기를 네 사람에게 나누어 준다. 가상의 이 상황에서 ㉠의사는 한 사람이 죽어 네 사람이 살 수 있으므로, "최대 다수의 최대 행복을 이끌어 내는 것이 올바른 행동이다"라는 공리주의적 정당화로 그런 행동을 했다. 그러나 대다수 사람들은 한 개인을 죽여 더 많은 목숨을 살린다는 생각에 몸서리를 친다. 생명의 존엄성은 아무리 더 좋은 결과가 생기더라도 침해할 수 없다고 생각하기 때문이다.

그러나 우리는 생명의 존엄성에 관해 모순된 견해를 가지고 있다. 전쟁이 일어나면 아무 잘못 없는 민간인들이 목숨을 잃더라도 더 많은 사람들의 안전을 꾀해야 한다는 논리를 쉽사리 받아들인다. 또 정부가 보건 분야에 비용을 줄이고, 세금을 깎아 줘 더 많은 납세자들을 만족시킨다면 노인과 빈민이 목숨을 잃게 될 터인데, 이는 용인된다. 사회의 어떤 분야에서는 공리주의적 정당화가 허용된다. 그런데 왜 강제로 장기를 적출하여 더 많은 사람에게 이득을 주는 행위를 허용하지 않을까?

사람들은 흔히 나 자신에 대한 권리, 즉 자기 소유권을 가지고 있다고 똑똑히 밝힌다. 내가 잘못을 저지르지 않았다면, 어느 누구든 나의 동의를 구하지 않고 나를 공격하거나, 내 장기를 가져가거나, 나를 죽이는 행위를 하는 것은 도덕적으로 잘못이다. 이런 생각에서는 아무 잘못 없는 개인의 목숨을 함부로 할 수는 없다. 아무리 네 사람의 목숨을 구하는 것과 같은 고귀한 일을 위해서라고 해도 개인을 수단으로 삼아서는 안 된다. 물론 도덕적으로 옳은 일을 한 결과로 살인이 저질러지는 경우도 있다. 하지만 그것은 비록 예측되기는 했어도 의도하지는 않은 일이다. 전쟁이라 해도 죄 없는 민간인들을 죽이는 행위 자체를 목적으로 삼지는 않는다. 민간인의 희생은 전쟁의 불행한 ㉡부수 효과일 뿐이다. 의도하지 않은 민간인 살상 행위는 정의로운 전쟁에서는 정당화되며, 테러리스트가 의도적으로 민간인을 살상하는 행위와는 도덕적으로 다르다고 간주한다.

이와 달리 공리주의는 오로지 행복이라는 결과만을 중시한다. 죽음은 부수 효과일 수도 있고 의도된 것일 수도 있지만 어차피 결과는 같으므로 공리주의에서는 도덕적으로 차이를 두지 않는다. 또한 공리주의에서는 전쟁과 테러도 결과가 같다면 도덕적으로 구분하지 않는다. 하지만 공리주의를 받아들인다 해도 의사의 생각은 비난할 수 있다.

만약 멀쩡한 사람을 죽여 장기를 이용하는 정책이 받아들여진다면, 건강한 개인들이 큰 불안을 느낄 것이다. 그런 정책으로 혜택을 입는 사람들이 바로 그 정책의 제물이 될 수도 있으므로, 그런 의사들이 있는 사회에서는 행복의 총량이 감소할 수밖에 없다. [A]

079 윗글의 주된 문제의식으로 가장 적절한 것은?

① 생명은 누구의 것이라도 모두 존엄한가?
② 소유권과 생명권 중 어느 것이 더 소중한가?
③ 어떨 때 생명의 존엄성을 침해할 수 있는가?
④ 의도된 죽음과 의도되지 않은 죽음은 구분 가능한가?
⑤ 개인의 권리는 더 큰 이득을 위해 희생되어도 되는가?

080 ㉠의 생각으로 적절하지 않은 것은?

① 생명의 존엄성은 절대적인 것이 아니다.
② 다수의 행복이 소수의 행복보다 가치 있다.
③ 자기 소유권이라고 하더라도 침해될 수 있다.
④ 건강한 개인이 느끼는 불안도 고려해야 한다.
⑤ 더 좋은 결과를 낳는 행동을 하는 것이 옳다.

081 ㉡에 대한 설명으로 적절하지 않은 것은?

① 의도하지 않은 결과로 생긴 것이다.
② 일어나기 전에는 예측할 수 없는 것이다.
③ 공리주의자는 그 도덕적 의미를 부인한다.
④ 다른 사람의 권리를 침해해도 되는 근거이다.
⑤ 전쟁에서 민간인 희생을 정당화하는 근거이다.

082 [A]를 참고하여 공리주의자가 의사의 행동을 다시 정당화할 수 있는 방법으로 적절한 것만을 〈보기〉에서 있는 대로 고른 것은?

> **보기**
> ㄱ. 다른 사람들이 모르게 멀쩡한 사람을 죽여 장기를 이용한다.
> ㄴ. 그런 정책으로 느끼는 불안은 생명의 존엄성을 지키기 위한 부수 효과임을 보여 준다.
> ㄷ. 그런 정책으로 혜택을 입는 사람의 행복이 정책으로 느끼는 불안보다 훨씬 크다는 것을 보여 준다.
> ㄹ. 전쟁의 민간인 학살은 의도한 것이 아니지만 멀쩡한 사람의 죽음은 의도한 것임을 보여 준다.

① ㄱ, ㄴ   ② ㄱ, ㄷ   ③ ㄷ, ㄹ
④ ㄱ, ㄴ, ㄷ   ⑤ ㄴ, ㄷ, ㄹ

[083~084] 다음 글을 읽고 물음에 답하시오.

2024 월동 대비 꿀벌응애 집중 방제 안내

1. 일제 방제 기간
   - 기간: 24. 10. 21.(월)~24. 11. 01.(금), 2주간
   - 대상: 월동 전 응애 방제가 필요하거나 미흡한 양봉 농가

2. 꿀벌응애 집중 방제 약품 선택 및 사용 요령
   - 방제 약품 선정 방식 개선 사항
     [기존] 시도(시군)에서 양봉 협회 지부 등과 협의하여 농가 선호 약제 선정
     [개선] 기존 방식을 유지하되 2년 연속 동일한 성분의 약제 사용 금지
   - 꿀벌응애 방제 약품 선택 방법
     • 제품 기준이 아닌 성분 기준으로 약제 선택 및 상호 교차 사용
     • 약제를 사용할 때는 직전에 사용했던 성분이 포함되지 않은 약제를 사용함으로써 성분별 순환 사용 권장
     ※ 약품명이 달라도 성분이 동일할 수 있으므로 성분명을 반드시 확인 후 사용
   - ㉠꿀벌응애 방제 방법
     • 응애 감염 정도를 주기적으로 확인하여 어떤 방법을 적용할지 결정
     • 물리적 방법과 화학적 방법을 동시에 병행하는 것을 고려

물리적 방법	화학적 방법
(1) 수벌방 (2) 철망바닥 (3) 가루설탕법	- 천연 약제: 개미산, 티몰, 구아검 등 - 합성 약제: 아미트라즈, 시미아졸, 쿠마포스 등

     • 화학적 방법은 천연 약제 사용을 우선적으로 고려하고, 합성 약제 사용은 다음 수단으로 사용하여 내성과 잔류 문제 최소화
   - 방제 약품 사용 요령 및 사용 시 주의 사항(방제제 사용 요령)
     • 방제제 변경 시 성분명 확인 필수
     • 농장 자체에서 방제제 선발 시험 실시
     • 일부 봉군에 여러 종류의 방제제 투여 후 가장 효과 좋은 방제제를 전체 봉군에 사용
     ※ 방제제 성분 조회 방법
     (1) 농림축산검역본부 인터넷 홈페이지 접속(회원가입 불필요) → (2) 상단의 '의약품 등 정보' 클릭 → (3) '동물용 의약품·의약외품 정보 검색' 클릭 → (4) 좌측 '의약품 정보 검색'에 약품명을 검색(성분명 검색 가능)

083 윗글의 내용에 대한 이해로 가장 적절한 것은?

① 합성 방제 약품의 성분은 약품명에 표시된다.
② 방제 약품을 선정하는 주체가 기존과 달라졌다.
③ 동일한 물리적 방법을 2년 연속 사용할 수 없다.
④ 방제 약품의 효과는 농가에서 직접 검증할 수 있다.
⑤ 천연 약제보다 합성 약제가 내성 최소화에 유리하다.

084 윗글의 ㉠과 관련하여 〈보기〉를 읽고 난 반응으로 적절하지 않은 것은?

보기

다음은 응애 방제 약품 A~E의 성분을 정리한 표이다.

약품명	A	B	C	D	E
성분	개미산	개미산, 구아검	티몰	시미아졸	쿠마포스

① A를 C보다 먼저 사용해야 한다.
② C를 D보다 먼저 사용해야 한다.
③ A와 B는 2년 연속 병행 사용이 불가하다.
④ D를 사용한 다음 해에 E를 사용할 수 있다.
⑤ 〈보기〉의 정보는 농림축산검역본부 홈페이지에서 검색할 수 있다.

[085~087] 다음 뉴스 보도를 읽고 물음에 답하시오.

	"경로석·일반석 뒤바뀔 수도"…저출생의 미래	
장면 1		저출생, 고령화가 우리 사회의 문제라는 데는 공감대가 형성돼 있지만, 일상에서 쉽게 체감되진 ⊙<u>않는데요</u>. 이를 지하철 경로석의 변화로 살펴봤습니다. 김○○ 기자입니다.
장면 2		일반석과 경로석이 뒤바뀐 지하철의 모습입니다. 저출생을 경고하는 20년 전 공익 광고인데요. 이제는 익숙한 단어가 된 최저출산율과 노인 인구 비율 등이 언급돼 있고, 아이보다 어른이 많은 나라를 상상해 보았냐는 문구도 적혀 있습니다. ⓒ<u>그런데</u> 이런 지하철 풍경이 점차 현실로 다가오고 있습니다.
장면 3		1980년, 지하철에 '경로석'이 따로 마련됐습니다. 전동차 양쪽 끝, 좌석 3칸이 시작이었습니다. 지금은 노인뿐 아니라 임산부도 앉을 수 있는 '교통 약자석'으로 한 차량당 12석, 좌석의 22% 수준입니다. 지하철에선 한정된 좌석을 두고 자리다툼을 하는 모습도 ⓒ<u>종종</u> 목격됩니다.
장면 4		이제는 65살 이상에게 제공되는 지하철 무임승차도 살펴보아야 할 때입니다. 노인 인구가 4%도 되지 않던 1984년 도입 이후, 40년 가까이 바뀌지 ⓔ<u>않고 있습니다</u>. 천만 노인 시대를 맞은 현재, 우리나라의 고령화 속도는 OECD 회원국 가운데 가장 빠릅니다. 국내 노인 인구는 2047년, 사상 최대 규모인 1,630만 명을 기록할 전망입니다.
장면 5		통계청이 전망한 올해 합계 출산율은 0.68명입니다. 현실이 ⓜ<u>된다면</u> 연간 0.7명대가 사상 처음으로 무너지게 됩니다.

085 뉴스 보도에 사용된 정보 제시 전략으로 적절하지 않은 것은?

① 장면1: 핵심 단어를 자막으로 제시하여 시청자들이 보도 내용을 예측할 수 있도록 한다.
② 장면2: 공익 광고 장면을 제시하여 시청자들에게 문제의 심각성을 효과적으로 환기하고 있다.
③ 장면3: 지하철 내부 사진을 제시하여 노인 인구 비율의 심각성을 현장감 있게 전달하고 있다.
④ 장면4: 보도 내용에서 강조하고자 하는 내용을 자막으로 제시하여 시청자들이 이에 집중할 수 있도록 한다.
⑤ 장면5: 객관적인 수치와 관련 이미지를 제시하여 시청자들이 저출생 문제에 경각심을 갖게 한다.

086 〈보기〉는 뉴스 보도를 본 시청자들의 반응이다. 이에 대한 이해로 적절하지 않은 것은?

> **보기**
>
> **시청자 게시판**
>
> ↳ 시청자1 보도 내용을 보고 처음 '경로석'이 마련되었던 계기와 그것이 요즘의 '교통 약자석'으로 바뀌게 된 과정이 궁금해져서 이번 기회에 찾아보게 되었어요.
>
> ↳ 시청자2 지하철에서 자리 때문에 싸우시는 분들을 본 적이 있어요. 교통 약자석이 부족하다 보니 젊은 이들은 일반 좌석에 앉아 있을 때 어르신들이 오면 일어나야 하나 눈치를 보게 되고 어르신 분들은 자리를 괜히 빼앗는 것 같아 미안해하시기도 합니다. 그래서 어르신들 중에는 일부러 좌석 앞이 아닌 문 앞에 서 계신다는 내용을 어디선가 본 것 같아요. 지하철 좌석에 변화가 필요할 것 같아요.
>
> ↳ 시청자3 지하철 무임승차 연령 기준에 대한 보도 내용이 편파적인 것 같습니다. 지금까지 연령 기준을 유지한 데에는 이유가 있을 것 같기도 한데요. 개정해야 한다는 측면의 의견과 유지해야 한다는 의견의 측면을 고루 다뤄 주시길 바랍니다.
>
> ↳ 시청자4 우리나라의 고령화 속도가 OECD 회원국 가운데 가장 빠르다고 하셨는데 얼마나 심각한 건지 잘 와닿지 않네요. 다른 국가들과 비교해서 그래프를 제시해 주시면 좋을 것 같아요.
>
> ↳ 시청자5 이번 보도를 통해 우리나라의 고령화와 출산율 문제가 얼마나 심각한지 알게 되었어요. 여태 이 문제에 대해 무지했던 것이 부끄럽더라고요. 저처럼 이 문제에 대해 관심이 없었던 사람들에게 문제의식을 불러일으키는 좋은 보도였던 것 같습니다.

① 시청자1: 보도 내용을 폭넓게 이해하기 위해 제시되지 않은 정보를 스스로 찾아보고 있다.
② 시청자2: 보도 내용과 관련한 자신의 경험을 떠올리며 교통 약자석과 일반석의 비율을 뒤바꿔야 한다는 기자의 의견에 동의하고 있다.
③ 시청자3: 보도 내용의 공정성에 대한 의문을 품으며 다방면에서 문제를 다루어 줄 것을 요구하고 있다.
④ 시청자4: 보도 내용의 이해를 돕기 위한 시각 자료를 추가해 줄 것을 요청하고 있다.
⑤ 시청자5: 자신에 대한 반성을 바탕으로 보도 내용의 효용성을 평가하고 있다.

087 ㉠~㉤에 대한 설명으로 적절하지 <u>않은</u> 것은?

① ㉠: 공식적인 성격의 뉴스 보도이지만 비격식체를 활용하여 시청자에게 친근하게 내용을 전달하고 있다.
② ㉡: 접속부사를 활용하여 앞의 내용과 연관해 화제를 다른 방향으로 이끌어 나가고 있다.
③ ㉢: 부사를 활용하여 문제 상황의 발생 빈도를 표현하고 있다.
④ ㉣: '-고 있습니다'를 사용하여 과거, 현재, 미래의 연속성을 표현하고 있다.
⑤ ㉤: 연결어미를 통해 아직 이루어지지 않은 사실을 가정하여 말하고 있다.

[088~090] 다음 글을 읽고 물음에 답하시오.

2024년 행복시 관내 택배 서비스 사업 실시 공고

1. 지원 대상
   - 행복시 거주 시민 및 행복시 관내 직장인 누구나

2. 사업 내용
   1) 행복시 안심 무인 택배 서비스
      - 부재로 인해 택배 수령이 어려운 경우나 안전한 택배 수령을 원할 때 행정복지센터에 설치된 무인 택배 보관함을 통해 택배 수령
      - 주민 누구나 쉽게 이용할 수 있고 사람의 왕래가 잦은 행정복지센터에 택배함을 설치해 1인·맞벌이 가구·여성 등의 안전한 택배 수령
   2) 행복시 반값 택배 서비스
      - 관내 행정복지센터 간 물류 교류 및 무인 택배 보관함을 이용하여 저렴한 비용으로 이용할 수 있음
      - 행복시 내에서는 거리에 따른 추가 요금 없음

3. 이용 기간 및 시간: 2025년 1월 1일부터 시행
   1) 안심 무인 택배 서비스: 365일 24시간 개방 운영
      - 택배 도착 후 48시간 내 수령
      - 48시간 이후 보관 비용 추가 결제 후 수령 가능
      - 장기 보관 방지를 위해 장기 보관 물품 별도 조치 및 폐기
   2) 반값 택배 서비스 접수: 주말 및 공휴일 제외, 9:00~18:00

4. 이용 절차
   1) 안심 무인 택배 서비스
      - 관내 행정복지센터별 주소지 확인
      - 택배 발송 시 희망 행정복지센터 주소 및 비밀번호 입력
      - 택배 도착 알림 문자 후 48시간 이내 무인 택배함 방문 수령
      - 안내에 따라 설정한 비밀번호 입력 후 택배 수령
      - 무인 택배함 규격에 맞지 않는 택배는 담당자 별도 연락 후 수령
   2) 반값 택배 서비스
      - 관내 행정복지센터 운영 시간 내 방문 접수
      - 택배 접수 후 결제
      - 추후 인접 시·도 확대 예정
      - 수령 방법: 택배 도착 알림 문자 후 48시간 이내 무인 택배함에서 수령
      - 운임: 500g이하(1,000원), 500g초과~3kg이하(2,000원), 3kg초과~5kg이하(2,500원)

088 윗글을 이해한 내용으로 가장 적절한 것은?

① 무인 택배 서비스는 여성만 이용할 수 있다.
② 행복시 관내에서는 반값 택배 요금이 동일하다.
③ 무인 택배함의 비밀번호는 택배함에서 설정된다.
④ 인접 시·도 확대는 2025년 1월부터 실시될 예정이다.
⑤ 택배 도착 후 수령인에게 도착 알림 문자가 발송된다.

089 윗글의 택배 서비스에 대한 시민들의 반응으로 적절하지 <u>않은</u> 것은?

① 택배를 안전한 곳에 보관하면 도난이나 훼손도 방지되고 편하게 이용할 수 있겠어.
② 평일 9시에서 6시 사이에만 반값 택배를 수령할 수 있다는 점은 개선이 필요하겠어.
③ 무인 택배함 이용이 어려운 사람들을 위해 기기 사용을 도와주는 도우미가 배치되면 좋겠어.
④ 문자 사용이 어려운 연령층을 위해 전화로 택배 도착을 안내해 주는 서비스가 추가되면 좋겠어.
⑤ 부재 시 택배를 보관하기 위한 서비스이니만큼 보관 시간도 범위 내에서 설정할 수 있으면 좋겠어.

090 윗글에 추가로 제시되어야 할 정보로 적절하지 <u>않은</u> 것은?

① 비밀번호 설정 방법
② 반값 택배 배송 기간
③ 48시간 이후 보관 비용
④ 무인 택배함 이용 가능 택배 규격
⑤ 장기 보관 물품의 폐기 시간 기준

국어 문화   091번~100번

091 〈보기〉에서 설명하는 문학 작품은?

> **보기**
>
> 조선 선조 때 정철이 지은 가사로 『송강가사』에 수록되어 있다. 작자가 당쟁으로 인해 조정에서 물러나 창평에 내려가 있으면서 지은 것으로, 임금을 천상에서 인연이 있었던 임으로 설정하고 그 임과 이별한 후 사모하는 여인의 심정을 두 선녀의 대화 형식으로 표현하였다.

① 규원가 ② 선상탄 ③ 관동별곡
④ 상사별곡 ⑤ 속미인곡

092 〈보기〉에서 설명하는 문학 작품은?

> **보기**
>
> 염상섭이 지은 단편 소설. 3·1 운동 전후의 젊은 지식인의 좌절한 모습을 광인 김창억이란 인물을 통하여 제시하였는데, 우리나라 자연주의 소설의 효시로 평가받는다. 1921년에 발표하였다.

① 오발탄 ② 미스터 방
③ 운수 좋은 날 ④ 술 권하는 사회
⑤ 표본실의 청개구리

093 〈보기〉에서 설명하는 작가는?

> **보기**
>
> 한국 시문학의 대표적인 작가로 1939년에 『문장(文章)』을 통하여 문단에 데뷔하였으며, 토속적 이미지의 작품을 많이 남겼다. 조지훈, 박두진과 함께 발간한 『청록집』이 특히 유명하다. 초기에는 자연 친화적인 주제를 다루었으나 점차 사념적인 경향으로 바뀌었다. 시집에 『산도화(山桃花)』, 『청담(晴曇)』, 『경상도의 가랑잎』, 『무순(無順)』 따위가 있다.

① 박노해 ② 박목월
③ 신경림 ④ 정현종
⑤ 황동규

094 〈보기〉는 일제 강점기에 게재된 신문 기사이다. 이에 대한 설명으로 적절하지 않은 것은?

> **보기**
>
> **대성황을 기약하는 연극경연대회**
>
> 『우리의 연극예술을 창조하자! 우리의 지반(地盤)을 굳건히 하자!』는 주지 아래 본사가 오는 삼월 삼, 사, 오일 삼일간 조선 연극계의 일대 성사로서 『제이 회 연극경연대회』를 개최한다는 것이 한번 발표되자 우리 연극 확립에 힘쓰고 잇는 경향의 각 극단은 이 대회에의 참가를 위하야 방금 준비에 분망 중인데 이미 중앙지대에서 꾸준히 연극 활동을 계속하고 잇는 극연좌(劇研座) 랑만좌(浪漫座) 중앙무대(中央舞臺) 삼극단은 정식의 참가 신청이엇고 멀리 평양과 개성에서도 두 극단이 참가 의사를 표시하여 왓으며 이 외에도 몇몇 극단의 참가가 기대된다.
>
> 특히 이번 대회는 우리 연극 창조의 가장 중요한 요소인 창작극의 제작 상연이 조건으로 되어 잇는 만큼 각 극단에서는 문예부 총동원으로 각본 집필에 힘쓰는 한편 극단 소속 이외의 극작가의 각본 제공을 바라고 잇는데 희곡상을 목표로 한 신진의 적극적 찬조를 요망하여 마지 안는다. 이리하여 『연극경연대회』의 막은 조선 연극인 전체의 힘으로 힘차게 올려가려 한다.
>
> — 『동아일보』 1939년 1월 26일

① 연극경연대회는 동아일보가 주최하는 행사이다.
② 연극경연대회에 참가할 의향이 있는 극단은 최소 5개이다.
③ 연극경연대회에 참가하기 위해서는 창작극을 상연해야 한다.
④ 연극경연대회는 극단 소속 극작가의 각본만 제공할 수 있다.
⑤ 연극경연대회의 목표는 우리 고유의 연극을 창조하는 것이다.

095 ㉠~㉤의 의미로 적절하지 않은 것은?

> **보기**
>
> 심청이 부친을 붙들고 울며 위로하되,
> "아버지, ㉠하릴없소. 나는 이미 죽거니와 아버지는 눈을 떠서 ㉡대명천지(大明天地) 보고, 착한 사람을 구하여서 아들 낳고 딸을 낳아 아버지 ㉢후사(後嗣)나 전코, ㉣불초녀(不肖女)를 생각지 마옵시고 만세만세 무량하옵소서. 이도 또한 ㉤천명(天命)이오니 후회한들 어찌 하오리까" 하였다.
>
> — 「심청전」

① ㉠하릴없소: 조금도 틀림이 없다.
② ㉡대명천지: 아주 환하게 밝은 세상
③ ㉢후사: 대를 잇는 자식
④ ㉣불초녀: 딸이 어버이를 상대하여 자기를 낮추어 이르는 말
⑤ ㉤천명: 하늘의 명령

096

<보기>는 『훈민정음』 언해본의 일부분이다. ㉠~㉤과 그에 대응하는 한자어를 짝 지은 것으로 적절하지 않은 것은?

> **보기**
>
> 나랏 말쏘미 中國에 달아 文字와로 서르 ㉠스뭇디 아니홀씨 이런 젼ᄎ로 ㉡어린 百姓이 니르고져 홇 배 이셔도 ᄆᆞᄎᆞᆷ내 제 ᄠᅳ들 시러 펴디 몯홇 노미 ㉢하니라 내 이ᄅᆞᆯ 爲ᄒᆞ야 어엿비 너겨 새로 스믈여듧 字ᄅᆞᆯ ㉣ᄆᆡᇰᄀᆞ노니 사ᄅᆞᆷ마다 ㉤ᄒᆡᅇᅧ 수ᄫᅵ 니겨 날로 ᄡᅮ메 便安킈 ᄒᆞ고져 홇 ᄯᆞᄅᆞ미니라

① ㉠: 同
② ㉡: 愚
③ ㉢: 多
④ ㉣: 制
⑤ ㉤: 使

097

<보기>는 남북한 한글 자모 배열 순서의 차이를 보인 것이다. 남북의 사전 배열 순서가 올바르지 않은 것은?

보기

자음	남	ㄱ ㄲ ㄴ ㄷ ㄸ ㄹ ㅁ ㅂ ㅃ ㅅ ㅆ ㅇ ㅈ ㅉ ㅊ ㅋ ㅌ ㅍ ㅎ
	북	ㄱ ㄴ ㄷ ㄹ ㅁ ㅂ ㅅ (ㅇ) ㅈ ㅊ ㅋ ㅌ ㅍ ㅎ ㄲ ㄸ ㅃ ㅆ ㅉ ㅇ ※(ㅇ)은 받침일 때의 위치
모음	남	ㅏ ㅐ ㅑ ㅒ ㅓ ㅔ ㅕ ㅖ ㅗ ㅘ ㅙ ㅚ ㅛ ㅜ ㅝ ㅞ ㅟ ㅠ ㅡ ㅢ ㅣ
	북	ㅏ ㅑ ㅓ ㅕ ㅗ ㅛ ㅜ ㅠ ㅡ ㅣ ㅐ ㅒ ㅔ ㅖ ㅚ ㅟ ㅢ ㅘ ㅝ ㅙ ㅞ

	(남)	(북)
①	가게-개나리-교복	가게-교복-개나리
②	나무-땀-사랑	나무-사랑-땀
③	왕-이모-회의	회의-왕-이모
④	아버지-이모-자랑	자랑-아버지-이모
⑤	꿩-액자-회의	회의-꿩-액자

098 〈보기〉의 설명을 바탕으로 할 때, 제시된 수어가 나타내는 의미는?

보기

수어는 어떤 행위를 손과 팔의 움직임으로 형상하여 표현하는 경우가 많다. 예를 들어 '쓰다'를 수어로 표현할 때는 마치 왼 손바닥 위에 종이나 공책을 올려놓고 그 위에 펜을 쥔 오른손으로 무엇인가를 쓰는 모습을 연상하게 한다.

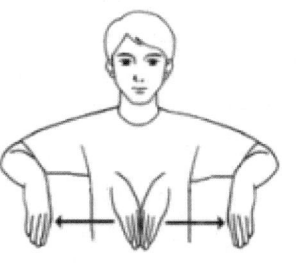

① 놀다
② 찾다
③ 만들다
④ 갈등하다
⑤ 분리하다

099 밑줄 친 법령 용어를 쉬운 용어로 정비한 것으로 가장 적절한 것은?

보기

제1항에 따라 심의위원회가 교육장에게 가해 학생에 대한 조치를 요청할 때 그 이유가 피해 학생이나 신고·고발 학생에 대한 협박 또는 보복 행위일 경우에는 같은 항 각 호의 조치를 <u>병과하거나</u> 조치 내용을 가중할 수 있다. (「학교폭력예방 및 대책에 관한 법률」 제17조 제2항)

① 함께 기입하거나
② 함께 묵인하거나
③ 함께 부과하거나
④ 함께 승인하거나
⑤ 함께 합산하거나

100 〈보기〉에 사용된 광고 언어에 대한 설명으로 적절하지 <u>않은</u> 것은?

> **보기**
>
> 팀장: 요즘, 피싱 참 교묘해~ 수사 기관이라며 전화가 와서 내 계좌가 범죄에 노출되었으니 돈을 보관해 준다니까. 내가 보내, 안 보내.
> 이 차장: 팀장님도 참 오래된 걸로 속으셨네. 저는 은행 직원이라며 전화해서 저금리 대출로 바꿔 준다니까. 제가 보내겠어요, 안 보내겠어요.
> 김 대리: 아이... 차장님, 그것도 무시할 수 있죠. 저는 가족이 문자를 보내서 폰도 고장나고 인증서도 오류라는데 제가 대신 송금하겠어요, 안 하겠어요.
> 팀장: 자자, 누구나 피해자가 될 수 있는 거니까! 앞으로 확실히 실천하자고. 피싱 예방 삼창!
> 팀장: 의식하고!
> 김 대리: 전화 끊고!
> 이 차장: 확인하고!
> 다같이: 피싱을 피하자!

① 동일한 음절을 반복하여 리듬감을 형성하고 있다.
② 나열을 통해 주제와 관련한 구체적인 사례들을 보여 주고 있다.
③ 명령형으로 마무리하며 수용자가 피해를 당하지 않도록 경고하고 있다.
④ 일상의 대화처럼 내용을 구성하여 수용자가 이해하기 쉽게 전달하고 있다.
⑤ 비슷한 문장 구조를 반복하여 피해자가 처한 상황을 효과적으로 전달하고 있다.

[확인 사항]
● 문제지와 답안지에 필요한 내용을 정확히 적었는지 확인하십시오.

수고하셨습니다.

2024. 10. 20.

성　　　명	
수 험 번 호	
감 독 관 확 인	

제81회
KBS한국어능력시험

KBS 한국방송

- 문제지와 답안지에 모두 성명, 수험 번호를 정확히 기입하십시오.
- 답안지와 함께 문제지를 반드시 제출하십시오.
- 본 시험지를 절취하는 것은 부정행위로 간주합니다.
- 본 시험의 내용을 무단으로 전재·복사·복제·출판·강의하는 행위와 인터넷 등을 통해 복원하는 행위는 저작권법에 저촉됩니다.

한국어능력시험 문항 100문항

영역	문항
듣기 · 말하기	001번~015번
어휘 · 어법	016번~045번
쓰기	046번~050번
창안	051번~060번
읽기	061번~090번
국어 문화	091번~100번

제81회 KBS한국어능력시험

2024년 10월 20일 시행

듣기·말하기 001번 ~ 015번

001 벽화에 대한 설명으로 가장 적절한 것은?

① 벽화에 그려진 아이는 오염된 눈을 먹고 있다.
② 작가는 벽화를 보호하기 위한 장치를 직접 설치했다.
③ 벽화는 작가가 알려진 후에도 대중의 관심을 받지 못했다.
④ 벽화에는 작가의 정체를 알 수 있는 사인이 포함되어 있다.
⑤ 벽화는 대기 오염의 실태를 보여 주기 위해 그려진 그림이다.

002 이 이야기의 주제로 가장 적절한 것은?

① 표리부동한 사람은 멀리해야 한다.
② 남을 모략하는 자는 남의 모략에 걸려든다.
③ 작은 위험을 피하려다 더 큰 위험에 빠진다.
④ 평소에 적이 많은 사람은 어려울 때 친구가 없다.
⑤ 본성이 착한 이도 억울한 일을 당하면 적의를 보인다.

003 강연의 내용에 대한 이해로 가장 적절한 것은?

① 식물의 재스민은 벌레로 인해 손상되지 않은 부위에서 만들어진다.
② 식물의 신선한 향기는 식물의 생존을 위한 대화라고 할 수 있다.
③ 식물은 꽃의 향기를 활용하여 주변 식물들에게 위험을 고지한다.
④ 식물이 소화를 억제하는 효소를 축적하는 것은 병균에 대항하기 위한 것이다.
⑤ 식물은 주변을 인식하고 자신을 보호하기 위해 동물들과 공생하고 있다.

004 방송에 대한 이해로 적절하지 않은 것은?

① 첼로는 심장과 가장 가까운 위치에서 연주하는 악기이다.
② 첼로는 바이올린 계열의 악기 중 두 번째로 큰 악기이다.
③ 엔드핀의 발명 이후 첼로는 독주 악기로서의 위상을 갖게 되었다.
④ 〈재클린의 눈물〉은 오펜바흐가 재클린을 추모하는 마음을 드러낸다.
⑤ 엔드핀의 발명으로 연주자는 첼로를 안정적인 자세에서 연주할 수 있게 되었다.

005 이 시의 주제를 가장 적절하게 표현한 것은?

① 산업사회의 부조리와 가족 해체 현상에 대한 경고
② 소외된 존재가 겪는 슬픔과 극복할 수 없다는 한탄
③ 현대 도시 문명에 대한 비판과 생명력 회복에 대한 소망
④ 부단한 노력과 반성으로 체득하는 자연 친화적 삶의 중요성
⑤ 내면적 존재와의 대화를 통한 자기반성과 달관적인 삶의 태도

006 전문가의 설명과 일치하지 않는 것은?

① 롤드컵은 '리그오브레전드'와 '월드컵'을 합쳐 줄인 말이다.
② 지난 롤드컵 결승전은 예매 시작 10분 만에 모든 좌석이 매진되었다.
③ '리그오브레전드' 대한민국 1부 리그 선수들의 연봉은 1억 이상이다.
④ '리그오브레전드'는 넥서스라는 상대의 중앙 기지를 부수는 게임이다.
⑤ '리그오브레전드'는 신체를 사용하지 않으므로 스포츠로 인정받지 못하고 있다.

007 진행자의 말하기 방식으로 가장 적절한 것은?

① 전문가의 설명을 청취자의 입장에서 반박하고 있다.
② 전문가에게 숫자적 정보를 요구하며 질문하고 있다.
③ 전문가의 설명을 듣고 정보의 출처에 대해 묻고 있다.
④ 전문가의 설명을 요약하며 이야기를 마무리하고 있다.
⑤ 자신의 경험과 관련된 질문에 대한 답변을 요청하고 있다.

008 대화를 통해 알 수 있는 내용으로 가장 적절한 것은?
① 남자는 매년 휴가에 홀로 여행을 가고 싶어 한다.
② 남자는 매년 해외여행을 다녀오는 것을 고수하고 있다.
③ 여자는 여행을 매년 가는 것은 불가능하다고 생각한다.
④ 여자는 미래를 위해 현재의 행복은 포기해야 한다고 생각한다.
⑤ 부부는 일상에서의 지출을 줄이기 위해 노력하는 생활을 하고 있다.

009 대화 참여자의 말하기 방식으로 적절하지 않은 것은?
① 남자는 여자의 의견에 동의하며 자신의 의견을 덧붙이고 있다.
② 남자는 상대의 발화 중 일부를 인용하며 자신이 이해한 바가 정확한지 확인하고 있다.
③ 여자는 남자의 말에 공감을 드러내며 대화를 원활하게 이어 나가고 있다.
④ 여자는 서로의 인생관의 차이를 고려한 해결 방법을 남자에게 제시하고 있다.
⑤ 여자는 물음의 형식을 활용하여 자신의 의견에 대한 상대의 동의를 구하고 있다.

010 강연의 내용과 일치하지 않는 것은?
① 비상식량은 식량에서 수분을 건조하여 유통기한이 길다.
② 재난에 일상적으로 대비하는 사람들을 프레퍼족이라고 한다.
③ 프레퍼족은 비상식량을 준비할 뿐만 아니라 생존 가방을 꾸리기도 한다.
④ 미생물이 수분이 없어 활동하지 못하면 식재료의 부패가 일어나지 않는다.
⑤ 동결 건조는 우선 용기 안의 기압을 진공 상태로 만든 후 식재료를 얼리는 과정을 거친다.

011 강연자의 말하기에 대한 설명으로 적절하지 않은 것은?
① 질문의 방식을 통해 청중의 주의를 환기하고 있다.
② 용어의 개념을 설명하며 청중의 이해를 돕고 있다.
③ 현상에 대한 인과관계를 설명하며 핵심 원리를 전달하고 있다.
④ 사회적 상황에 대한 강연자의 소망을 담아 강연을 마무리하고 있다.
⑤ 청중들이 내용을 예측하며 들을 수 있도록 강연 내용의 순서를 제시하고 있다.

012 발표의 내용에 대한 이해로 적절하지 않은 것은?

① 청소년들은 단순한 호기심과 재미로 도박을 시작하는 경우가 많다.
② 청소년들이 도박에 중독될 경우 약물 치료가 필요할 수도 있다.
③ 청소년들의 온라인 도박이 증가한 이유는 스마트폰 사용으로 인한 쉬운 접근성 때문이다.
④ 청소년들의 도박 중독은 심각해지고 있지만 이들의 도박 중독 치료 서비스 이용은 줄고 있어 문제다.
⑤ 청소년들의 도박 중독은 2차 범죄로까지 이어질 수 있는 위험성을 가지고 있다.

013 발표의 내용 구성 전략으로 적절하지 않은 것은?

① 자료의 출처를 밝히며 발표 내용의 신뢰성을 강화한다.
② 비유적 표현을 활용하여 문제의 심각성을 강조하고 있다.
③ 구체적인 통계 자료를 근거로 활용하여 내용의 객관성을 더하고 있다.
④ 질문의 방식을 통해 도박 중독인 청소년들의 정신적 피해 사례를 제시하고 있다.
⑤ 발표를 마치며 문제 해결을 위해 어른들이 책임감 있는 태도를 취할 것을 촉구하고 있다.

014 두 사람의 입장에 대한 이해로 적절하지 않은 것은?

① 주민 대표는 주변에 마땅한 체육 시설이 없다고 지적한다.
② 주민 대표는 다양한 연령대의 주민들이 이용할 수 있는 체육 시설을 마련해 줄 것을 요구한다.
③ 주민 대표는 체육 시설 설치 기간이 늘어난다면 주민들의 관심이 떨어질 것을 우려하고 있다.
④ 담당자는 고가 하부 도로 공간 개선을 위해서는 담당 부서를 정하는 일이 먼저라고 주장한다.
⑤ 담당자는 시설 설치의 진행 과정을 주민들에게 안내할 것을 약속한다.

015 두 사람의 갈등 해결 방식으로 가장 적절한 것은?

① 주민 대표는 새로운 방안을 제시하여 담당자의 우려를 해소하고 있다.
② 담당자는 주민 대표의 요구를 모두 수용하여 협상을 조속히 끝내고 있다.
③ 담당자와 주민 대표는 편리성을 기준으로 설치 시설 종류를 조정하고 있다.
④ 주민 대표는 담당자의 의견에 신뢰성이 없다고 판단하여 협상을 중단하였다.
⑤ 담당자와 주민 대표의 요구 사항이 서로 합의되지 않아 다음 협상을 기약하였다.

어휘·어법   016번~045번

016 "말이나 행동이 능글맞은 데가 있다."를 의미하는 고유어는?

① 가살스럽다　　② 게염스럽다　　③ 곰상스럽다
④ 내숭스럽다　　⑤ 느물스럽다

017 한자어의 사전적 뜻풀이로 적절하지 않은 것은?

① 계발(啓發): 슬기나 재능, 사상 따위를 일깨워 줌.
② 긍지(矜持): 자신의 능력을 믿음으로써 가지는 당당함.
③ 당돌(撞突): 쳐서 깨뜨려 뚫고 나아감.
④ 융간(戎間): 전쟁을 하고 있는 동안.
⑤ 작량(酌量): 짐작하여 헤아림.

018 밑줄 친 고유어의 의미로 적절하지 않은 것은?

① 과장은 회사에서 아랫사람을 <u>핫바지</u>로 취급한다.
　→ 시골 사람 또는 무식하고 어리석은 사람을 낮잡아 이르는 말
② 나는 이제 <u>뜨내기</u> 생활을 청산하고 고향에 정착하였다.
　→ 일정한 거처가 없이 떠돌아다니는 사람
③ 무작정 가출한 그는 집도 절도 없는 <u>떨꺼둥이</u>가 되었다.
　→ 의지하고 지내던 곳에서 가진 것 없이 쫓겨난 사람
④ 우리 모임에는 <u>트레바리</u>가 많아 행사를 진행하기가 힘들다.
　→ 말과 행동이 거칠고 미련한 사람
⑤ 저 사람은 늘 양보만 하고 말도 못 하는 <u>무녀리</u> 같은 사람이다.
　→ 말이나 행동이 좀 모자란 듯이 보이는 사람을 비유적으로 이르는 말

019 밑줄 친 한자어의 쓰임이 적절하지 않은 것은?

① 이 제품은 가성비가 좋기로 소문이 자자(藉藉)하다.
② 그 둘은 우리나라에서 쌍벽(雙璧)을 이루는 소설가이다.
③ 청소년기에는 바른 인격을 함의(含意)하는 노력이 필요하다.
④ 재정난으로 그동안 진행하던 사업이 계륵(鷄肋)으로 전락하였다.
⑤ 영수는 세상을 떠난 대학자를 사숙(私淑)하면서 열심히 공부하였다.

020 〈보기〉의 밑줄 친 ㉠~㉢에 해당하는 한자로 올바르게 묶인 것은?

보기

- 그는 수차례의 제의에도 불구하고 결국 ㉠고사를 하였다.
- 퇴근 후에는 아내와 함께 음악 ㉡감상을 하는 것이 유일한 낙이다.
- 펜싱 단체전 금메달로 우리나라는 작년에 이어 ㉢연패를 달성하였다.

	㉠	㉡	㉢
①	固辭	鑑賞	連敗
②	固辭	鑑賞	連霸
③	固辭	感想	連霸
④	叩謝	鑑賞	連霸
⑤	叩謝	感想	連敗

021 밑줄 친 고유어의 쓰임이 적절하지 않은 것은?

① 친구가 하는 말은 당최 알아들을 수가 없다.
② 무슨 일이기에 아침 댓바람부터 나를 찾아왔냐?
③ 친구는 나를 보자 10년은 젊어졌다며 너스레를 떨었다.
④ 아버지는 그럴 깜냥이 되지 않는다며 사장 자리를 거절하셨다.
⑤ 지금 마당 물청소를 하지 말고, 비가 오면 비설거지가 되게 그냥 둬.

022 밑줄 친 단어 중 나머지 넷과 다의어 관계에 있지 않은 것은?

① 첼로를 <u>켜는</u> 소리는 무척 장엄하다.
② 옷감을 짜기 위해 물레로 실을 <u>켰다</u>.
③ 검은엿을 계속 <u>켜서</u> 흰엿을 만들었다.
④ 저녁을 짜게 먹었더니 자꾸 물을 <u>켠다</u>.
⑤ 제재소에서는 나무를 <u>켜서</u> 판자를 만든다.

023 두 단어의 의미 관계가 〈보기〉와 동일한 것은?

> **보기**
> 손 – 손톱

① 문학 – 시
② 채소 – 야채
③ 이랑 – 고랑
④ 자동차 – 바퀴
⑤ 꽃 – 코스모스

024 밑줄 친 '가다'에 대한 한자어의 대응이 적절하지 않은 것은?

① 철수는 올해에 군대에 <u>갔어</u>. → 입영(入營)하다
② 부동산 경기가 언제까지 <u>가겠니</u>? → 지속(持續)되다
③ 여름철에 생선은 물이 <u>가기</u> 쉽다. → 변형(變形)되다
④ 시간이 <u>갈수록</u> 점점 더 나빠지고 있다. → 경과(經過)하다
⑤ 오늘은 폭풍우가 와서 섬으로 <u>가는</u> 배가 없습니다. → 운행(運行)하다

025 〈보기〉의 밑줄 친 단어의 반의어로 가장 적절한 것은?

> **보기**
> 쌀 한 가마의 값이 이 정도면 <u>눅은</u> 겁니다.

① 없다
② 금낮다
③ 비싸다
④ 헐하다
⑤ 어림없다

026 속담의 사용이 문맥상 적절하지 않은 것은?

① '자루 베는 칼 없다'라더니 의사인 그는 잔병이 많다.
② 이 문제를 푸는 것은 너한테는 '누운 소 타기'보다 더 쉬운 일이겠지.
③ 그 사람은 자기가 불리할 때만 원칙을 갖다 대니 '제 논에 물 대기'로구나.
④ 남의 잘못을 비난하는 것은 '내 건너 배 타기'지만 자기 잘못을 스스로 알기란 쉽지 않다.
⑤ '부뚜막의 소금도 집어넣어야 짜다'는데 동생은 운동 계획만 세우고 방학 내내 실천을 하지 않는다.

027 밑줄 친 사자성어의 쓰임이 문맥상 적절하지 않은 것은?

① 현지 대사가 사고 수습 현장을 진두지휘(陣頭指揮)하였다.
② 어떤 권력자라도 무소불위(無所不爲)의 권력을 휘두를 수 없다.
③ 자신의 목표를 정하지 못한 채 망양지탄(亡羊之歎)의 상태에 빠져 있다.
④ 진정되던 양국의 문제가 또다시 일촉즉발(一觸卽發)의 위기를 맞이하였다.
⑤ 능력이 출중한 네가 그 시험에서 떨어진 것은 명약관화(明若觀火)한 일이다.

028 밑줄 친 관용 표현의 쓰임이 적절하지 않은 것은?

① 옹알이만 하던 아기가 드디어 말을 뗐다.
② 그 사람은 말이 굳고 정직하여 모두에게 신뢰를 받는다.
③ 실무 경험이 없는 사람을 간부 자리에 앉혔다고 말이 많다.
④ 내가 먼저 노래를 시작하면 다른 친구들이 따라 부르기로 말이 되어 있었다.
⑤ 그는 목구멍까지 올라오는 말을 삼키고 치미는 화를 가라앉히려고 노력했다.

029 밑줄 친 한자어를 맥락에 맞게 순화한 표현으로 적절하지 않은 것은?

① 소정의 기타 급여가 과오급(過誤給)된 경우가 종종 생긴다. → 많이 지급된
② 명절을 앞두고 과일이 귀해지고 값이 앙등(昂騰)할 것으로 예상한다. → 뛸
③ 새로운 거래처와의 거래 내역을 빠짐없이 장부에 기장(記帳)해 주세요. → 적어
④ 계약을 해제하기 전에 계약자에게 의무 이행을 최고(催告)해야 한다. → 촉구해야
⑤ 이번에 추진한 사업이 끝난 후 영업 이익을 계리(計理)했다. → 계산하여 정리했다

030 밑줄 친 표현을 다듬은 말로 적절하지 않은 것은?

① 정부는 고용 확대를 위한 중장기 로드 맵(→ 단계별 이행안)을 발표하였다.
② 인터넷 빌링 제도(→ 전자 결제 제도)를 이용하면 전기 요금을 할인받을 수 있다.
③ 정부에서는 내년 예산 편성을 위해 부처별 실링(→ 차례)을 정하는 작업이 한창이다.
④ 도서관에서는 우리 고장의 역사 자료를 모은 아카이브(→ 자료 저장소)를 운영하고 있다.
⑤ 우리 회사는 수주에서부터 배송, 반품까지 처리하는 풀필먼트(→ 물류 종합 대행)를 제공한다.

031 밑줄 친 부분의 표기가 옳은 것은?

① 냉냉한 분위기가 무척 어색하다.
② 아이가 낭낭한 목소리로 책을 읽는다.
③ 친구는 보기와는 다르게 녹녹하지 않다.
④ 제복을 입은 늠늠한 모습이 믿음직스럽다.
⑤ 요즘은 조금 낙낙하게 입는 옷이 유행이다.

032 밑줄 친 명사의 표기가 옳지 않은 것은?

① 저런 떠버리의 말을 누가 곧이듣겠어?
② 무슨 일이 생기면 미리 귀뜸 좀 해 줘.
③ 요즘 다들 바쁜지 코빼기도 볼 수가 없네.
④ 우리가 만나기로 한 날이 10월 며칠날이지?
⑤ 손바닥만 한 밭떼기를 갈아 근근이 살아간다.

033 밑줄 친 부분의 표기가 옳지 않은 것은?

① 이 길로 질러 가면 훨씬 빠르다.
② 반죽이 물르니 밀가루를 추가해라.
③ 동생은 예의가 발라 모두가 좋아한다.
④ 재단사는 옷감을 말라 저고리를 지었다.
⑤ 잘못이 있어도 상대를 을러서는 안 된다.

034 밑줄 친 부분의 띄어쓰기가 옳은 것은?

① 걸음걸이가 구름에 달 <u>가는∨듯</u> 가볍다.
② 가진 것은 <u>적을∨지라도</u> 마음은 행복하다.
③ 이미 결정되었으니 나도 대의에 <u>따를∨밖에</u>.
④ 친구는 성격이 <u>좋을∨뿐더러</u> 능력도 출중하다.
⑤ 역사는 오래지 <u>않을∨망정</u> 실력은 남 못지않다.

035 밑줄 친 부분의 표기가 옳지 않은 것은?

① 쌀을 씻어 솥에 밥을 <u>안쳤다</u>.
② 동생은 공부하는 시간을 <u>늘렸다</u>.
③ 삼촌은 나이가 <u>지긋이</u> 들어 보인다.
④ 그는 쟁반에 찻잔을 <u>받혀</u> 가져왔다.
⑤ 실망하지 말고 <u>오뚝이</u>처럼 다시 일어나.

036 소괄호에 대한 설명으로 올바르지 않은 것은?

	쓰임	예
①	항목의 순서나 종류를 나타내는 숫자나 문자 등에 쓴다.	사람의 인격은 (1) 용모, (2) 언어, (3) 행동, (4) 덕성 등으로 표현된다.
②	생략할 수 있는 요소임을 나타낼 때 쓴다.	광개토(대)왕은 고구려의 임금이다.
③	희곡 등 대화를 적은 글에서 동작이나 분위기, 상태를 드러낼 때 쓴다.	현우: (가쁜 숨을 내쉬며) 왜 이렇게 빨리 뛰어?
④	고유어에 대응하는 한자어를 함께 보일 때 쓴다.	나이(年歲), 손발(手足)
⑤	내용이 들어갈 자리임을 나타낼 때 쓴다.	우리나라의 수도는 ( )이다.

037 밑줄 친 부분이 표준어인 것은?

① 여직 그것밖에 못 했니?
② 알타리무로 김치를 담갔다.
③ 국물이 짜지 않게 슴슴하게 끓여라.
④ 오이 덩쿨에 오이가 주렁주렁 달렸다.
⑤ 들판에서 버러지들이 우는 소리가 들렸다.

038 다음은 문학 작품에 나타나는 방언이다. 대응하는 표준어가 적절하지 않은 것은?

① 뭣이여? 나가 없는 말 객광시럽게(→ 객쩍게) 지어냈단 말이냐?
② 갸는 에릴 적부텀 구질털털헌(→ 구질구질한) 걸 원판 싫어허는 아라
③ 집단에서 떨어져 늘 각놀아도(→ 곁놀아도) 마르지도 않고 죽지도 않았다.
④ 그만침 기구망칙허니(→ 기구하게) 팔자를 타고 난 냥반도 흔치는 않을 티니께.
⑤ 혼자서 은밀히 꼽쳐먹었던(→ 가로챘던) 두 가지 꿍꿍이셈을 상대방이 … 정확히 짚어내는 바람에

039 단어의 표준발음으로 올바르지 않은 것은?

① 삶기다[삼기다]   ② 낮추다[낟추다]   ③ 묽숙하다[물쑤카다]
④ 넓둥글다[넙뚱글다]   ⑤ 읊조리다[읍쪼리다]

040 밑줄 친 외래어의 표기가 올바르지 않은 것은?

① 인공위성을 실은 로켓(rocket)이 발사되었다.
② 호텔 로비에는 화려한 색의 카펫(carpet)이 깔렸다.
③ 경기에 이기려면 팀워크(teamwork)가 무척 중요하다.
④ 이번 연주회는 트럼펫(trumpet)의 진수를 느낄 수 있다.
⑤ 회사에서는 유능한 인재의 스카웃(scout)에 발 벗고 나섰다.

041 국어의 로마자 표기가 올바르지 않은 것은?

① 선릉 Seonneung ② 속리산 Songnisan ③ 불국사 Bulguksa
④ 광한루 Gwanghallu ⑤ 대관령 Daegwallyeong

042 〈보기〉의 ㉠~㉤ 가운데 어법에 맞지 않는 문장은?

> 보기
> ㉠건강한 가족은 개인의 건전한 발달뿐만 아니라 민주적인 사회를 구성하는 데에도 긍정적인 영향을 끼친다. ㉡반면에 건강하지 못한 가족은 건강한 사회를 구성하는 데 부정적인 영향을 준다. ㉢예를 들면, 자기 가족만 생각하는 가족 이기주의는 다른 사람과 조화를 이루며 함께 살아가야 하는 우리 사회에 부정적으로 작용한다. ㉣따라서 우리는 나의 개인적인 선택이 얼마나 바람직한지 생각하고, 책임과 의무도 따른다는 것을 명심해야 한다. ㉤가족은 그 가족이 속해 있는 사회의 영향을 받는다.

① ㉠ ② ㉡ ③ ㉢ ④ ㉣ ⑤ ㉤

043 〈보기〉의 밑줄 친 부분과 상대 높임법의 등급이 동일한 것은?

> 보기
> 올해 우리 집 농사는 아주 <u>잘되었답니다</u>.

① 전에 우리가 만난 적이 <u>있는가</u>?
② 곧 해가 질 것 같으니 어서 산에서 <u>내려가자</u>.
③ 날씨가 더운데 시원한 물이라도 한 잔 <u>주시렵니까</u>?
④ 이리 좀 와서 이 기계로 주문하는 법 좀 <u>알려 주려무나</u>.
⑤ 공공장소에서는 다른 사람에게 피해를 주지 않도록 조용히 <u>합시다</u>.

044 다음 중 중의적으로 해석되지 않는 문장은?

① 동생은 밥을 먹고 가지 않았다.
② 어머니가 아이에게 자기 옷을 입게 하였다.
③ 나는 내일 고향에 내려갈 친구를 만날 것이다.
④ 철수는 백화점에 가서 따뜻하면서 예쁜 옷을 샀다.
⑤ 영희는 어제 창고를 정리하다가 할머니의 그림을 발견했다.

045 다음 중 번역 투 표현이 사용된 문장이 아닌 것은?

① 점심으로 주문한 음식이 배달 중에 있다.
② 그 회사의 본사는 미국에 위치하고 있다.
③ 지나친 벌목으로 인해 산림이 파괴되었다.
④ 이 오래된 책은 역사적으로 중요성을 가진다.
⑤ 우리나라 화장품은 품질 면에서 세계 최고이다.

쓰기　046번 ~ 050번

[046~050] 다음은 '청소년 우울증'을 주제로 작성한 초고이다. 글을 읽고 물음에 답하시오.

　우울증은 슬프고 공허하고 우울한 기분과 무기력감에 빠져서 매사에 흥미와 의욕, 삶의 목표나 의미가 없어지고 더 나아가 인지장애와 신체 증상까지 야기하는 질환이다. 그런데 최근 청소년들의 우울증이 급증하고 있다. 최근 5년간 아동·청소년 우울증 환자가 60% 증가했다는 연구 결과가 있을 만큼, 청소년기의 우울증은 심각한 사회적 문제가 되고 있다. 청소년 우울증은 성인 우울증과 다른 증상을 보여 초기에 알아차리기 어려운 경우가 많다. 우울한 감정을 숨긴 채 학교에 가지 않고 무단으로 결석하거나, 게임 중독, 가출 등의 행동이 나타나고 신체적 통증을 호소하기도 한다. 보호자는 아이가 우울증이란 생각을 하지 못하고 사춘기 때 오는 반항이라고 생각하여 즉각적으로 치료하지 않고 ㉠방종하는 경우도 많다.
　청소년 우울증을 유발하는 요인은 무엇일까? 청소년 우울증의 원인은 크게 생물학적 요인과 정신·사회적 요인으로 구분할 수 있다. 생물학적 요인에는 유전적 요인과 생화학적 요인이 포함된다. 가족 중 우울증 발병 이력이 있거나, 세로토닌과 같은 신경전달물질과 호르몬의 불균형이 일어나는 경우 우울증이 ㉡발생될 수 있다. 정신·사회적 요인으로는 가정 내 학대, 학업 스트레스와 교우 관계 등이 주요 원인으로 꼽힌다. 최근에는 코로나19로 인한 정서적, 사회적 단절이 우울증을 유발하기도 했다.
　청소년 우울증이 위험한 이유는 감정 기복과 충동성이 증가하는 청소년기의 ㉢특성이다. 이 시기의 우울증을 방치할 경우 우울증과 불안장애가 만성화되는 경우가 많으며, 불면증 등 다른 정신과 질환이 동반될 수 있다. 또한 장기화된 청소년 우울증 환자의 70%는 자살을 생각한다는 연구 결과가 있어 문제가 더욱 심각하다. ㉣그러나 청소년 우울증은 가급적 조기에 개입해 개선하고, 회복 후에도 꾸준히 관심을 보이며 관찰해야 한다.
　청소년 우울증 증가 문제를 해결하기 위해서는 [㉮]. 지역에서 운영하는 청소년 상담복지센터에서 전문 상담사와의 상담을 통해 부정적 감정에 대처하는 방법을 익히도록 도움을 줄 수 있다. 학교 차원에서는 지역사회의 유관 기관과 협력 체계를 구축하고 학교별 전문 상담 인력을 확보할 뿐 아니라, 위기 학생을 조기에 ㉤선별할 수 있는 주기적 검사가 필요하다. 무엇보다도 가족들의 관심과 지지가 가장 중요하다. 대화를 통해 공감과 위로, 지지의 뜻을 보여 주고, 청소년들이 자신이 겪는 어려움을 진솔하게 이야기하고 도움을 요청할 수 있는 안전한 울타리 같은 환경을 제공해야 한다.

046
다음은 윗글을 쓰기 전에 떠올린 글쓰기 계획이다. 윗글에 반영된 것으로만 묶은 것은?

글쓰기 계획

ㄱ. 비유의 방식을 활용하여 독자에게 깊은 인상을 남겨야겠어.
ㄴ. 시민 대상 인터뷰 내용을 인용하여 문제 상황의 심각성을 알려야겠어.
ㄷ. 중심 소재의 개념을 정의하며 문제에 대한 독자의 이해를 도와야겠어.
ㄹ. 묻고 답하는 방식을 활용하여 청소년기 우울증의 위험성을 강조해야겠어.

① ㄱ, ㄴ   ② ㄱ, ㄷ   ③ ㄴ, ㄷ   ④ ㄴ, ㄹ   ⑤ ㄷ, ㄹ

047
다음은 윗글을 수정·보완하기 위해 추가로 수집한 자료이다. 자료의 활용 방안으로 적절하지 <u>않은</u> 것은?

	자료 내용	유형
(가)	연령별 아동·청소년 우울증 진료인원 추이 (단위: 명) 2018: 합계 14만203, 만15~17세 2만3347, 만12~14세 1만5604, 만6~11세 5893, 1849 2019: 2만5807, 1만7560, 6199, 2048 2020: 2만3382, 1만6313, 5105, 1964 2021: 3만281, 2만160, 7278, 2854 2022년: 합계 3만7386, 2만4588, 9257, 3541	통계 자료
(나)	청소년 스스로 우울증을 자각하고 병원을 찾는 경우는 드물기에 학교와 가정의 역할이 무엇보다 중요하다. 학교는 매년 우울증 검사를 통해 도움이 필요한 학생을 발견하고 전문 기관에서 적절한 조치를 받을 수 있게 해야 한다. 부모들은 아이의 행동을 통제하기보다는 아이의 얘기를 잘 들어 주어야 한다.	신문 기사
(다)	송○○ 소아청소년정신과 교수: "청소년 우울증은 자칫 치료 시기를 놓치면 병을 키워 극단적 선택에 다다르게 됩니다. 조기 발견과 조기 개입이 중요한데, 이를 위해 학교와 가정을 중심으로 체계적인 정신 건강 관리 체계가 마련되어야 합니다."	전문가 인터뷰
(라)	전문의들은 청소년기의 가장 흔한 우울증의 증상을 '자극 과민성'이라고 설명한다. 어른들의 우울증은 입맛이 떨어지고 잠을 못 자는 경우가 흔하지만, 아이들의 경우에는 너무 많이 먹거나 너무 많이 자려는 경향으로 나타나는 경우가 많다. 아직 일어나지 않은 일에 대해서 과도하게 걱정하고 감정 조절이 안 된다.	연구 보고서
(마)	청소년기 극단적 선택의 원인은 가족 갈등 및 부모로부터의 학대 등 가정 문제가 248건으로 가장 많았다. 학업·진로 문제 167건, 정신과적 문제 161건, 학교폭력을 포함한 대인 관계 문제 134건 순으로 이어졌다.	설문 조사

① (가)를 활용하여 최근 청소년 우울증으로 진료받는 인원이 증가하고 있다는 내용을 구체적인 수치로 뒷받침한다.
② (나)를 활용하여 가정에서는 청소년의 입장을 이해하고, 전문 기관의 상담과 치료를 받을 수 있도록 연계하는 것이 중요함을 강조한다.
③ (다)를 활용하여 청소년 우울증은 조기에 발견하고 개입하여 해결하는 것이 중요하다는 내용을 뒷받침한다.
④ (라)를 활용하여 청소년 우울증의 증상이 성인 우울증과 다르지 않으므로 동일한 관점으로 접근해야 한다는 내용을 보강한다.
⑤ (마)를 활용하여 청소년 우울증을 유발하는 정신·사회적 요인이 청소년들에게 극단적 선택의 원인으로 이어질 수 있다는 내용을 추가한다.

048 다음은 윗글을 쓰기 전에 세웠던 글쓰기 개요이다. 윗글을 쓰는 과정에서 필자가 점검하여 반영한 내용으로 적절하지 않은 것은?

> **글쓰기 개요**
>
> Ⅰ. 청소년 우울증 증가 실태와 증상
>   1. 청소년 우울증 증가 실태
>   2. 우울증의 정의
>
> Ⅱ. 청소년 우울증의 생물학적 원인
>   1. 생물학적 요인
>   2. 정신·사회적 요인
>
> Ⅲ. 청소년 우울증 문제 해결의 필요성
>   1. 청소년기의 정서적 특성
>   2. 청소년기의 우울증이 야기할 수 있는 추가적인 문제
>
> Ⅳ. 청소년 우울증 해결 방안
>   1. 청소년 우울증의 증상
>   2. 지역사회 차원의 해결 방안
>   3. 학교 차원의 해결 방안

① Ⅰ-1은 내용의 흐름을 고려하여 Ⅰ-2와 순서를 교체한다.
② Ⅱ는 하위 항목의 내용을 포괄하지 못하므로 '청소년 우울증의 주요 원인'으로 수정한다.
③ Ⅲ-2는 글의 주제와 관련성이 없으므로 삭제한다.
④ Ⅳ의 하위 항목으로 '가정 차원의 해결 방안'을 추가한다.
⑤ Ⅳ-1은 상위 항목을 고려하여 Ⅰ의 하위 항목으로 이동한다.

049 윗글의 ㉠~㉤을 고쳐 쓰기 위한 방안으로 적절하지 않은 것은?

① ㉠: 문장의 의미를 고려하여 '방치하는'으로 수정한다.
② ㉡: 피동 표현이 적절하지 않으므로 '발생할 수 있다'로 수정한다.
③ ㉢: 문장의 호응이 적절하지 않으므로 '특성 때문이다'로 수정한다.
④ ㉣: 앞뒤 맥락을 고려할 때 '그러므로'로 수정한다.
⑤ ㉤: 단어의 쓰임이 적절하지 않으므로 '선발할'로 수정한다.

050 글의 내용으로 미루어 볼 때, ㉮ 에 들어갈 내용으로 가장 적절한 것은?

① 생물학적 요인보다 정신적·사회적 요인을 우선적으로 제거해야 한다.
② 청소년 개인이 자신의 증상을 스스로 진단하고 도움을 요청해야 한다.
③ 가족 구성원들이 효과적인 상담 기법을 배우고 생활 속에서 활용해야 한다.
④ 어느 한 차원만의 노력으로는 부족하므로 지역사회, 학교, 가정이 모두 협력해야 한다.
⑤ 지역사회 차원에서 청소년들의 인터넷 및 스마트폰 중독을 예방하기 위해 노력해야 한다.

창안 051번~060번

[051~053] 다음 글을 읽고 물음에 답하시오.

인간은 감각 기관으로부터 정보를 얻으면 자신이 축적한 경험이나 지식을 바탕으로 정보를 인식하고자 한다. 그러나 인간의 감각 기관에서 이루어지는 단순한 형태 인식만으로는 무슨 정보인지 단정하기 어려운 경우가 있다. 예를 들어 아래 그림은 무엇으로 보이는가? ㉠먼저 비스듬한 세로 선분과 특이한 곡선 모양이 합해진 형태가 보일 것이다. ㉡그렇다면 다음으로 숫자로 해석되는가, 알파벳으로 해석되는가?

아마도 주어진 형태만으로는 정확하게 숫자인지 문자인지 단정할 수 없을 것이다. 이때 "12, 14"라는 숫자와 함께 인식할 때는 '숫자 13'으로 해석을, "A, C"라는 알파벳과 함께 인식할 때는 '알파벳 B'로 해석할 수 있게 된다. ㉢이처럼 인간은 주변 전후에 놓이는 다른 정보를 통해 불완전한 정보를 보완하여 완전하게 인식할 수 있고, 나아가 더 많은 정보를 정확하고 빠르게 인식할 수 있게 된다.

주변의 맥락 속에서 제시되는 정보의 해석이 달라지는 현상을 '맥락 효과'라고 한다. 즉 처음 제시된 정보가 나중에 들어오는 정보들을 처리하는 기본 지침이 되어 해석의 전반적인 맥락을 제공하게 된다. 처음에 긍정적으로 생각한 대상이라면 이후에 관련된 정보가 입력돼도 긍정적으로 생각하려는 경향이 생기는 것도 맥락 효과의 일종이라고 할 수 있다. ㉣한편 지나치게 강조되는 맥락은 선입견으로 작용하기도 하기에 경계할 필요가 있다.

051 ㉠, ㉡을 읽기 과정에 비유할 때, ㉡과 가장 유사한 것은?

① 반복되는 구절을 필사한다.
② 단어의 철자를 소리 내어 읽는다.
③ 손으로 글자를 하나씩 짚어가며 글을 읽는다.
④ 책장을 넘기며 삽화가 얼마나 있는지 확인한다.
⑤ 특정 단어를 보고 연관된 다른 일화를 떠올린다.

052 다른 정보를 어휘력에 비유할 때, ㉢에서 유추할 수 있는 내용으로 적절하지 않은 것은?

① 어휘력이 낮은 사람보다 높은 사람이 글을 더 빨리 읽을 것이다.
② 어휘력이 높은 사람은 같은 글을 읽어도 이해력이 더 높을 것이다.
③ 글에 사용된 어휘의 수준이 높을수록 글에 대한 흥미가 높을 것이다.
④ 글에 사용된 어휘의 뜻을 알고 있으면 글에 대한 해석이 용이할 것이다.
⑤ 어휘력이 높으면 모르는 어휘가 있더라도 그 의미를 추론할 수 있을 것이다.

053 ㉣에서 이끌어 낼 수 있는 사례로 적절하지 않은 것은?

① 학벌이 높은 지원자가 일을 성실하게 잘할 것이다.
② 인기 작가가 낸 신작 소설은 베스트셀러가 될 것이다.
③ 최신 스마트폰을 사용하는 사람은 유행에 민감할 것이다.
④ 두통이 심할 때 진통제를 복용하면 증상이 나아질 것이다.
⑤ 외국어를 유창하게 구사하는 사람은 번역에 능통할 것이다.

[054~056] 다음 그림을 보고 물음에 답하시오.

(가) 가면극 / (나) 인형극

054 (가)와 (나)를 분석한 표의 내용으로 적절하지 않은 것은?

	(가)	(나)
공통점	무대 위 등장인물의 연기를 통해 이야기를 생생하게 표현하는 연극	
등장인물	㉠배우	인형
표현 특징	㉡가면 착용	㉢실을 통한 조종
행위의 목적	㉣현실의 자신과 다른 역할 수행	㉤연출가의 행위 모방

① ㉠   ② ㉡   ③ ㉢
④ ㉣   ⑤ ㉤

055 〈보기〉를 참고할 때, (가)를 활용한 마케팅 사례로 적절하지 않은 것은?

> **보기**
> 배우는 자신이 맡은 배역에 맞게 행동한다. 배역의 이미지를 효과적으로 구현하기 위해 배우는 다른 인물과 구별되는 배역의 특성을 관객에게 일관되게 전달할 수 있어야 한다.

① 평소 전통시장에 자주 방문하고 소통하며 민생 정책을 펴는 정치인
② 일상의 공감적 상담 사례를 블로그에 꾸준히 포스팅하는 전문 상담사
③ 행복한 결혼 생활을 하고 있는 사장이 운영함을 홍보하는 결혼정보회사
④ 친근한 이미지의 공무원을 방송에 출연시켜 정책의 친연성을 강조하는 정부
⑤ 청년층과 중장년층의 취향을 함께 반영하여 신제품을 출시한 등산 의류 브랜드

056 (가)와 (나)를 활용하여 〈보기〉의 상반된 두 입장을 설명한 내용으로 적절하지 않은 것은?

> **보기**
> A: 인간이 부도덕한 행위를 하는 것은 신의 섭리에 어긋나는 것으로, 인간에게 자유의지가 있다는 사실을 증명한다.
> B: 인간의 불완전한 행동이나 특성 또한 신의 의지에서 비롯된 것으로, 인간이 결코 조정할 수 없는 우주 질서의 일부이다.

① A: (가)의 가면이 인물의 성격을 드러낼 뿐 배우의 성격을 드러내지 않듯이, 인간은 자신의 성격을 알 수 없다.
② A: (나)의 인형이 서로 다른 다양한 모습을 띠고 있는 것처럼, 인간은 각자의 자유의지에 따른 개성을 표현할 수 있다.
③ B: (가)의 배우가 각본에 적힌 대사를 읊고 지시문에 따라 행위하는 것처럼, 인간은 정해진 질서를 거스를 수 없다.
④ B: (나)의 인형이 실을 통해 조종되는 것처럼, 인간의 의지적 행위란 결정된 질서에 맞게 행동하는 것으로 해석할 수 있다.
⑤ A, B: (가), (나)의 연극에 악역이 존재할 수 있는 것처럼, 인간 사회에도 부도덕한 인간이 존재한다.

[057~058] 다음 그림을 보고 물음에 답하시오.

현대 사회가 발전하고 복잡해짐에 따라 범죄의 양상도 다양해지고 있다. 이에 정부에서는 음주운전, 가정폭력, 학교폭력, 온라인폭력, 언어폭력 등의 범죄를 예방할 수 있는 구체적인 내용의 공익 광고를 제작하고 있다. 범죄 예방 관련 공익 광고의 주된 표현 전략은 아래와 같다.

(가) 불특정 다수를 대상으로 한 폭력 예고 또한 범죄임을 알린다.
(나) 강렬한 색채 이미지를 활용하여 경각심을 심어 준다.
(다) 범죄를 방관하는 것 또한 폭력일 수 있다는 점을 상기시킨다.
(라) 폭력의 가해자 또한 피해자가 될 수 있음을 알린다.
(마) 온라인 범죄를 예방할 수 있도록 비유적 표현을 활용한다.

057 윗글의 (가)~(마)에 해당하는 광고 사례가 적절하게 짝지어지지 <u>않은</u> 것은?

①  −(가)

②  −(나)

③
 −(다)

④ 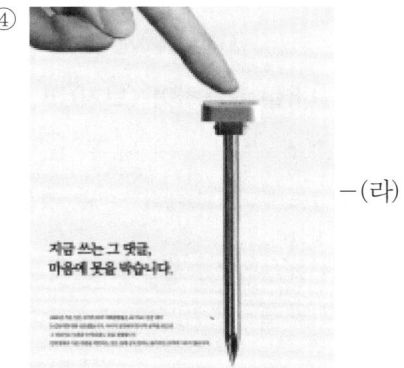 −(라)

⑤ 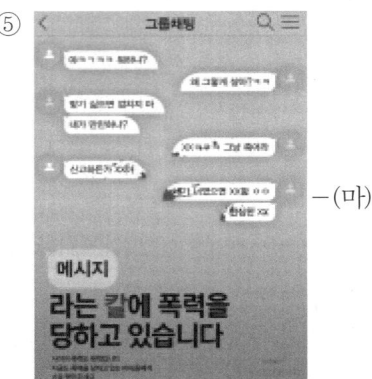 −(마)

058 〈조건〉을 반영하여 공익 광고 문구를 창안할 때 가장 적절한 것은?

> **보기**
> • (다) 유형에 해당하는 공익 광고 문구를 창안할 것.
> • 의문문을 활용하여 표현 효과를 높일 것.

① 당신도 긴급 차량입니까?
② '공범'까지 20% 남았습니다.
③ 층간 소음, 선 넘지 마십시오.
④ 사랑의 매라고 보고만 계시겠습니까?
⑤ 불법 촬영, 성 범죄자가 되시겠습니까?

[059~060] 다음 글을 읽고 물음에 답하시오.

한 카페 사장은 예의 없는 손님들과 눈살 찌푸리는 상황을 겪자 독특한 메뉴판을 만들었다.
"커피 한 잔 줘."로 주문하면 '만 원', "커피 한 잔 주세요."는 육천 원, "안녕하세요, 커피 한 잔 부탁합니다. 좋은 하루 보내세요."는 이천 원으로 손님의 주문하는 말투에 따라 가격이 달라지는 새로운 메뉴판을 도입하였다. ㉠손님은 낮은 가격으로 음료를 구매하기 위해 친절한 말투로 주문하게 되었고, 점원은 낮은 가격의 메뉴로 주문하는 손님에게 더 친절하게 응대하였다. 그 모습을 본 다른 손님도 친절한 말투로 주문하게 되었다. 이후 카페는 친절하고 행복한 카페로 소문이 났다. 카페는 더 이상 예의 없는 손님의 행동으로 눈살 찌푸리는 상황이 나타나지 않게 되었으며, 원래 메뉴판으로 바꾼 후에도 행복한 카페로 유지되었다고 한다.

059 윗글의 ㉠을 통해 유추할 수 있는 교훈으로 가장 적절한 것은?

① 한 부분의 작은 변화가 긍정적인 선순환을 만들어 낼 수 있다.
② 행복의 크기는 타인의 비평을 온전히 받아들였을 때 배가 된다.
③ 이타심은 행동의 강력한 동기가 되어 목표 달성을 도울 수 있다.
④ 함께 무언가 마시고 먹으며 대화하는 것은 관계를 매끄럽게 한다.
⑤ 행운은 필연적으로 이루어지는 것이 아니며 우연히 찾아오는 것이다.

060 윗글과 〈보기〉에서 공통적으로 이끌어 낼 수 있는 주제로 가장 적절한 것은?

보기

한 소년이 미술 시간에 아무것도 그리지 못하고 하얀 도화지만 멍하게 쳐다보고 있었습니다. 미술 시간이 끝나고도 속상한 표정으로 무기력하게 의자에 앉아 있었지요. 도화지는 하얀색 그대로였습니다. 이때 선생님은 한참 동안 아무것도 그리지 않은 하얀 도화지를 들여다보곤 이렇게 얘기합니다.
"와! 눈보라 속에 있는 북극곰을 그렸네."
소년은 미소를 되찾고 미술 시간마다 웃으며 도화지를 색색이 눈꽃으로 채워나갈 수 있었답니다.

① 배려의 언어
② 협동의 중요성
③ 거짓 없는 세상
④ 경청의 필요성
⑤ 약자를 돕는 태도

읽기 061번 ~ 090번

[061~062] 다음 글을 읽고 물음에 답하시오.

홍대 앞보다 마레 지구가 좋았다
내 동생 희영이보다 앨리스가 좋았다
철수보다 폴이 좋았다
국어사전보다 세계대백과가 좋다
아가씨들의 향수보다 당나라 벼루에 갈린 먹 냄새가 좋다
과학자의 천왕성보다 시인들의 달이 좋다

멀리 있으니까 여기에서

김 뿌린 센베이 과자보다 노란 마카롱이 좋았다
더 멀리 있으니까
가족에게서, 어린 날 저녁 매질에서

엘뤼아르보다 박노해가 좋았다
더 멀리 있으니까
나의 상처들에서

연필보다 망치가 좋다, 지우개보다 십자나사못
성경보다 불경이 좋다
소녀들이 노인보다 좋다

더 멀리 있으니까

나의 책상에서
분노에게서
나에게서

너의 노래가 좋았다
멀리 있으니까

기쁨에서, 침묵에서, 노래에게서

혁명이, 철학이 좋았다
멀리 있으니까

　　집에서, 깃털 구름에게서, 심장 속 검은 돌에게서

― 진은영, 「그 머나먼」

061 윗글에 대한 설명으로 가장 적절한 것은?

① 음성 상징어를 배치함으로써 리듬감을 부여한다.
② 섬세한 묘사를 통해 시적 화자의 정서를 표현한다.
③ 비교의 방법을 활용하여 화자가 지향하는 바를 드러내고 있다.
④ 청각적 심상을 활용하여 화자의 현실 극복 의지를 드러내고 있다.
⑤ 시간의 변화에 따라 화자의 심리가 변화하는 과정을 제시하고 있다.

062 〈보기〉를 바탕으로 윗글을 감상한 내용으로 적절하지 않은 것은?

> **보기**
> 이 시의 작가는 현실을 환기하면서도 미학적인 것을 포기하지 않는다. 이 작품은 거리에 대한 감각을 바탕으로 멀리 있는 것들의 아름다움을 노래하고 있다.

① '홍대 앞'은 화자의 가까이에 있는 장소를 집약하는 표현이군.
② '센베이 과자'는 어린 날에 화자가 느꼈던 상처를 환기하는 표현이군.
③ '연필'과 '지우개'는 고고한 삶의 가치를 드러내는 표현이군.
④ '너의 노래'는 화자의 '분노'와 먼 거리에 있는 표현이군.
⑤ '혁명'과 '철학'은 화자가 동경하는 대상을 드러내는 표현이군.

[063~065] 다음 글을 읽고 물음에 답하시오.

(앞 부분 줄거리) 기출 씨는 봉출 씨와 술을 마시며 농지 매매 증명제, 토지 거래 허가제 등 부동산 정책의 영향으로 자신의 토지의 가치가 인정받지 못하는 현실에 분개하던 중, 술집에 있던 경찰관과 실랑이를 벌이게 된다.

"그려, 테블은 내려 쳤다. 왜 테블 점 치면 안 되겄네? 야 인마, 도시서는 자구 나면 억(億) 억 억 허구 애덜 입에서까장 억 소리가 나는디 촌에서는 왜 억 소리가 나면 안 된다는 거냐. 야 인마, 우덜두 그늠으 억 소리 점 들어가며 살어 보자, 나쁜 늠덜 같으니라구. 야 인마, ⓐ하두 억 소리가 안 나와서 그늠으 억 소리 점 나오라구 탁 쳤어. 어쩔래, 지금 볼래, 두구 볼래?"

"아따, 애덜마냥 그 말 같잖은 말씀 좀 웬만치 허시랑께는."

봉출 씨가 핀잔을 하며 기출 씨의 겨드랑이를 끼고 나오는데

"우덜두 바쁘닝께 아저씨덜두 어여 가보세유."

하며 경찰관이 기출 씨의 등을 밀었다.

"야 인마, 비겁하게 사람을 뒤에서 쳐?"

기출 씨는 또 등을 쳤다고 억지를 썼다.

"친게 아니라 민 거구유, 또 내가 아저씨를 민 게 아니라 법이 민 거예유. 그러잖어두 걸프만 즌쟁으루 비상이 걸린 판인디, 아저씨 같은 노인네덜까지 밤늦도록 이러시면 어쩌자는 겁니까. 날두 찬디 살펴 가세유."

경찰관은 웃는 얼굴로 한 말이었으나 기출 씨는 그전 같지 않고 기어이 오기를 부렸다. 기출 씨는 봉출 씨가 막을 새도 없이 몸을 휙 돌리며 한 손으로 경찰관의 어깨를 힘껏 쥐어지르더니

"야 인마, 이건 ⓑ인간 이기출이가 자네를 친 게 아니라, 장곡리 농민 이기출이가 법을 친 거여, 알겄네?"

"알겄슈."

두 경찰관이 저희끼리 마주 보고 웃어넘기는 바람에 푸닥거리는 그만해서 그쳤으나, 봉출 씨는 매끼가 풀어지고 사개가 물러날 듯한 기출 씨의 심상치 않은 변모에 일말의 불안감을 떨쳐 버릴 수가 없었던 것이다. 그리고 그것이 기출 씨를 본 마지막 모습이기도 하였다.

〈중략〉

봉출 씨는 형수를 보고 나오는 길로 톱을 찾아서 뒤꼍으로 갔다. 기출 씨가 송아지 목사리를 걸었음직한 곁가지부터 치고 볼 작정으로 이리저리 살펴보고 있자니, 문득 지난 정월 초이렛날 기출 씨가 큰아들하고 큰소리를 낸 끝에 북창문을 열고 하던 말이 불현듯이 떠올랐다.

"두구 보닝께 이 고욤나무만이나 쓸다리 읎는 나무두 드물레그려. 과일나문가 허면 그게 아니구, 그게 아닌가 허면 그것두 아니구…… 어린것 같으면 감나무 접목허는 대목으루나 쓴다건만, 그두 저두 아니게 늙혀 노닝께 까치나 꾀들어서 시끄럽지 천상 불땔감이더먼."

봉출 씨는 톱을 대려다가 놓고 담배를 붙여 물었다.

기출 씨가 생일날조차 구순하게 넘기지 못한 것도 땅이 안 팔린 탓이었다.

아침상을 물리기가 바쁘게

"솔직히 말씀드려서유 지가 저번에 그 말씀을 드린 것두유, 솔직히 지가 예비 상속자닝께 그 자격으루다가 말씀을 드린 거예유."

하고 먼저 말을 꺼낸 것은 큰아들 효근이었다. 기출 씨는 욱하고 북받치는 울뚝성을 삭이느라고 효근이를 찢어지게 흘겨보더니

"너 내 앞에서 대이구 사업자금 사업자금 해쌓는디, 그것두 내 보기에는 난봉쟁이 거울 들여다보기여. 어려서부터 일만 보면 미서워 미서워 허던 늠이 이 애비가 마디마디 뼛소리가 나도록 일을 해서 그만치 해 노닝께는, 이제 와서 그 땅을 팔어서 사업 자금이나 헙시다…… 못 헌다. 농사는 수고구 사업은 수단인디, 수고가 뭔지 모르는 것이 수단은 워디서 나와서 사업을 혀? 맨손으루 나간 늠은 나가서 손에 쥐는 것이 있어두, 논 팔구 밭 팔어서 나간 늠은 넘덜 되듯이 되는 것두 못 봤거니와, 뭐? 개같이 벌어두 정승같이 쓰기만 허면 되어? 니가 그따우 정신머리를 뜯어고치지 못허는 한은, 땅이 아침 먹다 팔려 즘슨 먹다 잔금을 받드래두 지나가는 으덩박씨는 줄망정 너 같은 늠헌티는 못 줘, 못 주구 말구. 대법원장이 주라구 해두 못 쥐 이놈아."

기출 씨는 어림없는 소리 하지도 말라는 듯이 고개를 외오 빼었다.

— 이문구, 「장곡리 고욤나무」

063 윗글에 대한 이해로 가장 적절한 것은?

① 기출의 행동이 평소와 달랐던 점을 떠올리며 봉출의 입장에서 느꼈던 불안감이 드러나고 있다.
② 봉출은 기출과 겪은 일을 회상하며 기출이 모습을 감춘 것에 자신의 책임을 느끼며 자책하고 있다.
③ 기출과 봉출이 겪은 일을 묘사하며 봉출의 입장에서 기출이 행한 거친 행동의 이유를 설명하고 있다.
④ 기출이 큰아들과 겪은 갈등을 언급하며 봉출의 입장에서 나무 가격으로 걱정하는 기출의 모습에 공감하고 있다.
⑤ 기출이 큰아들과 언쟁했던 사실을 회상하며 봉출의 입장에서 기출의 생일에 있었던 땅 거래를 비판하고 있다.

064 밑줄 친 ㉠과 ㉡을 추론한 내용으로 가장 적절한 것은?

① ㉠은 동음이의어를 언급하며 상대방의 입장 변화를 요구하고 있다.
② ㉠은 두 대상을 대비하여 말하며 자신에게 더 공감할 것을 요청하고 있다.
③ ㉡은 상대방의 말을 흉내 내어 빈정대며 자신의 행동을 변호하고 있다.
④ ㉠과 ㉡은 모두 상대방의 행동을 풍자하며 성찰을 유도하고 있다.
⑤ ㉠과 ㉡은 모두 반어적 표현을 통해 상대방의 논지를 반박하고 있다.

065 〈보기〉를 참고하여 윗글을 감상한 내용으로 적절하지 않은 것은?

> **보기**
> 1990년대 한 농촌 마을의 노인 이기출의 이야기를 소재로 한 「장곡리 고욤나무」는 당시 우루과이라운드 이후 농업 정책의 허구성, 파편화된 공동체의 모습을 그리고 있다. 특히 고욤나무를 늙은 농부의 처지로 빗댄 것에서 알 수 있듯 농촌의 패배주의적 분위기와 도시와 농촌 간 격차로 심해지는 데 따른 농민들의 소외감과 상실감을 반영하고 있다. 여기에 전쟁으로 인한 국제적인 정세 불안, 유가 인상 등의 경제적 어려움이 더해졌고 이런 현실 속에서 농촌의 젊은이들은 자신의 미래를 도시에서 설계하고자 고향과 농토를 떠났고, 이 과정에서 농촌 공동체 속 세대 간의 가치관 차이로 인한 갈등도 불거졌다.

① '촌에서는 왜 억 소리가 나면 안 된다는 거냐'고 투덜대는 모습에서 도시와 농촌 간 격차로 박탈감을 토로하는 모습을 확인할 수 있군.
② '그러잖어두 걸프만 즌쟁으루 비상이 걸린 판인디' 하는 경찰관의 말에서 당시 국제적 정세에 따른 사회의 분위기를 짐작할 수 있군.
③ '고욤나무만이나 쓸다리 읎는 나무도 드물레그려' 하는 한탄 속에서 파편화된 농촌 공동체의 현실에 대한 불만을 엿볼 수 있군.
④ '땅을 팔아서 사업 자금이나 하자'는 기출 씨 큰아들의 모습은 자신의 미래를 농토에서 찾지 않으려는 농촌 젊은이들의 모습이라고 볼 수 있군.
⑤ 아들에게 사업 자금을 대지 않으려 하며 '수고가 뭔지 모르는 것'이라며 힐난하는 모습에서 가치관의 차이로 세대 갈등이 불거진 모습을 볼 수 있군.

[066~068] 다음 글을 읽고 물음에 답하시오.

　자유주의자들은 진정한 진보를 이루기 위해서 사람들이 자유롭게 생각하고 실험할 수 있는 환경을 조성해야 한다고 판단했다. 그들은 다소간 귀족적 사고방식을 고수했으며, 민주주의가 바람직한 사회적 환경을 조성하기보다는 산업주의·실증주의만큼이나 강력한 억압을 만들어 낼 것이라고 우려했다. 이처럼 19세기 자유주의 사상가들은 자신들이 "조용한 전제정치"라고 부른 상황, 즉 다수의 목소리가 소수의 의견을 묵살하고 탄압하는 상황이 오는 것을 막기 위해 깊은 고민을 거쳐 자유주의 원칙들을 탄생시켰다.

　자유주의 사상가 기조는 ㉠ 이라는 개념을 제시했다. 그에 따르면 사회는 이성에 의해 통제된다. 그는 모든 사회가 자연스럽게 통치 구조를 갖추게 되므로 어떤 사회 계약도 필요하지 않다고 말한 뒤, 이 통치 원리를 올바로 이해해야만 또 다른 혁명과 같은 정치적 재난을 피할 수 있다고 주장했다. 그에 따르면, 모든 사회는 언제나 특정 존재의 절대 권력 아래에 있다. 여기서 절대 권력의 소재지는 이성이다. 개인의 행동을 규제하는 원칙이 그의 의지가 아닌 그에게 부과된 법인 것처럼, 개개인의 합계에 불과한 사회도 사회적 의지가 아니라 사회에 부과된 법에 따라 규제되어야 하기 때문이다. 가령 특정 집단이 법을 지키지 않기로 결의해도 법은 여전히 법이다. 같은 맥락에서 신이 인류에게 내려준 영원불변의 법률이 있다. 이성과 도덕이 그것이다. 이 법률은 주권을 갖는다. 주권은 의지가 아닌 이성에서 나오는 것이며, 사회는 이성의 절대 통치 아래 있다.

　여기서 문제는 이성의 내용을 확인하고 그로부터 유래한 법률들을 확정할 수단이 무엇이냐는 점이다. 기조는 이성에 기입된 구체적 내용을 확인하는 과정에서 필요한 것이 바로 자유라고 말한다. 즉 자유가 가장 중요하기 때문에, 자유를 가져야만 사람들이 독서, 사색, 토론, 선거를 통해서 진정으로 이성과 도덕에 부합하는 신적 법률이 무엇인지 발견할 수 있다는 것이다. 기조의 자유주의는 투표의 성격을 다음과 같이 규정한다. "선거인은 선출된 대표에게, '이것이 우리 의지이니 이것이 법이 되게 하라'고 말하지 않는다. 선거인은 대표들에게 어떠한 구체적 의무도 부과하지 않는다. 선거인은 다만 대표들에게 이성에 따라 사안을 검토하고 결정할 의무를 부여할 뿐이다. 선거인은 반드시 자신이 뽑은 대표들의 계몽된 정신을 신뢰해야 한다."

　이것이 19세기 자유주의 대의정부 이론의 핵심이다. 여기서 투표는 유권자가 자신의 주권을 행사하는 것도 아니고, 자신의 의지에 따라 법을 만들기 위해 대리인을 뽑는 것도 아니다. 기조의 자유주의에서 투표는 선거인이 자신보다 우월한 지성을 가진 자들을 선출해서 그들이 이성의 목소리를 듣고 그에 따라 자신을 통치해주기를 바라며 단체로 치르는 시험이다. 기조에게 국회는 대표들이 모여서 토론을 통해 이성의 법칙을 밝히는 곳이었다. 이 원칙을 고수하지 않으면 사회는 민주주의 늪으로 끝없이 빠져들고, 혁명과 공포정치와 파리 민중의 봉기라는 망령이 되살아날 것이라고 그는 경고했다.

066 윗글을 이해한 내용으로 적절하지 않은 것은?

① 이성이 의지를 지배한다.
② 기조는 민중 봉기에 비판적이다.
③ 기조는 사회 계약에 대해 회의적이다.
④ 19세기 자유주의 사상가들은 민주주의에 회의적이었다.
⑤ 이성에 기반한 법률의 가치는 자유를 통해 의미가 상쇄된다.

067 ㉠에 들어갈 말로 가장 적절한 것은?

① 이성의 주권　　② 권력의 절대성　　③ 사회의 진보성
④ 도덕의 영원불변　　⑤ 존재의 절대 권위

068 자유주의에 대한 이해로 적절하지 않은 것은?

① 뛰어난 지성이 사회를 이끈다.
② 이성의 원칙을 통해 민주주의를 실현한다.
③ 선거인은 피선거인의 올바른 정신을 신뢰한다.
④ 투표는 유권자의 주권 행사를 의미하지 않는다.
⑤ 선거인의 이해관계는 선출된 대표를 압박하지 않는다.

[069~072] 다음 글을 읽고 물음에 답하시오.

공공기관의 사무나 법적 절차에서뿐 아니라 일상생활에서도 문서는 중요하게 다루어진다. 실제로 등본, 초본의 발급 등으로 여러 종류의 문서들을 만나게 되지만 일반적으로 그들의 의미 차이는 별로 따지지 않으면서 문서 생활을 한다. 하지만 문서를 가리키는 용어들이 서로 다른 만큼 그 법적 효과도 차이가 있기 때문에 정확히 알아두는 것도 필요하다.

맨 처음 작성된 문서가 원본이다. 문서를 복사한 것은 흔히 사본 또는 복사본이라 하는데, 단순한 사본은 원칙적으로 그 자체로는 법적 효력을 갖지 않는다. 반면에 등본은 공공기관이 발급한 문서라서 공식적인 증명의 효과가 있다. 요청을 받은 기관은 보관하는 원본의 내용 전체를 복사하여 등본을 발급한다. 초본도 마찬가지의 절차로 발급되지만, 원본에서 필요한 사항을 추려서 복사한 것이다. 등본을 발급받는 까닭은 증명을 얻으려는 것인데, 공공기관이 원본의 내용과 동일하다는 확인까지 붙여서 발급한 등본은 특별히 ㉠인증등본이라 한다.

법률 실무에서는 부본, 정본 따위도 곧잘 등장한다. 법원은 판결을 선고한 뒤 당사자에게 판결서를 송달하는데, 민사소송법 제210조 제2항은 "판결서는 정본으로 송달한다."고 규정한다. 판결서는 그저 증명용에 그치는 게 아니라 그 자체가 강제집행이 개시되도록 하는 집행권원이기 때문에 논리적으로는 원본으로 주어져야 할 것이다. 하지만 법률상 원본을 보관해야 하는 법원으로서는 판결서를 그대로 내어줄 수 없는 노릇이기도 하다. 정본은 내용뿐 아니라 법적 효력까지 원본과 동일하게 인정되는 문서이다. 그래서 법원은 ㉡판결서 정본을 송달하는 것이다.

법원에 가서 소를 제기할 때는 소장과 함께 그 부본도 제출하여야 한다. 법원은 접수된 소장을 절차 진행을 위해 보관도 해야 하지만 피고에게 송달도 해 주어야 하기 때문에 부본을 받는다. 애초부터 소장과 함께 송달용 부본을 따로 만들도록 되어 있어서, 부본은 소장과 똑같이 작성한 것이지, 복사한 것이 아니므로 등본이라 할 수는 없다. 원고는 피고의 수만큼 부본을 작성해서 법원으로 향해야 하는 것이다.

민사소송법 제355조에는 위에서 살핀 문서들이 대거 등장하여, 법률상 문서들이 구별되고 있다는 것을 쉽게 느낄 수 있게 해 준다. 그 제1항은 "법원에 문서를 제출하거나 보낼 때에는 원본, 정본 또는 인증이 있는 등본으로 하여야 한다."고 하며, 제3항에서는 "법원은 당사자로 하여금 그 인용한 문서의 등본 또는 초본을 제출하게 할 수 있다."고 규정한다.

엄격한 절차에 따른 사실 확인이 요구되는 소송에서 내용의 진정성과 정확성이 확보되는 문서를 제출하도록 하는 것은 지극히 당연하다. 특히 문서의 위조나 변조 여부가 문제되는 경우에는 원본의 제출이 필수적이라 할 수 있다. 그런데 소송에서 문서는 그 자체의 진위보다는 담긴 내용의 해석에 관해 다투어지는 경우가 많다. 그리하여 당사자가 원본 대신 사본을 제출하여도 상대방이 작성에 대한 진위를 문제 삼지 않으면 법원은 증거로 받아들여 그 내용을 다룰 수 있다.

069 윗글에 대한 이해로 적절하지 않은 것은?

① 등본은 원본에 대한 법적 효력이 있는 사본이다.
② 초본은 원본의 일부 내용만을 확인할 때 이용할 수 있다.
③ 소를 제기할 때 피고의 수가 많으면 소장 부본의 수도 그만큼 많아진다.
④ 소송에서 문서 자체의 진위가 문제될 때에는 원본 문서를 제출해야 한다.
⑤ 송달용으로 작성되는 소장 부본은 법원 보관용으로 제출된 소장과 내용상 차이가 있다.

070 윗글에서 추론할 수 있는 내용으로 가장 적절한 것은?

① 법원은 스스로 작성한 판결서를 자체 보관할 의무가 있다.
② 소장의 부본은 소장을 그대로 복사한 것으로 이해할 수 있다.
③ 등본을 발급받기 어려운 경우에는 초본을 발급받아 대신하면 된다.
④ 법원 소송에서 일반 복사본과 마찬가지로 등본은 증거로 받아들여지지 않는다.
⑤ 원본을 베낀 등본과 초본은 내용을 같이하지만 복사되는 방식에서 차이가 있다.

071 윗글을 바탕으로 할 때 원칙적으로 공식적 증명의 효과가 인정되지 않는 것은?

① 주민센터에서 발급받은 주민등록표 초본
② 등기소에서 발급받은 부동산등기부 등본
③ 공공기관에 자재를 납품하는 계약서 사본
④ 정부 부처에서 직원에게 발부한 재직증명서
⑤ 대법원 누리집에서 제공받은 혼인관계증명서

072 ⊙과 ⓒ에 대한 설명으로 가장 적절한 것은?

① ⊙은 원본과 내용이 달라도 원본과 같은 효력이 발생한다.
② ⓒ은 원본이 아니라서 강제집행의 절차에서 이용할 수 없다.
③ ⊙은 원본을 대체할 수 있지만, ⓒ은 원본을 대체할 수 없다.
④ ⊙과 ⓒ은 공적인 증명을 위해서 발급된다는 점에서 공통점이 있다.
⑤ ⊙과 ⓒ은 원본의 내용 전체가 반영되었는지 여부에서 차이가 있다.

[073~075] 다음 글을 읽고 물음에 답하시오.

미세먼지(PM)는 눈에 잘 보이지 않을 정도로 입자가 아주 작은 먼지이다. 아황산가스, 질소 산화물, 납, 이산화질소, 오존, 일산화탄소 등을 포함하는 대기오염 물질로 입자의 크기에 따라 분류하는데 입자의 지름이 $10\mu m$(마이크로미터) 이하의 미세한 먼지를 PM 10이라 한다. 입자의 지름이 $2.5\mu m$ 이하인 경우는 PM 2.5라고 하며 초미세먼지라고 부른다. 미세먼지는 입자가 작을수록 인체의 기관에 더 깊숙이 침투하며 인체 기관에 더 오래 머무른다. 특히 작은 입자의 미세먼지는 암의 유발과도 밀접한 관계를 갖는데 PM 2.5에 높은 수준으로 노출되면 폐의 상피 세포 유전자의 돌연변이가 발생하여 폐암이 생긴다.

이러한 미세먼지로부터 우리 몸을 보호하기 위해 실외에서는 마스크와 실내에서는 공기 청정기를 사용하는데 여기에는 미세먼지 필터가 필수적으로 장착되어 있다. 미세먼지 필터의 성능은 흔히 필터 성능 지수라는 것을 이용하여 나타낼 수 있다. 미세먼지 필터의 성능 지수는 미세먼지 포집 효율(E)과 압력 손실(ΔP)에 의해 결정된다. 필터의 미세먼지 포집 효율은 필터를 통과하기 전 기체의 미세먼지 농도에서 필터를 통과한 후의 미세먼지 농도를 뺀 값을 필터를 통과하기 전 미세먼지의 농도로 나눈 값으로 구하며 백분율로 나타낼 수도 있다. 한편 압력 손실은 필터 전후의 압력 차이로 기체가 필터를 통과하면서 받는 저항을 나타내며 압력 손실이 크다는 것은 기체가 필터를 통과하면서 큰 저항을 받는다는 것을 의미한다. 따라서 압력 손실은 기체가 필터를 얼마나 잘 통과하는가를 나타내는 기체 투과도의 역수에 비례한다. 또한 다른 조건이 같다면 압력 손실은 필터의 두께가 두꺼울수록, 필터에 유입되는 기체의 속력이 커질수록 커진다.

필터 성능 지수가 클수록 필터의 성능은 우수하다고 판단할 수 있는데, 필터 성능 지수는 압력 단위의 역수인 단위를 가지며 1-E에 자연 로그를 취한 값을 압력 손실인 ΔP로 나눈 값이다. 따라서 필터의 성능 지수는 포집 효율이 클수록, 압력 손실이 작을수록 큰 값을 갖게 된다. 미세먼지 필터는 무수히 많은 가느다란 섬유를 적층하여 만드는데 포집 효율을 높이고자 빽빽하게 섬유들을 적층하여 필터를 만들면 압력 손실이 커진다. 이와 반대로 섬유를 듬성듬성 적층하여 필터를 제조하면 압력 손실은 작아지지만 포집 효율은 작아진다. 최근에는 이러한 ⎡ (가) ⎦를 극복하는 미세먼지 필터가 소개되고 있다. 이러한 미세먼지 필터는 정전기적 인력을 이용하는 것이다. 대부분의 미세먼지는 전하를 띠고 있기 때문에 대전된 섬유를 필터에 사용하게 되면 섬유를 듬성듬성 적층하여도 필터 섬유와 미세먼지 간의 정전기적 인력이 작용하여 큰 ⎡ (나) ⎦을 확보할 수 있다.

073 윗글에서 알 수 있는 내용으로 적절하지 않은 것은?

① 초미세먼지는 폐의 상피 세포 돌연변이와 관계가 있다.
② 입자의 반지름이 $2\mu m$인 미세먼지는 PM 2.5에 포함된다.
③ 질소 산화물은 미세먼지를 구성하는 성분 중의 하나이다.
④ 미세먼지의 크기는 미세먼지의 인체 내 체류 시간에 영향을 준다.
⑤ 미세먼지 필터의 포집 효율은 백분율을 이용하여 나타낼 수 있다.

074 (가)와 (나)에 들어갈 말을 적절하게 짝 지은 것은?

	(가)	(나)
①	종속 관계	포집 효율
②	종속 관계	압력 손실
③	상충 관계	포집 효율
④	상충 관계	압력 손실
⑤	상충 관계	기체 투과도

075 윗글을 바탕으로 〈보기〉의 학생의 반응 중 적절한 것을 있는 대로 고른 것은?

보기

한 연구자는 필터 A와 B에 대해 미세먼지를 2m/s의 일정한 속도로 유입하며 기체 투과도와 미세먼지 포집 효율을 측정하였다. 실험 결과 기체 투과도는 필터 A가 필터 B보다 크며, 필터 성능 지수는 필터 B가 필터 A보다 크다는 것을 알게 되었다.

● 학생의 반응
ㄱ. 압력 손실은 필터 A가 필터 B보다 작겠군.
ㄴ. 미세먼지 포집 효율은 필터 A가 필터 B보다 작겠군.
ㄷ. 미세먼지를 필터 A에 유입하는 속도를 1m/s로 낮추었는데도 포집 효율이 변함없다면 필터 A의 성능 지수는 변함이 없겠군.
ㄹ. 필터 B의 포집 효율이 0.8이라면 필터 B에 유입되는 미세먼지의 20%는 필터에서 포집되지 않고 통과하는 것이겠군.

① ㄱ, ㄹ ② ㄴ, ㄷ ③ ㄱ, ㄴ, ㄹ
④ ㄴ, ㄷ, ㄹ ⑤ ㄱ, ㄴ, ㄷ, ㄹ

[076~078] 다음 글을 읽고 물음에 답하시오.

방사성 탄소 연대 측정법은 탄소화합물 중의 탄소의 극히 일부에 포함된 방사성 동위 원소인 탄소-14의 조성비를 측정하여 어떤 물체가 만들어진 연대를 추정하는 방법이다. 탄소는 여러 개의 동위원소가 있다. 동위원소는 양성자의 수는 같으나 중성자의 수가 다른 원소로, 양성자의 수와 중성자의 수의 합은 질량수로 항상 정수값을 갖는다. 탄소의 원자번호는 6으로, 즉 양성자 수는 6으로 고정되어 있지만 중성자의 수가 다른 동위원소는 10종이 넘는다. 대기 중 탄소의 대부분을 차지하는 동위원소는 탄소-12와 탄소-13이다. 이 탄소들은 매우 안정하여 대기 중에서 방사성 붕괴 반응이 진행되지 않는다. 탄소의 원자량이 12.01인 것도 탄소의 동위원소 비율을 감안해서 원자량을 계산했기 때문이다. 불안정한 방사성 동위원소들은 알파(α)선, 베타(β)선, 감마(γ)선을 방출하면서 붕괴하여 다른 원소로 전환된다. 안정한 탄소-12와 탄소-13과는 달리 탄소-14는 베타(β)선을 방출하며 붕괴하여 질소가 되는 탄소의 방사성 동위원소이다.

탄소-14는 우주에서 끊임없이 지구로 내려오는 매우 높은 에너지의 입자선인 우주선(宇宙線)에 의해 생성된 중성자가 질소 원자와의 반응을 통해 생성된다. 이렇게 생성된 탄소-14는 산소와 결합하여 이산화탄소(CO_2)가 되고 이것이 생물의 호흡과 대사 과정으로 생물에 흡수되며 생물에 존재하는 탄소-14와 탄소-12의 존재 비는 대기 중의 존재 비와 1.3×10^{-12}으로 동일하게 유지된다. 그러나 생물이 죽게 되면 더 이상 호흡을 하지 않으므로 죽은 생물체 안의 탄소-14의 존재 비는 탄소-14의 붕괴 반응 때문에 줄어든다.

방사성 동위원소 탄소-14는 반감기가 약 5,730년이다. 반감기는 처음에 있던 원소의 양이 1/2로 줄어드는 데 걸리는 시간을 말한다. 예를 들어 탄소-14의 경우에 10g이 5g으로 되는 데 5,730년이 걸리고, 다시 5,730년이 흐르면 5g이 2.5g으로 줄어든다. 그러므로 n번의 반감기를 지났을 때 탄소-14의 양은 처음 있었던 양에 $(1/2)^n$을 곱한 값이 된다. 따라서 죽은 생명체에 남아있는 탄소-14의 존재 비를 측정하면 식물이 죽은 지 얼마나 되었는지를 알 수 있다.

탄소 연대 측정법은 1950년을 기준으로 시간을 거꾸로 올라가는 BP(Before Present)라는 단위를 쓰며, 보정을 통해 실제의 날짜와 일치시킨다. 1950년을 기준으로 삼는 것은 핵실험에 의해 대기 중 탄소-14의 양이 인위적으로 변화한 시점이 1950년이기 때문이다. 보정에는 일반적으로 매우 오랫동안 살아있는 나무를 이용한다. 나무는 나이테 분석을 통해 그 나이를 정확히 알 수 있기 때문이다. 그러나 방사성 탄소 연대 측정법이 절대적인 것은 아니다. 다양한 이유로 연대 측정법에 오차가 발생할 수 있으므로 이에 대한 세심한 주의가 필요하다. 호수 퇴적물은 오염이 쉽게 되어 신뢰할 만한 연대를 얻기 어렵다. 탄산염을 포함한 호수는 탄산염의 퇴적물과의 상호작용 때문에 퇴적물의 탄소-14 존재 비를 변화시켜 퇴적물의 연대를 1600년 정도까지도 왜곡되게 한다. 또한 인간의 산업 활동 또한 탄소-14 농도에 영향을 준다. 산업 혁명 이후 지난 250여 년간 화석연료 사용으로 대량의 탄소-12가 대기 중에 방출되었으며 이는 탄소-14 농도를 낮추는 효과를 가져왔다. 또한 탄소-14의 변동은 지구 자기장의 변화나 태양 흑점 활동 변화로도 야기될 수 있다. 그러나 현대과학에서 방사성 탄소 연대 측정법은 연대 측정 방법들 중 가장 기본적인 방법으로서의 중요한 가치를 지니고 있으며 고고학에서 현재 가장 많이 사용하는 연대 측정법으로 자리 잡고 있다.

076 윗글에 대한 설명으로 적절하지 <u>않은</u> 것은?

① 특정 측정법이 현재 갖는 의미와 가치를 평가하고 있다.
② 특정 측정법과 이와 경쟁하는 다른 측정법의 장단점을 비교하고 있다.
③ 특정 측정법이 특정 상황에서 절대적이지 않은 이유를 설명하고 있다.
④ 특정 측정법의 원리를 설명하고 이에 대한 측정상의 보정법을 소개하고 있다.
⑤ 특정 측정법에 근간이 되는 반응에서 반응의 정도를 나타내는 척도를 제시하고 있다.

077 윗글에서 추론한 내용으로 적절한 것을 〈보기〉에서 있는 대로 고른 것은?

보기
ㄱ. 탄소-14의 양을 두 배로 늘리면 반감기도 두 배로 늘어난다.
ㄴ. 탄소 연대 측정법은 나이테를 이용한 연대 측정보다 정확하다.
ㄷ. 탄소-14가 우주선(宇宙線)에 의해 생성되는 속도와 탄소-14가 자연적인 방사성 붕괴로 소멸하는 속도는 같다.

① ㄱ   ② ㄴ   ③ ㄷ
④ ㄱ, ㄴ   ⑤ ㄱ, ㄷ

078 윗글을 바탕으로 〈보기〉의 (가)와 (나)에 들어갈 말을 적절하게 짝 지은 것은?

> **보기**
>
> ● 기사
>   최근 ○○시에서 인류의 옛 유물로 생각되는 많은 물품이 출토되었다. 또한 나무를 이용하여 불을 때서 남겨진 숯이 다량 발견되었다. 과학자 A는 방사성 탄소 연대 측정법을 통해 목재로부터 숯이 형성되었을 때 질량수가 14인 탄소 0.2g이 붕괴에 따른 결과로 현재는 0.08g만이 남았다는 사실을 알게 되었다.
>
> ● 기사에 대해 탐구한 내용
>   - 숯이 만들어진 연대를 핵실험으로 야기된 탄소-14의 양에 대한 보정 작업 없이 추정하면 이 숯은 현재로부터 (가)에 만들어진 숯이다.
>   - 숯이 어떤 특정한 사건에 의해 많은 양의 탄소-12에 오염된 숯이었다면 실제보다 (나)에 만들어진 숯으로 판단하는 오류가 생길 것이다.

	(가)	(나)
①	5,730년 전보다 가까운 시기에	더 오래전에
②	5,730년 전보다 가까운 시기에	더 근래에
③	5,730년 전과 11,460년 전 사이	더 오래전에
④	5,730년 전과 11,460년 전 사이	더 근래에
⑤	11,460년 전보다 더 오래전에	더 오래전에

[079~082] 다음 글을 읽고 물음에 답하시오.

어떤 행동이 도덕적인가에 대해서는 사람마다 의견이 다를 수 있지만 도덕적으로 살아야 한다는 데는 모든 사람이 동의할 것이다. 그러나 도덕적으로 살아야 하는 이유를 묻는다면 뭐라고 대답할 수 있을까? 도덕적이지 못하면 비난이나 처벌을 받기 때문이라는 것이 흔한 대답이다. 그러나 플라톤의 『폴리테이아』에 나오는 기게스의 반지 이야기는 그런 대답이 설득력이 없음을 보여 준다. 전설에 따르면 양치기인 기게스는 반지를 우연히 주웠는데 이 반지를 돌리면 투명 인간이 되는 것을 알게 되었다. 기게스는 이 반지를 이용해 왕을 죽이고 리디아의 왕이 되었으며 리디아는 그 후 오랫동안 번성했다고 한다. 기게스에게 도덕적으로 살아야 하는 이유를 무엇이라고 말할 수 있겠는가? 기게스는 투명 인간이 되는 능력 때문에 도덕적이지 않은 행동을 해도 비난이나 처벌을 받을 일이 전혀 없는데 도덕적이어야 할 이유가 있을까?

우리가 도덕적으로 옳은 행동을 해야 하는 이유로 신이 그렇게 하라고 명령했기 때문이라는 대답이 가능하다. 도덕은 곧 신의 명령이라는 이론. 사람들 대부분은 '살인하지 말라.'라는 명제가 도덕적 의무라고 생각한다. 신명론은 특정 종교와 관련 없이 인류의 역사에서 뿌리 깊은 생각으로, 도덕은 종교와 연관되었다는 가정을 품고 있다. 그런데 막상 그게 왜 도덕적 의무냐고, 왜 그것을 지켜야 하느냐고 물어보면 얼른 대답하지 못한다. 신명론(神命論)은 이 질문에 바로 신이 그렇게 하라고 명령했기 때문에 도덕적 의무라고 깔끔하게 대답한다.

플라톤은 『에우튀프론』에서 이 신명론을 비판했다. 플라톤은 그의 스승 소크라테스처럼 고대 그리스 신들을 받아들이고 존중했지만, 만약 신이 완벽히 선하다 할지라도 그것만으로는 도덕을 설명하기에 충분하지 않다고 생각했다. 그는 신이 명령하기에 도덕이 선한 것인지 아니면 그것이 선하기에 신이 명령하는 것인지 질문을 던진다. '**전자**'라고 해 보자. 신이 무엇인가를 명령했기에 도덕이 된다고 한다면, 신이 마음만 먹으면 어떤 것이든 곧 도덕이 된다는 뜻이다. 그러면 신이 "살인하라."를 도덕적 의무로 바꿀 수도 있다. 이는 상식과 맞지 않는다.

신명론을 옹호하는 사람이라면 살인은 도덕적이지 못하므로 신은 살인을 도덕적 의무로 만들지 않을 것이라고 대답할 것이다. 하지만 이렇게 말하는 것은 신이 명령하기에 도덕이 선한 것이라는 견해를 버리고, 도덕이 선하기에 신이 명령한다는 '**후자**'의 견해로 가는 셈이 된다. 그러나 이 견해에서도 문제가 생긴다. 이것은 도덕은 신과 상관없이 먼저 존재한다는 뜻이다. 다시 말해서 신이 없어도 도덕이 성립한다는 뜻이니 신을 도덕과 연결하려는 신명론의 의도와 어긋난다. 정리하면 신이 명령하기에 도덕이 선한 것이라고 하면 상식적으로 도덕이 아닌 것이 도덕이 돼버리고, 도덕이 선하기에 신이 명령한다고 하면 도덕과 신이 상관없게 되어 신명론은 딜레마에 빠지게 된다. 신명론은 왜 도덕적 의무를 지켜야 하느냐에 대한 적합한 대답이 되지 못한다.

신명론은 우리가 신의 명령을 안다는 전제에서 출발한다. 설령 플라톤이 제기한 딜레마가 해결된다고 하더라도 더 심각한 문제는 우리가 신의 명령이 무엇인지 제대로 안다고 말할 수 있느냐에 있다. 우리가 신을 접하는 통로는 대체로 기도와 같은 사적인 체험인데 거기에 신뢰를 보내기 힘들다.

플라톤에 따르면 신명론은 도덕적으로 살아야 하는 이유에 대한 적합한 대답이 되지 못한다. 신을 믿는 사람은 도덕을 신과 관련시키지 않았을 때 불경스럽다고 믿기에 신명론을 받아들이는데, 플라톤의 비판은 오히려 신명론 자체가 불경스러운 결과에 이른다는 것을 보여 주기에 독실한 사람은 신명론을 받아들여서는 안 된다는 것을 암시한다고 해석된다. 토마스 아퀴나스와 같은 철학자는 바로 이러한 이유로 신명론을 거부했다.

079 '기게스의 반지 이야기'에서 나타나는 문제의식으로 가장 적절한 것은?

① 어떤 행동이 도덕적인가?
② 왜 도덕적으로 살아야 하는가?
③ 왜 비난이나 처벌을 두려워하는가?
④ 비도덕적 행동의 결과는 무엇인가?
⑤ 사람들은 왜 비도덕적 행동을 하는가?

080 딜레마가 뜻하는 바로 가장 적절한 것은?

① 신의 명령이 비도덕적이거나 도덕이 신의 명령에 선행한다.
② 신의 명령이 비상식적이거나 신이 보기에 우리의 행동이 비상식적이다.
③ 신의 명령이 일관되지 못하거나 신의 명령에 대한 해석이 일관되지 못하다.
④ 신의 언어를 인간이 이해하지 못하거나 신이 인간의 언어를 제대로 알아듣지 못한다.
⑤ 신이 우리가 실행하기 어려운 것을 명령하거나 우리의 실행이 신의 명령과 부합하지 않는다.

081 윗글에 대한 이해로 가장 적절한 것은?

① 신명론은 신의 명령이 인간의 상식에 부합할 것이라고 생각한다.
② 기게스는 비난이나 처벌을 받지 않았으므로 비도덕적이라고 할 수 없다.
③ 토마스 아퀴나스는 독실한 신자라면 신명론을 옹호해야 한다고 생각한다.
④ 토마스 아퀴나스와 달리 플라톤은 무신론자이기에 신명론을 받아들이지 않았다.
⑤ 플라톤이 신명론을 비판한 것은 신의 선함이 완벽하지 않다고 보았기 때문이다.

082 '전자'와 '후자'에 관한 진술로 가장 적절한 것은?

① '전자'와 '후자' 모두 도덕의 존재를 전제하고 있다.
② '전자'는 신의 존재를 인정하고, '후자'는 신의 존재를 부정한다.
③ '전자'는 '후자'와 달리 신의 명령은 도덕과 상관이 없다고 생각한다.
④ '후자'는 '전자'와 달리 비상식적인 것이 도덕이 될 수 있다고 생각한다.
⑤ '전자'와 '후자' 모두 어떤 행동이 도덕적이기에 신이 명령한다는 것을 인정한다.

[083~084] 다음 글을 읽고 물음에 답하시오.

2024년 자전거 이용 활성화 사진·영상 공모전 안내문

1. 공모 개요
    ○ 공모 분야: (1) 사진 (2) 영상(40~60초)
        ※ 공모 분야에 중복 지원 가능하나 동일인 중복 시상 불가
    ○ 공모 대상: 대한민국 국민 누구나

2. 공모 기간: 2024. 6. 24.~8. 12. 23:00까지

3. ⊙공모 작품의 규격과 주제
    ○ 작품 규격:
        (1) 사진: JPG 파일, PNG 파일, 가로·세로 형식 모두 가능
        (2) 영상: MP4 파일, AVI 파일, 세로 형식, 용량 300MB 이내
    ○ 작품 주제:
        - 자전거로 지키는 지구와 건강: 이동 수단(통학·통근, 장보기 등), 자전거 여행(지역 관광, 국토 종주 등) 등 생활 속 자전거 이용 활성화
        - 안전 문화: 보행자·자전거·자동차 도로 위의 안전한 공존, 자전거 5대 안전 수칙 등
            ※ 자전거 5대 안전 수칙
                (1) 안전모 쓰기 (2) 과속하지 않기 (3) 휴대전화·이어폰 사용하지 않기 (4) 야간 전조등 켜기
                (5) 음주 운전하지 않기

3. 응모 방법: 자전거 행복나눔 홈페이지(www.bike.go.kr) 온라인 접수
    ※ 참가 신청서(개인정보 활용동의서 포함) 및 작품 제출

4. 수상작 발표 및 시상
　ㅇ 심사 결과 발표: 2024년 11월 초 행정안전부와 자전거 행복나눔 홈페이지 게시
　ㅇ 시상 규모: 사진 부문, 영상 부문으로 나누어 장관상 시상 총 17점
　ㅇ 시상일: 2024. 11. 30.(장소는 심사 결과 발표 시 별도 공지 예정)
　　※ 단체명으로 응모·입상한 경우 단체명으로 시상

083 윗글의 내용에 대한 이해로 가장 적절한 것은?

① 심사 결과는 시상 당일에 공개된다.
② 사진과 영상 분야에 모두 출품할 수 있다.
③ 장관상은 출품작의 부문을 구분하지 않고 시상된다.
④ 단체명으로 입상하면 단체의 대표자 이름으로 시상된다.
⑤ 작품은 온라인으로 제출하고 참가 신청서는 우편으로 제출한다.

084 윗글을 바탕으로 할 때 ㉠에 해당하지 않는 경우는?

① 자전거 국토 종주 모습을 담은 250MB 세로 형식의 AVI 영상 파일
② 자전거로 통학하는 친구의 모습을 찍은 가로 형식의 JPG 사진 파일
③ 안전모 미착용으로 인한 사고의 위험성을 담은 180MB 가로 형식의 MP4 영상 파일
④ 마트 앞에서 자전거 바구니에 짐 싣는 모습을 담은 200MB 세로 형식의 AVI 영상 파일
⑤ 자전거와 자동차가 도로에서 안전하게 공존하는 모습을 찍은 가로 형식의 PNG 사진 파일

[085~087] 다음은 뉴스 보도이다. 물음에 답하시오.

편하다고 '자동 로그인'? 비밀번호 8백만 개 유출

장면 1		앵커: 인터넷 사이트마다 입력이 필요한 아이디와 비밀번호. 매번 기억하기 쉽지 않아 웹브라우저에 저장해두고 '자동 로그인'하는 경우가 많은데요. 이런 허점을 노려 계정 정보를 탈취하는 범죄가 급증하고 있습니다. 취재 결과 이미 8백만 개가 넘는 비밀번호가 유출된 것으로 파악됐습니다. 차○○ 기자의 단독 보도입니다.
장면 2		차 기자: 시청자 여러분들도 한 번쯤 사용해 봤을 유명 온라인 쇼핑몰 사이트에서 백여 명이 구매한 4천만 원 상당의 상품권이 사라졌습니다. 외부에서 도용된 아이디와 비밀번호를 통해 일부 고객의 전자 문화 상품권 구매 정보를 유출한 것입니다. 피해자들은 대개 계정 정보를 웹브라우저에 저장하고 자동 로그인하는 이용자였습니다.
장면 3	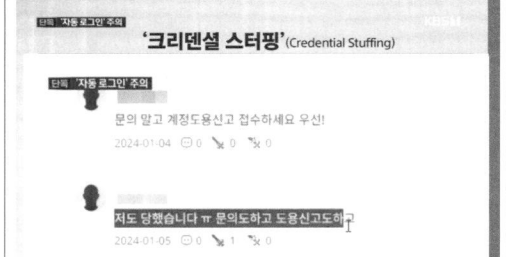	차 기자: 이는 아이디와 비밀번호 등 계정 정보를 무작위로 탈취하는 일명 '크리덴셜 스터핑(credential stuffing)'이라는 해킹의 피해 사례입니다. 한 해커가 계정 정보들을 빼내 특정 범죄 장터에 올리면 다른 해커들이 해당 정보를 가져가 범죄에 이용하기 때문에 피해는 순식간에 커집니다. 특히 공용 PC나 개인 PC에서도 무의식적으로 자동 로그인 기능을 사용하면 계정 정보가 유출될 수 있습니다.
장면 4		차 기자: KBS가 한 보안 연구소와 함께 범죄 장터에 유출된 국내 계정 현황을 분석해 봤습니다. 해당 악성 코드가 등장한 2016년부터 조금씩 증가하더니 최근 3년 사이 급격히 늘었습니다. 유출된 국내 계정 수만 8백만 개가 넘습니다. 공공 기관 계정 정보도 상당수 발견됐습니다.
장면 5	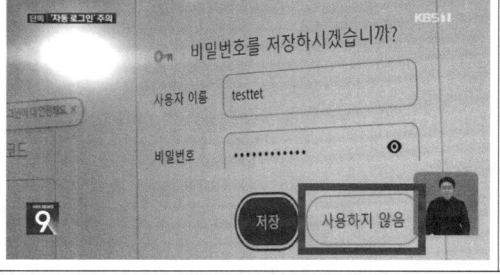	차 기자: 비밀번호 제도를 유지할 수밖에 없다면 자신의 계정 정보를 스스로 안전하게 관리하는 게 가장 중요할 것 같습니다. 전문가들은 자동 로그인 비활성화뿐 아니라, 2차 인증 장치 마련하기, 비밀번호를 자주 교체하고 가능하면 복잡하게 만들기, 미심쩍은 소프트웨어 설치하지 않기 등의 생활 속 실천을 강조합니다.

085 뉴스 보도에 사용된 정보 제시 전략으로 적절하지 <u>않은</u> 것은?

① 장면1: 자막에 핵심 단어와 수치를 제시하여 보도에서 다루는 사건에 집중하게 한다.
② 장면2: 피해 사이트 화면을 자료로 제시하여 사건이 시청자들의 일상과 관련됨을 알게 한다.
③ 장면3: 특정 해킹 용어의 원어와 뜻풀이를 자료로 제시하여 시청자들이 쉽게 이해하게 한다.
④ 장면4: 계정 정보 유출 현황을 꺾은선 그래프로 나타내어 시청자들이 사태의 심각성을 알게 한다.
⑤ 장면5: 자동 로그인과 관련된 화면을 보여 주며 시청자들이 계정 정보 보호에 경각심을 갖게 한다.

086 〈보기〉는 뉴스 보도를 본 시청자들의 반응이다. 이에 대한 이해로 적절하지 <u>않은</u> 것은?

> **보기**
>
> **시청자 게시판**
>
> 시청자1 특정 온라인 쇼핑몰 피해 사례를 뉴스에서 다루면, 해당 쇼핑몰에 대한 인식이 나빠지진 않을까요? 공중파 방송인 만큼 보도 자료를 내보낼 때 신중해야 한다고 봅니다.
>
> 시청자2 '범죄 장터'의 정확한 명칭은 '다크웹'입니다. 정보 분야에서 흔히 다뤄지는 용어를 뉴스에서 과도하게 우리말로 풀이하는 것은 오히려 전문성을 해치는 것 같군요.
>
> 시청자3 유출된 국내 계정 현황이 최근 3년 사이 급격히 늘었다고 하는데요. 자료의 그래프를 보면 가장 최근에는 하락세를 보여 설명과 다르군요. 정확한 설명이 필요해 보입니다.
>
> 시청자4 공공 기관의 계정 정보가 유출된 것이면 엄청 위험한 것 아닌가요? 너무 걱정되네요. 구체적인 피해 범위와 대응 방안에 대한 정부의 입장도 추가 제시해 주면 좋겠습니다.
>
> 시청자5 개인 정보 보호를 위해 일상생활에서 손쉽게 실천할 수 있는 사례를 다양하게 제시해 주어 좋네요. 당장 자동 로그인 기능을 풀고, 비밀번호도 교체해야겠습니다.

① 시청자1: 뉴스에서 언급하는 특정 사례의 적절성을 비판적으로 평가하고 있다.
② 시청자2: 용어의 적절성을 시청자 연령층과 관련지어 부정적으로 평가하고 있다.
③ 시청자3: 보도하는 내용과 그래프 자료가 불일치함을 비판적으로 평가하고 있다.
④ 시청자4: 시청자들의 불안을 안심시키기에 보도 내용이 부족했다고 평가하고 있다.
⑤ 시청자5: 뉴스 보도가 실생활에 유용하게 활용되었음을 긍정적으로 평가하고 있다.

087 뉴스 보도를 바탕으로 다음의 카드 뉴스를 제작하는 과정에서 반영된 계획으로 적절하지 않은 것은?

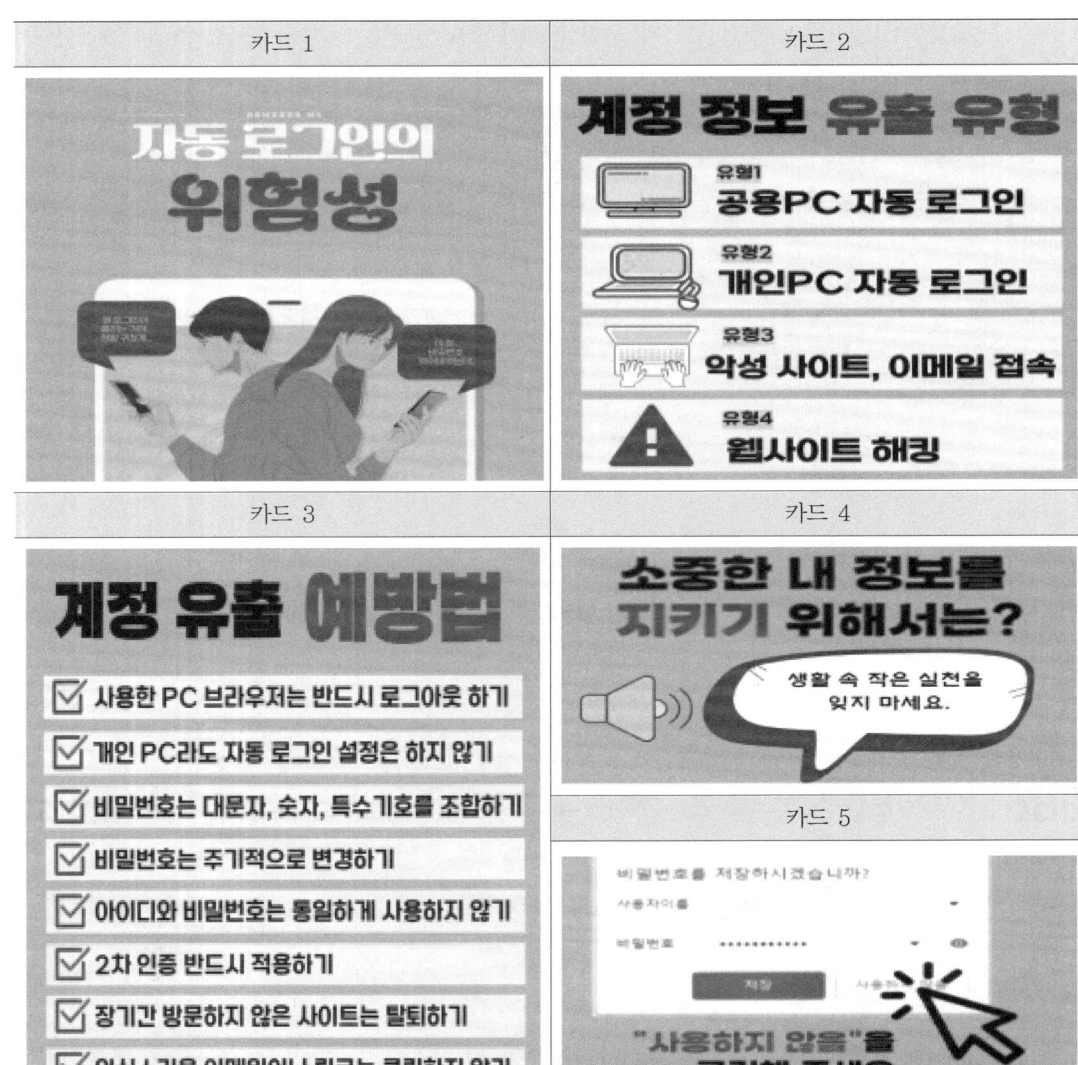

① 카드1: 보도의 핵심을 직관적으로 보여줄 수 있는 제목과 삽화를 제시해야겠군.
② 카드2: 언급된 계정 정보 유출 방식 이외에 다른 유형도 추가하여 제시해야겠군.
③ 카드3: 보도에서 제시한 예방 방법을 수정·보완한 실천 목록을 만들어 제시해야겠군.
④ 카드4: 보도에서 다룬 문제의 해결을 위해 예방보다 처벌을 강조하는 문구를 제시해야겠군.
⑤ 카드5: 보도의 마지막 장면에 사용한 시각 자료를 유사하게 반복하여 제시해야겠군.

[088~090] 다음 글을 읽고 물음에 답하시오.

2024년 행복시 신혼부부 주택전세자금대출 이자 지원 사업 공고

1. 지원 대상 (신청일 기준 모든 항목 충족해야 함)
   - 사업 신청일 현재 부부 모두 행복시 동일 주소에 등재
   - 혼인 신고 7년 이내(기준일 2017. 1. 1. 이후 혼인 신고)
   - 부부 및 세대원 모두 무주택자이면서, 기준 중위소득 180% 이하
     ※ 2023. 6. 1.~2024. 5. 31.(1년) 건강보험료 본인부담금에 의한 소득 판정(부부 합산)
   - 주민등록 주소지와 주택임대차계약서 및 주택전세자금대출 소재지 동일

2. 지원 내용
   가. 주택전세자금 대출 잔액의 1.5% 지원(연 1회, 최대 100만 원)
     ※ 자녀가 있는 가정은 자녀 1인당 지원금의 20% 가산(최대 150만 원 지원)
   나. 당해 연도 대출 기간에 따라 차등 지급

3. 신청 기간 및 방법
   가. 신청 기간: 2024. 7. 15.(월)~2024. 7. 26.(금) (09:00~18:00, 공휴일 제외)
   나. 신청인: 신혼부부 중 1인
   다. 신청 방법: 주소지 읍·면사무소 또는 동행정복지센터 방문 신청
     ※ 우편, 팩스, 인터넷 등 신청 접수 불가

4. 지원 제외 대상
   - 공공임대주택 거주자
   - 금융 기관에서 대출을 받지 않은 자
   - 직계 존속과 임대차 계약을 체결한 자
   - 당해 연도 내 유사 전세자금대출 이자 지원을 받은 가구
     (다자녀 가정, 한 부모 가정, 국가 유공자 대상의 지원 사업 등)

5. 선정 기준 및 절차
   가. 선정 기준
     - 예산 범위 내: 지원 조건을 충족하는 대상자 전원 지원
     - 예산 부족 시: 우선순위에 따라 지원
     ※ 우선순위: (1) 기준 중위 소득(小), (2) 혼인 신고일(先), (3) 자녀 수(多), (4) 가구원 수(多)
   나. 지급 방법: 지원 대상자 계좌 입금
     - 선정 발표: 2024. 8. 19.(월) [개별 문자 통보]
     - 지급일: 2024. 8. 21.(수)

6. 문의: 주소지 읍·면사무소 또는 동행정복지센터, 시청 주택경관과(00-000-0000)

088 윗글을 이해한 내용으로 적절하지 <u>않은</u> 것은?

① 8월에 행복시로 전입 예정인 신혼부부는 신청할 수 없다.
② 부부 중 1인이 시청 주택경관과에 방문하여 신청할 수 있다.
③ 어머니 소유의 집에 전세로 살고 있는 신혼부부는 지원받을 수 없다.
④ 금융 기관이 아닌 곳에서 전세금 대출을 받은 경우에는 지원받을 수 없다.
⑤ 2024년에 다자녀 가정 전세자금대출 이자 지원을 받은 부부는 지원받을 수 없다.

089 윗글과 관련하여 〈보기〉를 읽고 난 반응으로 적절하지 <u>않은</u> 것은?

> **보기**
>
> 다음은 올해 처음 지원 대상으로 선정된 신혼부부 A와 B의 선정 요건을 정리한 표이다.
>
> | 신혼부부 | 기준 중위 소득 | 혼인 신고일 | 자녀 수 | 가구원 수 | 전세대출 잔액 |
> |---|---|---|---|---|---|
> | A | 140% | 2018. 10. 20. | 1 | 3 | 1억 5천 |
> | B | 160% | 2023. 5. 7. | 0 | 3 | 3억 |

① A는 B보다 기준 중위 소득이 낮으므로 선순위로 선정되었겠군.
② A와 B는 가구원 수가 동일하므로 지원금 가산 비율이 같겠군.
③ A는 자녀가 있으므로 지원받을 수 있는 금액은 B보다 더 크겠군.
④ A는 지원금이 20% 가산되므로 1회 최대 120만 원까지 지원받을 수 있겠군.
⑤ B는 전세대출 잔액이 3억이므로 1회 최대 금액을 모두 지원받을 수 있겠군.

090 윗글에 추가로 제시되어야 할 정보로 가장 적절한 것은?

① 접수처
② 제출 서류
③ 지원 대상 요건
④ 선정 발표 방법
⑤ 지원금 지급 방법

국어 문화　091번~100번

091 〈보기〉에서 설명하는 문학 작품은?

> **보기**
>
> 조선 광해군 때 박인로가 지은 가사로, 누추한 곳에 초막을 지어 가난한 생활을 할 때, 굶주림과 추위가 닥치고 수모가 심하지만 가난을 원망하지 않겠다는 내용이다. 자연을 벗 삼아 충성과 효도, 형제간의 화목, 친구 간의 신의를 바라면서 안빈낙도의 심경을 노래하였다.

① 태평사
② 선상탄
③ 누항사
④ 북천가
⑤ 연행가

092 〈보기〉에서 설명하는 문학 작품은?

> 보기
>
> 1970년대 한국 사회가 산업화 과정을 겪으면서 직면했던 계층적 갈등과 그 모순에 정면으로 접근하고 있는 것으로 평가되는 작품이다. 빈부와 노사의 대립 과정에서 억압당하며 소외되고 있는 사회적 존재를 상징하는 대상을 작품의 제목으로 삼았다. 작가 조세희의 단편 작품이면서, 동시에 12편의 작품을 모아 같은 제목의 장편소설로 출간한 소설집의 제목이기도 하다.

① 칼날
② 우주여행
③ 궤도여행
④ 뫼비우스의 띠
⑤ 난장이가 쏘아올린 작은 공

093 〈보기〉에서 설명하는 작가는?

> 보기
>
> 1955년 소설가 김동리의 추천으로 단편「계산」과 1956년 단편「흑흑백백」을 발표하면서 작품 활동을 시작했다. 1956년부터 1959년까지는 단편소설을 창작했다. 1960년대에는「김약국의 딸들」,「파시」등 장편소설을 발표했다. 1969년부터 대하소설『토지』연재를 시작하여, 1994년 8월 전체를 탈고했다. 대표작인『토지』는 한국 근·현대사의 변천 속에서 다양한 인물들이 겪는 갈등과 고난을 그려내면서, 민족과 역사에 대한 총체적인 조망을 시도한 작품이다.

① 박경리
② 최인훈
③ 이문구
④ 이청준
⑤ 박완서

094 〈보기〉는 일제 강점기에 게재된 신문 기사이다. 이에 대한 설명으로 적절한 것은?

> 보기
>
> **내외 문명의 잔교 세계어협회 조직**
>
> 지난 륙월 이십일부터 시내 종로 중앙청년회관 안에 '에스페란토(세계에 공통하야 쓰는 말)' 강습회를 개최하얏다 함은 임의 보도하얏거니와 어언간에 소명한 긔간이 다 되야 지난달 이십구일로써 강습을 마치고 데일회의 졸업생으로 이십이 명이 업을 마치게 되얏다. 이것이 조선 안에서 '에스페란토'의 창작자 '사메노푸' 선생의 위대한 사업의 새싹이라 할 만한 동시에 이번에 이 말을 가라친 김억(金億) 씨는 이 긔회를 리용하야 조선에서도 영구히 '에스페란토'를 보급식히어서 우리 조선의 문화 발전상에 적으나마 공헌을 하기 위하야 졸업생 일동으로 더부러 지난 삼십일일 밤에 장츈관에 모임을 열고 '조선 에스페란토 협회'라는 한 긔관을 발긔하게 되얏다.
>
> ―『동아일보』1920년 8월 2일

① '조선 에스페란토 협회'에서 6월 강습회를 주최하였다.
② 6월 30일 장춘관 모임에서 협회 창립이 구체화되었다.
③ 지난 6월에 시작한 에스페란토 강습회는 8월에 종료되었다.
④ '조선 에스페란토 협회' 창립에 제1회 졸업생이 참가하였다.
⑤ 에스페란토는 다른 언어처럼 자연발생적으로 만들어진 말이다.

095 ㉠~㉤의 의미로 적절하지 <u>않은</u> 것은?

> **보기**
>
> 웅이 다시 아뢰지 못하여 물러 나와 월경 대사와 의논하기를, "내 이제 세상에 나가도 남에게 화를 입지 않을 것이옵니다. 또한 내 몸이 중이 아니라 오래 산속에 있사오니 황성 소식도 모르고 나의 심중에 품은 일도 아득하와, 일전에 모친께 사정을 고하오니 도리어 꾸중하시는 바람에 다시 거역하지 못하였삽거니와, 대사께서는 저를 위하여 모친의 마음을 돌려 저의 뜻을 펴게 함이 어떠하오리까?" 하니, 대사가 말하기를 "공자의 말은 ㉠<u>반반한</u> 장부의 말이로다." 하고 부인 앞에 가서 ㉡<u>고금(古今)</u>의 일을 이야기하다가 공자의 품은 큰 뜻을 여쭈니 부인이 말하기를, "말은 당연하나 만리타국에 보내고 어찌 이 적막강산 ㉢<u>사고무친(四顧無親)</u>한 곳에서 잠시라도 잊을 수 있으며 또한 저의 나이 어리고 세상사에 어리석은지라, 어지러운 세상에 나가 어찌 될 줄 알리오." 하니, 대사가 말하기를, "부인의 말씀도 일리가 있사옵니다. 그러나 이제 공자를 어리다 하시거니와, ㉣<u>천병만마(千兵萬馬)</u>에 ㉤<u>시석(矢石)</u>이 비 오듯 하여 살기(殺氣)가 충천한 곳에 넣어도 조금도 걱정할 바가 없을 것이니 부인은 어찌 사람의 운명을 의심하십니까?"
>
> – 조웅전

① ㉠ 반반한: 염치없이 태연한.
② ㉡ 고금: 예전과 지금을 아울러 이르는 말
③ ㉢ 사고무친: 의지할 만한 사람이 아무도 없음.
④ ㉣ 천병만마: 아주 많은 수의 군사와 군마
⑤ ㉤ 시석: 예전에, 전쟁에 쓰던 화살과 돌

096 <보기>는 『훈민정음』 서문이다. ㉠~㉤에 대한 설명으로 가장 적절한 것은?

> **보기**
>
> 나랏 말ᄊᆞ미 中國에 달아 文字와로 서르 ᄉᆞᄆᆞᆺ디 아니ᄒᆞᆯᄊᆡ 이런 젼ᄎᆞ로 어린 百姓이 니르고져 홇 배 ㉠<u>이셔</u>도 ᄆᆞᄎᆞᆷ내 제 ᄠᅳ들 시러 펴디 몯ᄒᆞᇙ 노미 ㉡<u>하니라</u>. 내 이를 爲ᄒᆞ야 ㉢<u>어엿비</u> 너겨 새로 스믈여듧 字를 ᄆᆡᇰᄀᆞ노니 사ᄅᆞᆷ마다 ㉣<u>ᄒᆡᅇᅧ</u> ㉤<u>수ᄫᅵ</u> 니겨 날로 ᄡᅮ메 便安킈 ᄒᆞ고져 홇 ᄯᆞᄅᆞ미니라.

① ㉠: 존대의 뜻이 들어 있다.
② ㉡: 현대어로 '있느니라'의 뜻이다.
③ ㉢: 중세어와 현대어의 의미가 동일하다.
④ ㉣: 'ㅇㅇ'은 현대 국어에서도 사용되는 표기이다.
⑤ ㉤: '입시울가ᄇᆡ야ᄫᆞᆫ소리'에 해당하는 글자가 들어 있다.

097 〈보기〉는 남북 국어사전을 비교한 자료이다. 남북의 표기가 올바르게 묶이지 않은 것은?

> 보기
> (남) 햇-「접사」((어두음이 예사소리인 일부 명사 앞에 붙어)) '당해에 난'의 뜻을 더하는 접두사.
>   해-「접사」((어두음이 된소리나 거센소리인 일부 명사 앞에 붙어)) '당해에 난'의 뜻을 더하는 접두사.
> (북) 햇-[앞] (일정한 명사의 말뿌리에 붙어서)《그해에 새로 난》,《올해에 된》의 뜻.

	(남)	(북)
①	해콩	햇콩
②	해팥	햇팥
③	햇쑥	햇쑥
④	햇감자	햇감자
⑤	햇병아리	햇병아리

098 〈보기〉를 바탕으로 할 때 점자 표기가 올바르지 않은 것은?

> 보기
>
> | 자음 | ㄴ | ㄹ | ㅁ | ㅂ | ㅅ | ㅈ | ㅋ | ㅌ |
> |---|---|---|---|---|---|---|---|---|
> | 초성 | ⠒ | ⠐ | ⠑ | ⠘ | ⠠ | ⠨ | ⠋ | ⠓ |
> | 종성 | ⠒ | ⠐ | ⠑ | ⠘ | ⠠ | ⠨ | ⠋ | ⠓ |
>
> | [모음] | ㅏ | ㅗ | ㅣ |
> |---|---|---|---|
> | | ⠣ | ⠥ | ⠕ |
>
> | [약자] | 는 | 옹 | 울 |
> |---|---|---|---|
> | | ⠵ | ⠯ | ⠲ |
>
> ※ '나, 마, 바, 자, 카, 타'는 모음 'ㅏ'를 생략하고 첫소리 글자로 약자 표기한다.
> ※ 글자 속에 모음으로 시작하는 약자가 포함되어 있을 때에는 약자를 이용하여 적는다.

① 마라톤
② 통조림
③ 불조심
④ 콩자반
⑤ 물난리

099 밑줄 친 부분을 이해하기 쉬운 용어로 가장 적절하게 수정한 것은?

> 보기
>
> 채무자가 <u>이의를 보류하지</u> 아니하고 전조의 승낙을 한 때에는 양도인에게 대항할 수 있는 사유로써 양수인에게 대항하지 못한다. (민법 제451조)

① 이의를 잊지
② 이의를 제기하지
③ 이의를 설명하지
④ 이의를 취하하지
⑤ 이의를 고려하지

100 〈보기〉에 나타나는 방송 언어의 특징으로 적절하지 <u>않은</u> 것은?

> 보기
>
> 오늘과 내일 추위를 부를 비가 지나가겠습니다. 현재 수도권을 중심으로 시간당 ㉠<u>10mm</u> 안팎의 비가 내리고 ㉡<u>있는데요</u>. ㉢<u>여기</u> 동서로 길게 뻗은 구름대가 남하하면서 서울 등 경기 북부는 오늘 오전까지만 비가 예상되지만 그 밖의 다른 지방은 추가로 비구름이 유입되며 내일 아침까지 비가 이어지겠습니다. 비구름 뒤로는 찬 공기가 밀려와 기온이 ㉣<u>뚝뚝</u> 떨어지겠는데요. 특히 오는 토요일에는 서울의 아침 기온이 5도, 대관령은 영하 2도 안팎까지 떨어지면서 올가을 최저 기온을 경신하겠습니다. 추위는 오래가지 않아서 다음 주에는 다시 예년 수준을 ㉤<u>회복하겠습니다</u>.

① ㉠: 구체적 수치와 단위를 활용하여 정보를 정확하게 전달하고 있다.
② ㉡: 상대 높임의 등급이 다른 종결 표현을 섞어서 친근한 느낌을 주고 있다.
③ ㉢: 지시 대명사를 사용하여 시청자들이 주목하게 하고 있다.
④ ㉣: 음성 상징어를 사용하여 상황을 생동감 있게 전달하고 있다.
⑤ ㉤: '-겠-'을 사용하여 말하는 시점보다 이전의 사건을 전달하고 있다.

[확인 사항]

● 문제지와 답안지에 필요한 내용을 정확히 적었는지 확인하십시오.

수고하셨습니다.

2024. 8. 18.

성 명	
수험번호	
감독관 확인	

제80회
KBS 한국어능력시험

KBS ◉ 한국방송

- 문제지와 답안지에 모두 성명, 수험 번호를 정확히 기입하십시오.
- 답안지와 함께 문제지를 반드시 제출하십시오.
- 본 시험지를 절취하는 것은 부정행위로 간주합니다.
- 본 시험의 내용을 무단으로 전재·복사·복제·출판·강의하는 행위와 인터넷 등을 통해 복원하는 행위는 저작권법에 저촉됩니다.

한국어능력시험 문항 100문항

영역	문항
듣기·말하기	001번~015번
어휘·어법	016번~045번
쓰기	046번~050번
창안	051번~060번
읽기	061번~090번
국어 문화	091번~100번

제80회 KBS한국어능력시험

2024년 8월 18일 시행

듣기·말하기 001번~015번

001 그림에 대한 설명으로 가장 적절한 것은?

① 〈약혼자와 에펠탑〉에서 에펠탑은 샤갈의 고향을 나타낸다.
② 〈약혼자와 에펠탑〉은 사랑이라는 꿈이 조각나는 현실을 나타낸다.
③ 〈약혼자와 에펠탑〉은 중력이라는 장애물을 뛰어넘는 사랑을 보여 준다.
④ 〈약혼자와 에펠탑〉에서 다채로운 이미지를 연결하는 중심은 순수함이다.
⑤ 〈약혼자와 에펠탑〉은 멀리 있는 사랑에는 쉽게 다가가기 어려움을 말해 준다.

002 이 이야기의 주제로 가장 적절한 것은?

① 눈 감고 아웅 한다.
② 백지 한 장도 맞들면 낫다.
③ 하늘은 스스로 돕는 자를 돕는다.
④ 도둑질을 해도 손발이 맞아야 한다.
⑤ 구슬이 서 말이라도 꿰어야 보배다.

003 강연의 내용에 대한 이해로 적절하지 않은 것은?

① 찌개는 국보다 바특하게 끓인 것이 특징이다.
② 수라상에 올랐던 '조치'는 '찜'이나 '찌개'에 해당한다.
③ 명란젓찌개는 찌개의 재료를 기준으로 분류한 것이다.
④ 고추장찌개는 생선의 비린내를 없애 주는 효과가 있다.
⑤ 추운 겨울에는 담백한 생선찌개를 즐겨 먹는 전통이 있었다.

004 방송 내용에 대한 이해로 가장 적절한 것은?

① 하이든은 작곡을 하면서 작품의 '질'보다 '양'을 추구했다.
② 〈놀람 교향곡〉을 듣고 놀란 관중들은 불쾌한 반응을 보였다.
③ 〈놀람 교향곡〉은 클래식 음악의 긴 공연 시간을 줄이기 위해 작곡되었다.
④ 〈놀람 교향곡〉은 1악장의 도입에 '아주 세게'로 연주하여 청중을 놀라게 한다.
⑤ 〈놀람 교향곡〉은 명성에 안주하지 않고 부단히 노력하고자 했던 의지의 산물이다.

005 이 시의 주제로 가장 적절한 것은?

① 달라진 고향 모습에 대한 안타까움
② 가족 간의 소통 부재에 대한 안타까움
③ 어린 시절의 가난함에 대한 회고와 안타까움
④ 끼니를 챙겨 주시던 어머니의 부재에 대한 안타까움
⑤ 현대 문명의 편리함에 익숙해진 모습에 대한 안타까움

006 전문가의 설명을 이해한 내용으로 가장 적절한 것은?

① 우리나라 합계 출산율은 당분간 현재의 수치를 유지할 가능성이 높다.
② '유배우 출산율'은 '합계 출산율'과 대체로 반비례하는 특성이 있다.
③ 요즘 청년들은 외부에서 정한 '결혼 적령기'가 되면 결혼에 대한 의지가 강화된다.
④ 여성들의 경력 단절에 대한 우려는 저출산의 원인이 아닌 것으로 나타난다.
⑤ 여성뿐 아니라 남성도 출산 및 육아에 공동으로 참여할 수 있는 사회적 지원이 필요하다.

007 진행자의 말하기에 대한 설명으로 적절하지 않은 것은?

① 우리나라 출산율 추이에 대해 질문하고 있다.
② 결혼한 여성의 출산율 문제를 언급하고 있다.
③ 기존 출산 장려 정책의 성과를 점검하고 있다.
④ 청년들의 결혼 문화에 대한 우려를 표현하고 있다.
⑤ 저출산 문제 해결을 위한 방안에 대해 질문하고 있다.

008 대화를 통해 알 수 있는 등장인물의 생각으로 적절하지 않은 것은?

① 아들: 내가 하고 싶은 일을 하기 위해서 열심히 공부하였다.
② 아들: 중학교 때 처음 성우 일을 하고 싶다는 생각을 하였다.
③ 엄마: 돈이 있어야 생계도 유지하고 꿈도 좇을 수 있는 것이다.
④ 엄마: 성우보다는 배우가 된다면 안정적인 생활이 가능할 것이다.
⑤ 엄마: 꿈을 가지는 것은 좋지만 현실적인 선택을 하는 것이 현명하다.

009 인물들의 말하기 방식에 대한 설명으로 가장 적절한 것은?

① 아들: 자신의 결정에 대한 근거로 내적 동기를 제시하고 있다.
② 아들: 경제적 여건을 이유로 자신의 결정을 합리화하고 있다.
③ 엄마: 자신의 과거 경험을 이야기하며 상대방을 설득하고 있다.
④ 엄마: 질문을 통해 상대방에 대한 관심을 표하며 공감하고 있다.
⑤ 엄마: 상대방에 대한 신뢰를 바탕으로 상대방의 의견을 수용하고 있다.

010 강연의 내용과 일치하지 않는 것은?

① '세계 모기의 날'은 말라리아와 관계가 있다.
② 로널드 로스는 말라리아의 감염 경로와 치료법을 밝혔다.
③ 모기 몸속의 열원충은 사람의 몸에서 병을 일으킨다.
④ 1979년 한국에서는 말라리아가 발생하지 않았다.
⑤ 2019년 한국은 OECD 국가 중 말라리아 발생률 1위였다.

011 강연자의 말하기 방식에 대한 설명으로 가장 적절한 것은?

① 중간중간에 질문을 던지며 청중의 주의를 집중시키고 있다.
② 개인적인 경험을 언급하며 청중과의 공감대를 형성하고 있다.
③ 전문가의 견해를 인용하여 말하는 바에 대한 근거로 삼고 있다.
④ 강연 주제와 관련된 표현을 제시하여 청중의 관심을 유발하고 있다.
⑤ 일상에서 실천 가능한 치료 방법을 제시하며 강연을 마무리하고 있다.

012 발표의 내용에 대한 이해로 적절하지 않은 것은?

① 잠은 감정 뇌 회로를 재조정하는 역할을 한다.
② 뇌는 다른 신체 기관과 달리 산소와 포도당을 소모하지 않는다.
③ 잠이 부족할 경우 심혈관 질환, 뇌졸중 등의 질병이 발생할 수 있다.
④ 휴대 전화를 사용하는 것은 뇌가 인지적 자원을 계속 사용하도록 한다.
⑤ 잠이 새로운 정보를 보호하여 잊어버리지 않게 하는 과정을 '응고화'라고 한다.

013 발표자가 사용한 말하기 전략으로 가장 적절한 것은?

① 연구 결과를 활용하여 발표 내용을 뒷받침하고 있다.
② 설문 자료를 제시하여 예상되는 반론을 반박하고 있다.
③ 전문가 인터뷰 내용을 인용하여 주장에 대한 근거로 활용하고 있다.
④ 자신의 경험을 바탕으로 한 사례를 제시하여 청중의 이해를 돕고 있다.
⑤ 청중의 실천을 유도하기 위해 질문의 방식으로 발표를 마무리하고 있다.

014 두 사람의 입장에 대한 이해로 적절하지 않은 것은?

① 시청 담당자는 공원 내 수익 사업이 필요함을 주장한다.
② 시청 담당자는 추가 건설 비용이 많이 발생하고 있다고 주장한다.
③ 주민 대표는 녹지 공간이 훼손되지 않아야 한다고 주장한다.
④ 주민 대표는 생태 공원을 건립하겠다는 본래 목적에 부합해야 한다고 주장한다.
⑤ 주민 대표는 공원 내에 체육 시설보다는 공연 시설이 설치되는 것이 바람직하다고 주장한다.

015 두 사람의 갈등 해결 방식으로 가장 적절한 것은?

① 시청 담당자는 공원 건설의 본래 목적을 이유로 들어 주민 대표에게 양보를 강요하고 있다.
② 주민 대표는 공원 내 수익 사업에 대한 협상의 여지가 없음을 일관되게 주장하고 있다.
③ 시청 담당자와 주민 대표는 생태 체험장을 유료화함으로써 서로의 이견에 대한 합의점을 찾고 있다.
④ 시청 담당자와 주민 대표는 공원 내 수익 사업에 대한 쟁점은 다음 협상에서 해결하기로 합의하고 있다.
⑤ 시청 담당자는 주민 대표의 입장을 고려하여 공원 건설 비용을 증액하고자 한 자신의 제안을 철회하고 있다.

어휘·어법   016번 ~ 045번

016 "성질이 너그러워 말과 행동을 시원스럽게 하다."라는 의미의 고유어는?

① 걱실걱실하다 ② 만수받이하다 ③ 새물새물하다
④ 안다미씌우다 ⑤ 흐리마리하다

017 한자어의 사전적 뜻풀이로 옳지 않은 것은?

① 갈급(渴急): 몹시 조급하게 바람.
② 답습(踏襲): 예로부터 해 오던 방식이나 수법을 좇아 그대로 행함.
③ 소거(掃去): 부정적인 것을 모조리 없앰.
④ 풍미(風味): 음식에 양념이나 식료품을 더 넣어 맛이 나게 함.
⑤ 흉금(胸襟): 마음속 깊이 품은 생각

018 밑줄 친 고유어의 의미로 적절하지 않은 것은?

① 사방으로 덩굴이 뻗어 나가 예제없이 엉켜 있다.
  → 여기나 저기나 구별이 없이.
② 의심이 되우 많은 걸 보니 믿을 사람이 못 되네그려.
  → 아주 몹시.
③ 그는 그녀의 사랑한다는 말이 맥쩍어 얼굴을 붉혔다.
  → 열없고 쑥스럽다.
④ 모지락스러운 그였지만 어머니를 생각하며 눈물을 글썽였다.
  → 모습이나 행동이 모자란 듯하고 바보 같은 데가 있다.
⑤ 한 소절만 듣고서도 이 사람이 짜장 훌륭한 가수라는 걸 알겠네.
  → 과연 정말로.

019 밑줄 친 한자어의 쓰임이 적절하지 않은 것은?

① 그는 기자들의 질문에 함구(緘口)한 채 자리를 떠났다.
② 참담한 소식을 접하니 슬프고 흔연(欣然)하기 짝이 없다.
③ 잘못을 힐난(詰難)하기만 해서는 문제를 해결할 수 없다.
④ 그는 일상으로 돌아가기 위해 재활 치료에만 골몰(汨沒)했다.
⑤ 이제야 답장을 드리게 된 점을 해량(海量)해 주시기 바랍니다.

020 〈보기〉의 밑줄 친 ㉠~㉢에 해당하는 한자로 올바르게 묶인 것은?

보기
• 네가 나 대신 결혼식에 가서 ㉠부조를 좀 해 주렴.
• 간단한 제사상이라도 최소한의 ㉡구색은 갖추었다.
• ㉢가령 네가 이번 시험에 합격한다고 치자.

	㉠	㉡	㉢
①	扶助	求色	加齡
②	扶助	具色	加齡
③	扶助	具色	假令
④	浮彫	求色	假令
⑤	浮彫	具色	假令

021 밑줄 친 고유어의 쓰임이 적절하지 않은 것은?

① 야식 먹은 것이 얹혔는지 아침까지 계속 속이 보깨네.
② 날씨가 물쿠더니 하늘에서 펄펄 눈이 내리기 시작했다.
③ 내가 보니 참을 만한 일인데 왜 그렇게 심하게 결내니?
④ 지금까지 아무 문제없이 가말아 온 일이 난관에 봉착했다.
⑤ 그리운 친구를 십 년 만에 만난다는 생각에 달떠서 잠을 설쳤다.

022 밑줄 친 단어 중 나머지 넷과 다의어 관계에 있지 않은 것은?

① 동생은 용돈을 일주일 만에 다 떨어 버렸다.
② 그는 너무나 긴장한 탓에 다리를 떨고 있었다.
③ 형은 옷에 달라붙은 검은 먼지를 떨고 있었다.
④ 손님, 반값에 드릴 테니 이 빵을 모두 떨어 가세요.
⑤ 실수했던 기억은 어서 떨어 버리고 다음을 준비해야 한다.

023 두 단어의 의미 관계가 〈보기〉와 동일한 것은?

> **보기**
> 가구 – 책상

① 몸 – 정신   ② 금속 – 구리   ③ 이름 – 성함
④ 입학 – 퇴학   ⑤ 조류 – 파충류

024 밑줄 친 고유어 '가다'를 한자어로 바꾸었을 때, 적절하지 않은 것은?

① 아들이 군대에 갔다. → 입대(入隊)하다
② 낡았지만 시계가 잘 간다. → 작동(作動)하다
③ 동생은 성적이 중간 정도 간다. → 위치(位置)하다
④ 오늘은 딸 졸업식에 갈 예정이다. → 참석(參席)하다
⑤ 전깃불이 가서 들어오지 않고 있다. → 소등(消燈)하다

025 〈보기〉의 밑줄 친 단어의 반의어로 가장 적절한 것은?

> 보기
> 김 부장은 여간해서는 성격을 맞춰 주기 어려울 만큼 성미가 팽패롭다.

① 억세다 ② 과민하다 ③ 괄괄하다
④ 까다롭다 ⑤ 무던하다

026 밑줄 친 속담의 사용이 문맥상 적절하지 않은 것은?

① 세차했는데 비가 오니 떡 본 김에 제사 지내기로구만.
② 가만히 있을 것이지 왜 나서서 긁어 부스럼을 만들었어.
③ 그는 소 갈 데 말 갈 데 가리지 않고 열심히 물건을 팔러 다녔다.
④ 오뉴월 바람도 불면 차갑다는데 작은 문제라도 무시해서는 안 된다.
⑤ 한데 앉아서 음지 걱정한다더니 남 일에 상관 말고 자네 걱정이나 하게.

027 밑줄 친 사자성어의 쓰임이 문맥상 적절하지 않은 것은?

① 그 회사는 경영진의 자중지란(自中之亂)으로 경영이 어려워졌다.
② 동생은 자승자박(自繩自縛)의 피나는 노력 끝에 수석을 차지했다.
③ 친구는 사업에 성공하자마자 호사다마(好事多魔)라고 건강이 나빠졌다.
④ 그는 회사를 살리기 위해 고육지계(苦肉之計)로 자신의 지분을 포기했다.
⑤ 공부를 하지 않고 좋은 성적을 바라는 것은 연목구어(緣木求魚)나 마찬가지다.

028 밑줄 친 관용 표현의 쓰임이 적절하지 않은 것은?

① 갑작스러운 태풍으로 승객들이 공항에 발이 묶였다.
② 자주 오던 손님인데 요샌 발이 떠서 얼굴 보기가 어렵다.
③ 막차 시간이 다 되도록 일이 끝나지 않자 모두 발을 굴렀다.
④ 두 사람이 서로 발이 익기에는 같이 일을 한 지가 얼마 안 된다.
⑤ 사람들이 커피를 얼마나 많이 마시는지 발에 채는 데가 커피숍이다.

029 밑줄 친 한자어를 맥락에 맞게 순화한 표현으로 바르지 않은 것은?

① 총소리가 간헐적으로(→ 이따금) 들려왔다.
② 환경 보호는 인간의 중차대한(→ 매우 중요한) 책무이다.
③ 이번 답사에 소요되는(→ 드는) 비용은 모두 50,000원입니다.
④ 개인 정보가 포함된 회원 명부를 불출하면(→ 분실하면) 안 된다.
⑤ 연이은 도발에 대통령은 상대국 대사를 초치해서(→ 불러들여서) 항의했다.

030 밑줄 친 표현을 다듬은 말로 적절하지 않은 것은?

① 시장에 이지 머니(→ 저리 자금)가 풀리면서 기업들의 투자 환경이 개선되었다.
② 최근 여러 은행에서 뱅크 런(→ 인출 폭주)이 발생하여 금융 시장이 혼란에 빠졌다.
③ 스마트폰 사용을 줄이기 위해 월 1회 디지털 디톡스(→ 디지털 거리 두기)를 실천하고 있다.
④ 정부는 메디컬 푸어(→ 의료 빈곤층)를 지원하기 위해 의료비 지원 프로그램을 확대하고 있다.
⑤ 다양한 분야를 아우르는 제너럴리스트(→ 최고 전문가)는 복잡한 문제를 해결하는 데 탁월하다.

031 밑줄 친 부분의 표기가 옳은 것은?

① 대단찮은 일이니 너무 걱정하지 마.
② 얼마나 오죽찮았으면 대답도 안 했을까?
③ 형편이 어려운데 어쭙잖게 여행을 간다고?
④ 과장은 내가 하는 일이 마뜩찮은 것 같았다.
⑤ 어디서 꼴같찮은 게 미꾸라지처럼 물을 흐려?

032 밑줄 친 부분의 표기가 옳지 않은 것은?

① 무뎌진 칼을 날카롭게 갊.
② 어려운 이웃에게 온정을 베풂.
③ 옥상에 커다란 현수막을 내걸음.
④ 이번 여행 일정은 지루할 만큼 긺.
⑤ 친구와 이야기하다가 국수가 붊.

033 밑줄 친 부분의 표기가 옳지 않은 것은?

① 내일 비가 <u>온대</u>.
② 형이 너 어디 <u>가내</u>?
③ 오늘따라 왜 <u>저러신데</u>?
④ 바닷물이 아직 <u>차가운데</u>.
⑤ 개울에서 수영할 수 <u>있겠디</u>?

034 밑줄 친 부분의 띄어쓰기가 옳지 않은 것은?

① 어려운 친구를 <u>도와∨주어라</u>.
② 부모님께 선물을 <u>보내∨드렸다</u>.
③ 이 정도면 모두가 <u>만족할∨만하다</u>.
④ 나는 화가 나서 편지를 <u>찢어∨버렸다</u>.
⑤ 아이들은 뭐가 좋은지 깔깔 <u>웃어∨댄다</u>.

035 밑줄 친 부분의 표기가 옳은 것은?

① 그는 딸을 <u>끔찍히</u> 귀여워한다.
② 딸기가 소쿠리에 <u>그득히</u> 담겨 있다.
③ 회사의 분위기가 <u>묵직히</u> 가라앉았다.
④ 붓글씨로 <u>굵직히</u> 쓴 표어가 눈에 띈다.
⑤ 그의 한숨 소리가 <u>나직히</u> 새어 나왔다.

036 밑줄 친 부분의 문장 부호가 올바르게 쓰이지 않은 것은?

① 응모 기간: <u>2024. 3. 6 ~ 2024. 5. 31</u>
② 현주가 "그럼 내가 먼저<u>…</u>." 하면서 손을 들었다.
③ "<u>혹시… 저 아저씨…</u> 내가 찾던 삼촌일지도 몰라."
④ 미영이는 "<u>우리 곧바로 출발하자</u>"라며 서둘러 짐을 챙겼다.
⑤ 할아버지께서는 <u>6.25</u> 때 가족들과 생이별의 아픔을 겪으셨다.

037 밑줄 친 말이 표준어인 것은?

① <u>앗아라</u>, 네가 상관할 바가 아니다.
② 한참 웃었더니 수술 자리가 <u>당긴다</u>.
③ 모두 노래를 부르며 <u>흥겨웁게</u> 놀았다.
④ 그는 기골이 장대하지만 보기보다 <u>겁장이</u>이다.
⑤ 조그만 일에 <u>삐지다니</u> 큰일을 하지 못할 사람일세.

038 다음은 문학 작품에 나타나는 방언이다. 대응하는 표준어가 적절하지 <u>않은</u> 것은?

① 먹기만 허고 <u>씨서리는</u>(→ 설거지는) 안 했으면 좋겠네.
② 그렇구만이라. 허면, 나허고 <u>항꾼에</u>(→ 함께) 행동헙씨다.
③ <u>아슴찮으니</u>(→ 안됐으니) 돈이라도 몇푼 채워서 내주어야겠다.
④ 내외는 <u>굴풋하던</u>(→ 배고프던) 다음이라 죽 두 그릇씩을 게 눈 감추듯 했다.
⑤ 옳다고 생각하면 굽히지 말고 그르다고 여겨지면 <u>발퀴야</u>(→ 바르게 잡아야) 한다.

039 다음 중 표준 발음으로 올바르지 <u>않은</u> 것은?

① 굵다[글따]
② 앉다[안따]
③ 읊다[읍따]
④ 짧다[짤따]
⑤ 핥다[할따]

040 밑줄 친 외래어의 표기가 올바르지 <u>않은</u> 것은?

① 베란다의 <u>섀시</u>(sash)가 낡아서 단열이 안된다.
② 이 곡은 마지막 부분의 화려한 <u>애드리브</u>(ad lib)가 백미이다.
③ 그들은 광고 촬영장에서 모델과 <u>스태프</u>(staff)로 처음 만났다.
④ 이 음악을 사용하려면 원작자에게 <u>로열티</u>(royalty)를 지불해야 한다.
⑤ 수련회의 <u>레크리에이션</u>(recreation) 시간에 장기 자랑을 하기로 했다.

041 국어의 로마자 표기가 올바르지 않은 것은?

① 씨름(ssireum)
② 별산대놀이(byeolsandaenori)
③ 살풀이춤(salpurichum)
④ 사물놀이(samulnori)
⑤ 강령 탈춤(gangnyeong talchum)

042 〈보기〉의 ㉠~㉤ 가운데 어법에 맞지 않는 문장은?

> **보기**
>
> 개기 일식은 매우 드문 천문 현상이다. ㉠이 현상은 태양, 달, 지구가 일직선으로 배열될 때 발생하는데, 이때 태양이 달에 완전히 가려 보이지 않게 된다. ㉡개기 일식이 일어나는 동안에는 낮이 밤처럼 변하여 하늘이 어두워지고 기온이 내려가며 평소에는 볼 수 없는 태양의 코로나와 채층 같은 것을 관찰할 수 있다. ㉢개기 일식을 관측할 때는 특별한 주의가 필요한데, 태양을 직접 바라보는 것은 눈에 손상을 줄 위험이 있으므로 반드시 안전하게 관측할 수 있는 장비를 사용하여야 한다. ㉣일반적인 선글라스로는 눈을 충분히 보호할 수 없기 때문에 태양 필터가 장착된 망원경이나 일식 관측용 안경을 착용해야 한다. ㉤개기 일식은 태양 대기를 효과적으로 관측할 수 있는 기회이기 때문에 과학적 의미가 매우 클 뿐만 아니라 경제적, 교육적 측면에서도 중요한 의미가 있다.

① ㉠   ② ㉡   ③ ㉢   ④ ㉣   ⑤ ㉤

043 〈보기〉의 밑줄 친 부분과 상대 높임법의 등급이 동일한 것은?

> **보기**
>
> 저기 다른 학생들이 <u>오는구먼</u>.

① 이번 주말에 함께 산에 <u>갑시다</u>.
② 보내 준 선물과 편지는 잘 <u>받았소</u>.
③ 시간이 다 되었으니 이제 <u>일어나시지요</u>.
④ 선반 위에 있는 짐을 모두 바닥에 <u>내려놓으렴</u>.
⑤ 여보게, 어제 무슨 일이 있었는지 어서 <u>말하게</u>.

044 다음 중 중의성이 해소되지 <u>않은</u> 문장은?

① 착한 친구의 동생이 놀러 왔다. → 친구의 착한 동생이 놀러 왔다.
② 학생들이 모두 도착하지 않았다 → 학생들 중 일부가 도착하지 않았다.
③ 운동화를 벗고 있는 아이가 내 동생이다. → 운동화를 벗은 아이가 내 동생이다.
④ 게으른 철수와 민수가 달리기 경주를 한다. → 민수가 게으른 철수와 달리기 경주를 한다.
⑤ 나는 웃으면서 들어오는 친구에게 인사했다. → 나는 웃으며 들어오는 친구에게 인사했다.

045 밑줄 친 번역 투 표현을 고친 것으로 적절하지 <u>않은</u> 것은?

① 김 과장은 오늘 <u>감기로 인하여</u>(→ 감기로) 결근했다.
② 목이 말랐던 그는 <u>한 잔의 물</u>(→ 물 한 잔)을 마셨다.
③ 그는 <u>동생을 하나 가지고 있다</u>(→ 동생이 한 명 있다).
④ 경찰이 그 사건을 <u>수사하는 중에 있다</u>(→ 수사하고 있는 중이다).
⑤ 대인 관계에서 가장 <u>중요한 것 중의 하나는</u>(→ 중요한 것은) 신뢰이다.

쓰기 046번 ~ 050번

[046~050] 다음은 '독도의 날'을 기념하기 위해 작성한 초고이다. 물음에 답하시오.

　10월 25일은 독도의 날이다. 독도에 대한 사회적 관심은 계속 이어져오고 있지만, 실제로 우리는 독도에 대해 얼마나 알고 있을까? 독도는 대한민국 최동단에 위치한 섬으로, 울릉도 기준 남동방향 87.4km에 위치하고 있다. 독도는 화산 활동에 의해 ㉠촉발된 섬으로 2개의 큰 섬인 동도와 서도, 89개의 부속 도서로 구성되어 있으며 총면적은 187,554m² 이다.

　독도는 울릉도의 부속 섬으로, 독도의 역사는 울릉도의 역사 안에서 살펴볼 수 있다. 울릉도에는 옛날부터 가까운 내륙 지방의 사람들이 들어와 살았던 것으로 추측되며, 문헌상 울릉도에 사람이 살았다는 기록은 3세기에 등장하기 시작한다. 그리고 독도가 문헌에 등장하는 것은 『삼국사기』부터이다. 울릉도와 독도 등 동해안의 도서 지역을 장악하고 있던 우산국이 신라에 ㉡정복한 후, 독도는 우리 역사에 편입되어 고유 영토로 존재해 왔다. 독도라는 이름은 돌섬(독섬)에서 유래한 것으로 알려져 있으며 역사적으로는 우산도, 석도 등 다양한 이름으로 불렸다.

　그렇다면 독도의 생태계는 어떠할까? 먼저 육상 생태계를 살펴보면, 독도는 풍화로 만들어진 흙이 땅을 얇게 덮고 있고, 해풍이 강하게 불어 식물이 자라기에 좋은 환경이 아니다. ㉢그리고 끈질긴 생명력을 가진 야생화가 독도를 화려하게 장식하고 있으며, 독도에서 조사된 식물은 약 50~60종이 넘는 것으로 알려져 있다. 다음으로 해양 생태계를 살펴보면, 독도 주변 해역은 동해안으로 북상하는 동한난류와 북쪽에서 남하하는 북한한류의 영향을 동시에 받아 해조류 서식에 적합한 환경이다. 250여 종에 이르는 다양한 해조류가 서식하고 있으며, 독도 연안에서 확인된 어류는 180여 종에 달한다.

　이러한 독도는 영토 주권, 생태 환경, 경제 등 다양한 가치를 ㉣지닌 것을 말한다. 독도는 국가 안보는 물론 영토 주권을 수호하는 데 중요한 기능을 한다. 그리고 독도는 울릉도와 함께 화산 지형의 형성 과정과 다양한 지질 경관을 보여주는 자연유산이자, 해양 생태계의 보고이다. 또한 동해 황금어장 독도는 수산물의 생산과 함께 울릉도와 독도를 연계한 관광 자원으로서의 가치 역시 높다고 할 수 있다.

　그런데 최근 독도의 생태계가 급변하고 있다. 독도의 상징인 괭이갈매기의 알 낳는 시기가 점점 앞당겨지고 있으며, 아열대성 어종이 쉽게 관찰된다. 특히 독도의 바닷속은 수온 온난화로 인해 해조류가 죽어가고 있으며, 바다 해적인 성게로 가득한 '바다 사막화' 현상이 나타나고 있다. 이러한 독도를 지키기 위해서는 어떠한 노력이 필요할까? ㉤물론 성게를 제거하는 지엽적 노력도 필요하겠으나, 근본적으로 온난화를 막고 환경을 보호하기 위한 노력이 필요하다. 더불어 이는 개인의 힘만으로는 어려우므로, 독도에 대한 사회적 관심을 높이기 위해 독도 생태계 변화의 심각성을 적극적으로 알릴 필요가 있다. 이를 종합해 볼 때,　　㉮　　

046 다음은 윗글을 쓰기 전에 떠올린 글쓰기 계획이다. 윗글에 반영된 것으로만 묶은 것은?

글쓰기 계획

ㄱ. 구체적 수치를 활용하여 독도의 위치와 면적을 설명해야겠어.
ㄴ. 전문가의 인터뷰를 직접 인용하여 독도의 가치를 강조해야겠어.
ㄷ. 독도와 울릉도를 대조하여 독도 생태계의 특징을 드러내야겠어.
ㄹ. 묻고 답하는 방식으로 독도의 생태계에 관한 내용을 제시해야겠어.
ㅁ. 분류의 방식을 활용하여 독도에 서식하는 식물의 유형을 설명해야겠어.

① ㄱ, ㄴ　　② ㄱ, ㄹ　　③ ㄴ, ㄷ
④ ㄷ, ㅁ　　⑤ ㄹ, ㅁ

047 다음은 윗글을 수정·보완하기 위해 추가로 수집한 자료이다. 자료의 활용 방안으로 적절하지 <u>않은</u> 것은?

	자료 내용	유형
(가)	『고려사』, 『세종실록』, 『신증동국여지승람』을 보면 울릉도와 독도는 하나의 광역 지역으로서 우산도로 불리거나, 각각 독자적인 섬으로 불렸다. 이 중 『세종실록』의 「지리지」에는 "우산(독도)과 무릉(울릉도) 두 섬이 울진현의 정동쪽 바다 가운데에 있다. 두 섬은 서로 거리가 멀지 않아 날씨가 맑으면 바라볼 수 있다."라고 기록되어 있다.	역사 자료
(나)	삼국시대 동해에는 울릉도를 중심으로 한 해상 왕국인 우산국이 있었다. 독도의 옛 이름인 '우산도'는 바로 이 우산국에서 유래한 이름이다.	홍보 자료
(다)	대한제국의 황제 고종은 울릉도를 울도군으로 승격시키고 울도군수가 석도, 곧 독도를 관할하도록 했어요. 법적으로 독도가 울릉도에 속하는 우리나라의 영토임을 분명히 한 것이지요. 이것이 바로 대한제국 칙령 제41호인데요, 이는 1900년 10월 25일 제정되어 1900년 10월 27일 대한제국 관보 제1716호로 고시되었습니다. 독도의 날은 바로 이 대한제국 칙령 제41호가 제정된 날이지요.	전문가 인터뷰
(라)	독도 해역의 표층 수온이 1968년 관측 이후 지속적으로 상승해 우리나라 다른 해역보다 수온 상승 경향이 높은 것으로 나타났다. 국립수산과학원이 44년간 독도 해역에서 정기적으로 해양 조사를 실시한 결과, 독도 지역의 연평균 표층 수온이 1.34~1.94℃ 상승한 것으로 나타났다. 이는 동일 기간 연평균 표층 수온이 우리나라 해역에서 1.29℃, 동해에서 1.33℃ 상승한 것보다 높은 수준이다.	연구 보고서
(마)	독도 연안의 어류는 봄에는 그 수가 많지 않으나, 여름, 가을로 접어들면 몇 배로 증가한다. 암반이 발달한 곳에는 자리돔, 흑돔, 꽁치, 방어, 놀래기, 복어, 전어, 부시리, 가자미, 도루묵 등이 서식하며, 동도와 서도 사이 수심이 얕은 곳에서는 벵에돔, 돌돔, 볼락류 등 정착성 물고기들의 유어, 치어가 서식한다.	전문 서적

① (가)를 활용하여 독도의 역사와 관련된 내용을 구체화한다.
② (나)를 활용하여 독도가 옛날에 '우산도'라고 불리게 된 이유를 추가한다.
③ (다)를 활용하여 독도의 날이 10월 25일로 지정된 이유를 추가한다.
④ (라)를 활용하여 독도에 다양한 해양 생물이 서식하는 이유를 추가한다.
⑤ (마)를 활용하여 독도 연안에서 서식하는 어류의 종류를 구체화한다.

048 다음은 윗글을 쓰기 전에 세웠던 글쓰기 개요이다. 윗글을 쓰는 과정에서 필자가 점검하여 반영한 내용으로 적절하지 <u>않은</u> 것은?

> **글쓰기 개요**
>
> I. 독도의 지리적 환경
>   1. 독도의 구성
>   2. 독도의 위치
>   3. 독도라는 지명의 유래와 역사적 옛 이름
>
> II. 독도의 역사
>   1. 독도에 관한 역사 기록
>   2. 울릉도에 관한 역사 기록
>
> III. 독도의 생태계
>   1. 독도의 인문·사회적 환경
>   2. 독도의 육상 생태계
>   3. 독도의 해양 생태계
>
> IV. 독도의 중요성과 독도를 보호하기 위한 노력
>   1. 독도의 가치
>   2. 독도에 대한 보호 노력

① 글의 맥락을 고려하여 I-1과 I-2의 순서를 바꾸어 서술한다.
② I-3은 II의 구체적인 내용이므로 II의 하위 항목으로 이동한다.
③ II-1은 내용의 흐름을 고려하여 II-2와 순서를 교체한다.
④ III-1은 상위 항목을 고려하여 삭제한다.
⑤ IV-1은 글의 주제와 어울리지 않는 내용이므로 삭제한다.

049 윗글의 ㉠~㉤을 고쳐 쓰기 위한 방안으로 적절하지 <u>않은</u> 것은?

① ㉠: 문장의 의미를 고려하여 '생성된'으로 수정한다.
② ㉡: 피동 표현이 적절하므로, '정복된'으로 수정한다.
③ ㉢: 앞뒤 맥락을 고려할 때 적절하지 않으므로 '하지만'으로 수정한다.
④ ㉣: 문장의 호응이 적절하지 않으므로 '지닌다.'로 수정한다.
⑤ ㉤: 문맥을 고려할 때 부사어가 적절하지 않으므로 '만약'으로 수정한다.

050 글의 내용으로 미루어 볼 때, ㉮ 에 들어갈 내용으로 가장 적절한 것은?

① 독도의 생태계를 살리기 위해서는 성게 제거를 위한 개인적·사회적 노력이 필요하다.
② 독도의 수온 온난화를 예방하기 위해서는 환경 보호를 위한 개인적 노력이 필요하다.
③ 독도를 보호하기 위해서는 '바다 사막화' 현상을 막기 위한 노력이 최우선적으로 요구된다.
④ 독도의 상징인 괭이갈매기가 알맞은 시기에 알을 낳을 수 있도록 지역 공동체의 노력이 요구된다.
⑤ 독도를 지키기 위해서는 독도 생태계 변화의 심각성을 인식하고 환경을 보호하기 위한 공동체적 방안을 마련해야 한다.

창안 051번~060번

[051~053] 다음 글을 읽고 물음에 답하시오.

식물의 뿌리는 몸체를 지탱해 주고 생명 유지에 필수적인 물과 양분을 흡수하는 등 중요한 역할을 한다. 뿌리의 끝에는 생장점이 있어서 왕성한 세포 분열을 하여 뿌리를 자라게 하며, 생장점의 바깥쪽에는 생장점을 감싸 보호하는 뿌리골무가 있다. 뿌리의 표면에 난 뿌리털은 세포막이 얇아서 물을 잘 흡수할 수 있으며, 뿌리의 표면적을 넓혀 물의 흡수를 돕는다. 뿌리를 가로로 잘라 관찰해 보면 바깥쪽으로부터 표피, 피층, 내피, 관다발로 구성되어 있다. 표피는 가장 바깥쪽에 있는 세포층으로 뿌리를 보호하는 역할을 한다. 피층은 표피 안쪽에 위치한 여러 겹의 세포층이며, 피층의 가장 안쪽에 있는 세포층은 내피라고 한다. 관다발은 뿌리털이 흡수한 물과 양분을 식물체에 공급한다. [A]

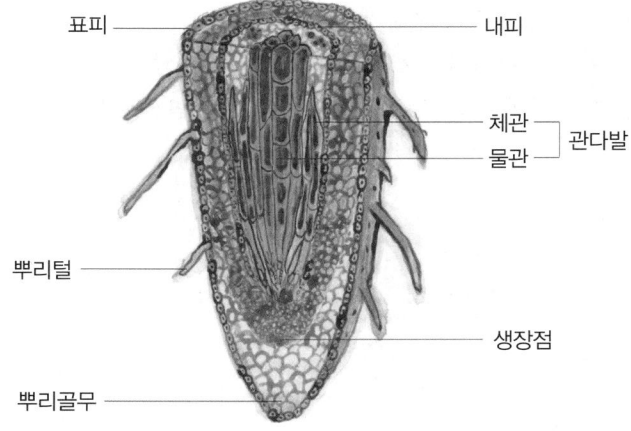

식물이 뿌리털을 통해 물과 양분을 흡수할 때 일어나는 현상이 바로 삼투 현상이다. 삼투 현상이란 ㉠용액의 농도가 낮은 쪽에서 높은 쪽으로 물이 이동하는 현상을 말한다. 흙 속 농도보다 뿌리털 안의 농도가 높기 때문에 농도의 균형을 맞추기 위해 흙 속의 물이 뿌리 속으로 이동하는 것이다.

식물의 성장에는 '@ 최소량의 법칙'이 작용한다. 이는 식물의 성장을 좌우하는 것은 넘치는 요소가 아니라 가장 모자라는 요소라는 법칙이다. 가령 10대 필수 영양소인 탄소, 산소, 수소, 질소, 인산, 유황, 칼륨, 칼슘, 마그네슘, 철 중 한 가지가 부족하면 다른 것이 아무리 많이 들어 있어도 식물은 제대로 자랄 수 없다.

051 윗글의 [A]를 조직 구성 요소에 비유할 때 이끌어 낼 수 있는 내용으로 적절하지 <u>않은</u> 것은?

	[식물의 뿌리 구조]	[조직 구성 요소]
①	생장점	조직 발전을 위해 적극적으로 활동하는 직원
②	뿌리골무	새로운 사업 영역을 개척하는 혁신 부서
③	뿌리털	외부 조직과 직접 상호 작용하는 영업 부서
④	표피	외부 위험으로부터 전체를 보호하는 하위 조직
⑤	관다발	조직 발전을 위해 필요한 정보를 소통하는 체계

052 윗글의 ㉠을 참고할 때, 〈보기〉의 ㉡에 반영된 '왕자'의 생각을 추론한 것으로 가장 적절한 것은?

> **보기**
>
> '행복한 왕자'라고 불리는 왕자 동상은 어느 날 마을의 모습을 내려다보고 가난하고 비참하게 살아가는 사람들의 모습에 마음 아파했다. 왕자는 제비의 도움을 받아 ㉡자신의 몸에 치장되어 있던 보석과 금 조각을 떼어 가난한 사람들에게 나누어 주었다.

① 미래를 위해서는 가진 것을 저축하는 태도가 필요하다.
② 가난한 사람을 도우면 나중에 나에게도 보상이 돌아온다.
③ 타인과 협력하면 당면한 문제를 효과적으로 해결할 수 있다.
④ 성공적인 삶을 영위하기 위해서는 훌륭한 조력자가 필요하다.
⑤ 많이 가진 자가 적게 가진 자에게 베푸는 것은 자연스러운 일이다.

053 식물의 생장을 교육에 비유할 때, ⓐ를 통해 이끌어 낼 수 있는 교훈으로 가장 적절한 것은?

① 학습 과제의 난이도는 단계적으로 수준을 높여서 제시해야 한다.
② 개인이 지닌 소질을 계발하여 한 분야에 특화된 인재를 양성해야 한다.
③ 특정 과목에서의 학습 결손이 발생하지 않도록 보충 학습을 제공해야 한다.
④ 학습 촉진을 위해서는 적절한 시기에 칭찬과 격려를 제공하는 것이 중요하다.
⑤ 협동 학습을 통해 학습자가 동료의 학습 방법을 모방할 기회를 제공해야 한다.

[054~056] 다음 그림을 보고 물음에 답하시오.

| (가): 은행나무 가지치기 | (나): 은행나무 그물망 |

054 그림 (가)와 (나)를 분석한 표의 내용으로 적절하지 <u>않은</u> 것은?

	(가)	(나)
핵심	꽃눈이 생긴 은행나무 가지를 쳐내 열매의 결실을 막음.	㉠은행나무를 베지 않고 열매를 받칠 그물망을 설치함.
목적	㉡가을철 은행나무에 열매가 맺히는 것을 방지함.	은행 열매가 거리에 직접적으로 떨어지는 것을 방지함.
결과	㉢으깨진 은행 열매로 발생하는 거리의 악취 및 미끄럼 사고를 방지함.	
주장	㉣원인을 찾기보다 이미 발생한 문제를 해결해 나가는 것이 효과적이다.	㉤본질을 유지하며 발생 가능한 문제를 완화하는 것이 효과적이다.

① ㉠ ② ㉡ ③ ㉢ ④ ㉣ ⑤ ㉤

055 (가)의 방식과 유사한 환경 보호 사례로 가장 적절한 것은?

① 하천변을 산책하며 버려진 쓰레기를 주워 담았다.
② 유행이 지난 청바지를 재활용하여 청치마를 만들어 입었다.
③ 헷갈리던 분리배출 방법을 숙지하여 정확한 재활용을 실천하였다.
④ 전기 사용량을 줄이기 위해 에어컨 대신 선풍기로 더위를 식혔다.
⑤ 수질을 보호하기 위해 샴푸를 사용하지 않고 물로만 머리를 감았다.

056. (나)의 방식을 인간관계에 착안할 때 시사점으로 가장 적절한 것은?

① 상처를 받는 관계에서 벗어날 수 있는 단호한 자세가 필요합니다.
② 갈등을 무시하고 시간이 해결해 줄 때를 기다리는 것도 삶의 지혜입니다.
③ 상대 자체를 존중하고 다름을 받아들일 때, 자신도 존중받을 수 있습니다.
④ 타인의 단점을 보고 비난하기보다는 나를 돌아보는 계기로 삼는 것이 좋습니다.
⑤ 짧은 시간에 맺은 인연이 긴 시간 동안 맺은 인연보다 소중한 인연이 될 때가 있습니다.

[057~058] 다음 기사를 읽고 물음에 답하시오.

> 요즘 층간 소음으로 이웃 간에 얼굴 붉히는 분들 적지 않으시죠? 이번엔 윗집 노랫소리 때문에 갈등을 빚고 있다는 사연이 전해졌습니다. 서울의 한 아파트에 산다는 A씨는 1년 가까이 소음에 시달리고 있다고 털어놓았습니다. 소음은 바로 노랫소리. 윗집에 사는 부부가 집안에 노래방 기계를 놓고 새벽 1~2시까지 노래를 부른다는 겁니다. A씨의 아버지가 밤 10시 이후엔 자제해 달라고 부탁했지만 소용이 없었다는데요. 참다못한 A씨가 결국 경찰에 신고했고 이웃 간 쌍방 폭행으로까지 번졌다고 합니다. 경찰은 "양측이 모두 폭행으로 신고했다."라며 현재 조사 중이라고 밝혔습니다.

057. 위 기사의 부부에게 보여 줄 만한 광고 사례와 문구의 연결이 적절하지 <u>않은</u> 것은?

①
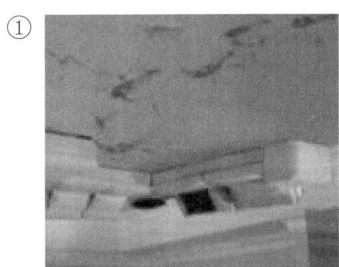
당신의 땅은 나의 하늘입니다.

②

제발, 선 넘지 마십시오.

③

당신은 어떤 음악을 연주하고 있나요?

④

당신의 집은 동물원인가요?

⑤

아프면 약은 반드시 약사에게

058 〈조건〉을 반영하여 〈보기〉의 공익 광고 문구를 창안할 때 가장 적절한 것은?

조건
(가)와 (나)의 광고를 포괄할 수 있는 문구일 것.

보기

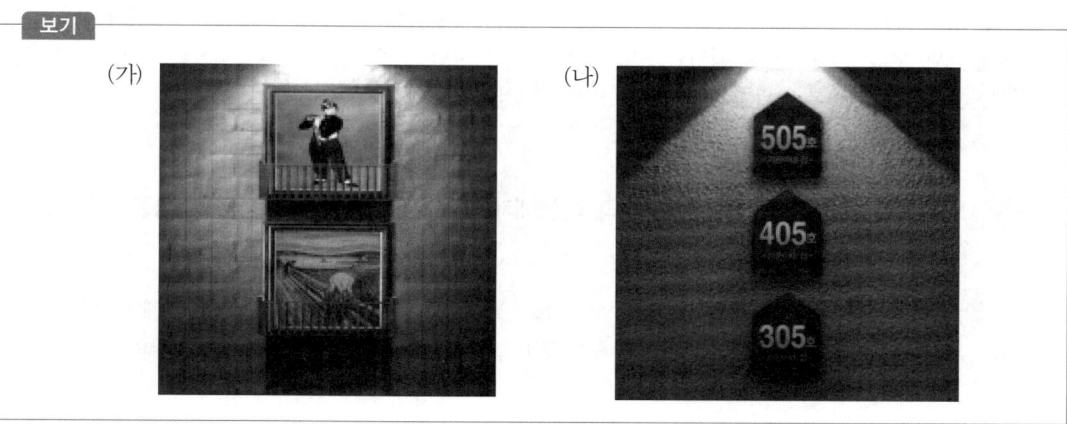

① 뛰는 놈 아래 화나는 놈도 있습니다.
② 우리는 5호로 맺어진 이웃사촌입니다.
③ 힘들고 괴로울 때 따뜻한 음악은 위로가 됩니다.
④ 내겐 감동적인 예술이지만 남에게는 참기 힘든 폭력입니다.
⑤ 아름다운 선율도 아래층 이웃에게는 고통이 될 수 있습니다.

[059~060] 다음 글을 읽고 물음에 답하시오.

물을 가열하면 100℃에서 끓는데, 이때 물이 끓는 온도를 끓는점이라고 한다. 끓는점은 물질 고유의 변하지 않는 특성이지만 압력에 따라서는 변하는데, ㉠압력이 낮아지면 끓는점도 낮아지고, 압력이 높아지면 끓는점도 높아진다.
그런데 액체 상태의 물이 기체 상태인 수증기로 변하는 기화 현상은 물이 끓을 때 외에도 나타난다. 예를 들어 물에 젖은 빨래를 널어놓으면 빨래가 마르는데, 이를 끓는 현상과 구분하여 '증발'이라고 한다. ⓐ증발과 끓음의 가장 큰 차이는 물의 표면에서만 기화 현상이 나타나는지, 내부에서도 나타나는지이다. 물의 표면에서만 기화 현상이 일어나는 것은 증발이라고 하고, 표면뿐 아니라 내부에서도 기화 현상이 일어나는 것은 끓는다고 한다.

059 윗글의 ㉠을 참고하여 〈보기〉의 학생에게 할 수 있는 조언으로 가장 적절한 것은?

> 보기
> 학생: 저는 남들 앞에 서는 것이 무서워요. 특히 발표할 때 청중이 예상과 다르게 반응하거나 예상치 못한 문제가 발생하면 너무 당황해서 평소 실력의 반도 발휘하지 못하는 것 같아요. 저는 어떻게 하면 좋을까요?

① 불안을 느낄 때는 주위에 도움을 청해야 합니다.
② 목표를 이룬 후 스스로에게 적절한 보상을 제공해야 합니다.
③ 과제를 둘러싼 환경보다는 과제 그 자체에 집중해야 합니다.
④ 상황을 고려하여 준비한 내용을 조정하는 전략이 필요합니다.
⑤ 노력을 통해 문제를 해결할 수 있다는 자신감을 가져야 합니다.

060 윗글의 ⓐ를 학습에 비유할 때 이끌어 낼 수 있는 내용으로 가장 적절한 것은?

① 개별 학습과 협동 학습을 균형 있게 제시해야 한다.
② 학습 공간을 온라인과 오프라인 모두로 확대해야 한다.
③ 학생이 보여 주는 능력과 노력을 골고루 평가해야 한다.
④ 학생이 능동적 역할을 수행할 수 있는 과제를 제공해야 한다.
⑤ 단편적 지식의 이해뿐 아니라 개념의 원리까지 습득해야 한다.

읽기 061번~090번

[061~062] 다음 글을 읽고 물음에 답하시오.

목숨이란 마―치 깨어진 뱃조각
여기저기 흩어져 마을이 한구죽죽한 어촌보다 어설프고
삶의 티끌만 오래 묵은 포범(布帆)*처럼 달아매었다.

남들은 기뻤다는 젊은 날이었건만
밤마다 내 꿈은 서해를 밀항하는 짱크*와 같애
㉠ 소금에 절고 조수(潮水)에 부풀어 올랐다.

㉡ 항상 흐릿한 밤 암초를 벗어나면 태풍과 싸워 가고
전설에 읽어 본 산호도(珊瑚島)는 구경도 못하는
㉢ 그곳은 남십자성이 비쳐 주도 않았다.

㉣ 쫓기는 마음! 지친 몸이길래
그리운 지평선을 한숨에 기오르면
㉤ 시궁치*는 열대 식물처럼 발목을 에워쌌다.

새벽 밀물에 밀려온 거미인 양
다 삭아 빠진 소라 껍질에 나는 붙어 왔다
머―ㄴ 항구의 노정(路程)에 흘러간 생활을 들여다보며

― 이육사, 「노정기(路程記)」

*포범: 베로 만든 돛
*짱크: 중국 연해나 하천에서 사람과 짐을 실어 나르는 배
*시궁치: 더러운 물이 잘 빠지지 않고 썩어서 질척질척하게 된 도랑의 근처

061 윗글에 대한 설명으로 가장 적절한 것은?

① 수미상관의 방식을 통해 주제를 드러내고 있다.
② 직유법을 활용하여 대상의 특성을 드러내고 있다.
③ 역설적 표현을 통해 화자와 대상의 거리감을 강조하고 있다.
④ 동일한 시구를 반복하여 대상에 대한 그리움을 나타내고 있다.
⑤ 공감각적 심상을 활용하여 대상에게 느끼는 친밀감을 드러내고 있다.

062 〈보기〉를 바탕으로, 윗글의 ㉠~㉤을 이해한 내용으로 적절하지 <u>않은</u> 것은?

> **보기**
>
> 이 작품은 고난 속에서 살아온 화자가 자신의 삶을 노래한 시로, 화자의 비극적인 자기 인식이 드러나 있다. 이 작품의 제목에서 '노정'이란 '거쳐 지나가는 길이나 과정'이라는 의미를 지닌 말로, 화자는 자신의 지나온 삶을 회고하며 일제 강점기라는 현실 속에서 겪은 힘겨운 삶을 드러내고 있다.

① ㉠: 화자가 세상의 풍파에 시달려 왔음을 드러내고 있다.
② ㉡: 비교를 통해 화자의 현실과 화자가 추구했던 이상향의 모습을 표현하고 있다.
③ ㉢: 삶의 희망이 보이지 않는 화자의 현실을 드러내고 있다.
④ ㉣: 화자의 고통스러운 삶을 표현하고 있다.
⑤ ㉤: 비유적 표현을 통해 고통에서 벗어나기 어려운 일제 강점기의 현실을 드러내고 있다.

[063~065] 다음 글을 읽고 물음에 답하시오.

C는 최근 몇 년 동안 열심히 노력한 끝에 ⓐ<u>초코맨</u>이 되었다. 카카오의 함량은 팔십육 퍼센트 정도로, 일반적으로 도달하는 함량이 오십육 퍼센트쯤이라는 것을 고려했을 때, C의 노력이 상당했다는 것은 의심할 여지가 없었다. C는 자부심을 가지고 정식 초코맨 이력서를 여기저기 넣어 보았지만, 어디서도 흔쾌히 초코맨을 고용하려 들지 않았다.
기껏 초코가 되었건만, 시대의 흐름이 바뀌어 ⓑ<u>치즈맨</u>에 대한 선호도가 훨씬 높았던 것이었다.
– 글쎄요, 요즘은 치즈가 대세 아닌가요.
라거나,
– 초콜릿이라는 것은 아무래도 먹고 나서 뒷맛이 구린 점도 있고.
라는 식의, 노골적인 평가를 듣고 떨어질 뿐이었다.
– 그게 말이 되냐고.
C가 나를 보러 와서 말했다.
– 내 말은, 구린 것으로 따지자면, 치즈가 훨씬 더하지 않느냐는 말이야.
어쨌거나 치즈맨이 되지 않고서는 가망이 없겠다고 생각한 C는 관련 육성 기관에 거금을 내고 전문적인 트레이닝을 받기 시작했다. '속성으로 숙성 B코스'였다. 이른바 초코맨의 재사회화라는 과정이었다. 이것이 얼마나 어려웠을지 나로선 짐작할 수가 없었다. 어엿한 초코맨이 되기까지도 몇 년이 걸렸는데, 이제 치즈맨이 되기 위해 전혀 다른 과정을 억세게 밟아야 했던 것이었다. 초콜릿과 치즈의 구조가 완전히 다르다는 것을 이해하는 사람이라면 내 말이 무슨 뜻인지 알 것이다.
C는 일 년에 걸친 각고의 노력 끝에 마침내 치즈맨으로 재사회화되었다.
그러나 그사이 이 시대의 흐름은 다시 바뀌어서, 복고의 바람을 타고 초코가 대세가 되어 있었다는 이야기였다.
– 어떡할 거냐고!
C는 카망베르 계열로 훌륭하게 숙성된 얼굴을 감싸고 외쳤다. 새로운 면접관들에 따르면, 초코가 집중도 면에서 훨씬 뛰어나고, 일 처리도 세련되기 때문에 업무 능률이 좋다는 것이었다. 거기다 알맞게 딱딱해서, 별다른 도구 없이도 깔끔하게 부러뜨릴 수 있다는 점마저 매력으로 어필이 되는 듯했다.
– 어떻게 생각해, 응?
C가 말했다. 나는 뭘 어떻게 생각하느냐고 물었다.
– 이대로 다시 흐름이 바뀌길 기다려 볼까, 아니면 다시 초코맨으로, 응?
– 다시 초코맨이라니.

- 다시 한번 트레이닝이라는 거지, 뭐.
어떻게 생각해, 라고 C는 거듭 묻고 있었지만, 나는 나중에 원망을 들을까 봐 어느 쪽으로도 대답을 줄 수가 없었다. ㉠그런 시대인 것이다.

– 황정은, 「초코맨의 사회」

063 윗글의 서술상 특징으로 가장 적절한 것은?

① 시간의 흐름에 따라 인물 간 갈등이 심화되는 양상을 드러내고 있다.
② 이야기 속 인물이 자신의 시각에서 주인공이 처한 상황을 서술하고 있다.
③ 동시에 일어나는 두 개의 사건을 병치하여 사건을 입체적으로 전개하고 있다.
④ 주인공의 독백을 반복적으로 제시하여 내적 갈등의 해결 과정을 드러내고 있다.
⑤ 공간의 이동에 따라 서술자를 달리하여 사건에 대한 다양한 관점을 제시하고 있다.

064 ⓐ, ⓑ에 대한 이해로 가장 적절한 것은?

① ⓐ는 'C'가 속성 과정을 통해 일 년 만에 도달한 결과이다.
② ⓐ는 카카오의 함량이 높지 않아서 고용되지 않았다.
③ ⓑ는 'C'가 기관의 도움 없이 독학으로 재사회화된 결과이다.
④ ⓑ는 집중도와 일 처리 면에서 ⓐ보다 높게 평가받았다.
⑤ ⓐ와 ⓑ는 구조뿐만 아니라 되기 위한 과정도 서로 달랐다.

065 ㉠이 의미하는 것으로 가장 적절한 것은?

① 높은 학력이 취업 경쟁에서 우선시되는 시대
② 과거의 제도나 풍습 따위로 돌아가려는 시대
③ 이전에 없던 새로운 직업의 창출을 요구하는 시대
④ 변화의 속도가 매우 빨라서 예측하기 어려운 시대
⑤ 오랜 기간 한 분야에서 쌓아 온 경력이 인정받는 시대

[066~068] 다음 글을 읽고 물음에 답하시오.

고대 그리스에서 노동은 칭송의 대상이 아니었다. 오히려 반대였다. 당시에는 노동을 해야 하는 인간만 노동을 했다. 그리스 사회는 시민과 노예로 나뉘었기 때문이다. 시민이 가진 많은 특권 가운데 하나가 여가였다. 그들은 여가 시간에 토론이나 강연 모임을 개최했고 이런 것들의 유일한 목적은 보편적 진리 혹은 본질에 가까이 다가가는 것이었다. 한편 노동은 좀 더 실체적이었다. 구두장이는 주문받은 신발을 만들었고 신발 제작은 신발의 본질에 복종해야 하는 활동이었다.

고대 그리스의 시민은 여가 시간에 어떤 실용적 목적도 가질 필요가 없었으며 진리를 추구하는 자유를 누렸다. 이 여가 시간을 스콜레(scholé)라고 불렀는데 그때 열린 토론회나 강연회는 학교(school)의 기원이 되었다. 이때의 토론이나 강연 모임은 정식 교육기관이 아니었으나 현대적 '교양' 개념에 가까운 기반을 두었다. 배움은 더욱 완전한 인간을, 즉 진리에 근거한 삶을 형성한다고 당시 사람들은 믿었던 것이다.

역으로 노동의 하찮음은 사람을 필요에 얽매고 부자유스러운 존재로 만든다고 여겨졌다. 그러므로 평생 일만 해온 사람의 발화와 그 내용은 가치가 낮다고 생각되었다. 노예나 일꾼이 그리스인에게 덜 흥미로운 존재인 이유는 그들의 잘못 때문이 아니라, 그저 그들이 덜 고상하며 좋은 교양을 갖추지 못했기 때문이다.

수 세기 동안 상황은 비슷했다. 기독교가 노동의 본질에 대해 전혀 새로운 주장을 도입하기 전까지는 말이다. 이는 성경에 나오는 달란트 우화와 관련된다. 주인이 여행을 떠나며 세 노예에게 달란트라는 금화를 각각 5개, 2개, 1개를 맡겼다. 여행에서 돌아온 주인은 금화를 불린 노예들은 칭찬했지만, 금화를 땅에 묻었다가 그대로 내민 노예에게는 화를 내며 그 금화를 다른 노예에게 주라고 명령했다.

이 우화에는 몇 가지 다른 해석이 따른다. 노예들에 대한 주인의 태도가 그 내용을 짐작하도록 해 준다. 하나는 우리가 재능(talent)을 묻어두어서는 안 되며, 발전시켜서 제대로 살아야 한다는 것이다. 다른 하나는 ⓐ   것이다. 왜냐하면 그리스적 사고방식에서 기독교적 사고방식으로의 전환을 나타내는 것이기 때문이다.

고대 그리스에서는 원래 가진 재능의 양이 더 중요했고 기독교인에게는 재능으로 뭘 했느냐가 더 중요했다. 즉, 고대와 달리 중세에는 과정에 중요한 가치를 부여하기 시작했다. 그리스인에게 처음부터 10개를 가졌다는 건 5개를 가진 것보다 무조건 좋은 일이었다. 반면 기독교인에게 중요한 건 양을 불리는 과정이었다.

성취 과정이 가치 있다는 관념은 이후로도 지속됐다. 근대에 이르러 헤겔과 마르크스는 노동이 인간의 본성이라고 했다. 일한다는 것은 인간이 되는 것이다. 노동하지 않는 것은 인간성을 실현하지 못하는 것과 같다. 사물을 만들고 처리하는 행위는 인간이 자신의 환경과 유기적으로 상호 작용하는 방식이며, 한 인간이 세상에 들어가서 자기 자신이 되는 방식이기도 하다. 인간이 환경을 처리하고 자신을 외면화, 즉 체현하는 것은 노동을 통해서라고 헤겔과 마르크스는 말했다.

또 우리는 자기 안에서 주변 세계를 처리함으로써 무언가를 바꿔 놓는다. 보트나 식사는 우리 내면에 있는 존재를 외부화한 것이다. 인간이 목재나 음식과 상호 작용함으로써 외부 존재 역시 내면화된다. 인간은 그런 활동을 통해 자신을 일하는 존재로 형성시킨다. 인간은 일할 때, 즉 세계와 유기적으로 상호 작용할 때 ⓒ자유를 얻는다. 이는 조화로운 상호 작용이다. 보트를 만듦으로써 인간, 돛, 바람 같은 다양한 사물이 한데 모인다.

066 윗글에 대한 이해로 가장 적절한 것은?

① 중세에는 고대에 비해 노동의 가치가 더 크게 인식되었다.
② 고대 그리스와 기독교의 재능에 대한 가치 판단은 일치했다.
③ 근대적 인간은 노동을 신성시함으로써 자연을 지배하게 되었다.
④ 고대 그리스에서 보편적 진리를 추구하는 것은 노동의 목적이었다.
⑤ 고대 그리스의 시민들은 자기 재능을 살려 실용적 활동에 열중했다.

067 ⓐ에 들어갈 내용으로 가장 적절한 것은?

① 재능을 훈련하는 것도 중요하지만 타고난 본성을 제대로 아는 것도 중요하다는
② 성취 여부나 그것의 정도만 중요한 것이 아니라 성취를 위한 노력도 중요하다는
③ 재능은 날 때부터 결정되어 있기 때문에 훈련으로 나아질 수 있는 것이 아니라는
④ 어떤 목적을 성취하려는 욕구는 재능을 발휘하거나 계발하도록 만드는 조건이라는
⑤ 어떤 일에 탁월한 재능이 있으면 큰 노력을 들이지 않아도 목적을 성취할 수 있다는

068 〈보기〉를 참고할 때 ㉠에 대해 추론한 내용으로 가장 적절한 것은?

보기

노동이 인간의 존재에 필수적인 것이라면, 인간은 의미 있는 작업 과정에 참여할 때 안정감을 느끼고 비본질적 노동에 참여할 때 자신과 세계에서 멀어지게 되며, 소외된 채로 살아간다. 소외란 무엇이 '진짜 노동'이고 무엇이 '가짜 노동'인지에 대한 감각을 잃어버린 것을 의미한다.

① 현대인은 내면을 외면화하고 외면을 내면화함으로써 노동에서 벗어나 자유를 확보하게 된다.
② 현대인의 자유는 노동의 면제로 말미암으며 교양을 쌓아 인격을 형성하는 데 그 핵심이 있다.
③ 현대인의 자유 문제는 노동을 면제받느냐가 아니라 어떤 종류의 노동에 참여하느냐가 관건이다.
④ 현대인은 노동에서 결코 벗어날 수 없으므로 무슨 노동이든 그 과정에 힘써야만 자유로울 수 있다.
⑤ 현대인의 자유는 진짜 노동을 확보할 때 얻을 수 있는데 그것은 구체적 실용성과 무관한 진리를 추구하는 일이다.

[069~072] 다음 글을 읽고 물음에 답하시오.

　다툼을 해결할 때 법률의 조문은 최종적으로는 법원에서 해결의 기준으로서 작용한다. 물론 사회의 분쟁이 다 법원에서 해결되는 것은 아니며, 당사자 간의 대화나 다른 제3자의 개입으로 해결되는 일도 많다. 하지만 그런 경우에도 법률에 따를 때는, 바꾸어 이야기하자면, 법원에서 판단하게 될 때에는 어찌 된다고 하면서, 해결의 실마리를 찾아가는 일은 적지 않다. 의사의 처방을 잘못 이해한 간호사의 조치로 환자에게 부작용이 발생한 경우를 예로 들어보자. 의사와 환자 사이에는 그 부작용에 관하여 손해 배상과 사후 조치 따위의 책임이 문제될 것이다. 이때 혹시 의사가 자신의 처방은 문제가 없었으므로 그에 따른 조치를 잘못한 간호사의 잘못이니 그와 해결을 보라고 발뺌할 수도 있다. 그런 경우에 누군가가, 이행 보조자의 과실과 사용자의 책임을 규정하는 ㉠민법 제391조를 보면, "채무자가 타인을 사용하여 이행하는 경우에는 … 피용자의 고의나 과실은 채무자의 고의나 과실로 본다."라는 내용이 나옵니다, 하고 말하면 해결의 방향이 어느 정도 잡히는 것이 보통이다. 의사로부터 보수를 받고서 그의 일을 도와주는 간호사가 저지른 실수라는 사실이 의사가 손해 배상의 채무자가 된다는 결론을 바꾸지 못한다고 효과적인 설득을 할 수 있는 것이다. 의사 쪽에서 우격다짐으로 이를 부인한다고 해도 종국에 그런 주장은 인정받지 못할 것이기 때문이다.
　이처럼 재판 제도의 존재는 법원 밖에서도 사회적인 분쟁이 법률의 조문에 맞추어 해결되도록 하는 기능을 한다. 분쟁을 법률적으로 말하자면, 한쪽에 권리가 있어서 상대방에게 상응하는 의무가 있다는 데 대한 주장들의 다툼이라 할 수 있다. 위에서 든 사례로 보자면, 발생한 사고에서 의사가 의무자가 되는지에 대한 분쟁이 발생한 것이고, 민법의 조문은 그에 대한 해결 기준의 역할을 할 수 있는 것이다. 재판의 독립을 선언하는 헌법 제103조는 "법관은 헌법과 법률에 의하여 그 양심에 따라 독립하여 심판한다."라고 규정하여, 법률에의 구속도 함께 의미한다. 이때 말하는 법률은 원칙적으로 국회를 통해 입법된 제정법을 말한다. 그리고 좀 더 깊이 이야기하자면, 그에 담겨 있는 규범이라 하겠다. 이 규범적 의미를 읽어내는 것을 법률의 해석이라 한다. 이는 구체적으로 법률의 조문의 적용으로 구체화된다. 그리고 저마다의 조문은 전체 법체계 속에서 다른 규정과 관계를 맺고 있어 통합적인 이해도 필요하다. 조문들이 상충해 보일 때도 있다. 불법 행위 책임을 규정하는 민법 제750조는 "고의 또는 과실로 인한 위법 행위로 타인에게 손해를 가한 자는 그 손해를 배상할 책임이 있다."라고 배상의 책임을 정한다. 이에 따르면, ⟨　　　㉡　　　⟩. 앞서 든 민법 제391조는 이 조문을 바탕으로 하면서 직접적인 과실이 없어도 손해를 배상할 수 있는 예외적 경우를 규정하는 것으로 해석할 수 있다. 이에 따른 법 적용은 우리가 잘 아는 삼단 논법으로 진행된다. 법률의 조문을 대전제로 놓고, 의사의 과실로 볼 수 있는 간호사의 실수가 그에 해당하는지 판단하는 것이다. 해당한다는 판단이 이루어지면, 위의 두 조문이 적용되어 의사에게 손해를 배상할 의무가 있다는 결론이 내려진다.

069 윗글의 주된 논지로 가장 적절한 것은?

① 이행 보조자의 실수는 사용자의 과실로 보는 것이 정당하다.
② 법률의 해석은 재판에서 법관의 독립을 구현하는 기능을 한다.
③ 법률의 조문은 그 해석과 적용으로 분쟁 해결의 기준이 될 수 있다.
④ 법률이 존재하므로 모든 분쟁은 법원을 통해 해결되어야 하는 것이 원칙이다.
⑤ 의사와 환자의 관계는 법적 분쟁을 일으킬 소지가 있어 그 해결 지침을 법률이 정한다.

070 윗글의 내용에 대한 이해로 적절하지 않은 것은?

① 법률의 조문이 서로 맞서는 것으로 보일 때에 해석의 문제가 중요해진다.
② 민법상의 분쟁은 원칙적으로 권리와 의무에 관한 다툼으로 이해할 수 있다.
③ 헌법은 재판의 독립을 규정하면서 재판이 법률에 구속되어야 한다는 점도 함께 밝힌다.
④ 법원이 법률에 따라 판단한다는 사실은 사회에서 법률이 분쟁 해결의 기준이 되도록 한다.
⑤ 사용자가 저지른 실수도 피용자가 공동으로 책임지도록 하는 신중함이 의료 사건에도 필요하다.

071 윗글에서 밑줄 친 ㉠의 기능으로 가장 적절한 것은?

① 의사의 지시를 충실히 이행한 간호사에게는 책임을 물을 수 없다는 원칙을 밝힌다.
② 의사의 책임을 강화하는 조문으로서 의사가 한 처방이 적절한지에 따라 배상 책임의 여부가 결정된다.
③ 민법 제750조가 적용될 수 없도록 하여 의료 사고에서 환자가 손해 배상을 받을 수 있도록 한다.
④ 피용자의 실수에 대해 사용자가 책임지도록 하는 규정으로서 간호사의 실수는 의사의 과실로 보게 된다.
⑤ 간호사가 환자에게 직접 손해를 배상할 수 있도록 하는 기능을 하여 환자가 배상받을 수 있는 가능성을 높인다.

072 문맥을 고려할 때 ㉡에 들어갈 말로 가장 적절한 것은?

① 스스로가 저지른 실수에 대하여 책임을 지도록 되어 있는 것이다.
② 법률의 해석은 조문의 규정을 문자 그대로 이해하는 데서 출발한다.
③ 불법 행위에 관한 손해에서는 고의가 있어야 배상 책임을 물을 수 있다.
④ 의료 관련 사고에서는 원칙적으로 간호사가 손해를 배상하도록 되어 있다.
⑤ 특정인의 행위가 위법 행위가 아니더라도 손해 배상 책임이 발생할 수 있다.

[073~075] 다음 글을 읽고 물음에 답하시오.

잔잔한 물에 돌을 던지거나 우유를 컵에 따를 때 각각 우유 방울이나 물방울이 위로 튀어 오르는 모습을 종종 관찰할 수 있다. 이러한 현상이 일어날 때 그 형태가 〈그림〉과 같이 왕관을 닮아 왕관 현상 혹은 코로나 스플래시 현상이라 한다. 코로나는 왕관을 뜻하는 라틴어이고 스플래시는 '액체가 튀기다'라는 영어이다.

이러한 현상은 잔잔한 액체 표면에 무엇인가가 충돌하면 항상 일어나는 것일까? 잔잔한 액체의 표면에 무엇인가가 떨어져 충돌하면, 충돌에 의한 힘은 주변 액체가 위로 튀어 오르게 하는 힘으로 작용한다. 그런데 액체에는 액체가 튀어 오르는 것을 방해하는 ⓐ표면 장력이 존재한다. 표면 장력은 물질의 고유한 성질로 액체의 표면적이 늘어나는 것에 저항하는 응집력을 보여 주는 것이므로 표면 장력이 클수록 분자 간의 응집력이 크다. 따라서 액체가 위로 튀어 오르기 위해서는 충격에 의해 전달된 힘이 표면 장력에 의한 응집력보다 커야 한다. 표면 장력을 이겨내고 위로 솟구쳐 운동하는 액체는 관성력을 갖게 된다. 충격의 힘이 클수록 전달되는 에너지가 크므로 솟구쳐 오르는 액체 방울의 수는 더욱 많아진다.

〈그림〉

연구에 따르면 직경 3mm의 물방울을 잔잔한 물에 떨어뜨릴 때 낙하 높이가 10cm~2m 범위 안에 있을 때, 왕관 현상에서 물방울의 숫자가 높이에 따라 선형적으로 증가한다. 즉 낙하 높이가 1m일 때 왕관 모양을 만드는 물방울이 25개라면, 2m에서는 약 50개가 생성되는 것이다. 여기서 물방울의 개수가 많을수록 낙하 높이가 높음을 유추할 수 있다.

과학자들은 다양한 현상에서 나타나는 여러 변수의 상관관계를 간단히 표현할 목적으로 차원이 없는, 즉 단위가 없는 숫자인 무차원수를 도입하는데 왕관 현상과 관련한 무차원수가 웨버수(Weber number)이다. 웨버수는 19세기 후반 독일의 과학자 웨버의 이름에서 유래하였는데 액체의 밀도, 액체 운동의 속도 제곱, 액체의 직경을 모두 곱한 후에 액체 방울의 표면 장력으로 나눈 값이다. 이것은 관성력을 표면 장력으로 나눈 값에 해당하며 관성력과 표면 장력의 상대적 크기를 나타낸다. 웨버수가 작으면 표면 장력이 지배적이므로 유체 입자들은 지배적인 응집력을 갖게 되어 왕관 현상이 일어나지 않아 물방울 형태로 분리되지 않는다. 반대로 웨버수가 이보다 크면 관성력이 응집력보다 더욱 지배적으로 되어 유체 입자들이 개별적으로 떨어져 나오고 떨어져 나온 액체는 표면 장력으로 구 모양에 가까운 액체 방울이 만들어진다.

073 윗글의 내용과 일치하는 것은?

① 응집력이 큰 액체일수록 표면 장력이 크다.
② 왕관 현상은 우유에서 관찰되지만 물에서는 관찰되지 않는다.
③ 무차원수는 여러 변수의 상관관계를 복잡하게 표현한 것이다.
④ 코로나 스플래시의 모든 단어의 어원은 라틴어에서 유래하였다.
⑤ 표면 장력은 액체가 충격에 의해 튀어 나오게 하는 힘으로 작용한다.

074 다음을 참고하였을 때 ⓐ의 단위로 적절한 것은?

보기
- 액체의 직경은 미터(m)의 단위가 사용된다.
- 속도는 단위 초당 이동한 거리로 표현할 수 있으며 단위는 m/s이다.
- 밀도는 단위 부피당의 질량으로 단위는 kg/m^3이다.
- 힘의 단위는 N이고 1N은 $1kg \cdot m/s^2$이다.

① N ② N/m ③ N/m^2 ④ $kg \cdot m/s$ ⑤ $kg^2 \cdot m/s^2$

075 윗글을 바탕으로 〈보기〉의 탐구한 내용 중 적절한 것을 있는 대로 고른 것은?

> **보기**
>
> 액체 A와 B를 각각 그릇에 담은 후 동일 종류의 액체를 방울 형태로 떨어뜨리고 액체가 튀어 오르는 모습을 관찰하였다. 이때 액체 A에서 왕관 현상을 관찰할 수 있었으며 왕관 모양에서의 액체 방울은 20개였다. 반면 액체 B에서는 왕관 현상을 발견할 수 없었다.
>
> ● 탐구한 내용
> ㄱ. 액체 A와 액체 B에 충격에 의해 전달된 힘이 같다면 액체 A의 응집력이 액체 B의 응집력보다 크다.
> ㄴ. 튀어 오르는 액체 A의 두 방울 중 한 방울이 다른 한 방울의 직경의 1/4이며 속도는 2배로 운동하고 있다면 두 방울의 웨버수는 같다.
> ㄷ. 액체 B에 더 큰 충격을 가하여 왕관 현상이 일어난다면 표면장력에 비해 관성력이 감소하기 때문이다.

① ㄱ   ② ㄴ   ③ ㄷ   ④ ㄱ, ㄴ   ⑤ ㄱ, ㄷ

[076~078] 다음 글을 읽고 물음에 답하시오.

다이오드(diode)는 핵심적인 반도체 소자이다. 다이오드는 p형 반도체와 n형 반도체를 접합하여 만든다. p형 반도체와 n형 반도체는 불순물 반도체로 불리며 Si(실리콘)와 같은 순수한 반도체 물질에 불순물을 첨가하여 만드는데 이때 첨가하는 불순물을 도펀트라 한다. Si는 최외각 전자가 4개인데 여기에 최외각 전자가 5개인 원소를 소량 첨가하여 n형 반도체를 만든다. n형 반도체에서는 4개의 전자가 Si의 최외각 전자와 결합하고 1개의 전자가 잉여전자로 남게 되며, (-) 전하를 갖는 잉여전자는 결합으로 구속되어 있지 않기에 자유로운 이동이 가능하다. 반면 Si에 최외각 전자가 3개인 원소를 첨가하면 p형 반도체를 만들 수 있는데, Si와 결합을 이루는 불순물 원소는 전자가 한 개가 모자라게 된다. 이때 전자가 모자라서 비게 되는 공간을 정공이라 하고 (+) 전하로 간주한다.

이러한 p형 반도체와 n형 반도체의 접합인 pn 접합을 만들면 pn 접합 근방에는 p형 반도체 쪽의 정공과 n형 반도체 쪽의 전자가 결합하여 없어지기 때문에 전자나 정공이 존재하지 않는 영역인 결핍층이 생긴다. 결핍층의 두께가 두꺼워지면 전자나 정공의 이동이 불가능해져 전류가 거의 흐를 수 없게 되고, 결핍층의 두께가 얇아지면 전자나 정공의 이동이 원활해지기 때문에 전류가 쉽게 흐를 수 있게 된다. 이러한 결핍층 두께의 증감은 다이오드의 pn 접합에 전압을 걸어주는 방향에 따라 바뀐다. 이렇게 전압의 방향에 따라 전류가 흐르기도 하고 흐르지 않기도 하는 현상을 정류작용이라 하는데 이는 다이오드의 가장 중요한 특성이다.

먼저 다이오드의 n형 반도체 쪽에는 (+)가, p형 반도체 쪽에는 (-)가 걸리도록 전압을 인가한 경우를 생각해 보자. 이 경우 n형 반도체에 있는 잉여전자들은 (+)쪽으로 끌려가게 된다. 그리고 p형 반도체의 정공들은 (-)쪽으로 끌려가게 된다. 따라서 결핍층의 두께가 더 두꺼워지므로 전자나 정공이 pn 접합의 경계를 넘을 가능성이 거의 없어진다. 따라서 전류가 거의 흐르지 않으며 이러한 방향으로 전압을 인가하는 것을 역 바이어스라 한다. 이에 비해 다이오드의 n형 반도체와 p형 반도체에 각각 (-)와 (+)가 걸리도록 전압을 인가하는 것을 순 바이어스라 하고 이때 n형 반도체의 잉여전자와 p형 반도체의 정공은 모두 결핍층으로 끌리게 된다. 따라서 결핍층 두께가 줄어들어 전자나 정공이 쉽게 pn 접합면을 지나갈 수 있어 전류가 쉽게 흐를 수 있다. 이와 같은 원리로 다이오드는 정류작용을 할 수 있게 된다. 따라서 정류작용은 교류를 직류로 만드는 작용이라 할 수 있다.

가정용 전원은 (+)와 (-)가 바뀌는 교류인데 반도체를 기본으로 하는 전자 장치에는 직류가 필요하다. 이러한 경우 다이오드를 이용하여 교류를 직류로 정류하여 사용한다. 순방향 바이어스를 거는 경우 pn 접합 경계면을 넘어간 전자나 정공들이 그 반대편에 있는 정공이나 전자와 결합하여 소멸되며 빛을 내는 다이오드도 있는데 이러한 특성을 가진 다이오드를 LED라 부르며 LED는 옥외 전광판과 가정용 조명에 많이 사용되고 있다.

076. 윗글에 대한 설명으로 가장 적절한 것은?

① 특정 소자가 동작하는 과학적 원리를 설명하고 응용 사례를 보여 주고 있다.
② 특정 소자의 개발 과정을 통시적으로 제시하고 향후 발전 방안을 제시하고 있다.
③ 특정 소자와 이를 대체할 수 있는 다른 소자의 공통점과 차이점을 비교하고 있다.
④ 특정 소자의 사용법을 분류하고 사용법에 따른 주의점을 예를 들어 소개하고 있다.
⑤ 특정 소자를 평가하는 성능 지표를 나열하고 각 성능 지표의 의미를 설명하고 있다.

077. 윗글에서 알 수 있는 내용으로 적절하지 않은 것은?

① 반도체 소자에는 다이오드가 포함된다.
② 전자와 정공은 전하의 부호가 반대이다.
③ LED의 빛은 정공과 전자의 결합으로 발생한다.
④ 정류작용은 직류를 교류로 바꾸는 데에 사용될 수 있다.
⑤ n형 반도체와 p형 반도체는 모두 불순물 반도체에 속한다.

078. 윗글을 바탕으로 〈보기〉의 탐구한 내용 중 적절한 것만을 모두 고른 것은?

보기

불순물을 Si에 첨가하여 오른쪽 그림과 같이 성질이 다른 두 반도체 (A)와 (B)가 접합된 구조를 갖도록 만들었다. 이때 접합 부분에 (C)와 같은 층이 생겼다. 이후 (A)와 (B)에 그림과 같이 전압을 인가하였다.

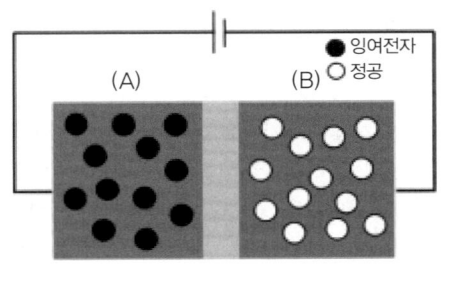

● 탐구한 내용
 ㄱ. (A)는 (B)와 달리 불순물 반도체이다.
 ㄴ. 전압의 인가로 (C)의 두께는 증가한다.
 ㄷ. (B)의 정공은 불순물 원소의 최외각 전자 중 결합에 참여하지 않은 전자를 나타낸다.
 ㄹ. 전압의 부호를 반대로 바꾸어도 (A)의 잉여전자와 (B)의 정공은 서로 반대 방향으로 이동한다.

① ㄱ, ㄴ　　② ㄱ, ㄷ　　③ ㄴ, ㄷ
④ ㄴ, ㄹ　　⑤ ㄷ, ㄹ

[079~082] 다음 글을 읽고 물음에 답하시오.

사회학이 예술과 관련한 문제를 이해하는 데 기여한 핵심은 예술이라는 개념의 무비판적 수용을 지적한 것이다. 오늘날 서구에서는 '예술'을 특별한 유형의 회화, 연극, 음악 공연 등을 포함하는 대상들의 집합으로 이해한다. 상식적 이해에 따르면 반 고흐의 회화나 괴테의 희곡이 예술 작품이라는 생각은 의심의 여지가 없는 듯하며, 그래서 그것들은 명백하게 예술적이라고 인정된다. 그러나 예술의 본질이란 분명히 존재하는 것일까?

예술사회학은 예술이 무엇인지에 관한 상식적 이해와 단절한다. 그 대신에 사회학자들은 어떤 대상도 '예술적' 특질들을 본래 갖고 있지 않다고 주장한다. 사회학자들은 예술 작품의 예술적 본질을 대상이 본래 지닌, 양도할 수 없는 속성이 아니라 특정한 이해 집단, 즉 예술이라고 규정된 대상을 통해 자신의 이해관계를 강화하는 특정한 사회 집단의 구성원이 붙여놓은 기호로 보는 경향이 있다. 이렇게 '예술적' 혹은 '예술'이라는 기호를 붙이는 과정은 상당히 비의도적이고 무의식적일 수도 있다. 사회학자들은 ⓐ이 이름표가 결코 중립적이지 않다고 본다. 예술이라는 기호가 붙여진 특별한 대상, 또는 반대로 그런 기호가 거부된 다른 대상을 통해 어떤 사회 집단은 이익을 얻는다. 사회학적 관점은 예술을 언제나 정치 및 권력과 철저하게 결부된 것으로 보는 경향이 있는데, 이때 이 용어는 가장 폭넓은 의미에서 서로 다른 사회 집단들 사이의 갈등과 투쟁을 가리킨다.

이런 시각에서 보면 예술 작품은 항상 사회 세계의 일부이다. 어떤 이해 집단이 예술은 사회를 초월하여 고유의 고상한 영역에 존재한다고 주장하더라도 그러하다. 이것이 바로 사회학이 미학이라는 철학 분야에 반발하는 근거이다. 사회학은 미학이 ㉠   . 미학자가 예술의 순수한 본질을 이해하려는 방식은 예술 작품이 사회적, 정치적 맥락 안에 항상 뿌리박고 있는 방식을 사실상 완전히 외면함으로써 가능해진다. 그런 맥락을 분석하지 않는다면 예술 분석은 너무 심하게 이상화되고 추상적으로 남게 될 것이라고 사회학자들은 주장한다.

사회학자들은 '예술', '예술 작품', '예술가'라는 용어들이 수백 년 전 서구에서 나타난 역사적 발명품이라고 본다. 그 이전에는 근대적 의미의 '예술'이라는 용어는 존재하지 않았다. 그 대신에 중세 세계의 사람들은 어떤 문화적 품목을 특별한 방식으로 이용하기 위해 생산했다. 예컨대 교회를 장식하고 신의 현존을 느끼기 위해서 종교적 도상이 만들어졌다. 훨씬 시간이 흐른 후, 주로 19세기 이후에야 비로소 그런 도상들을 예술로 분류하는 데 관심이 있었던 일군의 사람(미술관 큐레이터와 예술사학자 등)에 의해 그것들이 예술로 재규정되었다. 사회학적 시각에서 보면, 그러한 집단이 중세의 종교적 도상에 예술이라는 기호를 붙이는 것은 자신들의 고유한 이해관계에 따라 과거를 재해석하는 것과 마찬가지이다. 예술의 전문적 관리자로서 행동하는 그러한 집단의 이해관계에 따라 그들은 온갖 것을 ⓑ전용(轉用)하고 그에 대한 전문적인 지식과 통제력을 과시하는 것이다.

079 ⓐ에 대한 설명으로 가장 적절한 것은?

① 누구든 원하는 사물을 지시하는 기호로 사용할 수 있다.
② 특별한 목표가 분명히 세워진 계획을 통해서 만들어졌다.
③ 여러 사회집단의 합의를 거쳐 조화한 결과로 등장하였다.
④ 후대에 만들어졌지만, 전대에 나타난 것들에 붙기도 한다.
⑤ 대상의 예술적 본질을 양도할 수 없는 속성으로 변화시킨다.

080 윗글에 대한 이해로 적절하지 않은 것은?

① 예술이 다른 문화 요소나 형식들에 비해 고귀하다고 생각할 수만은 없다.
② 근대 이전의 사람들은 교회 장식물을 예술 작품이라 여기면서 만들지 않았다.
③ 무언가를 예술적이라고 말할 수 있게 해 주는 본질적인 것은 작품 자체에 있다.
④ 어떤 집단은 '문지기'처럼 기능하여서 무엇을 예술로 정의할지 결정하기도 한다.
⑤ 사회학자들은 예술에 관한 현대적인 관념 및 감각이 형성된 맥락에 관심을 가진다.

081 ㉠에 들어갈 내용으로 가장 적절한 것은?

① 예술 작품 분석에만 지나치게 몰두하고 있다는 염려를 놓지 않는다.
② 예술 작품의 예술적 본질을 자기충족적이라고 주장한다고 지적한다.
③ 예술가를 영웅시하거나 우상화할지도 모른다고 의심할 수밖에 없다.
④ 예술이 자율적이라는 일반적인 관념을 더 의심할 필요가 없다고 주장한다.
⑤ 예술을 역사적인 맥락 안에서 만들어진 개념이라고 바라보는 것을 의심한다.

082 ⓑ의 사례로 적절하지 않은 것은?

① 종묘 제례악을 극장에서 관람하며 그것의 특징적인 형식미를 탐색한다.
② 오스트레일리아 원주민의 장신구를 수집하여 뉴욕의 미술관에 전시한다.
③ 셰익스피어의 작품을 교육 자료로 삼아 고전으로서의 우수성을 널리 알린다.
④ 예술, 예술가, 예술 작품이라는 용어들을 그 자체로 분석의 대상으로서 삼는다.
⑤ 예술 작품에 깃든 창조성과 초월성에 접근하려 힘쓰고 창작자의 위대함을 기린다.

[083~084] 다음 글을 읽고 물음에 답하시오.

2024년 군용 비행장 소음 피해 보상금 지급 신청 안내

1. 신청 대상
   - 2023년 1월 1일부터 2023년 12월 31일 중 소음 대책 지역에 주민등록지를 두고 실제 거주한 사실이 있는 ○○시 주민(미성년자, 외국인 포함)
   ※ 보상금 신청은 세대주가 일괄 신청해야 하며, 세대원 수만큼 지급함.
2. 신청 기간: 2024. 2. 1.~2. 29.
   ※ 이전(과거) 신청자도 반드시 매년 신청하여야 하며, 기한 내에 신청하지 않는 경우 당해 연도 보상금 지급 불가함.

3. 신청 방법: 방문 신청(○○시청 2층 민원실)

4. 신청 서류
   - 보상금 지급 신청서
   - 행정 정보 공동 이용 동의서
   - 신청인 명의 통장 사본
   - 추가 서류(외국인): 외국인 등록 사실 증명 또는 국내 거소 사실 증명

5. 소음 대책 지역 기준 및 보상 금액
   - 제1종 구역(소음 기준 95웨클 이상): 월 6만 원
   - 제2종 구역(소음 기준 90웨클 이상 95웨클 미만): 월 4만 5천 원
   - 제3종 구역(소음 기준 85웨클 이상 90웨클 미만): 월 3만 원
   ※ 보상 기간은 2023. 1. 1.~2023. 12. 31.이며, 국방부 홈페이지를 통해 소음 대책 지역 확인이 가능함.
   ※ 현역병 복무·국외 체류 등의 사유로 소음 대책 지역 내에 실제 거주하지 않은 경우 거주 기간에서 제외하며, 2023. 1. 1.~2023. 12. 31. 중 소음 대책 지역에 전입한 경우 전입 신고일을 기준으로 거주 기간을 산정함.

6. 지급 절차
   - 보상금 결정 통보일: 2024. 5. 31.
   - 보상금 지급일: 2024. 8. 31.
   - 보상금 지급 방법: 신청인 명의 계좌 입금

083 윗글의 내용과 일치하지 않는 것은?

① 보상금은 각 세대원의 계좌로 개별 입금된다.
② ○○시에 거주하는 외국인도 보상금을 신청할 수 있다.
③ 2023년에 보상금을 지급받은 사람도 새로 신청해야 한다.
④ 소음 기준이 85웨클 이상인 경우 소음 대책 지역에 해당한다.
⑤ 기한 내에 신청하지 않으면 추후 보상금을 지급받을 수 없다.

084 윗글을 바탕으로 할 때, 〈보기〉의 가족이 지급받을 수 있는 보상금의 총액으로 가장 적절한 것은?

> **보기**
> • 거주지: 소음 기준 87웨클 지역
> • 거주 인원: 3인 가족(성인 2인, 미성년자 1인)
> • 실거주 기간: 2023. 1. 1.~2023. 10. 31.(주민등록지 기준)

① 54만 원 ② 72만 원 ③ 90만 원
④ 108만 원 ⑤ 162만 원

[085~087] 다음은 뉴스 보도이다. 물음에 답하시오.

도심 습격한 하루살이 떼 … "물지는 않아요."

장면 1		앵커: 요즘 서울 도심에 날벌레가 떼를 지어 출몰하고 있습니다. 가로등 아래뿐만 아니라 길거리에 빛이 있는 곳은 어김없이 날벌레 떼가 줄지어 있습니다. ㉠가게 앞도 전철도 야구장도 예외는 아닙니다. 김○○ 기자가 취재했습니다.
장면 2		김 기자: ㉡영상 속 서울 야구장 상공을 뒤덮은 하얀 물체. 야구장에 방문한 한 시민이 촬영한 영상입니다. 5월에 웬 눈인가 싶지만, 모두 벌레입니다. ㉢눈처럼 내리는 벌레의 모습이 그야말로 습격 수준입니다. 이 벌레의 정식 명칭은 '동양하루살이'이지만 큰 날개 때문에 '팅커벨'로 불립니다. 몸길이가 3cm인데 날개를 펴면 5cm까지 커집니다.
장면 3		박 박사: (동양하루살이는) 2급수에서 서식하는 곤충입니다. 인체에는 위해가 없고요. 입이 퇴화해 사람을 물지 않고 동식물에 질병을 옮기지 않는데, 보통 5일 이내 자연사합니다. 빛을 일단 최소화하는 게 제일 중요하고요. 분무기라든지 물 같은 거로 날개를 적시게 되면 쉽게 떼어낼 수 있습니다.
장면 4		김 기자: 워낙 몰려다니는 규모가 큰 데다 불빛에 모이기 때문에 시민들의 불편이 커지고 있습니다. ㉣제가 서 있는 이곳에도 가게 유리창에 하루살이 떼가 다닥다닥 붙어있는데요. 해충은 아니지만 징그러울 정도로 많은 수에 시민들의 민원이 잇따르고 있습니다. 영업하는 상인들은 걱정이 태산입니다.
장면 5	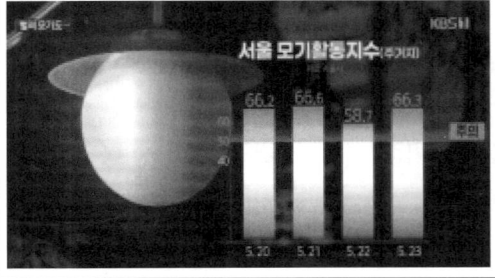	김 기자: ㉤이런 가운데 여름 불청객 모기도 벌써 나타났습니다. 지구 온난화로 일찍 더워진 날씨 탓에 모기의 출몰 시기가 빨라진 것입니다. 서울의 모기 활동 지수는 이번 주 들어 '50'을 훌쩍 넘긴 '주의 단계'를 기록했습니다. 지난해 같은 기간보다 2배 가까이 높아진 것입니다. KBS 뉴스 김○○입니다.

085 뉴스 보도에 사용된 정보 제시 전략으로 적절하지 않은 것은?

① 장면1: 화제를 효과적으로 전달하기 위해 이미지와 문자를 복합적으로 제시하고 있다.
② 장면2: 현장감을 높이기 위해 문제 장소를 취재하는 기자의 현장 모습을 제시하고 있다.
③ 장면3: 보도의 신뢰성을 높이기 위해 인터뷰 대상에 대한 정보를 제시하고 있다.
④ 장면4: 취재 내용의 정보를 보완하기 위해 여러 장소에 대한 자료를 제시하고 있다.
⑤ 장면5: 보도의 전달력을 높이기 위해 언급한 수치를 구체화한 자료를 제시하고 있다.

086 〈보기〉는 뉴스 보도를 본 시청자들의 반응이다. 이에 대한 이해로 적절하지 않은 것은?

보기

시청자 게시판 ×

↳ 시청자1: 익히 아는 하루살이보다 몸집이 커 무슨 벌레인지 궁금했는데 동양하루살이라는 벌레이군요. 병이라도 옮을까 입과 코를 가리고 뛰어서 지나가곤 했는데, 인체에는 위해가 없다니 다행이네요. 덕분에 걱정이 줄었습니다.

↳ 시청자2: 저도 영상 속 야구 경기 현장에 있었습니다. 살면서 벌레가 눈처럼 흩날리는 모습은 처음 봤네요. 야구장뿐 아니라 주변 상가에도 몇백, 아니 몇천 마리가 있었습니다. 기후 변화로 점점 생태계의 이상 현상이 다양하게 나타나는 것 같아 무섭네요.

↳ 시청자3: 오늘 저 벌레들이 제 팔에 붙었었는데 분명히 따끔했다고요. 사람을 물지 않는다는 사실이 확실한가요? 제가 하루살이목에 속하는 곤충들을 찾아보니 사람을 무는 종류도 있는 것 같은데요. 인터뷰 내용이 정확한 게 맞나요?

↳ 시청자4: 벌써 모기라니요. '모기떼가 순록을 잡아먹는 알래스카 근황'이라는 영상 보셨나요? 모기 개체수가 많아지면 진짜 위험할 수 있겠더라고요. 뉴스에서 이 영상의 내용을 후속 보도로 제시하면 사람들이 지구 온난화로 인한 이상 고온 현상에 더욱 경각심을 가질 것 같아요.

↳ 시청자5: 최근에 일일 모기 발생 예보 서비스에 대한 안내가 문자로 왔습니다. 안내 내용을 통해 모기 활동 지수에 대해서도 알게 되었죠. 주의 단계면 꽤 심각한 건데 유충 제거 작업이 서둘러 이루어지면 좋겠습니다.

① 시청자1: 보도 내용을 통해 새롭게 알게 된 정보를 긍정적으로 평가하고 있다.
② 시청자2: 보도 내용과 자신의 경험을 연관지어 문제의 심각성에 동의하고 있다.
③ 시청자3: 보도 내용이 공정하지 않음을 지적하며 다른 인터뷰 내용을 요구하고 있다.
④ 시청자4: 보도 내용과 관련지어 이해할 수 있는 영상을 후속 보도해 줄 것을 제안하고 있다.
⑤ 시청자5: 보도 내용을 자신이 기존에 알고 있던 정보와 관련지어 이해하고 있다.

087 ㉠~㉤에 대한 설명으로 적절하지 않은 것은?

① ㉠: 보조사를 통해 여러 장소를 나열하며 문제 상황을 드러내고 있다.
② ㉡: 명사로 문장을 종결하여 해당 단어에 대한 시청자의 집중을 유도하고 있다.
③ ㉢: 보도 대상을 다른 대상에 빗대어 문제 상황을 비유적으로 전달하고 있다.
④ ㉣: 뉴스의 공식적인 성격에 부합하는 격식체의 종결 어미를 사용하고 있다.
⑤ ㉤: 과거 시제를 통해 언급한 문제 상황이 이미 발생되었음을 나타내고 있다.

[088~090] 다음 글을 읽고 물음에 답하시오.

제20호 태풍 북상 관련 대응 조치 이행

1. 우리 행복시는 지난 7월부터 현재까지 수 차례의 태풍에 철저한 사전 대비와 대응 조치 추진으로 총력 대응하여 시민의 생명과 재산을 보호하고 피해를 최소화하여 왔습니다.
2. 금번 제20호 태풍이 우리 지역을 통과할 때 지형적인 영향으로 동풍이 강하게 분다는 기상청 예보가 있습니다. 예상 강수량은 100~300mm(많은 곳 500mm)이며, 2일 밤부터 4일 새벽까지 강한 바람과 폭우가 몰아칠 것으로 예상됩니다.
3. 이에 제20호 태풍이 우리 지역에 본격적인 영향을 주기 전인 오늘(10. 2. 수) 중으로 부서별, 분야별로 대비 조치를 철저히 이행하여 완료해 주시기 바랍니다.

〈제20호 태풍 대비 · 대응 조치 요령〉

가. 지원 부서는 오늘(10. 2. 수) 13시까지 파견 동 주민 센터 등록 후 각 동장 책임 아래 현장에서 근무하며 태풍에 대비
  1) 모래 마대, 수중 펌프, 양수기를 꼭 설치하고, 빗물받이를 모두 점검함.
  2) 가로변 쓰레기통 결박하고, 현수막 등은 제거함.
  3) 가로등 등의 전기 시설을 점검하여 전기 사고를 방지함.
나. 재난 관련 부서는 태풍 북상 대비 조치를 철저히 이행 후 오늘(10. 2. 수) 17:30, 시장 주재 '태풍 대책 회의' 시 조치 사항 보고.

붙임: 1. 안전 조치 사항 체크리스트(재난별 24시간 긴급 안전 조치 반 3개 운영 계획 포함) 1부.
  2. 태풍 대비 준비 사항(부서별) 1부.
  3. 태풍 진로 및 세력 전망 보고서 1부. 끝.

088 윗글을 이해한 내용으로 적절하지 않은 것은?

① 행복시에서는 올해 태풍과 관련된 대응 조치를 시행한 적이 있다.
② 기상청에 따르면 태풍은 동풍이 강한 반면에 강수량이 적다고 한다.
③ 태풍은 사흘에 걸쳐 행복시에 직접적인 영향을 줄 것으로 예상된다.
④ 지원 부서는 각 동으로 파견되어 동장의 지휘를 받아 근무하게 된다.
⑤ 재난 관련 부서는 10월 2일 태풍 대책 회의에서 조치 내용을 보고한다.

089 〈체크리스트〉에 대한 이해로 적절하지 <u>않은</u> 것은?

> **체크리스트**
> - 침수 상황 대비
>   - ☑ 상습 침수 지역에 사용할 모래 마대 등 확보
>   - ☑ 빗물받이 및 하수구 점검
>   - ☑ 양수기·펌프 작동 점검 및 상습 침수 지역에 양수기 펌프 배치
>   - ☑ 침수에 대비한 긴급 배수 조치 반 24시간 가동
> - 강풍에 대한 시설물 안전 대비
>   - ☑ 강풍에 대비 도로변 쓰레기통 결박 및 안전 조치 시행
>   - ☑ 도로변 간판, 현수막, 유리문 등 강풍 취약 시설물에 대한 안전 조치 시행
>   - ☑ 강풍 관련 긴급 시설 안전 조치 반 24시간 가동
> - 전기 시설 안전 대비
>   - ☑ 전신주, 가로등 등 전기 시설의 침수에 대비한 전기 안전 점검
>   - ☑ 침수로 인한 정전 및 전기 안전 사고에 대한 안전 조치 시행

① 하수구가 역류하면 모래 마대 등의 지원이 가능하겠군.
② 침수가 되었을 때 언제라도 양수기를 요청할 수 있겠군.
③ 가로등이 침수되었을 때는 전기 사고에 유의해야 하겠군.
④ 강풍에 유리 등이 파손될 수 있으니 사전 조치가 필요하겠군.
⑤ 강풍에 대한 시설 안전 조치는 일몰 전 시간으로 한정되겠군.

090 〈체크리스트〉에 추가로 제시되어야 할 정보로 가장 적절한 것은?

① 태풍 복구 봉사자 모집 계획
② 재난 지역 생필품 공급 계획
③ 침수 지역 주민 안전 이동 계획
④ 긴급 환자 병원 이송 24시간 운영 계획
⑤ 긴급 전기 시설 조치 반 24시간 운영 계획

국어 문화 091번~100번

091 〈보기〉에서 설명하는 문학 작품은?

> **보기**
> 이 작품은 서사(序詞)인 첫 수에서 수(水)·석(石)·송(松)·죽(竹)·월(月)을 말하고, 각각의 벗에 대하여 다시 한 수씩 노래하였다. 작자는 물·돌·솔·대·달을 보며 부단·불변·불굴·불욕·불언 등의 규범을 노래한 것이다. 좌절을 안겨준 현실에 무상함을 느끼면서 변하지 않는 자연의 벗을 찬양하였다.

① 매화사 ② 오우가 ③ 훈민가
④ 장진주사 ⑤ 어부사시사

092 〈보기〉에서 설명하는 문학 작품은?

> **보기**
> 일제 강점기 말기와 광복을 거쳐 6·25 전쟁 후에 이르는 시대를 배경으로, 시대의 흐름에 따라 끊임없는 변신을 거듭하면서 개인적 영달을 이루어 온 기회주의적 인간에 대하여 비판적으로 풍자한, 전광용이 지은 단편 소설이다.

① 토지 ② 무진기행 ③ 꺼삐딴 리
④ 논 이야기 ⑤ 삼포가는 길

093 〈보기〉에서 설명하는 작가는?

> **보기**
> 1930년대 후반에 서정주, 오장환 등과 함께 3대 시인으로 불리기도 하였으며, 이후 월북하기까지 『오랑캐꽃』 등의 시집을 간행하였다. 일제 치하의 우리 민족, 특히 간도 유이민(流移民)들이 겪었던 비참한 생활 실상을 밝혀 사회 현실을 비판하며, 유이민들이 고국에 돌아와서도 소외되어 궁핍한 삶을 살아가는 모습과 좌절감을 노래하기도 하였다.

① 백석 ② 이상 ③ 김기림
④ 이용악 ⑤ 장만영

094 〈보기〉는 일제 강점기 연극 광고이다. 광고의 내용과 일치하지 않는 것은?

> **보기**
>
> **속편(續編) 장한몽(長恨夢)의 연극(演劇)**
> **금일 밤브터 단성사에셔 흥힝**
>
> 요젼번 본보에 게지ᄒ야 대환영을 밧던 장한몽의 뒤흘 이어 계지되야 무슈흔 칭찬을 밧던 속편 장한몽은 그 ᄌ미잇는 ᄉ실을 연극으로써 흥힝ᄒ야 구경케 홈을 희망ᄒ는 이가 비상히 만턴바 이번에 거창흔 명부원을 연극으로 흥힝ᄒ야 실디로 기예가 미우 느럿슴을 실디로 보인 혁신단 일힝이 지난 겨울부터 연습을 ᄒ야 요ᄉ이 연습도 잘 되고 준비도 정돈되얏슴으로 금 십사일 밤부터 단성사에서 나흘 동안 흥힝흘 예뎡인딕 이 연극을 흥힝흔 이외에는 혁신단이 장ᄎ 경셩을 쎠날 예뎡이라흔즉 나흘 동안 이외에는 다시 장한몽 연극을 구경흘 수 업슬 것이오 또 특별히 독쟈를 위ᄒ야 각 등을 반익으로 관람 할인권을 본지에 박아 너엇슨즉 그것을 오려가지고 가면 리익이 잇슬 것이오 아모죠록 일즉이 입장ᄒ여야 조흔 좌셕을 엇겟다더라
>
> — 『매일신보』 1916년 3월 14일자

① 〈장한몽〉은 『매일신보』에 게재된 이야기이다.
② 〈속편 장한몽〉은 단성사에서 4일간 공연될 예정이다.
③ 〈속편 장한몽〉은 이번 공연이 경성에서의 마지막 공연이다.
④ 〈속편 장한몽〉의 관람권은 정가로만 구입할 수 있다.
⑤ 〈속편 장한몽〉의 관람 좌석은 입장순으로 정해진다.

095 ㉠~㉤의 의미로 적절하지 않은 것은?

> **보기**
>
> ㉠화설. 조 낭자 옥연 등을 데리고 경사로 올라올새, 일일은 각력(脚力)이 ㉡쇠진하고 일세(日勢)는 늦었으매 ㉢점막(店幕)을 찾으되 마침내 없는지라. 노주(奴主)가 서로 슬퍼하며 길에서 방황할 즈음, 문득 동편을 바라본즉 ㉣수간모옥(數間茅屋)의 등촉이 휘황하거늘, 조 낭자 나아가본즉 일위 노인이 서안을 짚어 글을 보는지라. 낭자가 재전(在前)에 배(拜)한대, 노인이 책을 놓고 익히 보다가 갈오되,
> "그대 아니 조 낭자냐? 그대 이름을 들은 지 오래더니, 오늘 만남에 반갑도다."
> 낭자 왈,
> "생은 과연 일개(一介) ㉤서생(書生)이거늘 낭자 지칭은 무슨 일이오며, 어찌 생의 사근(事根)을 알으시나이까?"
>
> — 「백학선전」

① ㉠: 고대 소설에서 이야기를 시작할 때 쓰는 말
② ㉡: 점점 쇠퇴하여 바닥이 나다.
③ ㉢: 시골 길가에서 밥과 술을 팔고, 돈을 받고 나그네를 묵게 하는 집
④ ㉣: 매우 크고 좋은 집
⑤ ㉤: 유학을 공부하는 사람

096 〈보기〉는 『훈민정음』 서문이다. 〈보기〉에 대한 설명으로 적절하지 <u>않은</u> 것은?

> **보기**
>
> 나·랏:말쌋·미中듕國귁·에달·아文문字쭝·와·로서르 ㉠ᄉᆞᄆᆞᆺ·디아·니ᄒᆞᆯ·씨이런 ㉡젼·ᄎᆞ·로 ㉢어·린百ᄇᆡᆨ姓·셩·이니르·고·져·홇·배이·셔·도ᄆᆞ·ᄎᆞᆷ:내제·ᄠᅳ·들시·러펴·디:몯훓·노·미하·니·라·내·이·ᄅᆞᆯ爲윙·ᄒᆞ·야 ㉣:어엿·비너·겨·새·로·스·믈여·듧字쭝·ᄅᆞᆯᄆᆡᇰ·ᄀᆞ노·니:사ᄅᆞᆷ:마·다:ᄒᆡ·ᅇᅧ:수·ᄫᅵ ㉤니·겨·날·로ᄡᅮ·메便뼌安한·킈ᄒᆞ·고·져ᄒᆞᇙᄯᆞᄅᆞ·미니·라

① ㉠: '통하다', '맞다'의 뜻을 나타낸다.
② ㉡: '이유로', '까닭으로'의 뜻을 나타낸다.
③ ㉢: '어리석은'의 뜻을 나타낸다.
④ ㉣: '불쌍히'의 뜻을 나타낸다.
⑤ ㉤: '여기다', '생각하다'의 뜻을 나타낸다.

097 〈보기〉는 남북의 띄어쓰기 관련 규정이다. 남북의 띄어쓰기가 모두 올바른 것은?

> **보기**
>
> (한글 맞춤법)
> 　제42항 의존 명사는 띄어 쓴다.
> 　　　아는 것이 힘이다, 나도 할 수 있다.
> 　제45항 두 말을 이어 주거나 열거할 적에 쓰이는 말들은 띄어 쓴다.
> 　　　국장 겸 과장　　열 내지 스물　　청군 대 백군　　책상, 걸상 등이 있다
> (조선말 규범집)
> 　제5항 불완전명사(단위명사포함)는 앞단어에 들여쓰되 그 뒤에 오는 단어는 띄여쓰는것을 원칙으로 한다.
> 　　　아는것이 힘이다, 모르면서 아는체 하는것은 나쁜 버릇이다. …
> 　　※《등, 대, 겸》은 다음과 같이 띄여쓴다.
> 　　　알곡 대 알곡　　부수상 겸 농업상　　사과, 배, 복숭아 등(등등)

	(남)	(북)
①	먹을것	먹을것
②	그럴∨줄	그럴∨줄
③	먹을∨만큼	먹을∨만큼
④	청군∨대∨백군	청군∨대∨백군
⑤	연필, 지우개∨등	연필, 지우개등

098 〈보기〉의 설명을 바탕으로 할 때, 제시된 수어가 나타내는 의미는?

보기

수어에서 빨강, 파랑, 노랑 등은 색상 그 자체를 지칭하기도 하지만, 관습적으로 특정 색채가 사용되는 상황을 통해 의미를 확장하기도 한다. 예를 들어, [항복]은 [흰색]과 [게양]을 결합하여 표현하는데 항복할 때 흰색 깃발을 게양하는 관습에서 비롯된 것이다.

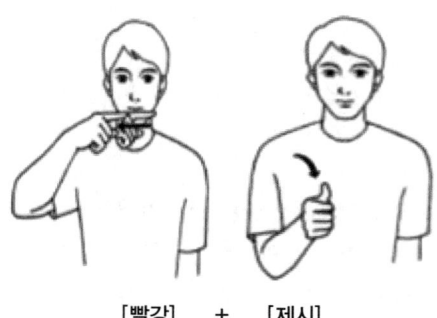

[빨강] + [제시]

① 진흙
② 퇴장
③ 일요일
④ 장미꽃
⑤ 토마토

099 밑줄 친 법령 용어를 쉬운 용어로 정비한 것으로 가장 적절한 것은?

보기

소멸시효는 그 <u>기산일에 소급하여</u> 효력이 생긴다. (민법 제167조)

① 행위가 인정되는 첫날로 돌아가서
② 계산의 기준이 되는 첫날로 돌아가서
③ 미루어 추측할 수 있는 첫날로 돌아가서
④ 시효의 핵심이 적용되는 첫날로 돌아가서
⑤ 행위자의 이익이 용인되는 첫날로 돌아가서

100 〈보기〉에서 드러나는 광고 언어의 특성으로 적절하지 <u>않은</u> 것은?

> **보기**
>
> (장면: 고객센터 상담원들이 상담 고객의 폭언에 시달리는 장면)
> 내레이션: 이것은 누구나 아는 이야기, 하지만 쉽게 바꾸지 못한 이야기.
>   그래서 바꿔 보려 합니다. 이제라도 바꿔 보려 합니다.
>
> (장면: 상담원을 우리 가족으로 표현하는 통화 연결음을 들려 주는 장면)
> 내레이션: 상담원도 누군가의 소중한 가족이란 것을 잊지 말아 주세요.
>   우리의 소중한 가족에게 따뜻한 말을 건네 주세요.
>   우리가 만드는 작은 변화, 우리가 만드는 큰 행복.

① 장면에 맞는 내레이션을 통해 수용자의 이해를 돕는다.
② 과장된 표현을 사용하여 상황에 대한 수용자의 관심을 끈다.
③ 길이와 구조가 비슷한 문장을 반복하여 전달 효과를 높인다.
④ 청유문의 반복을 통해 수용자에게 부드럽게 권고하는 느낌을 준다.
⑤ 일부 단어의 교체를 통해 유사한 문장을 나열하여 의미를 강조한다.

[확인 사항]

● 문제지와 답안지에 필요한 내용을 정확히 적었는지 확인하십시오.

수고하셨습니다.

2024. 6. 16.

성 명	
수 험 번 호	
감독관 확인	

제79회
KBS한국어능력시험

KBS ⊙ 한국방송

- 문제지와 답안지에 모두 성명, 수험 번호를 정확히 기입하십시오.
- 답안지와 함께 문제지를 반드시 제출하십시오.
- 본 시험지를 절취하는 것은 부정행위로 간주합니다.
- 본 시험의 내용을 무단으로 전재·복사·복제·출판·강의하는 행위와 인터넷 등을 통해 복원하는 행위는 저작권법에 저촉됩니다.

한국어능력시험 문항 100문항

영역	문항
듣기 · 말하기	001번~015번
어휘 · 어법	016번~045번
쓰기	046번~050번
창안	051번~060번
읽기	061번~090번
국어 문화	091번~100번

제79회 KBS한국어능력시험

2024년 6월 16일 시행

듣기·말하기 001번~015번

001 그림에 대한 설명으로 적절하지 않은 것은?

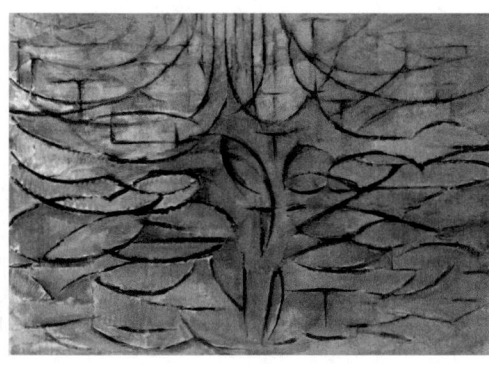

① 추상화란 사물을 단순화하여 그리는 것이다.
② 「꽃 피는 사과나무」는 추상화의 표현 방식을 잘 보여 준다.
③ 「꽃 피는 사과나무」는 단조로운 선과 색을 사용한 그림이다.
④ 「꽃 피는 사과나무」는 사진과 차별화되는 회화만의 특성을 보여 주고자 노력한 결과물이다.
⑤ 「꽃 피는 사과나무」에서 작가는 자연을 질서정연하다고 인식하고 자연의 모습을 추상적으로 재현하고자 했다.

002 이 이야기의 주제로 가장 적절한 것은?

① 지나친 욕심은 화를 부른다.
② 사람은 분수에 맞게 살아야 한다.
③ 대의를 위해서라면 희생은 불가피하다.
④ 좌고우면하다가는 뜻한 것을 이룰 수 없다.
⑤ 자신의 부족함을 모르면 곤경에 빠지게 된다.

003 강연의 내용에 대한 이해로 적절하지 않은 것은?
① 고구려 고분 벽화에는 전쟁에서 북이 사용되는 장면이 그려져 있다.
② 전통 음악에 쓰이는 북은 용도, 장식에 따라 20여 가지가 넘는다.
③ 북의 옆면을 화려한 문양과 채색으로 장식하는 일이 많다.
④ 북은 악기이지만 음악적인 목적 외의 다른 일에도 사용되었다.
⑤ 신문고는 억울한 일을 당한 백성이 북을 쳐서 임금에게 알리는 도구였다.

004 방송 내용에 대한 이해로 적절하지 않은 것은?
① 베토벤은 신체적 장애와 정서적 문제로 어두운 시기를 보냈다.
② 베토벤은 인간과의 관계에서 대자연과의 관계로 작품의 세계를 확장했다.
③ 〈전원〉은 자연 속 산책을 즐겨 하던 베토벤의 자연을 사랑하는 마음이 깃든 곡이다.
④ 〈전원〉의 제2 악장은 철학자의 어두운 감정을 아다지오와 알레그레토의 빠르기로 표현하였다.
⑤ 〈전원〉의 제2 악장은 플루트, 오보에 등을 이용하여 인간의 고통과 대비되는 자연의 무사태평함과 평온함을 표현하였다.

005 이 시의 주제로 가장 적절한 것은?
① 타인에 대한 배려와 이해
② 노력이 부족했던 자신에 대한 후회
③ 힘든 현실에 대응하는 휴머니즘적 태도
④ 집착과 욕심에서 벗어난 내려놓음의 미학
⑤ 세속적 삶에서 벗어난 순수한 삶에 대한 열망

006 전문가가 설명한 내용으로 가장 적절한 것은?
① 인간의 언어와 동물의 언어는 공통점이 없다.
② 인간의 언어는 존재하지 않는 것을 표현할 수 있다.
③ 동물은 '나무에 열매가 열렸다'는 거짓말을 할 수 있다.
④ 꿀벌은 원숭이와 달리 의사소통 능력을 가지고 있지 않다.
⑤ 원숭이는 꿀벌과 달리 상상의 세계에 대해 표현할 수 있다.

007 진행자의 말하기 전략에 대한 설명으로 가장 적절한 것은?

① 전문 용어에 대해 추가 설명을 요구하고 있다.
② 청취자의 궁금증을 소개하면서 대담을 시작하고 있다.
③ 전문가에게 정보의 출처를 확인하여 신뢰도를 높이고 있다.
④ 전문가의 답변 내용을 반박하며 학술적인 쟁점을 제시하고 있다.
⑤ 전문가의 설명에 긍정적으로 호응하면서 대담을 마무리하고 있다.

008 대화를 통해 알 수 있는 내용으로 적절하지 않은 것은?

① 남자는 여자와의 평범한 일상에서 행복을 찾고 있다.
② 남자는 여자가 내린 결정으로 인해 느끼는 공허감을 표현한다.
③ 여자는 안전한 삶보다 위험에 뛰어드는 삶을 선택하였다.
④ 여자는 자신의 선택이 장기적으로는 서로를 위한 것이라고 믿는다.
⑤ 여자는 자신의 행복이 일보다는 남자와 함께하는 시간에 달려 있다고 생각한다.

009 인물들의 말하기 방식에 대한 설명으로 가장 적절한 것은?

① 남자: 여자가 약속을 번복했다는 것을 근거로 여자를 설득하고 있다.
② 남자: 여자와 자신이 가진 신념의 공통점을 부각하며 공감해 줄 것을 기대하고 있다.
③ 남자: 여자의 부재가 자신과의 관계에 미칠 영향을 비유적 표현을 통해 드러내고 있다.
④ 여자: 자신이 남자에게 느끼는 상반된 감정과 불안을 솔직하게 표현하고 있다.
⑤ 여자: 남자에게 질문을 하여 자신이 모호하게 알고 있는 것을 명확하게 확인하고 있다.

010 강연의 내용으로 적절하지 않은 것은?

① 단어 기억 실험은 학습에 관한 원리를 예증한다.
② 관심을 갖는 대상에 대하여 되새김 활동은 자발적으로 수행된다.
③ 정보를 부호화하는 것의 여부는 개인의 관심 및 선호와 연관된다.
④ 의미보다 철자의 모양에 집중해 단어를 기억할 때 보다 정교한 부호화가 일어난다.
⑤ 실험에서 피험자들은 부호화를 표면적으로 한 집단과 심층적으로 한 집단으로 구분되었다.

011 강연의 특징에 대한 설명으로 가장 적절한 것은?

① 핵심 단어의 개념을 청중이 아는지 확인하며 강연을 시작하고 있다.
② 강연 주제에 대한 통념을 반박하며 새로운 주장을 제시하고 있다.
③ 강연자의 경험을 예로 들어 설명하고자 하는 내용을 보충하고 있다.
④ 실험 결과를 근거로 제시하며 강연의 내용을 객관적으로 전달하고 있다.
⑤ 소설의 내용을 인용하여 강연 주제에 관한 핵심 원리를 설명하고 있다.

012 발표의 내용에 대한 이해로 적절하지 않은 것은?

① 에드워드 윌슨은 인간의 본능적 욕망을 적용한 바이오필릭 디자인을 제안하였다.
② 바이오필릭 디자인은 인간과 자연의 관계를 친밀한 것으로 이해한다.
③ 자연적 요소와 가까이 있는 인간은 일상의 스트레스로 인한 정신적 손상에서 빨리 회복할 수 있다.
④ 식물, 물, 자연광, 자연에서 유래한 형태와 패턴 등은 바이오필릭 디자인의 구성 요소가 될 수 있다.
⑤ 바이오필릭 디자인은 지속 가능한 건축을 지지하는 사람들이 늘면서 각광받고 있다.

013 발표자가 사용한 말하기 전략으로 가장 적절한 것은?

① 청중의 참여를 유도하기 위해 질문을 활용하고 있다.
② 구체적인 사례를 제시하여 청중의 이해를 돕고 있다.
③ 문제의 원인을 분석하고 해결 방안을 제시하고 있다.
④ 설문 자료를 활용하여 발표 내용을 뒷받침하고 있다.
⑤ 전문가의 말을 인용하여 예상되는 반론을 반박하고 있다.

014 두 사람의 입장에 대한 이해로 적절하지 않은 것은?

① 주민 대표는 자원 회수 시설의 위치가 적절하지 않다고 지적한다.
② 주민 대표는 주변 지역의 오염을 최소화하는 것으로는 부족하다고 주장한다.
③ 주민 대표는 자원 회수 시설을 복합 문화 공간으로 만들어 줄 것을 요구한다.
④ 시청 측 담당자는 교통과 접근성을 기준으로 현재의 위치가 최적임을 주장한다.
⑤ 시청 측 담당자는 주민의 참여를 수용하여 정기적인 회의를 약속한다.

015 두 사람의 갈등 해결 방식으로 가장 적절한 것은?

① 시청 측 담당자는 얻을 수 있는 이익이 없음을 알고 협상을 유예하였다.
② 시청 측 담당자는 공공의 이익을 근거로 주민 대표에게 양보를 강요하였다.
③ 시청 측 담당자는 주민이 걱정하는 바를 해결할 수 있는 방안을 제시하고 있다.
④ 시청 측 담당자와 주민 대표는 시간이 촉박하여 결국 서로 절반씩 양보하였다.
⑤ 시청 측 담당자와의 관계 유지를 위해 주민 대표는 자신이 주장한 바를 철회하고 있다.

어휘·어법 016번 ~ 045번

016 "성미나 취향 따위가 원만하지 않고 별스러워 맞춰 주기에 어려운 데가 있다."를 가리키는 고유어는?

① 가살스럽다　　② 가탈스럽다　　③ 간살스럽다
④ 거쿨스럽다　　⑤ 귀살스럽다

017 한자어의 사전적 뜻풀이로 옳지 않은 것은?

① 범람(汎濫): 큰물이 흘러넘침.
② 항간(巷間): 일반 사람들 사이
③ 추념(追念): 죽은 사람을 생각함.
④ 통감(痛感): 마음에 사무치게 느낌.
⑤ 책동(策動): 계획이나 방책을 세워 결정함.

018 밑줄 친 고유어의 의미로 적절하지 않은 것은?

① 따뜻한 고기 위에 알맞게 곰삭은 새우젓을 얹었다.
→ 젓갈 따위가 오래 되어서 푹 삭다.
② 그는 손님들을 곰상스럽게 대하는 것으로 유명했다.
→ 성질이나 행동이 싹싹하고 부드러운 데가 있다.
③ 국으로 있었으면 되었을 일을 괜히 나서 망치고 말았다.
→ 제 생긴 그대로. 또는 자기 주제에 맞게.
④ 그는 우세스러운 동생을 친구들에게 소개하고 싶지 않았다.
→ 자기만 생각하고 남의 사정을 돌볼 마음이 거의 없다.
⑤ 영업시간이 아닌데도 기다리는 손님이 줄잡아 오십 명쯤은 되었다.
→ 대강 짐작으로 헤아려 보다.

019 밑줄 친 한자어의 쓰임이 적절하지 않은 것은?

① 공항은 송영(送迎)하는 사람들로 북적였다.
② 정치인은 돌아서 버린 유권자들을 무마(撫摩)하기 위해 노력했다.
③ 심사위원들은 옥석을 가리기 위해 출품작을 꼼꼼히 일별(一瞥)했다.
④ 어머니의 수술이 끝나자 그는 생업을 작파(作破)하고 간병에 매달렸다.
⑤ 노인은 가문이 영락(零落)했지만 자신이 양반이라는 사실에 자부심을 가졌다.

020 〈보기〉의 밑줄 친 ㉠~㉢에 해당하는 한자로 올바르게 묶인 것은?

보기

우리 민족의 찬란한 문화와 빛나는 ㉠전통을 ㉡계승하고 발전시켜 다음 세대에 ㉢전수해야 한다.

	㉠	㉡	㉢
①	傳統	繼乘	傳受
②	傳統	繼承	傳授
③	傳統	繼乘	傳授
④	傳通	繼承	傳受
⑤	傳通	繼乘	傳授

021

밑줄 친 고유어의 쓰임이 적절하지 <u>않은</u> 것은?

① 옷이 한 치의 <u>더덜이</u>도 없이 딱 맞는다.
② 형은 <u>게염</u>이 나서 동생을 못살게 굴었다.
③ 방학 내내 <u>노박이</u>로 도서관에서 책을 읽었다.
④ 올해는 <u>늦마</u>까지 져서 맑은 날을 보기 어렵다.
⑤ 그는 <u>드레</u> 없는 사람으로 인격자로 존경받는다.

022

㉠, ㉡의 밑줄 친 두 단어의 의미 관계가 다의어 관계가 <u>아닌</u> 것은?

	㉠	㉡
①	동생은 축구를 하다가 <u>다리</u>를 다쳤다.	새 의자 <u>다리</u>가 부러졌다.
②	동산 위로 <u>해</u>가 떠오른다.	<u>해</u>가 거듭될수록 고향이 그립다.
③	오는 길에 <u>차</u>가 고장이 나서 늦었습니다.	아저씨가 쌀을 한 <u>차</u> 싣고 왔다.
④	저녁을 못 먹어서 <u>배</u>가 많이 고프다.	무량수전의 기둥은 <u>배</u>가 불룩하였다.
⑤	봄이 되니 <u>풀</u>이 파릇파릇 돋아났다.	동생은 학교에서 혼이 났는지 <u>풀</u>이 죽어 들어왔다.

023

두 단어의 의미 관계가 〈보기〉와 동일한 것은?

> **보기**
>
> 나무 – 나뭇잎

① 몸 – 다리
② 얼굴 – 낯
③ 동물 – 사람
④ 부모 – 자식
⑤ 서점 – 책방

024

밑줄 친 '부르다'에 대한 한자어의 대응이 적절하지 <u>않은</u> 것은?

① 화는 또 다른 화를 <u>부른다</u>. → 초래(招來)한다
② 우리는 큰 소리로 만세를 <u>불렀다</u>. → 호령(號令)했다
③ 우리 집에서 가수는 노래 잘하는 동생을 <u>부르는</u> 말이다. → 지칭(指稱)하는
④ 백화점에서는 같은 물건을 시장보다 만 원이나 비싸게 <u>불렀다</u>. → 호가(呼價)했다
⑤ 학생들은 선생님이 번호순으로 한 사람씩 <u>부르면</u> 앞으로 나갔다. → 호명(呼名)하면

025 〈보기〉의 밑줄 친 단어의 반의어로 가장 적절한 것은?

> **보기**
> 새로 산 신발이 두꺼운 양말을 신어야 할 정도로 <u>낙낙하다</u>.

① 벙벙하다
② 빡빡하다
③ 팍팍하다
④ 편편하다
⑤ 헐헐하다

026 무능하거나 분수를 모르는 사람을 나타내는 속담으로 적절하지 <u>않은</u> 것은?

① 야윈 말이 짐 탐한다.
② 선무당이 사람 잡는다.
③ 곧은 나무는 가운데 선다.
④ 송충이가 갈잎을 먹으면 죽는다.
⑤ 하룻강아지 범 무서운 줄 모른다.

027 문맥상 밑줄 친 사자성어의 쓰임이 적절하지 <u>않은</u> 것은?

① 그는 내 충고를 <u>마이동풍(馬耳東風)</u>으로 흘려듣는다.
② 결국 그들은 깊은 후회를 했지만 <u>만시지탄(晚時之歎)</u>이었다.
③ 고위직에 오른 공무원일수록 <u>공평무사(公平無私)</u>한 태도가 요구된다.
④ 명의로 소문이 나자 그 병원은 하루 종일 <u>문정약시(門庭若市)</u>를 이루었다.
⑤ 경쟁사가 부도가 나면서 <u>순망치한(脣亡齒寒)</u>으로 우리 회사 매출이 늘어났다.

028 밑줄 친 관용 표현의 쓰임이 적절하지 <u>않은</u> 것은?

① 남 좋은 일만 하지 말고 이제는 <u>속 차려라</u>.
② 늦게 일어나서 차 시간에 늦을까 봐 <u>속이 말랐다</u>.
③ 남편이 사과하자 아내는 <u>속이 내려가서</u> 웃음을 찾았다.
④ 하나 있는 자식 놈을 위해 <u>속을 쓰는</u> 것도 이제 지쳤다.
⑤ <u>속을 떠보려는</u> 수작을 알아차린 그는 사기꾼의 전화를 끊었다.

029 밑줄 친 한자어를 맥락에 맞게 순화한 표현으로 적절하지 않은 것은?

① 1회 2정 경구 투여(經口投與)하는 약입니다. → 먹는
② 개찰(改札)을 기다리는 행렬은 쉽사리 줄지 않았다. → 표 확인
③ 그의 주장은 여러 가지 논리적 모순을 노정(露呈)하고 있다. → 드러내고
④ 시에서는 주택가 근처의 나대지(裸垈地)를 공원으로 조성하기로 했다. → 빈터
⑤ 화물 수탁(受託) 명세서 작성을 위해서는 택배 영업소에 방문하여야 한다. → 발송

030 밑줄 친 표현을 다듬은 말로 적절하지 않은 것은?

① 그 브랜드는 경쟁사와 차별화 된 킬러 아이템(→ 대안 상품)을 출시했다.
② 코로나로 인해 새롭게 생긴 유행 중 하나가 언택트(→ 비대면)라고 할 수 있다.
③ 백화점의 할인 기간이 되면 오픈런(→ 개점 질주)을 하는 모습을 쉽게 볼 수 있다.
④ 전자 제품 제조사는 베타 테스트(→ 출시 전 시험)에서 나온 의견을 바탕으로 개선 방향을 잡는다.
⑤ 금리가 오르면 대출을 통해 무리하게 집을 샀던 사람들이 하우스 푸어(→ 내집빈곤층)로 전락하고 만다.

031 밑줄 친 부분의 표기가 옳은 것은?

① 이 고장은 평야가 넓다랗다.
② 이사 간 집은 마루가 넓직하다.
③ 얼굴이 넓둥근 사람이 내 동생이다.
④ 친구는 손발이 크고 넙죽한 편이다.
⑤ 밀가루 반죽을 홍두깨로 넙적하게 밀었다.

032 밑줄 친 명사의 표기가 옳지 않은 것은?

① 눈병에 걸렸는지 눈에 눈곱이 끼었다.
② 나는 농군의 자식답게 농사일에 익숙하다.
③ 함부로 버린 쓰레기에 모두 눈살을 찌푸렸다.
④ 모두 흥에 겨워 노래를 부르며 법석을 떨었다.
⑤ 차선을 바꿀 때는 꼭 먼저 깜박이를 켜야 한다.

033 밑줄 친 활용형이 옳지 않은 것은?

① 지금 교실에는 학생들이 있느냐?
② 체육관에 사람들이 얼마나 많으냐?
③ 친구들을 만나 너도 기분이 좋으니?
④ 오늘은 하늘이 맑고 공기가 좋으네요.
⑤ 뒷산에 핀 개나리꽃이 정말 노랗네요.

034 밑줄 친 부분의 띄어쓰기가 옳지 않은 것은?

① 모든 책임은 나 혼자 지고∨살겠다.
② 비난은 모두 내가 안고∨살아가겠다.
③ 불경기에는 먹고∨사는 게 쉽지 않다.
④ 그동안 세상 모르는 내가 속고∨살았다.
⑤ 선한 마음이 세상을 바꾼다고 믿고∨산다.

035 밑줄 친 부분의 표기가 옳지 않은 것은?

① 저 친구는 나와 속엣말을 하는 사이다.
② 우리는 한솥엣밥을 먹으며 살던 형제다.
③ 저 사람은 경쟁자를 눈엣가시처럼 여긴다.
④ 여기 있는 셔츠 가운데 앞엣것이 네게 어울린다.
⑤ 옆엣것에 한눈팔지 말고 맡은 일에 최선을 다해라.

036 다음 문장 부호의 띄어쓰기에 대한 설명이 올바르지 않은 것은?

	문장 부호	설명	예
①	빗금(/)	시의 행이 바뀔 때 앞뒤를 띄어 쓴다.	산에 / 산에 / 피는 꽃은
②	쌍점(:)	항목을 설명할 때 앞은 붙이고 뒤는 띄어 쓴다.	일시: 5월 5일
③	붙임표(-)	밀접한 관계의 어구를 나타낼 때 붙여 쓴다.	원-달러 환율
④	물결표(~)	거리를 나타낼 때 앞말과 뒷말에 띄어 쓴다.	서울 ~ 부산
⑤	줄임표(……)	할 말을 줄였을 때 앞말에 붙여 쓴다.	"그럼 나와 한번……"

037 밑줄 친 말이 표준어인 것은?

① 그는 도박으로 물려받은 재산을 몽땅 떨어먹었다.
② 낟알은 남이 털어 가고 짚북더기만 남은 농사였다.
③ 앞으로 진군하던 아군은 적의 장애물을 미뜨려 버렸다.
④ 제 잘난 맛을 과시하려던 허세와 거짓불은 어디론가 사라졌다.
⑤ 다친 무릎을 제때에 치료하지 않으면 후유증으로 뻗장다리가 될 수도 있다.

038 다음은 문학 작품에 나타나는 방언이다. 대응하는 표준어가 적절하지 않은 것은?

① 저것이라두 읊으면 무슨 건지루(→ 재미로) 살겠어유.
② 그녀는 집을 보던 중 깜뭇(→ 곤히) 잠에 빠졌던가 보았다.
③ 내가 헐라던 소리럴 뎁세(→ 도리어) 자기가 먼첨 허구 있어.
④ 워쩌면 쓴대유. 저리 되면 질래(→ 끝내) 죄용허게 살기가 심든 벱인디.
⑤ 올 같은 어거리풍년에두 벌써 내년 보릿동에 해톤(→ 양식) 댈 걱정을 허슈?

039 다음 중 표준 발음이 아닌 것은?

① 개폐[개폐/개폐] ② 무늬[무늬/무니] ③ 설의[서릐/서리]
④ 지혜[지혜/지혜] ⑤ 협의[혀븨/혀비]

040 밑줄 친 표기가 외래어 표기법에 맞지 않는 것은?

① 그녀는 오렌지를 갈아서 주스(juice)를 직접 만들었다.
② 겨울 방학에는 교사를 위한 워크숍(workshop)이 열릴 예정이다.
③ 나는 집에 가는 길에 슈퍼마켓(supermarket)에 들러 휴지를 샀다.
④ 로봇(robot)은 인간과 비슷한 형태를 가지고 걷기도 하고 말도 하는 기계 장치이다.
⑤ 리조토(risotto)는 쌀을 수프와 백포도주로 삶아서 사프란이나 치즈 따위를 넣고 만든다.

041 음식명의 로마자 표기가 올바르지 않은 것은?

① 잡곡밥(japgokbbap)
② 계란말이(gyeranmari)
③ 낙지전골(nakjijeongol)
④ 순대볶음(sundaebokkeum)
⑤ 시금치나물(sigeumchinamul)

042 〈보기〉의 ㉠~㉤ 가운데 어법에 맞지 않는 문장은?

> **보기**
>
> ㉠김치찌개는 김치를 넣고 끓인 찌개로 주로 먹다 남은 김치나 그냥 먹기 어려울 정도로 시어진 김치를 넣고 끓이며 때로는 잘 익은 먹음직한 김치를 넣기도 한다. ㉡김치찌개를 만들 때에는 뚝배기에 김치를 넣고 멸치나 쇠고기 또는 돼지고기를 넣은 후 파, 마늘 등의 양념을 넉넉히 넣는다. ㉢묵은 김치로 김치찌개를 할 때에는 군내를 없애기 위하여 김치를 꼭 짜거나 물에 약간 헹구어서 이용한다. ㉣김치찌개에는 알뜰한 살림을 하는 한국 어머니들의 삶의 지혜가 들어 있어서 더욱 의미가 있는 음식이다. ㉤왜냐하면 김치찌개는 늘 먹던 김치에 물리거나 김장 김치에 군내가 날 무렵에 같은 김치로 끓이면서도 김치와는 색다른 맛이 나는 음식이기 때문이다.

① ㉠　　② ㉡　　③ ㉢　　④ ㉣　　⑤ ㉤

043 〈보기〉의 밑줄 친 부분과 상대 높임법의 등급이 동일한 것은?

> **보기**
>
> 김 형, 다시 만나니 참 <u>반갑구려</u>.

① 이제 그만 집에 가요.
② 우주는 과연 무한한가?
③ 어제 산 수박이 참 맛있네.
④ 여기서 잠시만 기다립시다.
⑤ 오늘 날씨가 정말 화창하구먼.

044 중의적으로 해석되지 <u>않는</u> 문장은?

① 동호회 회원들이 다 오지 않았다.
② 모든 남학생이 한 여학생을 좋아한다.
③ 어머니는 나보다 아버지를 더 사랑한다.
④ 친구는 빵과 우유 두 개를 나에게 주었어.
⑤ 마음씨가 예쁜 아이는 1층 할머니의 손녀이다.

045 다음 중 번역 투 표현이 사용된 문장이 <u>아닌</u> 것은?

① 그 학생은 새로운 수업 방식을 필요로 한다.
② 마스크 착용은 아무리 강조해도 지나치지 않다.
③ 모든 경기에 있어 진지하게 임하는 것이 중요하다.
④ 시험을 잘 치기 위해 가장 필요한 것 중의 하나는 독서이다.
⑤ 사장님은 회의에서 재정 상태에 대하여 솔직하게 해명을 하셨다.

쓰기   046번~050번

[046~050] 다음은 '1인 미디어의 확산에 따른 문제와 해결 방안'을 주제로 작성한 초고이다. 제시된 물음에 답하시오.

> 1인 미디어란 개인이 다양한 주제의 콘텐츠를 생산하고 이것을 온라인 플랫폼을 통해 다수의 이용자와 ㉠공유한다. 1인 미디어는 TV와 같은 단방향 소통과는 달리 쌍방향 소통이 가능하며, 누구나 자발적으로 이용이 가능한 수평적이고 개방적인 특징을 갖는다. 특히 실시간 상호작용으로 인해 정보 공유의 확산 속도가 빨라, 1인 미디어의 확산은 국내뿐만 아니라 세계적인 현상으로 떠오르고 있다. 이제 1인 미디어는 콘텐츠의 변화뿐만 아니라 산업의 변화에도 큰 영향을 미치고 있다.
>
> 그렇다면 1인 미디어가 이렇게 확산된 배경은 무엇일까? 먼저 스마트폰의 확산을 들 수 있다. 이로 인해 언제 어디서나 온라인 동영상 플랫폼에 접속하여 1인 미디어를 간편하게 시청할 수 있게 되었으며, 나이 어린 초등학생과 같은 비전문가도 이를 손쉽게 제작할 수 있게 되었다. 또한 인터넷 보급률이 높아져 1인 미디어에 대한 접근이 용이해진 것도 확산의 배경이라 할 수 있다. 더불어 기존의 대중 매체 방송이 시청자의 다양한 욕구를 채워 주지 못하고 비슷한 콘텐츠를 양산하면서, 그 대안으로써 1인 미디어가 확산되었다고 볼 수 있다.
>
> ㉡그리고 최근에는 이러한 1인 미디어의 폭발적 성장에 따른 문제점도 발생하고 있다. 먼저 표현의 자유를 내세워 유해한 내용의 1인 미디어가 ㉢제작하기도 한다. 조회 수와 구독자 수를 ㉣늘리기 위해 선정성과 폭력성이 지나친 콘텐츠도 있으며, 가짜 뉴스와 같은 잘못된 정보가 시청자에게 전달되는 경우도 있다. 다음으로 부적절한 마케팅으로 소비자에게 혼란을 주어 시장의 공공성을 훼손하기도 한다. ㉤비록 업체가 1인 미디어를 통해 제품을 광고하고자 한다면 해당 사실을 분명하게 공개해야 한다. 이를 이행하지 않으면, 소비자는 광고라는 사실을 인지하지 못한 채 제품에 대한 정보를 받아들일 수 있어 소비자의 판단에 혼란을 줄 수 있다.
>
> 이러한 문제를 해결하기 위해서는 어떻게 해야 할까? 첫째, 유해한 1인 미디어를 규제하고 유익한 1인 미디어에 대해서는 적극적으로 지원하려는 사회적 노력이 필요하다. 특히 청소년들에게 영향을 줄 수 있는 유해한 내용을 다루는 1인 미디어가 증가하고 있어, 규제를 강화해야 한다는 의견도 있다. 하지만 지나친 규제로 인해 표현의 자유를 침해한다면 1인 미디어의 다양성을 위축시킬 우려가 있으므로 적정한 규제를 위한 노력도 필요하다. 둘째, 제작자는 유익한 1인 미디어를 제작하고, 시청자는 그러한 1인 미디어를 선별하여 시청하려는 개인의 노력이 요구된다. 이들을 종합해 볼 때,   ㉮

046 다음은 윗글을 쓰기 전에 세운 글쓰기 계획이다. 윗글에 반영된 것으로만 묶은 것은?

글쓰기 계획

ㄱ. 질문의 방식으로 앞으로 이어질 내용을 제시해야겠어.
ㄴ. 분류의 방식을 활용하여 1인 미디어의 유형을 설명해야겠어.
ㄷ. 1인 미디어와 TV를 대조하여 1인 미디어의 특징을 드러내야겠어.
ㄹ. 전문가의 인터뷰 내용을 인용하여 1인 미디어의 장점을 강조해야겠어.
ㅁ. 통계 자료의 수치를 활용하여 1인 미디어의 확산 배경을 제시해야겠어.

① ㄱ, ㄴ
② ㄱ, ㄷ
③ ㄴ, ㄹ
④ ㄷ, ㅁ
⑤ ㄹ, ㅁ

047 다음은 윗글을 수정·보완하기 위해 추가로 수집한 자료이다. 자료의 활용 방안으로 적절하지 않은 것은?

	자료 내용	유형
(가)	2022년 10대 청소년 미디어 이용 조사 결과에 따르면, 온라인 동영상 플랫폼을 이용하는 청소년의 28.1%가 동영상을 직접 촬영하여 업로드해 본 경험이 있는 것으로 조사됐다. 특히 초등학생(36.2%)이 중학생(29.9%)과 고등학생(20.0%)보다 업로드 경험률이 더 높았으며 업로드한 동영상 개수 역시 약 30개로 중·고등학생보다 1.5배가량 더 많았다.	연구 보고서
(나)	1인 미디어가 사회적으로 긍정적으로 기능하면서 확산되기 위해서는, 지상파 방송에서 볼 수 없었던 다양한 소재와 개인화된 취향 및 관심에 부합하는 콘텐츠를 제작해야 합니다. 이러한 다양성이 1인 미디어의 힘이라고 할 수 있지요.	전문가 인터뷰
(다)	영국은 인터넷 방송을 '유사 TV 콘텐츠(TV-like content)'의 범주로 묶어 규제 대상으로 삼고 있다. 그리고 미국에서는 1인 미디어가 광고 사실을 표기하지 않을 경우 소비자 보호 규정을 위반하는 행위로 보고, 이와 관련하여 기업에 대한 수사 또는 고발 조치가 가능하다.	정책 홍보물
(라)	2015년 미국의 한 조사 기관의 결과에 따르면, 청소년에게 영향력 있는 인물 상위 10명 중 8명이 대중의 높은 관심과 인기를 얻은 1인 미디어 제작자였다.	신문 기사
(마)	연령대에 따른 온라인 동영상 플랫폼 신뢰도(○○언론진흥재단, 2022) 20대: 2.94 / 30대: 2.87 / 40대: 2.85 / 50대: 2.81 / 60대: 2.71 / 70대 이상: 2.23	통계 자료

① (가)를 활용하여 초등학생의 동영상 업로드 경험률이 상대적으로 높음을 밝혀, 1인 미디어 제작이 용이해졌다는 내용을 보충한다.
② (나)를 활용하여 1인 미디어의 콘텐츠 다양성이 기존 대중매체 방송의 단점을 보완할 수 있음을 뒷받침한다.
③ (다)를 활용하여 부적절한 마케팅과 관련된 1인 미디어 규제 사례를 추가한다.
④ (라)를 활용하여 1인 미디어가 청소년에게 미치는 영향력이 크다는 점을 추가한다.
⑤ (마)를 활용하여 청년층에 비해 고령층의 1인 미디어에 대한 신뢰도가 높음을 밝혀, 연령별 차등 규제가 필요하다는 점을 제시한다.

048 다음은 윗글을 쓰기 전에 작성한 글의 개요이다. 윗글을 쓰는 과정에서 필자가 점검하여 반영한 내용으로 적절하지 않은 것은?

글쓰기 개요

Ⅰ. 1인 미디어의 개념
  1. 1인 미디어의 정의
  2. 1인 미디어의 특징
  3. 인터넷 보급률의 확대

Ⅱ. 1인 미디어의 확산 배경
  1. 콘텐츠의 다양성
  2. 스마트폰의 확산
  3. 부적절한 마케팅으로 인한 시장의 공정성 훼손

Ⅲ. 1인 미디어로 인한 문제점
  1. 표현의 자유를 내세워 유해한 내용 제작

Ⅳ. 1인 미디어에 대한 문제 해결 방안
  1. 개인적 노력
  2. 사회적 노력

① Ⅰ-2는 글의 주제와 어울리지 않는 내용이므로 삭제한다.
② Ⅰ-3은 상위 항목을 고려하여 Ⅱ의 하위 항목으로 이동한다.
③ Ⅱ-1은 내용의 흐름을 고려하여 Ⅱ-2와 순서를 교체한다.
④ Ⅱ-3은 Ⅲ의 구체적인 내용이므로 Ⅲ의 하위 항목으로 이동한다.
⑤ 글의 맥락을 고려하여 Ⅳ-1과 Ⅳ-2의 순서를 바꾸어 서술한다.

049 윗글의 ㉠~㉤을 고쳐 쓰기 위한 방안으로 적절하지 않은 것은?

① ㉠: 문장의 호응이 적절하지 않으므로 '공유하는 것을 말한다.'로 수정한다.
② ㉡: 앞뒤 맥락을 고려할 때 적절하지 않으므로 '그런데'로 수정한다.
③ ㉢: 피동 표현이 적절하므로 '제작되기도'로 수정한다.
④ ㉣: 문장의 의미를 고려하여 '늘이기'로 수정한다.
⑤ ㉤: 부사어와 서술어의 호응이 맞지 않으므로 '만약'으로 수정한다.

050 글의 내용으로 미루어 볼 때, ㉮에 들어갈 내용으로 가장 적절한 것은?

① 청소년에게 유해한 1인 미디어를 선별하여 강력하게 규제해야 한다.
② 1인 미디어의 문제점에 대한 좀 더 다양한 정책적 해결 방안이 모색될 필요가 있다.
③ 1인 미디어의 내용을 정확히 판단하여 자신에게 필요한 정보를 획득하기 위한 노력이 요구된다.
④ 1인 미디어의 확산은 전 세계적으로 자연스러운 현상이므로, 문제 해결을 위한 인위적인 개입은 적절하지 않다.
⑤ 1인 미디어의 확산으로 인한 문제를 해결하기 위해서는 1인 미디어에 대한 적절한 규제와 함께, 제작자와 이용자의 책임감과 윤리 의식이 필요하다.

창안 051번~060번

[051~053] 다음 글을 읽고 물음에 답하시오.

음식물에 들어 있는 영양소들은 대부분 분자의 크기가 너무 커서 그대로 흡수할 수 없다. 따라서 이러한 고분자 영양소들은 소장에서 분비되는 소화 효소들에 의해 흡수가 가능한 더 작은 저분자 영양소들로 분해되며 몸으로 흡수된다.

소장의 벽에는 주름이 많은데, 그 주름에는 오돌토돌하게 생긴 융털이 빽빽이 나 있다. 융털은 분해된 영양소를 흡수하는 역할을 담당한다. 융털 안에는 모세 혈관과 암죽관이 있는데, 이들은 각각 다른 종류의 영양소들을 나누어 흡수한다. 이렇게 모세 혈관과 암죽관으로 들어간 영양소들은 혈액이 온몸으로 운반한다.

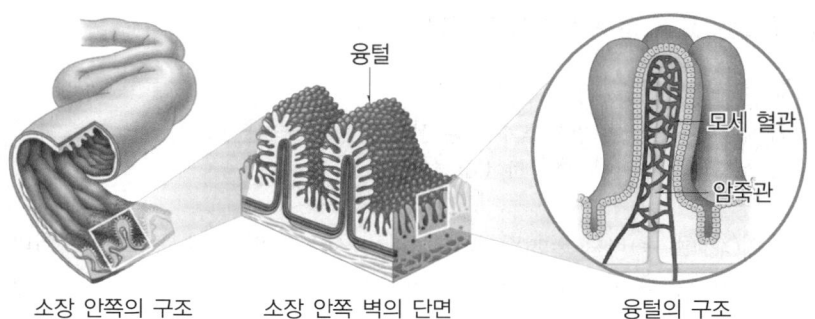

소장 안쪽의 구조   소장 안쪽 벽의 단면   융털의 구조

음식물은 위와 소장을 거쳐 영양분으로 흡수되지만, 내용물이 모두 흡수되는 것은 아니며 그 찌꺼기가 남아 있는데 이것이 대장으로 들어온다. 대장은 소화의 마지막 임무를 완성한다. 대장에 있는 대장균은 소화가 되고 남은 마지막 찌꺼기를 먹는다. 그런데 이때 일부 대장균은 찌꺼기를 먹고 사람에게 유익한 영양분을 만드는데, 이러한 대장균을 ㉠<u>유산균</u>이라고 부른다. 대장은 유산균이 만든 영양분을 흡수함으로써 소화의 최종 단계를 마무리한다.

051

소화 과정을 학습 과정에 비유할 때, 윗글에서 이끌어 낼 수 있는 내용으로 적절하지 <u>않은</u> 것은?

	[소화 과정]	[학습 과정]
①	음식물	학습 내용
②	소화 효소	학생의 이해를 돕는 요소
③	고분자 영양소	한 번에 학습하기 어려운 과제
④	저분자 영양소	이해가 용이한 수준의 내용
⑤	융털	교사의 시범

052

㉠의 작용과 유사한 사례로 가장 적절한 것은?

① 지렛대의 원리를 활용해 만든 가위
② 폐자전거의 고무 튜브를 재료로 만든 가방
③ 서로 잘 포개질 수 있는 형태로 만든 마트의 카트
④ 우엉 씨의 갈고리 모양을 모방해 만든 벨크로 지퍼
⑤ 2000년대 초 폴더 폰의 감성을 다시 살린 최신형 스마트폰

053

〈조건〉에 맞는 표어 문구로 가장 적절한 것은?

> **조건**
> - 윗글의 내용에 착안하여 발휘할 수 있는 삶의 지혜를 나타낼 것.
> - 내용상 적절한 사자성어를 활용하여 표현할 것.

① 용두사미(龍頭蛇尾)라는 말처럼, 큰일보다는 사소한 일이 더 중요할 수 있다.
② 등고자비(登高自卑)라는 말처럼, 모든 일에는 거쳐야 할 작은 과정들이 있기 마련이다.
③ 권토중래(捲土重來)라는 말처럼, 실패에 좌절하지 말고 성장하여 미래를 도모해야 한다.
④ 와신상담(臥薪嘗膽)이라는 말처럼, 성공하기 위해서는 고난을 있는 그대로 감내하는 자세가 필요하다.
⑤ 낭중지추(囊中之錐)라는 말처럼, 사소한 것이라도 방심한다면 큰 위험을 초래할 수 있으므로 조심해야 한다.

[054~056] 다음 그림을 보고 물음에 답하시오.

(가)	(나)
밀 키트	냉동식품

054 그림 (가)와 (나)를 분석한 표의 내용으로 적절하지 <u>않은</u> 것은?

	(가)	(나)
표현	해당 요리에 필요한 재료를 손질하여 제공하는 제품	㉠이미 완성된 요리를 냉동 보존하여 판매하는 제품
핵심	이용자가 갓 조리된 음식을 먹을 수 있도록 필요한 재료를 정량만큼 손질하여 제공함.	㉡이용자의 편의를 극대화하기 위해 완성된 요리를 제공함.
결과	㉢정해진 조리법만 따르면 안정적으로 음식을 완성할 수 있음.	전자레인지만 있으면 별다른 조리 없이 완성된 음식을 먹을 수 있음.
주제	㉣창의적인 결과물을 만들기 위해 업무의 절차를 다양화한 방식	㉤완성된 결과물을 효과적으로 전달하는 데 초점을 둔 방식

① ㉠   ② ㉡   ③ ㉢   ④ ㉣   ⑤ ㉤

055 (가)의 방식을 '학습 전략'에 적용하여 유추한 내용으로 가장 적절한 것은?

① 목표 학습량에 맞추어 학습 교재와 계획을 미리 정해 놓고 실천한다.
② 학습 내용을 단순히 암기하기보다는 응용을 통해 학습 내용을 심화해 나간다.
③ 학습 계획을 관리하기 위해 평소 자신의 학습 습관을 돌아보는 일기를 작성한다.
④ 어려운 문제라도 해설을 참조하지 않고 끝까지 탐구하여 스스로 문제를 해결한다.
⑤ 학습 계획 실천을 지속하기 위해 스터디 그룹을 구성하여 서로의 진도를 확인한다.

056 문제 해결 방식이 (나)와 가장 유사한 것은?

① 필요에 따라 부품을 추가하는 커스텀 PC
② 추가 조작 없이 한 번에 펼쳐지는 원터치 텐트
③ 구매자가 직접 재료를 골라 주문하는 샌드위치
④ 부품과 조립 도구를 전부 제공하는 조립식 가구
⑤ 별도 포장된 씨앗, 비료, 토양으로 식물을 키우는 세트

[057~058] 다음 그림을 보고 물음에 답하시오.

057 (A), (B)의 관계가 그림 (가), (나)의 관계와 가장 유사한 것은?

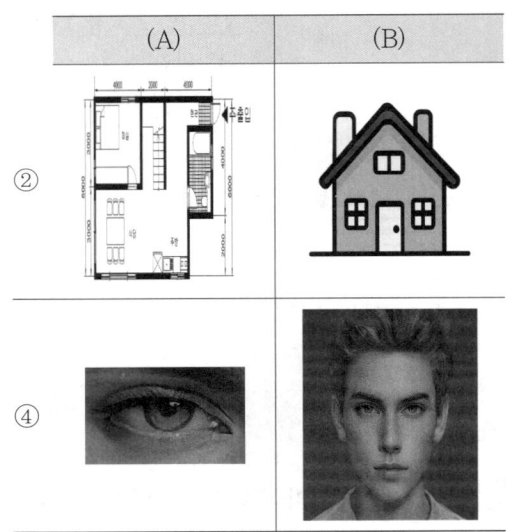

058 위 그림을 일의 과정에 착안할 때, 과정에 대한 판단이 나머지와 다른 하나는?

① 어떤 옷을 입느냐에 따라 체형의 단점을 보완할 수 있다.
② 키가 큰 부모에게서 태어난 자녀는 키가 클 가능성이 높다.
③ 같은 작물을 심더라도 농법에 따라 농사의 효과가 크게 달라진다.
④ 지능이 높은 아이라도 비교육적 환경에 놓이면 지능이 저하될 수 있다.
⑤ 유능한 요리사는 평범한 식재료를 가지고도 근사한 요리를 만들어낼 수 있다.

[059~060] 다음 글을 읽고 물음에 답하시오.

> 번안은 특정 장르의 작품을 다른 작품으로 바꾸거나 배경과 인물을 바꿔 시공간의 차이를 적극적으로 수용해 현실에 맞는 배경과 형태를 갖추는 작업이다. 급격한 사회 변동기나 바깥으로부터의 문화가 격심하게 몰려올 때 작품의 배경과 형태를 바꾸는 번안 작업이 활발하게 이루어진다. 그런데 번안은 소설·미술·영화·음악의 예술 분야뿐만 아니라 언어·기술·학문·교육·종교의 영역은 물론이고, 주거·오락·음식·패션·도시 환경·미디어 등에 이르기까지 일상생활 모든 곳에서 나타난다고도 볼 수 있다.

059 윗글에서 설명한 번안이 적용된 사례로 적절하지 않은 것은?

① 메이지 유신 후 일본은 서양 요리를 적극적으로 수용하면서 '양식'이라는 메뉴를 만들었다.
② 한국의 옛 독립운동가들은 애국가 가사를 스코틀랜드 민요 올드랭사인의 가락에 붙여서 불렀다.
③ 일본 영화에 한국어 자막을 넣을 때 일본 간사이 지역 방언을 한국 동남 지역 방언으로 대체하였다.
④ 우리나라의 전통 음식인 김치의 세계화를 위해 김치의 조리 방법을 정형화하여 전 세계에 보급하였다.
⑤ 영국인 작가 위다가 벨기에를 배경으로 창작한 소설 『플랜더스의 개』를 처음 우리말로 옮겨 출판한 최남선은 주요 캐릭터의 이름을 호월, 애경, 바둑이로 바꾸었다.

060 윗글에 대한 반응으로 적절하지 않은 것은?

① 온돌을 설치한 아파트는 주거의 번안 사례이군.
② 패티에 불고기를 넣은 햄버거는 음식의 번안 사례이군.
③ 삼베 원단으로 만든 양복 재킷은 패션의 번안 사례이군.
④ 국악기로 연주하는 클래식 음악은 음악의 번안 사례이군.
⑤ 자막 없이 원어로 상영되는 프랑스 영화는 영화의 번안 사례이군.

읽기 061번~090번

[061~062] 다음 글을 읽고 물음에 답하시오.

> 가난한 내가
> 아름다운 ㉠나타샤를 사랑해서
> 오늘밤은 푹푹 ㉡눈이 나린다
>
> 나타샤를 사랑은 하고
> 눈은 푹푹 날리고
> 나는 혼자 쓸쓸히 앉어 ㉢소주를 마신다
> 소주를 마시며 생각한다
> 나타샤와 나는
> 눈이 푹푹 쌓이는 밤 ㉣흰 당나귀 타고
> ㉤산골로 가자 출출이 우는 깊은 산골로 가 마가리에 살자
>
> 눈은 푹푹 나리고
> 나는 나타샤를 생각하고
> 나타샤가 아니 올 리 없다
> 언제 벌써 내 속에 고조곤히 와 이야기한다
> 산골로 가는 것은 세상한테 지는 것이 아니다
> 세상 같은 건 더러워 버리는 것이다
>
> 눈은 푹푹 나리고
> 아름다운 나타샤는 나를 사랑하고
> 어데서 흰 당나귀도 오늘밤이 좋아서 응앙응앙 울 것이다
>
> — 백석, 「나와 나타샤와 흰 당나귀」

061 윗글에 대한 설명으로 가장 적절한 것은?

① 논리적인 흐름에 따라 이야기를 전개하고 있다.
② 방언을 반복함으로써 토속적인 정취를 부각하고 있다.
③ 반어법을 사용함으로써 풍자적 태도를 드러내고 있다.
④ 계절의 변화에 따라 고조되는 화자의 감정을 표현하고 있다.
⑤ 순백의 시각적 이미지를 통해 낭만적인 분위기를 표현하고 있다.

062 ㉠~㉤에 대한 이해로 적절하지 않은 것은?

① ㉠: 화자가 사랑하는 대상이다.
② ㉡: 나타샤의 부재와 그로 인한 쓸쓸함을 극대화한다.
③ ㉢: 화자의 외로움을 드러내는 소재이다.
④ ㉣: 동화적이고 신비로운 분위기를 더해 준다.
⑤ ㉤: 시적 화자가 부정적으로 생각하는 공간을 나타낸다.

[063~065] 다음 글을 읽고 물음에 답하시오.

ⓐ양희가 사랑 고백을 하고 나서 ⓑ필용의 생활은 엉망이 되었다. 필용은 유학이고 토플이고 뭐고 오직 양희의 사랑을 확인하기 위해 종로에 나오는 사람처럼 햄버거집에서의 만남에 집중했다. 정작 양희는 그렇게 말하고 나서 특별히 태도가 달라지지 않았다. 여전히 대본을 썼고 옷차림이나 머리 모양도 그대로였고 흩어지는 공허를 통해 아우라를 유지하는 것도 마찬가지였다. 변수라면 그날그날 점심에 먹는 메뉴 정도였다. 그건 필용이 정했으니까. 필용은 거의 매일, 자신을 사랑하느냐고 양희에게 물었다. 물론 그 말만 하지는 않고 여전히 자기 자랑과 불황의 시대에 대한 진단과 처방을 늘어놓았지만 전처럼 ㉠그런 이야기가 목적은 아니었다.

하지만 그런 낮의 시간을 지나면, 햄버거집에서 나오면, 양희와 헤어지면, 양희의 외모나 한심스러움, 생기 없음, 무기력함, 가난에 대한 은근한 경멸이 껌의 뒷맛처럼 느껴지곤 했다. 그런데도 다음 날 정오가 되면 사랑에 대해 묻지 않을 수 없었다. ㉡장마가 시작되었을 무렵 이런 괴상한 애정전선에도 문제가 생기기 시작했다. 다른 날과 다름없이 햄버거를 먹으며 앉아 있는데 양희가 깜박 잊을 뻔했다는 투로, 아, 선배 나 안 해요, 사랑, 한 것이었다.

"안 해?"
"네."
"왜?"
"없어졌어요."

필용은 믿을 수 없었다. 바로 어제만 해도 사랑하느냐고 물으면 표정 없는 얼굴이기는 했지만 고개를 끄덕였는데 말이 되는가?

"없어? 아예?"
"없어요."
"없는 게 아니라 전만큼은 아니게 시들한 거지. 야, 그게 어떻게 그렇게 단박에 사라지냐?"

필용은 무심하게 냅킨을 쥐었지만 ㉢손은 약하게 떨고 있었다. 마음 한편에 불길함이 일어나고 있었다. 무언가가 오고 있었다. 그래, 쓰나미, 쓰나미, 실연의 쓰나미!

"아닌데, 없는데."
"바보야, 네가 없다고 착각하는 거지. 그런 감정은 원래 불이 탁 꺼지듯, 불이 탁 켜지듯 그렇게 일순간에 없음이 되지가 않아. 오죽하면 사랑을 쓰려거든 연필로 쓰라는 유행가가 다 있겠냐. 지우기가 그렇게 어렵다냐. 없어지는 게 아니고 그런 건 그렇게 되는 게 아니고 찌개가 끓다가 끓다가 나중에는 다 졸아서 아예 냄비 바닥을 시커멓게 태우는 양상이 될 때까지 계속되는 거야."

양희가 동의하지 않아서 필용은 긴장했다. 얘가 어려서 뭘 모르네, 누구를 좋아하는 마음이 어디 그렇게 돼? 하룻밤에? 천하의 카사노바도 그렇지는 않겠다. 걔들도 한 두어 번은 더 할 거야, 하고 싶을 거야. 그런데 우리는 한 달 넘게 아니, 한 달이 뭐야, 어학원에서 처음 만났던 때까지 셈하면 거의 9개월을 야, 9개월이면 배 속의 점만 하던 세포가 갓난애가 되어 세상에 나올 시간이야. 그렇게 오랫동안 나를 사랑했으면서 어느 날 갑자기 없다니? 혹시 자기 사랑을 받아주지 않아서 화가 난 걸까 필용은 생각했다. 자존심이 상했을 수도 있어. 그렇게 하루에 한 번씩 사랑한다고 말했는데 내가 겨우 한 것은 햄버거나 사주면서 떠보듯 사랑하니, 안 하니, 물어본 것밖에 없으니.

"야, 너 은근 매력 있어."

필용이 인심 쓰듯, 달래듯 양희에게 말을 붙였다.

"난 너처럼 꾸밈없고 소박한 애가 괜찮더라고."

양희에게서는 반응이 없었다. 양희가 아무 말이 없자 필용의 상찬이 도를 넘어가기 시작했다. 그때까지 필용이 은근히 경멸해왔던 양희의 거의 모든 점들이 유니크한 것, 매력적인 것, 평가받을 만한 것으로 거론되었다. 양희의 재미없는 대본마저도. 하지만 양희의 없음은 달라지지 않았고 필용은 그 없음에 목 매달린 개처럼 헐떡거리면서 양희의 머리부터 발끝까지의 모든 것에 사탕발림을 하다가 돌변해 물어뜯기 시작했다.

"야 너, 최소한이라도 꾸미고 다녀. 널 위해 하는 얘기야. 아이고, 같이 다니면 내 얼굴이 화끈거려서. 젊은 시절 다시 안 와. 좀 있으면 값 떨어져. 그리고 ㉣연극도 좋고 가당찮은 대본도 좋은데 밥벌이는 하고 살아. 애가 어떻게 된 게 2천 원으로 하루를 뻬대? 야! 나도 어려워! 나도 힘들어! 야이 씨, 너 그동안 나한테 받아먹은 거 다 내놔. 일괄 계산하라고 이 계집애야."

양희 얼굴이 새하얗게 질려 가면 질려 갈수록 필용의 말의 수위는 점점 더 높아졌다. 어떤 한계까지 올라 찰랑찰랑거리면서 파탄의 전조를 만들어내는데도 계속됐다. 필용은 퍼부어댔다. 아주 세상이 끝난 것처럼 퍼부어댔다. 양희가 햄버거집에서 나간 뒤로도 필용은 자기 말에 취해 마구 떠들다가 ㉤무슨 짓을 저질렀는지 뒤늦게 깨닫고는 양희를 붙들기 위해 거리로 뛰쳐나갔다. 하지만 양희는 보이지 않았다.

― 김금희, 「너무 한낮의 연애」

063 윗글의 서술상 특징으로 가장 적절한 것은?

① 담담한 태도로 사건을 객관적으로 묘사하고 있다.
② 현재형 문장을 짧게 반복함으로써 긴장감을 고조시킨다.
③ 작중 인물의 회상을 통해 작품에 서정적 분위기를 더하고 있다.
④ 빈번한 장면 전환을 통해 인물 사이의 긴장감을 고조하고 있다.
⑤ 서술의 초점을 한 인물의 내면에 맞추어 인물의 심리를 부각하고 있다.

064 ⓐ, ⓑ와 관련하여 윗글을 이해한 내용으로 적절하지 않은 것은?

① ⓐ는 ⓑ와의 연애 전후로 외양의 변화가 없었다.
② ⓐ는 ⓑ에게 경제적으로 신세를 지는 날이 많았다.
③ 각본을 창작하는 ⓐ는 ⓑ와 함께 어학원에 다녔다.
④ ⓑ는 평소 ⓐ의 모습과 태도에 불만을 가지고 있었다.
⑤ ⓑ는 ⓐ가 자신을 더 이상 사랑할 수 없음을 알고 있었다.

065 ㉠~㉤의 내용에 대한 이해로 적절하지 않은 것은?

① ㉠: 자기 자랑을 하려는 게 아니라 자기를 향한 애정을 확인하려고 만남을 이어 가는군.
② ㉡: 두 인물의 관계가 마치 장마 때의 대기처럼 불안정하게 변하고 있음을 암시하는군.
③ ㉢: 상대의 태도 변화로 인한 감정의 흔들림이 신체의 반응으로도 나타나는군.
④ ㉣: 이별을 맞이한 상황에서 상대에 대한 최소한의 배려를 보여 주고 있군.
⑤ ㉤: 상대에게 막심한 상처를 입히는 언행을 자기가 하였다는 사실을 알아차리는군.

[066~068] 다음 글을 읽고 물음에 답하시오.

윤리학이 철학의 한 분야를 차지하고 있는 까닭은, 그것이 밝히고자 하는 선(善)의 가치가 인간 행위 규범들의 뿌리라고 생각되면서도 이른바 '과학적인 방법'으로는 여전히 해명될 수 없는 성질의 것이기 때문이다. 윤리학은 또한 덕이론(德理論)이라고 일컬어지는데, 그 바탕에는 실천하는 덕(德, virtus)으로 인해 현실 세계에서 윤리가 비로소 실현될 수 있는 것이라는 이해가 놓여 있다.

그렇다면, 윤리란 무엇인가? '윤리'는 본래 일반적으로 '동류(同類)의 사물적(事物的) 조리(條理)'를 뜻했다. 그러다가 '동류의 사물'이 차츰 '인간' 또는 '인류'로 국한되어 쓰이게 되면서 곧 '도덕'과 동일한 의미로 사용되고 있다.

윤리란, 바꿔 말해 사람이 사회 생활하는 데 마땅히 행해야 할 도리라 하겠다. 그런데 사회는 동류의 사람들, 곧 동등한 존엄성을 가진 사람들의 집합체다. 그러니까 윤리란 똑같은 존엄성을 갖는 사람들이 더불어 사는 곳에서 갖추어야만 하는 도리다. 이때 그 '사람으로서의 도리'를 '도리'이게끔 해 주는 것을 '선'이라 일컬으니, 윤리는 곧 선의 표현이다. 그러므로 윤리가 무엇인가를 묻는 것은, 선이란 무엇이며 혹은 선이란 무엇을 뜻하는가를 묻는 것과 다르지 않다.

도덕이 '마땅히 행해야 할 도리'라는 것은 그것이 당위 규범임을 뜻한다. 누구나 이미 하고 있는 행실에 대해서는 '마땅히 행해야 한다'는 규제가 덧붙여질 필요가 없다. 그러니까 윤리는 사람들의 어떤 자연스러운 행동에 대한 규제이다. 하고 싶어 하는 어떤 행위는 '하지 말라'고 금지하는 반면에, 하기 싫어하는 어떤 행위는 '하라'고 지시한다. 그래서 도덕 규범은 언제나 명령형으로 나타난다. 그런데 이 같은 자연을 거스르는 명령이 유효하려면, 이 명령을 받은 자, 곧 인간이 그 명령을 수행할 수 있는 능력을 가지고 있음이 전제되어야 한다. 자연적 경향성을 제압하고 당위적 명령을 준행할 수 있는 힘을 '자유'라고 일컫는바 이로써 도덕 법칙의 근거를 밝히는 도덕 철학은 인간 의지의 자유를 문제로 삼는다.

윤리는 일정한 표현 형식을 갖는 것이 보통이고, 일반적으로 그런 형식은 예의범절이 된다. '윤리성' 내지 '도덕성'이 윤리의 속 또는 본(本)이라면, 예의범절은 그것의 겉 또는 말(末)인 셈이다.

도덕성이 높은 사람은 대개 예의범절이 바르고, 또 바른 예의범절 교육을 통해 도덕성 자체를 높일 수 있는 일이기는 하다. 그러나 무슨 일에서나 속과 겉, 안과 밖, 본과 말이 언제나 일치하고 일관된 것은 아니듯이, 도덕성과 예의범절이 부합하지만은 않는다. 다시 말해 누군가의 예의범절이 반듯하다 하여 그 행위에 반드시 도덕성이 제대로 깃들어 있는 것은 아니다. 또한 예의범절은 풍속성이 강하기 때문에, 같은 수준의 도덕성도 시대와 지역 또는 족속에 따라 전혀 다른 표현 방식, 곧 판이한 외양을 가질 수 있다. 공경의 마음을 표시해야 할 국면에서 도덕성은 '진실한 공경의 마음'에 있는 것이다. 예를 들어, 머리를 숙여 인사하느냐, 무릎을 꿇고 인사하느냐, 악수를 하느냐, 단지 목례만을 하느냐는 예의범절에 불과하다. ㉠이들 중 어떤 것의 도덕성이 반드시 더욱 뛰어나다고는 말할 수 없다.

한편 진리의 가치, 미의 가치에서도 그러하듯이, 만약 도덕적 가치가 상대적이라면, 그것은 결국 몰가치를 뜻한다. '상대적 도덕'이 함축하는바, 누구에게는 도덕적 가치를 지니는 것이, 다른 누구에게는 도덕적 가치를 지니지 못한다면, 그때 과연 그 '도덕'이라는 것이 행위 규범으로서 기능할 수 있을까? 그 경우에 그 '도덕'이라는 것은 누구에게서도 내적 규범이 되지 못할 것이다. 따라서 그곳에는 어떤 외적 강제는 있을지 몰라도, 궁극적으로 내적 강제 명령으로서 도덕은 없다고 보아야 한다. '상대적 도덕'이란 정확히 말하면 도덕이 아니며, 만약 도덕이 있다면 그것은 절대적이고 보편적일 수밖에 없다. 당위 규범으로서 도덕은 있거나 없거나이며, 만약 있다면 절대적이면서 보편적이다. 그러므로 상대적 도덕이란

㉡

066 윗글에 대한 이해로 적절하지 않은 것은?

① 덕이론은 동등한 존엄성을 가진 사람들 사이에서 반드시 지켜야 할 도리가 있다고 믿는다.
② 인간에게 참된 자유는 그가 도덕 규범이나 예의범절에도 구속되어서는 안 된다는 것을 의미한다.
③ 윤리학은 사회적 인간을 인간답게 하는 선과 그것의 표현인 규범들을 찾아서 다루는 철학의 한 분야이다.
④ 윤리의 뜻은 어휘가 지시할 수 있는 대상의 영역이 좁아지는 의미의 축소 과정을 거쳐 오늘날의 것으로 정착되었다.
⑤ 지인과 마주쳤을 때 두 손을 가지런히 모으고 묵례를 하는 일은 내면의 도덕성을 외면으로 드러내는 방식일 수 있다.

067 ㉠의 근거로 삼기에 가장 적절한 것은?

① 윤리는 초월적이기 때문에 어느 시대와 장소에서든 다양한 예의범절을 통해서 동일하게 발현한다.
② 예의범절의 형식적 차이는 관습에 크게 영향받으므로 각 형식 간 도덕성을 비교하는 것은 적합하지 않다.
③ 시대와 지역에 따라 예의범절의 외양이 다르다면 거기에 깃든 도덕성도 상대적인 편차를 가질 수밖에 없다.
④ 예의범절은 윤리의 일정한 표현 형식이라고 할 수 있으며 그것을 수행할 때마다 반드시 도덕성이 보장된다.
⑤ 예의범절은 풍속에 따라 형성되는 것이기 때문에 예의범절의 도덕성을 따지려면 풍속의 도덕성을 우선 평가해야만 한다.

068 윗글의 논지가 전개되는 맥락을 고려할 때 ㉡에 들어갈 내용으로 가장 적절한 것은?

① '임의의 다각형'과 같아서 균질하게 다룰 수 없다.
② '둥근 사각형'처럼 자가당착과 다르지 않은 것이다.
③ '사례별 대응'처럼 인간의 상호 존중을 위한 것이다.
④ '정서적'이고 '함축적'이어서 구체성을 가지기 어렵다.
⑤ '개념적 정의에 부합한 예'로서 적극적으로 다루어져야 한다.

[069~072] 다음 글을 읽고 물음에 답하시오.

개인 간의 재산 관계나 가족 관계에 대해 적용되는 법을 민사법이라고 한다. 민사법의 구체적인 내용은 나라마다 다를 수 있으므로 동일한 사실 관계에 대해 어느 나라의 법을 적용하느냐에 따라 결론이 달라질 수 있다. 따라서 민사법적 법률관계가 하나 이상의 나라와 관련되어 있는 경우 어느 나라의 법을 적용할 것인지가 문제된다.

저촉법이란 민사법 관계가 여러 나라와 관련이 있을 때 어떤 나라의 민사법이 적용되어야 하는지에 대해 규정하는 법이다. 이에 비해 구체적 사안 해결에 적용되는 법은 실질법이라고 한다. 저촉법은 문제된 구체적 법률관계에 대해 연결점을 규정하는 방식으로 구성된다. 예컨대 '부동산 매매에 대해서는 부동산 소재지법이 적용된다'라는 저촉법 규정에서 '부동산 매매'는 문제된 구체적 법률관계이고 '부동산 소재지'는 연결점이며, 부동산 소재지법이 실질법이다. 저촉법이 연결점을 규정함에 있어서 문제된 구체적 법률관계와 가장 밀접하게 관련된 나라의 실질법이 적용될 수 있게 하는 것이 원칙이다. 다만 저촉법이 지정한 실질법이 외국법인 경우, 외국법을 적용한 결과가 우리나라의 도덕과 사회 질서에 저촉되면 예외적으로 그 외국법 대신 우리나라 법이 적용되는데 이것을 공서 원칙 이라고 한다.

저촉법과 관련하여 최근 국제적 대리 출산 사안이 특히 문제가 된다. 여기서 말하는 대리 출산은 난자 제공자와 아이를 임신·출산한 사람이 다른 경우로서, 난자 제공자를 의뢰모, 아이를 임신·출산한 사람을 출산모라고 한다. 대리 출산에 대한 각국의 실질법은 다양한 스펙트럼을 보인다. 예컨대 A국에서는 대리 출산을 범죄로 규정하고 있는데 비해 B국에서는 일반적인 계약처럼 다루고 있다. 이러한 각국의 실질법을 보면, 대개 대리 출산을 금지하는 나라에서는 출산모만 친모가 될 수 있도록 하고 대리 출산을 허용하는 나라에서는 오히려 의뢰모만 친모가 될 수 있도록 규정하고 있다.

대리 출산은 대개 대리 출산이 금지된 나라의 국민인 의뢰모와 대리 출산이 허용된 나라의 국민인 출산모 사이의 계약을 근거로 이루어진다. 어떤 사람이 국적을 가진 나라의 실질법을 본국법이라고 하는데, 의뢰모의 본국법이 출산을 한 사람만을 모로 인정하는 경우, 대리 출산으로 태어난 자녀와 의뢰모 사이의 법적 모자 관계가 부정되는 경우가 많다. 의뢰모의 본국법에 의하면, 대리 출산 사안에서 출산모 아닌 의뢰모를 모로 인정하는 외국법은 사회 질서에 저촉되므로 ㉠

069 윗글의 내용과 일치하지 않는 것은?

① 민사법은 재산 관계와 가족 관계에 대해 적용되는 법이다.
② 부동산 매매에 대해서는 그 부동산이 있는 나라의 실질법이 적용된다.
③ 대리 출산이 허용된 나라의 실질법에서는 출산모가 친모가 될 수 있도록 규정하고 있다.
④ 사법 관계가 여러 나라와 관련된 경우 저촉법으로 어느 나라의 민사법을 적용할지 규정한다.
⑤ 민사법 관계가 여러 나라와 관련된 경우 어느 나라의 법이 적용되느냐에 따라 결론이 달라질 수 있다.

070 공서 원칙 에 대한 설명으로 가장 적절한 것은?

① 저촉법의 적용을 전제하지 않는다.
② 외국법이 실질법이 될 수 없게 한다.
③ 실질법과 저촉법의 내용이 서로 다를 때 적용된다.
④ 도덕과는 관련되지만 사회 질서와는 관련되지 않는다.
⑤ 하나의 나라와 관련된 민사법 관계에 대해서도 적용된다.

071 윗글에서 알 수 있는 내용이 아닌 것은?

① 본국법의 의미
② 대리 출산의 의미
③ 민사법 관계의 의미
④ 저촉법과 실질법의 차이
⑤ 대리 출산 계약의 체결 방법

072 ㉠에 들어갈 말로 가장 적절한 것은?

① 의뢰모의 본국법이 실질법으로 정해지기 때문이다.
② 의뢰모의 본국법이 저촉법으로 정해지기 때문이다.
③ 출산모의 본국법이 실질법으로 정해지기 때문이다.
④ 출산모의 본국법이 저촉법으로 정해지기 때문이다.
⑤ 의뢰모와 출산모의 본국법이 모두 실질법으로 정해지기 때문이다.

[073~075] 다음 글을 읽고 물음에 답하시오.

18세기 말에서 19세기 초 열역학의 토대를 만든 과학자 사디 카르노의 이름을 딴 카르노 기관은 모든 과정이 가역 과정인 카르노 순환으로 이루어진 이상적인 열기관이다. 열기관이란 열에너지를 역학적 에너지로 전환하는 에너지 변환 장치를 일컫는다. 여기서 가역 과정이란 마찰과 같은 에너지 손실이 없고 평형을 유지하면서 진행되는 과정을 말한다.

카르노 기관은 실린더 내에 이상 기체가 들어 있고 피스톤이 실린더를 마찰 없이 자유롭게 움직일 수 있다. 〈그림〉과 같이 카르노 기관의 작동 유체인 이상 기체의 부피와 압력을 표시하면 ㉠a→b, b→c, c→d, d→a의 4개 가역 과정으로 한 순환을 나타낼 수 있다. 먼저, a에서 b 지점으로의 과정은 등온 팽창 과정이다. 이 과정 동안 실린더 내의 이상 기체가 고온(T_H)으로 유지되는 열원에서 Q_H의 열을 받아 팽창한다. 다음 b에서 c로의 과정은 열의 출입이 없는 단열 팽창 과정으로서 이상 기체가 팽창하면서 온도가 낮아진다. 이러한 두 과정은 부피가 커지는 과정이므로 카르노 기관은 이 두 과정에서 외부에 일을 한다. 순환 과정을 통해 처음의 a 지점으로 돌아오기 위해서 압축 과정이 필요하다. c에서 d의 과정에서는 등온 압축이 일어나는데 이때 저온(T_C)의 열원에 Q_C의 열을 방출한다. 이후 d에서 a의 과정에서는 단열 압축 과정이 일어나면서 처음의 지점 a로 돌아와 카르노 기관은 하나의 순환 과정을 마친다.

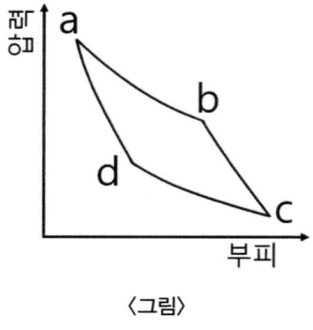
〈그림〉

열기관의 열효율은 한 순환 과정에서 투입된 열량인 Q_H 대비 열기관이 한 일(W)을 의미한다. 카르노 기관은 Q_H의 열을 받고 Q_C만큼의 열을 방출하고 처음의 상태로 돌아오므로 카르노 기관이 수행한 일은 Q_H의 절댓값에서 Q_C의 절댓값을 뺀 값이 된다. 이러한 열효율은 저온과 고온 열원의 온도에만 의존하는데 고온 열원의 온도와 저온 열원의 온도 차를 고온의 열원으로 나눈 값과도 같다.

실제 상황에서 열기관은 가역적으로 운행될 수도 없으며 평형을 유지하면서 진행되기도 어렵다. 따라서 카르노 기관은 이론상으로 가장 높은 효율의 열기관이다. 즉 어떠한 열기관의 열효율도 카르노 기관의 열효율 이상이 될 수 없다. 이는 이론상으로 가장 높은 효율의 열기관인 카르노 기관도 받은 열에너지를 역학적 에너지로 100% 전환할 수 없다는 것을 말해 준다.

073 윗글에서 알 수 있는 내용으로 가장 적절한 것은?

① 카르노 기관보다 열효율이 높은 열기관이 존재한다.
② 카르노 기관이라는 명칭은 과학자의 이름과 관련이 없다.
③ 카르노 기관의 한 순환 과정에는 두 개의 단열 과정과 두 개의 등온 과정이 있다.
④ 카르노 기관의 이상 기체가 팽창되는 과정은 외부에서 카르노 기관에 일을 해 주는 과정이다.
⑤ 카르노 기관은 고온에서 받은 열을 손실 없이 역학적 에너지로 전환해 주는 열기관이다.

074 〈보기〉를 바탕으로 할 때, ㉠에 대한 엔트로피(S)와 온도(T)의 관계를 나타낸 것으로 가장 적절한 것은?

> **보기**
>
> 클라우지우스는 엔트로피(S)의 개념을 최초로 만든 과학자이다. 그는 카르노 순환에서 출입한 열의 양을 온도(T)로 나눈 값을 엔트로피라 명명하였고 카르노 기관에서 한 순환을 마치고 나면 엔트로피 또한 처음의 값으로 돌아온다는 것을 알았다.

① 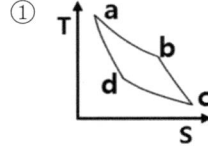 ② 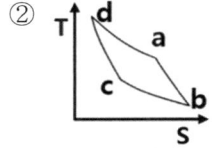 ③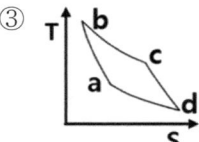

④ 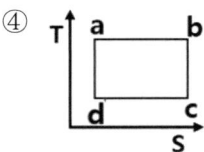 ⑤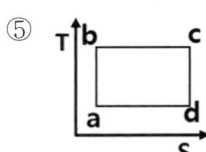

075 윗글을 바탕으로 〈보기〉의 ⓐ와 ⓑ에 들어갈 말을 적절하게 짝 지은 것은?

> **보기**
>
> 한 순환 과정 동안 카르노 기관 A가 600K의 고온 열원에서 열을 받아 300K의 저온 열원에 열을 방출한다. 이때 카르노 기관 A가 고온 열원에서 받은 열은 1000J(줄)이다. 카르노 기관 A의 열효율은 ⓐ 이고 한 순환 과정 동안 수행한 일과 저온 열원으로 방출한 열의 양을 비교하면 ⓑ .
> * 단, 열과 일은 모두 에너지이며 같은 J(줄) 단위를 갖는다.

	ⓐ	ⓑ
①	이분의 일	방출한 열의 양과 수행한 일의 양이 같다
②	이분의 일	방출한 열의 양이 수행한 일의 양보다 많다
③	이분의 일	방출한 열의 양이 수행한 일의 양보다 적다
④	삼분의 일	방출한 열의 양과 수행한 일의 양이 같다
⑤	삼분의 일	방출한 열의 양이 수행한 일의 양보다 적다

[076~078] 다음 글을 읽고 물음에 답하시오.

원자 번호(Z)는 핵 속의 양성자 수와 같으며 원자의 질량수(A)는 핵 속에 있는 핵자인 양성자 수와 중성자 수(N)의 합이다. 어떤 원소의 핵이 얼마나 많은 양성자와 중성자로 이루어져 있는가를 나타내기 위해 흔히 $^A_Z X$ 의 모양으로 표현한다. 여기서 X는 원소 기호이다. 화학에서 원소는 정해진 원자 번호 Z를 갖고 있으므로 아래 첨자 Z를 생략해도 무방하다. 특정 원소의 모든 원자의 핵들은 양성자 수가 같으나 중성자 수가 다른 것들이 있다. 이런 종류의 핵을 동위 원소라 한다. 따라서 동위 원소는 Z가 같으나 N과 A가 서로 다르다.

원자의 핵은 양성자와 중성자들이 밀접하게 뭉쳐져 있는 구조를 갖는다. 전하를 갖지 않는 중성자와 달리 양성자는 (+) 전하를 갖기 때문에 양성자들 간에 매우 큰 척력의 정전기력이 존재하게 된다. 이러한 정전기력은 핵이 쪼개지게 하려는 힘으로 작용한다. 그러나 핵을 구성하는 양성자, 중성자와 같은 핵자 간에 작용하는 핵력이라는 또 다른 힘 때문에 핵은 쪼개지지 않고 안정적으로 존재할 수 있다. 매우 작은 거리인 2페르미 정도 이내에서만 작용하는 이 힘은 모든 핵자 간에 작용하는 인력이다. 원자핵과 같은 작은 크기를 다룰 때 편리한 길이 단위로 페르미(fermi)를 사용하는데 1페르미는 10^{-15}m이다.

안정된 핵에서는 핵 내에서 핵력이 척력보다 ㉠ . 그렇지 않다면 핵은 안정적으로 존재하지 않게 된다. 상대적으로 가벼운 핵, 즉 질량수가 작은 핵은 핵 내의 양성자 수와 중성자 수가 같을 때 안정되지만, 무거운 핵은 중성자 수가 양성자 수보다 클 때 더 안정적이다. 이는 양성자 수가 증가할수록 척력이 증가하기 때문이다. 결과적으로 핵의 안정성을 유지하기 위해서는 중성자가 더 많이 필요하다. 왜냐하면 중성자는 오로지 서로 끌어당기는 핵력만 있기 때문이다. 그러나 Z가 83 이상일 때 양성자 간에 작용하는 척력은 중성자가 더 많아져도 상쇄되지 않는다. 따라서 83개 이상의 양성자 수를 함유한 원소들은 ㉡ .

흥미로운 것은 안정된 핵의 대부분은 A가 짝수라는 것이다. 실제로 양성자나 중성자의 수가 2, 8, 20, 28, 50, 82, 126 등의 마법수라 불리는 특정 개수를 만족하면 원자는 더 안정적이다. 이러한 마법수에 대한 규명으로 과학자 마리아 메이어는 1963년 노벨상을 받았다. 핵의 양성자와 중성자의 수가 모두 마법수에 해당하는 경우를 '이중 마법 핵'이라고 하며, 이 경우 핵은 더 큰 안정성을 갖는다.

076 윗글에서 알 수 있는 내용으로 가장 적절한 것은?

① 양성자 수가 질량수보다 큰 경우의 원소가 있다.
② 중성자 수는 같으나 양성자 수가 다른 동위원소가 있다.
③ 핵자 간에 작용하는 인력은 중성자 간에는 존재하지 않는다.
④ 이중 마법 핵은 핵자의 수가 모두 마법수를 만족시키는 핵이다.
⑤ 원자핵 내에서 척력은 반대 부호를 갖는 핵자 간에 생기는 힘이다.

077 윗글의 ㉠과 ㉡에 들어갈 말을 적절하게 짝 지은 것은?

	㉠	㉡
①	강하다	안정된 핵을 가질 수 없다
②	약하다	안정된 핵을 가질 수 없다
③	강하다	안정된 핵을 갖는다
④	약하다	안정된 핵을 갖는다
⑤	강하다	인력이 척력에 비해 크다

078 윗글에 따라 〈보기1〉을 이해한 내용으로 적절한 것을 〈보기2〉에서 모두 고른 것은?

보기1

자연에 존재하는 산소는 대부분 $^{16}_{8}O$ 의 형태로 존재한다. 기존에 알려진 산소의 동위 원소는 질량수가 20인 것까지 알려져 있었다. 이러한 동위 원소는 안정적으로 존재한다. 그런데 과학자들은 질량수가 28인 산소(산소-28)를 만들어 낼 수 있다면 산소-28도 안정적으로 존재할 수 있다고 믿어왔다. 그러나 산소-28은 인위적으로 만들었을 때 순식간인 10-21초 만에 쪼개져 버렸다.

보기2

ㄱ. 자연계에 존재하는 산소는 대부분 양성자 수와 중성자 수가 같기 때문에 안정된 핵이라 볼 수 있겠군.
ㄴ. 과학자들의 산소-28에 대한 믿음은 산소-28이 이중 마법 핵에 해당하기 때문이었겠군.
ㄷ. 질량수가 20인 산소의 핵 내에 작용하는 힘은 인력만이 존재하겠군.

① ㄱ   ② ㄴ   ③ ㄱ, ㄴ
④ ㄴ, ㄷ   ⑤ ㄱ, ㄴ, ㄷ

[079~082] 다음 글을 읽고 물음에 답하시오.

우리는 일상생활에서 "이렇게 가정해 보면 어떨까?"와 같은 발언을 한다. 철학에서 이런 식으로 가상의 상황을 설정한 다음 그것으로부터 어떤 주장을 끌어내는 활동을 사고 실험이라고 부른다. 과학자들이 경험적으로 실험하는 것과 달리 철학자들의 사고 실험은 순전히 생각만으로 실험을 진행한다. 가상의 상황은 논리적으로 가능한 것이라면 무엇이든지 허용한다. 가능성은 다양한 의미로 쓰인다. 현실에서 일어날 수 있으면 ㉠'실제적으로 가능하다'고 말하고, 실제로 일어나지 않더라도 자연법칙에 어긋나지 않으면 ㉡'법칙적으로 가능하다'고 말하고, 법칙적으로 가능하지 않더라도 상상하는 데 논리적으로 모순이 없으면 ㉢'논리적으로 가능하다'고 말한다. 사고 실험에서 가상의 상황을 상상할 때는 논리적으로 불가능한 것만 아니라면 어떤 것이든 가능하다.

철학에서 잘 알려진 사고 실험으로 '데카르트의 악마' 사고 실험이 있다. 우리는 우리의 지식이 정당화되지 않는다고 의심하지 않는다. 이와 달리 우리의 지식은 정당화되지 않는다는 회의론이 근세 철학의 창시자인 데카르트에 의해 제시되었는데, 그는 의심이 전혀 불가능한 확실한 지식을 찾기 위해 체계적으로 의심하는 방법을 만들었다. 즉 의심할 수 있는 이유를 더 이상 찾을 수 없을 때까지 의심할 수 있는 것은 모두 의심해 보는 것이다.

데카르트가 의심한 첫 번째 범주의 지식은 감각에 의해 생긴 지식이다. 휴대 전화가 없는데도 벨소리가 들릴 때가 있는 것처럼, 감각은 우리를 종종 속이므로 감각적인 증거를 토대로 생긴 지식은 믿을 수 없다. 그렇지만 내가 지금 의자에 앉아 있다는 사실까지 의심하는 사람은 없다. 데카르트는 이에 대해 꿈에서 똑같은 종류의 감각을 경험한다는 점을 지적한다. 나는 의자에 앉아 있다고 느낄지도 모르지만 사실 나는 침대에서 깊은 잠에 빠져 있을 수 있다. 따라서 감각적인 증거를 토대로 생긴 지식은 믿을 수 없다.

감각적 지식만이 지식의 전부는 아니다. 예컨대 우리의 지식 중 수학의 지식은 감각에 의존하지 않으므로 데카르트의 의심에서 무사히 벗어날지 모른다. 내가 깨어 있을 때나 꿈속에서나 2 더하기 3은 5이기 때문이다. 그런데 데카르트는 수학의 지식마저도 의심이 가능하다고 말한다. 전지전능한 악마가 존재하여 사실은 2 더하기 3은 4인데 우리가 2에 3을 더할 때마다 5인 것처럼 속일 수 있기 때문이다. 그런 악마가 실제로 존재하지 않더라도 논리적으로 불가능하지 않다면 상상하는 데는 아무런 제약이 없다. 데카르트는 전지전능한 악마가 우리가 무엇인가를 믿을 때마다 우리를 속이는 것이 가능하기 때문에 우리의 지식은 정당화되지 않는다는 회의론이 타당할 수 있다고 말한다.

만약 전지전능한 악마의 존재가 논리적으로 가능하더라도 실제로 가능하지 않다고 한다면 데카르트의 악마 사고 실험은 회의론을 지지하는 근거가 될 수 없다는 비판이 나올 수 있다. 그렇다고 하더라도 전지전능한 악마 사고 실험은 회의론이 타당하지 않은지 다시 한번 생각해 보는 계기가 된다.

현대에 들어 컴퓨터에 의해 가상 현실이 점점 가능해짐에 따라 우리의 삶이 가상 현실에 의해 만들어진 것이라고 상상하는 것이 헛된 일이 아니게 되었다. 가령 나는 의자에 앉아 있다고 생각하지만 그것은 슈퍼컴퓨터가 만들어 낸 환상일지도 모른다. 그렇다면 전지전능한 악마가 우리를 속이는 것이 한때는 논리적으로만 가능했지만 실제로 가능할지도 모른다. 여기에 사고 실험의 의의가 있다. [A]

079 사고 실험에 대한 진술로 가장 적절한 것은?

① 감각과 경험을 통해 증명되는 실험은 포함될 수 없다.
② 실제로 가능하지 않다면 특정 이론을 지지할 수 없다.
③ 자연법칙에 어긋나면 합당한 근거로서 받아들일 수 없다.
④ 논리적으로 불가능한 것이라도 가상의 상황이 될 수 있다.
⑤ 불가능하다고 생각했던 실험이 실제로 가능하게 될 수도 있다.

080 ㉠~㉢의 포함 관계로 가장 적절한 것은?

① ㉠은 ㉡에, ㉡은 ㉢에 포함된다.
② ㉢은 ㉠에, ㉠은 ㉡에 포함된다.
③ ㉠은 ㉢에, ㉢은 ㉡에 포함된다.
④ ㉢은 ㉡에, ㉡은 ㉠에 포함된다.
⑤ ㉡은 ㉠에, ㉠은 ㉡에 포함된다.

081 데카르트의 주장과 관련해서 윗글의 내용과 일치하지 않는 것은?

① 꿈속의 지식에는 감각적 지식이 아닌 수학적 지식만 있다.
② 어떤 지식을 상상만으로 의심할 수 있다면 그 지식은 확실하지 않다.
③ 데카르트의 사고 실험은 회의론이 타당한 이론일 수 있음을 보여 준다.
④ 전지전능한 악마가 존재한다면 우리가 믿는 어떤 지식도 속일 수 있다.
⑤ 데카르트의 사고 실험 속 전지전능한 악마 역할을 컴퓨터가 실제로 수행할 수 있다.

082 [A]에 대한 이해로 적절하지 않은 것은?

① 슈퍼컴퓨터가 만들어 내는 가상 현실은 우리가 체계적으로 의심한 끝에 도달할 수 있는 것이겠군.
② 슈퍼컴퓨터의 세계에서 보고 듣고 느끼는 것은 실재하지 않을 수도 있겠어.
③ 환상을 만들어 내는 슈퍼컴퓨터는 데카르트가 말한 '악마'에 해당하겠네.
④ 우리가 사는 세계도 슈퍼컴퓨터의 세계가 아니라고 확신할 수 없겠군.
⑤ 슈퍼컴퓨터의 세계에서는 2 더하기 3을 4라고 할 수는 없겠군.

[083~084] 다음 글을 읽고 물음에 답하시오.

중소기업 공동직장어린이집 설치비 지원 사업자 공모

근로복지공단에서는 중소기업 공동직장어린이집 설치비 지원 사업자를 아래와 같이 공모하오니, 뜻있는 기관의 많은 참여 바랍니다.

가. 신청 대상
- 트랙A: 우선 지원 대상 기업 2~4개소인 사업주 단체의 공동직장어린이집
- 트랙B: 우선 지원 대상 기업 5개소 이상인 사업주 단체의 공동직장어린이집

나. 지원 내용: 설치비 및 운영비

구분		지원 내역	한도	지원 기준 및 비율
설치비	트랙A	시설 건립비	10억 원	시설 건립비: 소요 비용의 90%
	트랙B	시설 매입비	20억 원	시설 매입비: 소요 비용의 40%
	공통	시설 개·보수비	1억 원	소요 비용의 90%
		교재·교구비	7천만 원	
		시설 임차비	3억 원	소요 비용의 80%
운영비		인건비	1인당 월 최대 138만 원	- 대상: 원장, 보육교사, 조리원
		운영비	월 200만 원 ~520만 원	- 매월 보육 현원에 따라 차등 지원

* '시설 매입비'는 토지 매입비를 제외하고 산정함.
* '원장'은 매월 말일 기준 보육 현원이 20명 이상인 경우에만 지원 가능

다. 신청 기간 및 방법
- 신청 기간: 2024. 4. 24.(수)~5. 10.(금) 18:00까지
- 접수 방법: 직장보육지원센터 홈페이지 공모 접수
- 제출 서류: 별도 구비서류 첨부(붙임 참고)

라. 가점 부여 항목
- 지방 투자 활성화를 위한 「기회발전특구」에 선정된 지역에 위치한 기업이 공모 신청 시 가산점 부여
※ 기회발전특구: 지방에 기업의 대규모 투자를 유치하기 위해 규제 특례, 세제·재정 지원, 정주 여건 개선 등을 패키지로 지원하는 구역
※ 대상 지역: 비수도권 및 수도권 일부(인구 감소 지역, 접경 지역)

마. 문의: 근로복지공단 직장보육지원센터(☎ 02-000-0001)

083 윗글의 내용에 대한 이해로 가장 적절한 것은?

① 지원 대상 어린이집은 트랙별로 같은 금액의 운영비를 지원받는다.
② 기회발전특구의 공동직장어린이집은 토지 매입비를 지원받을 수 있다.
③ 지원 대상 어린이집이 교구를 구매할 경우 비용을 지원받을 수 있다.
④ 우선 지원 대상 기업 2개소인 사업주 단체의 어린이집은 시설 임차비를 지원받을 수 없다.
⑤ 보육 현원이 20명 이상인 어린이집의 원장은 월 138만 원을 초과한 인건비를 지원받을 수 있다.

084 〈보기〉의 어린이집 사업주가 위 사업에 공모하고자 할 때, 지원받을 수 있는 설치비 총액으로 가장 적절한 것은?

> **보기**
> • 우선 지원 대상 기업 8개소인 사업주 단체의 공동직장어린이집 보유
> • 시설 건립비 10억 원, 시설매입비 1억 원 지출
> • 시설 개·보수비 2억 원 지출

① 9억 원 ② 10억 원 ③ 10억 4천만 원
④ 11억 2천만 원 ⑤ 13억 원

[085~087] 다음 글을 읽고 물음에 답하시오.

	호우와 폭염…올해도 반복?	
장면 1		앵커: 기록적인 호우와 폭염, 기억나시는지요. ㉠기후 변화의 영향으로 큰 인명 피해가 발생했는데요. 올해도 강한 비와 태풍이 몰려올 수 있단 전망이 나오고 있습니다. 신○○ 기상 전문 기자가 짚어봤습니다.
장면 2		신 기자: ㉡지난해 남부 지방의 장마철 누적 강수량은 710mm를 넘어 역대 1위를 기록했습니다. 장마와 집중 호우에 따른 인명 피해도 많았습니다. 장마가 끝나자 폭염이 찾아와 2,800여 명의 온열 질환자가 발생했습니다. 역대 두 번째입니다.
장면 3		신 기자: 지난해 호우와 폭염 같은 극한 기후가 잇따른 건 지구 온난화에 엘니뇨까지 가세한 탓입니다. 엘니뇨는 적도 인근 동태평양의 수온이 높아지는 현상인데 ㉢올해는 반대 현상인 라니냐의 조짐이 포착되었습니다. 동태평양의 차가운 바닷물이 솟구치면서 수온이 떨어지고 있는 겁니다. 통상 라니냐가 발달하면 우리나라는 초겨울 한파가 강해집니다.
장면 4	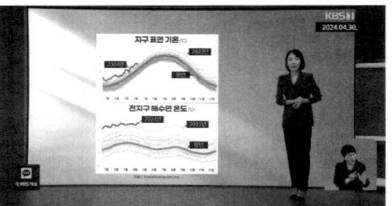	신 기자: 하지만 엘니뇨로 누적된 열기가 가라앉지 않고 있는 게 변수입니다. ㉣지구 기온과 해수면 온도는 올해도 나날이 최고 기록을 갱신하고 있습니다.
장면 5		신 기자: 우리나라 주변 바다도 평년보다 3~4도나 뜨거운데 많은 수증기가 공급되면서 ㉤여름 장마철 등에 극한 폭우가 세차게 쏟아질 수 있습니다. 또 강력한 태풍이 발생해 세력을 잃지 않고 우리나라까지 북상할 가능성도 큽니다. 올해 기후 변동성이 유난히 클 것으로 예상되는 만큼 철저한 재난 대비가 필요하다고 전문가들은 강조합니다.

085 뉴스 보도에 사용된 정보 제시 전략으로 적절하지 <u>않은</u> 것은?

① [장면 1]: 사진 자료와 자막을 통해 보도의 핵심 제재를 드러내고 있다.
② [장면 2]: 시각 자료를 통해 시청자들이 보도 내용을 체감할 수 있도록 돕고 있다.
③ [장면 3]: 위성 영상 자료와 함께 대략적인 수치를 제시하며 '라니냐'의 개념에 대한 시청자의 이해를 돕고 있다.
④ [장면 4]: 그래프를 통해 변화 양상을 보여줌으로써 예보 내용의 이해를 돕고 있다.
⑤ [장면 5]: 해수면의 온도 편차를 음영 차이를 이용해 시청자가 파악하기 쉽게 전달하고 있다.

086 〈보기〉는 뉴스 보도에 대한 시청자들의 반응이다. 이에 대한 이해로 적절하지 <u>않은</u> 것은?

> **보기**
>
> **시청자 게시판** ×
>
> ↳ 시청자1: 온열 질환의 증상과 대처법이 궁금해요. 여름이 오기 전 이와 관련한 추가 보도를 해 주실 수 있나요?
>
> ↳ 시청자2: 장마철 누적 강수량이 역대 1위라고 했지만 얼마나 많은 양의 비가 온 것인지 감이 잡히지 않습니다. 강수량에 따라 사람들이 어떻게 느끼는지 비교해 볼 수 있는 자료를 제시해 주셨다면 더 좋았을 것 같습니다.
>
> ↳ 시청자3: 예전에 다큐멘터리에서 동태평양 해수 온도가 평년보다 2도 이상 높은 상태가 3개월 이상 지속될 때를 의미하는 '슈퍼 엘니뇨' 현상에 대해 본 적이 있어요. 슈퍼 엘니뇨의 경우 지구 전체를 극심한 가뭄, 홍수, 폭염, 태풍 등으로 뒤집어 놓기 때문에 예의 주시하고, 대비 태세를 갖춰 놓아야만 한다고 말하더라고요. 현재 세계의 바다는 슈퍼 엘니뇨가 나타날 것이라고 예상될 만큼 매우 뜨거운 상태라는 내용이 다시금 떠올라 앞으로의 우리나라 기후가 걱정되네요.
>
> ↳ 시청자4: 작년에 남부 지방 계곡에서 물놀이 휴가를 계획했다가 집중 호우 예보를 듣고 부모님께서 휴가를 취소하셔서 서운했었는데요. 저의 철없는 생각이었네요. 강수 피해가 이렇게 심각했는지 몰랐어요.
>
> ↳ 시청자5: 엘니뇨로 누적된 열기가 가라앉지 않는다면 라니냐의 조짐이 보인다고 할 수 있나요? 라니냐에 대한 설명이 불명확한 것 같으니 내용을 보충해 주시면 좋겠어요.

① 시청자1: 보도 내용과 관련하여 추가적인 정보를 제공해 줄 것을 요청하고 있다.
② 시청자2: 시청자들에게 내용을 인식시키기에 자료가 부족했다고 평가하고 있다.
③ 시청자3: 자신이 사전에 알고 있던 정보를 바탕으로 보도 내용을 폭넓게 이해하고 있다.
④ 시청자4: 새롭게 알게 된 내용을 바탕으로 자신의 경험을 떠올리며 반성하고 있다.
⑤ 시청자5: 보도의 신뢰성을 비판하며 특정 용어 설명에 대한 출처 정보를 요구하고 있다.

087 ㉠~㉤에 대한 설명으로 적절하지 <u>않은</u> 것은?

① ㉠: 비격식체를 사용하여 시청자에게 친근감 있게 보도 내용을 전달하고 있다.
② ㉡: 선어말 어미 '-었-'을 활용하여 과거에 일어난 일임을 드러내고 있다.
③ ㉢: '포착되다'는 목적어를 필수적으로 요구하므로 문장에 목적어를 추가할 필요가 있다.
④ ㉣: '갱신하다'는 문맥상 적절하지 않으므로 보도의 전달성을 높이기 위해 '경신하다'로 수정할 필요가 있다.
⑤ ㉤: '세차게'와 '폭우'는 중복되는 의미를 가지고 있으므로 보도 내용을 간결하게 전달하기 위해 '세차게'를 삭제할 필요가 있다.

[088~090] 다음 글을 읽고 물음에 답하시오.

청년 자격증 시험 응시료 지원 사업 공고

1. ㉠지원 대상: ○○구에 거주 중인 아래의 요건을 모두 만족하는 청년
   1) 연령: 만 19~45세(1979. 1. 1.~2005. 12. 31. 출생자)
   2) 근로 이력: 신청일 기준 미취업인 자
      - 정부 일자리 참여자는 지원 가능
      - 주 26시간 이하 단기 근로자는 지원 가능

2. 지원 내용: 국가 자격증 시험 응시료 최대 10만 원 지원
   1) 1년에 1인당 최대 10만 원의 한도 내에서 지원 가능하며, 합격 여부 제한 없음.
   2) 2023년 7월부터 시행된 시험에 한해 지원하며, 실구매한 금액에 대해서만 지원함.

3. 신청 방법 및 구비 서류
   1) 신청 기간: 2024. 5. 1.~5. 31.
      ※ 선착순 접수이며 예산 소진 시 조기 마감될 수 있음.
   2) 신청 방법: ○○구청 홈페이지 온라인 신청
   3) ㉡구비 서류(붙임 참조)

4. 선정 통보 및 지급
   1) 자격 확인 후 지원 요건 충족 시 선정
      - 확인 내용: 출생일자, ○○구 거주, 미취업 여부 등 제출 서류 확인
      - 신청 기간 내 상시 심사 검증을 통해 신청자 순차적으로 선정
   2) 서류 오제출 등 보완 처리
      - 필수 서류 누락, 내용이 선명하지 않은 자료 등의 경우 보완 요청
      - 보완 요청 다음 날 17시까지 제출한 경우에만 인정되며, 그 외에는 탈락 처리함.
   3) 신청 후 30일 이내에 선정 여부를 개인별 문자 통보
   4) 선정 후 15일 이내에 본인 계좌로 응시 지원금 지급
      ※ 본인 신청, 본인 명의 계좌로 지원금 수령을 원칙으로 함.

088 ㉠에 대한 이해로 적절하지 않은 것은?

① 주 10시간 일하는 만 35세 청년은 지원 대상이다.
② 만 20세의 '정부 일자리 참여자'는 지원 대상이 아니다.
③ 일반 기업에서 주 40시간 근로하는 자는 지원 대상이 아니다.
④ 현재 일을 하지 않는 2024년 6월 취업 예정자는 지원 대상이다.
⑤ 2023년 6월에 시행된 국가 자격증 시험에 응시한 청년은 지원 대상이 아니다.

089 〈보기〉를 바탕으로 할 때 ⓒ에 대한 반응으로 적절하지 <u>않은</u> 것은?

> **보기**
>
> [붙임]　　　　　　　　　　　**제출 서류 목록**
>
> 가. 응시료 지원 신청서
> 나. 주민등록 초본(신청일 기준 30일 내 발급본)
> 다. 응시 사실 확인 증빙(응시 확인서 또는 성적표)
> 　　- 시험 접수만으로는 지원 불가함(수험표, 접수 확인서로 대체 불가).
> 라. 응시료 결제 영수증(실 결제 금액 표기)
> 마. 근로 계약서 1부: 주 26시간 이하 단기 근로자일 경우 제출
> 　　(근로 계약서가 없을 경우 근로 시간을 증명할 수 있는 증명서 제출)

① 시험을 실제로 응시했다는 점을 증빙할 수 있어야 지원이 가능하겠군.
② 주민등록 초본은 현재 ○○구에 거주하고 있음을 증명하기 위한 것이겠군.
③ 응시 확인서가 없을 경우 수험표를 제출하면 응시료 지원을 받을 수 있겠군.
④ 5월 7일에 주민등록 초본을 발급받았다면 5월 17일에 증빙 서류로 사용할 수 있겠군.
⑤ 근로 계약서가 없는 단기 근로자일 경우 주당 근무 시간이 적힌 증명서를 제출해야겠군.

090 윗글에 추가로 제시되어야 할 정보로 가장 적절한 것은?

① 지원금 지급 일정
② 선정 결과 통보 방법
③ 1인당 최대 지원 금액
④ 지원 가능한 자격증 시험 목록
⑤ 서류 오제출 시 재제출 기한

국어 문화 091번~100번

091 <보기>에서 설명하는 문학 작품은?

> **보기**
> 조선 후기 박지원이 지은 한문 단편 소설로 『연암집』에 수록되어 있다. 치부를 한 뒤 신분 상승을 꾀하여 양반이 되고자 하는 정선의 한 부자가 마침 어느 몰락 양반이 당면한 극한 상황을 계기로 그 양반의 지위를 사서 가지는 사건을 두고, 같은 양반 계층인 군수가 기지를 써서 이 매매 행위를 파기시켜 버리는 내용으로 구성되어 있다. 양반 신분 매매가 가능한 부농의 등장, 위정자의 부정부패, 몰락한 양반의 비참한 모습 등 조선 후기의 사회의 모습을 그리고 있다.

① 호질 ② 양반전 ③ 허생전
④ 광문자전 ⑤ 예덕선생전

092 <보기>에서 설명하는 문학 작품은?

> **보기**
> 김유정의 작품으로 향토색 짙은 농촌의 배경 속에서 인생의 봄을 맞이하여 성장해 가는 충동적인 사춘기 소년·소녀의 애정을 해학적으로 그린 소설이다. 순박한 서술자인 '나'의 시점으로 전개되는데, 인물들이 약간 모자란 듯한 소년·소녀층으로 제시되어 있고, 인물들의 행동 양식·어법·문체 등이 해학적이고 골계적인 점에서 김유정 소설의 특색을 잘 드러내고 있다.

① 떡 ② 동백꽃 ③ 만무방
④ 소낙비 ⑤ 금따는 콩밭

093 〈보기〉에서 설명하는 작가는?

> **보기**
>
> 이 작가의 작품 세계는 작가 자신의 개인적인 상처를 드러내고 분석하는 데서 시작된다. 불우한 어린 시절의 기억으로부터 비롯한 그의 시는 대부분 우울과 비관으로 점철되어 있으며, 현실에 대한 어떤 전망도 보여주지 않는다. 「엄마 걱정」, 「그집 앞」, 「빈집」이 대표작이다.

① 기형도 ② 김광균 ③ 박재삼
④ 하종오 ⑤ 황동규

094 〈보기〉는 일제 강점기 연극 광고이다. 광고의 내용과 일치하지 않는 것은?

> **보기**
>
> **토월회(土月會) 창립기념 흥행(創立紀念興行)**
> **오는 십삼 일부터 새 예제를 가지고**
>
> 시내 관수동토월회(觀水洞土月會)는 창립한 지 일 주년이 되엿는 고로 이것을 긔념하기 위하야 오는 십삼 일부터 오래동안 닷어 두엇든 조선극장(朝鮮劇場)을 열고 이십 일 동안을 이틀에 한 번식 예제를 갈기로 조선 예제와 서양예제 삼십여 가지를 준비하고 요사히 전심전력하야 무대 장치며 배우 연습을 하는 중인바 예제 중에는 새로운 것도 만흘 터이며 관남자들의 편의를 도모하기 위하야 가족석과 예약석을 준비할 터이라 한다
> – 『시대일보』 1924년 6월 7일자

① 극단 창립 일 주년 기념 공연이다.
② 국내 및 서양의 예제를 모두 준비 중이다.
③ 오는 6월 13일부터 조선극장을 개방한다.
④ 이십 일 동안 2일에 한 번씩 예제를 바꾼다.
⑤ 예매가 불가하므로 입장권은 현장 구매해야 한다.

095 ㉠~㉤의 의미로 적절하지 않은 것은?

> 보기
>
> 임 씨 어머니가 그 말을 참말로만 ㉠<u>넉이고</u> 반갑고도 됴와셔 더듬더듬 ㉡<u>긔엄긔엄</u> 즈긔 집으로 가더라. 그쩍 리시츌이 임 씨 어머니를 불호령을 ᄒᆞ야 물니친 후에 몃 샤름 다음에 쳐치ᄒᆞᆯ 임 씨를 억하심장이던지 그즁 몬져 포살을 ᄒᆞ얏는듸 그 춍소리가 쌍 ᄒᆞ고 한번 나쟈 임 씨 원통훈 귀신이 반공 즁으로 ㉢<u>불근</u> 소사 리시츌의 머리 위로 빙빙 도라단이는듸 리시츌이 고요한 밤에 홀로 자노라면 ᄆᆞ음에 공연히 그 귀신 우는 소리가 두 귀에 들니는 듯 들리는 듯 ᄒᆞ기를
> "이 놈 리시츌 말 드러라. 은인이 원슈 된다더니 네게 두고 ㉣<u>닐은</u> 말이로구나. 네가 내 집 단 것 쓴 것이 안이면 잔쎼가 굵지를 못ᄒᆞ얏슬 터인듸 그 은공을 싱각ᄒᆞ기는 고샤ᄒᆞ고 무죄훈 나를 웨 죽엿ᄂᆞ냐. 이 놈 리시츌아 나 한아 죽는 날 우리 집 식구가 함몰을 ᄒᆞ얏다. 우리 집 세 식구가 엇의셔지던지 너를 쫏ᄎᆞ단이면셔 그 ㉤<u>앙화</u> 밧는 것을 보고야 말겟다."
>
> – 이해조, 「화의 혈」

① ㉠: 여기고 ② ㉡: 기엄기엄 ③ ㉢: 붉은
④ ㉣: 이른 ⑤ ㉤: 재앙

096 〈보기〉에 대한 설명으로 적절하지 않은 것은?

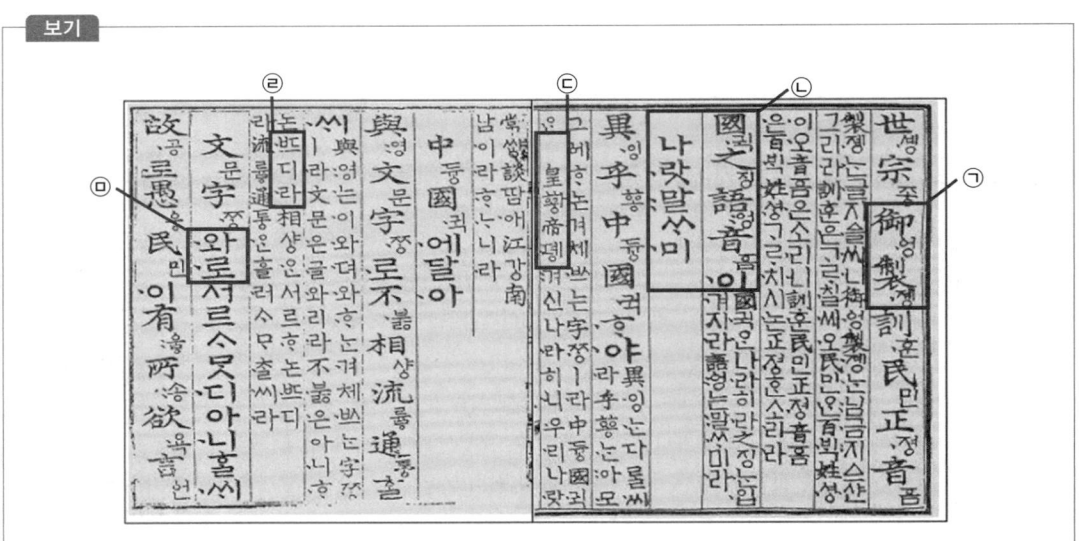

① ㉠: 한자 아래 훈민정음을 병기하였는데, 초성, 중성, 종성을 반드시 갖추어 표기하였다.
② ㉡: 원문에 대한 언해문을 함께 제시하고 있다.
③ ㉢: 높여야 할 대상이 나타날 경우 한 칸을 띄어 공손함을 표현하였다.
④ ㉣: 현대 국어와 동일하게 분철 표기를 보여 주고 있다.
⑤ ㉤: 글자 왼쪽에 점을 찍어 성조를 표시하고 있다.

097 〈보기〉는 남북한의 어문 규정을 설명한 글이다. 이에 따른 표기가 남과 북 모두 올바른 것은?

> **보기**
> 고유어로 된 합성어, 고유어와 한자어로 된 합성어로서 앞말이 모음으로 끝나는 경우 (1) 뒷말의 첫소리가 된소리로 나는 것 (2) 뒷말의 첫소리 'ㄴ, ㅁ' 앞에서 'ㄴ' 소리가 덧나는 것 (3) 뒷말의 첫소리 모음 앞에서 'ㄴㄴ' 소리가 덧나는 것을 표기할 때 남에서는 '사이시옷'을 받쳐 적으나 북에서는 받쳐 적지 않는다.

	(남)	(북)
①	냇물	냇물
③	머리말	머리말
⑤	나뭇가지	나뭇가지

	(남)	(북)
②	고기국	고기국
④	모기불	모기불

098 〈보기〉를 바탕으로 할 때 점자 표기가 올바르지 <u>않은</u> 것은?

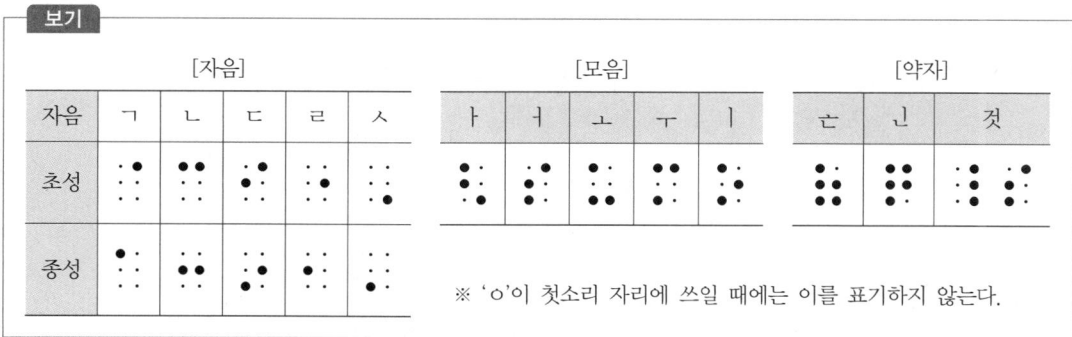

① 인어
② 온도
③ 거인
④ 이것
⑤ 오리온

099 밑줄 친 법령 용어를 쉬운 용어로 정비한 예로 적절하지 않은 것은?

① 가사 사용인(→ 가사 도우미)에 대한 퇴직급여법 적용 제한은 헌법에 어긋나지 않는다.
② 작업장의 천정은 이물이나 먼지가 쌓이거나 응결수(→ 물방울)가 떨어지지 않아야 한다.
③ 건축사는 사위(→ 거짓)나 기타 부정한 방법으로 자격을 취득한 사실이 판명된 때 자격이 취소된다.
④ 외국의 호소(→ 호수와 늪)·하천 및 항내의 수역에서만 항해하는 선박의 항해 구역은 근해 구역으로 정할 수 있다.
⑤ 지상권이란 다른 사람의 토지에 건물, 그 밖의 공작물(→ 공용 농작물)이나 수목을 소유하기 위하여 그 토지를 사용하는 권리를 말한다.

100 〈보기〉에 나타난 내레이션의 기능으로 적절하지 않은 것은?

보기

내레이션: 희아 씨는 자신도 잊은 듯 몰입한다. 무대가 체질. 즐기는 사람을 어찌 당할까? 이를 보고 있는 지훈 씨, 뜨거운 뭔가가 가슴에 차오르는 모양이다. 끝까지 객석을 들었다 놨다 하며 한 판 제대로 놀았다.
김지훈: 재밌었어?
구희아: 너무 신나. 너무 재밌어. 눈이 막 돌아가. 아드레날린이 막 팍.
김지훈: 모르겠어요. 저도 모르게 뭉클했어요. 공연하는 모습이, 열심히 하기도 하고요. 그동안 애 셋 키웠잖아요. 얼마나 안에 있는 한을 감추고 살았을까 이런 생각도 들고요. 제가 곁에서 더 많이 도와줘야겠어요.
내레이션: 나도 남도 즐겁게 만들어 줄 수 있어서 희아 씨는 이 일이 좋다. (장면 전환) 서울의 변화가. 4~5년 동안 활동한 극단의 연습실이 여기로 자리를 옮겼는데 와 보는 건 이번이 처음이다.
구희아: 헉. 여기다.

① 인물 간의 관계에 대한 정보를 제시한다.
② 화면에 나오는 주인공의 모습을 묘사한다.
③ 주인공의 이전 모습에 대한 정보를 제공한다.
④ 다음에 이어질 장면에 대한 정보를 제공한다.
⑤ 경어를 사용하지 않음으로써 시청자에게 친숙한 느낌을 준다.

[확인 사항]
● 문제지와 답안지에 필요한 내용을 정확히 적었는지 확인하십시오.

수고하셨습니다.

2024. 4. 21.

성 명	
수 험 번 호	
감독관 확인	

제78회
KBS한국어능력시험

KBS 한국방송

- 문제지와 답안지에 모두 성명, 수험 번호를 정확히 기입하십시오.
- 답안지와 함께 문제지를 반드시 제출하십시오.
- 본 시험지를 절취하는 것은 부정행위로 간주합니다.
- 본 시험의 내용을 무단으로 전재·복사·복제·출판·강의하는 행위와 인터넷 등을 통해 복원하는 행위는 저작권법에 저촉됩니다.

한국어능력시험 문항 100문항

영역	문항
듣기 · 말하기	001번~015번
어휘 · 어법	016번~045번
쓰기	046번~050번
창안	051번~060번
읽기	061번~090번
국어 문화	091번~100번

제78회 KBS한국어능력시험

2024년 4월 21일 시행

듣기·말하기 001번~015번

001 그림에 대한 설명으로 적절하지 <u>않은</u> 것은?

① 이 작품은 경제적으로 풍요로운 상차림을 표현하고 있다.
② 깨진 유리잔은 인간 삶의 유한함을 드러내고 있다.
③ 블랙베리파이는 돌발 상황에 대처하는 사람들의 대응 방식을 드러내고 있다.
④ 쓰러져 있는 은빛 잔은 외양에 치중하는 삶이 무의미하다는 것을 드러내고 있다.
⑤ 작가는 물질적 안락에 취한 삶을 경계할 것을 작품을 통해 당부하고 있다.

002 이야기가 주는 교훈으로 가장 적절한 것은?

① 노력하는 사람은 즐기는 사람을 이길 수 없다.
② 배움은 이해가 아닌 실천하는 것에서 완성된다.
③ 희망은 절망의 끝에서 시작되므로 포기하지 말아야 한다.
④ 자신의 한계를 인정하고 다른 사람의 조언에 귀 기울여야 한다.
⑤ 세상의 틀에 자신을 맞추기보다 자신만의 길을 만들어 나가야 한다.

003 강연의 내용과 일치하지 않는 것은?

① 모세혈관은 혈액의 영양분과 산소를 온몸의 세포에 전달하는 역할을 한다.
② 산화질소는 면역계의 조절에 관여하는 기체 분자이다.
③ 산화질소는 신체에서 자연적으로 생성되며 혈액 순환을 촉진하는 역할을 한다.
④ 나이가 들면 모세혈관의 수가 줄어들고 산화질소의 생성량도 감소한다.
⑤ 유산소 운동과 달리 근육 운동은 모세혈관을 늘리는 효과가 없다.

004 방송 내용에 대한 이해로 가장 적절한 것은?

① 소설 〈깊이에의 강요〉에서 평론가는 화가의 작품을 예술적 깊이가 충분하다고 평가하였다.
② 베토벤이 교향곡 9번을 완성한 이후 작곡가들은 완성된 형식에 따라 좀 더 쉽게 교향곡을 작곡할 수 있었다.
③ 베토벤은 교향곡 9번을 완성하기 위해 모차르트와 하이든의 작품을 탐색하기보다는 낭만주의 정신을 담아내는 것에 더 주력했다.
④ 브람스는 베토벤과 비교될 수밖에 없는 '깊이에의 강요' 때문에 교향곡 1번을 완성하는 데 22년이 걸렸다.
⑤ 브람스는 베토벤의 형식과 정신의 깊이를 극복하고 자신만의 색깔로 교향곡 1번을 작곡했다.

005 시의 제목으로 가장 적절한 것은?

① 속삭임　　② 자백　　③ 절규
④ 합창　　⑤ 환희

006 전문가의 설명과 일치하지 않는 것은?

① 합성 계면 활성제가 섞인 물에는 미생물이 살 수 없다.
② 강과 바다에 흘러든 합성 계면 활성제를 물고기가 먹게 된다.
③ 합성 계면 활성제는 장기적으로 간 기능 장애를 일으킬 수 있다.
④ 합성 계면 활성제는 치약이나 비누에도 포함되어 있다.
⑤ 합성 계면 활성제는 피부를 통해서는 흡수되지 않는다.

007 진행자의 말하기 방식으로 가장 적절한 것은?

① 전문가의 설명을 듣고 더 알고 싶은 내용에 대해 질문하고 있다.
② 전문가에게 전문 용어에 대한 자세한 개념 설명을 요구하고 있다.
③ 전문가의 설명을 듣고 자신이 이해한 바가 맞는지 확인하고 있다.
④ 전문가의 설명과 관련된 다음 대화 주제를 소개하며 인터뷰를 정리하고 있다.
⑤ 전문가에게 실생활에서 청취자들이 실천할 수 있는 방법을 소개해 주길 요청하고 있다.

008 대화를 통해 알 수 있는 내용으로 적절하지 않은 것은?

① 여자는 식사 준비보다 아이의 숙제 지도가 어렵다고 생각한다.
② 여자는 아이를 지도하는 남편의 방식에 문제가 있다고 생각한다.
③ 남자는 여자의 말하기 방식에 마음이 상한 상태이다.
④ 남자는 약속을 지키기 위해 자신이 충분히 노력했다고 생각한다.
⑤ 남자는 아이의 숙제를 부모가 도와주는 것이 잘못됐다고 생각한다.

009 인물들의 말하기 방식으로 가장 적절한 것은?

① 남자: 상대의 말을 부분적으로 수용하며 자신의 의견을 제시하고 있다.
② 남자: 상대가 한 말을 인용하며 상황에 대한 자신의 인식을 드러내고 있다.
③ 여자: 다른 사람과의 비교를 통해 문제점을 지적하고 있다.
④ 여자: 과거 사례를 근거로 들면서 상대방의 의견에 반대하고 있다.
⑤ 여자: 직접적인 표현으로 남자의 행동에 대한 자신의 감정을 드러내고 있다.

010 강연의 내용과 일치하지 않는 것은?

① 숏폼 콘텐츠의 유행은 도파밍의 대표적인 사례이다.
② 숏폼은 청년층뿐 아니라 중장년층 사이에서도 유행하고 있다.
③ 숏폼은 호흡이 긴 롱폼 콘텐츠에 비해 중독성이 강한 특징이 있다.
④ 숏폼은 마약보다 강한 자극을 유발하여 중독 현상을 일으킬 수 있다.
⑤ 숏폼 중독에서 벗어나기 위해서는 숏폼 콘텐츠와 일시적으로 거리를 두어야 한다.

011 강연자의 말하기에 대한 설명으로 적절하지 않은 것은?

① 구체적인 수치를 언급하여 정보의 객관성을 높이고 있다.
② 질문을 던지고 스스로 답하여 청중의 주의를 집중시키고 있다.
③ 제시한 해결 방안의 장단점을 균형 있게 다루어 설명하고 있다.
④ 강연의 중심 개념을 대조되는 다른 개념과 비교하여 설명하고 있다.
⑤ 용어의 의미를 설명하여 강연 내용에 대한 청중의 이해를 돕고 있다.

012 발표의 내용에 대한 이해로 적절하지 않은 것은?

① 0세에는 가족 구성원으로부터 가사 노동을 가장 많이 제공받는다.
② 20세는 가사 노동 서비스의 소비가 가장 적은 연령대이다.
③ 유년층은 가사 노동 서비스의 소비가 생산보다 많은 연령대이다.
④ 38세는 생애 주기 중 가사 노동 부담이 가장 큰 연령대이다.
⑤ 75세에는 손자녀의 돌봄으로 인해 가사 노동의 소비보다 생산이 더 크다.

013 발표의 내용 구성 전략으로 적절하지 않은 것은?

① 발표의 도입부에서 주제에 대해 구체적인 예를 열거하여 설명하고 있다.
② 가사 노동의 소비에 대해 연령대에 따라 비교하여 설명하고 있다.
③ 공신력 있는 기관의 조사 결과를 인용하여 발표의 신뢰성을 높이고 있다.
④ 가사 노동의 가치에 대해 객관적 수치를 제시하여 청중의 이해를 돕고 있다.
⑤ 비유적 표현을 활용하여 가사 수당 제도의 필요성을 강조하고 있다.

014 두 사람의 입장을 이해한 것으로 적절하지 않은 것은?

① 박 고문은 계약서 내용을 근거로 들며 김 대표의 요구를 거부하고 있다.
② 박 고문은 전문가의 의견을 근거로 들며 김 대표의 주장에 반박하고 있다.
③ 박 고문은 인수자가 요청할 때 업무를 지원하는 것과 인수 대금 지급은 관련이 없다고 생각한다.
④ 김 대표는 박 고문이 업무에 협조하지 않아 업체의 사정이 악화되었다고 주장하고 있다.
⑤ 김 대표는 자신의 업체 경영난을 근거로 들며 남은 인수 대금을 삭감해 줄 것을 요청하고 있다.

015 두 사람의 갈등 처리 방식으로 가장 적절한 것은?

① 박 고문은 자신의 사정과 김 대표와의 관계에 호소하며 인수 대금 삭감 요구를 거절한다.
② 박 고문은 자신이 잘못한 부분을 인정하고 상대방이 요구한 내용의 절충안을 제시하고 있다.
③ 김 대표는 문제 상황에서 사적인 관계보다 공적인 관계를 우선시하는 태도를 보인다.
④ 김 대표는 자신의 업체가 입은 손실 금액을 제시하며 자신의 요구를 관철시키고 있다.
⑤ 김 대표는 자신의 목표 달성을 위해 전문 기관의 도움을 받아 상대방을 압박하는 방식을 취한다.

어휘·어법 016번~045번

016 "태도나 마음 씀씀이가 마음에 들게 부드럽고 사근사근하다"는 의미의 고유어는?

① 구순하다
② 납신하다
③ 부숭하다
④ 삽삽하다
⑤ 찬찬하다

017 한자어의 사전적 뜻풀이로 적절하지 않은 것은?

① 각주(脚註): 책의 첫머리에 그 책의 내용이나 쓰는 방법 따위에 관한 참고 사항을 설명한 글
② 감상(鑑賞): 주로 예술 작품을 이해하여 즐기고 평가함.
③ 강횡(強橫): 세력이 강하고 횡포함.
④ 망념(妄念): 이치에 맞지 아니한 망령된 생각을 함. 또는 그 생각
⑤ 적폐(積弊): 오랫동안 쌓이고 쌓인 폐단

018 밑줄 친 고유어의 의미로 적절하지 않은 것은?

① 그가 말이 많은 줄은 알았지만 그렇게까지 가납사니일 줄은 몰랐다.
→ 쓸데없는 말을 지껄이기 좋아하는 수다스러운 사람
② 그는 직장생활을 하다가 늦깎이로 대학원에 진학했다.
→ 나이가 많이 들어서 어떤 일을 시작한 사람
③ 그는 더펄이라서 일을 깔끔하게 마무리하는 법이 없다.
→ 성미가 침착하지 못하고 덜렁대는 사람
④ 집도 절도 없는 뜨내기라도 함부로 대하면 안 된다.
→ 가난한 사람을 낮잡아 이르는 말
⑤ 힘 있는 사람에게 살살이처럼 구는 사람은 신뢰하기 어렵다.
→ 간사스럽게 알랑거리는 사람

019 밑줄 친 한자어의 쓰임이 적절하지 않은 것은?

① 본인의 책임을 남에게 전가(轉嫁)하시면 안 돼요.
② 우리 회사는 의료용 소모품을 생산(生産)하는 업체이다.
③ 형은 동생의 무성의하고 곡진(曲盡)한 행동이 마음에 들지 않았다.
④ 망막(茫漠)한 우주를 탐구하는 것은 인류의 오랜 꿈이자 과제이다.
⑤ 경제가 살아나면서 자동차 부품 기업들의 수출이 약진(躍進)하고 있다.

020 〈보기〉의 밑줄 친 ㉠~㉢에 해당하는 한자로 올바르게 묶인 것은?

보기

- 동물들의 움직임을 보고 기발한 ㉠착상이 떠올랐다.
- 역사적으로 볼 때, 분열은 ㉡자멸을 초래할 뿐이다.
- 뒤에서 험담하지 말고 ㉢유감이 있으면 말해 보아라.

	㉠	㉡	㉢
①	着想	自滅	遺憾
②	着想	自滅	有感
③	着想	自蔑	遺憾
④	着床	自蔑	遺憾
⑤	着床	自蔑	有感

021 밑줄 친 고유어의 쓰임이 적절하지 않은 것은?

① 화가는 붓을 능숙하게 놀려 그림을 그렸다.
② 어머니가 놀면하게 지진 감자전이 무척 맛있어 보인다.
③ 윗사람이면 아랫사람의 어려움을 그느를 줄 알아야 한다.
④ 창문 틈에 낀 먼지를 꼬챙이로 호벼서 깨끗하게 청소했다.
⑤ 그들은 초면인데도 설면한 친구처럼 정답게 웃고 떠들었다.

022 밑줄 친 단어 중 나머지 넷과 다의어 관계에 있지 않은 것은?

① 코 먹은 소리 좀 내지 마라.
② 이불 홑청을 벗겨 풀을 먹였다.
③ 숫돌로 갈았더니 칼이 잘 먹는다.
④ 옷을 구석에 처박아 두었더니 좀이 먹었다.
⑤ 나는 마음을 독하게 먹고 공부를 시작하였다.

023 두 단어의 의미 관계가 〈보기〉와 동일한 것은?

> **보기**
>
> 예술 – 음악

① 단오 – 수릿날
② 새 – 독수리
③ 신장 – 키
④ 얼굴 – 손
⑤ 열다 – 닫다

024 밑줄 친 고유어 '치다'를 한자어로 바꾸었을 때, 적절하지 않은 것은?

① 나무 구멍에 벌이 꿀을 쳤다. → 부착(附着)했다
② 야영장에서 밤새 기타를 쳤다. → 연주(演奏)했다
③ 못을 박다가 망치로 손을 쳤다. → 가격(加擊)했다
④ 오랜만에 들녘으로 나가 천막을 쳤다. → 설치(設置)했다
⑤ 삼촌은 시골에서 돼지 천 마리를 치고 있다. → 사육(飼育)하고

025 〈보기〉의 밑줄 친 말과 유의 관계가 아닌 것은?

> **보기**
> 그는 맡은 일을 <u>맵게</u> 잘 처리하는 능력 있는 직원이다.

① 빈틈없이　　② 신속하게　　③ 야무지게
④ 다부지게　　⑤ 물샐틈없이

026 속담의 사용이 문맥상 적절하지 않은 것은?

① 그는 '외삼촌 산소에 벌초하듯' 일을 대충대충 마무리하였다.
② 철수는 '개밥에 도토리'처럼 무리에 어울리지 못하고 겉돌았다.
③ 쓸만한 내용이 없이 겉만 번지르르한 그의 보고서는 '빛 좋은 개살구' 같았다.
④ 구경만 했던 부장은 '냉수 먹고 이 쑤시듯' 자신이 일을 다한 양 거들먹거렸다.
⑤ 그는 '계란에도 뼈가 있다'는 말처럼 겉보기와 달리 단단한 정신력을 지니고 있다.

027 밑줄 친 사자성어의 쓰임이 문맥상 적절하지 않은 것은?

① 그는 항상 <u>면종복배(面從腹背)</u>의 자세로 충성을 다하는 강직한 신하이다.
② 책망받을까 두려워 <u>문과수비(文過遂非)</u>하였다가 오히려 상황이 더 나빠졌다.
③ 지금은 <u>누란지세(累卵之勢)</u>의 상태이니 착실히 준비해서 위기를 벗어나야 한다.
④ 그는 혼자서 사태를 수습하려 하였지만 결국 <u>고장난명(孤掌難鳴)</u>임을 깨달았다.
⑤ 친구라면 형편이 아무리 어려워도 <u>견리망의(見利忘義)</u>의 태도를 보이면 안 된다.

028 밑줄 친 관용 표현의 쓰임이 적절하지 않은 것은?

① 그는 <u>간에 바람 든</u> 사람처럼 실없이 다닌다.
② 큰일을 할 사람이 <u>간이 콩알만 해서</u> 되겠나?
③ 그는 웃는 얼굴로 남의 <u>간을 빼 먹을</u> 사람이다.
④ 나한테 덤비다니 네 놈의 <u>간이 뒤집힌</u> 모양이군.
⑤ 합격 발표일이 다가오자 수험생들은 <u>간을 졸이며</u> 결과를 기다렸다.

029 밑줄 친 한자어를 맥락에 맞게 순화한 표현으로 적절하지 않은 것은?

① 선원들은 부둣가에 배를 계류(繫留)하고(→ 매어 두고) 육지로 짐을 옮겼다.
② 사원은 부장에게 담당 행사 진행 계획을 문서로 상신(上申)하였다(→ 올렸다).
③ 기업이 경영난에 빠짐에 따라 은행이 돈을 대부(貸付)하였다(→ 대신 갚아 주었다).
④ 보고용 자료를 만들 때에는 금액을 원 단위로 절사(切捨)하고(→ 끊어 버리고) 표기해야 한다.
⑤ 주민 위원회는 구청 대표에게 합의 내용을 명문화(明文化)하기를(→ 문서로 밝히기를) 요구했다.

030 밑줄 친 표현을 다듬은 말로 적절하지 않은 것은?

① 이번 회의의 어젠다(→ 의제)는 고용안정성 확보 방안이다.
② 회사는 새로운 시대에 맞는 기업 슬로건(→ 구호)을 선정할 예정이다.
③ 당국은 1인당 100만 원까지 지원하는 교육 바우처(→ 상품권) 제도를 시행할 계획이다.
④ 교육기관의 평생교육 기능 강화를 위해 유비쿼터스(→ 지역할당제) 시스템을 구축하고자 한다.
⑤ 우수한 인재의 외부 유출을 막고, 고용 거버넌스(→ 민관 협력) 구축을 위해 기업 홍보관을 운영할 계획이다.

031 밑줄 친 부분의 표기가 옳은 것은?

① 건넛마을에서 잔치를 하는지 시끌벅적하다.
② 장마 대비를 소홀히 하면 낭패를 보기 쉽상이다.
③ 우리 모두 예술에 대한 안목을 높힐 필요가 있다.
④ 실없이 객적은 소리 하지 말고 무슨 일인지 말해 봐라.
⑤ 여러 사람이 드립다 고생만 했지 성과랄 것도 하나 없다.

032 밑줄 친 부분의 표기가 어문 규범에 맞게 쓰인 것은?

① 둘 가운데 앞엣것이 더 좋아 보인다.
② 그림을 보고 문어 다리의 갯수를 세어 보자.
③ 퇴근길에 피잣집에 들러 피자 두 판을 포장해 왔다.
④ 귤은 조선 시대에 나랏님께 올리던 진상품의 하나였다.
⑤ 사람들이 윗층으로 올라가기 위해 엘리베이터를 기다리고 있다.

033 밑줄 친 부분의 표기가 옳지 않은 것은?

① 책상이 흔들리지 않게 종이로 괘 두어라.
② 그는 후배의 제안을 시답잖게 여기는 듯했다.
③ 졸고 있던 나는 알람 시계가 울리자 눈이 번쩍 띄었다.
④ 주말에는 기차의 좌석이 넉넉지 않으니 예매를 해야 한다.
⑤ 나는 반드시 합격할 수 있다고 마음속으로 몇 번이고 되뇠다.

034 밑줄 친 부분의 띄어쓰기가 옳은 것은?

① 그∨간 안녕하셨어요?
② 장맛비가 며칠∨간 이어졌다.
③ 지역∨간 균형 발전이 중요하다.
④ 얼마∨간 한파가 몰아칠 예정이다.
⑤ 오늘부터 삼주∨간 깁스를 해야 한다.

035 밑줄 친 부분의 표기가 옳지 않은 것은?

① 사람은 최선을 다함으로써 보람을 느낀다.
② 수업 시간에 졸므로 성적이 좋을 수가 없다.
③ 고향에는 농사에 부칠 논 한 마지기도 없다.
④ 나름대로 하느라고 했는데 결과가 좋지 않다.
⑤ 비바람이 심해서 우산을 받치고 걷기가 힘들었다.

036 다음 문장 부호의 쓰임이 올바르지 않은 것은?

	문장 부호	용례
①	소괄호	커피(coffee)는 기호식품이다.
②	소괄호	광개토(대)왕은 고구려의 전성기를 이끌었다.
③	중괄호	친구{에게/한테/더러} 같이 여행 가자고 할까?
④	대괄호	다음 주[5. 1.(수)~5. 3.(금)]에 문학 기행을 간다.
⑤	대괄호	훈민정음은 유네스코[UNESCO] 세계 기록 유산이다.

037 밑줄 친 표현이 표준어인 것은?

① 형은 거짓말을 한 동생을 호되게 <u>나무랬다</u>.
② 방바닥에는 온갖 잡동사니들이 <u>널부러져</u> 있었다.
③ 떨어진 신발 밑창을 접착제로 붙였더니 아주 <u>깜쪽같다</u>.
④ 청소기를 돌리기 전에 먼저 <u>먼지떨이</u>로 커튼을 탁탁 털었다.
⑤ 뒤도 돌아보지 않고 떠나는 아들을 보니 마음이 <u>저으기</u> 서운했다.

038 다음은 문학 작품에 나타나는 방언이다. 대응하는 표준어가 적절하지 않은 것은?

① 아침에 칠라면 성가시게스리 <u>내둥</u>(→ 여태껏) 않던 짓 헐라네….
② 새로 온 민기네 집 식모는 밥 <u>하영</u>(→ 많이) 먹는 제주도 할망이엔 소문나서라.
③ 사랑채 아버님이 쓰시던 기물은 호롱 <u>따가리</u>(→ 뚜껑) 하나도 옮겨가지 않고….
④ 느그놈덜도 쎗바닥이 있응게 엿맛허고 사탕맛이 어찌 <u>달븐지</u>(→ 다른지) 다 알 것이다.
⑤ 누가 쳐들어와서 나무칼로 낱낱이 귀때지 끊어가도 몰르게 <u>고닥새</u>(→ 깊게) 잠이 들고 말 거여.

039 표준 발음으로 올바르지 않은 것은?

① 담요[담:뇨]   ② 맨입[맨닙]   ③ 절약[절략]
④ 색연필[생년필]   ⑤ 설익다[설릭따]

040 밑줄 친 말이 외래어표기법에 맞지 않는 것은?

① 기말 <u>리포트</u>(report) 제출 기한은 내일까지이다.
② 공정한 선발을 위해 <u>블라인드</u>(blind)로 사람을 뽑자.
③ 바삭하게 구운 <u>비스킷</u>(biscuit)이 진한 커피와 잘 어울린다.
④ 공개 <u>프레젠테이션</u>(presentation)을 통해 사업자가 선정된다.
⑤ 학생들은 진로 문제를 전문 <u>카운셀러</u>(counselor)와 상담할 수 있다.

041 음식 이름의 로마자 표기가 올바르지 않은 것은?

① 설렁탕(seolleongtang)　　② 청국장(cheonggukjang)
③ 호박엿(hobakyeot)　　　④ 고등어구이(godeungeogui)
⑤ 동태찌개(dongtaejjigae)

042 〈보기〉의 ㉠~㉤ 가운데 어법에 맞지 않는 문장은?

보기

㉠욕심 많은 개 한 마리가 어느 날 고깃덩어리를 하나 얻어 입에 물고서 개울 위 다리를 건너게 되었다. ㉡그런데 다리를 건너다 보니 개울 아래에 보잘것없어 보이는 개가 자기보다 더 크고 맛있어 보이는 고깃덩어리를 물고 있는 것이 보였다. ㉢욕심 많은 개에게 자신보다 못해 보이는 개가 크고 맛있는 고깃덩어리를 물고 있는 것은 참을 수 없었다. 그래서 화를 참지 못하고 개울 아래 있는 개의 고깃덩어리를 빼앗으려고 큰소리로 짖으며 사납게 달려들었다. ㉣그렇지만 개울 아래에는 차가운 물이 흐르고 있을 뿐 커다란 고깃덩어리도 개도 보이지 않았다. ㉤개가 짖는 순간 입에 물었던 고깃덩어리는 개울에 떨어져 떠내려가고 말았고 달려들어 붙잡으려고 한 것은 자신의 그림자일 뿐이었다.

① ㉠　　② ㉡　　③ ㉢　　④ ㉣　　⑤ ㉤

043 〈보기〉의 밑줄 친 부분과 상대 높임법의 등급이 동일한 것은?

보기

자네, 이 시간에 무슨 일로 <u>전화했나</u>?

① 매운 음식을 <u>좋아하는군</u>.
② 학교 준비물은 다 <u>챙겼니</u>?
③ 잔디밭에 들어가지 <u>마시오</u>.
④ 더 늦기 전에 어서 <u>출발하게</u>.
⑤ 이쪽으로 자리를 <u>옮기십시오</u>.

044 중의성을 해소한 문장으로 적절하지 않은 것은?

① 간식을 다 먹지 못했다. → 간식을 모두 먹지 못했다.
② 문틈으로 귀여운 아이의 장난감이 보였다. → 문틈으로 아이의 귀여운 장난감이 보였다.
③ 언니는 나보다 동생을 더 좋아한다. → 언니는 나를 좋아하는 것보다 동생을 더 좋아한다.
④ 영희는 빨간색 코트를 입고 있는 여자를 가리켰다. → 영희는 빨간색 코트를 입은 여자를 가리켰다.
⑤ 동생은 눈을 비비면서 걸어오는 나를 쳐다보았다. → 동생은 걸어오는 나를 눈을 비비면서 쳐다보았다.

045 밑줄 친 번역 투를 고친 것으로 적절하지 않은 것은?

① 태풍으로 인해(→ 태풍으로) 이재민이 많이 생겼다.
② 이는 국민을 배신한 것에 다름 아니다(→ 것과 다름없다).
③ 임원들은 소식을 듣고 긴급 회의를 가졌다(→ 회의를 했다).
④ 학생을 가르치는 일은 인내심을 필요로 한다(→ 인내심이 요구된다).
⑤ 경제 대책을 세웠음에도 불구하고(→ 세웠는데도) 경기는 나아지지 않았다.

쓰기 046번 ~ 050번

[046~050] 다음은 '헌혈'을 주제로 작성한 초고이다. 제시된 물음에 답하시오.

　2020년 1월 코로나19 확산으로 헌혈 건수가 급감하고, 2022년 1월 대한적십자사의 혈액 보유량이 7.4일분에서 보름 만에 4일분으로 감소해 혈액 수급에 비상이 걸렸다는 소식 등으로 의료계뿐만 아니라 사회 전체가 들썩였다. 이는 우리 사회에서 헌혈의 중요성을 재인식하는 계기가 되었다.
　혈액과 헌혈은 왜 중요한가. 혈액은 수혈이 필요한 환자의 생명을 구하는 유일한 수단으로, 아직까지 대체할 물질이 없고 인공적으로 만들 수도 없다. ㉠그에 따라 혈액은 장기간 보관이 불가능하다. 일례로 농축적혈구(RBC, Red Blood Cell)의 유효 기간은 채혈 후 35일이다. 따라서 일정 수준 이상의 혈액량을 확보하기 위해서는 지속적인 헌혈이 필요하다. ㉡저해한 헌혈률에 따른 혈액 보유량 감소는 위급 환자의 생명을 위협하고 나아가 국가 의료계에 혼란을 일으킬 수 있는 중대한 문제이다.
　그렇다면 2024년 현재, 혈액 보유량은 양호한가. 적정 혈액 보유량은 일평균 5일분 이상이다. 대한적십자사의 혈액 보유 현황에 따르면 2024년 2월 21일 기준, 적혈구제제 보유량은 평균 4.3일분이다. B형이 7.0일분으로 보유량이 가장 많고 AB형이 3.9일분, A형이 3.2일분, O형이 3.1일분이다. 특히 O형, A형의 경우 적정 혈액 보유량의 62%, 64%에 불과해 ㉢걱정스러운 우려가 크다.
　문제는 현 상황이 앞으로 악화할 가능성이 높다는 것이다. 먼저 고령화 및 저출생에 따라 헌혈을 할 수 있는 인구가 줄어든다. 헌혈 가능 여부를 판단하는 기준 중 하나는 나이이다. 전혈 헌혈 320ml의 경우 만 16세부터 69세까지 가능하지만 2022년 기준 60세 이상의 헌혈 비율은 전체의 1.9%에 그친다. 게다가 65세 이상일 경우 60~64세까지 헌혈한 경험이 있어야 하고 몸무게, 혈색소, 혈압 등의 기준을 충족해야만 헌혈이 가능해 조건이 까다로워 현실적인 참여를 기대하기는 어렵다. 저출생으로 인해 10, 20대 인구가 줄고, 헌혈이 불가하거나 ㉣참여하기 어려운 고령 인구가 늘어남에 따라 채혈자의 절대적 수가 줄어 보유량은 자연 감소할 가능성이 높다.
　또한 10대의 헌혈 참여도가 지금보다 더 낮아질 수 있다. 헌혈은 1회당 4시간씩 3회 범위 내에서 개인 봉사활동 실적으로 인정되어 왔다. 그러나 2019년 11월에 교육부가 발표한 '대입 공정성 강화 방안'에 따르면 2023년부터는 모든 고등학생들의 비교과 영역의 개인 봉사활동 실적이 대입에 반영되지 않는다. 이에 따라 고등학생들이 헌혈에 참여할 동기가 낮아질 것이라는 우려의 목소리가 크다. 대한적십자사에 따르면 10대 헌혈 건수는 2021년 513,107건에서 2022년 433,991건으로 이미 79,116건이 감소했다. 이 같은 추세는 앞으로도 이어질 가능성이 매우 높다.
　향후 우리 사회는 고령화에 따른 의료 수요가 증가하여 헌혈의 중요성이 더욱 강조될 것이다. 이에 우선 헌혈자의 접근성과 편의성 증진을 위해 헌혈의 집, 헌혈 버스 등 인프라를 확충해야 할 필요가 있다. 또한 헌혈 인식 조사 보고서에 따르면 헌혈자 예우 증진 사업별 필요성에 대한 질문에 공공시설·지자체·민간 시설 이용료 감면(82.7%), 지역상품권 증정(82.0%) 등의 사업에 설문 참여자들이 높은 호응을 ㉤보인 만큼 헌혈자에 대한 합당한 예우는 필수적이다. 이 외에도 대중들이 자주 접하는 TV, SNS, 옥외 광고 등을 통해 헌혈 홍보 활동을 강화해야 한다. 이처럼 ⓐ　　　　　　　　　　　　　.

046　다음은 윗글을 쓰기 전에 세운 글쓰기 계획이다. 윗글에 반영된 것만을 있는 대로 고른 것은?

글쓰기 계획

ㄱ. 전문가의 말을 인용했음을 밝혀 근거의 신뢰도를 높여야겠다.
ㄴ. 자문자답의 방식을 사용하여 독자의 주의를 집중시켜야겠다.
ㄷ. 주제와 관련된 핵심 개념의 정의를 제시하여 의미를 명확히 전달해야겠다.
ㄹ. 문제 현상의 원인을 상반되게 파악하는 두 가지 의견을 각각 제시해야겠다.
ㅁ. 문제 현상과 관련된 객관적 수치를 언급하여 문제의 심각함을 강조해야겠다.

① ㄱ, ㄴ　　② ㄴ, ㅁ　　③ ㄷ, ㄹ　　④ ㄱ, ㄷ, ㄹ　　⑤ ㄴ, ㄷ, ㅁ

047 다음은 윗글을 수정보완하기 위해 추가로 수집한 자료이다. 자료의 활용 방안으로 적절하지 <u>않은</u> 것은?

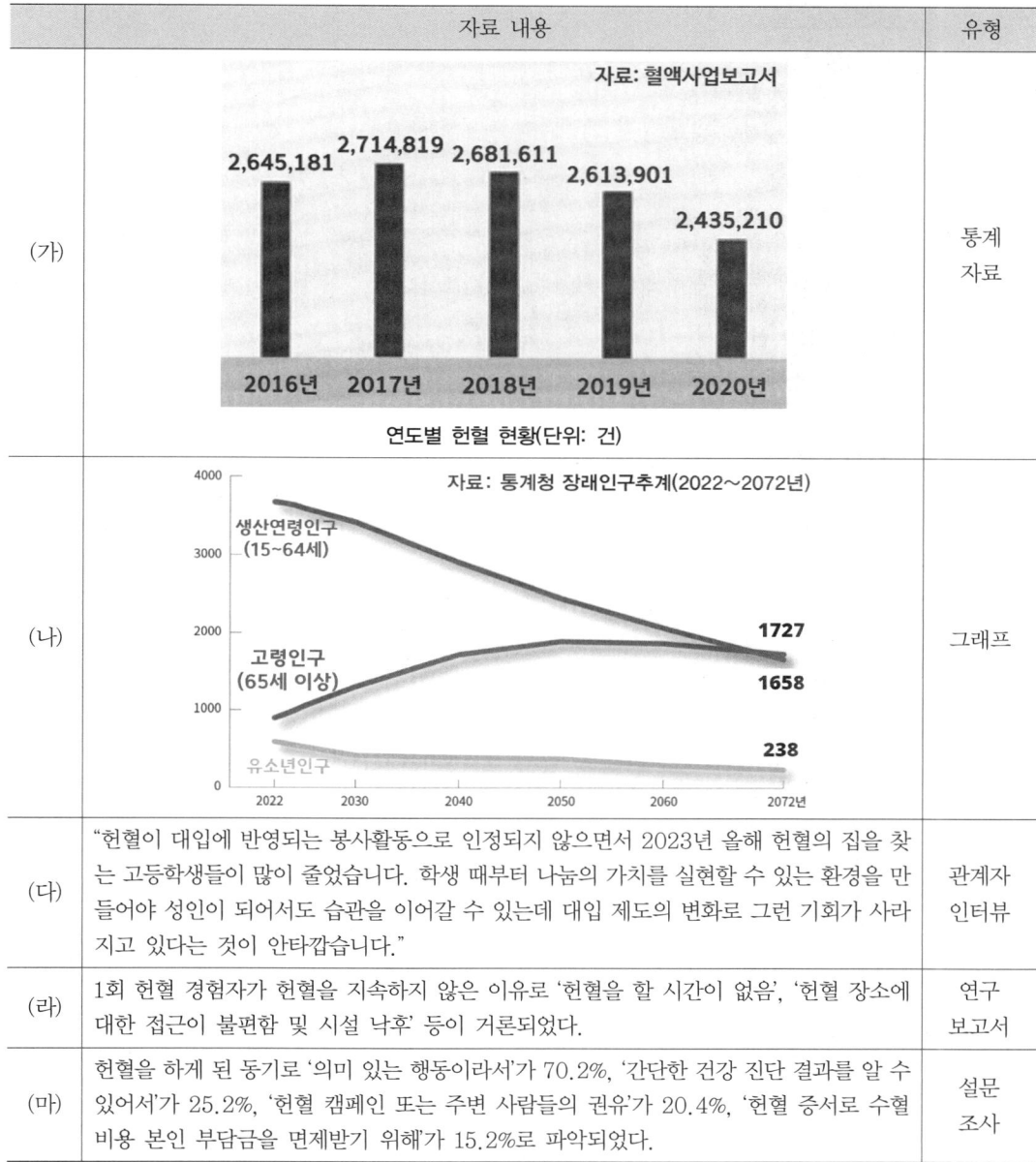

① (가)를 활용하여 전 세계적인 감염 질환으로 인해 헌혈 건수가 급감했다는 내용을 구체적인 수치로 뒷받침한다.
② (나)를 활용하여 헌혈에 실질적으로 참여할 수 있는 연령대의 인구가 줄어든다는 내용을 시각적으로 뒷받침한다.
③ (다)를 활용하여 대입 제도의 변화에 따라 10대의 헌혈 참여도가 낮아진 실태를 부각한다.
④ (라)를 활용하여 헌혈 참여도를 높이기 위해 기반 시설을 늘리고 보수해야 한다는 내용을 보강한다.
⑤ (마)를 활용하여 헌혈 홍보 시 헌혈의 긍정적 의미와 가치보다는 물질적 보상을 우선시해야 한다는 내용을 보완한다.

048
다음은 윗글을 쓰기 전에 세웠던 글쓰기 개요이다. 윗글을 쓰는 과정에서 필자가 점검하여 반영한 내용으로 적절하지 <u>않은</u> 것은?

> **글쓰기 개요**
>
> Ⅰ. 서론
>   1. 혈액 확보 위기
>   2. 혈액 순환의 중요성
>
> Ⅱ. 헌혈의 특성
>   1. 환자의 생명 구제
>   2. 대체 불가능성
>   3. 제한된 혈액 보존 기간
>
> Ⅲ. 혈액 보유 실태
>   1. 헌혈 과정 및 헌혈의 유형
>   2. 혈액형별 혈액 보유량
>
> Ⅳ. 향후 헌혈률에 영향을 미치는 요소
>   1. 적정 혈액 보유량 기준
>   2. 고령화 및 저출생에 따른 헌혈 인구 감소
>   3. 봉사활동
>
> Ⅴ. 헌혈률을 높이기 위한 방안
>   1. 인프라 확충
>   2. 참여자에 대한 합당한 예우
>   3. 헌혈 홍보 강화

① Ⅰ-2는 글의 주제와 관련성이 없으므로 삭제한다.
② Ⅱ는 하위 항목의 내용을 포괄하지 못하므로 '헌혈과 의료 기술'로 수정한다.
③ Ⅲ-1은 상위 항목과 어울리지 않는 내용이므로 삭제한다.
④ Ⅳ-1은 Ⅲ의 구체적인 내용이므로 Ⅲ의 하위 항목으로 이동한다.
⑤ Ⅳ-3은 상위 항목을 고려할 때 의미가 포괄적이므로 '봉사활동 실적 대입 미반영'으로 수정한다.

049
윗글의 ㉠~㉤을 고쳐 쓰기 위한 방안으로 적절하지 <u>않은</u> 것은?

① ㉠은 앞뒤 맥락과 어울리지 않으므로 '또한'으로 수정한다.
② ㉡은 문맥에 맞지 않는 단어이므로 '저조한'으로 수정한다.
③ ㉢은 유사한 의미를 지닌 단어가 중복되므로 '우려'로 수정한다.
④ ㉣은 문장을 이해하기 쉽도록 '헌혈에 참여하기'로 수정한다.
⑤ ㉤은 주어와 호응하지 않으므로 '보여지는'으로 수정한다.

050 윗글을 마무리하는 관점에서 ⓐ에 들어갈 문장으로 가장 적절한 것은?

① 고령자들이 헌혈에 적극 참여할 수 있도록 참여 기준을 완화해야 한다.
② 헌혈률을 높이기 위해서는 청년 및 장년층의 적극적인 참여가 필요하다.
③ 헌혈률 제고를 위한 다양한 방안이 지속적으로 논의되고 추진되어야 한다.
④ 헌혈 홍보 대사로 연예인 및 아나운서를 내세우는 전략이 현재 활용되고 있다.
⑤ 해외의 긍정적 헌혈 정책 및 사례를 참고하여 중장기 대처 방안을 마련해야 한다.

창안   051번 ~ 060번

[051~053] 태풍의 원리를 인간의 삶에 유비(類比)하고자 한다. 다음 글을 읽고 물음에 답하시오.

> 지구는 자전축이 23.5도 기울어진 상태로 공전하기 때문에 저위도와 고위도 사이에는 태양으로부터 받는 ㉠열에너지의 차이가 발생한다. 이로 인해 적도 부근에는 많은 태양열이 축적되고, 극지방의 경우 열에너지가 부족해 전체 에너지의 불균형이 일어난다. 적도 부근의 해상에서 태양열을 많이 받은 공기가 상승해 태풍을 형성한다. 태풍은 고위도로 이동하며 강한 바람과 비를 뿌리다가 점차 자연스럽게 소멸한다.
> 태풍은 막대한 인명 피해를 내며 재난으로 작용하기도 하지만, 태풍이 아예 오지 않으면 더욱 곤란한 문제가 발생하기도 한다. 태풍은 적도 부근의 열을 극지방으로 옮겨 주어 지구의 온도 균형을 유지하는 데 도움을 준다. 또한 태풍이 아예 오지 않을 경우 물이 제대로 순환되지 않아 특정 지역에 물 부족 현상이 나타나기도 한다. ⓐ더불어 태풍의 영향권에 속한 지역에는 강한 바람과 함께 폭우가 쏟아지는데, 이 기간 동안 빗줄기에 대기 오염 물질이 섞여 내리면서 대기가 맑아지는 것을 확인할 수 있다. 마지막으로 ㉡태풍의 강한 바람은 바닷속 깊은 곳까지 닿아 해수를 섞고 산소를 공급함으로써 해조류와 어족 자원을 풍부하게 하는 등 바다 생태계를 활성화시키며, 영양분 과잉으로 생긴 적조 현상을 예방하기도 한다.

051 ㉠을 '부의 불균형'으로 이해할 때, 태풍의 원리를 복지 정책에 비유한 내용으로 가장 적절한 것은?

① 보편적 복지는 국민의 수준을 증진시켜 경제 성장에 기여한다.
② 법적으로 강제하는 보험의 방식으로 보편적 위험에 대처해야 한다.
③ 부유층의 소득 증대는 궁극적으로 저소득층의 소득 증대로 이어진다.
④ 저소득층의 최저 생활 수준 향상을 위해 기업이 일자리를 늘려야 한다.
⑤ 부유층에게 높은 세율을 적용해 저소득층을 위한 복지 재원을 확보해야 한다.

052 태풍을 인간사의 고난에 비유할 때, ⓒ을 통해 이끌어 낼 수 있는 교훈으로 가장 적절한 것은?

① 고난의 본질을 아는 사람만이 고난을 회피할 수 있다.
② 사람은 고난을 극복하는 존재가 아니라 수용하는 존재이다.
③ 사람은 자신에게 주어진 고난의 가치를 판단할 능력이 없다.
④ 고난을 겪고 나면 세상을 포용할 수 있는 넓은 안목을 갖추게 된다.
⑤ 체계적인 계획과 실천을 가진 사람만이 삶의 고난을 극복할 수 있다.

053 〈조건〉에 맞는 표현으로 가장 적절한 것은?

조건
태풍의 작용을 인간의 심리 기제에 비유할 때, ⓐ가 의미하는 내용을 표현할 것.

① 내 딸이 성공하는 것을 보니 덩달아 기쁘다.
② 한바탕 울고 나니 답답했던 마음이 후련해졌다.
③ 내 손에 닿지 않는 저 포도는 분명 맛이 없을 것이다.
④ 남들도 그렇게 행동하는 것을 보니 죄책감이 덜어졌다.
⑤ 해외여행을 가지 못하게 되었으니 국내 여행이라도 해야겠다.

[054~056] 다음 그림을 보고 물음에 답하시오.

(가)		이 그림은 기원전 300년경에 그려진 거대한 지상화로 추정되지만, 1939년에서야 해당 지역을 운행하던 비행기 조종사에 의해 최초로 발견되었다. 워낙 큰 규모의 그림이기에 지상에서는 땅을 파낸 선으로만 보였기 때문이다.
(나)		왕이 어느 날 맹인들에게 코끼리라는 동물의 생김새를 가르쳐 주기 위해 궁궐로 모이게 했다. 왕은 그들에게 코끼리를 만져 보게 한 후 물었다. "코끼리가 어떻게 생겼는지 알겠느냐?" 그들 중 상아(象牙)를 만져 본 맹인은 "무와 같습니다."라고 답했고, 코를 만져 본 자는 "절굿공이 같습니다."라고 말했다. …(중략)… 그들은 각자 자신들이 만져 본 부위의 모습을 코끼리의 전부인 양 착각했다.

054 다음은 그림 (가)와 (나)를 분석한 표이다. 적절하지 않은 것은?

	(가)	(나)
표현	거대한 규모의 지상화	㉠ 군맹무상(群盲撫象)
특징	㉡ 지상에서는 땅을 파낸 선으로 보임.	'맹인 여럿이 코끼리를 만진다.'를 이르는 사자성어
핵심	㉢ 높은 하늘에서 전체적인 새의 형상을 파악할 수 있다.	㉣ 코끼리의 부분적 관찰을 통해 전체 모습을 파악할 수 있다.
교훈	㉤ 대상을 좁은 소견과 주관으로 단정 짓기보다는 넓은 관점과 통합적 사고로 판단하려는 자세가 필요하다.	

① ㉠   ② ㉡   ③ ㉢   ④ ㉣   ⑤ ㉤

055 (가)를 이해하는 방식과 유사한 사례로 적절하지 않은 것은?

① 여러 작은 점들을 찍어서 완성한 점묘화
② 물감을 칠한 종이를 반으로 접어 만든 무늬
③ 개별 그림 조각의 위치를 맞춰 완성한 그림 퍼즐
④ 다양한 크기와 간격의 사각형들로 이루어진 QR코드
⑤ 작은 색유리 조각을 조합하여 만든 성당의 스테인드글라스

056 (나)를 통해 이끌어 낼 수 있는 시사점으로 가장 적절한 것은?

① 현상에 대한 직접적 관찰보다 추측이 효율적일 때가 있다.
② 개인의 수양을 통해 깨달음을 얻으면 진리에 도달할 수 있다.
③ 주어진 환경 그대로에 적응하는 것이 곧 평온한 삶의 비결이다.
④ 자신의 식견만으로 사태를 판단한다면 오류에 빠질 우려가 있다.
⑤ 상호 간의 의견 대립에서 자신의 신념에 힘을 실을 수 있어야 한다.

[057~058] 다음 그림을 보고 물음에 답하시오.

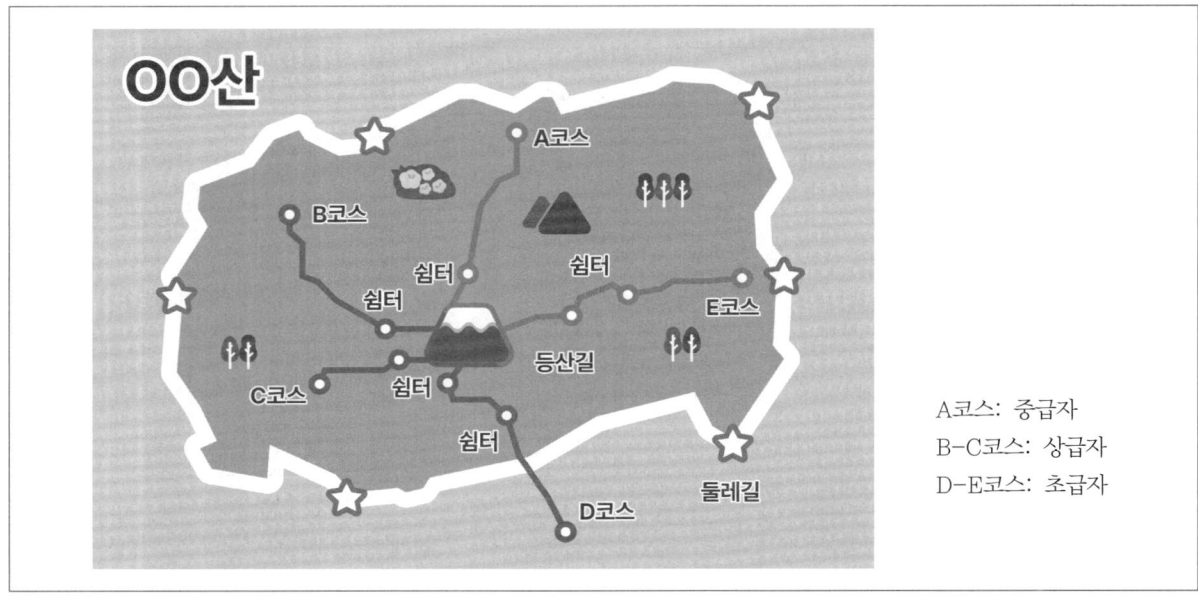

057 'OO산 등산길'을 인간의 삶에 비유할 때, 이끌어 낼 수 있는 내용으로 적절하지 <u>않은</u> 것은?

	[등산길]	[인간의 삶]
①	등산 코스	다양한 삶의 양상
②	코스 난이도	수준에 맞는 목표 설정
③	쉼터	새로운 목표의 설정
④	정상 완등	목표의 이행과 달성
⑤	등산 소요 시간	목표 달성에 걸리는 시간

058 다음은 'OO산 둘레길'을 안내하는 내용이다. 〈보기〉에서 이끌어 낼 수 있는 내용을 〈조건〉에 맞게 작성한 문구로 가장 적절한 것은?

> **보기**
> 둘레길을 하루 만에 모두 걷는 것은 불가능하며, 무리해서 걸을 필요도 없습니다. 둘레길 종주는 필수가 아닙니다. 오히려 구간별로 일주일이나 한 달 간격을 두어 쉬엄쉬엄 걸을 때 여유 있는 산책이 되지요. 종주에만 집중하기보다 주변 경치도 보며 둘레길 자체를 음미할 필요가 있답니다.

> **조건**
> • 비유적 표현을 사용할 것.
> • 청유형으로 문장을 마무리할 것.

① 용두사미의 자세보다는 유종지미의 자세가 필요할 때입니다.
② 사막 횡단에 물이 필요하듯 친구와 함께 떠나보는 것이 어떨까요?
③ 모든 구간을 거치지 않아도 당신을 비난할 사람은 아무도 없습니다.
④ 거북이가 토끼의 속도를 탐내지 않듯 자신을 위한 여정을 떠나 봅시다.
⑤ 한번 쉬면 다시 전진하기 어려우니 시작했을 때 온 열정을 다해 봅시다.

[059~060] 다음 글을 읽고 물음에 답하시오.

'골디락스와 세 마리 곰'이라는 영국의 전래동화가 있다. 골디락스라는 이름의 소녀는 어느 날 숲에서 길을 잃고 헤매다 곰 세 마리가 사는 오두막에 들어간다. 골디락스는 식탁에 차려 놓은 세 그릇의 수프를 발견한다. 뜨거운 수프, 차갑게 식은 수프, 뜨겁지도 차갑지도 않은 적당한 온도의 수프 중 골디락스는 세 번째 수프를 맛있게 먹는다.

천문학에서는 생명체 거주 가능 지역을 '㉠골디락스 존(Goldilocks Zone)'이라고 부른다. 골디락스 존은 중심 별에서 너무 멀지도 가깝지도 않은 위치에 있는 영역이다. 골디락스가 동화에서 먹은 수프처럼 ⓐ너무 뜨겁지도 차갑지도 않은 온도의 환경에서만 생명체가 살아갈 수 있다. 태양계에서는 지구와 화성만이 이 영역에 해당한다.

059 윗글의 ㉠과 유사한 사례로 적절하지 <u>않은</u> 것은?

① 쉬운 문제와 어려운 문제를 섞어 과제를 출제한 경우
② 정부의 규제와 시장의 자유를 균형 있게 추구하는 경우
③ 고가 제품과 저가 제품 중 선호하는 디자인을 선택한 경우
④ 정해진 일정과 자유 일정이 혼합된 여행 상품을 선택한 경우
⑤ 혼자 보내는 시간과 타인과 함께하는 시간을 적절히 계획한 경우

060 윗글의 ⓐ와 〈보기〉를 고려할 때, '인간관계의 형성'과 관련하여 이끌어 낼 수 있는 내용으로 가장 적절한 것은?

> **보기**
>
> 인간관계에서 타인과 친밀감을 형성하기 위해서는 자신에 대한 정보를 제공하는 것이 필수적이다. 그런데 타인과 빨리 친해지고 싶은 마음에 자신의 이야기를 일방적으로 과도하게 할 경우에는 상대방이 불쾌감을 느껴 역효과를 초래하게 된다.

① 서로가 수용 가능한 적절한 거리를 두고 인간관계를 발전시켜야 한다.
② 상대방에 대한 정보가 충분할수록 오히려 자신의 이야기를 하기 어려워진다.
③ 인간관계를 형성하기 위해서는 자신에 대한 정보를 최대한 많이 제공해야 한다.
④ 상대와 친밀한 관계일 때는 상대에게 자신의 사적인 정보를 공유할 필요가 없다.
⑤ 자신의 정보를 상대에게 먼저 개방할 경우 타인에 대한 정보도 많이 얻을 수 있다.

읽기   061번~090번

[061~062] 다음 글을 읽고 물음에 답하시오.

배를 민다
배를 밀어 보는 것은 아주 드문 경험
희번덕이는 잔잔한 가을 바닷물 위에
배를 밀어 넣고는
온몸이 아주 추락하지 않을 순간의 한 허공에서
밀던 힘을 한껏 더해 밀어 주고는
아슬아슬히 배에서 떨어진 손, 순간 환해진 손을
허공으로부터 거둔다

사랑은 참 부드럽게도 떠나지
뵈지도 않는 길을 부드럽게도

배를 한껏 세게 밀어내듯이 슬픔도
그렇게 밀어내는 것이지

배가 나가고 남은 빈 물 위의 흉터
잠시 머물다 가라앉고

그런데 오, 내 안으로 들어오는 배여
아무 소리 없이 밀려 들어오는 배여

― 장석남, 「배를 밀며」

061 윗글에 대한 설명으로 가장 적절한 것은?

① 관념적인 대상을 구체적인 실체를 가진 대상으로 표현하고 있다.
② 영탄적 어조를 활용하여 화자의 현실 극복 의지를 드러내고 있다.
③ 반어적 표현을 사용하여 대상에 대한 비판적 태도를 드러내고 있다.
④ 공간의 이동에 따라 화자의 심리가 변화하는 과정을 제시하고 있다.
⑤ 색채 이미지를 활용하여 대상의 움직임을 역동적으로 묘사하고 있다.

062 〈보기〉를 바탕으로 윗글을 감상한 내용으로 적절하지 않은 것은?

> **보기**
>
> 이 시의 작가는 '배'를 중심 소재로 하여 사랑과 이별에 대한 여러 작품을 창작했다. 이 작품에서는 유추의 구조를 활용하여 사랑하는 사람을 떠나보내는 슬픔과 그리움의 감정을 드러내고 있다.

① '배를 민다'는 사랑하는 사람을 떠나보내는 상황을 드러내는 표현이군.
② '밀던 힘을 한껏 더해' 배를 미는 것은 이별을 거부하는 화자의 의지를 드러내는 표현이군.
③ '순간 환해진 손'은 상대의 부재로 인해 화자가 느끼는 허전함을 드러내는 표현이군.
④ '빈 물 위의 흉터'는 사랑하는 사람을 떠나보낸 후 화자에게 남은 상처를 드러내는 표현이군.
⑤ '밀려 들어오는 배'는 화자의 의지와 무관하게 발생하는 그리움의 감정을 드러내는 표현이군.

[063~065] 다음 글을 읽고 물음에 답하시오.

　방 안은 눅눅했다. 자판을 치다 주위를 둘러보면, 습기 때문에 자글자글 운 공기가 미역처럼 나풀대며 날아다니는 것 같았다. 벽지 위론 하나둘 곰팡이 꽃이 피었다. ⓐ피아노 뒤에 벽은 상태가 더 심했다. 건반 하나라도 누르면 꼭 그 음의 파동만큼 날아올라, 곳곳에 포자를 흩날릴 것 같은 모양이었다. 나는 피아노가 썩을까 봐 걱정이었다. 몇 번 마른걸레로 닦아 봤지만 소용없었다. 우선 달력 몇 장을 찢어 피아노 뒷면에 덧대 놓는 수밖에 없었다. 그러다 곧 피아노 건반을 확인해 보고 싶은 마음이 들었다. 시골에서부터 이고 온 것인데, 이대로 망가지면 억울할 것 같았다. 한날 마음을 먹고 피아노 의자 위에 앉았다. 그런 뒤 두 손으로 건반 뚜껑을 들어 올렸다. 손안에 익숙한 무게감이 전해져 왔다. 내가 알고 있는 무게감이었다. 곧 88개의 깨끗한 건반이 눈에 들어왔다. 악기는 악기답게 고요했다. 나는 건반 위에 손가락을 얹어 보았다. 손목에 힘을 푼 채 뭔가 부드럽게 감아쥐는 모양을 하고. 서늘하고 매끄러운 감촉이 전해졌다. 조금만 힘을 주면 원하는 소리가 날 터였다. 밖에선 ⊙공사 음이 들려왔다. 며칠 전부터 주인집을 보수하는 소리였다. 문득 피아노를 치고 싶은 마음이 들었다. 이사 후 처음 있는 일이었다. 그리고 일단 그런 마음이 들자, 주체할 수 없는 감정이 솟구쳤다. 한 음 정도는 괜찮지 않을까. 소리는 금방 사라져 아무도 모를 것이다. 나는 용기 내어 손가락에 힘을 주었다. / "도—"
　도는 방 안에 갇힌 나방처럼 긴 선을 그리며 오래오래 날아다녔다. 나는 그 소리가 아름답다고 생각했다. 가슴속 어떤 것이 엷게 출렁여 사그라지는 기분이었다. 도는 생각보다 오래 도— 하고 울었다. 나는 한 음이 완전하게 사라지는 느낌을 즐기려 눈을 감았다. 밖에서 문 두드리는 소리가 났다. 쿵쿵쿵쿵. 주먹으로 네 번이었다. 나는 얼른 피아노 뚜껑을 덮었다. 다시 쿵쿵 소리가 들렸다. 현관문을 열어 보니 주인집 식구들이었다. 체육복을 입은 남자와 그의 아내, 두 아이가 나란히 서 있었다. 사내아이는 아빠와, 계집아이는 엄마와 똑 닮아 있었다. 외식이라도 갔다 오는지 그들 모두 입에 이쑤시개를 물고 있었다. 남자가 입을 열었.
　"학생, 혹시 좀 전에 피아노 쳤어?"
　나는 천진하게 말했다. / "아닌데요."
　주인 남자는 고개를 갸웃거리며 물었다. / "친 거 같은데……?"
　나는 다시 아니라고 했다. 주인 남자는 의심스러운 표정을 짓다가, 내가 곰팡이 얘길 꺼내자 "지하는 원래 그렇다."라고 말한 뒤, 서둘러 2층으로 올라갔다. 나는 방으로 돌아와 피아노 옆에 기대어 앉았다. 그런 뒤 무심코 휴대 전화 폴더를 열었다. 휴대 전화는 번호마다 고유한 음이 있어 ⓛ단순한 연주가 가능했다. 1번은 도, 2번은 레, 높은 음은 별표나 영을 함께 누르면 되는 식이었다. 더듬더듬 버튼을 눌렀다. 미 솔미 레도시도 파, 미 솔미 레도시도 레레레 미…… '원래 그렇다'는 말 같은 거, 왠지 나쁘다는 생각이 들었다.

- 김애란, 「도도한 생활」

063 윗글의 서술상 특징으로 가장 적절한 것은?

① 희화화를 통해 특정 인물이 지닌 부정적 측면을 풍자하고 있다.
② 시간적 배경을 명시하여 사건을 둘러싼 시대 맥락을 드러내고 있다.
③ 시간의 역전적 구성을 활용하여 인물의 현재 상황을 강조하고 있다.
④ 현재형 어미를 활용하여 인물의 행동을 현장감 있게 묘사하고 있다.
⑤ 공감각적 서술을 통해 특정 장면에 대한 인물의 인상을 강조하고 있다.

064 ㉠, ㉡에 대한 이해로 가장 적절한 것은?

① ㉠은 '나'의 불편을 유발하는 소리이고, ㉡은 '주인 남자'의 불편을 유발하는 소리이다.
② ㉠은 '주인 남자'가 자부심을 느끼는 소리이고, ㉡은 '나'가 환멸감을 느끼는 소리이다.
③ ㉠은 '나'에게 열패감을 유발하는 소리이고, ㉡은 '주인 남자'에게 수치심을 유발하는 소리이다.
④ ㉠은 '나'의 반발심을 자극하는 소리이고, ㉡은 억압적인 상황에 대한 '나'의 반발심을 표출하는 소리이다.
⑤ ㉠은 '주인 남자'의 약자에 대한 연민을 드러내는 소리이고, ㉡은 '나'가 겪는 사회적 억압을 드러내는 소리이다.

065 〈보기〉는 윗글의 앞부분 줄거리를 요약한 내용이다. 〈보기〉를 바탕으로 할 때, ⓐ의 상징적 의미로 가장 적절한 것은?

> **보기**
>
> 생계를 책임지고 있던 엄마의 만두 가게가 아버지의 빚보증으로 망하고 난 후, '나'는 언니가 사는 서울 변두리 반지하 셋방으로 어린 시절부터 쳐 온 피아노를 옮겨 와 살게 된다. '나'는 타자 아르바이트를, 언니는 편입 준비와 아르바이트를 병행하며 하루하루를 고되게 살아간다.

① 급속화된 개발로 인해 잊힌 전통문화
② 경제적 무능으로 생계가 위태로운 상황
③ 궁핍한 삶에서도 지키고자 하는 자존감
④ 개개인의 노력으로 이어지는 가족 간의 유대
⑤ 자본주의 사회에서 평가 절하되는 도덕적 가치

[066~068] 다음 글을 읽고 물음에 답하시오.

㉠아야무스는 스페인 말라가 대학교 프란시스코 비코 교수팀에 의해 개발된 인공지능 작곡 시스템 멜로믹스의 컴퓨터 클러스터 이름이다. 멜로믹스는 '멜로디의 유전학'을 의미한다. 이 시스템에 사용된 알고리듬은 생물의 유전학적 진화에서 모티브를 얻은 것으로, 기존 인공지능 작곡 프로그램이 주어진 음악 작품들을 학습하여 작곡 기법을 모방하는 방식이라면 아야무스는 주어진 주제를 무작위로 진화시키는 방식으로, 고유한 스타일로 작곡하는 것이 특징이다. 2010년 10월 15일, 아야무스는 인공지능 자체 스타일로 첫 현대 클래식 음악 'Opus one'을 작곡했다. 작곡 과정에서 인간이 하는 것은 실연을 위한 악기의 선택, 곡의 길이, 인간의 손가락은 다섯 개라는 정보와 같은 악기 연주의 기술적 가이드라인 설정 정도라고 한다.

아야무스의 작곡 과정은 주제적 요소(음악적 단위)를 창의적으로 진화시켜 발전해 나가는 인간의 창작 행위와 유사하다. 또한 인간의 개입은 실제 연주 가능한 음악이 되도록 형식을 설정하는 것에 그치기 때문에 이 기술이 대중음악에 적용될 경우 새로운 음악 저작물 시장을 형성하고 인공지능 저작권 문제의 핵심이 될 것으로 보인다. 아야무스는 미국 회사를 통해 음악 창작물 활용을 시도하고 있으며, 저작권 정책상 음원 다운로드 시 저작권을 취득하지 않음을 명시하고 있다.

현행 저작권법은 저작물이 인간의 사상 또는 감정을 표현하는 창작물을 말한다고 정의하고 있다. ㉡기술 발전에 의한 음악 창작 환경의 변화와 그에 따른 음악 시장의 모습을 정확히 예측하기는 어렵다. 만일 강한 인공지능이 등장하여 인간이 작곡한 음악과 동일한 수준의 음악을 작곡하여 관련 산업계에 영향을 준다면 과연 저작권자는 누구인지, 저작권은 누구에게 귀속되어야 하는지 등의 문제가 발생할 수 있다. 인공지능이 작곡한 음악이 현행 저작권에서 보호하는 저작물에 해당하는지 여부는 인간이 작곡 과정에 지속적으로 개입하는 인공지능, 인간의 개입이 최소화된 인공지능, 미래의 강한 인공지능이 작곡한 음악의 경우 등으로 나누어 검토할 필요가 있다. 인간의 실행 명령만으로 인공지능이 음악의 구성요소를 결정하여 작곡하는 자동화 유형은 다른 음악 저작물과 구별되고 인공지능의 개성이 반영되어 작곡되므로 판례가 요구하는 창작성 기준에 부합할 것이다. 또한 자동화 유형 인공지능을 이용해 작곡하는 과정에서의 최소화된 이용자의 개입을 인간의 정신적 노력이라고 보기도 한다. 이러한 자동화 유형 인공지능은 앞으로 저작권 문제의 주요 논의의 대상이 될 것으로 예상된다.

066 ㉠에 대한 설명으로 적절하지 않은 것은?

① 주어진 주제를 다양한 방식으로 진화시키는 방식으로 작곡한다.
② 주어진 작품의 작곡 기법을 모방한다는 점에서 기존의 인공지능과 공통된다.
③ 창의적인 창작 행위로 고유한 스타일의 현대 클래식 음악을 작곡하기도 했다.
④ 인간의 역할은 악기의 선택과 연주에 대한 기술적 가이드라인 제공에 집중한다.
⑤ 멜로믹스의 컴퓨터 클러스터는 멜로디를 유전학적 관점에서 재해석하는 데 사용된다.

067 ㉡을 고려할 때, 저작권법의 변화 방향에 대한 필자의 입장으로 가장 적절한 것은?

① 인공지능 음악 창작물의 특성을 고려한 새로운 저작권 범주가 마련되어야 한다.
② 기술 발전은 음악 산업을 혁신하므로, 음악 시장을 축소하는 저작권법은 사라져야 한다.
③ 기술 발전으로 창작물이 다양해지므로, 저작권 설정의 단일한 기준을 마련할 필요가 있다.
④ 인공지능 기술은 음악 창작의 본질을 저해하므로, 인공지능의 권한을 인정해서는 안 된다.
⑤ 기술 발전이 음악 창작의 본질을 변화시키지 않으므로, 현재 저작권 정의는 유지해야 한다.

068 윗글을 토대로 〈보기〉와 같은 의견을 제시할 때, 빈칸에 들어갈 내용으로 가장 적절한 것은?

보기

아야무스가 작곡한 음악도 저작권을 인정해야 한다. 왜냐하면 _____.

① 인간이 작곡에 참여했기 때문이다.
② 인간의 사상과 감정을 표현했기 때문이다.
③ 무한정 반복해서 음악을 생성할 수 있기 때문이다.
④ 인간이 설정한 창작 가이드라인을 따랐기 때문이다.
⑤ 인간이 개발한 알고리듬을 따라 창작되었기 때문이다.

[069~072] 다음 글을 읽고 물음에 답하시오.

일반적으로 법전이라고 하면 사람들은 법령을 모아 놓은 책으로만 안다. 국어사전들에서도 대체로 법규집이라 풀이한다. 그런데 법전은 책이라는 의미 이상의, 어쩌면 그와는 근본적으로 다른 개념을 갖는다. 이 의미에서의 법전은 책이 아니라 법이다. 법들 가운데서도 매우 중요한 법률에 대하여 붙이는 말이다. 곧, 일정한 법 영역을 하나의 완결된 체계로 규율하기 위하여 폭넓게 망라된 내용으로 제정된 중요한 성문법을 특별히 가리켜 일컫는 용어이다. 그래서 '전' 자를 붙이는 것이기도 하다.

헌법, 민법, 민사소송법, 형법, 형사소송법, 상법의 육법(六法)의 경우에만 다른 법률과 달리 민법전, 형법전 하는 식으로 법전이라 부른다. 우리 민법전을 보면, (1) 총칙, (2) 물권, (3) 채권, (4) 친족, (5) 상속의 총 5편으로 되어 있다. 개인의 권리와 의무, 계약, 소유, 거래에 관한 것뿐 아니라 혼인, 양육, 상속 신분상 이루어지는 사항까지 망라되어, 사람이 일상에서 생활하는 전반을 규율하는 모양새이다. 이러한 법전이 추구하는 완결성은 빠짐없이 규정하려는 것뿐 아니라 중복 없이 체계적으로 규율하려는 것도 중요한 과녁인데, 총칙은 그것을 보여 준다.

총칙편은 민법 전반을 규율하는 일반 원칙에 해당하는 것을 모아 놓은 편목이다. 따라서 총칙편에 있는 사항은, 원칙적으로 물권편이나 채권편에서도 적용이 되므로, 그 편목들에서는 중복 규정하지 않는다. 법 개념을 설정하고 그 과정에서 도출된 일반적인 원칙을 머리에 따로 두며, 나머지 개별 사항들을 다시 분류하여 정리하는 것은 오랜 법학 연구 전통의 결실이기도 하다. 이런 식으로 편제하는 법전 구성을 판덱텐식이라 하는데, 독일 민법이 탄생할 때 채택된 방식이다.

총칙에서는 그 성격상 다양한 구체적 사안을 포괄할 수 있는 추상적 규정이 주를 이룬다. 이런 총칙이 법전의 머리에 자리하다 보니, 법학 교육에서도 [㉠] 민법 총칙을 민법 분야에서 제일 먼저 수강하도록 한다. 이는 법학에 대한 접근성을 떨어뜨리는 한 원인도 된다. 또 소유권이나 담보물권 같은 물권에 대해 알아보려 할 때 물권편을 보다가도 그 전제로서 확인해야 할 조문이 있는 총칙편으로 가서 뒤적거리곤 하게 된다.

판덱텐식 법전이 제정되기 전에 성립된 프랑스 민법전은 현재 (1) 인(人), (2) 재산 및 소유권, (3) 채권, (4) 담보 편목으로 구성되어 있다. 총칙편이 없다는 구별이 바로 나타난다. 인스티투티오네스식이라 불리는 이 편제는 그 법 전반에 적용되는 원칙들을 따로 모아 독립된 편목으로 두지 않는 방식인 것이다. 예를 들어 제4편에 편성하려는 조문과 같은 성격의 조항이 이미 제2편에 있다고 하더라도 그에 구애받지 않고, 원칙적으로 그 편목 안에서 이해를 완결할 수 있도록 하는 데 치중한다.

판덱텐식에서는 총칙편이 따로 있을 뿐 아니라 다른 편들에서도 모두 총칙이라는 장을 맨 먼저 두며 시작한다. 예를 들면 민법 제3편 채권편에서도 제1장이 총칙이며, 그 제2장 계약에서도 제1절로 총칙을 두고 있다. 또한 계약 장의 제3절 매매에서도 제1관이 총칙이다. 총체적으로 체계를 갖춘 짜임새를 추구한다는 느낌을 준다. 그렇다고 해서 인스티투티오네스식 법전이 체계성이 떨어지는 것은 결코 아니며, ㉡접근성과 이해도를 높일 수 있도록 되어 있다는 나름의 훌륭한 체계를 갖고 있다. 그리고 어느 쪽이든 일정한 법 영역을 하나의 완결된 체계로 규율하는 성문법전이라는 점에서는 차이가 없다.

069 윗글에 사용된 설명 방식으로 가장 적절한 것은?

① 단계적 추론을 통해 특정 개념을 이해할 수 있도록 설명한다.
② 특정 개념을 둘러싼 주장 사이의 공통점과 차이점을 대비한다.
③ 특정 개념을 전문적인 시각에서 소개하고 사례를 들어 해설한다.
④ 여러 유사한 개념들을 분석하고 해석하며 하나의 이론 아래 통합한다.
⑤ 두 개념의 차이를 이론적으로 분리하여 공유하는 특성의 존재를 부정한다.

070 윗글에 대한 이해로 적절하지 않은 것은?

① 법률 중에는 법전인 것이 있고, 아닌 것이 있다.
② 법전의 편제에는 법학 연구의 성과가 반영되어 있다.
③ 민법은 사람들의 일상생활에 대한 규율을 목적으로 한다.
④ 역사적으로 독일 민법은 프랑스 민법보다 먼저 제정되었다.
⑤ 노동법전이나 세법전이 있다면 법전이 아니라 법규집일 것이다.

071 ㉠에 들어갈 말로 가장 적절한 것은?

① 민법의 전반을 명료하게 설명한
② 관념적이고 난해한 조문들이 많이 있는
③ 일상생활에서 접하는 다양한 내용이 담긴
④ 다른 편목보다 더욱 체계적인 구성을 갖춘
⑤ 가족에 관한 친족편이나 상속편에도 적용이 있는

072 ㉡에 대한 해석으로 적절하지 않은 것은?

① 같은 조문이 중복하여 실리는 데 대한 제한으로 전체 조문의 수가 줄게 되므로 읽기가 쉽다.
② 편성 체제에서의 이론적 완성보다는 이해를 중심으로 하는 구성이 되고 있다는 것은 장점이 된다.
③ 짜임새의 차이를 체계상의 우열로 볼 것은 아니며 읽기 좋게 구성되어 있다는 점을 발견할 수 있다.
④ 개별 사항에 관한 관련 법규를 찾아 이해하려 할 때 한 법률 안에서 여기저기를 옮겨 가며 참조하는 일이 줄어든다.
⑤ 구체적 사항을 다루기보다는 추상적인 조문이 구성되어 있는 총칙편이 첫머리에 놓이지 않은 것은 오히려 이점이 될 수 있다.

[073~075] 다음 글을 읽고 물음에 답하시오.

코로 냄새를 느끼게 하는 것은 해당 물질로부터 확산해 나온 휘발성의 분자이다. 이들이 공기 중에 섞여 코안으로 들어가면 후각 상피세포를 자극하는데, 후각 상피세포에는 각각의 냄새 분자와 결합하여 분자의 존재를 감지할 수 있는 후각 수용체가 있다. 냄새 분자가 수용체에 결합하면 후각 상피에서 나온 신경절을 따라 전기 신호가 뇌로 전달되고, 뇌의 냄새를 담당하는 영역에서 어떤 냄새인지를 알아낸다. ㉠냄새를 느낄 수 있는 분자의 최저 농도는 냄새를 일으키는 분자의 종류에 따라 큰 차이를 보인다. 사람 수용체의 가짓수가 약 1,000개 정도인데 사람의 냄새 탐지 능력은 민감하며 특정한 분자는 아주 낮은 농도까지 탐지할 수 있다. 하지만 다른 동물보다는 훨씬 둔감한 편인데, 쥐는 50배, 개는 10,000배 정도 사람보다 냄새에 예민하다.

다른 동물들에 비해 사람이 냄새를 느끼는 능력이 둔감하다고 해서 사람이 가지고 있는 수용체의 성능이 떨어지는 것은 아니다. 사람의 후각 수용체 가운데 가장 민감한 것은 분자 한 개에 대해서도 반응한다. 동물의 수용기라 하더라도 분자 한 개에 대해서 반응하는 정도보다는 더 민감할 수는 없으므로 사람의 수용체 성능이 다른 동물의 것에 비해 결코 낮다고 할 수 없다. 그런데도 사람의 후각 능력이 동물에 비해 떨어지는 이유는 가지고 있는 수용체의 개수가 적기 때문이다. 사람의 후각 수용체는 1천 개 정도인 데 비해 개는 10억 개나 된다.

냄새 분자의 농도가 최저를 넘으면 냄새가 나는지는 느낄 수 있지만, 그 농도가 최저에 가까우면 냄새의 종류를 분간하기는 어렵다. 꽃향기인지, 비린내인지를 구별하지는 못한다. ㉡냄새의 정체를 알아채는 데 필요한 최저의 분자 농도는 냄새를 느끼는 최저 수준보다 3배 이상은 되어야 한다. 한편 ㉢같은 냄새지만 더 강한 냄새라고 느끼려면 일정 수준 이상의 더 짙은 농도가 필요한데, 사람은 냄새의 농도가 대략 10% 이상 짙어지면 그 세기의 차이를 느낄 수 있다고 알려져 있다.

사람들이 구별할 수 있는 냄새의 종류는 10만 가지가 넘는다. 하지만 사람들이 각 냄새의 구체적인 실체를 파악하기는 무척 어렵다. 장미나 커피 냄새를 맡으면 그것이 무엇인지 쉽게 알아차리지만, 실제로 냄새를 느낄 때 그 냄새를 풍기는 것이 무엇인지를 맞힐 가능성은 50%밖에 되지 않는다. 이러한 사실은 사람이 냄새를 느끼는 능력이 부족해서가 아니라 냄새의 특성을 표현할 구체적인 단어가 부족해서 여러 냄새의 실제 이름을 기억하고 그 냄새를 다시 느꼈을 때 표현할 단어를 떠올리지 못하기 때문이다.

073 윗글의 내용과 일치하지 <u>않는</u> 것은?

① 사람의 후각 능력은 다른 동물에 비해 떨어진다.
② 냄새의 종류에 따라 냄새를 감지하는 정도가 다르다.
③ 후각 수용체의 민감도는 분자 한 개에 반응할 때 최저이다.
④ 사람은 후각 수용체를 통해 10만 가지 이상의 냄새를 구별할 수 있다.
⑤ 사람의 후각 수용체 한 개의 민감도는 동물에 비해 떨어진다고 할 수 없다.

074 ㉠~㉢에 대한 설명으로 옳지 <u>않은</u> 것은?

① 동물은 후각 수용체의 개수가 많아 사람에 비해 ㉠이 높다.
② 냄새의 세기 차이를 느끼려면 농도가 모두 ㉠보다 높아야 한다.
③ 냄새의 종류를 알아채려면 냄새 분자의 농도가 ㉡ 이상이어야 한다.
④ 사람이 특정한 냄새를 접할 때, ㉠은 ㉡보다 낮다.
⑤ 사람이 특정한 냄새를 접할 때, ㉠과 ㉡의 차이는 ㉠과 ㉢의 차이보다 크다.

075 〈보기〉의 실험의 결론으로 가장 적절한 것은?

> **보기**
>
> 실험 시작 전에 참여자에게 실험에 사용하는, 냄새나는 물질의 이름을 짐작할 수 있는 정보를 알려 주었다. 그런 다음 냄새를 맡게 하고 물질의 이름이 무엇인지 말하게 하였다. 만일 참여자가 다른 이름을 대면 정답을 가르쳐 주었다. 이 과정을 거친 후 냄새를 내는 물질을 알아맞히는 능력이 그렇지 않은 경우에 비해 향상됨을 발견하였다.

① 사람의 후각기가 반응하는 냄새의 종류는 훈련에 의해 늘어난다.
② 사람의 후각에 대한 감지 능력은 물질에 따라 큰 차이를 보인다.
③ 사람이 냄새가 무엇인지 맞히려면 언어적 표현의 능력이 필요하다.
④ 사람의 후각은 특정 냄새에 반응하는 수용체 개수에 영향을 받는다.
⑤ 사람은 냄새의 유무와 냄새의 세기에 대한 감지 능력이 서로 다르다.

[076~078] 다음 글을 읽고 물음에 답하시오.

한옥의 처마는 앞에서 봤을 때 양쪽 끝이 약간 위로 올라가는 곡선으로 처리되어 있는데 이것을 ⓐ앙곡이라고 부른다. 한편 처마 아래에서 지붕을 봤을 때는 건물 중앙보다 귀 부분의 처마 끝이 더 앞쪽으로 튀어나오도록 처리한 ⓑ안허리곡이라는 기법도 함께 사용한다. 따라서 처마선은 아래에서 위로, 안쪽에서 바깥쪽으로 휘어지는 입체적인 곡선을 그리게 된다. 이는 흙과 기와로 구성돼 엄청난 하중을 갖고 있는 지붕을 가볍게 보이게 하는 효과와 함께 지붕선의 끝이 아래로 처져 보이는 ㉠눈의 착시 현상을 보정하기도 한다. 처마의 선을 만들어 주는 부재는 평고대이고 평고대가 입체적인 곡선이 되도록 하는 것이 추녀이다. 추녀는 지붕의 네 모서리에 대각선으로 걸리는 부재이다. 추녀는 곡선의 처마선을 만들기 위해 끝부분이 하늘로 향하도록 위로 약간 휘어지게 만들고, 서까래가 만드는 처마보다 더 길게 밖으로 나오게 설치된다.

목조 건축물에서 지붕의 하중을 수직으로 떠받치고 있는 부재는 기둥이다. 이 기둥이 안정되게 서 있도록 기둥 사이에 수평으로 놓이는 부재를 설치하는데, 기둥의 상부에 두는 것을 창방이라고 하며 하부에 설치하는 것을 하방이라고 한다. 연결된 창방이 만드는 수평선은 눈높이보다 높은 곳에 위치하고 있어 양쪽 끝이 아래로 처져 보이는 현상이 발생한다. 이것은 눈높이보다 낮은 수평선은 양쪽 끝이 올라간 것처럼 보이고 눈높이보다 높은 수평선은 양쪽 끝이 아래로 처져 보이는 착시 현상 때문에 일어난다. 기둥의 높이를 건물 중앙에서 양쪽 건물의 끝으로 가면서 점차 높아지도록 만들어 창방이 수평으로 놓인 것처럼 보이게 만드는데, 이런 기법을 ⓒ귀솟음이라고 한다.

귀솟음 기법은 ㉡건물의 구조적인 안정성도 얻는다. 한옥의 보편적인 지붕 형태인 팔작지붕의 경우 추녀가 걸리는 건물 모서리의 기둥은 다른 기둥보다 지붕의 하중을 더 많이 받게 되는데, 모서리 기둥이 긴 시간 동안 큰 하중을 계속 받으면 다른 기둥보다 많이 가라앉는 부동 침하 현상이 생긴다. 귀솟음 기법은 이러한 구조적 변형에도 모서리 기둥이 다른 기둥보다 높거나 최소한 같은 높이를 유지할 수 있게 해 준다.

한편 수직으로 늘어선 기둥의 연속된 수직선이 건물의 좌우 끝으로 가면서 건물의 상부가 바깥으로 벌어져 보이는 착시 현상도 발생하는데, 이를 교정하기 위해 끝 기둥의 상부를 건물의 중앙 쪽으로 약간 기울어지게 하는 ⓓ안쏠림 기법을 쓰기도 한다. 그러나 단층의 경우에는 기둥의 높이가 건물의 측면의 길이에 비해 상대적으로 짧으므로 착시 현상을 교정하는 효과는 그리 크지 않다. 또한 안쏠림을 주었다고 하더라도 그 정도가 목재 기둥의 재질 변화에 의한 변형 크기보다 작은 경우가 많다. 하지만 끝 기둥에 안쏠림을 강하게 주면 건물의 무게 중심을 낮추는 효과를 얻을 수 있는데, 이는 건물의 층수가 많은 건물에서 구조적 이익을 얻는 중요한 역할이기도 하다.

076 윗글의 내용과 일치하지 않는 것은?

① 한옥의 지붕은 흙과 기와로 구성되어 하중이 크다.
② 평고대는 지붕의 처마선을 만들어 주는 부재이다.
③ 추녀는 서까래보다 더 길게 나오는 처마를 만든다.
④ 하방은 창방보다 높은 위치에 설치되는 부재이다.
⑤ 기둥에 걸리는 하중의 차이가 부동 침하를 일으킨다.

077 ㉠과 ㉡을 향상시킬 수 있는 기법이 모두 적용될 수 있는 부재는?

① 기둥 ② 창방 ③ 추녀 ④ 하방 ⑤ 평고대

078 ⓐ~ⓓ에 대한 설명으로 가장 적절한 것은?

① ⓐ와 ⓑ는 모두 지붕의 처마선이 곡선이 되도록 만든다.
② ⓐ와 ⓒ는 모두 지면에 수직으로 놓이는 부재에 적용된다.
③ ⓐ와 ⓓ는 모두 건물의 구조적 안정성을 향상시킬 수 있다.
④ ⓑ와 ⓒ는 모두 지면에 대해 수직인 평면에 적용된다.
⑤ ⓒ와 ⓓ는 모두 지붕에 놓인 부재에 대한 착시를 교정한다.

[079~082] 다음 글을 읽고 물음에 답하시오.

　모든 이미지는 미(美)와 같은 내적 특성이나 보는 이에게 가해지는 영향력에 의해 평가되곤 한다. 이미지를 해석하고 가치를 부여하는 기준은 문화적 약호(codes)나 공유된 개념(이미지가 유쾌하거나 불쾌하거나 충격적이거나 진부하거나 흥미롭거나 지루하거나 등)에 따라 결정된다. 이러한 특성은 이미지 자체에 존재하는 것이 아니라 보는 사람의 경험과 가치관 그리고 사회적 맥락에 따라 해석되는 것이다. 모든 관찰자들은 대개 미학(aesthetics)과 취향(taste)이라는 두 가지 기본적인 개념에 의해 이미지를 평가한다.
　미학은 주로 아름다움과 추함을 인식하는 철학적인 개념을 말한다. 지난 수 세기 동안 철학자들은 이러한 특성이 사물 자체에 존재하는 것인지 아니면 보는 사람의 마음속에 존재하는 것인지에 대한 논란을 거듭해 왔다. 예를 들어 18세기의 철학자인 칸트(Immanuel Kant)는 아름다움은 판단이나 주관성으로부터 분리되어야 한다고 주장했다. 칸트는 순수한 아름다움은 자연과 예술에서 발견할 수 있는 것이며, 특정한 문화나 개별적 약호에 의해서 의미를 지니는 것이 아닌 보편 타당한 기준이라고 믿었다. 즉, 그는 불가피하고 객관적인 아름다움이 존재한다고 여겼다.
　하지만 오늘날의 미학은 특정 사물이나 이미지에 아름다움이 내재한다는 믿음과는 거리가 멀다. 우리는 더 이상 아름다움을 보편적인 특성으로 생각하지 않으며, 현대의 미학적 개념은 아름다움에 대한 기준이 문화적인 특수성과 취향에 따라 변화될 수도 있다는 사실을 강조한다. '아름다움은 보는 사람의 눈 안에 있다'는 경구는 아름다움의 질 도 개인적인 해석에 달려 있다는 점을 지적하고 있다. ┘ [A]
　또한 취향 역시 단순히 개인적인 해석의 문제는 아니다. 취향은 계급, 문화적 배경, 교육, 기타 정체성에 관련된 경험으로부터 파생되며, 우리가 '취향을 갖고 있다'고 말할 때는 주로 문화적인 특수성이나 계급적인 개념과 연관성을 지닌다. 좋은 취향을 갖고 있다는 표현은 때론 중산층 이상이나 상류층의 기준을 지니고 있다는 말로 여겨지며, 엘리트 문화의 가치를 인식하는 것으로 간주된다. 반면에 '나쁜 취향'을 갖고 있다는 표현은 사회적인 범주에서 '특성'이나 '심미안'에 대한 인식이 부족하다는 것을 의미한다. 따라서 이러한 맥락에서 파악한다면, 취향은 문화적 기관(예술 박물관이나 갤러리 등)의 선정 기준에 따라서도 그 평가가 달라질 수도 있는 셈이다.

079 윗글의 내용 전개 방식으로 가장 적절한 것은?

① 다양한 예시를 통해 개념에 대한 이해를 돕고 있다.
② 쟁점이 되는 부분을 시간의 역순에 따라 서술하고 있다.
③ 비유적 표현을 활용함으로써 대상의 특성을 부각하고 있다.
④ 시대에 따라 개념에 대한 이해가 변화하였음을 설명하고 있다.
⑤ 대상에 대한 찬반 의견을 제시한 뒤 각각의 장단점을 정리하고 있다.

080 [A]에 대한 이해로 적절하지 <u>않은</u> 것은?

① 이미지의 의미는 수용자가 누구냐에 따라 달라진다.
② 여러 사람이 추하다고 느끼는 이미지일수록 열등하다.
③ 정전으로 평가되는 예술 작품의 목록은 변화할 수 있다.
④ 아름다움에 대한 감각은 개인적인 경험에 따라 달라질 수 있다.
⑤ 특정 문화권의 영화가 다른 문화권에서는 이해되지 않을 수 있다.

081 윗글을 바탕으로 추론할 수 있는 '칸트의 미학'과 '오늘날의 미학'의 양상으로 적절하지 않은 것은?

	칸트의 미학	오늘날의 미학
①	사물 자체	마음속
②	객관성	주관성
③	보편성	상대성
④	기준	해석
⑤	문화와 취향	자연과 예술

082 윗글에 대한 이해로 적절하지 않은 것은?

① 예술에 관한 한 이제는 자명한 것이 없다는 생각이 든다.
② 나의 예술적 취향이 내가 속한 계급과 관련될 수도 있겠다.
③ 유명 박물관에 전시된 작품일수록 권위를 지닐 수밖에 없다.
④ 사람들의 취향이 좋고 나쁨을 판단하는 기준은 보편타당하다.
⑤ 내가 다른 지역에서 태어났다면 지금과 다른 취향을 가졌을 것이다.

[083~084] 다음 글을 읽고 물음에 답하시오.

행복주택 예비 입주자 모집

- 이번 행복주택은 입주자 모집 공고일(2024. 3. 8.) 현재 다음 중 하나에 해당하는 사람에게 공급됩니다.
  ① 대학생 계층
   – 대학생: 대학에 재학 중이거나 다음 학기에 입·복학 예정인 사람
   – 취업 준비생: 대학 또는 고등학교를 졸업(또는 중퇴)한 지 2년 이내인 사람
  ② 사회 초년생 계층
   – 청년: 만 19세 이상 만 39세 이하인 사람
   – 초기 경력자: 소득이 있는 업무에 종사한 기간이 총 7년 이내이며, 아래의 하나에 해당하는 사람
     1) 소득이 있는 업무에 종사하는 사람
     2) 퇴직한 후 1년이 지나지 않은 사람으로서 구직급여 수급 자격을 인정받은 사람
     3) 예술인
  ③ 가족 계층
   – 신혼부부: 공고일 현재 혼인 중인 사람으로서 혼인 기간이 10년 이내인 사람 또는 만 6세 이하 자녀(태아를 포함함)를 둔 사람
   – 예비신혼부부: 입주 전까지 혼인 사실을 증명할 수 있는 사람
   – 한부모가족: 만 9세 이하 자녀를 둔 한부모인 사람
  ④ 고령자: 만 65세 이상의 사람
  ⑤ 주거급여수급자: 「주거급여법」 제2조 제2호 및 제3호에 따른 수급권자 또는 수급자
- 상기 신청 자격에 따라 임대 조건이 달리 적용되오니 해당 신청 자격별 세부 기준을 확인하신 후 신청하시기 바랍니다.
- 본 모집 공고문의 모집 대상 주택에 대하여 1세대 1주택 신청(예비신혼부부의 경우 2인 1주택 신청)을 원칙으로 하며, 중복 신청하는 경우 전부 무효 처리됩니다.

---

083 윗글에 대한 이해로 가장 적절한 것은?

① 현재 휴학 중이며 1년 후 복학할 예정인 대학생은 대학생 계층으로 지원할 수 있다.
② 만 39세를 넘었더라도 초기 경력자 조건에 해당하면 사회 초년생 계층으로 지원할 수 있다.
③ 예비신혼부부의 경우 부부가 각각 지원할 수 있다.
④ 만 64세도 고령자로 인정받을 수 있다.
⑤ 모든 신청 자격에 대해서 일괄적으로 동일한 임대 조건이 적용된다.

084 윗글을 바탕으로 할 때 적절한 신청 자격에 해당하는 사례는?

① 5년 전 고등학교를 졸업하고 취업을 준비하고 있는 경우 대학생 계층으로 지원할 수 있다.
② 4년 동안 소득이 있는 업무에 종사한 후 쉬다가 다시 3년 7개월째 일하고 있는 예술인은 사회 초년생 계층으로 지원할 수 있다.
③ 현재 혼인한 지 12년 차인 부부가 출산을 앞두고 있다면 신혼부부로 지원할 수 있다.
④ 입주 후 한 달 이내에 혼인을 증빙할 수 있으면 예비신혼부부로 지원할 수 있다.
⑤ 만 13세 자녀를 둔 한부모인 사람은 한부모가족으로 지원할 수 있다.

[085~087] 다음 글을 읽고 물음에 답하시오.

[인터넷 화면 1]

KBS 뉴스

☰ 🔍　분야별　뉴스9　TV 뉴스　프리미엄K　스포츠　시사프로그램　지역뉴스

무능한 재난 대응 '끝판왕'…괴수물 탈을 쓴 풍자극 '신 고질라' [씨네마진국]
2023.05.07 (10:12)　강○○ 기자

[씨네마진국] 이○○ 공소장에도 적힌 '가스라이팅'…시초는 흑백 영화?
2023.05.08 (07:01)　강○○ 기자

[씨네마진국] 1인 가구부터 대안가족까지, 색다른 가족영화 3편
2023.06.04 (07:04)　강○○ 기자

㉠ ※ 클릭 주의 ※ 일요일 아침, 그 주의 시사 문제와 관련된 영화를 소개합니다. 예고가 될 만한 영화 내용이 포함돼 있습니다.

[인터넷 화면 2]

[씨네마진국] 이○○ 공소장에도 적힌 '가스라이팅'…시초는 흑백 영화?

㉢ 최초 입력 2023.05.07.(15:10)　　수정 2023.05.08.(07:01)　　　🔊 ㉣

㉡　"내가 급한 돈이라고 얘기하지 않았어?" 살인 사건 피의자 이○○는 수시로 남편을 몰아붙였다. 남편의 정당한 문제 제기에도 헤어지고 싶냐는 질문이 쏟아졌다. 검찰은 공소장에 이 씨가 남편을 '가스라이팅'했다고 적었다. 가스라이팅이란 상대방의 심리를 교묘하게 조종해 판단력을 흐리게 만드는 행위를 뜻한다. '가스 등불'을 뜻하는 이 단어가 어쩌다 심리적 지배 행위를 이르는 용어가 됐을까?

'가스라이팅'의 원조는 조지 큐커 감독의 1944년 작 〈가스등〉이다. 영화 제목이 그대로 용어가 됐다. 그만큼 교묘한 심리 지배의 기법이 영화 속에 고스란히 담겼다.
'잭'이라는 남성이 보석을 훔치기 위해 윗집의 부인을 살해한다. 보석을 찾기 위해서 집을 뒤지려면 불을 켜야 하는데, 이 건물은 가스등을 쓰고 있었다. 가스등은 건물 전체에서 가스를 나눠 쓰는 구조라, 윗집이 가스등을 켜면 다른 집의 가스등이 어두워진다.
　영화 속 여주인공인 아내 '폴라'는 남편 '잭'이 떠난 뒤에 천장에 매달린 가스 등불이 희미해지는 것을 보며 불안해한다. 폴라는 밤마다 가스등이 어두워지고 윗집에서 소음이 들리자 불안해하지만, 남편은 마치 아내가

신경과민인 것처럼 몰아붙인다. 처음엔 반신반의하던 폴라도 상황이 반복되고 지속되자 외부의 문제가 아닌 자기 자신에게 문제가 있는 것이 아닐까 하는 의구심을 갖게 되었고, 점점 무기력과 공허감에 빠지게 되어서 결국 남편의 의사 결정만을 따르게 된다.

남편은 한 번도 폴라를 때리거나, 대놓고 '당신은 미쳤다'고 말하지 않지만, 폴라 스스로 자기가 미쳤다고 생각하게 만든다는 점이 '가스라이팅'의 무서움이다. 남편이 아내를 옭아매는 이유가 무엇인지, 폴라는 이 마수에서 어떻게 벗어나는지 알고 싶다면 영화를 봐야 한다. 해당 영화는 유ㅇ브와 왓ㅇ의 인터넷 동영상 서비스 플랫폼에서 볼 수 있다.

ⓜ **이 기사가 좋으셨다면**

 좋아요 6   응원해요 1   후속 원해요 1

085 위 인터넷 기사문에 대한 특징으로 적절하지 <u>않은</u> 것은?

① TV 뉴스 보도와 달리 표면에 드러나지 않는 기자가 정보를 전달한다.
② 영화에 대한 문화·예술 분야의 여러 비평가의 의견을 종합적으로 제시한다.
③ 특정 사건에 대한 육하원칙의 기술보다는 영화에 대한 소개가 중심이 된다.
④ 제목과 영화 장면을 미리 보기 화면으로 제공하여 독자의 호기심을 유발한다.
⑤ 인터넷 기사라는 매체의 특성상 TV 뉴스보다 시공간적 제약에서 자유롭다.

086 〈보기〉는 위 기사를 본 시청자들의 댓글이다. 이에 대한 이해로 적절하지 않은 것은?

> **보기**
>
> 🖼️ 😊 댓글을 입력해 주세요.   ⓘ [등록]
>
> ↳ 댓글1 평소에 '가스라이팅'이라는 단어를 뜻도 제대로 모르고 사용했던 것 같은데, 이번 기사를 통해 단어의 유래와 사용되는 상황을 자세히 알게 되었네요.
>
> ↳ 댓글2 TV에서 피의자 이○○의 살인 사건을 보도하는 뉴스를 봤던 기억이 있는데, 인터넷 기사문 제목에 동일한 사건이 다루어지고 있기에 저도 모르게 눌러서 들어왔네요. 시사와 영화를 한 번에 다루고 있는 '씨네마진국' 코너를 이제야 알다니. 앞으로 많이 애용할게요.
>
> ↳ 댓글3 보통 스마트폰으로 인터넷 기사를 보는데, 이번 기사는 글이 너무 많아 스크롤 내리기가 힘드네요. 줄거리를 자세히 설명해 주는 것도 좋지만, 스마트폰 환경에서도 편하게 읽을 수 있도록 제작되면 좋겠어요.
>
> ↳ 댓글4 인터넷 기사문인데 영화의 사진 자료만 있는 부분이 아쉽네요. 관련 시사 뉴스를 링크로 연동하거나, '가스라이팅'의 어원을 카드 뉴스 형식으로 정리해도 좋을 것 같은데 말이죠.
>
> ↳ 댓글5 요즘 인터넷 동영상 서비스 플랫폼이 너무 많아지니 원하는 작품이 어떤 플랫폼에 있는지 찾는 것도 참 번거로운 일이에요. 그런데 위 기사문에서는 영화 소개와 함께 어느 플랫폼에서 볼 수 있는지 함께 소개해 주니 시간도 절약되고 좋네요.

① 댓글1: 자신의 경험을 되돌아보며 기사를 통해 새롭게 알게 된 내용을 긍정적으로 평가하는군.
② 댓글2: TV 뉴스와 인터넷 기사문의 연관성을 제시하며 해당 코너를 긍정적으로 평가하고 있군.
③ 댓글3: 독자의 연령층을 고려하여 인터넷 기사문의 정보 제시 양이 조절되어야 한다고 평가하는군.
④ 댓글4: 인터넷 기사의 특징을 살려 보다 다양한 매체 자료를 적극적으로 활용해야 한다고 평가하는군.
⑤ 댓글5: 최근 인터넷 동영상 서비스의 현황을 제시하며 기사에서 제공하는 정보의 유용성을 긍정적으로 평가하는군.

087 ㉠~㉤에 대한 설명으로 적절하지 않은 것은?

① ㉠: 기사문을 클릭하기 전 독자에게 주의 사항을 미리 안내하고 있다.
② ㉡: 배너를 통해 인터넷 매체에서 활용 가능한 추가 기능을 제공하고 있다.
③ ㉢: 최초 입력 후 기사문의 자의적인 변개를 막기 위해 수정을 제한하고 있다.
④ ㉣: 기사문에 음성 읽기 기능을 제공하여 이용자에게 편의를 제공하고 있다.
⑤ ㉤: 기사문 하단에 기사에 대해 독자가 평가할 수 있는 기능을 제공하고 있다.

[088~090] 다음 글을 읽고 물음에 답하시오.

○○도서관 채용 공고

1. 채용 및 근무조건 안내
   ○ 채용 안내
   - 직종명: 공공 도서관 운영실무원(1명)
   - 계약 기간: 2024. 1. 1.~12. 31.
     ※ 한시적 채용 인력으로 결원에 대한 인사 발령 시 계약 자동 종료됨.
   ○ 근무 조건 안내
   - 주 5일, 정기 휴관일(매월 첫째, 셋째 주 월요일) 제외, 주 40시간(1일 8시간) 근무
   - 기본급: 월 1,918,000원, 수당: 각종 수당의 업무 처리 기준에 의함.
     ※ 추후 공무직원 고용안정 및 처우개선 등 계획에 따라 기본급 및 수당은 변경될 수 있음.

2. 지원 안내
   ○ 지원 자격
   - 사서 자격증 소지자(준사서 이상)
   - 공고일 기준 만 18세 이상
   - ○○광역시에 거주하는 사람(주민등록상 주소지가 공고일 전일(前日)부터 최종 면접일까지 계속하여 ○○광역시이어야 함.)
   - 공고일 기준 징계로 해고의 처분을 받은 날로부터 5년이 지난 사람
   ○ 우대 조건
   - 공공 도서관 근무 경력자 우대

3. 원서 접수 및 전형 일정
   가. 원서 접수
      ○ 기간 및 방법
         - 2023. 12. 09.(토)~2023. 12. 13.(수) 18:00
         - 지원서[붙임1] 파일 첨부하여 이메일 접수(abc@kbs.kr)
           ※ 접수가 완료되면 ○○도서관에서 접수 번호를 지원자에게 메일로 통보함.
      ○ 지원서 작성 시 유의 사항
         - 파일 제목은 '지원직종명-성명'으로 제출(타 지원서 양식, 출신 학교명 기재 접수 불가)
   나. 전형 일정
      ○ 1차 서류 합격자 발표: 2023. 12. 18.(월) 15:00
      ○ 2차 면접: 2023. 12. 20.(수) 14:00
      ○ 최종 합격자 발표: 2023. 12. 22.(금) 10:00
         ※ 모든 전형의 합격자는 ○○도서관 홈페이지 공지 사항에 접수 번호로 공고함.

088 윗글을 이해한 내용으로 적절하지 않은 것은?

① 계약 기간은 인사 발령 상황에 따라 달라질 수 있다.
② 공공 도서관 운영실무원은 정기 휴관일에 근무해야 한다.
③ 기본급 및 수당은 고용안정 등의 계획에 따라 달라질 수 있다.
④ 징계로 해고 처분을 받은 지 6년이 지났다면 지원이 가능하다.
⑤ 공공 도서관 근무 경력이 있어도 준사서 이상의 자격증이 있어야 지원할 수 있다.

089 '원서 접수 및 전형 일정'을 읽고 난 후 지원자의 반응으로 가장 적절한 것은?

① 접수 번호는 도서관 홈페이지에서 개별적으로 확인해야겠군.
② 1차 서류 합격자는 도서관 홈페이지에 접수 번호로 공지되겠군.
③ 지원서 양식은 따로 정해져 있지 않으니 자유롭게 작성해야겠군.
④ 동명이인 구분을 위해 지원서 제목에 출신 학교를 기재해야겠군.
⑤ 최종 합격자는 전화로 개별 통지되니 연락처를 꼼꼼히 기재해야겠군.

090 윗글에 추가로 제시되어야 할 정보로 가장 적절한 것은?

① 채용 인원 수
② 출근·퇴근 시간
③ 정기 휴관일 날짜
④ 접수 이메일 주소
⑤ 최종 합격자 발표 시간

국어 문화 091번~100번

091 〈보기〉에서 설명하는 문학 작품은?

> **보기**
> 조선 숙종 때 김만중이 지은 고전 소설이다. 불도를 수행하는 성진이 우연히 팔선녀를 만나 속세에 대한 욕망을 품게 된 뒤, 양소유라는 남자로 태어나 8명의 여자와 혼인하고 높은 관직에 올라 부귀공명을 이루는 꿈을 꾼다는 내용이다. 현실과 꿈을 넘나드는 환몽 구조로 이루어져 있다.

① 구운몽 ② 옥루몽 ③ 조침문
④ 용궁부연록 ⑤ 이생규장전

092 〈보기〉에서 설명하는 문학 작품은?

> **보기**
> 윤동주가 지은 시 작품으로, 일본 유학 중이던 1942년에 창작된 후 1947년 경향신문에 처음 발표되었다. 식민지 시대에 조국을 떠나 일본에 유학하며 시(詩)나 쓰고 있는 자신의 무기력함을 자책하고, 자아를 성찰한 후, 나아갈 길을 정립하고자 하는 결의가 나타나 있다. '육첩방은 남의 나라', '시대처럼 올 아침', '최초의 악수' 등의 구절에 이런 의지가 잘 드러나 있다. 고백적 어조로 '부끄러움'의 이미지를 형상화함으로써 자아 성찰과 현실 극복 의지를 잘 드러낸 작품으로 평가할 수 있다.

① 서시 ② 자화상 ③ 별 헤는 밤
④ 또 다른 고향 ⑤ 쉽게 쓰여진 시

093 〈보기〉에서 설명하는 작가는?

> **보기**
> 민중들이 험난한 역사의 격랑에 휩쓸려 당하는 고난을 많이 다루었고, 역사에서 주로 소재를 취했으며, 민중의 수난을 주로 다루었다. 그의 작품 가운데 「수난 이대」와 「흰 종이수염」은 일제 강점기 말에서 6·25 전쟁에 이르는 험난한 시기 경상북도 농촌 지역의 평범한 사람들이 겪는 수난과 그것에서 생겨난 그들의 고통과 슬픔을 밀도 있게 그린 뛰어난 수난의 문학이다.

① 박태원 ② 손창섭 ③ 이태준
④ 전광용 ⑤ 하근찬

094 〈보기〉는 일제 강점기 신문에 게재된 광고이다. 이에 대한 설명으로 적절하지 <u>않은</u> 것은?

> **보기**
>
> 역사(歷史) 오랜 "단성사(團成社)" 종언(終焉)! "대륙극장(大陸劇場)"으로 수개명(遂改名)
> 새 주인(主人) 마자서 불원(不遠)에 개관 예정
>
> 　사십여 년이란 오랜 역사를 가진 북촌의 유수한 영화와 연극의 전당『단성사(團成社)』가 드디어 경영 곤란으로 명치좌(明治座) 관수 석교(石橋) 씨에게로 넘어가서 지난 칠월 일일부터 십일까지 열흘 동안 일반으로부터 단성사의 새 이름을 현상을 내걸고 모집하엿던 바 드디어 지난 십팔일 정오에 추첨으로 새 이름을 결정하고 이제부터는 오로지 개관 날짜만을 기다리게 되엇다 한다. 전조선 각지로부터 들어온 투표 총수는 이만사천여 표로서『종로좌(鐘路座)』혹은『제이명치좌(第二明治座)』등의 각색각양의 명칭이 만핫스나 결국『대륙극장(大陸劇場)』이라 결정하고 경관 입회하에 추첨하여 당선자를 정하엿는데 주소와 씨명은 아래와 가트며 상금은 오십 원이라 한다.
>
> －『조선일보』, 1939년 7월 19일자

① 북촌에 있는 단성사는 사십여 년이라는 오랜 역사를 가졌다.
② 단성사는 경영 곤란으로 열흘 동안 새 주인과 새 이름을 공모하였다.
③ 일반인들을 대상으로 단성사의 새 이름을 공모하여 십팔일에 결정하였다.
④ 단성사의 이름 결정 과정에서 조선 각지로부터 이만사천여 표가 들어왔다.
⑤ 단성사는 '대륙극장'으로 새 이름이 결정되었고 당선 상금은 오십 원이었다.

095 ㉠~㉤의 의미로 적절하지 <u>않은</u> 것은?

> **보기**
>
> 　근읍 수령이 모여든다. 운봉 영장(營將), 구례, 곡서, 순창, 옥과, 진안, 장수, 원님이 차례로 모여든다. 좌편에 행수 군관(行首軍官), 우편에 청령 사령(廳令使令), 한가운데 본관(本官)은 주인이 되어 하인 불러 분부하되,
> 　"관청색(官廳色) 불러 ㉠<u>다담</u>을 올려라. 육고자(肉庫子) 불러 큰 소를 잡고, ㉡<u>예방(禮房)</u> 불러 고인(鼓人)을 대령하고, 승발(承發) 불러 ㉢<u>차일(遮日)</u>을 대령하라. 사령 불러 잡인(雜人)을 금하라."
> 　이렇듯 요란할 제, 기치(旗幟) 군물(軍物)이며 육각 풍류(六角風流) 반공에 또 있고, ㉣<u>녹의홍상(綠衣紅裳)</u> 기생들은 ㉤<u>백수나삼(白手羅衫)</u> 높이 들어 춤을 추고, 지야자 두덩실 하는 소리 어사또 마음이 심란하구나.
>
> －「춘향전」

① ㉠손님을 대접하기 위하여 내놓은 다과(茶菓) 따위
② ㉡조선 시대에 각 지방 관아에 속한 육방(六房) 가운데 예전(禮典)에 관한 일을 맡아보던 부서
③ ㉢여러 가지 기예를 닦아 남에게 보이는 일을 직업으로 하는 사람
④ ㉣연두저고리와 다홍치마
⑤ ㉤아름다운 손과 얇고 가벼운 비단으로 만든 적삼

096 ㉠~㉤에 대한 설명으로 적절하지 <u>않은</u> 것은?

> 보기
>
> 나·랏:말ᄊᆞ·미 ㉠<u>中듕國귁</u>·에달·아文문字ᄍᆞᆼ·와·로서르ᄉᆞᄆᆞᆺ·디아·니ᄒᆞᆯ·씨이런젼·ᄎᆞ·로어·린百ᄇᆡᆨ姓셩·이니르·고·져·홇·배이·셔·도ᄆᆞ·ᄎᆞᆷ:내 ㉡<u>제</u>·ᄠᅳ·들시·러펴·디:몯홇·노·미 ㉢<u>하·니·라</u> ㉣·<u>내</u>·이·ᄅᆞᆯ爲윙·ᄒᆞ·야:어엿·비너·겨·새·로·스·믈여·듧字ᄍᆞᆼ·ᄅᆞᆯ밍·ᄀᆞ노·니:사ᄅᆞᆷ:마·다:ᄒᆡ·ᅇᅧ:수·ᄫᅵ니·겨·날·로 ㉤<u>·ᄡᅮ·메</u>便뼌安한·킈ᄒᆞ·고·져ᄒᆞᇙᄯᆞ·ᄅᆞ미니·라

① ㉠: 당시 현실 한자음을 한글로 표기했다.
② ㉡: 앞에 나온 '백성'을 다시 가리키는 말이다.
③ ㉢: 현대 국어로 '많으니라'에 해당하는 말이다.
④ ㉣: '내가'에 해당하며 주어의 역할을 하고 있다.
⑤ ㉤: 현대의 맞춤법과는 달리 이어적기를 하고 있다.

097 〈보기〉는 남북의 맞춤법 차이를 보인 것이다. 남북의 표기가 올바르게 묶이지 <u>않은</u> 것은?

> 보기
>
> (한글 맞춤법)
>   '계, 례, 몌, 폐, 혜'의 'ㅖ'는 'ㅔ'로 소리 나는 경우가 있더라도 'ㅖ'로 적는다. 다만, 다음 말은 본음대로 적는다.
>   게송(偈頌) 게시판(揭示板) 휴게실(休憩室)
>
> (조선말 규범집)
>   한자말에서 모음 《ㅖ》가 들어있는 소리마디로는 《계》, 《례》, 《혜》, 《예》만을 인정한다. 그러나 그 본래 소리가 《게》인 한자는 그대로 적는다.
>   례: 게시판, 계재, 계양대

	(남)	(북)
①	계산	계산
②	분몌	분몌
③	실례	실례
④	은혜	은혜
⑤	화폐	화폐

098 〈보기〉를 바탕으로 할 때, 다음 수어가 나타내는 의미는?

> **보기**
>
> 가운뎃손가락을 펴서 등이 밖으로 향하게 나란히 세웠다가 옆으로 비껴 올리는 것은 '형', 아래로 내리는 것은 '동생'을 의미한다. 새끼손가락을 펴서 위로 올리는 것은 '언니'를 의미하고, 아래로 내리는 것은 여동생을 의미한다. 그런데 수어에서는 양손으로 동시에 두 단어의 복합어를 나타내기도 한다.

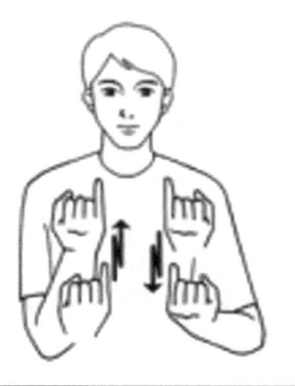

① 오빠 ② 누나 ③ 자매 ④ 형제 ⑤ 가족

099 밑줄 친 법률 용어에 대한 풀이가 적절한 것은?

① 그는 유예(猶豫) 처분을 받고 석방되었다. → 어떤 사유로 보호함
② 규정으로 게기(揭記)된 물품은 원산지 표기 의무가 있다. → 바르게 처리된
③ 위원회에서 신청인의 청구가 인용(認容)이 되었다. → 남의 주장을 끌어들임
④ 예금자는 채권 가치를 개산(概算)한 금액을 수령할 수 있다. → 대강 계산한
⑤ 강제집행을 면탈(免脫)할 목적으로 차명 금융 거래를 해서는 안 된다. → 연기할

100 〈보기〉에서 드러나는 스포츠 방송 언어의 특성으로 적절하지 않은 것은?

> **보기**
>
> 캐스터: 대한민국의 김○○ 선수입니다. 올해 스물세 살, 164cm, 코치는 신○○, 안무는 데이빗 ○○입니다. 현재까지 쇼트 점수가 74.92로 1위, 오늘 프리스케이팅 경기까지 합산하여 149.68점이 필요합니다. 김○○ 선수의 아름다운 연기가 시작되고 있습니다.
> 해설 위원: (첫 점프 후) 트리플 러츠, 깊은 에지, 부드럽게 3회전, 좋습니다.
> 캐스터: 네, 출발이 성공적이네요. 몸을 풀 때의 긴장감도 더 이상 보이지 않습니다.
> 해설 위원: (두 번째 점프 후) 바로 이어서, 높은 트리플 토룹 점프, 안정적이고, 완벽합니다.
> … (중략) …
> 캐스터: 한 마리의 나비가 춤을 추는 듯한 정말 완벽한 연기가 아니었습니까?
> 〈다시 보기 영상을 보면서〉
> 해설 위원: 왼쪽 발 아웃 에지를 사용하는 트리플 러츠의 첫 번째 점프에 연결해서 바로 트리플 토룹 점프인데요, 첫 번째 점프 만만치 않게 두 번째 점프까지도 높고 멀리 날아가요. 이게 김○○ 선수의 최고 강점입니다.

① 캐스터는 선수의 신체 조건과 점수 현황을 제시하고 있다.
② 캐스터는 선수의 경기 진행 상황과 모습을 중계하고 있다.
③ 캐스터는 선수의 전체 연기를 비유적인 표현을 사용하여 평가하고 있다.
④ 해설 위원은 짧은 어구를 나열하며 속도감 있게 경기를 분석하고 있다.
⑤ 해설 위원은 선수의 기술과 관련된 전문 용어를 자세히 설명하며 해설하고 있다.

[확인 사항]

● 문제지와 답안지에 필요한 내용을 정확히 적었는지 확인하십시오.

수고하셨습니다.

2024. 2. 24.

성 명	
수험번호	
감독관 확인	

제77회
KBS한국어능력시험

KBS 한국방송

- 문제지와 답안지에 모두 성명, 수험 번호를 정확히 기입하십시오.
- 답안지와 함께 문제지를 반드시 제출하십시오.
- 본 시험지를 절취하는 것은 부정행위로 간주합니다.
- 본 시험의 내용을 무단으로 전재·복사·복제·출판·강의하는 행위와 인터넷 등을 통해 복원하는 행위는 저작권법에 저촉됩니다.

한국어능력시험 문항 100문항

영역	문항
듣기 · 말하기	001번~015번
어휘 · 어법	016번~045번
쓰기	046번~050번
창안	051번~060번
읽기	061번~090번
국어 문화	091번~100번

제77회 KBS한국어능력시험

2024년 2월 24일 시행

듣기·말하기 001번~015번

001 그림에 대한 설명으로 가장 적절한 것은?

① 『햄릿』의 주인공의 어머니를 그린 그림이다.
② 화가 밀레이는 영국 엘리자베스 왕조 시대에 활동했다.
③ 오필리아의 상황과 심정을 꽃말을 통해 표현하고 있다.
④ 생명력을 상징하는 붉은 양귀비가 강조되어 표현되고 있다.
⑤ 원작의 장면 그대로를 묘사하고 있는 것이 특징이다.

002 이야기가 주는 교훈으로 가장 적절한 것은?

① 본성에 어긋난 행동을 하지 않아야 한다.
② 주변 상황에 흔들리지 않는 마음을 가져야 한다.
③ 변화하는 상황에 따라 각각의 방법을 찾아야 한다.
④ 일시적 괴로움이 고착화되지 않도록 경계해야 한다.
⑤ 자신의 수양만큼이나 주위의 환경을 바꾸는 것도 필요하다.

003 강연의 내용과 일치하지 <u>않는</u> 것은?

① 경회루는 기둥식 구조의 건축물이다.
② 대부분의 아파트는 지붕을 벽으로 받친 구조의 건축물이다.
③ 평면을 효율적으로 사용하려면 벽식보다는 기둥식 구조가 유리하다.
④ 벽식 구조는 층간 소음을 더 심하게 느낄 수 있다는 문제가 있다.
⑤ 벽식 구조 건축물은 벽을 부수어 디자인을 변경하기 어렵다.

004 방송 내용과 일치하지 <u>않는</u> 것은?

① 우리나라에는 지역별로 각각 다른 아리랑이 존재한다.
② 방송에서 들려준 아리랑은 영화의 주제곡으로 쓰였다.
③ 방송에서 들려준 아리랑은 〈밀양아리랑〉으로 불린다.
④ 아리랑은 아직까지도 만들어지고 있는 노래이다.
⑤ 아리랑은 2012년에 유네스코 무형문화유산으로 등록되었다.

005 이 시의 주제로 가장 적절한 것은?

① 삶의 허무에 대한 극복
② 삶의 본질에 대한 고찰
③ 고통스러운 삶에 대한 회고
④ 현대 문명의 폐해에 대한 비판
⑤ 정의롭고 순수한 삶에 대한 소망

006 전문가의 설명과 일치하지 <u>않는</u> 것은?

① 고혈압으로 인한 사망은 2월에 가장 많이 나타난다.
② 숨어 있는 젊은 고혈압 환자가 많을 것으로 추측된다.
③ 기온이 내려가면 피부 혈관이 수축해 혈압이 올라간다.
④ 20세기 이전부터 고혈압은 생활습관병으로 알려져 있었다.
⑤ 심장이 수축하여 동맥 혈관으로 혈액을 내보낼 때 혈압이 가장 높다.

007 진행자의 말하기 방식으로 가장 적절한 것은?

① 전문가의 설명을 듣고 정보의 출처에 대해 묻고 있다.
② 전문가의 설명을 듣고 전문 용어의 의미를 질문하고 있다.
③ 전문가의 설명을 듣고 구체적인 통계 수치를 요청하고 있다.
④ 전문가의 설명을 듣고 자신의 사례와 관련지어 추가 질문하고 있다.
⑤ 전문가의 설명을 비유적인 표현으로 요약하며 대화를 마무리하고 있다.

008 대화를 통해 알 수 있는 내용으로 적절하지 않은 것은?

① 아들은 평소에 방 정리를 잘하지 않는다.
② 엄마는 남녀 차별을 한다는 말에 어이없어한다.
③ 아들은 앞머리가 눈을 가릴 정도로 머리가 길다.
④ 아들은 시험 채점 결과가 좋지 않아 기분이 나쁘다.
⑤ 엄마는 아들이 단정하게 하고 학교에 다니기를 원한다.

009 인물들의 말하기 방식에 대한 설명으로 적절하지 않은 것은?

① 아들: 엄마의 질문에 담긴 의도와 다르게 대답하고 있다.
② 아들: 아빠의 사례를 언급하며 자신의 문제점을 회피하고 있다.
③ 아들: 엄마의 말에 대한 자신의 생각을 사자성어로 표현하고 있다.
④ 엄마: 아들의 의견을 수긍하며 적절히 자신의 의견을 밝히고 있다.
⑤ 엄마: 의문형 표현을 통해 아들에게 바라는 점을 표현하고 있다.

010 강연의 내용에 대한 이해로 적절하지 않은 것은?

① 우울감은 마약 중독으로 인한 금단 현상 중 하나이다.
② 뇌세포와 보상 회로가 파괴되면 도파민의 분비가 줄어든다.
③ 마약 투약의 폐해를 잘 이해하는 것은 마약 중독 예방에 도움이 된다.
④ 금단 현상의 구체적인 증상은 심장 박동이 지나치게 느려지는 것이다.
⑤ 마약 중독의 치료를 위해서는 전문가의 전문적인 도움이 필요하다.

011 이 강연의 특징에 대한 설명으로 가장 적절한 것은?

① 예를 제시하여 강연 내용에 대한 청중의 이해를 돕고 있다.
② 신문 기사 내용을 도입부에 제시하여 청중의 관심을 끌고 있다.
③ 강연 내용과 관련된 전문가의 말을 인용하여 신뢰도를 높이고 있다.
④ 여러 통계 자료를 제시하여 강연 내용에 대한 설득력을 높이고 있다.
⑤ 청중에게 강연을 들은 감상에 대해 질문하며 강연을 마무리하고 있다.

012 발표의 내용에 대한 이해로 적절하지 않은 것은?

① 동물권은 동물을 자연 상태로 두는 것을 추구한다.
② 동물권은 정형 행동을 동물원 폐지의 근거로 지적한다.
③ 동물권은 가축 도살, 동물 실험 및 학대 등을 반대한다.
④ 동물권과 동물 복지는 동물을 전시하는 행위에 대해 반대한다.
⑤ 동물권은 공장식 축산에 대해 동물 복지와 동일한 입장을 취한다.

013 발표의 내용 구성 전략으로 가장 적절한 것은?

① 자신의 경험담을 소개하며 청중의 공감을 얻고 있다.
② 전문가의 견해를 인용하여 내용의 신뢰성을 얻고 있다.
③ 대조의 방법을 활용하여 관점의 차이점을 밝히고 있다.
④ 다양한 영상 자료를 제시하여 청중의 이해를 돕고 있다.
⑤ 문제 해결을 위해 정부의 적극적인 행동을 촉구하고 있다.

014 두 사람의 입장에 대한 이해로 적절하지 않은 것은?

① 공영 버스 담당자는 공영 버스의 승객 감소가 공공의 이익에 영향을 끼칠 것이라고 생각한다.
② 공영 버스 담당자는 버스 운영의 현실을 고려했을 때 배차 간격을 줄일 수 있다고 생각한다.
③ 아파트 주민 대표는 셔틀버스 자체 운영이 관리비 상승의 원인이 될 것이라고 생각한다.
④ 아파트 주민 대표는 현재의 버스 노선 때문에 중·고등학생들의 등교 시간이 길어진다고 생각한다.
⑤ 아파트 주민 대표는 버스 노선이 정리되지 않으면 주민들이 공영 버스를 이용하지 않을 것이라고 생각한다.

015 두 사람의 갈등 해결 방식으로 가장 적절한 것은?

① 양측은 자신의 입장을 시종일관 고수하여 협상을 포기하였다.
② 양측은 상대방의 입장을 고려하여 조정된 요구안을 수용하였다.
③ 양측은 협상 결렬의 대안으로 상급 기관의 조정 신청에 합의하였다.
④ 양측은 협상 타결에 따른 서로의 피해에 대해 보상해 주기로 합의하였다.
⑤ 양측은 일방의 요구안을 면밀하게 살피어 일방의 요구를 그대로 수용하였다.

어휘·어법 016번~045번

016 "곡식의 낟알을 떠는 데 쓰는 농기구"를 가리키는 고유어는?

① 가래   ② 따비   ③ 써레   ④ 고무래   ⑤ 도리깨

017 한자어의 사전적 뜻풀이로 옳지 않은 것은?

① 할당(割當): 몫을 갈라 나눔.
② 청산(淸算): 과거의 부정적 요소를 깨끗이 씻어 버림.
③ 청구(請求): 남에게 돈이나 물건 따위를 달라고 요구함.
④ 갈채(喝采): 무대의 앞쪽 아래에 장치하여 배우를 비추는 광선
⑤ 활보(闊步): 힘차고 당당하게 행동하거나 제멋대로 마구 행동함.

018 밑줄 친 고유어의 의미로 적절하지 않은 것은?

① 친구는 일이 잘되면 내게도 한몫 떼어 주겠다고 했다.
　→ 한 사람 앞에 돌아가는 큰 이득
② 동생은 불만이 있으면 귓불을 잡아당기는 버릇이 있다.
　→ 귓바퀴의 아래쪽에 붙어 있는 살
③ 술 취한 사람들이 드잡이를 치며 소리를 질러 댔다.
　→ 서로 머리나 멱살을 움켜잡고 싸우는 짓
④ 산 정상에 오르니 봉오리가 맺힌 꽃들이 여기저기 보인다.
　→ 망울만 맺히고 아직 피지 아니한 꽃
⑤ 나는 가살을 부리는 동생의 모습이 보기가 싫었다.
　→ 아픔이나 괴로움 따위를 거짓으로 꾸미거나 실제보다 보태어서 나타내는 것

019 밑줄 친 한자어의 쓰임이 적절하지 않은 것은?

① 저는 당신을 추호(秋毫)도 비난할 생각이 없습니다.
② 그 기업은 최근 들어 심각한 내홍(內訌)을 겪고 있다.
③ 아버지를 사고로 잃은 아들은 참척(慘慽)의 고통을 견뎌야 했다.
④ 전쟁으로 많은 사람이 죽는 와중(渦中)에도 새로운 생명은 태어난다.
⑤ 우리 학교가 이 지역에서 애국 사상을 고취하는 온상(溫床)이었습니다.

020 〈보기〉의 밑줄 친 ㉠~㉢에 해당하는 한자로 올바르게 묶인 것은?

보기
- 식물을 키우고 열매를 맺게 하는 대자연의 ㉠조화는 신비롭기 그지없다.
- ㉡권력을 장악하기 위한 궁궐 내 암투가 끊이지 않았다.
- 제안을 받아들일 마음이 있는지 상대의 의향을 ㉢타진해 보겠다.

	㉠	㉡	㉢
①	造化	權力	打盡
②	造化	權力	打診
③	造化	勸力	打盡
④	調和	勸力	打診
⑤	調和	勸力	打盡

021 밑줄 친 고유어의 쓰임이 적절하지 않은 것은?

① 친분이 두터웠던 두 사람은 이번 고통도 함께 이겨냈다.
② 그의 끌끌하고 바르지 못한 성격이 마음에 들지 않는다.
③ 그는 점잖아 보이지만 시망스러운 말로 사람을 잘 놀린다.
④ 무뚝뚝한 표정이던 친구의 얼굴에 잠시 희미하게 미소가 비꼈다.
⑤ 추운 날씨에 모닥불을 쬐려고 가까이 갔다가 불에 머리카락이 그슬렸다.

022 밑줄 친 두 단어가 다의어 관계에 있는 것은?

① 지원자들의 실력이 고르기 때문에 합격자를 고르기가 힘들다.
② 나이가 지긋한 직원은 반복되는 일이 지긋한지 잠시 일을 멈추고 쉬었다.
③ 사람이 그만하면 직원으로 괜찮은 것 같으니 고민은 그만하고 뽑도록 하자.
④ 분노가 분노를 부르지 않게, 싫은 사람이 실패했다고 면전에서 만세를 부르지 마라.
⑤ 화가 난 사내는 한바탕 말을 걸게 하더니 상대방이 차에 시동을 걸지 못하게 막기까지 했다.

023 두 단어 사이의 의미 관계가 〈보기〉와 동일하지 않은 것은?

> **보기**
> 동글다 – 둥글다

① 곪다 – 굶다
② 바수다 – 부수다
③ 옴키다 – 움키다
④ 까칠하다 – 꺼칠하다
⑤ 알알하다 – 얼얼하다

024 밑줄 친 고유어 '돌다'를 한자어로 바꾸었을 때, 적절하지 않은 것은?

① 톱니바퀴가 맞물려 돌자 놀이기구가 천천히 움직이기 시작했다. → 공전(空轉)하자
② 고속 도로가 꽉 막혔으니 국도로 돌아서 가시면 오히려 빠릅니다. → 우회(迂廻)하여서
③ 불경기로 자금이 돌지 않아 회사가 필요한 자금을 구하지 못하고 있다. → 유통(流通)되지
④ 반대편에 있던 그는 친구의 설득으로 마음을 바꾸어 우리 편으로 돌았다. → 전향(轉向)했다
⑤ 기계가 정상적으로 돌고 있으니 물건을 생산하는 데 차질이 없을 것입니다. → 작동(作動)하고

025 〈보기〉의 밑줄 친 단어의 반의어로 가장 적절한 것은?

> **보기**
> 그는 가멸고 인색한 사람이 타인에 대한 연민을 갖기 어렵다고 생각한다.

① 어질고
② 가난하고
③ 다정하고
④ 무던하고
⑤ 엄격하고

026 속담의 사용이 문맥상 적절하지 않은 것은?

① 대장장이 집에 식칼이 논다더니 목공소인데 톱이 보이지 않네.
② 빚이 너무 많아 내가 지금 버는 걸로는 가문 논에 물 대기일 뿐이야.
③ 원님 덕에 나팔 분다더니 친구 덕분에 평소와 달리 융숭한 대접을 받네.
④ 새 도구를 사지 못해 조자룡이 헌 칼 쓰듯 낡은 도구를 아직도 쓰고 있다.
⑤ 양반은 얼어 죽어도 겻불은 안 쬔다 했소, 비럭질한 밥은 먹지 않겠다니 내버려 두쇼.

027 밑줄 친 사자성어의 쓰임이 문맥상 적절하지 않은 것은?

① 동생은 위편삼절(韋編三絕)의 정신으로 여름방학 내내 책을 읽었다.
② 소설의 마지막 부분은 화사첨족(畫蛇添足)으로 이 작품의 백미이다.
③ 아버지께서는 어린 시절 떠나온 고향을 오매불망(寤寐不忘) 그리워하셨다.
④ 사업이 망했다고 너무 낙담하지 마, 새옹지마(塞翁之馬)라 했으니 다시 성공할 거야.
⑤ 낭중지추(囊中之錐)라 하였으니 당신이 가진 능력을 조만간 남들이 다 알아볼 것입니다.

028 밑줄 친 관용 표현의 쓰임이 적절하지 않은 것은?

① 소심하고 겸손한 동생은 매사에 코가 우뚝하다.
② 형은 무슨 코가 꿰였는지 동생의 말에 꼼짝도 못했다.
③ 수비수가 실책을 범하면서 다 이긴 경기에 코를 빠뜨렸다.
④ 그날 싸움에서 코가 납작해진 소년은 학교에 가지 않았다.
⑤ 아버지는 코가 세서 누가 뭐라고 해도 귀 기울이지 않는다.

029 밑줄 친 한자어를 순화한 표현으로 적절하지 않은 것은?

① 강한 횡풍(橫風)으로 자동차가 심하게 흔들렸다. → 옆바람
② 이번 학술지의 휘보(彙報) 작성은 누가 합니까? → 여러 소식
③ 흉년이 들자 관청에서는 양곡을 불출(拂出)하였다. → 내주었다
④ 그 맹지(盲地)는 투자 가치가 전혀 없는 땅이다. → 쓸모없는 땅
⑤ 이곳에서는 불법적인 유어 행위(游魚行爲)를 금지합니다. → 낚시

030 밑줄 친 표현을 다듬은 말로 적절하지 않은 것은?

① 요즘은 메타팜(→ 첨단 농장)에서 작물을 기르는 일도 적지 않다.
② 인구 센서스(→ 총조사) 자료를 통해 계층별 인구 증가율을 조사했다.
③ 헤드헌터(→ 인재 중개인)를 통해서 일자리를 구하는 경향이 늘고 있다.
④ 10대로는 처음으로 그 학생이 이번에 새롭게 웹마스터(→ 누리지기)가 되었다.
⑤ 저작권법 제도 개선을 위한 워킹 그룹(→ 실무단)이 새롭게 꾸려져 가동에 들어갔다.

031 밑줄 친 부분의 표기가 옳은 것은?

① 당신, 어따 대고 반말이야?
② 형은 공부하라고 동생을 닦달했다.
③ 어린아이가 사탕을 한 웅큼 집었다.
④ 이 일은 얽히고섥혀서 해결하기 어렵다.
⑤ 자식들의 뒤치닥거리가 보통 일이 아니다.

032 밑줄 친 부분의 표기가 옳지 않은 것은?

① 뭘 잘못 먹었는지 아이가 배앓이를 했다.
② 살다 보니 살림살이가 하나둘씩 늘어났다.
③ 풀린 두루말이 화장지를 다시 둘둘 감았다.
④ 숨어 있던 동생이 장롱 미닫이를 열고 나왔다.
⑤ 처마에 물받이가 없어서 빗물이 뚝뚝 떨어졌다.

033 밑줄 친 부분의 표기가 옳지 않은 것은?

① 죽이 눋지 않도록 잘 저어라.
② 우물에 가서 물을 길어 오너라.
③ 전화를 받는 사이 라면이 불었다.
④ 동생은 예의가 발라서 다들 좋아한다.
⑤ 버리는 책을 아궁이에 넣고 살라 버렸다.

034 밑줄 친 부분의 띄어쓰기가 옳지 않은 것은?

① 이게 얼마∨만이야?
② 친구를 십 년∨만에 만났다.
③ 달린 지 몇 초∨만에 힘이 빠졌다.
④ 그런 일이 있었다니 힘들∨만도 하네.
⑤ 졸업하고 처음이니 정말 오랜∨만이다.

035 밑줄 친 부분의 표기가 옳은 것은?

① 국내던 해외던 여행을 가고 싶다.
② 태백산맥은 남북으로 길게 뻗혀 있다.
③ 사진을 찍기 위해 카메라의 초점을 맞혔다.
④ 오늘 결정된 사항은 극비에 부쳐 주십시오.
⑤ 기력이 없으니 보약 한 제 다려 먹어야겠다.

036 밑줄 친 부분의 문장 부호 사용이 올바르지 않은 것은?

	문장 부호	용례
①	마침표	Ⅰ-가. 연구 목적
②	붙임표	한국-미국-일본 정상 회의
③	숨김표	산업 기술 유출 혐의로 김×× 씨가 구속됐다.
④	중괄호	나이{年歲}
⑤	홑낫표	이 작품은 클로드 모네의 「파라솔을 든 여인」이다.

037 밑줄 친 부분이 표준어인 것은?

① 며칠 작업한 내용을 통채로 날려 버렸다.
② 교통 체증으로 하마트면 면접에 늦을 뻔했다.
③ 그는 못마땅한 듯 혼자말로 뭐라고 중얼거렸다.
④ 세찬 바람에 쓰레기가 여기저기 널브러져 있다.
⑤ 심하게 독감을 앓고 났더니 눈에 띄게 핼쓱하다.

038 다음은 문학 작품에 나타나는 방언이다. 대응하는 표준어가 적절하지 않은 것은?

① 산이라기보다도 나차막한(→ 나지막한) 구릉(丘陵)이요.
② 고까짓 것 하룻저녁 좀 서서 가면 어쩔라데야? 갱기찮다(→ 괜찮다).
③ 꼽꼽하고(→ 너그럽고) 착실하고 고정하고 그리고도 사람이 재치가 있고.
④ 그 맛이 하두 고수우해서(→ 고소해서) 언제든지 기회만 있으면 놓치들 않습니다.
⑤ 그도 고지야 듣건 말건 한 이십살 꼬아먹고(→ 속이고) 쉬흔살로 댔다면 또 몰라요.

039 표준 발음이 올바르지 않은 것은?

① 금융[금늉/그뮹]
② 되다[되다/뒈다]
③ 공권력[공꿘녁/공꿜력]
④ 고갯짓[고개찓/고갣찓]
⑤ 야금야금[야금냐금/야그먀금]

040 밑줄 친 말이 외래어표기법에 올바른 것은?

① 크리스마스를 맞아 캐롤(carol)이 울려 퍼진다.
② 회사는 개발자와 라이센스(license) 계약을 맺었다.
③ 선수가 쏜 화살은 타깃(target)의 정중앙을 꿰뚫었다.
④ 세 회사가 컨소시움(consortium)을 이루어 참가하였다.
⑤ 참가자들은 옷에 자유를 상징하는 뱃지(badge)를 달았다.

041 국악기의 로마자 표기가 올바르지 않은 것은?

① 장구 janggu
② 편종 pyeonjong
③ 가야금 gayageum
④ 거문고 geomungo
⑤ 꽹과리 kkwenggwari

042 〈보기〉의 ㉠~㉤ 가운데 어법에 맞지 않는 문장은?

> **보기**
> ㉠왕이 없이 평화롭게 살던 개구리들이 신에게 왕을 보내 달라고 간청했다. 신은 선량한 개구리들에게 통나무를 하나 던져 주었다. ㉡연못에 통나무가 떨어지자, 개구리들은 처음에는 겁을 냈지만 곧 통나무 위에 올라앉아 있을 정도가 되었다. ㉢개구리들은 통나무가 물 위에 떠서 가만히 있을 뿐 미동도 하지 않는다는 것을 알게 되었다. ㉣통나무의 흔들림 없는 자리는 개구리들에게 쉴 곳이 되어 주며 왕으로서 품위를 잃지 않았지만 개구리들은 멋지게 헤엄치는 다른 왕으로 바꿔 달라고 불평했다. ㉤신은 그런 개구리들에게 물뱀을 보냈고 물뱀은 멋진 모습으로 재빨리 헤엄치며 개구리를 모조리 잡아먹어 버렸다.

① ㉠ ② ㉡ ③ ㉢ ④ ㉣ ⑤ ㉤

043 높임법에 대한 설명으로 적절하지 않은 것은?

① 어서 이쪽으로 앉아라. → '앉아라'는 청자를 낮추고 있다.
② 할아버지, 아버지가 왔습니다. → '왔습니다'는 '아버지'를 높이고 있다.
③ 영희는 선생님께 편지를 드렸다. → '드렸다'는 '선생님'을 높이고 있다.
④ 아버지는 키가 크시다. → '크시다'는 '아버지'를 간접적으로 높이고 있다.
⑤ 할머니께서는 호두과자를 좋아하셔. → '좋아하셔'는 '할머니'를 높이고 있다.

044 다음 문장 중 중의적으로 해석되지 않는 것은?

① 나는 복도에서 반장과 선생님을 마주쳤다.
② 나는 친구가 보낸 편지를 다 읽어 보지 못했다.
③ 저기 외투를 입고 서 있는 아이가 내 동생이다.
④ 엄마는 주스를 마시면서 웃는 아이를 바라보았다.
⑤ 영희는 하굣길에 재미있는 친구의 이야기를 들었다.

045 밑줄 친 번역 투 표현을 고친 것으로 적절하지 않은 것은?

① 리더에게 있어서(→ 리더에게) 가장 중요한 덕목은 희생이다.
② 대화 거부는 계약을 파기하겠다는 것에 다름 아니다(→ 것과 다름없다).
③ 소음으로 인해(→ 소음에 의해) 고통받는 우리의 심정을 이해해 주세요.
④ 주민 여러분께서는 주말 바자회에 많은 관심 있으시기 바랍니다(→ 많이 관심 가져 주십시오).
⑤ 많은 인원이 모이는 행사를 준비할 때 안전은 아무리 강조해도 지나치지 않다(→ 매우 중요하다).

쓰기 046번~050번

[046~050] 다음은 '일회용 플라스틱 용기 사용의 문제와 해결 방안'을 주제로 작성한 초고이다. 다음 글을 읽고 물음에 답하시오.

배달 플랫폼의 발달과 사회적 거리 두기의 확산 등으로 비대면 방식의 음식 소비가 늘면서 생활 폐기물 배출량에도 변화가 생겼다. 음식 배달 서비스로 발생하는 일회용 플라스틱 용기의 배출량이 늘어 이에 대한 시민들의 문제의식이 높아지고 있다.

그렇다면 배달 음식 소비로 인한 일회용품 플라스틱 발생량은 얼마나 될까? 통계청에서 조사한 바에 따르면 배달 음식 매출액은 2017년 이후 지속적으로 증가하여 지난해 25조 6,847억 원으로 전년보다 48.2% 증가하였다. 배달 음식의 경우 음식의 종류에 따라 일회용 플라스틱 용기가 적게는 3개에서 많게는 20개 이상 사용된다고 한다. 이에 따라 배달 음식을 담은 일회용 플라스틱 용기는 전년 대비 59.9% 증가하였다. 환경부의 보고서에 따르면 지난해 국민 1명이 하루에 버리는 생활 폐기물 중 일회용품 배출량은 37.32g이었다. 이로 인해 일회용품 폐기물의 연간 발생량이 70만 3,327톤에 이른다. 편리한 배달 음식 소비가 일회용품 배출량을 ㉠늘이고 있는 셈이다.

소비자가 일회용 플라스틱 용기를 사용한 후 제대로 분리배출하면 재활용률을 높일 수 있지 않을까? 하지만 배달 용기에 사용되는 플라스틱은 고온에 견디도록 합성수지 재질로 된 것이 많아 소비자가 표시 내용을 확인한 후 분리배출한다고 하더라도 재활용 가능 비율이 45.5%에 불과하다. ㉡오히려 재활용이 가능한 플라스틱이라 해도 음식물에 오염되거나 비닐로 밀봉된 형태의 경우 재활용이 불가능하다. 이러한 플라스틱의 매립이나 소각에서 발생하는 환경 문제에 대한 전문가들의 우려가 크다. 일회용 플라스틱 용기 폐기물 저감화 방안 마련이 시급하다.

이를 해결하기 위해서는 먼저 배달 음식에 사용되는 일회용 플라스틱 용기의 크기와 형태, 재질을 용도에 따라 표준화하여 재활용률을 높일 수 있는 방안을 마련해야 한다. 배달 용기 제작에 재활용이 가능한 소재를 사용하도록 하고 기존 소형 플라스틱 용기들은 일체형으로 표준화하는 방법 등으로도 재활용률을 약 33.0% 높일 수 있다.

나아가 일회용 플라스틱 용기를 대신하여 다회용기를 사용하는 사회적 노력이 필요하다. 다회용기란 ㉢한 번 일회적으로 쓰고 버리는 용기가 아니라 회수하여 재사용하는 용기를 말한다. 최근 일부 기업에서는 탄소 배출량을 줄이기 위해 다회 사용이 가능한 용기를 제작하는 등 환경 보호를 위한 사업을 실천하고 있다. 다회용기 사용을 확산하려면 다회용기를 사용하는 것이 일회용 플라스틱 용기를 사용하는 것에 비해 불편한 점이 무엇인지 알고 이를 개선해야 한다. 또한 다회용기를 사용하는 음식점이 늘 수 있도록 전문 업체를 통한 다회용기 대여와 수거, 세척 산업을 장려하는 정책을 확대해야 할 것이다. 더불어 이러한 노력이 쉽게 ㉣잊혀지지 않도록 소비자에게 다회용기 사용 실천 방법을 안내하고 이를 독려하기 위한 정책을 지속적으로 홍보하여 소비자의 인식 변화와 실천을 이끌어 내야 한다.

또한 소비자가 배달 플랫폼을 통해 음식을 주문할 때 불필요한 수저나 반찬을 거부할 수 있는 선택권을 더욱 활성화해야 하고, 일회용 플라스틱 용기를 사용하고 싶은 경우 소비자가 추가 비용을 지불하도록 하는 방법도 고려해 보아야 한다. 그리고 배달 음식 수익자인 배달 플랫폼 사업자가 플라스틱 저감화를 위한 정책 시범 사업에 적극 동참하게 하는 등 환경 보존에 관한 사회적 책임을 지게 해야 할 것이다.

비대면 소비에 익숙해진 우리가 배달 음식 소비의 편리성을 누리는 것도 필요하다. 하지만 지속 가능한 삶을 위해서는 음식 소비문화를 친환경적으로 바꾸어야 한다. 이를 위해 우리가 해야 할 일은 일회용 플라스틱 용기의 재활용률을 높이고 불필요한 일회용기의 사용을 줄여 ㉤나간다.

046 다음은 윗글을 쓰기 전에 떠올린 글쓰기 계획이다. 윗글에 반영된 것만을 있는 대로 고른 것은?

> **글쓰기 계획**
> ㄱ. 일회용 플라스틱 용기의 배출량이 늘어난 사회적 배경에 대해 설명해야겠어.
> ㄴ. 소비자가 일회용품을 제대로 분리배출하지 않는 이유를 제시해야겠어.
> ㄷ. 일회용 플라스틱 용기의 재활용률이 낮은 이유와 재활용률 제고 방안을 모두 제시해야겠어.
> ㄹ. 일회용 플라스틱 폐기물 저감화 방안에 대한 전문가의 의견을 인용해야겠어.
> ㅁ. 일회용 플라스틱 용기와 다회용기의 재활용률을 비교하여 수치로 제시해야겠어.

① ㄱ, ㄴ　　② ㄱ, ㄷ　　③ ㄴ, ㄹ　　④ ㄷ, ㅁ　　⑤ ㄹ, ㅁ

047 다음은 윗글을 수정·보완하기 위해 추가로 수집한 자료이다. 자료의 활용 방안으로 적절하지 <u>않은</u> 것은?

	자료 내용	유형
(가)	[코로나19 이전 대비 환경 문제 변화에 대한 설문 조사] 쓰레기/폐기물/자원순환 문제: 악화됨 49.3 / 변화없음 34.5 / 개선됨 16.2 지구온난화/기후변화: 39.8 / 43.1 / 17.1 에너지 문제: 32.9 / 50.5 / 16.6 화학물질/제품으로 인한 피해: 31.2 / 54.2 / 14.6 실내 공기 오염: 27.5 / 42.1 / 30.4 소음/진동 공해: 25.5 / 59.9 / 14.6 대기오염/미세먼지 문제: 24.6 / 36.0 / 39.4	통계 자료
(나)	한국은 세계 3위의 플라스틱 배출국이다. 플라스틱의 46%는 포장에 사용되고 있다. 플라스틱 1톤당 평균 약 5톤의 온실가스가 배출되는데, 온실가스에는 탄소가 80% 포함되어 있다. 일회용 포장지나 플라스틱 용기의 지나친 사용은 결국 기후 변화의 위협 요인이 되는 것이다.	연구 보고서
(다)	반찬 가게를 운영 중인데 다회용기는 일회용 플라스틱 용기보다 소재가 무거워서 사용이 불편해요. 그리고 다시 회수해서 세척하고 사용하는 과정에서 드는 비용도 부담스럽죠.	인터뷰
(라)	생활 속에서 탄소 중립을 실천할 수 있도록 탄소 중립 실천 포인트 제도가 시행되었다. 공식 누리집에서 회원가입을 한 후 음식 배달 플랫폼 이용 시 다회용기 선택하기, 무공해 차 대여하기 등을 이행하면 실천 포인트가 적립된다.	정책 홍보물
(마)	○○ 식품 업체에서는 최근 배송에 사용하는 포장재를 모두 친환경 소재로 변경하였고, □□ 배달 플랫폼과 함께 음식 배달에 다회 사용이 가능한 '에코 용기' 이용을 확대하기로 결정하였다.	신문 기사

① (가)를 활용하여 시민이 가진 문제의식에 대해 쓰레기와 폐기물, 자원순환 문제가 악화되었다고 응답한 비율을 근거로 제시한다.
② (나)를 활용하여 일회용 폐기물의 배출에 대한 전문가들의 우려의 내용을 구체적으로 추가한다.
③ (다)를 활용하여 다회용기 사용을 위한 배달 플랫폼의 사회적 책임에 대해 구체적으로 보충한다.
④ (라)를 활용하여 환경 보호를 위한 소비자의 실천을 독려하기 위한 정책을 소개한다.
⑤ (마)를 활용하여 기업의 환경 보호 사업 실천 사례로 배달 플랫폼과의 협업 사례를 추가로 제시한다.

048
다음은 윗글을 쓰기 전에 세웠던 글쓰기 개요이다. 윗글을 쓰는 과정에서 필자가 점검하여 반영한 내용으로 적절하지 않은 것은?

> **글쓰기 개요**
>
> Ⅰ. 일회용 플라스틱 용기 사용 실태
>   1. 배달 음식 소비의 증가
>   2. 생활 폐기물 유형별 비율
>
> Ⅱ. 일회용 플라스틱 용기 사용의 문제점
>   1. 플라스틱 용기 재활용의 어려움
>   2. 플라스틱 용기 사용으로 인한 환경 문제
>   3. 일회용 플라스틱 용기 배출량 증가
>
> Ⅲ. 다회용기 사용을 위한 실천 방안
>   1. 플라스틱 용기의 표준화
>   2. 다회용기 사용 확산을 위한 사회적 노력
>   3. 배달 플랫폼 사업자의 사회적 책임 강화
>   4. 소비자의 배달 음식 소비 비용 절감
>
> Ⅳ. 비대면 배달 음식 소비 지양 촉구

① Ⅰ-2는 상위 항목의 내용을 벗어나므로 삭제한다.
② Ⅱ-3은 상위 항목과의 관계를 고려하여 Ⅰ의 하위 항목으로 이동한다.
③ Ⅲ은 하위 항목을 포괄할 수 있도록 '일회용 플라스틱 용기 폐기물 저감화 방안'으로 수정한다.
④ 글의 맥락을 고려하여 Ⅲ-3과 Ⅲ-4의 순서를 바꾸어 서술한다.
⑤ Ⅳ는 글의 주제를 고려하여 '플라스틱 용기 폐기물 저감 실천 촉구'로 수정한다.

049
윗글의 ㉠~㉤을 고쳐 쓰기 위한 방안으로 적절하지 않은 것은?

① ㉠: 문장의 의미를 고려하여 '늘리고'로 수정한다.
② ㉡: 쓰임이 적절하지 않으므로 '그리고'로 수정한다.
③ ㉢: 의미가 중복된 표현이 쓰였으므로 삭제한다.
④ ㉣: 이중 피동 표현이 쓰였으므로 '잊히지'로 수정한다.
⑤ ㉤: 주어와 서술어의 호응이 맞지 않으므로 '나가야 한다'로 수정한다.

050 윗글을 보완할 수 있는 방안으로 가장 적절한 것은?

① 주제에 대한 독자의 관심을 끌기 위해 첫 문단에서 비대면 방식의 소통이 가져오는 불편함을 환기하는 질문을 제시한다.
② 글의 논리적 전개를 위해 일회용 플라스틱 폐기물을 줄일 수 있는 방안을 먼저 제시한 후 문제의 원인에 대해 설명하는 순서로 수정한다.
③ 근거의 타당성 확보를 위해 국내 기업의 탄소 배출량 수준을 비교하여 수치로 제시한다.
④ 근거의 객관성을 높이기 위해 배달 음식을 주문할 때 다회용기를 사용해 본 필자의 경험을 추가한다.
⑤ 주장의 설득력을 높이기 위해 마지막 문단에 일회용 플라스틱 용기의 사용을 줄였을 때 얻을 수 있는 기대 효과를 구체적으로 제시한다.

창안　051번~060번

[051~053] '악보'와 '인간의 삶'을 유비(類比)하고자 한다. 다음 글을 읽고 물음에 답하시오.

　음악은 본래 보이지 않는 것이지만, 악보로 만들면 눈으로 곡조를 확인할 수 있고 재현하기도 쉽다. 악보는 음악의 곡조를 표현하는 일종의 언어이다. 대표적인 악보 종류인 오선보는 일정한 간격을 가진 다섯 개의 평행선을 통해 음악의 곡조를 기록하며, 악보에는 다양한 기호가 존재한다. 오선보에는 줄 위와 줄 사이에 그려지는 음표뿐 아니라 음자리표, 조표, 박자표, 마디와 같은 기호와 셈여림표, 빠르기말 등의 ㉠여러 음악적 악상 기호가 공존하며, ㉡이들이 어우러져 악곡을 완성해 낸다. 즉 ㉢악곡은 악보 위의 여러 악상 기호가 조화를 이룰 때 아름다운 하모니를 이룰 수 있게 된다.

　음표는 음의 높낮이와 길이를 나타내는 핵심적 기호이며, 머리, 기둥, 꼬리 등으로 이루어진다. ⓐ박자가 가장 긴 음표를 온음표(𝅝)라고 하며, 이것을 2등분한 길이의 음표를 2분음표(𝅗𝅥), 4등분한 길이의 음표를 4분음표(♩), 8등분한 길이의 음표를 8분음표(♪), 16등분한 길이의 음표를 16분음표(𝅘𝅥𝅯) 등이라 칭한다. 온음표를 기준으로 등분이 많아질수록 박자는 더욱 짧아진다. 또 음표 길이의 절반을 나타내는 점을 찍어 세밀한 박자를 표현하기도 한다.
　음표는 악곡을 구성하는 가장 작은 단위인 한 마디 안에 박자표의 표시대로 기보된다. 예를 들어 4/4 박자표는 한 마디에 4분음표(분모)가 4개(분자) 있는 네 박자를 의미한다. 이때 반드시 4분음표만을 사용하지 않아도 제시된 박자만큼 여러 음표를 사용하여 한 마디를 구성할 수 있다.

051
㉠을 '지역(국가)'에, ㉡을 '세계'에 비유할 때, 이끌어 낼 수 있는 내용으로 적절하지 않은 것은?

① 국경을 초월한 협력과 실천적 자세가 필요합니다.
② 오늘날 세계는 상호 연관성이 높아지고 있습니다.
③ 우리는 국가의 국민을 넘어 세계 속의 시민입니다.
④ 세계의 주류 문화로 개별 지역을 통합해야 합니다.
⑤ 세계의 지속 가능한 발전을 위해 연대가 필요합니다.

052
㉢에서 이끌어 낼 수 있는 사례로 가장 적절한 것은?

① 지역의 이름을 상품화한 나폴리 피자
② 사하라 사막을 무대로 하는 낙타 경주
③ 삼대가 가업을 계승해 나가는 도예 공방
④ 문화 유적지를 관광지로 운영하는 페루 관광청
⑤ 국제 평화를 위해 여러 나라가 참여하는 올림픽

053
ⓐ를 참고하여 〈조건〉에 맞게 작성한 문구로 가장 적절한 것은?

조건
- 박자가 긴 음표를 '노년층'에, 상대적으로 박자가 짧은 음표를 '청년층'에 비유할 것.
- [A]의 세대가 많은 사회 상황에서 할 수 있는 제안을 제시할 것.

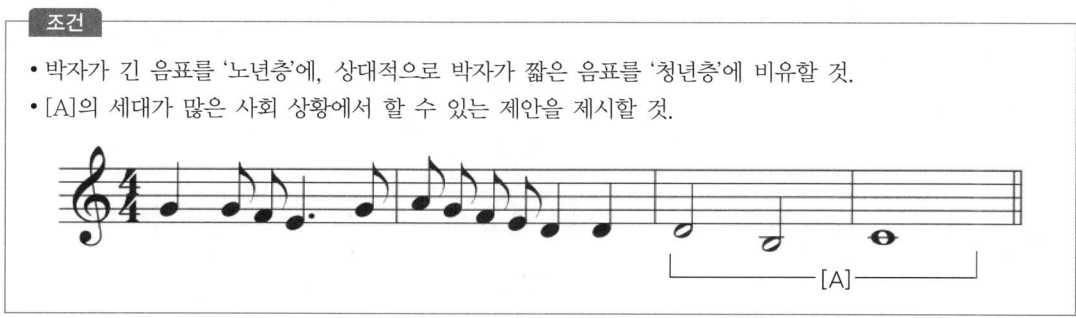

① 순간의 즐거움만을 좇는 과소비 문화에서 벗어나야 합니다.
② 가정 밖에 놓인 청소년을 위한 보호 쉼터를 마련해야 합니다.
③ 노인의 여가와 건강을 위한 제도와 시설을 확충해야 합니다.
④ 소통하고 배려하는 태도를 통해 성평등 인식을 제고해야 합니다.
⑤ 일자리 없는 젊은 세대, 취업 정책을 적극적으로 추진해야 합니다.

[054~056] 다음 그림을 보고 물음에 답하시오.

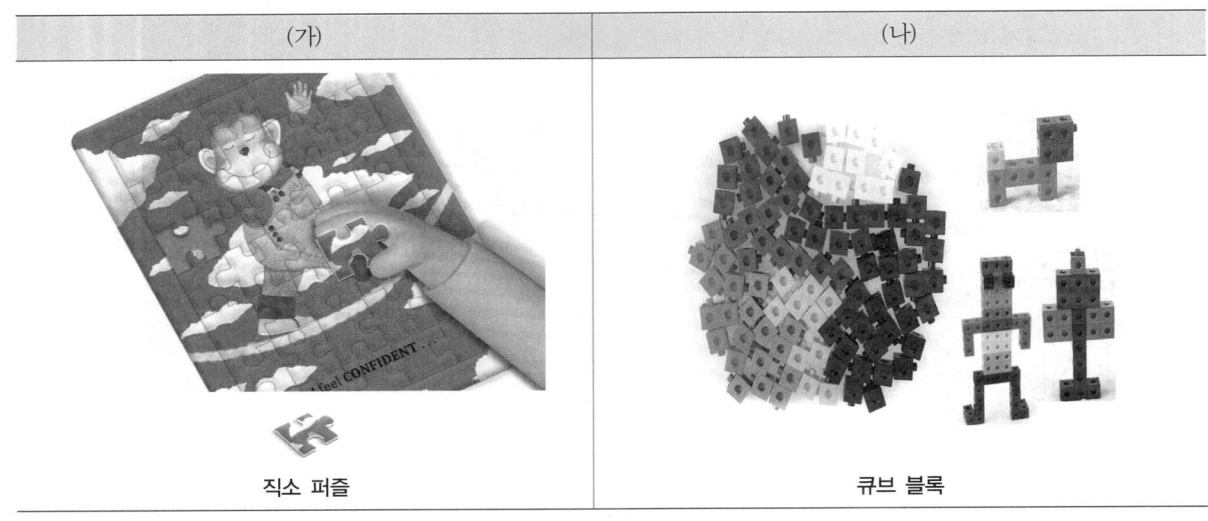

(가)	(나)
직소 퍼즐	큐브 블록

054 그림 (가)와 (나)를 바탕으로 다음과 같이 분석할 때 적절하지 <u>않은</u> 것은?

	(가)	(나)
요소	퍼즐 형태가 새겨진 판, 퍼즐 조각	블록 조각
표현	㉠ 퍼즐 판에 알맞은 퍼즐 조각을 맞춰 특정 그림을 완성하는 놀이	블록 조각 개수를 자유롭게 활용하여 원하는 작품을 완성하는 놀이
핵심	㉡ 조각의 정해진 위치가 있음.	㉢ 조각의 정해진 위치가 없음.
주제	㉣ 부분을 변형하여 전체를 창조하는 사고력이 필요하다.	㉤ 부분을 조합하여 전체를 창조하는 사고력이 필요하다.

① ㉠   ② ㉡   ③ ㉢   ④ ㉣   ⑤ ㉤

055 (가)의 놀이를 위한 전략을 공부 방법에 유추한 내용으로 가장 적절한 것은?

	(가)의 놀이 전략	공부 방법
①	적정 개수와 난이도의 퍼즐 선택하기	학습 내용을 영역별로 범주화하여 공부하기
②	색상이 비슷한 조각끼리 모아서 맞추기	휴식 시간보다 공부 시간을 점차 늘려 나가기
③	퍼즐의 완성 그림과 비교하며 맞추기	학습 내용의 전체적인 목차를 그리며 공부하기
④	그림 특징이 뚜렷한 조각부터 맞추기	난도가 높은 학습 내용부터 선택하여 공부하기
⑤	형태가 간단한 가장자리 조각부터 맞추기	이해가 어려운 부분은 동료나 교사에게 도움받기

056 (가)와 (나)를 교사의 모둠 활동 지도 과정에 착안할 때 적절하지 <u>않은</u> 것은?

① (가): 퍼즐 형태가 새겨진 판을 제공하는 것처럼 모둠 활동에 대한 도움 자료를 제공한다.
② (가): 완성된 그림을 먼저 제공하는 것처럼 모둠이 달성해야 하는 필수 공동 과제를 제시한다.
③ (나): 어떤 작품을 만들지에 대한 고민이 필요한 것처럼 모둠의 공동 목표를 설정하기 위한 논의가 필요하다.
④ (나): 조립 과정에 따라 결과가 달라질 수 있는 것처럼 모둠 활동의 결과뿐 아니라 과정도 평가한다.
⑤ (나): 여러 조각을 활용해야 하는 것처럼 창의적인 학생이 모둠 활동을 주도할 수 있도록 지도한다.

[057~058] 다음을 보고 물음에 답하시오.

> 우리나라의 아동학대 사례는 2011년 이후 꾸준히 증가하고 있다. 2022년 발생한 아동학대 사례의 가해자는 '부모'가 82.7%를 기록했으며, 학대 장소는 '가정 내'에서 발생한 사례가 81.3%로 가장 높게 나타났다. 이에 정부에서는 아동학대 예방을 위해 다양한 공익 광고 제작을 독려하고 있다. 아동학대 예방 공익 광고는 예상 수용자에 따라 다양한 전략을 사용하며, 주된 표현 전략은 아래와 같다.
>
> (가) 피해 아동을 수용자로 설정하여 학대 사실을 관련 기관에 알려야 함을 강조한다.
> (나) 아동학대의 목격자를 수용자로 설정하여 수용자의 긍정적 감정에 호소해 설득한다.
> (다) 부모를 수용자로 설정하여 훈육과 학대에 대한 올바른 인식을 가져야 함을 강조한다.
> (라) 아동학대의 목격자를 수용자로 설정하여 아동학대 신고 기관과 방법에 대해 안내한다.
> (마) 부모를 수용자로 설정하여 올바른 양육 방법이 가져다줄 결과를 밝고 따뜻한 이미지로 제시한다.

057 윗글의 (가)~(마)에 해당하는 광고 사례가 적절하게 짝 지어지지 <u>않은</u> 것은?

058 〈조건〉을 반영하여 공익 광고 문구를 창안할 때 가장 적절한 것은?

> **조건**
> • (다) 유형에 해당하는 공익 광고 문구를 창안할 것.
> • 직유법을 활용하여 표현 효과를 높일 것.

① 훈육의 기본은 존중과 이해입니다.
② 따뜻한 말은 아이들 얼굴에 꽃을 피웁니다.
③ 사랑받고 자란 아이가 사랑하고 살아갑니다.
④ 폭력을 멈추는 것은 주위의 별빛 같은 관심입니다.
⑤ 사랑의 매, 지워지지 않는 멍처럼 마음에 상처를 남깁니다.

[059~060] 다음 글을 읽고 물음에 답하시오.

케이팝의 인기에 힘입어 흥미로운 현상이 관찰되고 있다. '아이돌(Idol)'과 '훈민정음'의 합성어인 '돌(Dol)민정음'이 바로 그것이다. 해외 케이팝 팬들은 '언니', '오빠', '막내'처럼 팬들 사이에서 자주 사용되는 한국어 어휘를 영어로 번역하는 대신, 국어 발음을 그대로 유지하면서 영어로 표기한다. 가령 '언니'는 'unnie', '오빠'는 'oppa', '막내'는 'maknae'로 표기하는 것이다. 팬들 사이에서 공유되는 국어 어휘의 고유한 느낌을 영어로 번역하기는 쉽지 않으므로, ⓐ해외 케이팝 팬들은 영어 표기를 활용하여 새로운 어휘를 만들어 낸 것이다.

주목할 점은, 이러한 현상이 일시적인 유행이 아니라 창조적인 언어생활로서 자리 잡아 가고 있다는 점이다. 최근 옥스퍼드 영어 사전에는 '돌민정음' 어휘 중 일부가 표제어로 등재되었다. 이는 단순히 케이팝의 세계화뿐만 아니라, 한국어의 단어가 영어의 단어로 편입되는 ㉠문화적 확장을 보여 주는 사례라는 점에서 의미가 있을 것이다.

059 윗글의 ㉠과 유사한 사례로 적절하지 <u>않은</u> 것은?

① 한복을 바탕으로 만든 웨딩드레스
② 라면을 재료로 하여 만든 파스타
③ 지역 특산물을 활용해서 만든 햄버거
④ 원작 소설을 바탕으로 제작한 드라마
⑤ 배송 대행 서비스로 수입한 해외 의류

060 윗글의 ⓐ와 〈보기〉를 고려할 때, '미디어의 전달 방식'과 관련하여 이끌어 낼 수 있는 내용으로 가장 적절한 것은?

> **보기**
> 우리는 새로운 정보를 받아들일 때, 정보를 있는 그대로 받아들이기보다는 기존의 지식을 적극적으로 활용한다. 이미 알고 있는 지식을 바탕으로 새로운 지식을 이해하는 것이 보다 효율적이기 때문이다.

① 정보의 출처를 제시함으로써 내용의 진실성을 확보해야 한다.
② 내용에 대한 시청자의 의견을 수용함으로써 정보의 다양성을 꾀해야 한다.
③ 미디어가 가져올 파급 효과를 고려함으로써 정보의 공공성을 제고해야 한다.
④ 전달하는 정보와 반대되는 의견도 언급함으로써 정보의 공정성을 갖추어야 한다.
⑤ 수용자의 배경지식을 환기하는 정보를 제시함으로써 정보의 전달력을 높여야 한다.

읽기 061번~090번

[061~062] 다음 글을 읽고 물음에 답하시오.

소리 쪽으로 기우는 일이 잦다
감각이 흐릿해지니 ㉠마음이 골똘해져서

나이가 들면서 왜 목청이 높아지는가 했더니
어머니 음식맛이 왜 짜지는가 했더니
㉡뭔가 흐려지고 있는 거구나

애초엔 소리였겠으나 내게로 오는 사이
㉢소리가 되지 못한 것들

되묻지 않으려고
상대방의 ㉣표정과 눈빛에 집중을 한다
너무 일찍 온 ㉤귀의 가난으로
내가 조금은 자상해졌다

– 손택수, 「귀의 가난」

061 윗글에 대한 설명으로 가장 적절한 것은?

① 감퇴와 증진을 대조하여 의식상의 변화를 표현한다.
② 시적 화자의 격렬한 정서를 역동적인 묘사로 표현한다.
③ 비슷한 음절들을 규칙적으로 배치하여 리듬감을 부여한다.
④ 의문형의 표현을 활용하여 강경한 태도를 완곡하게 드러낸다.
⑤ 구두점의 사용을 의도적으로 배제하여 다급한 느낌을 환기한다.

062 ㉠~㉤에 대한 이해로 적절하지 않은 것은?

① ㉠: 들은 내용으로 생각이 쏠리는 것을 표현한다.
② ㉡: 타인에 관한 경험들의 맥락을 다시 의미화한다.
③ ㉢: 의미를 온전히 갖추지 못한 청각 정보를 은유한다.
④ ㉣: 경청하려는 모습을 묘사하여 예의 갖춘 태도를 강조한다.
⑤ ㉤: 감각 능력이 예전과 같지 않게 되었음을 드러낸다.

[063~065] 다음 글을 읽고 물음에 답하시오.

그는 오후 2시가 넘어서야 부장과 마주 앉았다. 카페 문을 열고 들어오는 부장의 머리칼이 비에 젖어 있었다. 그가 커피 두 잔을 주문해 왔다. 커피는 형편없이 썼다. 빗줄기가 굵어지고 있었다. 축축한 도로를 밀고 가는 차들의 소음이 카페 안까지 밀려들었다.

일이 워낙 급하게 돌아가느라 연락을 계속 못 받았네요. 많이 기다리셨죠?

부장은 봉투에서 서류 몇 장을 꺼냈다. 그러면서 다른 팀원들은 모두 새 업무를 배정받아 다른 부서에 배치되었다고 말했다.

다른 업무요?

그는 10년간, 20년간 가설과 설비, 고장 수리 업무만 하던 동료들이 다른 어떤 새로운 일을 할 수 있는지 짐작하기 어려웠다.

부장은 이렇다 할 대답을 하지 않고 사무적인 목소리로 물었다.

오전에 급한 일이 있으셨다고요? 잘 마무리하셨습니까?

그는 아내가 아파서 병원에 다녀왔다고 말한 뒤 곧장 후회했다. 불필요하게 사적인 이야기를 늘어놨다는 생각 때문이었다.

사정이 있었던 건 알겠지만 월차나 반차는 하루 전에 결재를 받으셔야 한다는 걸 아실 겁니다. 분위기가 이렇다 보니 평가에 반영이 될 수밖에 없어요. 앞으로는 그렇게 해주시고 이번 건은 제가 알아서 하겠습니다. 부장은 세 장의 서류를 꺼냈고 그가 잘 볼 수 있도록 돌려주었다.

한 장은 교육 일수와 출결 사항, 지각 사항 같은 것들을 기록한 일지였고 한 장은 수업 태도, 최종 평가 점수를 도표로 정리한 것이었다. 나머지 한 장엔 지난 3개월간 그의 상품 판매 실적이 숫자와 수치, 그래프로 정리되어 있었다.

15시 07분 입실. 7분 지각. 18시 12분 입실. 12분 지각.

보고서 제출 기한 지연 2회. 보고서 분량 미달 3회. 도서 미지참 3회.

눈가를 문지름, 한 손으로 턱을 굄. 눈을 감고 하품을 함. 목을 긁음. 물 마심. 휴대폰을 확인함. 발을 주무름.

한동안 그는 자신에 대해 지나칠 정도로 세세하고 꼼꼼한 기록들을 살펴보는 데에 정신이 팔려 있었다. 읽다 보면 너무 한다 싶었고 오싹한 느낌이 들 정도였다.

보다시피 점수가 좋질 않습니다. 아시지요?

부장은 세 번째 서류를 가리키며 물었다. 지난 3개월간 그의 상품 판매 실적이 기록된 평가서였다. 판매 가능 물품과 가격, 기능과 장점 같은 것들이 보기 좋게 정리되어 있을 뿐 이렇다 할 판매 실적은 전무했다.

영업 실적도 거의 없으시고요.

그는 잠자코 부장의 이야기를 들었다. 처음 있는 일도 아니었다. 몇 년 전 저성과자로 낙인찍힌 후 교육평가가 있을 때마다 이런 경고를 반복해서 들었다.

어떻게 말씀드려야 할지 모르겠네요. 점수가 거의 다 최하 등급입니다.

서류를 넘겨보던 부장이 검지로 테이블 모서리를 만지작거리며 말했다.

본인이 관리 대상자인 것은 아실 겁니다. 이번이 마지막 교육이라는 것도 아실 테고요. 평가서만 봤을 때는 개선되는 모습이 보이지 않으니 저도 어쩔 도리가 없네요.

그는 판매나 영업 업무가 지난 26년간 통신주를 매설하고, 전화선을 끌어오고, 인터넷 케이블을 연결하던 자신의 현장 업무와 무슨 연관이 있느냐고 따져 묻지 못했다. 책을 읽고 독후감을 쓰고, 교육 영상을 시청하고 감상문을 제출하고, 어려운 경제 용어를 외우고, 복잡한 수치와 계산법을 익히는 것이 수십 년간 설치 기사로 일했던 자신에게 무엇을 가르치려 하는 것인지도 묻지 못했다. 그런 식으로 옳고 그름을 따지던 동료들이 끝내 밀려나듯 회사를 나가는 걸 그는 많이 봐왔다.

예, 알고 있습니다.

그는 다만 그렇게 대답했다.

㉠이런 말씀을 드리는 제 입장도 이해해 주셨으면 합니다. 지금이라도 시간이 필요하다고 하시면 며칠 더 여유를 드릴 수 있고요. 아시겠지만 지금 정도면 크게 나쁜 조건도 아닙니다. 젊은 사람들은 취업난이라고 아우성이지. 나이 든 분들은 정년을 보장해달라고 하시지. 회사라고 그 모든 사람들을 다 안고 갈 수는 없지 않습니까. 아시겠지만 몇 년 전부터는 외국 업체들까지 들어와서 있는 고객들도 다 빼내가는 상황이잖아요. 제가 회사를 대변하려는 게 아니고 객관적인 상황을 말씀드리는 겁니다.

그가 무슨 말인가를 하려고 하자 부장이 곤혹스러운 얼굴을 했다. 그런 다음 자신도 일개 직원에 지나지 않으며 왜 이런 업무를 맡게 됐는지 모르겠다고 중얼거렸다. 자신은 두 아이의 아빠이고 막내는 올해 초등학교에 입학했다고 이야기하며 부장은 그의 눈을 피했다. 그럼에도 저성과자를 제대로 관리하지 못하면 결국 자신이 징계를 받는다고 말할 땐 고개를 들고 그와 눈을 맞췄다.

그는 고개를 끄덕였다.

그러나 그것이 동의를 의미하는 것은 아니었다. 그는 사적인 형편을 무기 삼아 상대의 마음을 쥐고 흔들려는 부장에게 불쾌함을 느꼈다. 그런 식으로 상대의 입을 막아버리고 꼼짝할 수 없게 만들어버리려는 의도가 괘씸해서였다.

그는 부장의 제안을 수락하고 몸을 일으켜 카페 밖으로 나오고 싶은 충동을 가까스로 억눌렀다. 지금 자신을 지나는 감정이 분노 단 하나뿐이라고 확신할 수 없어서였다. 어떤 순간에도 단 하나의 감정만 존재하는 경우는 없었다. 그는 ㉡왜 매번 뜨겁게 솟구쳤던 분노가 넓게 번지고 엷어지면서 연민과 이해 따위의 감정에 다다르게 되는지 이해할 수 없었다.

압니다.

그는 다만 그렇게 말했고 한동안 아무 상관없는 사람처럼 테이블 위에 놓인 서류 세 장을 우두커니 내려다보다가 마침내 고개를 들고 차분하게 되물었다.

거절하면 저는 어떤 업무를 맡게 됩니까?

— 김혜진, 「9번의 일」

063 윗글의 서술상 특징으로 가장 적절한 것은?

① 사변적인 주제의 대화를 나열하여 추상적으로 표현한다.
② 인물의 성격과 행동 간의 모순을 부각하고 이를 풍자한다.
③ 장면의 순차적 배치를 거부하고 사건의 인과를 알 수 없도록 한다.
④ 인물과 인물 사이의 충돌을 정적으로 드러내어 긴장감을 조성한다.
⑤ 두 인물의 시점을 교차시키면서 서술하여 사태의 맥락을 종합한다.

064 윗글의 내용에 대한 이해로 적절하지 않은 것은?

① '그'는 회사에 잔류하려는 마음을 드러내었다.
② '그'는 휴가를 사용하지 않고 늦게 출근하였다.
③ '그'는 익숙한 직능과는 다른 교육을 받고 있다.
④ '부장'은 감정에 호소하고 '그'의 동정을 구했다.
⑤ '부장'은 '그'의 실적이 개선되기를 바라며 이를 요구했다.

065 ㉠, ㉡의 이해에 대한 이해로 가장 적절한 것은?

① ㉠: 상황을 다양한 각도에서 바라볼 것을 바라는군.
  ㉡: 역할을 달가워하지 않는다는 점에서 동정을 느끼는군.
② ㉠: 상황을 다양한 각도에서 바라볼 것을 바라는군.
  ㉡: 이익과 손해를 따져보고 있군.
③ ㉠: 자기 의사대로 상대가 따르도록 동의를 구하는군.
  ㉡: 자기가 받은 대우가 부당하다고 여기지 않겠다는 뜻이군.
④ ㉠: 자기 의사대로 상대가 따르도록 동의를 구하는군.
  ㉡: 역할을 달가워하지 않는다는 점에서 동정을 느끼는군.
⑤ ㉠: 자기의 대우 방식이 부당하다고 여기지 말라는 뜻이군.
  ㉡: 이익과 손해를 따져보고 있군.

[066~068] 다음 글을 읽고 물음에 답하시오.

포스트모더니즘의 개념을 정의하는 것은 매우 어렵다. 포스트모더니즘은 그 명칭에서 알 수 있듯이 모더니즘 예술을 전제로 해서 출현한 용어이다. 즉 포스트모더니즘이라는 용어는 '포스트(post: '다음의' 혹은 '이후의'라는 뜻을 지닌 접두사)'와 '모더니즘'이라는 단어가 결합하여 생긴 말이다. 이처럼 포스트모더니즘은 어원상으로만 보면 단순히 모더니즘 다음에 오는 현상을 가리킨다. 하지만 포스트모더니즘과 모더니즘의 관계는 단지 시간적 선후의 관계만은 아니다. 만약 그렇다면 굳이 포스트모더니즘이라는 용어를 택하지 않고 새로운 명칭을 부여할 수도 있었을 것이다. 어쨌거나 포스트모더니즘의 예술 현상을 제대로 이해하려면 그것이 모더니즘과 어떤 연관을 갖고 있는지 살펴야만 한다.

포스트모더니즘과 모더니즘의 관계에 대해서는 논자에 따라 설명하는 방식과 내용이 다르다. 포스트모더니즘의 본질적 특성에 대한 규정 역시 다양한 형태를 띠고 있다. 하지만 그것들은 대체로 두 유형의 입장으로 구분된다. 첫째, 포스트모더니즘을 모더니즘의 계승이나 논리적 발전으로 파악하려는 입장이다. 이 경우, 포스트모더니즘을 '후기 모더니즘'으로 해석할 수 있다. 둘째, 포스트모더니즘을 모더니즘과의 의식적 단절이나 비판적 반작용으로 파악하려는 입장이다. 이 경우, 포스트모더니즘을 '탈(脫)모더니즘'으로 해석할 수 있다. 그러나 실제로 포스트모더니즘과 모더니즘의 관계는 단순히 연속이나 단절이라는 관점에서 파악될 수 없다. 왜냐하면 포스트모더니즘은 모더니즘의 논리적 연속으로 파악될 수 있는 측면과 모더니즘의 단절로 파악될 수 있는 측면을 모두 지니고 있기 때문이다. 하지만 이 두 측면 중에서 '연속'(존재의 고립감이나 소외감 혹은 실존적 불안과 같은 주제를 계승한다거나, 예술 형식과 관련하여 전위적 실험성을 발전시키는 측면)보다는 '단절'에 주목하는 것이 지금 논의의 성격에 더 적절하다고 할 수 있다.

우선 유기적인 구성이나 형식 또는 예술의 자기 목적성이라는 관점에서 볼 때, 포스트모더니즘은 모더니즘과 상당히 대립적인 관계를 맺고 있다. 모더니즘 작품들은 자신이 상품적 지위로 전락하는 것을 피하기 위해 자기와 현실 세계의 직접적인 연관을 단절시켰다. 그러는 한편, 작품의 구성을 복잡하게 하고 형식을 교란시켜 신비로운 자기 목적적 대상이 되고자 했다. 물론 모더니즘 예술의 이 같은 시도는 예술의 창조적인 힘 혹은 상상력이 자본주의 세계를 변혁시킬 수 있다는 믿음에서 출발한 것이라고 할 수 있다. 그러나 이처럼 예술과 삶의 분리에 근거한 엘리트주의는 결국 대중과의 소통을 방해하는 난해함에 빠져들게 되었다.

포스트모더니즘 예술가들은 모더니즘 예술의 이 같은 측면에 반발하여 예술가 개인의 창조적 상상력에서 산출된 유기적 통일성이나 예술의 자기 목적성을 부정한다. 그들은 태양 아래 새로운 것이 없듯이 이제 예술에도 더 이상 새로운 것이 존재하지 않는다고 주장하며, [㉠] 그들은 자신의 작품에서 어떤 독창성이나 창조성과 같은 것은 아예 기대도 하지 않는다. 그 결과, 우리는 포스트모더니즘과 관련된 현상을 설명하는 것들로서 ⓐ'저자의 죽음'이나 ⓑ'상호 텍스트성' 혹은 ⓒ'혼성모방' 등의 개념을 접하게 된다.

모더니즘에 의해 억압되거나 배제된 것들이 포스트모더니즘에서는 새로운 의미와 가치를 인정받으며 부상하게 된다는 점에서, 포스트모더니즘과 모더니즘은 역시 적대적 관계라고 할 수 있다. 즉 포스트모더니즘에서 기성문화에 반기를 드는 반문화 혹은 고답적이고 엘리트주의적인 고급 예술에 대항하는 대중문화, 가부장적 남성중심주의에 항거하는 페미니즘 예술 혹은 서구 중심적 제국주의나 오리엔탈리즘에 저항하는 제3세계의 예술 등 주변적인 것들이 부상하면서, 우리는 ⓓ'탈중심화' 혹은 ⓔ'탈정전화(de-canonization)' 등의 개념도 접하게 된다.

066 윗글에 대한 이해로 가장 적절한 것은?

① 포스트모더니즘은 모더니즘과 이어지는 면이 없다.
② 포스트모더니즘은 모더니즘으로부터 파생된 아류이다.
③ 포스트모더니즘은 중핵적 가치나 권위를 승인하지 않는다.
④ 포스트모더니즘은 유기적 통일성이나 자기 목적성을 취한다.
⑤ 포스트모더니즘은 예술 창작의 힘은 고유한 상상력에 있다고 믿는다.

067 윗글의 내용을 바탕으로 할 때, ㉠의 내용으로 가장 적절한 것은?

① 삶과 밀착된 제도권 예술에 대한 공격을 지속했다.
② 전례가 없는 새로움을 곧 자율성으로 파악하고 추구했다.
③ 기성문화나 자본주의에 대해 저항 없는 굴복을 선택했다.
④ 과거에 이미 존재했던 소재들이나 양식들을 차용하고 있다.
⑤ 맥락을 찾아보기 어려울 정도로 임의적인 형식에 집착한다.

068 ⓐ~ⓔ 중 〈보기〉와 관련된 것으로 가장 적절한 것은?

보기

보통 학교 교과 과정 속에서 공인된 텍스트들은 해석 혹은 모방할 만한 가치가 있다고 인정받은 위대한 작품으로, 덕성이 풍부하며 책임감이 높은 인간을 기르기 위한 교양 목록으로 제시된다. 그러나 이들은 특정한 시대의 특정한 그룹 혹은 집단의 이익과 관심을 반영한 것이자 지배적 단체나 기관에 의해 구축되어 온 '제도'라는 거센 비판에 직면하기도 했다. 객관성이라는 날조된 신화를 내세워 지배 계급의 이익을 대변하고 소수 집단에게 보수적이고 배타적인 힘을 행사한다는 점에서 '부드러운 폭력'으로 비판받았던 것이다.

① ⓐ ② ⓑ ③ ⓒ ④ ⓓ ⑤ ⓔ

[069~072] 다음 글을 읽고 물음에 답하시오.

아프리카의 어느 부족에서는 이런 악어 재판이 있었다고 한다. 둘 사이의 분쟁에서 어느 쪽의 말이 맞는지 모를 때 강가에 말뚝을 두 개 세워 한 사람씩 묶어 놓고 모두가 지켜본다. 그러면 얼마 안 있어 악어가 나타나고, 악어에게 물린 쪽을 그른 사람으로 판정한다. 이는 시련의 상황을 거치도록 하여 우연이나 신에게 판정을 맡기는 신판(神判)의 전형이기도 하다. ㉠중세 유럽에서의 신판은 이런 전형성을 가지면서도 방식이 잔혹하여 유명했다. 달군 쇠를 잡도록 하여 며칠 후에 화상의 치유 여부로 판단하는 기법은 양전한 편에 속했다. 이는 무고한 사람을 지키려는 신성한 의지가 개입할 것이라는 믿음에 터 잡는다. 그리고 공동체의 참여로 사법 과정에 대한 신뢰를 부여하는 방식이기도 했다.

배심제는 일반 시민 가운데 무작위로 선발된 배심원단이 유·무죄의 판단이나 사실관계의 판정을 내리는 방식이다. 하지만 합리적인 증거 판단에 의존하여 평결을 내리도록 하여, 자연이나 신의 개입에 따른 결정을 상정하는 신판과 근본적으로 다르다. 자기가 속한 사회의 구성원인 동료들이 합리적 검증을 거쳐 만장일치로 결정된 판단이라면 받아들일 수 있다는 믿음이 바탕이다. 미국은 일반 형사사건에서 배심 재판의 신청을 헌법상의 기본권으로 보장한다. 배심원단은 통상 12명으로 구성되며, 그 평결 과정에는 법관이 전혀 개입하지 않는다. 〈열두 열민 사람들(12 Angry Men)〉이라는 영화에서 배심원단에게 지시하는 판사의 말에는 ⓐ미국 배심제의 특징이 잘 나타난다.

"한 사람이 죽었습니다. 또 한 사람도 목숨이 여러분에게 걸려 있습니다. 여러분의 생각에 피고인이 유죄라는 데 대하여 합리적 의심이 있다면, 합리적인 의심입니다. 그러면 여러분은 무죄라는 평결을 전달해야 합니다. 그러나 합리적 의심이 들지 않는다면 여러분은 양심에서 유죄라는 평결을 해야만 합니다. 여러분은 평결을 만장일치로 해야 합니다. 배심원단이 유죄로 결정할 경우 재판부는 감형을 하지 않습니다. 다시 말해 이 사건에서는 사형이 될 수밖에 없다는 것입니다. 여러분은 막중한 책무를 지게 되었습니다. 감사합니다."

국제적 파급력이 강한 미국의 영향으로 우리 사회에도 합리적 의심(reasonable doubt)이라는 말이 흔히 쓰이게 되었다. 위 판사의 말에서 알 수 있듯이 형사소송에서 범죄사실의 증명은 '합리적 의심을 넘어서는 정도'의 입증이 필요하다는 것이고, 그 의심이란 구체적이고 명확한 사실에 기반한 의심을 말한다. 우리의 법에서 '확신에 이를 정도의 고도의 개연성'을 가진 증명이라는 기준으로 표현해 온 것과 그리 다르지 않다. 그런데도 우리 형사소송법에 '범죄사실의 인정은 합리적인 의심이 없는 정도의 증명에 이르러야 한다.'는 규정(제307조 2항)이 들어가기에 이르렀다. 국민참여재판에서도 시민들이 이를 법관들보다 오히려 더 활용한다고 한다.

우리 사회에서 사법에 대한 민주적 정당성, 재판의 투명성과 공정성, 피고인의 인권 보장, 국민의 사법 참여 따위를 강화할 수 있는 제도로서 배심제를 도입하자는 주장은 오래되었다. 마침내 이 요청들을 수용하면서 ⓑ한국적 특성에 맞게 수정된 배심제로서의 국민참여재판이 법률상 도입되어 2008년부터 중대한 범죄 사건에 한정하여 시행되었다. 추첨으로 뽑힌 시민들이 배심원단으로 구성되어 유·무죄와 형량을 정하는 평결을 한다. 이 평결은 법관에게 권고하는 효력만이 인정되며, 만장일치가 되지 않으면 법관의 의견을 듣고서 다수결로 정할 수 있다.

069 윗글에 대한 이해로 가장 적절한 것은?

① 합리적 의심은 미국법에서의 개념과 다른 의미로 우리 형사소송법에 도입되었다.
② 일반인이 참여하는 국민참여재판에서 배심원들은 합리적 의심에 대해 고려할 필요가 없다.
③ 국민참여재판에 형사사건이 포함되는 것은 배심제가 갖는 우연성을 배제하지 못하기 때문이다.
④ '확신에 이를 정도의 고도의 개연성'은 '합리적 의심을 넘어설 정도'보다는 낮은 단계의 증명 기준이다.
⑤ 사법에 대해서 민주적 운영이 필요하다는 요청이 국민참여재판의 도입에 반영되었다.

070 밑줄 친 ㉠에 대한 이해로 적절하지 않은 것은?

① 악어 재판과 달리 초자연적 요인을 배제하려 한다.
② 가혹한 시련을 가하여 죄를 시험하려는 것이 특징이다.
③ 신이 선한 사람에게 무관심하지 않을 것이라는 종교적 믿음이 배경을 이룬다.
④ 구성원의 참여로 사법의 정당성을 확보하려는 점에서는 배심제와 공통점이 있다.
⑤ 악어 재판을 인정한다면 악어의 선택은 우연이 아니라 신의 뜻이라고 볼 것이다.

071 미국의 배심제에 대한 설명으로 가장 적절한 것은?

① 평결은 원칙적으로 다수결로 정할 수 있지만 만장일치의 방식이 바람직하다.
② 배심원단의 구성 방식에서부터 우연의 요소를 배제하려는 점에서 신판과는 다르다.
③ 배심 재판을 신청하면 유죄의 평결이 있을 때 감형이 되지 않는다는 부담을 안는다.
④ 법관은 유죄의 판결을 내리는 데에 합리적 의심이 들지 않을 정도로 증거를 검토해야 한다.
⑤ 중대한 형사 사건에 한정하여 배심 재판의 신청을 헌법상의 기본권으로 보장한다.

072 ⓐ와 구별되는 ⓑ의 특징으로 적절하지 않은 것은?

① 배심원단은 유죄의 여부와 형량도 판정한다.
② 배심원은 시민들 가운데 무작위로 선발한다.
③ 평결 과정에 법관의 개입이 일어날 수 있다.
④ 평결대로 따르게 할 법적 보장 조치는 없다.
⑤ 형사사건 일반을 대상으로 시행하지 않는다.

[073~075] 다음 글을 읽고 물음에 답하시오.

　18세기의 수학자이자 물리학자인 라그랑주는 태양과 지구, 위성의 3체 연구를 통하여 태양과 지구에 의한 중력과 위성의 원심력이 상쇄되어 실질적으로 중력의 영향을 받지 않는 공간상의 지점들을 발견했다. 이를 라그랑주 점이라고 하는데, 라그랑주 점은 총 5곳이 있으며 각각 L1~L5로 표기한다. 지구에서 가장 가까운 L1은 지구에서 태양 방향으로 약 150만km 떨어져 있다. 지구와 달 사이 대략적인 거리인 38만km보다 약 4배 정도의 거리이다. L2는 지구를 중심으로 L1의 반대편에 위치한다. L3는 태양을 중심으로 지구 정반대 편에 있으며, 공전 궤도 반지름은 지구보다 조금 더 크다. 태양과 지구의 직선상에 있지 않은 라그랑주 점으로는 L4, L5가 있다. 이 두 지점을 트로이 점이라고도 하는데, 이것은 태양과 목성을 포함한 3체에서 L4, L5에 위치한 트로이 소행성 군에서 따온 이름이다. 태양과 지구를 이은 선을 밑변으로 하는 정삼각형의 꼭짓점에 위치한다. 라그랑주 점에 있는 물체의 질량이 지구의 질량과 비교해서 무시할 수 있을 정도가 아니라면 이러한 라그랑주 점의 안정성은 깨지고 결국 위치가 변하다가 지구와 충돌하거나 벗어나게 된다. 인공위성을 라그랑주 점에 위치시킬 때 그 질량이 지구에 비해 너무 크게 되면 안정성이 깨어지게 된다.

　이러한 라그랑주 점은 달의 기원을 설명하는 데에도 유용하게 쓰인다. 달의 기원을 설명하는 여러 가설 중에서 거대 충돌 가설은 현재 가장 널리 받아들여지고 있는데 화성 정도 질량의 테이아라는 물체가 지구와 충돌하여 달이 생겨났다는 것이다. 20세기 후반에 제시된 이 가설에 의하면 테이아는 지구와 같은 궤도를 공유하면서, 지구에서 태양과 지구의 일직선과 60도를 이루는 지점의 라그랑주 점에서 생겨났다는 것이다. 원시 행성 테이아가 화성 정도 질량까지 자라나면서 더 이상 라그랑주 점에 안정적으로 존재할 수 없게 되었다. 그 결과 지구와 테이아의 각거리는 요동치면서 변하기 시작하였고, 테이아는 지구에 점차 접근하다가 끝내 충돌하게 되었다. 이 충돌 사건은 약 45억 년 전에 일어난 것으로 추정한다. 테이아는 지구에 비스듬한 각도로 부딪혔고, 테이아 본체는 산산조각 났으며, 테이아의 맨틀 대부분 및 지구 맨틀 상당량은 우주 공간으로 분출되었다. 테이아의 중심핵은 지구 중심핵으로 가라앉았다. 컴퓨터 시뮬레이션에 의하면 충돌에 의해 우주 공간으로 분출되어 지구 주위에 고리를 형성한 물질들은 테이아 질량의 2% 수준이었으며, 이 중 절반 정도가 오랜 기간 동안 뭉쳐 현재의 달을 형성한 것으로 보인다.

073　윗글의 설명 방식으로 가장 적절한 것은?

① 특정 대상의 기원에 대한 이론들을 공시적으로 보여 주고 있다.
② 특정 개념을 설명하고 이에 기반하여 제시된 가설을 예를 들어 설명하고 있다.
③ 특정 이론의 시초를 밝히고 이의 내용이 후대에 증명되는 과정을 진술하고 있다.
④ 특정 과학자의 주장을 소개하면서 이와 관련된 다른 과학자의 이론을 인용하고 있다.
⑤ 특정 실험이 대립하는 두 가지 이론 중 하나만 선택되도록 공헌한 바를 설명하고 있다.

074　윗글에 대한 이해로 적절하지 않은 것은?

① 태양과 목성이 포함된 3체에 라그랑주 점이 있다.
② 라그랑주 점에 미치는 중력과 원심력은 상쇄된다.
③ 지구와 마찬가지로 테이아에는 맨틀이 존재하였다.
④ 거대 충돌 가설은 달의 기원을 설명하는 데 널리 인정되고 있다.
⑤ 태양과 지구를 포함한 3체의 라그랑주 점에 트로이 소행성 군이 있다.

075 윗글을 바탕으로 할 때, 〈보기〉의 (가)~(다) 중에서 적절한 것만을 있는 대로 고른 것은?

보기

오른쪽 그림은 태양, 지구, 테이아 3체에서 달의 생성을 설명하는 거대 충돌 가설을 보여 준다. 라그랑주 점 A에서 생성된 테이아는 질량이 커지면서 지구로 접근하다가 충돌하여 달을 생성한다.

● 학생의 반응
(가) 달을 형성한 물질에는 지구의 물질은 포함되지 않고 테이아의 물질들로 이루어져 있겠군.
(나) A 지점에 있던 테이아가 지구 쪽으로 끌려가는 것은 태양과 지구의 중력과 테이아의 원심력이 상쇄되지 않게 된 결과이겠군.
(다) 지구와 태양을 잇는 선을 대칭으로 하여 A의 반대쪽에도 라그랑주 점이 존재하겠군.

① (가) ② (나) ③ (가), (나)
④ (나), (다) ⑤ (가), (나), (다)

[076~078] 다음 글을 읽고 물음에 답하시오.

분자를 구성하는 원자의 공간적인 배치나 입체 이성질 현상 등을 연구하는 학문을 입체 화학이라 한다. 이러한 입체 화학은 19세기 초 프랑스 과학자 비오(Biot)에 의한 평면 편광 연구에서 비롯되었다. 일반적으로 빛은 진행 방향에 대해 수직인 수많은 진동면을 갖는 전자기파로 구성되어 있다. 그러나 빛이 편광체를 통과하게 되면 한 평면 내에서 진동하는 전자파만이 통과하게 되는데 이러한 빛의 전자기파를 평면 편광이라 한다.

비오는 빛이 설탕이나 향료의 한 종류인 캠퍼(camphor)와 같은 특정 유기 분자의 용액을 통과할 때 평면 편광의 편광 면이 회전한다는 발견을 하였다. 이와 같이 편광 면을 회전하게 하는 물질을 광학활성 물질이라 한다. 편광 면의 회전 정도는 ⓐ<u>편광계</u>라는 〈그림〉과 같은 기기로 측정할 수 있다. 편광계에서는 먼저 빛을 첫 번째 편광체에 통과시켜 평면 편광을 얻는다. 평면 편광은 시료관을 통과하는데 시료관에는 광학활성 물질이 비활성인 용매에 녹아 있는 용액 상태로 들어있다. 평면 편광은 시료관을 통과하며 광학활성 물질에 의해 편광 면이 회전하게 된다. 이렇게 회전된 빛은 분석기라고 부르는 두 번째 편광체에 도달한다.

분석기를 회전시켜 빛을 관측할 수 있는 데 필요한 돌린 각을 측정하면 빛이 시료관을 통과하면서 편광 면이 어느 정도 회전하였는지를 알 수 있다. 이러한 편광계 관측을 통해 편광에 의한 회전의 방향도 알 수 있는데 관측자가 분석기를 통과한 빛을 보는 관점에서 광학활성 물질이 편광 면을 시계 방향으로 회전시키는 성질을 가지면 이를 좌회전성이라 하고, 반면에 편광 면을 반시계 방향으로 회전시키면 이를 우회전성이라고 한다. 좌회전성은 (−) 부호로 표시하고, 우회전성은 (+) 부호로 표시한다.

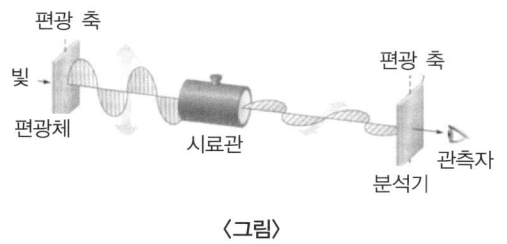

〈그림〉

평면 편광 회전의 정도는 빛이 부딪히는 광학활성 분자의 수와 관계가 있다. 따라서 회전의 정도는 광학활성 분자의 농도와 시료관의 길이에 달려 있다. 시료에 의해 회전하는 각도는 시료의 농도와 시료관의 길이에 각각 정비례한다. 편광 물질에 의한 편광 면의 회전 정도는 편광계 실험을 통해 광학 회전을 표준화된 방법으로 수치화하여 사용한다. 고유 광회전도는 파장이 589.6나노미터인 빛을 사용하여 시료 길이가 10cm인 시료관에 농도가 1g/mL인 시료를 사용하였을 때 측정되는 평면 편광이 회전한 정도를 말한다. 고유 광회전도의 단위는 ocm^2/g이지만 일반적으로 단위가 없는 숫자로 표시한다.

076 윗글을 읽고 답할 수 있는 질문으로 적절하지 않은 것은?

① 입체 화학에서 연구하는 내용은 무엇인가?
② 비오의 편광 연구에서 비롯된 학문 분야는 무엇인가?
③ 광학활성 물질은 설탕과 캠퍼 이외에 무엇이 있는가?
④ 물질에 의한 편광을 측정하는 기기는 무엇인가?
⑤ 고유 광회전도의 단위는 무엇을 사용하는가?

077 ⓐ에 대한 이해로 가장 적절한 것은?

① 용액 상태 시료의 용매는 광학활성 물질을 사용해야 한다.
② 첫 번째 편광체는 빛의 진동면을 진행 방향과 수직으로 만들어 준다.
③ 시료관을 통과하여 나온 빛은 빛의 진행 방향과 수직인 여러 진동면을 갖게 된다.
④ 시료관을 회전시키면서 빛이 통과하는 시료관의 각을 측정하여 빛이 편광되는 정도를 알 수 있다.
⑤ 분석기 편광체의 편광 축의 방향이 첫 번째 편광체의 편광 축 방향과 같을 때 빛이 관측된다면 시료는 광학활성이 아니다.

078 윗글을 바탕으로 할 때, 〈보기〉의 (가)~(다) 중에서 적절한 것만을 있는 대로 고른 것은?

> **보기**
>
> 왼손 장갑이 오른손 장갑과 겹쳐지지 않는 것과 같이 분자의 구조식은 같으나 공간상의 배열이 달라서 서로 겹쳐지지 않는 화학 물질을 거울상 이성질체라 한다. 거울상 이성질체들은 서로 녹는점이나 끓는점과 같은 물리적 성질은 같다. 그러나 거울상 이성질체들에 의해 빛이 편광되는 방향은 서로 반대이고 빛이 편광되는 각의 크기는 같다. 근육에 축적되는 젖산은 거울상 이성질체로 우회전성 젖산과 좌회전성 젖산이 있다. 미지의 젖산을 가지고 편광계를 통해 측정한 결과 +3.82의 고유 광회전도를 가졌다.
>
> ● 학생의 반응
> (가) 미지의 젖산을 통과하면서 빛은 시료관 입구 쪽의 관점에서 반시계 방향으로 3.82o만큼 회전하겠군.
> (나) 시료관에 넣는 미지의 젖산의 농도를 두 배로 하고 시료관의 길이를 반으로 줄여서 측정해도 편광되는 각도는 3.82o로 동일하겠군.
> (다) 우회전성 젖산과 달리 좌회전성 젖산은 광학활성이 없는 것이군.

① (가)   ② (나)   ③ (다)
④ (가), (나)   ⑤ (나), (다)

[079~082] 다음 글을 읽고 물음에 답하시오.

우리는 정신과 신체가 서로 다르고 독립적으로 존재한다는 이원론을 상식으로 가지고 있다. 정신 덕분에 의식도 있고 언어도 사용하고 추론도 하지만, 쭈글쭈글한 회색 덩어리 뇌가 그런 것을 할 수 없다고 생각한다. 그러나 다른 한편으로 정신과 신체는 밀접히 상호 작용한다는 상식도 가지고 있다. 마음이 피곤하면 몸도 피곤하고, 몸이 피곤하면 마음도 피곤하지 않은가? 전통적인 이원론은 정신과 신체의 상호 작용을 설명할 수 없다는 문제가 있다. 공간을 차지하지 못하는 정신이 공간을 차지하는 신체를 움직일 수 없기 때문이다.

그래서 정신과 물질의 상호 작용을 설명하려고 시도하는 몇 가지 이론이 등장하였다. 평행론은 정신과 물질 신체 사이에 어떤 상호 작용도 이루어지지 않으며, 정신은 정신끼리, 신체는 신체끼리 상호 작용이 이루어진다고 주장한다. 그런데도 정신과 신체끼리 상호 작용하는 것처럼 보이는 것은 어떤 정신적 현상이 일어날 때 그에 해당하는 신체적 현상도 평행하게 똑같이 일어나기 때문이다. 서로 다른 두 시계는 서로 영향을 주고받지 않지만, 시곗바늘은 똑같이 움직이며 똑같은 숫자를 가리킨다.

이 ⓐ시계의 비유가 평행론이 주장하는 바를 잘 말해 준다. 서로 다른 시계라고 하더라도 시계는 같은 종류의 것이므로 같은 시간을 가리키는 것이 이해된다. 하지만 정신과 신체는 서로 다른 종류의 것인데, 동시에 일어난다는 것이 이해되지 않는다. 그래서 기회 원인론은 신을 개입시켜 그것을 설명한다. 곧 신이 인간의 정신 현상이 일어날 때마다 그 순간을 신체를 움직이기 위한 기회로 삼아서 작동시킨다는 것이다. 예정 조화론도 이와 비슷한데, 이 이론은 신이 어떤 식으로든 오래전에 이미 몸과 마음이 서로 잘 맞물리도록 조화를 예정해 놓았다고 주장한다. 그러나 기회 원인론이나 예정 조화론은 정신과 신체 이외에 그 실체가 의심스러운 신을 또 도입한다는 점에서 문제를 해결하는 것이 아니라 더 어렵게 만든다는 비판을 받는다.

한편 부수 현상론에 따르면 정신은 신체에 동반되는 부수 현상일 뿐이다. 이 이론에서는 신체 현상에서 전혀 다른 정신 현상이 부수되는 것을 설명할 수 있다. ㉠신체 현상은 또 다른 신체 현상의 원인이 되고, 그 또 다른 신체 현상에 정신 현상이 따라 나오므로 신체 현상에 정신 현상이 종속될 수 있는 것이다. 그런데 부수 현상론에서 정신 현상은 신체 현상의 부수 현상일 뿐이기에, 정신 현상은 신체 현상의 원인은 되지 못한다. 이러한 정신은 ⓑ증기 기관차의 연기에 비유할 수 있다. 연기는 증기 기관차에서 나오는 것이지만 증기 기관차가 움직이는 데 아무런 영향도 끼치지 못하기 때문이다. ㉡물질로 이루어진 세상의 모든 현상은 물질세계 안에서 설명해야지 물질세계 밖으로 나가면 안 된다는 것이 근대 과학의 기본 전제이다. 부수 현상론은 이 기본 전제를 받아들인다는 점에서는 평행론과 마찬가지이지만, 정신 상태의 존재는 인정하는 상식도 받아들인다는 점에서 평행론과 다른 장점이 있다. 그러나 부수 현상으로서의 정신 현상은 아무런 역할도 하지 못하는데 그 존재를 인정해야만 하는 문제점이 있다. 부수 현상이 비유하는 연기는 뿌옇게 보이고 숨 막히게 하는 일이라도 하지만, 정신 현상은 아무런 일도 하지 못한다.

079 '평행론', '기회 원인론', '예정 조화론', '부수 현상론'이 공통적으로 인정하는 것은?

① 정신과 신체는 상호 작용한다.
② 정신은 신체와 구별되는 존재이다.
③ 정신 현상은 신체 현상의 원인이 된다.
④ 정신 현상은 또 다른 정신 현상의 원인이 될 수 있다.
⑤ 신체 현상은 정신 현상의 원인이 되지만, 정신 현상은 신체 현상의 원인이 되지 않는다.

080 원인은 실선의 화살표로, 따라 나오는 관계는 점선의 화살표로 나타낸다고 할 때, ㉠을 가장 적절하게 그린 것은? (신체 현상은 p, 정신 현상은 m이라고 한다.)

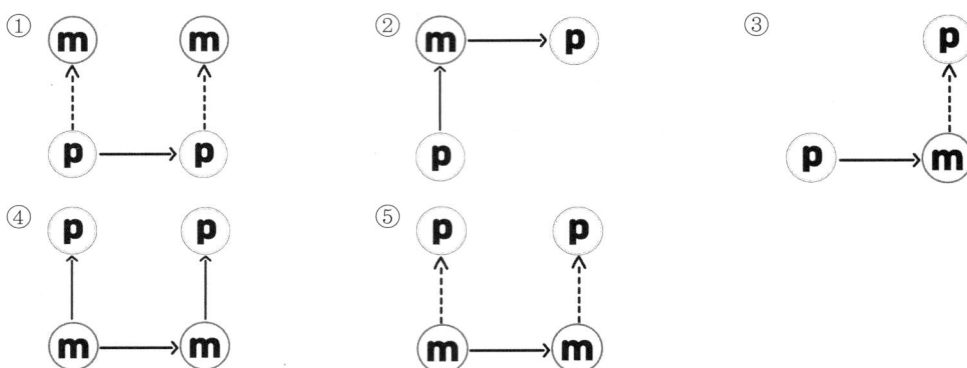

081 ㉡을 받아들이는 이론으로만 묶인 것은?

① 평행론, 부수 현상론
② 기회 원인론, 예정 조화론
③ 평행론, 기회 원인론, 부수 현상론
④ 평행론, 예정 조화론, 부수 현상론
⑤ 기회 원인론, 예정 조화론, 부수 현상론

082 ⓐ, ⓑ에 대한 설명으로 적절하지 않은 것은?

① ⓐ: 자연의 변화에 따라 서로 다른 시계가 같은 시간을 가리킨다면, 자연의 변화가 예정 조화론에서는 신에 해당할 것이다.
② ⓐ: 서로 다른 시계의 비유에서 정신과 신체는 그 특성이 다르다는 것을 보여 주지 못한다.
③ ⓐ: 시계가 시간을 가리키는 이유를 시계의 기계적 기능으로 설명하지 않고 신에 의해 움직인다고 설명한다는 점에서 문제를 더 어렵게 만든다.
④ ⓑ: 증기 기관차의 연기는 정신 현상과 마찬가지로 부수적으로 따라 나오기도 하고 아무런 역할도 하지 못한다.
⑤ ⓑ: 증기 기관차의 연기는 기관차 때문에 생기지만 기관차를 움직이게 할 수 없다는 점에서 부수 현상이다.

[083~084] 다음 글을 읽고 물음에 답하시오.

○○항 내 드론 항공 촬영 신청 안내

□ 드론(항공) 촬영 신청·허가 개요
  ○ 촬영 허가 대상
    공익 목적이나 국가 이익상 촬영이 필요한 경우
  ○ 촬영 허가 기간
    ① 공공기관이 국익 목적 또는 공공 목적을 위해 직접 항공 촬영을 하거나 민간 촬영 업체와의 계약에 의해 항공 촬영을 할 때는 동일 목적의 사업에 대해 1년 이내의 기간을 허가할 수 있다.
    ② 시설물을 관리하는 업체에서 해당 시설물 점검, 안전 점검 등 시설물 관리를 위해 항공 촬영을 할 때는 동일 목적의 사업에 대해 1년 이내의 기간을 허가할 수 있다.

□ 신청 방법
  ○ 신청 기한: 항공(드론) 촬영일로부터 2주(14일) 전
  ○ 신청 절차
    ① 신청 전 촬영 지역 관리 기관과 항공(드론) 촬영 안전·보안 관련 협의
      – 공용 부두: ○○항만공사 소관 부서와 사전 협의(목적, 일정, 장소 등)
      – 임대 부두: 안전·보안 담당 부서와 사전 협의(목적, 일정, 장소 등, 부서 연락처 별도 안내) 후 촬영 안전·보안 협조 공문을 우리 공사 소관 부서로 제출
    ② 신청 서류 준비·제출(㉠붙임 자료 이용.)
      – 안전·보안 협조 공문(양식) 1부
      – 항공(드론) 촬영 관련 신청 공문 1부
      – 항공 촬영 허가 신청서(양식) 1부
      – 드론 항공 촬영 보안 조치 사항(양식) 1부
    ③ 신청 서류 접수 및 허가 기관: ○○항만공사, 000-123-4567

083 윗글의 내용과 일치하지 않는 것은?

① 상업 목적으로는 드론 촬영을 할 수 없다.
② 항공 촬영을 위해서는 ○○항만공사의 허가를 받아야 한다.
③ 공공기관은 공익 목적으로 1년 이내의 기간에 항공 촬영을 할 수 있다.
④ 시설물 관리 업체는 시설물 관리를 위해 허가 없이 항공 촬영을 할 수 있다.
⑤ 임대 부두에서 항공 촬영을 하기 위해서는 안전·보안 협조 공문이 필요하다.

084 윗글을 바탕으로 할 때 ㉠에 포함되지 않는 것은?

① 드론 촬영 신청 절차
② 항공 촬영 허가 신청서
③ 드론 촬영 관련 신청 공문
④ 안전·보안 협조 공문
⑤ 드론 항공 촬영 보안 조치 사항

[085~087] 다음 글을 읽고 물음에 답하시오.

최강 한파 내일도 계속… 서해안·제주 폭설

장면 1		앵커: 이번 겨울 들어 가장 추운 날씨가 이어지고 있습니다. ㉠<u>맹추위가 계속되며, 많은 눈이 분포하기도 했습니다.</u> 내일도 오늘만큼의 맹추위가 이어지고, 서해안과 제주에는 폭설이 예보돼 주의가 필요합니다. 김○○ 기상 전문 기자가 보도합니다.
장면 2		김 기자: 이번 겨울 최강 한파가 찾아온 아침 출근길입니다. ㉡<u>시민들은 칼바람을 막기 위해 모자와 두꺼운 목도리를 꽁꽁 둘러 봅니다.</u> 전국 대부분 지역에 한파 특보가 내려진 가운데 강력한 한파가 이어지고 있습니다. 강원 내륙과 산지에 한파 경보가, 서부 내륙을 중심으로는 한파 주의보가 발효 중입니다.
장면 3		김 기자: ㉢<u>이번 겨울 들어 전국이 최저 기온을 기록했습니다.</u> 북극발 한파가 우리나라까지 내려왔기 때문입니다. 오늘 아침에는 서울이 영하 14.4도, 철원이 영하 18.3도까지 떨어지면서 매우 춥겠고요, 북극 한파의 영향은 내일도 계속되겠습니다.
장면 4		김 기자: ㉣<u>내일 아침에는 서울에서 영하 15도까지 내려가면서 오늘과 비슷하거나 조금 더 춥겠습니다.</u> 서울 등 중부 지방의 체감 온도는 영하 20도 정도까지 떨어질 것으로 보입니다. 매서운 한파의 기세는 일요일 아침까지 이어질 전망입니다.
장면 5		김 기자: 한편 호남과 충남 서해안 등지는 40cm 안팎의 적설량을 기록했습니다. 내일까지 제주 산지에 최대 50cm가 넘는 눈이 내리는 곳이 있겠습니다. 한파에 눈까지 내리면서 내린 눈이 얼어붙어 빙판길로 변한 곳이 많습니다. 빙판길에서 ㉤<u>넘어지는</u> 낙상 사고가 없도록 각별한 주의가 필요합니다.

085 뉴스 보도에 사용된 정보 제시 전략으로 적절하지 않은 것은?

① [장면1]: '맹추위', '많은 눈'의 자막을 통해 기상 예보의 핵심 정보를 요약하고 있다.
② [장면2]: '한파 특보'를 보완하여 '경보·주의보'의 지역을 음영을 달리하여 표시하고 있다.
③ [장면3]: '북극 한파'의 개념과 발생 원인을 위성 영상 자료와 자막을 통해 보완하고 있다.
④ [장면4]: 내일 아침 '최저 기온'의 전국적인 기온 정보를 지도에 종합하여 제시하고 있다.
⑤ [장면5]: '빙판길'의 실제 거리 모습을 통해 안전에 대한 시청자의 주의를 요구하고 있다.

086 〈보기〉는 뉴스 보도를 본 시청자들의 반응이다. 이에 대한 이해로 적절하지 않은 것은?

보기

시청자 게시판 ✕

└ 시청자1 이번 여름에 '폭염 특보'는 자주 들어 봤는데, 겨울철 '한파 특보'는 처음 들어 봤네요. 한파 특보의 세부 기준에 대해 더 찾아봐야겠어요.

└ 시청자2 제 아들이 '북극발'이 무슨 뜻인지 묻더군요. 좀 더 쉬운 용어를 사용하면 좋겠습니다. 차라리 한자어 '발(發)'을 풀어 '북극에서 시작된 한파'라고 표현하는 게 낫지 않나요?

└ 시청자3 오늘 출근길에도 엄청 추웠는데, 내일은 오늘보다 더 따뜻하게 입어야겠네요. 예보를 안 봤으면 내일도 출근길에 오들오들 떨었겠습니다.

└ 시청자4 내일 친구들과 캠핑장에 가기로 했는데…. 아쉽지만 요즘 기상 예보가 정확한 편이니까요. 예보를 믿고 모임 장소를 실내로 바꿔야겠습니다.

└ 시청자5 제주도에서 감귤 농사를 짓는 삼촌께 피해가 없어야 할 텐데요. 폭설에 대비하시라고 연락드려야겠습니다.

① 시청자1: 기상 예보를 통해 새롭게 알게 된 정보를 언급하며 추가 자료를 찾고자 하는군.
② 시청자2: 기상 예보에 사용된 특정 용어의 난이도를 언급하며 개선 방향을 제안하고 있군.
③ 시청자3: 기상 상황에 대한 자신의 경험을 돌아보며 예보 정보를 유용하게 활용하고 있군.
④ 시청자4: 기상 예보의 신뢰성에 의문을 제기하며 예보 정보를 선택적으로 수용하고 있군.
⑤ 시청자5: 기상 예보가 전달하고 있는 정보를 해당 정보가 필요해 보이는 타인과 공유하고자 하는군.

087 ⊙~⑩에 대한 설명으로 적절하지 않은 것은?

① ㉠: 예보문의 소통성을 높이기 위해 전달하려는 의미에 맞게 '분포하다'를 '내리다'로 수정한다.
② ㉡: 한파 속 시민들의 모습을 묘사한 어휘 중 '모자'와 호응하는 서술어를 추가하여 수정한다.
③ ㉢: 한파 상황을 강조하기 위해 '최저 기온을'을 고려하여 사동 표현인 '기록시켰습니다'로 수정한다.
④ ㉣: 정확한 기상 예보 전달을 위해 문장의 호응을 고려하여 '서울에서'를 '서울은'으로 수정한다.
⑤ ㉤: 기사문의 불필요한 의미 중복을 줄이기 위해 '넘어지는 사고' 혹은 '낙상 사고'로 수정한다.

[088~090] 다음 글을 읽고 물음에 답하시오.

유실·유기 동물 입양비 지원 안내

○○구에서는 유실·유기 동물 입양을 활성화하고 입양 가구의 부담을 덜어 드리고자 입양비 지원 사업을 진행하고 있습니다.

1. 지원 대상: ○○구 동물보호센터의 유실·유기 동물을 반려의 목적으로 입양한 자
2. 지원 조건:
    - 동물 등록(내장형 마이크로칩) 완료
    - 유기 동물 입양 예정자 교육 수료(온라인 교육)
    - 입양 후 6개월 이내 신청
       ※ 거주지 상관 없음.(○○구에서 공고한 개체를 입양한 경우 청구 가능)
3. 지원 범위: 아래 항목으로 지출된 비용 중 마리 당 최대 15만 원까지 지원
    - 질병 진단비, 치료비, 예방 접종, 중성화 수술비, 미용비, 펫보험 가입비(사료 및 간식, 용품 구입비는 제외)
4. 구비 서류
    - 입양 확인서(○○구 동물보호센터 발급)
    - 유기 동물 입양 예정자 교육 수료증
    - 입양비 청구서
    - 동물 등록증 사본
    - ㉠세부 지출 내역서
    - 신청자 통장 사본(입양비 신청자와 입양자가 동일인이어야 함.)
5. ㉡신청 기간: 2024. 3. 2.~2024. 12. 18. (예산 소진 시 조기 마감될 수 있음)
6. 신청 방법: ○○구 홈페이지 온라인 신청 또는 우편 접수
7. 문의: ○○구청 지역 경제과 동물 보호팀

088 윗글을 이해한 내용으로 적절하지 않은 것은?

① 미용비는 지원 받을 수 있지만 사료비는 제외된다.
② 신청 기간에 신청하더라도 지원받지 못할 수 있다.
③ 2마리를 입양한 경우 최대 30만 원까지 지원 가능하다.
④ 2023년 6월에 유기 동물을 입양한 경우 지원받을 수 없다.
⑤ 다른 지역에서 유기 동물을 입양한 ○○구 주민은 지원 대상이다.

089 〈보기〉는 ㉠의 제출 서식이다. 윗글과 〈보기〉를 바탕으로 할 때 신청자의 반응으로 적절하지 <u>않은</u> 것은?

> **보기**
>
> ### 세부 지출 내역서
>
> | 지출 내역 | 영수증(원본 첨부 필수) |
> |---|---|
> | ○ 일자:
○ 지출 내용:
  -
○ 동물병원(동물 미용업) 내역(서명란)
  - ○○ 동물병원 수의사　　　　(인)
  - ○○ 동물 미용업　　　　　　(인)
※ 동물병원 및 동물 미용업소에서 직접 작성
※ 펫보험 가입의 경우 가입 증서 사본 제출 | 영수증 붙이는 곳 |
>
> 〈주의 사항〉
> 1. 영수증마다 1장씩 작성해야 함.
> 2. 영수증에 날짜, 내역, 금액이 명시된 경우 서명(수의사, 미용업자) 생략 가능함.
>   - 영수증에 날짜, 내역, 금액이 명시되지 않은 경우 반드시 서명란(수의사, 미용업자) 기입 필요.
> 3. 고양이 입양 시에도 동물 등록을 시행하여야 하며, 담당 공무원은 이를 확인해야 함.
> 4. 펫보험 가입비 단일 항목으로만 신청할 경우, 가입일로부터 90일이 경과되었는지 여부 확인.(가입일로부터 90일 전에 보험 해지 시 보험료 환급에 따른 부정 수급 방지 목적)

① 지원 범위 내에서 지출한 영수증이 2건이라면 서식을 2장 작성해야겠군.
② 진료(미용) 내역 서명란이 기입되어 있다면 영수증은 사본으로 제출할 수 있겠군.
③ 동물병원의 진료 내역이 영수증에 명시되어 있지 않다면 수의사의 서명이 필요하겠군.
④ 고양이를 입양한 경우에도 동물 등록을 해야 지원을 받을 수 있겠군.
⑤ 펫보험에 가입한 지 30일이 되었다면 보험 가입비로는 지원을 받을 수 없겠군.

090 윗글에서 ㉡을 위해 해야 할 사항으로 적절하지 <u>않은</u> 것은?

① 유기 동물 입양 예정자 교육을 완료한다.
② ○○구청 지역 경제과에 구비 서류를 방문 제출한다.
③ ○○구 동물 보호센터에서 입양 확인서를 발급받는다.
④ 입양자 명의와 입양비 신청자의 명의가 동일한지 확인한다.
⑤ 내장형 마이크로칩으로 동물 등록이 완료되었는지 확인한다.

국어 문화 091번~100번

091 〈보기〉에서 설명하는 문학 작품은?

> **보기**
>
> 　장헌 세자의 빈 혜경궁 홍씨가 지은 자전적 회고록으로 궁정 수필 및 자전적 수필로 분류된다. 혜경궁 홍씨가 만년에 남편 장헌 세자의 일을 중심으로 자기의 일생을 돌아보면서 쓴 기록물로,「인현왕후전」과 함께 궁중 문학의 쌍벽을 이룬다.

① 임진록　　　　　② 한중록　　　　　③ 계축일기
④ 산성일기　　　　⑤ 창선감의록

092 〈보기〉에서 설명하는 문학 작품은?

> **보기**
>
> 　황순원이 초기 작품에서 주로 다룬 유년기의 소년·소녀와 대조되는 노인의 영락한 삶을 그린 작품이다. 젊음을 상실한, 또 그로 말미암아 모든 것을 빼앗긴 송 영감의 비탄과 분노는 민족 항일기 말기의 암담함을 연상시킨다. 암담함 속에서도 마지막 생명의 불꽃까지 태우려는 고집스러운 장인(匠人)의 모습이 선명하게 부각되어 있다.

① 일월　　　　　　② 소나기　　　　　③ 카인의 후예
④ 독 짓는 늙은이　⑤ 나무들 비탈에 서다

093 〈보기〉에서 설명하는 작가는?

> **보기**
>
> 　한국 서정시의 전통적 음색을 재현하면서 소박한 일상생활과 자연에서 소재를 찾아 애련하고 섬세한 가락을 노래한 시인이다. 한국어에 대한 친화력과 재래적인 정서에 대한 강한 애착을 보여 주며 전통적인 서정시의 한 절정을 이룬 것으로 평가된다. 주요 작품으로는「춘향이 마음」,「추억에서」,「울음이 타는 가을 강」등이 있다.

① 곽재구　　　　　② 김영랑　　　　　③ 박재삼
④ 송수권　　　　　⑤ 최승호

094 〈보기〉는 일제 강점기 신문에 게재된 광고이다. 이에 대한 설명으로 적절하지 <u>않은</u> 것은?

> **보기**
>
> **청년 운동회**
>
> 삼월 칠일 '영광청년회'에서 영광(靈光) 보나리(甫羅里) 간 왕복(약 5리) 마라손 경주회를 개최하야 건아 이십오 명을 삼파(三派)에 난워 경주한 결과 최고 사십칠 분 간(間)의 기록을 득(得)하고 삼월 이십일일 '영광청년회'에서 영광(靈光) 법성(法城) 간 왕복(16리) 마라손 경주회를 개(開)하엿는대 전일 경주 이래 연습과 경험을 싸흔 선수 삼십 명을 삼파(三派)로 난워 경주하엿는대 최고 이 시 십삼 분 십오 초 간(間)의 기록을 득(得)하얏고 사월 삼일 보통학교 운동장에서 영광청년회 춘기 대운동회를 개(開)하엿는대 무쇠다리와 돌팔을 가진 건아 육십여 명이 인산(人山)과 인해(人海) 가운대서 장쾌하고 용감하게 여러 가지 경기를 행(行)하얏고 특지가(特志家) 제씨(諸氏)의 물품(物品) 혹은 금전(金錢)의 의연(義捐)이 잇섯다더라
>
> —『동아일보』 1920년 4월 19일

① 영광청년회에서 세 건의 행사를 주최하였다.
② 두 번의 마라톤 경기는 달리는 구간이 같지 않다.
③ 마라톤 경기는 참가자를 세 조로 나누어 진행되었다.
④ 첫 번째 마라톤 경기의 거리가 두 번째보다 더 길다.
⑤ 춘기 대운동회에서는 외부에서 현물과 금전의 지원을 받았다.

095 ㉠~㉤의 의미로 적절하지 <u>않은</u> 것은?

> **보기**
>
> 각설 이때 무릉촌 장 승상 댁 부인이 심 소저의 글을 벽에 걸어 두고 날마다 ㉠<u>징험(徵驗)</u>하되 빛이 변하지 아니하더니, 하루는 글 ㉡<u>족자(簇子)</u>에 물이 흐르고 빛이 변하여 검어지니, '심 소저가 물에 빠져 죽었는가?' 하여 무수히 슬퍼하고 탄식하더니, 이윽고 물이 걷고 빛이 황홀해지니, 부인이 괴이히 여겨 '누가 구하여 살아났는가?' 하며 십분 의혹하나 어찌 그러하기 쉬우리오.
>
> 그날 밤에 장 승상 댁 부인이 제물을 갖추어 강가에 나아가 심 소저를 위하여 혼을 불러 위로하는 제사를 바치려 마음먹고 ㉢<u>시비(侍婢)</u>를 데리고 강가에 다다르니, 밤은 깊어 ㉣<u>삼경(三更)</u>인데 첩첩이 쌓인 안개 산골짜기에 잠겨 있고, 첩첩이 이는 연기 강물에 어리었다. ㉤<u>편주(片舟)</u>를 흘리저어 중류에 띄워 놓고, 배 안에서 제사상을 차리고 부인이 친히 잔을 부어 오열하며 소저를 불러 위로하니
>
> —「심청전」

① ㉠: 어떤 징조를 경험함.
② ㉡: 그림이나 글씨 따위를 벽에 걸거나 말아 둘 수 있도록 표구한 물건
③ ㉢: 곁에서 시중을 드는 계집종
④ ㉣: 하룻밤을 오경(五更)으로 나눈 셋째 부분
⑤ ㉤: 화려하게 치장한 배

096 『훈민정음(언해본)』(1459)에 대한 설명으로 적절하지 않은 것은?

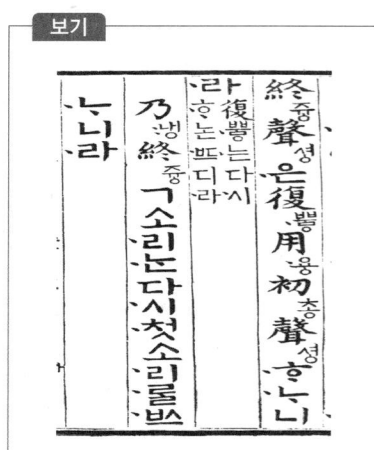

① 본문에서 한자 아래 훈민정음 표기를 병기하였다.
② 한문 원문에 훈민정음으로 토를 달기도 하였다.
③ 우리말 표기 과정에서 당시의 성조도 표기되었다.
④ 지금은 사용되지 않는 초성의 합용병서 표기가 나타난다.
⑤ 'ㅱ'은 한자어뿐 아니라 고유어를 표기하는 데에도 사용되었다.

097 〈보기〉의 남북의 맞춤법 차이를 참고할 때, 남북의 표기가 올바르게 묶이지 않은 것은?

보기
(남) 두 말이 어울릴 적에 'ㅎ' 소리가 덧나는 것은 소리대로 적는다. (한글 맞춤법 제31항)
(북) 《암, 수》와 결합되는 동물의 이름이나 대상은 거센소리로 적지 않고 형태를 그대로 밝혀 적는다. (조선말규범집 제14항)

	(남)	(북)
①	암기와	암기와
③	수평아리	수병아리
⑤	수톨쩌귀	수돌쩌귀

	(남)	(북)
②	암캉아지	암강아지
④	수고양이	수고양이

098 〈보기〉를 바탕으로 할 때 점자 표기가 올바르지 않은 것은?

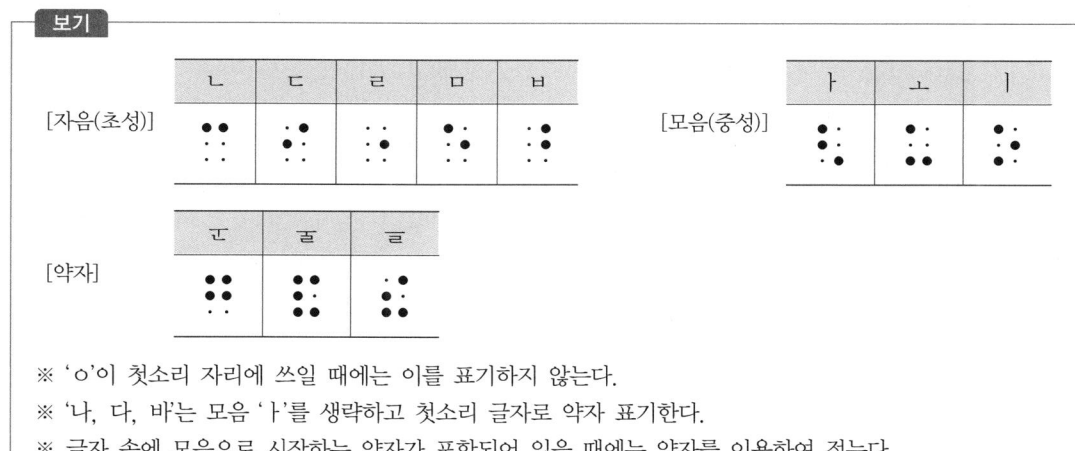

① 나들이 ⠉⠪⠐⠕⠕
② 눈보라 ⠉⠉⠥⠚⠐⠣
③ 물바다 ⠑⠎⠂⠚⠊
④ 물오리 ⠑⠎⠂⠥⠐⠕
⑤ 바나나 ⠚⠉⠉

099 밑줄 친 법령 용어를 쉬운 용어로 정비한 예로 적절하지 않은 것은?

① 계약서에 <u>일부인</u>(→ 날짜 도장)을 찍어야만 효력이 발생한다.
② 고지의 방법과 연월일을 원본에 <u>부기하여야</u>(→ 고쳐 적어야) 한다.
③ 협의가 필요하다고 인정될 경우 위원장이 <u>부의한다</u>(→ 회의에 부친다).
④ 개인연금 <u>불입</u>(→ 납입) 시 연 400만 원까지 세액 공제 혜택이 부여된다.
⑤ 같은 항 각 호의 조치를 <u>병과하거나</u>(→ 동시에 부과하거나) 조치 내용을 가중할 수 있다.

100 〈보기〉에서 드러나는 다큐멘터리 방송 언어의 특성으로 가장 적절한 것은?

> **보기**
>
> 내레이션: (바다 장면) 어둠이 채 걷히기도 전에 황제펭귄들이 바다로 나갑니다. 차갑고 거친 남극의 바다에 새끼들을 먹일 먹이가 있습니다. (황제펭귄 무리 장면) 황제펭귄들은 새끼들이 자라면 함께 무리 지어놓고 기릅니다. 무리에는 새끼와 남은 부모들이 있습니다. 새끼들에게 추위만이 시련은 아닙니다. 사냥꾼 갈매기들이 호시탐탐 새끼들을 노리기 때문입니다. (갈매기의 공격 장면) 아직 부리가 약해서 대항을 하지 못하는 새끼는 만만한 표적입니다. 새끼가 위험에 처하자 놀라운 광경이 벌어집니다.

① 장면에 대한 전문적 지식과 역사적 배경을 전달하고 있다.
② 관찰자의 자세로 대상이 놓인 상황 장면을 해설하고 있다.
③ 비유적이고 감정적인 장면 해설로 희극적 효과를 높이고 있다.
④ 장면에 대한 의문과 추리 형식으로 이야기를 이끌어 나가고 있다.
⑤ 짧은 호흡의 단정적 어조를 통해 대상에 대한 연민을 표현하고 있다.

[확인 사항]
● 문제지와 답안지에 필요한 내용을 정확히 적었는지 확인하십시오.

수고하셨습니다.

내가 찾고 있는 것은 바깥에 있지 않다.
그것은 내 안에 있다.

– 헬렌 켈러(Helen Keller)

업계 최초 대통령상 3관왕, 정부기관상 19관왕 달성!

2010 대통령상   2019 대통령상   2019 대통령상

대한민국 브랜드대상 국무총리상   국무총리상   문화체육관광부 장관상   농림축산식품부 장관상   과학기술정보통신부 장관상   여성가족부장관상

서울특별시장상   과학기술부장관상   정보통신부장관상   산업자원부장관상   고용노동부장관상   미래창조과학부장관상   법무부장관상

2004
서울특별시장상 우수벤처기업 대상

2006
부총리 겸 과학기술부장관 표창 국가 과학 기술 발전 유공

2007
정보통신부장관상 디지털콘텐츠 대상
산업자원부장관 표창 대한민국 e비즈니스대상

2010
대통령 표창 대한민국 IT 이노베이션 대상

2013
고용노동부장관 표창 일자리 창출 공로

2014
미래창조과학부장관 표창 ICT Innovation 대상

2015
법무부장관 표창 사회공헌 유공

2017
여성가족부장관상 사회공헌 유공
2016 합격자 수 최고 기록 KRI 한국기록원 공식 인증

2018
2017 합격자 수 최고 기록 KRI 한국기록원 공식 인증

2019
대통령 표창 범죄예방대상
대통령 표창 일자리 창출 유공
과학기술정보통신부장관상 대한민국 ICT 대상

2020
국무총리상 대한민국 브랜드대상
2019 합격자 수 최고 기록 KRI 한국기록원 공식 인증

2021
고용노동부장관상 일·생활 균형 우수 기업 공모전 대상
문화체육관광부장관 표창 근로자휴가지원사업 우수 참여 기업
농림축산식품부장관상 대한민국 사회공헌 대상
문화체육관광부장관 표창 여가친화기업 인증 우수 기업

2022
국무총리 표창 일자리 창출 유공
농림축산식품부장관상 대한민국 ESG 대상

2023, 2022, 2021 대한민국 브랜드만족도 KBS한국어능력시험 교육 1위 (한경 비즈니스)
2020, 2019 한국브랜드만족지수 KBS한국어능력시험 교육 1위 (주간동아, G밸리뉴스)

에듀윌 KBS한국어능력시험
1년 6회분을 다 담은 통기출 600제 ❸

제82, 81, 80, 79, 78, 77회 포함 +무료특강

1 한 해의 최신 기출 6회분을 통째로 담은 600제 수록
   산출근거 YES24 국어 외국어 사전 한국어 능력시험 분야 KBS 최다 기출문항 수록 (2025년 8월 13일 기준)

2 기출문제 해설 특강 18회분 (최신 6회분 포함)
   수강경로 에듀윌 도서몰(book.eduwill.net) ▶ 동영상강의실 ▶ 검색창에 'KBS' 검색

3 최빈출 어휘·어법 문장 완성하기 100선 (PDF)
   이용경로 에듀윌 도서몰 ▶ 도서자료실 ▶ 부가학습자료 ▶ 검색창에 'KBS' 검색

고객의 꿈, 직원의 꿈, 지역사회의 꿈을 실현한다

에듀윌 도서몰
book.eduwill.net
- 부가학습자료 및 정오표: 에듀윌 도서몰 > 도서자료실
- 교재 문의: 에듀윌 도서몰 > 문의하기 > 교재(내용, 출간) / 주문 및 배송

합격자 수가 선택의 기준!

에듀윌
KBS한국어능력시험
1년 6회분을 다 담은
통기출 600제 ❸

제82, 81, 80, 79, 78, 77회 포함

+무료특강

한국어능력시험 브랜드만족도 **1위**

2023 대한민국 브랜드만족도
KBS한국어능력시험 교육 1위
(한경비즈니스)

❷권 | 클리닉 해설북

KBS한국어진흥원 지음

KBS 공식인증 기출문제집

KBS한국어진흥원 X 에듀윌
시행처 공식기출문제 최다 수록 _{산출근거 후면표기}

· 기출문제 해설 특강 18회분 (최신 6회분 포함)
· 최신 6회분 기출문제+상세해설 완벽 수록
· 최빈출 어휘·어법 문장 완성하기 100선 (PDF)

eduwill

제82회 빠른 정답 확인

문항번호	정답	문항번호	정답	문항번호	정답	문항번호	정답	문항번호	정답
1	⑤	21	①	41	③	61	④	81	②
2	①	22	④	42	④	62	③	82	②
3	⑤	23	③	43	②	63	③	83	④
4	⑤	24	⑤	44	③	64	②	84	①
5	②	25	②	45	①	65	②	85	③
6	③	26	⑤	46	③	66	③	86	②
7	①	27	⑤	47	②	67	②	87	④
8	④	28	②	48	②	68	⑤	88	⑤
9	⑤	29	④	49	⑤	69	⑤	89	②
10	⑤	30	③	50	③	70	③	90	①
11	②	31	⑤	51	③	71	①	91	⑤
12	③	32	①	52	②	72	⑤	92	⑤
13	②	33	③	53	②	73	④	93	②
14	⑤	34	④	54	⑤	74	④	94	④
15	④	35	①	55	②	75	②	95	①
16	④	36	⑤	56	②	76	①	96	①
17	①	37	②	57	③	77	③	97	③
18	①	38	③	58	④	78	②	98	⑤
19	②	39	③	59	②	79	⑤	99	③
20	③	40	⑤	60	④	80	④	100	③

제81회 빠른 정답 확인

문항번호	정답	문항번호	정답	문항번호	정답	문항번호	정답	문항번호	정답
1	⑤	21	⑤	41	①	61	③	81	①
2	②	22	④	42	④	62	③	82	①
3	②	23	④	43	③	63	①	83	②
4	④	24	③	44	④	64	③	84	③
5	③	25	③	45	⑤	65	③	85	③
6	⑤	26	④	46	②	66	⑤	86	②
7	②	27	⑤	47	④	67	①	87	④
8	⑤	28	②	48	③	68	②	88	②
9	②	29	①	49	⑤	69	⑤	89	②
10	⑤	30	③	50	④	70	①	90	②
11	⑤	31	⑤	51	⑤	71	③	91	③
12	④	32	②	52	③	72	④	92	⑤
13	④	33	②	53	④	73	②	93	①
14	③	34	①	54	⑤	74	③	94	④
15	①	35	④	55	⑤	75	③	95	①
16	⑤	36	④	56	①	76	②	96	⑤
17	③	37	⑤	57	④	77	③	97	③
18	④	38	⑤	58	④	78	③	98	⑤
19	③	39	③	59	①	79	②	99	②
20	②	40	⑤	60	①	80	①	100	⑤

제80회 빠른 정답 확인

문항번호	정답	문항번호	정답	문항번호	정답	문항번호	정답	문항번호	정답
1	③	21	②	41	④	61	②	81	②
2	③	22	②	42	④	62	②	82	④
3	⑤	23	②	43	⑤	63	②	83	①
4	⑤	24	⑤	44	⑤	64	⑤	84	③
5	②	25	⑤	45	④	65	④	85	②
6	⑤	26	①	46	②	66	①	86	③
7	④	27	②	47	④	67	②	87	④
8	④	28	④	48	⑤	68	③	88	②
9	①	29	④	49	⑤	69	③	89	⑤
10	②	30	⑤	50	⑤	70	⑤	90	⑤
11	④	31	①	51	②	71	④	91	②
12	②	32	③	52	⑤	72	①	92	③
13	①	33	③	53	③	73	①	93	④
14	⑤	34	①	54	④	74	②	94	④
15	③	35	②	55	⑤	75	②	95	④
16	①	36	①	56	③	76	①	96	⑤
17	④	37	⑤	57	⑤	77	④	97	④
18	④	38	③	58	⑤	78	④	98	②
19	②	39	①	59	④	79	④	99	②
20	③	40	①	60	⑤	80	③	100	②

제79회 빠른 정답 확인

문항번호	정답	문항번호	정답	문항번호	정답	문항번호	정답	문항번호	정답
1	⑤	21	⑤	41	①	61	⑤	81	①
2	⑤	22	⑤	42	④	62	⑤	82	⑤
3	①	23	①	43	④	63	⑤	83	③
4	④	24	②	44	⑤	64	⑤	84	③
5	④	25	②	45	⑤	65	④	85	③
6	②	26	③	46	②	66	②	86	⑤
7	⑤	27	⑤	47	⑤	67	②	87	③
8	⑤	28	②	48	①	68	②	88	②
9	③	29	⑤	49	④	69	③	89	③
10	④	30	①	50	⑤	70	②	90	④
11	④	31	③	51	⑤	71	⑤	91	②
12	①	32	⑤	52	②	72	①	92	②
13	②	33	④	53	②	73	③	93	①
14	③	34	③	54	④	74	④	94	⑤
15	③	35	⑤	55	①	75	①	95	③
16	②	36	④	56	②	76	④	96	④
17	⑤	37	④	57	③	77	①	97	③
18	④	38	②	58	②	78	③	98	④
19	③	39	②	59	④	79	⑤	99	⑤
20	②	40	⑤	60	⑤	80	①	100	①

제78회 빠른 정답 확인

문항번호	정답	문항번호	정답	문항번호	정답	문항번호	정답	문항번호	정답
1	③	21	⑤	41	③	61	①	81	⑤
2	⑤	22	①	42	③	62	②	82	④
3	⑤	23	②	43	④	63	⑤	83	②
4	④	24	①	44	①	64	④	84	③
5	③	25	②	45	④	65	③	85	②
6	⑤	26	⑤	46	②	66	②	86	③
7	①	27	①	47	⑤	67	①	87	③
8	⑤	28	④	48	②	68	⑤	88	②
9	②	29	③	49	⑤	69	③	89	②
10	④	30	④	50	③	70	④	90	②
11	③	31	①	51	⑤	71	②	91	①
12	⑤	32	①	52	④	72	①	92	⑤
13	⑤	33	⑤	53	②	73	③	93	⑤
14	③	34	③	54	④	74	①	94	②
15	②	35	④	55	②	75	③	95	③
16	④	36	⑤	56	④	76	④	96	①
17	①	37	④	57	③	77	①	97	②
18	④	38	⑤	58	④	78	①	98	③
19	③	39	③	59	③	79	④	99	④
20	①	40	⑤	60	①	80	②	100	⑤

제77회 빠른 정답 확인

문항번호	정답	문항번호	정답	문항번호	정답	문항번호	정답	문항번호	정답
1	③	21	②	41	⑤	61	①	81	①
2	②	22	④	42	④	62	④	82	④
3	③	23	①	43	②	63	④	83	④
4	③	24	①	44	③	64	⑤	84	①
5	②	25	②	45	③	65	④	85	③
6	④	26	④	46	②	66	③	86	④
7	②	27	②	47	③	67	④	87	③
8	④	28	①	48	④	68	⑤	88	⑤
9	④	29	④	49	⑤	69	⑤	89	②
10	④	30	①	50	⑤	70	①	90	②
11	①	31	②	51	④	71	③	91	②
12	⑤	32	③	52	⑤	72	②	92	④
13	③	33	①	53	③	73	②	93	③
14	②	34	⑤	54	④	74	⑤	94	④
15	②	35	④	55	③	75	④	95	⑤
16	⑤	36	④	56	⑤	76	③	96	⑤
17	④	37	④	57	④	77	⑤	97	①
18	⑤	38	③	58	⑤	78	②	98	②
19	③	39	③	59	⑤	79	②	99	②
20	②	40	③	60	⑤	80	①	100	②

에듀윌
KBS한국어능력시험

1년 6회분을 다 담은
통기출 600제 ❸ + 무료특강

클리닉 해설북

이 책의 차례

6회분 기출북

제82회	KBS한국어능력시험 기출문제	13
제81회	KBS한국어능력시험 기출문제	61
제80회	KBS한국어능력시험 기출문제	107
제79회	KBS한국어능력시험 기출문제	153
제78회	KBS한국어능력시험 기출문제	199
제77회	KBS한국어능력시험 기출문제	245

클리닉 해설북

제82회	정답과 해설	10
제81회	정답과 해설	36
제80회	정답과 해설	64
제79회	정답과 해설	91
제78회	정답과 해설	119
제77회	정답과 해설	147

|2024년 12월 15일 시행|

제82회
KBS한국어능력시험

정답과 해설

듣기·말하기 001번~015번

기출문제집 p.13

001	⑤	002	①	003	⑤	004	⑤	005	②
006	③	007	①	008	④	009	⑤	010	⑤
011	②	012	③	013	②	014	⑤	015	④

001 ⑤
듣기 대본

1번. 먼저 그림에 대한 설명을 들려 드립니다.
여러분이 보시는 그림은 프랑스 낭만주의 미술의 창시자라 할 수 있는 테오도르 제리코의 작품입니다. 작품명은 〈메두사호의 뗏목〉인데, 프랑스 정부의 전함 '메두사호'에서 일어난 실제 사건을 재현한 것입니다. 1816년 프랑스에서 식민지 아프리카로 떠나는 메두사호가 침몰했는데, 선장과 장교들은 150명의 선원과 승객들을 버리고 구명보트를 타고 가버렸다고 합니다. 그중 살아남은 15명은 임시 뗏목 위에서 목마름과 굶주림을 견디다 못해 동료의 시신을 먹는 야만적인 행위를 했다고 합니다. 그렇게 죽어가다가 15일간의 표류 끝에 이 뗏목은 아르귀스호에 의해 구조되었습니다. 제리코는 구조의 극적인 순간을 상상하여 화폭에 담았습니다. 뗏목의 아래쪽에는 즐비한 시체들이 보이는데요, 죽음의 처참함 속에서 희망이 발견되는 순간을 격정적으로 담아낸 것이죠. 이 작품에는 낭만주의 미술의 전형적인 요소인 격렬한 움직임, 강렬한 명암 대비와 색채 효과, 극적인 상황 등이 담겨 있습니다. 제리코는 인물들을 사실적으로 묘사하기 위해 시체를 연구하기도 했는데요, 인물들의 몸과 피라미드형 구성은 고전주의의 양식이라 할 수 있습니다.

정답 해설

⑤ "제리코는 구조의 극적인 순간을 상상하여 화폭에 담았습니다."라고 했으므로 구조선에 의해 뗏목이 발견된 상황을 보고 묘사한 것이 아니라 상상하여 그린 것이므로 적절하지 않다.

오답 해설

① "프랑스 정부의 전함 '메두사호'에서 일어난 실제 사건을 재현한 것입니다."라고 했으므로 적절하다.
② "낭만주의 미술의 창시자라 할 수 있는 테오도르 제리코의 작품입니다."라고 했으므로 적절하다.
③ "죽음의 처참함 속에서 희망이 발견되는 순간을 격정적으로 담아낸 것이죠."라고 했으므로 적절하다.
④ "강렬한 명암 대비와 색채 효과, 극적인 상황 등이 담겨 있습니다."라고 했으므로 적절하다.

▶ 출처   채사장(2015), 「죽기 전에 꼭 봐야 할 명화 1001점: 메두사 호의 뗏목」, 『지적 대화를 위한 넓고 얕은 지식』, 한빛비즈, 232–233쪽.

002 ①
듣기 대본

2번. 이번에는 이야기를 들려 드립니다.
어느 마을에 일하기를 좋아하는 사람이 여러 명의 일꾼들을 두고 있었습니다. 이 주인은 수탉이 우는 꼭두새벽에 일꾼들을 깨워 일을 시키곤 했습니다. 일꾼들은 지치고 피로가 쌓이자 수탉을 없애기로 했습니다. 동트기 전에 주인을 깨우는 수탉이 없어지면 이른 시간부터 노동에 시달리지 않을 거라고 생각했던 겁니다. 하지만 수탉을 없애자 일꾼들은 상황이 더 어려워졌습니다. 주인이 수탉 우는 시간을 몰라서 한밤중에 일꾼들을 깨워 일을 시켰기 때문입니다.

정답 해설

① 일꾼들은 자신들이 일찍부터 일을 하는 이유가 수탉이 꼭두새벽에 울어서라고 생각하고 수탉을 없애는 꾀를 내었다. 그러나 주인은 수탉이 우는 시간인 꼭두새벽이 언제인지 몰라 깊은 밤에 일꾼들을 깨워 일을 시켰으므로 '제 꾀에 제가 넘어간다.'가 적절하다.

오답 해설

② 이 이야기에서 일꾼들이 꾀를 낸 상황만으로는 본성이 쉽게 바뀌지 않음을 알 수 없으므로 적절하지 않다.
③ 이 이야기의 상황은 사람의 노력에 초점을 두고 있지 않으므로 적절하지 않다.
④ 이 이야기에서 마음이 상한 일에 대해 언급하고 있지 않으므로 적절하지 않다.
⑤ 이 이야기에서 일꾼들이 수탉을 없앤 일을 위험한 일로 보기 어려우므로 적절하지 않다.

▶ 출처   이솝 지음, 천병희 옮김(2013), 『이솝우화』, 숲, 110쪽.

003 ⑤
듣기 대본

3번. 이번에는 강연을 들려 드립니다.

오늘은 종이컵을 예로 들어 일회용품 사용과 환경 오염의 상관관계를 이야기하고자 합니다. 대한민국에서 한 사람이 사용하는 종이컵의 양은 얼마나 될까요? 한 조사에 따르면 1인당 하루 1.4개를 사용하고, 연간 230억 개를 사용한다고 합니다. 소나무 한 그루로 만들 수 있는 종이컵은 250개라고 하니, 우리나라에서 1년 동안 사용하는 종이컵을 만들려면 9천 200만 그루의 나무가 필요합니다. 그리고 이 종이컵을 생산할 때 연간 16만 톤이라는 엄청난 양의 탄소가 배출됩니다. 이 탄소를 정화하는 데에는 또 나무 3만 그루가 필요하고요. '종이컵이니까 재활용하면 되지 않을까?'라고 생각할 수 있습니다. 하지만 안타깝게도 종이컵 100개 중에 재활용이 가능한 것은 단 1개뿐입니다. 그 이유는 물이 새지 않도록 종이컵 안쪽에 붙이는 플라스틱 성분 때문입니다. 그래서 종이컵을 다른 재활용품과 함께 배출하면 이것을 선별해야 하는 인력과 비용이 많이 들기 때문에 재활용하기가 어렵습니다. 재활용이 안 되는 종이컵은 소각해야 하고, 소각 과정에서는 이산화탄소가 발생하죠. 그렇다면 우리가 할 수 있는 일은 무엇일까요? 종이컵과 같은 일회용품의 사용량을 줄이는 것입니다. 다시 종이컵을 예로 들면, 각자가 일주일에 1개만 사용한다면 연간 전체 종이컵 소비량이 230억 개에서 약 27억 개로 확연하게 줄어들고, 매년 100만 그루의 나무를 소비하게 됩니다. 절대적인 수치로 봤을 때는 효과가 미미해 보일 수 있지만 우리가 실천하는 친환경 활동들은 의미가 있습니다. 이런 우리의 관심이 사회의 인식을 바꾸고 기업과 정부를 감시하는 역할을 하기 때문입니다. 정부는 국민들을 위한 정책을 만들고, 기업은 소비자를 위한 제품을 생산하니까요. 재활용률을 높이는 것도 중요하지만 일회용품 사용을 억제하는 것이 더 중요하다는 환경 전문가의 말을 기억하며 다 함께 실천해 보면 좋겠습니다.

정답 해설
⑤ "재활용률을 높이는 것도 중요하지만 일회용품 사용을 억제하는 것이 더 중요하다는 환경 전문가의 말을 기억하며"라고 했으므로 일회용품 사용을 줄이는 것이 더 중요하다.

오답 해설
① "소나무 한 그루로 만들 수 있는 종이컵은 250개라고 하니 ~ 9천 200만 그루의 나무가 필요합니다. 그리고 ~ 엄청난 양의 탄소가 배출됩니다."라고 했으므로 적절하다.
② "종이컵 100개 중에 재활용이 가능한 것은 단 1개뿐입니다."라고 했으므로 재활용 비율은 100분의 1 정도임을 알 수 있다.
③ "물이 새지 않도록 종이컵 안쪽에 붙이는 플라스틱 성분 때문입니다."라고 한 데서 종이컵은 종이와 플라스틱 성분으로 이루어져 있음을 알 수 있다.
④ "재활용이 안 되는 종이컵은 소각해야 하고, 소각 과정에서는 이산화탄소가 발생하죠."라고 했으므로 적절하다.

004 ⑤
듣기 대본

4번. 이번에는 라디오 방송의 일부를 들려 드립니다.
오늘 여러분께 들려드릴 음악은 재즈 스탠더드 곡인 〈미스티〉입니다. 재즈 스탠더드란 재즈 음악가들이 널리 연주하고 대중들에게도 잘 알려진 곡을 말합니다. 〈미스티〉는 미국의 재즈 피아노 연주자 겸 작곡가인 에롤 가너가 1954년에 작곡했고, 이후에 작사가 조니 버크가 노랫말을 붙였습니다. 1959년에 앨범으로 발매된 이후 수많은 가수들이 이 노래를 불렀는데요, 엘라 피츠제럴드가 부른 버전을 들어보시겠습니다.

(https://www.youtube.com/watch?v=uev4uJx5H6o 처음 ~ 1:15)

이 버전은 1996년에 세상을 떠난 엘라 피츠제럴드의 탄생 100주년을 맞아 2017년에 발매된 곡인데요, 엘라가 전성기 때 발표한 노래에서 그녀의 목소리만 분리한 다음, 런던심포니 오케스트라의 새로운 연주를 입히는 방식으로 제작되었습니다. 이 곡에는 한 일화가 있습니다. 가너는 뉴욕에서 시카고로 비행기를 타고 가던 중에, 창문 밖의 안개를 바라보다가 갑자기 멜로디를 떠올렸다고 합니다. 하지만 그는 악보를 읽고 쓸 줄 몰라서 곧바로 멜로디를 기록하지 못했습니다. 가너는 멜로디를 잊어버릴까봐 필사적으로 멜로디를 계속 떠올렸고, 착륙하자마자 택시를 타고 호텔로 향했습니다. 그리고 급히 테이프 녹음기를 구해서 호텔 피아노에서 멜로디를 연주해 녹음했다고 합니다. 이 일화와 곡을 들은 가너의 친구가 "안개처럼 희미한 곡이다."라고 평해 안개를 뜻하는 "미스티"라는 제목이 붙여졌습니다.

정답 해설
멜로디를 잊어버릴까봐 필사적으로 멜로디를 떠올려 연주해서 녹음한 가너의 일화와 이 곡을 들은 가너의 친구가 "안개처럼 희미한 곡"이라고 평해 붙여진 이름이 〈미스티〉라고 했으므로 적절하지 않다.

오답 해설
① 〈미스티〉는 재즈 스탠더드 곡이며, 재즈 스탠더드란 널리 연주되고 잘 알려진 곡을 의미한다고 언급하고 있으므로 적절하다.
② 에롤 가너가 작곡했고 이후에 조니 버크가 노랫말을 붙였다고 했으므로 적절하다.
③ 발매된 이후 수많은 가수들이 이 노래를 불렀다고 했으므로

적절하다.

④ 가녀는 악보를 읽고 쓸 줄 몰라서 멜로디를 곧바로 기록하지 못하고 테이프 녹음기를 구해 피아노에서 멜로디를 연주해 녹음했다고 했으므로 적절하다.

▶ 출처
- 위키백과_Misty(노래)
  [https://ko.wikipedia.org/wiki/Misty_(%EB%85%B8%EB%9E%98)]
- 위키백과_재즈 스탠더드
  (https://ko.wikipedia.org/wiki/%EC%9E%AC%EC%A6%88_%EC%8A%A4%ED%83%A0%EB%8D%94%EB%93%9C)
- [문화광장] 엘라 피츠제럴드 탄생 100주년 기념 앨범 발매", KBS 뉴스, 2017.12.18.

005　②

듣기 대본

5번. 이번에는 시 한 편을 들려 드립니다.

일찍이 어머니가 나를 바다에 데려간 것은
소금기 많은 푸른 물을 보여 주기 위해서가 아니었다
바다가 뿌리 뽑혀 밀려 나간 후
꿈틀거리는 검은 뻘밭 때문이었다
뻘밭에 위험을 무릅쓰고 퍼덕거리는 것들
숨 쉬고 사는 것들의 힘을 보여 주고 싶었던 거다
먹이를 건지기 위해서는
사람들은 왜 무릎을 꺾는 것일까
깊게 허리를 굽혀야만 할까
생명이 사는 곳은 왜 저토록 쓸쓸한 맨살일까
일찍이 어머니가 나를 바다에 데려간 것은
저 무위한 해조음을 들려주기 위해서가 아니었다
물 위에 집을 짓는 새들과
각혈하듯 노을을 내뿜은 포구를 배경으로
성자처럼 뻘밭에 고개를 숙이고
먹이를 건지는
슬프고 경건한 손을 보여 주기 위해서였다

정답 해설

② 이 시는 어머니와 바다에 갔던 화자의 경험을 바탕으로, 생명과 노동의 가치를 인식하고 삶의 의미에 대한 깨달음을 드러낸다. 바닷가에서는 삶의 지속을 위해 끊임없이 투쟁하는 생명의 노력이 관찰되므로, 이 시의 주제는 삶의 지속을 위한 노력의 숭고함이 적절하다.

오답 해설

① 자본주의에 대한 인식이 드러나지 않으므로 주제로 볼 수 없다.

③ 산업화 사회의 자연 파괴 양상이 드러나지 않으므로 주제로 볼 수 없다.

④ 좌절의 양상이 뚜렷 드러나지 않으며, 화자의 달관적 태도가 드러나지 않으므로 주제로 보기 어렵다.

⑤ 특정한 권력관계가 표상되지 않으므로 주제로 보기 어렵다.

▶ 출처　문정희(2004), 「율포의 기억」, 『양귀비꽃 머리에 꽂고』, 민음사.

006　③

듣기 대본

이번에는 진행자와 전문가의 대담을 들려 드립니다. 6번은 듣기 문항, 7번은 말하기 문항입니다.

진행자: 오늘은 청취자들께서 궁금해하는 내용을 알아보는 시간으로 재생 에너지에 대해 전문가를 모시고 말씀을 나눠 보겠습니다. 먼저 재생 에너지와 관련해서 RE100이라는 말 들어보셨을 텐데요. 무엇을 의미하는 것인지 알아보겠습니다. 안녕하십니까? RE100이 무엇인가요?

전문가: 안녕하십니까? 먼저 RE100은 기업에서 사용하는 전기를 100% 재생 에너지로 공급하는 것을 말합니다. 이는 영국에 있는 한 비영리기관에서 시작되었는데 글로벌 기업들이 이에 참여하면서 협력사들까지 RE100을 지켜야 하게 되었습니다. RE100을 해야 제품이나 서비스를 납품할 수 있기 때문에 우리나라처럼 수출 중심 국가에서는 생존을 위해서도 RE100이 반드시 필요하고 미래의 고객인 세계 시민들에게 더 좋은 가치를 제공할 수 있다는 점에서 필수적이라고 할 수 있습니다.

진행자: 그렇다면 정확하게 재생 에너지는 무엇을 말하는 것인지요?

전문가: 재생 에너지는 자연에서 주어지는 자원을 활용하는 것으로 태양광, 태양열, 바람, 땅속의 온도와 같은 것들을 활용하여 전기나 난방에 필요한 에너지를 만드는 것을 말합니다. 또 폐기물이라든지 버려지는 부산물들을 이용하여 가스라든지 난방에 필요한 에너지를 만드는 것도 재생 에너지라고 합니다.

진행자: 현재 우리나라는 재생 에너지의 비율이 어느 정도입니까?

전문가: 현재 우리나라는 전체 전력 공급량에서 한 6.5% 정도를 재생 가능 에너지로 공급하고 있습니다. 지난 3~4년 동안 2.5% 정도 증가했다고 할 수 있지만 아직은 많이 부족한 상태입니다. 우리나라는 태양광이나 풍력 등이 발전 가능성이 높고 지열이나 수력은 조금 제한적입니다. 태양광 같은 경우에도 기술 발전 가능성이 높은 편입니다. 특히 삼면이 바다로 둘러싸여 있어서 해상 풍력 발전의 잠재력이 무척 높다고 할 수 있습니다.

진행자: 그렇군요. 이제는 재생 에너지가 선택이 아닌 필수라는 것을 알 수 있었습니다. 오늘 말씀 감사합니다.

정답 해설

③ 폐기물을 이용해서 가스, 난방 에너지 등을 만드는 것이 재생 에너지에 속하므로 쓰레기를 태워서 발전하는 것은 재생 에너지에 해당한다.

오답 해설

① RE100은 영국의 한 비영리기관에서 시작되었다고 했으므로 적절하지 않다.
② RE100은 대기업에 납품하는 협력사에도 적용된다고 했으므로 적절하지 않다.
④ 지난 3~4년간 재생 에너지를 통한 전력 생산은 2.5% 증가했다고 했으므로 적절하지 않다.
⑤ 삼면이 바다인 우리나라는 해상 풍력 발전의 잠재력이 높다.

007 ①

정답 해설

① 진행자는 '재생 에너지'의 주요 개념인 RE100을 소개하면서 이야기를 본격화하고 있으므로 적절한 설명이다.

오답 해설

② 상세한 예시를 보충하여 설명하는 것은 전문가이다.
③ 전문가의 설명에 예외적인 경우에 대해 보충하는 부분은 없다.
④ 객관적인 통계 자료를 제시하는 것은 전문가이다.
⑤ 해소되지 않은 질문을 청취자에게 던지는 경우는 나타나지 않는다.

008 ④

듣기 대본

다음은 대화의 일부분을 들려 드립니다. 8번은 듣기 문항, 9번은 말하기 문항입니다.

해미: 조용. 자, 자기 돈이라고 주장하는 사람들이 이렇게 많으니 각자 얘기를 좀 들어보고, 제가 공정하게 판결을 내릴게요. 준하 씨부터 할 말 있으면 해 봐. 이게 어떻게 당신 돈이야?
준하: 해미 씨, 보나 마나 내 돈이지. 서재 쓰는 사람이 누가 있어? 내가 저번에 우리 동창 모임… 그거 총무 하면서 남은 돈 거기다 넣어 놓고서는 잊어버렸잖아. 안 그래도 연말에 정산이 안 맞아서 내가 내 돈을 채워 넣었다고.
해미: 그래서, 그게 얼만데?
준하: 어? 한… 20만 원…?
해미: 총무가 정산도 제대로 못해? 30만 원인데 이거. 으으음. 믿음이 안 가. 오케이, 어머님은요?
어머님: 난 영기 엄마한테 빌려줬다 받은 돈인데…
해미: 그걸 왜 책에 넣어 놓으셨을까요?
어머님: 돈 빌려주는 거 알면 니 아버지가 난리치잖니. 그래서 급한 김에 거기 있던 책 아무거나 집어서 넣어 놓고 나중에 꺼내야지 해놓고 지나 버린 거야.
해미: 그게 언제쯤인데요?
어머님: 응? (머리 굴리는) 그게… 오래 됐지… 한 1년…
해미: 이 책은 2024년 6월에 발행된 건데요?
어머님: 어…? 아, 헷갈렸어. 한 6개월이다, 그래.
해미: 으으음. 역시 믿음이 안 가요. 오케이. 민호 너는?
민호: 난 억지는 안 써 엄마. 내 돈은 분명히 아니야. 하지만 내가 이 돈을 발견했고, 임자가 나오지 않는 이상은 내가 차지할 권리가 있다는 거지. 이건 법률로도 정해진 거잖아.
해미: 그러니까 니 말은 여기 두 사람은 원래 주인이 아니다?
민호: 당연히 아니지. 엄마도 알잖아.
해미: 자, 조용! 조용! 자, 주목하세요. 민호 말에 일리가 있고, 지금 두 분은 주인이라고 단정하기엔 말에 오류가 있거든요. 저는 일단 식구들 중에 다른 사람이 주인이라고 생각하니까 임자를 다시 찾아보고, 만일에 아무도 없다면 민호에게 먼저 권리를 주죠.

▶ 출처 MBC "거침없이 하이킥" 中

정답 해설

④ 마지막 부분에서 임자를 찾아보고 아무도 없다면 민호에게 먼저 권리를 주겠다는 말에서 주인이 없을 경우 발견자인 민호에게 돈을 줄 생각이라는 것을 알 수 있다.

오답 해설

① 발견된 돈의 액수는 30만 원이다.
② 돈을 최초로 발견한 사람은 민호이다.
③ 돈은 서재에 있는 책에서 발견되었다.
⑤ 민호는 주인이 나오지 않을 경우 자신에게 권리가 있다고 생각한다.

009 ⑤

정답 해설

'준하', '문희'는 돈 주인으로 믿기 어렵다고 했으며, '민호'는 발견자일 뿐이므로 이 셋 중에 주인이 없다고 생각한다.

오답 해설

① '준하'는 돈의 액수를 모르는 것을 보면 신뢰할 수 없다고 생각한다.

② 평소에 주로 서재를 이용한 사람이 자신인 것은 분명하다고 생각한다.
③ 남편 몰래 '영기 엄마'에게 빌려줬던 돈을 감추어 두었다고 말한다.
④ '자신은 억지는 안 쓴다'는 말에서 '준하'와 '문희'가 돈의 주인이 아니라고 생각한다는 것을 알 수 있다.

010 ⑤

듣기 대본

이번에는 강연을 들려 드립니다. 10번은 듣기 문항, 11번은 말하기 문항입니다.

요즘에는 미모가 뛰어날수록 얼굴에 손을 댄다고 합니다. 예쁘거나 잘생긴 사람들 상당수가 '만들어진' 미모의 사람들이라는 것입니다. 우리는 이처럼 '조작 혹은 계량 사회'에 살고 있다고 할 수 있습니다. 아이를 키울 때에도 교육 같은 것은 물론이고 외모적으로도 아이들이 손해보고 클까 걱정하며 무엇이든 '평균 이상'으로 만들고자 하는 의식이 팽배해 있습니다. 남들보다 못한 존재로 클까 봐 전전긍긍하는 것이지요. 나도 스스로를 더 나은 사람으로 만들고 싶고, 여러 면에서 성장하고 싶은 의욕이 있습니다. 내 아이 역시 잘 자라서 자기 인생을 잘 누리면서 행복하게 살았으면 싶고, 그를 위해 많이 도와주고 싶기도 합니다. 그런데 이렇게 인생의 모든 것을 '조작하고 '계량할 때, 기준을 어디에 둘 것인가를 생각해 봐야 합니다. '모든 것'에 있어서 '남들'보다 못한 존재로 살지 않기 위해 계량하다 보면 끝이 없기 때문입니다.

남들보다 근육도 많아야 하고, 키도 커야 하고, 얼굴도 잘생겨야 하고, 남부럽지 않은 차도 타야 하고, 시계도 차야 하고… 남들을 기준으로 놓고 조작과 계량의 세계에 뛰어들면 자기를 온전하게 사랑할 방법이 없어집니다. 남들의 기준에서만 자기가 사랑받을 존재가 되는데, 남들은 만족을 모르고 충족의 기준을 알려주지도 않습니다.

우월감과 열등감은 동전의 양면입니다. 우리가 누군가에게 느끼는 우월감에 중독되면, 반드시 다른 누군가에게는 열등감을 느끼게 됩니다. 성장과 계발이 나쁜 것은 아니라 해도 스스로 만족할 수 있는 기준이 없으면 성장과 계발도 개미지옥이 됩니다. 그 개미지옥은 타인들의 시선이라는 모래로 이루어져 있습니다. 성장의 다른 이름은 결핍이라고 할 수 있습니다. 그래서 우리는 자신의 진짜 결핍을 마주하고 결핍을 타인들의 기준이 아닌, 진짜 자신이 되어가는 방식으로 채워야 한다는 점을 자각할 필요가 있습니다.

정답 해설

현대의 개미지옥은 타인들의 시선이라는 모래로 이루어져 있다고 했으므로 적절하지 않다.

오답 해설

① 만들어진 외모는 조작, 계량 사회를 나타내는 현상이라고 얘기하고 있다.
② '모든 것'에 있어서 '남들'보다 못한 존재로 살지 않기 위해 계량한다고 했으므로 현대인은 인생의 모든 것을 타인의 기준에서 판단한다.
③ 타인의 기준으로 조작된 사회에서는 자기를 온전하게 사랑할 방법이 없어진다고 말하고 있다.
④ 우월감과 열등감은 동전의 양면처럼 서로 연결되어 있어 우월감에 중독되면, 반드시 다른 누군가에게는 열등감을 느끼게 된다고 설명한다.

▶ 출처   정지우, "타인의 시선에 맞춘 성장은 '개미지옥'이 될 수 있다" ㅍㅍㅅㅅ, 2024.9.24.

011 ②

정답 해설

남들보다 나은 '신체, 외모, 차량, 시계' 등 조작과 계량의 구체적인 사례를 언급하고 있으므로 적절하다.

오답 해설

① 주제와 관련된 통계 수치가 나타나지 않는다.
③ 강연의 내용이 자신의 경험과 직접 관련되었다는 내용이 나타나지 않는다.
④ '개미지옥'은 개미의 생활과 관련된 비유라고 할 수 없다.
⑤ 청중에게 추가 질문을 던진 부분이 나타나지 않는다.

012 ③

듣기 대본

이번에는 발표를 들려 드립니다. 12번은 듣기 문항, 13번은 말하기 문항입니다.

오늘은 컨테이너의 아버지로 불리는 말콤 맥린에 대해 발표하겠습니다. 지금 우리가 흔히 볼 수 있는 컨테이너 박스는 세계화된 세계 경제를 뒷받침해 준 혁신의 산물입니다. 그 혁신의 핵심은 무엇일까요?

수천 년 동안 화물은 주로 해상을 통해 이루어졌고 배에 싣고 내리기 위해서는 일일이 사람의 힘에 의존해야 했습니다. 무엇보다 세계의 운반물들이 표준화되어 있지 않은 것이 문제였습니다. 포도주 배럴이나 상자, 드럼통 등 다양한 용기에 담긴 화물들을 선박에 실었고 그러다 보니 물품을 선적하고 하역하는 시간이 항구 간에 이동하는 시간 정도로 많이 걸리고 운송 비용으로 인해 상품의 가격도 비싸질 수밖에 없었습니다.

말콤 맥린은 표준화된 컨테이너를 통해 이런 문제를 해결했습니다. 컨테이너의 보급으로 규격화된 크레인과 수송 체계만 있으면 과정이 매우 단순해지고 비용도 크게 줄어들게 되었습니다. 무엇보다 컨테이너를 매개로 육해공에서 일관되고 체계적인 수송이 가능한 점이 크게 기여를 했습니다. 배에서 내린 컨테이너를 그대로 트럭에 실어 바로 직접 수요자에게 운반하거나 보관할 수 있게 된 것입니다. 말콤의 계산에 따르면 표준화된 컨테이너 사용으로 무려 37분의 1 가격으로 하역 비용이 내려갔다고 합니다. 1957년 처음 등장한 컨테이너는 1960년대 베트남 전쟁을 계기로 군수물자의 수요가 폭발적으로 늘어나면서 널리 보급되고 표준이 되었습니다. 말콤이 특허를 포기한 점도 컨테이너의 보급에 큰 몫을 했습니다.

컨테이너가 이룩한 표준화 덕분에 낮아진 물류비용으로 자유롭게 해외 직구를 할 수 있는 등 오늘날 우리는 세계화의 열매를 누리고 있습니다. 또한 컨테이너는 표준화로 이룩한 혁신의 대명사가 되었습니다. 혁신은 보기에 멋있는 것이 아니라 컨테이너처럼 사소해 보이는 것을 개선하여 우리의 삶의 모습을 바꾸는 것입니다.

정답 해설

"1957년 처음 등장한 컨테이너는 1960년대 베트남 전쟁을 계기로 군수물자의 수요가 폭발적으로 늘어나면서 널리 보급되고 표준이 되었습니다."라고 했으므로 말콤 맥린이 컨테이너를 개발한 것은 1957년이고 베트남전을 계기로 널리 보급되었다는 점을 알 수 있다.

오답 해설

① "컨테이너를 매개로 육해공에서 일관되고 체계적인 수송이 가능"하다고 했으므로 적절한 내용이다.
② "표준화된 컨테이너 사용으로 무려 37분의 1 가격으로 하역 비용이 내려갔다고 합니다."라고 했으므로 적절한 내용이다.
④ "말콤이 특허를 포기한 점도 컨테이너의 보급에 큰 몫을 했습니다."라고 했으므로 적절한 내용이다.
⑤ "컨테이너가 이룩한 표준화 덕분에 낮아진 물류비용으로 자유롭게 해외 직구를 할 수 있는 등 오늘날 우리는 세계화의 열매를 누리고 있습니다."라고 했으므로 적절한 내용이다.

▶ 출처
- 마크 레빈슨 지음, 이경식 옮김(2017), 『더 박스』, 청림출판.
- "'컨테이너'로 물류 상식을 바꾼 혁신가 말콤 맥린", 비지니스 포스트, 2024.08.26. (https://www.businesspost.co.kr/BP?command=article_view&num=363425)
- "컨테이너, 세계 경제를 바꾼 한 트럭 기사의 상상력", 지식브런치, 유튜브, (https://www.youtube.com/watch?v=WMCZCAGRP2k)

013 ②

정답 해설
발표 도입부에 "그 혁신의 핵심은 무엇일까요?"와 같이 말콤 맥린이 이룬 혁신에 대해 묻는 질문을 던지며 궁금증을 유발하고 있다.

오답 해설
① 발표 결말부에 청중에게 구체적인 행동을 요구하는 부분은 없다.
③ 말콤 맥린의 업적을 소개하고 있지만 인물의 삶을 시간순으로 소개하고 있는 것은 아니다.
④ '아버지'나 '열매' 등 비유적인 표현이 사용되었지만 인물이 처했던 갈등 상황을 언급하고 있는 것은 아니다.
⑤ 발표에서 전문가의 발언을 인용하고 있는 부분은 없다.

014 ⑤

듣기 대본

끝으로 협상의 한 장면을 들려 드립니다. 14번은 듣기 문항, 15번은 말하기 문항입니다.

인사팀장: 김 대리님, 저희 회사로 이직을 결심해 주셔서 감사드립니다. 보내드린 연봉 제안서를 살펴보셨나요? 당사에서는 총 5,000만 원을 연봉으로 제안합니다. 현재 근무하시는 직장보다 더 나은 대우를 해드리기 위해서 노력하였습니다.

김 대리: 네, 인사팀장님께서 보내신 제안서를 살펴보았습니다. 다만, 현 직장에서는 성과급의 경우 최하 등급도 100%는 보장되어 왔고 이는 근로 계약서에도 명시되어 있습니다. 이 부분이 제안된 연봉에 반영되어 있지 않습니다. 현 직장에서의 성과급을 사실상의 연봉으로 인정하여 반영하면 최소 5,500만 원의 연봉이 적절하다고 생각합니다.

인사팀장: 당사의 급여와 연봉 체계를 고려할 때 추가적인 연봉 인상은 어려운 상황입니다. 기존 직원과의 형평성 문제도 있습니다. 다만 김 대리님의 입장을 고려할 때 직책 수당의 명목으로 월 20만 원을 추가 지급할 수 있습니다.

김 대리: 회사마다 연봉 체계가 다른 것을 이해하고 말씀하신 수당 추가 지급 방안을 받아들이겠습니다. 다만 이직으로 인해 생활권도 달라지고 출퇴근 거리가 멀어져 어려움이 예상됩니다.

효율적인 업무 수행을 위해서라도 가족 수당과 교통비 추가 지원도 가능하신지요?

인사팀장: 말씀하신 부분은 일리가 있다고 봅니다. 매달 일정 금액의 유류 비용을 추가 지원해 드리겠습니다. 다만 가족 수당은 당사의 내부 규정이 있어 추가 지급이 어렵습니다.

김 대리: 알겠습니다. 제안하신 대로 받아들이겠습니다. 다만 6개월 이내에 연봉을 재협상해 재조정할 기회가 주어진다면 개인적으로 새로 맡을 업무에 대한 동기 부여가 될 것으로 생각합니다. 저로서도 새로운 도전을 통해 성취도 이루고 인정도 받고 싶습니다.

인사팀장: 좋습니다. 저도 김 대리님에 대한 기대가 큽니다. 6개월 뒤에 김 대리님의 업무 성과를 평정해 연봉 조정 제안서를 보내드리겠습니다.

정답 해설

"매달 일정 금액의 유류 비용을 추가 지원해 드리겠습니다. 다만 가족 수당은 당사의 내부 규정이 있어 추가 지급이 어렵습니다."라고 했으므로 가족 수당은 회사 규정에 어긋난다고 말하지만, 교통비는 추가 지급을 약속하고 있으므로 적절하지 않은 내용이다.

오답 해설

① "회사마다 연봉 체계가 다른 것을 이해하고 말씀하신 수당 추가 지급 방안을 받아들이겠습니다."라고 했으므로 김 대리는 회사마다 연봉 체계가 다르다는 점을 인정하고 있다는 점을 알 수 있다.
② "개인적으로 새로 맡을 업무에 대한 동기 부여가 될 것으로 생각합니다. 저로서도 새로운 도전을 통해 성취도 이루고 인정도 받고 싶습니다."라고 했으므로 김 대리는 이직 후 새로 맡은 업무에 대한 자신감과 도전 의식을 드러내고 있음을 알 수 있다.
③ "기존 직원과의 형평성 문제도 있습니다."라고 했으므로 적절하다.
④ "현재 근무하시는 직장보다 더 나은 대우를 해드리기 위해서 노력하였습니다."라고 했으므로 현재 근무하는 직장보다 더 나은 대우를 해 주어야 한다고 생각하고 있음을 알 수 있다.

▶ 출처
"이직 시 연봉 협상에서 이기는 방법", 한경 비즈니스, 2023.1.31.
(https://magazine.hankyung.com/business/article/202301192744b)

015 ④

정답 해설

양측은 연봉에 대한 김 대리의 추가적인 요구와 관련해 조정하는 방식으로 협상을 진행하고 있으므로 적절하다.

오답 해설

① 양측은 모두 협상 결렬에 대해서는 고려하고 있지 않으며 협상이 잘 진행되어 이직이 잘 이루어지기를 바라고 있다.
② 향후의 연봉 재협상에 대해서는 동의하였지만 이는 문제 해결에 실패해 협상을 유예한 것은 아니다.
③ 인사팀장은 김 대리의 가족 수당 요구에 대해서 수용하지 않았다는 점에서 양측이 상대방의 제안에 대해 바로 전부 수용한 것은 아니다.
⑤ 협상 대화에서 어느 일방도 우려를 표명하고 있지 않다.

어휘·어법 016번~045번

기출문제집 p.17

016	④	017	①	018	①	019	②	020	③
021	①	022	④	023	③	024	⑤	025	②
026	⑤	027	⑤	028	②	029	④	030	③
031	⑤	032	①	033	①	034	④	035	②
036	⑤	037	②	038	③	039	③	040	⑤
041	③	042	④	043	②	044	③	045	①

016 ④

정답 해설

'주저리주저리'의 뜻에 해당하며, 문제에 제시된 뜻 외에 "너저분하게 이것저것 끊임없이 이야기하는 모양"이라는 뜻도 있다.

오답 해설

① '두두룩두두룩'은 "여럿이 모두 가운데가 솟아서 불룩한 모양"이라는 뜻이다.
② '미주알고주알'은 "아주 사소한 일까지 속속들이."라는 뜻이다.
③ '버르적버르적'은 "고통스러운 일이나 어려운 고비를 벗어나려고 팔다리를 내저으며 자꾸 큰 몸을 움직이는 모양"이라는 뜻이다.
⑤ '휘뚜루마뚜루'는 "이것저것 가리지 아니하고 닥치는 대로 마구 해치우는 모양"이라는 뜻이다.

017 ①
정답 해설
'목하'는 '바로 지금'이라는 뜻이다.

018 ①
정답 해설
'거스러미'는 "손발톱 뒤의 살 껍질이나 나무의 결 따위가 얇게 터져 일어난 부분"을 뜻한다.

019 ②
정답 해설
'오찬'은 "손님을 초대하여 함께 먹는 점심 식사"이므로 저녁에 '오찬'에 참석한다는 것은 적절하지 않은 쓰임이다.

오답 해설
① '가량'은 "어떤 일에 대하여 확실한 계산은 아니나 대강 얼마쯤이 되리라고 짐작하여 봄."이라는 뜻이므로 적절하게 쓰였다.
③ '공표'는 "여러 사람에게 널리 드러내어 알림."이라는 뜻이므로 적절하게 쓰였다.
④ '가차'는 "사정을 보아줌."의 뜻이 있으므로 적절하게 쓰였다.
⑤ '전철'은 "앞에 지나간 수레바퀴의 자국이라는 뜻으로, 이전 사람의 그릇된 일이나 행동의 자취를 이르는 말"이라는 뜻이므로 적절하게 쓰였다.

020 ③
정답 해설
㉠: '수령'은 "돈이나 물품을 받아들임."의 뜻으로 한자는 '受領'이다.
㉡: '배수'는 "안에 있거나 고여 있는 물을 밖으로 퍼내거나 다른 곳으로 내보냄."의 뜻으로 한자는 '排水'이다.
㉢: '수리'는 "서류를 받아서 처리함."의 뜻으로 한자는 '受理'이다.

오답 해설
㉠: '首領'은 "한 당파나 무리의 우두머리"라는 뜻이다.
㉡: '背水'는 "바다, 강, 호수 따위의 큰 물을 등지고 있음. 또는 그 물"이라는 뜻이다.
㉢: '修理'는 "고장 나거나 허름한 데를 손보아 고침."이라는 뜻이다.

021 ①
정답 해설
'드레지다'는 "사람의 됨됨이가 가볍지 않고 점잖아서 무게가 있다."라는 뜻이므로 말투가 저속한 사람에게 쓰기에 적절하지 않다.

오답 해설
② '비어지다'는 "가려져 속에 있던 것이 밖으로 내밀어 나오다."라는 뜻이므로 적절하게 쓰였다.
③ '깨단하다'는 "오랫동안 생각해 내지 못하던 일 따위를 어떠한 실마리로 말미암아 깨닫거나 분명히 알다."라는 뜻이므로 적절하게 쓰였다.
④ '뒤쳐지다'는 "물건이 뒤집혀서 젖혀지다."라는 뜻이므로 적절하게 쓰였다.
⑤ '점직하다'는 "부끄럽고 미안하다."라는 뜻이므로 적절하게 쓰였다.

022 ④
정답 해설
①의 '딱'은 "빈틈없이 맞닿거나 들어맞는 모양"이라는 뜻으로 쓰인 예이다.
②의 '딱'은 "굳세게 버티는 모양"이라는 뜻으로 쓰인 예이다.
③의 '딱'은 "단단히 달라붙은 모양"이라는 뜻으로 쓰인 예이다.
⑤의 '딱'은 "갑자기 마주치는 모양"이라는 뜻으로 쓰인 예이다.
이들은 서로 다의어 관계에 있는 어휘이다.

오답 해설
④의 '딱'은 "몹시 싫거나 언짢은 모양"이라는 뜻으로 쓰인 예이다. ④만 다른 예들과 달리 동음이의어이므로 ④가 정답이다.

023 ③
정답 해설
③ 〈보기〉의 '새'는 '올빼미'의 상위어이다. 이와 같이 상위어와 하위어 관계인 것은 '포유류-고래'이다.

오답 해설
① '부모-자식'은 상대적 반의어 관계이다.
② '축구-농구'는 '구기종목'이라는 공통 상위어를 가지므로 동위 관계이다.
④ '물고기-아가미'는 전체를 가리키는 단어와 그에 속하는 부분을 가리키는 단어 사이의 관계로 전체와 부분의 관계이다.

⑤ '샛별-개밥바라기'는 금성을 가리키는 다른 단어이므로 유의 관계이다.

▶ 출처   윤평현(2008), 『국어의미론』, 역락.

024   ⑤

정답 해설

'수렴(收斂)하다'는 "돈이나 물건 따위를 거두어들임." 또는 "의견이나 사상 따위가 여럿으로 나뉘어 있는 것을 하나로 모아 정리함." 등의 뜻이다. 나무가 영양분을 먹다의 의미로는 "물을 빨아들이다."의 의미를 가진 '흡수(吸水)하다'가 쓰이는 것이 적절하다.

오답 해설

① '음식을 먹다'에서는 "음식 따위를 입을 통하여 배 속에 들여보내다."의 의미이므로 "생물체가 양분 따위를 몸속에 빨아들이다."의 의미를 가진 '섭취하다'에 대응할 수 있다.
② '수수하다'는 "무상(無償)으로 금품을 받다."의 의미이므로 '뇌물을 먹다'에 대응할 수 있다.
③ '착복(着服)하다'의 기본적인 의미는 "옷을 입다."이지만 "남의 금품을 부당하게 자기 것으로 하다."의 의미도 가지고 있다.
④ '먹다'는 "돈이나 물자 따위가 들거나 쓰이다."의 뜻이므로 "필요로 되거나 요구되다."의 의미인 '소요되다'에 대응할 수 있다.

025   ②

정답 해설

〈보기〉에 쓰인 '간데없다'는 "조금도 틀리지 아니하고 꼭 들어맞다."의 뜻이다.
'드팀없다'는 "틈이 생기거나 틀리는 일이 없다. 또는 조금도 흔들림이 없다."라는 뜻이므로 '간데없다'와 바꾸어 쓰기에 적절하지 않다.

오답 해설

① '두말없다'는 "이러니저러니 말할 필요도 없이 확실하다."라는 의미이므로 '간데없다'와 바꾸어 쓸 수 있다.
③ '여지없다'는 "더 어찌할 나위가 없을 만큼 가차 없다. 또는 달리 어찌할 방법이나 가능성이 없다."라는 의미이므로 '간데없다'와 바꾸어 쓸 수 있다.
④ '영락없다'는 "조금도 틀리지 아니하고 꼭 들어맞다."라는 의미이므로 '간데없다'와 바꾸어 쓸 수 있다.
⑤ '틀림없다'는 "조금도 어긋나는 일이 없다."라는 의미이므로 '간데없다'와 바꾸어 쓸 수 있다.

026   ⑤

정답 해설

'밤눈 어두운 말이 워낭 소리 듣고 따라간다'는 "밤눈이 어두운 말이 자기 턱 밑에 달린 쇠고리의 소리를 듣고 따라간다는 뜻으로, 맹목적으로 남이 하는 대로 따라 함을 비유적으로 이르는 말"이다.

오답 해설

① '산 까마귀 염불한다'는 "산에 있는 까마귀가 산에 있는 절에서 염불하는 것을 하도 많이 보고 들어서 염불하는 흉내를 낸다는 뜻으로, 무엇을 전혀 모르던 사람도 오랫동안 보고 듣노라면 제법 따라 할 수 있게 됨을 비유적으로 이르는 말"이다.
② '바람따라 돛을 단다'는 "바람이 부는 형세를 보아 가며 돛을 단다는 뜻으로, 때를 잘 맞추어서 일을 벌여 나가야 성과를 거둘 수 있음을 비유적으로 이르는 말"이다.
③ '신 벗고 따라도 못 따른다'는 "어떤 사람의 재주나 능력이 뛰어나서 아무리 힘을 써도 그에 미치지 못하는 경우를 비유적으로 이르는 말"이다.
④ '서당 개 삼 년에 풍월을 한다'는 "서당에서 삼 년 동안 살면서 매일 글 읽는 소리를 듣다 보면 개조차도 글 읽는 소리를 내게 된다는 뜻으로, 어떤 분야에 대하여 지식과 경험이 전혀 없는 사람이라도 그 부문에 오래 있으면 얼마간의 지식과 경험을 갖게 된다는 것을 비유적으로 이르는 말"이다.

027   ⑤

정답 해설

'견리사의'는 "눈앞의 이익을 보면 의리를 먼저 생각함"을 의미하므로 자신의 이익을 좇아 비난을 받는 상황에 쓰기에 적절하지 않다.

오답 해설

① '구우일모'는 "아홉 마리의 소 가운데 박힌 하나의 털이란 뜻으로, 매우 많은 것 가운데 극히 적은 수를 이르는 말"을 의미하므로 문맥에 적절하게 쓰였다.
② '대경실색'은 "몹시 놀라 얼굴빛이 하얗게 질림."을 의미하므로 문맥에 적절하게 쓰였다.
③ '방약무인'은 "곁에 사람이 없는 것처럼 아무 거리낌 없이 함부로 말하고 행동하는 태도가 있음."을 의미하므로 문맥에 적절하게 쓰였다.
④ '극기복례'는 "자기의 욕심을 누르고 예의범절을 따름."을 의미하므로 문맥에 적절하게 쓰였다.

028 ②

정답 해설

'손을 넘기다'는 "물건을 셀 때 그 번수를 잘못 계산하여 실제보다 더 많거나 적게 되다."나 "제 시기를 놓치다."의 의미이므로 일이 많아 서로 돕는다는 문맥에 사용하기 적절하지 않다.

오답 해설

① '손을 맺다'는 "할 일이 있는데도 아무 일도 안 하고 그냥 있다."의 의미이므로 적절하게 쓰였다.
③ '손에 익다'는 "일이 손에 익숙해지다."의 의미이므로 적절하게 쓰였다.
④ '손을 걸다'는 비유적으로 "서로 약속하다."의 의미이므로 적절하게 쓰였다.
⑤ '손을 붙이다'는 "어떤 일을 시작하다."나 "모자란 일손을 채우거나 노력을 들여 일하다."의 의미이므로 적절하게 쓰였다.

029 ④

정답 해설

'누가기록'은 "학교에서 학생 개인에 대한 학업, 행동의 발달 경과를 전반적이며 계속적으로 기록하는 일"의 의미이므로 '누가 기록하다'는 '보태 적다'로 순화할 수 있다.

030 ③

정답 해설

'혈당 스파이크'는 "식사 후에 급격하게 나타나는 혈당 상승"의 의미로, 다듬은 말은 '혈당 급상승'이다.

031 ⑤

정답 해설

"실을 켤 수 없는 허드레 고치를 삶아서 늘여 만든 솜"을 의미하는 단어는 '풀솜'이 옳은 말이다.

오답 해설

① "잠든 지 얼마 안 되어 깊이 들지 못한 잠"의 뜻을 가진 단어는 '풋잠'으로 표기한다.
② "경험이 적거나 다 자라지 못한 어린 티를 비유적으로 이르는 말"의 뜻을 가진 단어는 '풋내'로 표기한다.
③ "아직 익지 아니한 푸른 고추"의 뜻을 가진 단어는 '풋고추'로 표기한다.
④ "여름에 생풀만 먹고 사는 소"의 뜻을 가진 단어는 '풋소'로 표기한다.

032 ①

정답 해설

'뚝배기'는 접미사 '-빼기'가 결합한 파생어가 아니라 단일어이다. 한글맞춤법 규정 제5항 다만 규정 "'ㄱ, ㅂ' 받침 뒤에서 나는 된소리는, 같은 음절이나 비슷한 음절이 겹쳐 나는 경우가 아니면 된소리로 적지 아니한다."에 따라 '뚝빼기'는 그르고, '뚝배기'가 옳다.

오답 해설

② '곱빼기', ③ '얼룩빼기', ④ '구석빼기', ⑤ '밥빼기'는 각각 '곱, 얼룩, 구석, 밥'에 접미사 '-빼기'가 결합하여 만들어진 파생어이다.

033 ③

정답 해설

'하' 앞의 받침소리가 [ㄱ, ㄷ, ㅂ]가 아닌 경우 'ㅎ'이 남아 뒤에 오는 말의 첫소리와 어울려 거센소리가 되므로 '허송지'는 그르고 '허송치'가 옳다.

오답 해설

① '하' 앞의 받침소리가 [ㄱ, ㄷ, ㅂ]인 경우 '하'가 통째로 줄어들므로 '넉넉치'는 그르고 '넉넉지'가 옳다.
② '서슴-'은 '하다'가 붙은 말이 아니므로 '서슴치'는 그르고 '서슴지'가 옳다.
④ '하' 앞의 받침소리가 [ㄱ, ㄷ, ㅂ]인 경우 '하'가 통째로 줄어들므로 '섭섭치'는 그르고 '섭섭지'가 옳다.
⑤ '하' 앞의 받침소리가 [ㄱ, ㄷ, ㅂ]인 경우(깨끗[깨끋]) '하'가 통째로 줄어들므로 '깨끗치'는 그르고 '깨끗지'가 옳다.

034 ④

정답 해설

'밖에'는 "'그것 말고는', '그것 이외에는'의 뜻을 나타내는 보조사. 주로 뒤에 부정을 나타내는 말이 따른다."는 특징이 있다. 이 경우에는 조사가 아닌 '명사(밖)+조사(에)'로 쓰인 경우이므로 앞말과 띄어 쓴다.

오답 해설

①, ②, ③, ⑤의 경우는 조사로 쓰였으므로 앞말에 붙여 써야 한다.

035 ①

정답 해설

고유어로 된 합성어이며, [망낻똥생]으로 소리 나므로 사이시옷을 적어 '막냇동생'으로 표기하는 것이 옳다.

오답 해설

② '얄쌍하다'는 '얄팍하다'의 잘못이다.
③ '메이다'는 "어떤 감정이 북받쳐 목소리가 잘 나지 않다."의 의미인 '메다'의 잘못이다.
④ '당기다'는 "몹시 단단하고 팽팽하게 되다."의 의미인 '땅기다'의 잘못이다.
⑤ '무릎쓰다'는 '무릅쓰다'의 잘못이다.

036 ⑤

정답 해설

'큰따옴표'의 쓰임에는 '드러냄표'를 대신하는 쓰임이 없다. '드러냄표' 대신에 쓸 수 있는 것은 '작은따옴표'이다.

오답 해설

① 서술성 명사 다음에 마침표를 쓸 수 있다.
② 의문형 어미로 끝나지 않아도 의문을 나타내면 물음표를 쓸 수 있다.
③ '곧', '즉' 등의 앞에 쉼표를 쓸 수 있다.
④ 공통 성분을 줄여 묶을 때 가운뎃점을 쓰며, 이 경우 쉼표를 쓸 수도 있다.

037 ②

정답 해설

"식구나 구성원이 많지 않아서 홀가분하다."의 뜻을 가진 말은 '단출하다'가 표준어이다.

오답 해설

① "손가락 따위로 어떤 방향이나 대상을 집어서 보이거나 말하거나 알리다."의 뜻을 가진 표준어는 '가리키다'이다.
③ "여러 가지를 한데에 뒤섞다."의 뜻을 가진 표준어는 '버무리다'이므로 "산나물을 된장에 버무려 무쳤다."로 써야 한다.
④ "눈꺼풀을 내려 눈동자를 많이 덮게 하여 시선을 아래로 보내다."의 뜻을 가진 표준어는 '내리깔다'이다.
⑤ "매우 달다."의 뜻을 가진 표준어는 '다디달다'이다.

038 ③

정답 해설

'대구'는 '자꾸'를 의미하는 충청도 방언이다.

오답 해설

① '장'은 '항상'을 의미하는 충청도 방언이다.
② '무류하다'는 '무안하다'를 의미하는 충청도 방언이다.
④ '흡뜨다'는 '치뜨다'를 의미하는 충청도 방언이다.
⑤ '민주스럽다'는 '면구스럽다'를 의미하는 충청도 방언이다.

039 ③

정답 해설

표준 발음법 제29항에서는 "합성어 및 파생어에서, 앞 단어나 접두사의 끝이 자음이고 뒤 단어나 접미사의 첫음절이 '이, 야, 여, 요, 유'인 경우에는, 'ㄴ' 음을 첨가하여 [니, 냐, 녀, 뇨, 뉴]로 발음한다."라고 하여 'ㄴ' 첨가를 설명하면서 '다만' 규정을 두어 'ㄴ'이 첨가되지 않는 경우가 있음을 밝히고 있다. '눈인사'의 경우 표준 발음은 'ㄴ' 첨가가 일어나지 않은 [누닌사]이다.

오답 해설

① '맨입'의 표준 발음은 'ㄴ' 첨가가 일어난 [맨닙]이다.
② '첫여름'의 표준 발음은 'ㄴ' 첨가가 일어난 [천녀름]이다.
④ '늑막염'의 표준 발음은 'ㄴ' 첨가가 일어난 [능망념]이다.
⑤ '우편엽서'의 표준 발음은 'ㄴ' 첨가가 일어난 [우편녑써]이다.

040 ⑤

정답 해설

영어 'linen'을 외래어 표기법에 따라 적으면 '리넨'이 옳다.

오답 해설

① 영어 'symbol'을 외래어 표기법에 따라 적으면 '심벌'이 옳다.
② 영어 'comedy'를 외래어 표기법에 따라 적으면 '코미디'가 옳다.
③ 포르투갈어 'mirra'를 외래어 표기법에 따라 적으면 '미라'가 옳다.
④ 프랑스어 'montage'를 외래어 표기법에 따라 적으면 '몽타주'가 옳다.

041 ③

정답 해설

㉠: 국어의 로마자 표기는 국어의 표준 발음법에 따라 적는 것을 원칙으로 한다. 'ㄱ, ㄷ, ㅂ'은 모음 앞에서는 'g, d, b'로, 자음 앞이나 어말에서는 'k, t, p'로 적으며, 'ㄹ'은 모음 앞에서는 'r'로, 자음 앞이나 어말에서는 'l'로 적는다. 이러한 규정에 따라 '칠곡'은 'Chilgok'으로 표기하는 것이 적절하다.

㉣: 'ㄹ'은 모음 앞에서는 'r'로, 자음 앞이나 어말에서는 'l'로 적는다. 단, 'ㄹㄹ'은 'll'로 적는다는 규정에 따라 '대관령'은 'Daegwallyeong'으로 표기하는 것이 적절하다.

오답 해설

㉡: 국어의 로마자 표기에서 모음 'ㅚ'는 'oe'로 적는다. 따라서 '하회탈'은 'Hahoetal'로 표기하는 것이 적절하다.

㉢: 국어의 로마자 표기는 국어의 표준 발음법에 따라 적는 것을 원칙으로 한다. 다만 'ㅢ'는 'ㅣ'로 소리 나더라도 'ui'로 적는다는 규정에 따라 '광희문'은 'Gwanghuimun'으로 표기하는 것이 적절하다.

042 ④

정답 해설

㉣의 '프톨레마이오스 천문학'은 공학의 근사법으로 널리 사용되는 것이므로, '쓰며'가 아닌 피동형 '쓰이며'로 써야 한다.

▶ 출처 토머스 S. 쿤 지음, 김명자 옮김(1999), 『과학혁명의 구조』, 까치.

043 ②

정답 해설

주체인 할머니를 높이기 위하여 주격 조사 '께서'와 높임의 특수 어휘 '주무시다'를 사용한 예문으로 적절하다.

오답 해설

① '-ㄹ게'는 화자가 청자에게 행위에 대한 '약속'을 할 때 사용하는 종결어미로 '-ㄹ게'가 사용된 문장은 주어가 1인칭, '나'인 경우가 대부분이다. 즉 주어가 2인칭이면 문장 자체가 성립하지 않으므로 '기다리세요' 혹은 '기다리십시오'로 고치는 것이 적절하다.

③ '여쭈다'는 행위가 미치는 대상이 '윗사람'인 경우에 사용하는 표현으로 '물어보셨다'로 고치는 것이 적절하다.

④ '-시-'는 문장의 주체를 높이는 선어말 어미이므로 이 문장에서는 '커피'를 높이는 것이 된다. '커피'는 높임의 대상이 아니므로 '나왔습니다'로 고치는 것이 적절하다.

⑤ '말씀'은 높임의 대상이 아니지만 문장의 주체인 교장 선생님을 높이는 간접 높임에 해당하므로 '있으시겠습니다'로 고치는 것이 적절하다.

▶ 출처 이연정(2023), 『한 문장이라도 제대로 쓰는 법』, 21세기북스.

044 ③

정답 해설

이 문장에서 중의성은 '나'가 비교의 주체인지 대상인지에 따라 나타난다. 따라서 중의성을 해소하기 위해서는 '내가 동생을 사랑하는 것보다 형이 동생을 더 사랑하는지', 아니면 '형이 나와 동생 중에 동생을 더 사랑하는 것인지'를 명확히 해야 한다.

오답 해설

① 관용 표현 때문에 중의성이 나타나는 문장이므로 관용 표현임을 나타내도록 수정하여 중의성이 해소되었다.

② 동음이의어 때문에 중의성이 나타나는 문장이므로 어떤 의미를 가진 단어인지 수정하여 중의성이 해소되었다.

④ 부정의 범위에 따라 중의성이 나타나는 문장이므로 부정의 범위를 수정하여 중의성이 해소되었다.

⑤ '철수'가 서술어의 주체인지 객체인지에 따라 중의성이 나타나는 문장이므로 주어를 수정하여 중의성이 해소되었다.

045 ①

정답 해설

'위치해 있다'는 'be located at'을 번역한 표현으로 '~에 있다'로 쓰는 것이 옳다. 따라서 '그 도시는 해안에 있다'로 수정해야 한다.

쓰기 046번~050번

기출문제집 p.26

046	047	048	049	050
③	②	②	⑤	③

046 ③

정답 해설

㉠: 1문단에서 '이 신약의 이름은 잠, 즉 수면이다'와 같이 중심 소재인 '수면'을 '신약'에 비유하여 표현하고 있으므로 적절하다.

ㄹ: 마지막 문단에서 '수면을 포기하고 일을 하기보다는 충분한 수면을 취하는 것이 어떨까?'와 같이 질문의 방식으로 독자들에게 '자는' 행동을 권하고 있으므로 적절하다.

오답 해설
ㄴ: 멜라토닌과 아데노신이라는 두 물질을 설명하고 있으나, 이는 대비되는 견해가 아니므로 적절하지 않다.
ㄷ: 전문가의 견해를 인용한 부분은 나타나지 않으므로 적절하지 않다.

▶ 출처
- 김상욱, "안 자고 오래 버티는 기록, 기네스북에서 빠진 이유[물리학자 김상욱의 '격물치지']", 시사IN, 2024.10.12.
  (https://www.sisain.co.kr/news/articleView.html?idxno=54051)
- 박서영, "수면장애 환자, 5년간 28.5% 증가…예방·치료 방법은?", MEDICAL Observer, 2023.11.17.
  (https://www.monews.co.kr/news/articleView.html?idxno=327968)
- "메디게이트뉴스 공동 주관 '대국민 수면건강 인식 개선을 위한 국회토론회"1~4, MEDI:GATE NEWS, 2023.11.30.
  (https://m.medigatenews.com/news/3187564925)
  (https://m.medigatenews.com/news/1168885464)
  (https://m.medigatenews.com/news/1890199311)
  (https://m.medigatenews.com/news/547820835)
- 이경숙, "잠 못 드는 한국인… '슬리포노믹스' 시장이 뜬다", CEO&, 2024.6.26.
  (https://www.ceopartners.co.kr/news/articleView.html?idxno=14642)
- 대한수면연구학회(수면 정보 〉 정상 수면)
  (https://www.sleepnet.or.kr/sleep/normal)
- "석현정, 최경아 교수 청백색 조명이 아침잠 깨워주는 효과 입증", KAIST, 2019.2.28.
  (https://news.kaist.ac.kr/news/html/news/?mode=V&mng_no=2395)
- 최강록, "카페인이 뇌에 미치는 영향", 정신의학신문, 2024.8.30.
  (https://www.psychiatricnews.net/news/articleView.html?idxno=35540)

047 ②
정답 해설
(나)의 사례는 수면 부족으로 인한 기억력 저하의 문제가 아니라, 인지 능력 및 주의력 저하 문제를 다루고 있으므로, 적절하지 않다.

오답 해설
① (가)는 해마다 수면장애로 진료를 받는 환자가 늘고 있다는 자료이므로, 이를 활용하여 충분한 수면 시간 확보에 어려움을 겪는 사람이 해마다 늘어나고 있다는 내용을 추가하는 것은 적절하다.
③ (다)는 수면 중에 꾸는 꿈이 트라우마 극복에 도움이 될 수 있다는 내용을 담고 있으므로, 이를 활용하여 수면 시간 확보가 필요한 이유를 추가하는 것은 적절하다.
④ (라)는 멜라토닌 분비량이 밤에는 많고 낮에는 적음을 드러내고 있으므로, 이를 활용하여 밤과 낮의 멜라토닌 분비량에 대한 내용을 구체화하는 것을 적절하다.
⑤ (마)는 더 나은 수면을 위한 조언 내용이므로, 이를 활용하여 충분한 수면 시간을 확보하고 수면의 질을 높이기 위한 방안을 추가하는 것은 적절하다.

048 ②
정답 해설
Ⅱ-2는 Ⅲ의 내용과 관련이 없으며, 한국인의 수면 시간 부족을 얘기하면서 함께 언급하고 있으므로 지금의 위치에 있는 것이 적절하다.

오답 해설
① Ⅰ-2는 상위 항목인 '수면의 중요성 및 필요성'과 어울리지 않는 내용이므로 이를 삭제하는 것은 적절하다.
③ Ⅲ은 '수면 부족의 문제점과 대처 방안'이라는 주제를 고려하여 '수면의 원리를 고려한 대처 방안'으로 수정하는 것은 적절하다.
④ Ⅲ은 '문제-해결 구조'라는 글의 맥락을 고려하여 Ⅳ와 순서를 교체하는 것은 적절하다.
⑤ Ⅳ-1은 서술성을 지닌 단어가 제시되지 않아 의미가 명료하지 않으므로, 의미를 명료화하기 위해 '질병 유발'로 수정하는 것은 적절하다.

049 ⑤
정답 해설
주어진 맥락에서 '피할 수 없다.'는 의미를 지닌 '불가피한'의 쓰임이 잘못되지 않았으므로 적절하지 않다.

오답 해설
① '신약'은 새로 발명한 약이라는 뜻이다. 새롭다는 의미가 내재해 있으므로, '새로운 신약'을 '신약'으로 수정하는 것은 적절하다.
② '(운전자가) 음주 단속에 적발되다.'라는 표현이 쓰여야 하므로, ㉡을 '적발될'로 수정하는 것은 적절하다.

③ 의존 명사 '중'은 어미 '-던'이나 '-는'의 수식을 받으므로, '잠에 들기 전과 자는 중'으로 수정하는 것은 적절하다.
④ 주어진 맥락에서는 '앞의 내용과 상반되는 내용을 이끌 때 쓰는' 부사가 활용되는 것이 타당하다. 그러므로 '그런데'로 수정하는 것은 적절하다.

050 ③
정답 해설
㉮ 뒤에는 현대인들이 잠을 자지 않기 위해 커피를 마시며 애쓰는 내용이 나와 있으므로, ㉮에는 잠에 대한 현대인들의 부정적 인식이 제시되어야 한다. 또한 부사 '하지만' 이후로 잠의 긍정적 기능이 제시되어 있으므로, ㉮에 잠에 대한 현대인들의 부정적 인식(활동할 수 있는 시간을 빼앗는 적)이 제시되는 것은 타당하다.

오답 해설
① 글에 '기억력'에 대한 내용은 제시되어 있지만, 잠이 과거의 기억을 일깨운다는 내용은 제시되어 있지 않다.
② 잠이 삶의 이유를 깨닫게 한다는 내용은 제시되어 있지 않다.
④ 잠이 건강의 이상 유무를 알려준다는 내용은 제시되어 있지 않다.
⑤ ㉮ 뒤에는 현대인들이 잠을 자지 않기 위해 커피를 마시며 애쓰는 내용이 나와 있으므로, ㉮에는 '지친 몸과 마음을 회복시키는 보약'과 같은 긍정적 내용이 아니라 '활동할 수 있는 시간을 빼앗는 적'과 같은 부정적 내용이 제시되어야 한다.

창안 051번~060번

기출문제집 p.30

| 051 | ③ | 052 | ② | 053 | ② | 054 | ⑤ | 055 | ② |
| 056 | ② | 057 | ③ | 058 | ④ | 059 | ② | 060 | ④ |

051 ③
정답 해설
'반쪽'의 비유는 [사랑은 통합체]라는 개념적 은유에 근거한 표현이다.

오답 해설
①, ② '빠지다', '휩싸이다' 등의 표현은 주체의 의지가 개입될 수 없는 행위의 자연성, 피동성을 드러낸다. 이는 [사랑은 불가항력]이라는 개념적 은유에 근거한다.
④ [사랑은 통합체]라는 개념적 은유에 근거해 '나'와 '너'를 자석이라는 통합체에 비유하여 표현하고 있다.
⑤ [사랑은 통합체]라는 개념적 은유에 근거해 '우리'를 '떼어놓을 수 없'는 존재로 표현하고 있다.

▶ **출처** 레이몬드 깁스 지음, 나익주·김동환 옮김(2022), 『메타포 워즈―삶 속의 은유적 사유 활동』, 커뮤니케이션북스.

052 ②
정답 해설
㉠은 자연스럽게 이해된다는 점에서 '일차적으로 이해되기 쉬운 관념'에 해당하며, ㉡은 대부분의 맥락에서 어색하게 들린다는 점에서 ㉠에 비해 이해되기 어려운 관념이다.

오답 해설
① ㉠과 ㉡에 모두 개념적 은유가 사용되었음을 고려할 때, ㉠은 자연스럽게 이해된다는 점에서 윗글의 '죽은 은유'에 가깝게 평가된다.
③ ㉠과 ㉡에 모두 개념적 은유가 사용되었음을 고려할 때, ㉡은 대부분의 맥락에서 어색하게 들린다는 점에서 문학적으로 참신한 표현(수사법으로서의 은유)으로 이해된다.
④ ㉡의 '문'은 개폐성을 지니므로, 이론과 관련해서는 다른 이론과 소통할 수 있는 가능성의 의미를 표현할 수 있다.
⑤ ㉠과 ㉡이 동일한 개념적 은유에 근거한다는 전제하에, '무너지다'와 '문'의 표현에서 [이론은 건물]이라는 개념적 은유를 포착할 수 있다.

053 ②
정답 해설
<보기>의 문장은 주장, 논증, 비판 등 논쟁 행위를 '깨부수다', '과녁을 겨냥하다', '약점을 공격하다' 등 목적을 지닌 공격과 방어 행위에 빗대어 표현한다. 이는 [논쟁은 전쟁]이라는 개념적 은유에 기반한 것이다.

오답 해설
① 논쟁 행위의 표현형은 힘과 관련이 있지만, '과녁을 겨냥하다' 예문에서 보듯 특정한 목적성을 전제한다는 점을 포착하지 못하므로 [논쟁은 힘]은 부족한 설명이다.
③ 논쟁 행위의 표현형은 방향성을 띠지만, '깨부수다'와 '공격하다' 등의 공격 행위를 포착하지 못하므로 [논쟁은 방향]은 부족한 설명이다.

④ 논쟁 행위의 공격성과 방향성을 모두 포착하지 못하므로 [논쟁은 요리]는 부족한 설명이다.
⑤ 논쟁 행위의 공격성과 방향성을 모두 포착하지 못하므로 [논쟁은 생태계]는 부족한 설명이다.

054 ⑤
정답 해설
(가)는 물을 조건으로 나무가 자라며, 나무를 조건으로 불을 피워낼 수 있다는 인과 관계를 드러내는 그림이다. (나)는 물이 바다〉수증기(구름)〉비(기상현상)〉유수 등 다양한 형태로 변화하며 순환하는 과정을 드러내는 그림이다. (가)와 (나)는 모두 중간 단계를 생략하고 표현할 수 없다.

오답 해설
① 불에서 나무가 나올 수 없고, 나무에서 물이 나올 수 없으므로 화살표 방향을 바꿀 수 없다.
② 물을 조건으로 나무가 자라며, 나무를 조건으로 불을 피워낼 수 있으므로 이전 단계는 이후 단계의 조건이 된다.
③ (나)의 화살표는 물의 상태 변화와 순환을 드러낸다.
④ (나)는 물의 순환 과정이므로 마지막 단계와 첫 단계는 바로 이어진다.

055 ②
정답 해설
(가)는 물을 조건으로 나무가 자라며, 나무를 조건으로 불을 피워낼 수 있다는 인과 관계를 드러내는 그림이다. 부모는 자녀가 태어나기 위한 조건이 되므로 (가)를 통해 설명 가능한 관계이다.

오답 해설
① '거리'와 '속력'은 인과 관계로 볼 수 없다.
③ '빨대'는 '음료'를 마시는 수단이 될 수 있으나 음료를 위한 조건이 아니다.
④ '시계'는 '시간'을 표시하는 수단이지 '시간'을 위한 조건이 아니다.
⑤ '기생충'과 '숙주'는 숙주를 조건으로 기생충이 살 수 있으므로 화살표 방향이 잘못되었다.

056 ②
정답 해설
(나)는 물이 바다〉수증기(구름)〉비(기상현상)〉유수 등 다양한 형태로 변화하며 순환하는 과정을 드러내는 그림이다. 동일한 물질인 '물'이 상태를 변화하는 것이므로 빈 병을 녹이고 재가공하여 물병을 만드는 것과 같은 변화로 설명할 수 있다.

오답 해설
① 서로 다른 물질을 한 데 섞어 새로운 것을 만든 것이므로 (나)를 활용하여 설명하기 어렵다.
③ 여러 색깔을 한 데 묶어 하나의 물건을 만든 것이므로 (나)를 활용하여 설명하기 어렵다.
④ 하나의 특징을 빼내어 전혀 다른 새로운 것을 만든 것이므로 (나)를 활용하여 설명하기 어렵다.
⑤ 하나의 특징인 특정 모양을 모방하여 새로운 것을 만든 것이므로 (나)를 활용하여 설명하기 어렵다.

057 ③
정답 해설
'음주 운전'이라는 주제의 뉴스 기사를 참고하여 보면, ③은 개인형 이동 장치 안전에 관련된 광고 사례에 해당하며, 음주 운전에 대한 경각심을 주는 내용과는 거리가 멀다.

오답 해설
①, ②, ④, ⑤는 모두 '음주 운전'을 주제로 한 뉴스 기사에 대한 광고 사례에 해당하며, 짝지어진 문구도 적절하다고 할 수 있다.

▶ 출처 한국방송광고진흥공사(https://www.kobaco.co.kr)

058 ④
정답 해설
(가)는 음주 운전하는 모습을 제시하고 있고, (나)는 (가)로 인해 사망한 상황을 보여 주고 있다. (가), (나)의 공통된 메시지를 포함하고 있는 내용은 '별이 취하는 밤, 당신이 보는 마지막 명화는 아름다운가요?'가 가장 적절하며, 두 번째 조건인 의문형 문장 종결도 만족한다.

오답 해설
① 의문형 문장으로 종결하고 있지만, '과속 운전'에 관한 내용이라 적절하지 않다.
② '과속 운전'에 관한 내용이며 의문형 문장을 사용하지 않았다.
③ '음주 운전'과 관련된 내용을 포함하고 있지만 의문형 문장을 사용하지 않았다.
⑤ '음주 운전'과 관련된 내용을 포함하고 '죽음'도 암시하고 있지만, 두 번째 조건인 의문형 문장 종결을 만족하고 있지 않다.

▶ 출처 한국방송광고진흥공사(https://www.kobaco.co.kr)

059　②

정답 해설
'깨진 유리창 이론'은 사소한 무질서를 방치하면 나중에 전체로 확산될 가능성이 크니 이를 바로잡아야 한다는 것을 시사하고 있으므로, '작은 잘못이라도 빨리 고치고, 바로잡아야 한다.'가 가장 적절하다.

오답 해설
① 어떤 일이든 그 원인과 상관없이 자기의 잘못으로 생각하라는 의미이므로 깨진 유리창 이론과 관련이 없다.
③ 잘못도 하나의 경험이며 이러한 경험이 많을수록 삶의 통찰력을 기를 수 있다는 의미이므로 깨진 유리창 이론과 관련이 없다.
④ 잘못은 누구나 할 수 있고, 인생에서 큰 문제가 아니기에 신경 쓰지 말라는 의미이므로 깨진 유리창 이론과 관련이 없다.
⑤ 잘못을 후회하는 것보다 문제를 해결할 방법을 고민하는 것이 중요하다는 의미이므로 깨진 유리창 이론과는 관련이 없다.

▶ 출처　이하경 기자, "사소한 방치에서 시작된다 '깨진 유리창 이론(Broken Window Theory)'", 월드투데이, 2021.6.3.

060　④

정답 해설
'호미로 막을 것을 가래로 막는다.'는 커지기 전에 처리하였으면 쉽게 해결되었을 일을 방치하여 두었다가 나중에 큰 힘을 들이게 된 경우를 이르는 말이므로, 윗글과 〈보기〉의 주제인 '잘못된 것을 알고 고쳐 나가는 태도의 중요성'과 관련이 있다.

오답 해설
① '가는 날이 장날이다'는 "어떤 일을 하려고 하는데 뜻하지 않은 일을 공교롭게 당함을 비유적으로 이르는 말"이므로, 윗글과 〈보기〉의 주제와 관련이 없다.
② '가는 방망이 오는 홍두깨'는 "이쪽에서 방망이로 저쪽을 때리면 저쪽에서는 홍두깨로 이쪽을 때린다."는 뜻으로, 자기가 한 일보다 더 가혹한 갚음을 받게 되는 경우를 비유적으로 이르는 말이므로, 윗글과 〈보기〉의 주제와 관련이 없다.
③ '발 없는 말이 천 리 간다'는 말은 "비록 발이 없지만 천 리 밖까지도 순식간에 퍼진다."는 뜻이므로, 윗글과 〈보기〉의 주제와 관련이 없다.
⑤ '윗물이 맑아야 아랫물이 맑다'는 "윗사람이 잘하면 아랫사람도 따라서 잘하게 된다."는 말이므로, 윗글과 〈보기〉의 주제와 관련이 없다.

▶ 출처　이규보, 『이옥설』, 동국이상국집.

읽기　061번~090번

기출문제집 p.35

061	④	062	③	063	③	064	②	065	②
066	③	067	②	068	⑤	069	⑤	070	③
071	①	072	⑤	073	④	074	④	075	②
076	①	077	③	078	②	079	⑤	080	④
081	②	082	②	083	④	084	①	085	③
086	②	087	④	088	⑤	089	②	090	①

061　④

정답 해설
'눈 우에 흘린 따뜻한 핏방울'을 통해 하얀 '눈'과 붉은 '핏방울'이 시각적으로 대비됨을 확인할 수 있다. 또한 이를 통해 시적 대상인 사슴의 비극적 상황을 파악할 수 있다.

오답 해설
① 반어법은 활용되지 않았다.
② '핏방울', '포수와 사냥개', '표범과 늑대', '약초' 등 명사로 마무리된 시행을 확인할 수 있으나, 이를 통해 화자의 현실 극복 의지를 확인할 수는 없다.
③ '따뜻한 핏방울', '아슬한 참으로 아슬한' 등 동일한 시구가 반복되었으나, 이를 통해 화자와 시적 대상의 거리감을 확인할 수는 없다.
⑤ 시간의 흐름에 따라 시상이 전개되었으나, 시적 대상에 대한 화자의 태도 및 정서는 일관되므로 화자의 정서 변화를 확인할 수는 없다.

▶ 출처　오장환(2013), 『병든 서울』, 시인생각.

062　③

정답 해설
'표범과 늑대'는 몰이꾼이 메고 오는 대상이다. 즉 사슴과 마찬가지로 포수, 몰이꾼 등의 폭력에 의해 희생된 존재이다. 이를 통해 포수, 몰이꾼 등이 지닌 폭력의 정도를 확인할 수 있다. 따라서 표범과 늑대를 순수한 존재를 억압하고 유린하는 이로 파악하는 것은 적절하지 않다.

오답 해설
① '어두운 숲'은 몰이꾼이 날카로운 소리를 내고, 사슴이 쫓기고 결국 희생당하는 공간이기에, 순수한 존재가 희생당하는 살육의 공간으로 이해하는 것은 적절하다.

② 밤이 이슥하도록 '햇불'이 꺼지지 않는 이유는 몰이꾼과 포수가 사냥을 그치지 않는 것을 뜻하므로, 순수한 존재에게 폭력을 가하는 이들의 집요함으로 이해하는 것은 적절하다.
④ 어린 사슴은 어미의 상처를 핥으며 '샘', '약초'를 생각하는 것이므로, 상처 입은 순수한 존재가 소생하기를 바라는 마음으로 이해하는 것은 적절하다.
⑤ '따뜻한 핏방울'은 죽어가는 사슴이 흘린 것이므로, 희생당한 존재가 지녔던 생명력으로 이해하는 것은 적절하다.

063 ③

정답 해설

먼저 제시된 상황은 '나'라는 인물이 누군가를 만나러 약속 장소에 나섰다는 것이다. 그리고 나서 이어지는 진술 내용은 과거의 경험과 생각들에 관련되어 있다. 이야기되는 시간과 공간을 "어제", 즉 과거로 돌려서 현재 행동과 사건(누군가를 만나러 약속 장소에 나섬)의 원인이나 성격을 더 구체적으로 설명하려는 것이다.

오답 해설

① 실재하지 않는 기술 등 가상의 세계가 묘사되지 않았으며 실생활을 배경과 소재로 삼고 있다.
② 서술자인 '나'는 작품이 펼쳐낸 이야기 공간 내에 존재하며 자신의 관점으로 경험과 기억에 대하여 진술을 이어간다. 이야기 외부에 존재하는 서술자가 따로 있다고 볼 수 없다.
④ '나'는 자신이 만나려는 사람이 누구이고 어떤 의도로 만나려는 것인지 정연한 언어로 설명하고 있다. 착란이나 몽환성을 느낄 만한 서술상의 혼란이 관찰되지 않는다.
⑤ '나'라는 이야기 공간 안에 존재하는 서술자에 의해 일관되게 이야기가 매개되고 있다. 따라서 서로 다른 인물들의 관점을 오가는 모습을 발견할 수 없다.

▶ 출처 윤대녕(1995), 「그를 만나는 깊은 봄날 저녁」, 『은어낚시통신』, 문학동네, 218-221쪽.

064 ②

정답 해설

"삼십여 장"의 "육하원칙의 그물에 하나도 걸리지 않는 완전한 타인들의 명함"을 따로 챙겼다고 했으므로 적절하다.

오답 해설

① ⓐ'나'가 가까운 날에 곧 만나려는 사람은 ⓑ'명함'으로도 교류 관계가 떠오르지 않은 ⓒ'사람들' 중 어느 한 명이므로 적절하지 않다.
③ ⓐ'나'는 기억이 잘 나지 않은 사람을 만나 그가 대체 어떤 사람인지 알아보려 하고 있으며 이는 절연에 대한 결심으로 보기 어렵다.
④ ⓑ'사람들'이 ⓐ'나'에게 ⓑ'명함'을 건네준 이유를 궁금해하고 있다는 것을 알 수 있는 진술은 발견할 수 없다.
⑤ ⓐ'나'는 ⓒ'사람들'과 한 직장에서 함께 근무했던 것이 아니다. "근무하는 곳의 이름조차도 생소한 곳"이라는 표현을 보면 ⓒ'사람들'에는 근무 중 영업이나 협력 등 업무차 마주치게 된 다른 직장 사람들이 상당수 포함되어 있음을 짐작할 수 있다.

065 ②

정답 해설

'나'는 숱한 사람들을 만나 명함을 받고 새로 사람을 알아 술을 마셨어야 했다. 그러나 정작 그들 중 상당수를 '나'가 거의 전혀 알지 못한다. 그러므로 ⓒ"이런 경을 칠 일이 있나!"라는 표현은 자신이 만났던 사람의 수가 예상보다 많은 것에 대한 의구심이 아니라 예상치 못한 숫자에 대한 놀라움과 기억하지 못할 사람들과 술을 마시고 만남을 했던 것에 대한 일종의 한탄 또는 허탈함의 표현이라 할 수 있다.

오답 해설

① ㉠"사망자"라는 표현은 어떤 생기도 없는 상태를 연상케 하며 그만큼 '나'가 명함의 주인들에 대해 가진 기억도 생기가 없음을 의미하므로 적절하다.
③ ㉢"사실"은 '나'가 '알지만 모르는', 혹은 '모르지만 아는' 역설적 상황을 가리키므로 적절하다.
④ ㉣"관"은 사무실에서 화장실로 이어지는 복도를 비유적으로 묘사한 표현이다. "육 년 동안 잘 알고 지내던 사람들과 헤어지게 될 처지", "소속을 상실한 날" 등의 언급을 통해 '나'는 실직을 앞두고 있음을 알 수 있다.
⑤ '나'는 "태도"에 대해 그것을 "견뎌낼 각오"가 되어 있다고 고백한다. 따라서 다른 사람들이 '나'에 대해 취할 입장이나 자세가 부정적일 것이라고 '나'가 내다보고 있음을 추론할 수 있다.

066 ③

정답 해설

벌린은 '적극적 자유'가 합리적 자기 지배·통치를 표방한다면 이 태도가 곧 진정한 자유와 그렇지 않은 자유, 혹은 진정한 자아와 그렇지 않은 자아를 구분하여 개인을 전제(專制)적이거나 독재적인 굴레를 내몰 수도 있다고 우려하였다. 따라서 벌린은 공동체의 존속을 명목으로 개인에게 희생이 강제되는 것을 진정한 자유로 보지는 않을 것이다.

오답 해설
① 소극적 자유는 본문에서 '자기 뜻대로 행동할 수 있는 상태'로 표현되고 있으므로 적절하다.
② 적극적 자유는 이성적 판단을 추동력으로 삼은 자율을 가리키는 성격이 강하며, 주체(자기, 그보다 범주를 확장하여 공동체)의 유지 혹은 나아가 행복과 번영을 꾀하는 것과 관계된다.
④ '자율'은 합리성을 자기 행동의 원리이자 원인으로 삼는 '자기 지배'의 다른 표현이다. '자유를 자율과 관련한 것으로만 한정'하면 것은 적극적 자유만을 우선하면서 소극적 자유를 외면하게 되고 개인의 자유가 침해될 수 있다.
⑤ 벌린이 '자유' 개념을 소극적 자유와 적극적 자유로 구분하고 그들 각각에 대해 취한 입장을 중점적으로 소개하지만 마지막 부분에서 '자유'에 관한 해석이 어떤 구도를 취하면서 역사적으로 진행되었는지 설명하면서 "이 문제에 관한 논의는 단순하지 않게 펼쳐져 있다."라고 하여 자유에 대한 논의가 다양함을 얘기하고 있다.

▶ 출처 문지영(2009), 『자유』, 책세상, 70–73쪽.

067 ②
정답 해설
㉠의 '자유주의적 자유'는 특정 자유주의 연구자가 말하는 자유가 아니라 보편적 자유에 대한 개념을 말한다. 따라서 '자유' 자체가 지닌 성격 또는 가치를 의미하며, 이는 "자유는 인간이 본질적으로 추구하는 개념이라는 점에서"라고 설명하는 것에서 알 수 있다.

오답 해설
① 외부적 간섭이나 장애물이 존재하지 않은 상태도 역시 지배나 압제에서 벗어난 자유, 즉 '-로부터의 자유'이자 소극적 자유라고도 할 수 있으며 이는 특수한 입장에 국한되므로 적절하지 않다.
③ 무엇이든 할 수 있는 능력이나 상태는 지배나 압제에서 벗어난 자유, 즉 '-로부터의 자유'라고 할 수 있으므로 이는 벌린과 같은 부류의 입장에 국한된다.
④ 자기를 참되게 지배하고 실현하는 능력 혹은 상태는 '자율'로서의 자유, 곧 '-할 자유'라고도 할 수 있다. 이는 적극적 자유만을 가리키므로 적절하지 않다.
⑤ 타인의 지배에 종속되지 않은 정치공동체를 구성하는 일 또한 '자율'이나 '자치'로서의 자유, 즉 적극적 자유라고도 할 수 있다. 이는 역사상 등장한 자유주의적 자유의 일반적인 뜻을 포괄하기 어려운 특수한 입장에 국한된다.

068 ⑤
정답 해설
〈보기〉와 지문을 종합하여 보면 타인의 의도적이고 능동적인 개입뿐만 아니라 타인들의 행위가 '나'에게 부자유의 원인으로 작용하는 것도 벌린의 관점에서 보면 외부적 장애물이라고 볼 수 있다. 그러나 자신의 무능 혹은 무지의 상태는 '나'에게 있어 부자유의 요인이기는 해도 그것이 타인이 외부의 장애물로 작동하여 말미암은 것이라고 할 수는 없다.

오답 해설
① 경제적 빈곤은 타인들이 조직한 불공정한 질서에 의해 발생한 결핍일 수 있으므로 외부적 장애물이 없는 상태로 볼 수 없다.
② 사회적 차별 또한 타인들이 조직한 불공정한 질서에 의해 발생한 제약이므로 외부적 장애물이 없는 상태로 볼 수 없다.
③ 소유물의 박탈은 타인이 의도적이고 능동적으로 개입한 강압·강제라 할 수 있으므로 외부적 장애물이 없는 상태로 볼 수 없다.
④ 전체주의자의 집권은 개인을 강제로 동원할 위험성이 매우 크며, 타인이 의도적이고 능동적으로 개입한 강제이므로 외부적 장애물이 없는 상태로 볼 수 없다.

069 ⑤
정답 해설
4문단에서 재산 분할 합의가 성립하지 못해야 재판으로 재산 분할이 이루어진다고 했으므로 적절한 내용이다.

오답 해설
① 2문단에서 재산분할제도는 별산제 원칙을 관철시킴으로써 발생하는 문제에 대처하기 위한 것임을 알 수 있다.
② 1문단에서 각자의 명의로 된 재산을 각자 가져가는 것은 별산제의 내용임을 알 수 있다.
③ 1문단에서 별산제 하에서는 혼인 후에 취득한 재산도 각자 소유하게 됨을 알 수 있다.
④ 3문단에서 이혼하기 전에 성립한 재산 분할 합의는 이혼 후 비로소 효력이 발생함을 알 수 있다.

▶ 출처 권재문(2023), 『민법강의: 친족상속법』, 박영사.

070 ③

정답 해설

윗글은 재산 분할 청구권의 행사 기간에 대해서는 언급하고 있지 않다.

오답 해설

① 1문단에서 별산제의 의미에 대해 설명하고 있다.
② 2문단에서 사실혼의 의미에 대해 설명하고 있다.
④ 4문단에서 재산 분할 비율 결정 방법을 설명하고 있다.
⑤ 2문단에서 재산분할제도는 전업주부 보호를 위한 것이라고 설명하고 있다.

071 ①

정답 해설

3문단에서 민법 조문에는 '이혼한 자'가 재산 분할을 청구할 수 있도록 규정되어 있다고 했으므로, 재산 분할의 효력은 혼인 중에는 인정되지 않고 이혼 후에 인정됨을 알 수 있다.

오답 해설

② 혼인 공동생활의 실태 파악은 재산 분할 합의의 효력 발생 시점 결정과 무관하다.
③ 재산 분할 대상인 채무의 범위 결정은, 이혼 전에 한 재산 분할 합의의 효력 발생 시점과 무관하다.
④ 재산 분할은 합의로 정해지는 것이 원칙이다.
⑤ 재산 분할은 사실혼 부부에게도 인정되므로 혼인 신고와 무관하게 인정된다.

072 ⑤

정답 해설

국민연금의 분할 비율도 당사자의 합의나 재판으로 정해질 수 있고, 합의나 재판으로 정해지지 않을 때 비로소 법률에 따라 정해진다고 했다.

오답 해설

① 국민연금 분할은 사실혼 부부에게도 인정된다고 했다.
② 국민연금의 분할 비율은 다른 재산과 독립적으로 결정된다고 했다.
③ 국민연금 분할 비율에 반영되는 혼인 기간은 실질적인 공동생활이 이루어진 기간이라고 했으므로 혼인 신고 기간 중 일부가 배제될 수 있다.
④ 연금 납부 기간 중 혼인 공동생활 기간이 차지하는 비율에 따라 연금 분할 비율이 정해진다고 했다.

073 ④

정답 해설

1~3문단에 걸쳐 축척 법칙을 소개하고 있으나 동물 종간 적용의 한계점과 극복 방안을 제시하는 내용은 없다.

오답 해설

① 3문단에 따르면 "축척 법칙은 우리에게 자연의 통일성과 단순성을 파악하게 해준다는 것을 알 수 있다." 따라서 축척 법칙이 갖는 의미와 가치를 소개하고 있다.
② 1~3문단에 축척 법칙에 대한 쥐와 코끼리의 사례를 제시하고 있다.
③ 3문단에 유체인 혈액의 흐름에 대한 과학적 사실을 바탕으로 축척 법칙을 설명하고 있다.
⑤ 3문단에 축척 법칙을 혈류 제한 이론으로 설명하면서 이것이 올바른 것으로 증명될지에 대해 판단은 이르다고 하여 판단을 유보하고 있다.

074 ④

정답 해설

ㄱ: 1문단에 따르면 동물이 살아가는 데 있어 하루의 필요 에너지를 kg당 환산한 값이 비 대사율이다. 따라서 하루에 필요한 에너지가 같다면 몸무게가 클수록 비 대사율이 작다.
ㄷ: 2문단에 따르면 큰 동물일수록 열의 배출 속도가 빠르며 대사 에너지는 열 형태로 동물 몸 밖으로 배출된다. 따라서 크기가 큰 포유류는 작은 포유류보다 사용하는 대사 에너지가 더 빨리 배출된다는 것을 알 수 있다.

오답 해설

ㄴ: 3문단에 따르면 사람은 쥐보다 작은 혈관으로 갈라지는 단계가 많고 혈류 흐름의 저항을 더 받게 된다. 이로부터 코끼리의 혈류는 쥐보다 혈류 흐름의 저항을 더 받는다는 것을 알 수 있다.

075 ②

정답 해설

ㄱ: 1문단에서 쥐의 비 대사율은 몸무게가 160,000배 큰 코끼리의 20배이다. 따라서 C1M의 비 대사율은 몸무게가 5배인 C4Y의 비 대사율의 5배보다 작다.
ㄹ: 2문단에 따르면 열의 배출 속도에 기반한 동물의 비 대사율은 $M^{-0.33}$에 비례한다. 따라서 동물의 비 대사율이 $M^{-0.25}$에 비례한다는 것에 부합하지 않을 것이다.

오답 해설

ㄴ: 1문단에 따르면 비 대사율은 질량의 -0.25 거듭제곱에 비례하는 축척 법칙을 따르며 이는 동일 종이냐 아니냐에 관계없이 성립한다.

ㄷ: 3문단에 따르면 질량이 더 큰 동물이 질량이 작은 동물보다 모세 혈관에서 갈라지는 단계의 수가 더 많다. 〈보기〉의 C1M(생후 1개월인 고양이)보다 C4Y(생후 4살 된 고양이)의 질량이 더 크기 때문에 모세 혈관이 갈라지는 단계의 수는 C1M과 C4Y이 서로 같지 않다.

076 ①

정답 해설
신속 항원 검사를 위한 진단 키트의 성능 지표인 민감도와 특이도가 설명되어 있으나 이를 향상하기 위한 기술적 방법에 대해 제시하지는 않았다.

오답 해설
② 1문단에 RAT를 PCR과 비교하여 장점으로 결과를 확인하는 데 걸리는 시간이 짧고 저비용이라는 장점이 제시되어 있으며 신뢰도가 떨어진다는 단점이 제시되어 있다.
③ 3문단에 진단 키트 제조사가 성능 지표인 민감도와 특이도를 상품에 제공한다고 설명하고 있다.
④ 2문단에 모식도를 제시하고 이에 따라 설명하여 독자의 이해를 돕고 있다.
⑤ 1문단에 RAT는 항원-항체 반응과 크로마토그래피의 원리가 결합되어 있다고 기술하고 있다.

077 ③

정답 해설
2문단에 따르면 검사선에는 검지하고자 하는 특정 항원과 결합하고 대조선에는 특정 항원과 상관없이 존재하는 일반적인 항원이 결합한다. 따라서 서로 다른 항체가 대조선과 검사선에 붙어 있음을 알 수 있다.

오답 해설
① 1문단에 따르면 유전자를 증폭하여 항원-항체 반응을 이용하는 PCR에 비해 RAT의 신뢰도가 떨어진다는 것을 알 수 있다. 따라서 RAT는 PCR보다 특정 항원의 존재 여부를 더 정확히 맞추지 못한다.
② 1문단에 따르면 RAT는 PCR보다 결과를 확인하는 데 걸리는 시간이 매우 짧다는 것을 알 수 있다. 따라서 특정 항원이 있는지를 빠르게 진단하는 데에는 PCR이 RAT보다 유리하

지 않다.
④ 2문단에 따르면 검사선에만 색깔이 나오는 것은 항원-항체 반응이 일어났으나 대조선까지 희석액이 도달하지 않았음을 알 수 있다. 무효로 처리된다는 것은 올바른 진술이나 항원-항체 반응이 일어나지 않았다는 것은 잘못된 기술이다.
⑤ 2문단에 따르면 검사선에 색깔이 나타나기 위해서는 특정 항원이 있어야 한다. 또한 대조선에는 일반적인 항원을 검출하는 것이기에 희석액이 검사선을 지나지 않은 것이 아니라 특정 항원이 없음을 의미한다.

078 ②

정답 해설
(가): 3문단에 따르면 민감도는 양성을 양성으로 판별하는 능력이며 진양성/(진양성+위음성)을 백분율로 나타낸 것이라고 했으므로 이 값이 60%라는 것이다. 그런데 실제의 위음성의 숫자를 수정하여 처음 계산보다 큰 값을 넣으면 60%보다 작아지게 된다.
(나): 특이도는 진음성을 진음성과 위양성을 더한 값으로 나눈 값을 백분율로 나타낸 것이므로, 실제 임신하지 않은 사람을 임신하지 않았다고 판단하는 경우를 실제 임신하지 않은 사람을 임신하지 않았다고 판단하는 경우와 임신하지 않았는데도 임신했다고 판단하는 경우의 합으로 나눈 값을 백분율로 나타낸 것이다. 따라서 60/(60+40)이므로 60%이다.

079 ⑤

정답 해설
1문단에서 네 사람을 희생시킨 후 한 사람을 살리는 것이 옳은가 물은 다음에, 생명의 존엄성은 아무리 더 좋은 결과가 생기더라도 침해할 수 없다고 말하고 있다. 따라서 "개인의 권리는 더 큰 이득을 위해 희생되어도 되는가?"가 적절한 문제의식이다.

오답 해설
① 1문단에서 생명의 존엄성은 아무리 더 좋은 결과가 생기더라도 침해할 수 없다고 말했으므로, 생명은 누구의 것이라도 모두 존엄하다고 전제하고 있다. 따라서 생명은 누구의 것이라도 모두 존엄한가 묻는 것은 이 글의 문제의식이 아니다.
② 소유권과 생명권 모두 개인의 권리에 속한다. 이 글은 개인의 권리가 더 큰 이득을 위해 희생되어도 되는가를 물으므로, 권리끼리 어느 것이 더 소중한가 묻는 것은 적절한 물음이 아니다.

③ 1문단에서 생명의 존엄성은 아무리 더 좋은 결과가 생기더라도 침해할 수 없다고 말했으므로, 어떨 때 생명의 존엄성을 침해할 수 있는가 묻는 것은 적절한 물음이 아니다.
④ 3문단에 따르면 의도된 죽음과 의도되지 않은 죽음은 구분 가능한가 묻는 것은 의미가 있다. 그러나 이 글 전체의 문제의식은 아니다.

▶ **출처** 피터 케이브 지음, 남경태 옮김(2009), 『로봇이 인간이 될 수 있을까?』, 사계절.

080　④

정답 해설

㉠의 의사는 다수의 이익을 위해 소수의 권리를 침해할 수 있다고 생각한다. 그런데 4문단에서 건강한 개인이 느끼는 불안도 고려해야 한다는 것은 그런 생각을 비판할 때 등장한 것이다. 따라서 의사의 생각으로 적절하지 않다.

오답 해설

① 의사는 다수의 이익을 위해 소수의 권리를 침해할 수 있다고 생각하므로, 생명의 존엄성은 절대적인 것이 아니라고 생각할 것이다.
② 의사는 다수의 이익을 위해 소수의 권리를 침해할 수 있다고 생각하므로, 다수의 행복이 소수의 행복보다 가치 있다고 생각할 것이다.
③ 의사는 다수의 이익을 위해 소수의 권리를 침해할 수 있다고 생각하므로, 생명권과 같은 자기 소유권이라고 하더라도 침해될 수 있다고 생각할 것이다.
⑤ 의사는 다수의 이익을 위해 소수의 권리를 침해할 수 있다고 생각하므로, 설령 소수의 권리를 침해하더라도 더 좋은 결과를 낳는 행동을 하는 것이 옳다고 생각할 것이다.

081　②

정답 해설

3문단에 따르면 부수 효과는 비록 예측되기는 했어도 의도하지는 않은 일이라고 말했다. 따라서 일어나기 전에 예측할 수 없는 것이 아니다.

오답 해설

① 3문단에 따르면 부수 효과는 비록 예측되기는 했어도 의도하지는 않은 일이라고 말했다. 따라서 의도하지 않은 결과로 생긴 것이다.
③ 부수 효과는 공리주의자에 반대하고 개인의 권리는 침해할 수 없다고 주장하는 쪽에서 이용하는 논리이다. 따라서 공리주의자는 그 도덕적 의미를 부인한다.
④ 3문단에서 전쟁에서 민간인이 희생되는 것을 정당화하는 논리라고 했으므로, 다른 사람의 권리를 침해해도 되는 근거이다. 다만 의도치 않은 결과여야 한다.
⑤ 3문단에서 민간인의 희생은 전쟁의 불행한 부수 효과라고 말했으므로, 전쟁에서 민간인 희생을 정당화하는 근거가 될 수 있다.

082　②

정답 해설

ㄱ: 5문단에서 만약 멀쩡한 사람을 죽여 장기를 이용하는 정책이 받아들여진다면, 건강한 개인들이 큰 불안을 느낄 것이라고 말했다. 그렇다면 다른 사람들이 모르게 멀쩡한 사람을 죽여 장기를 이용한다면 불안을 못 느낄 것이다.
ㄷ: 공리주의자는 최대 다수의 최대 행복을 추구하므로, 설령 건강한 개인들이 큰 불안을 느끼더라도 그런 정책으로 혜택을 입는 사람의 행복이 훨씬 크다면 정당화될 것이다.

오답 해설

ㄴ: 3문단에 따르면 부수 효과는 공리주의를 주장하는 사람들이 어쩔 수 없이 소수의 권리 침해를 옹호할 때 쓰인다. 또한 그런 정책으로 느끼는 불안은 생명의 존엄성을 지키기 위한 것으로 볼 수도 없다.
ㄹ: 3문단에서 전쟁에서의 민간인 학살을 의도하지 않았다는 것은 공리주의를 주장하는 사람들이 어쩔 수 없이 소수의 권리 침해를 옹호할 때 쓰인 말이다. 따라서 멀쩡한 사람의 죽음은 의도한 것임을 보여 준다는 것은 자기 소유권을 옹호하는 사람들이 공리주의자를 비판할 때 쓸 수 있는 말이다.

083　④

정답 해설

윗글의 '방제제 사용 요령'에 '일부 봉군에 여러 종류의 방제제 투여 후 가장 효과 좋은 방제제를 전체 봉군에 사용'함으로써 약품의 효과를 검증할 수 있음이 명시되어 있다.

오답 해설

① 약품명이 달라도 성분이 동일할 수 있다고 했으므로, 합성 방제 약품의 성분이 약품명에 표시되는 것은 아니다.
② 윗글의 '개선 사항'은 기존의 내용에 더하여 '2년 연속 동일한 성분의 약제 사용 금지' 항목을 추가한 것으로, 방제약품을 선정하는 주체는 기존과 동일하다.

③ 2년 연속 사용 금지는 약제 사용에 한하므로, 물리적 방법은 논의의 대상이 아니다.
⑤ '합성 약제 사용은 다음 수단으로 사용하여 내성과 잔류 문제 최소화'를 의도함을 볼 때, 천연 약제가 합성 약제보다 내성 최소화에 유리하다.

▶ 출처
광진구청 홈페이지
(https://www.gwangjin.go.kr/portal/bbs/B0000001/view.do?nttId=6306887&menuNo=200190&pSiteId=portal&pageIndex=1)

084　①
정답 해설
A는 개미산 성분의 천연 약제, C는 티몰 성분의 천연 약제이다. 두 약제 모두 천연 약제에 속하므로 사용의 선순위를 논할 필요가 없다.

오답 해설
② C는 티몰 성분의 천연 약제, D는 시미아졸 성분의 합성 약제이므로 C를 D보다 먼저 사용해야 한다.
③ A와 B는 모두 개미산 성분을 포함하므로 2년 연속 병행 사용이 불가하다.
④ D와 E는 성분이 동일하지 않으므로 D를 사용한 다음에 이어서 E를 사용할 수 있다.
⑤ 윗글의 '방제제 성분 조회 방법'에 따르면 약제의 성분 정보를 농림축산검역본부 홈페이지에서 검색할 수 있다.

085　③
정답 해설
지하철 내부 사진을 제시하여 현장감을 주고 있는 것은 맞지만 이는 노인 인구 비율의 심각성을 보여 주고 있는 것은 아니다. 단지 교통약자석의 비율과 좌석 수 등에 대한 정보를 보여 주고 있다.

오답 해설
① 시청자들은 자막으로 제시된 내용을 보고 이어질 보도 내용을 예측하며 볼 수 있다.
② 과거에 제작된 공익 광고를 통해 현재의 문제를 제시함으로써 시청자들의 관심을 효과적으로 이끌어낼 수 있다.
④ 보도 내용에서 기자가 강조하고자 하는 바는 노인 인구 비율이 높아져 가는데도 무임승차 제도가 40년 동안 개정되지 않았다는 점이다. 이러한 내용을 문자로 제시하여 다시 한 번 강조하고 시청자들이 이 내용에 더 집중할 수 있도록 하고 있다.
⑤ 0.7이라는 구체적인 수치와 신생아 침대가 비어 있는 이미지를 통해 사람들에게 저출산 문제에 대한 경각심을 불러일으키고 있다.

▶ 출처
"'경로석·일반석 뒤바뀔 수도'…저출생의 미래 [친절한 뉴스K]', KBS뉴스, 뉴스12, 2024.8.29.
(https://news.kbs.co.kr/news/pc/view/view.do?ncd=8046861)

086　②
정답 해설
보도 내용과 관련한 자신의 경험을 떠올리고 있는 것은 맞으나 시청자가 '언급된 공익광고처럼 교통약자석과 일반석의 비율을 뒤바꿔야 한다.'는 의견은 제시하지 않았다. 한정된 좌석을 두고 다툼을 벌인다는 보도 내용으로 볼 때 변화가 필요하다는 정도의 기자의 의견을 추론할 수 있을 뿐이다.

오답 해설
① 보도 내용에 제시되지 않은 경로석 마련 계기, 교통 약자석으로 바뀌게 된 과정 등을 찾아보며 보도 내용을 폭넓게 이해하고 있다.
③ 보도 내용에서 무임승차 기준 연령 유지에 대한 비판적인 시선만을 다루고 있어 공정성에 대한 의문을 품고 있다. 이에 정책 유지와 변화 필요를 주장하는 양측의 의견을 다뤄줄 것을 요구하고 있다.
④ 우리나라의 고령화 속도가 OECD 회원국 가운데 가장 빠르다고 언급하였지만 직관적으로 와닿지 않아 이해를 돕기 위한 시각 자료인 그래프를 추가해 줄 것을 요청하고 있다.
⑤ 우리나라의 고령화와 출산율 문제에 대해 무지했던 자신을 반성하며 자신과 같은 사람들에게 문제의식을 불러 일으킬 수 있는 보도였다며 효용성을 평가하고 있다.

087　④
정답 해설
'-고 있다'는 현재 지속성을 표현하므로 과거부터 현재까지 이어지는 것으로 이해할 때 과거, 현재의 연속성을 표현할 수는 있으나 미래까지는 담고 있지 않다.

오답 해설
① 비격식체인 해요체를 활용하고 있으며 이는 부드러운 느낌을 주어 친근하게 내용을 전달할 수 있다.

② 접속부사 '그런데'는 앞의 내용과 연관해 화제를 다른 방향으로 이끌어 나가는 역할을 한다.
④ '종종'이라는 부사를 사용하여 문제 상황이 가끔 발생한다는 빈도를 표현하고 있다.
⑤ 연결어미 '-면'을 통해 아직 이루어지지 않은 사실을 가정하여 말하고 있으므로 적절하다.

088 ⑤
정답 해설
택배 도착 후 수령인에게 택배 수령 가능 시간 등 안내가 포함된 문자가 발송된다.

오답 해설
① 지원 대상이 '누구나'이므로 여성만 이용 가능한 서비스가 아니다.
② 거리에 따른 추가 요금은 없으나 무게에 따라 요금이 달라진다.
③ 무인 택배함의 비밀번호는 택배 발송인이 설정한다.
④ 행복시 택배 서비스가 2025년 1월부터 실시 예정이며, 인접 시·도 서비스는 추후에 실시될 예정이다.

▶ 출처
- GS25 반값택배 홈페이지
(https://www.cvsnet.co.kr/service/slow-delivery/use/contentsid/274/index.do)
- 송윤근, "시흥시 군자동행정복지센터, 무인택배보관함 운영 서비스 시작", 시민일보, 2019.01.26. (https://m.siminilbo.co.kr/news/articleView.html?idxno=601173)

089 ②
정답 해설
반값 택배의 접수는 평일 9시에서 6시 사이에 가능하지만 수령은 무인 택배함에서 365일 24시간 동안 가능하다.

오답 해설
① 안심 택배 서비스는 안전한 택배 수령을 위해 택배 보관함을 이용하는 서비스이므로 도난이나 훼손을 방지할 수 있다.
③ 무인 택배함은 기계를 사용하는 서비스이므로 기계 사용을 어려워하는 노약자나 장애인을 위한 도우미가 필요할 수 있다.
④ 문자로 알림이 온다고 했으므로 문자 사용이 어려운 연령층을 위해 전화 서비스가 필요할 수 있다.

⑤ 현재는 48시간이 지나면 보관 비용이 부과되고, 일정 기간 후에는 택배가 폐기될 수 있으므로 보관 시간도 한도 범위 내에서 연장이 필요할 수 있다.

090 ①
정답 해설
비밀번호 설정은 택배 발송 시 본인이 입력하는 것으로 해당 정보가 윗글에 제시되어 있다.

오답 해설
② 반값 택배의 배송 기간은 나와 있지 않다.
③ 48시간 이후 보관 비용이 얼마인지 나와 있지 않다.
④ 무인 택배함의 크기가 정해져 있기 때문에 이용 가능한 규격이 제시될 필요가 있다.
⑤ 48시간 이후 보관은 비용을 추가하면 가능하지만, 일정 시간 이후의 장기 보관 물품은 폐기되는 것으로 나와 있다. 다만 일정 시간이 얼마인지는 나와 있지 않다.

국어 문화 091번~100번

기출문제집 p.54

091	092	093	094	095
⑤	⑤	②	④	①
096	097	098	099	100
①	③	⑤	③	③

091 ⑤
정답 해설
「속미인곡」은 조선 선조 때 송강 정철이 지은 가사이다. 「사미인곡」과 마찬가지로 임금을 그리워하는 마음을 읊고 있으나, 이와는 달리 두 선녀의 대화 형식으로 읊은 노래라는 것이 특징이다.

오답 해설
① 「규원가」는 조선 중기에 허난설헌이 지은 규방 가사로 남편의 사랑을 받지 못하고 규방에서 속절없이 눈물과 한숨으로 늙어 가는 여인의 애처로운 정한을 표현하였다.
② 「선상탄」은 조선 선조 때 박인로가 지은 전쟁 가사로 배 위에서의 조국에 대한 충성 및 전쟁의 비애를 표현하였다.
③ 「관동별곡」은 조선 선조 때 송강 정철이 지은 기행 가사로 작자가 강원도 관찰사로 부임하여 관동 팔경을 돌아보면서 선정을 베풀고자 하는 심정을 표현하였다.

④ 「상사별곡」은 조선 시대 십이 가사의 하나로 생이별한 남녀의 애절한 정을 노래하였으며 작가와 연대는 알 수 없는 작품이다.

092 ⑤

정답 해설

염상섭이 지은 자연주의 경향의 작품으로 3·1 운동 직후의 패배주의적 경향과 우울 속에 침체되어 있는 지식인의 고뇌를 표현한 작품이다.

오답 해설

① 이범선이 지은 소설로 월남한 한 가족의 비참한 처지를 통하여 분단의 비극성을 증언하고 황폐화된 전후(戰後)의 남한 현실을 날카롭게 비판하였다.
② 채만식이 지은 소설로 광복 직후 보잘것없는 주인공이 미군 정기 미군의 통역이 되면서 권세를 누리는 혼란한 사회 상황을 풍자하였다.
③ 현진건이 지은 소설로 1920년대 서울을 배경으로 한 작품으로 인력거를 끌며 하루하루 생계를 이어가던 김 첨지에게 불어 닥친 행운이 결국 아내의 죽음이라는 불행으로 역전되고 마는, 제목부터 반어적인 소설이다.
④ 현진건이 지은 사실주의 소설로 '술'이라는 상징을 통해 당시 지식인들이 겪은 무력감과 방황을 표현하였다.

▶ 출처 한국학중앙연구원(https://encykorea.aks.ac.kr/)

093 ②

정답 해설

박목월은 조지훈, 박두진과 함께 청록파로 알려진 시인이다. 그의 시는 서정적인 감동을 불러일으키는 초기시, 고향에 대한 향수를 구체화하는 중기시, 시적 대상에 대한 관조적 태도를 보여 주는 후기시로 구분된다. 향토적 서정으로 한국인의 전통적인 삶과 의식을 민요풍으로 노래하였다.

오답 해설

① 박노해는 1980년대 노동문학을 대표하는 시집 『노동의 새벽』으로 알려진 노동자 시인이다. 현실의 사회 제도와 이념에 대한 저항의식을 시로 나타냈다.
③ 신경림은 가난하고 소외된 민중들의 삶의 애환과 고통을 노래한 시인으로 잘 알려져 있다. 시집으로 『농무』, 『새재』, 『가난한 사랑노래』, 『어머니와 할머니의 실루엣』, 『낙타』 등이 있다. 1970년대 민중문학을 대표하는 시인으로, 농촌을 배경으로 한 시를 주로 발표하며 우리의 정서가 깔린 농촌 현실을 시화하였다.
④ 정현종의 시는 관념적인 특징을 지니면서 사물의 존재 의의를 그리는 데 치중한 초기시, 구체적인 생명 현상에 대한 공감을 표현한 후기시로 구분된다. 서정시의 전통을 혁신하고 새로운 현대시의 가능성을 보여 주었다는 평가를 받는다.
⑤ 황동규는 세련된 감수성과 지성을 바탕으로 서정의 세계를 노래한 시인이다. 개성적인 극서정시와 장시를 발표하며 시적 변화를 모색해 온 것으로 잘 알려져 있다. 대표작으로 「즐거운 편지」, 「조그만 사랑 노래」 등이 있다.

▶ 출처
• 구인환(2006), 『Basic 고교생을 위한 문학 용어사전』, 신원문화사.
• 김태준·김명인 외(2006), 『한국의 고전을 읽는다 6』, 휴머니스트.

094 ④

정답 해설

'각 극단에서는 문예부 총동원으로 각본 집필에 힘쓰는 한편 극단 소속 이외의 극작가의 각본 제공을 바라고 잇는데'에서 극단 소속의 극작가 이외의 극작가도 각본을 제공할 수 있음을 알 수 있다.

오답 해설

① '본사가 오는 삼월 삼, 사, 오일 삼일간 조선 연극계의 일대 성사로서 『제이 회 연극경연대회』를 개최한다는 것'에서 연극경연대회의 주최 단체가 동아일보임을 알 수 있다.
② '극연좌(劇研座) 랑만좌(浪漫座) 중앙무대(中央舞臺) 삼극단은 정식의 참가 신청이엇고 멀리 평양과 개성에서도 두 극단이 참가 의사를 표시하여 왓으며 이 외에도 몇몇 극단의 참가가 기대된다'에서 연극경연대회에 참가할 의향이 있는 극단은 최소 5개임을 알 수 있다.
③, ⑤ '특히 이번 대회는 우리 연극 창조의 가장 중요한 요소인 창작극의 제작 상연이 조건으로 되어 잇는 만큼'에서 연극경연대회에 참가하기 위해서는 창작극을 상연해야 하며, 이번 대회의 목표가 우리 고유의 연극을 창조하는 데 있음을 알 수 있다.

▶ 출처 한국사데이터베이스(https://db.history.go.kr/)

095 ①

정답 해설

'하릴없다'는 '달리 어떻게 할 도리가 없다'란 의미와 '조금도 틀림이 없다'란 의미가 있다. 여기서는 '어떻게 할 도리가 없다'는 의미로 쓰였다.

▶ 출처 최운식(1984), 『(완판본) 심청전』, 시인사.

096 ①
정답 해설

'ᄉᆞᆺ다'는 '통하다'를 뜻하므로 대응하는 한자는 '通(통)'이다. '같다'는 뜻을 가진 '同(동)'은 적절하지 않다.

오답 해설

② '어리다'는 '어리석다'를 뜻하므로 대응하는 한자는 '愚(우)'가 적절하다.
③ '하다'는 '많다'를 뜻하므로 대응하는 한자는 '多(다)'가 적절하다.
④ '밍글다'는 '만들다'를 뜻하므로 대응하는 한자는 '制(제)'이 적절하다.
⑤ '히여'는 '하게 하여', '하여금'을 뜻하므로 대응하는 한자어는 '使(사)'가 적절하다.

▶ 출처 장요한·김수정(2003), 『국어의 역사를 품고 있는 한글 문헌 자료 읽기』, 계명대학교출판부.

097 ③
정답 해설

남한의 '왕-이모-회의'는 한글 맞춤법에 맞는 순서이고, 북의 조선말 맞춤법에 따르면 '회의-이모-왕'의 순서가 되어야 한다.

▶ 출처 국어사정위원회(2010), 『조선말규범집』, 사회과학원.

098 ⑤
정답 해설

수어 설명은 '두 손을 펴서 손등을 맞대고 끝이 아래로 향하게 하여 양옆으로 벌린다.'이다. 두 손으로 양옆으로 벌리는 것으로 어떤 것을 분리하는 것을 형상화한 것이라 볼 수 있다.

099 ③
정답 해설

'병과(倂科)하다'는 '처분'이나 '조치'에 쓰이는 경우 '함께 부과하다' 또는 '동시(에) 부과하다'로 바꾸어 쓴다.

▶ 출처 법제처(2023), 『알기 쉬운 법령 정비기준』, 진한엠앤비.

100 ③
정답 해설

명령형이 아닌 청유형으로 마무리하고 있다.

오답 해설

① 동일한 음절 '-고'를 반복함으로써 리듬감을 주고 있다.
② 팀장, 이 차장, 김 대리의 사례를 나열하여 보이스 피싱과 관련한 구체적인 정보인 피해 유형들을 전달하고 있다.
④ 팀장, 이 차장, 김 대리가 일상에서 주고받는 대화처럼 내용을 구성하여 수용자에게 친근함을 주고 보다 쉽게 내용을 이해할 수 있도록 전달하고 있다.
⑤ '내가 보내, 안 보내.', '제가 보내겠어요, 안 보내겠어요.', '송금하겠어요, 안 하겠어요.' 부분을 보면 비슷한 문장 구조를 반복하고 있고 이를 통해 송금을 할 수 밖에 없었던 피해자의 심정을 효과적으로 전달하고 있다.

▶ 출처 한국방송광고진흥공사(https://www.kobaco.co.kr)

|2024년 10월 20일 시행|

제81회 KBS한국어능력시험

정답과 해설

듣기·말하기 001번~015번

기출문제집 p.61

001	⑤	002	②	003	②	004	④	005	③
006	⑤	007	②	008	⑤	009	②	010	⑤
011	⑤	012	④	013	④	014	③	015	①

001 ⑤

듣기 대본

1번. 먼저 그림에 대한 설명을 들려 드립니다.
여러분이 보시는 사진은 영국 웨일스의 포트 탤벗이라는 지역의 벽화입니다. 이 벽화의 제목은 "눈 먹는 아이"로, 그라피티 예술가인 뱅크시의 작품입니다. 그라피티란 길거리 벽면에 낙서처럼 그리거나 페인트를 분무기로 내뿜어서 그리는 그림을 뜻합니다. 사진을 보시면, 벽면 한쪽에는 아이가 입을 크게 벌리고 눈을 맞으며 즐거워하고 있습니다. 마치 아이가 눈을 맛보려는 것 같죠. 다른 한쪽 벽면에는 불이 붙은 통에서 먼지가 내뿜어져 나오는 모습이 보입니다. 사실, 아이가 먹으려고 한 것은 눈이 아니라 불에 탄 재라는 것을 이야기하고 있습니다. 철강 생산으로 유명한 이 지역의 대기 오염 실태를 보여 주고 있는 것이죠. 이 벽화를 그린 뱅크시는 정체를 드러내지 않은 채 골목이나 건물의 담벼락에 몰래 그림을 그리는 예술가로 유명한데요, 자신의 SNS를 통해 이 그림이 자신의 작품이란 사실을 알렸습니다. 작은 마을의 오래된 차고 벽면에 그려진 그림이 뱅크시의 작품인 것이 알려지자 많은 인파가 이 동네에 몰렸습니다. 누구나 쉽게 접근할 수 있는 벽화의 특성상 작품을 보호하기 위한 장치가 필요했는데요, 웨일스 출신의 영국 배우 마이클 쉰이 해당 비용의 상당 부분을 부담했다고 합니다.

정답 해설

"철강 생산으로 유명한 이 지역의 대기 오염 실태를 보여 주고 있는 것이죠."라고 했으므로 적절한 설명이다.

오답 해설

① "사실, 아이가 먹으려고 한 것은 눈이 아니라 불에 탄 재라는 것을 이야기하고 있습니다."라고 했으므로 아이가 먹고 있는 것은 오염된 눈이 아니라 불에 탄 재라는 것을 알 수 있다.
② "웨일스 출신의 영국 배우 마이클 쉰이 해당 비용의 상당 부분을 부담했다고 합니다."라고 했으므로 작가인 뱅크시가 직접 보호 장치를 설치한 것이 아님을 알 수 있다.
③ "작은 마을의 오래된 차고 벽면에 그려진 그림이 뱅크시의 작품인 것이 알려지자 많은 인파가 이 동네에 몰렸습니다."라고 했으므로 대중의 관심을 받았음을 알 수 있다.
④ "뱅크시는 정체를 드러내지 않은 채 골목이나 건물의 담벼락에 몰래 그림을 그리는 예술가로 유명한데요, 자신의 SNS를 통해 이 그림이 자신의 작품이란 사실을 알렸습니다."라고 했으므로 벽화에 사인이 포함되어 있지 않다는 것을 알 수 있다.

▶ 출처
- "그라피티: 얼굴 없는 예술가 뱅크시가 옛 탄광촌에 남긴 크리스마스 작품", BBS NEWS 코리아, 2018.12.23. (https://www.bbc.com/korean/international-46663880)
- "그래피티: 한국에 뱅크시 같은 작가가 없는 이유", BBS NEWS 코리아, 2018.12.24. (https://www.bbc.com/korean/news-46669750)
- "英 웨일스의 한 차고 벽면에 뱅크시 벽화가…24시간 보호 가동", 연합뉴스, 2018.12.24. (https://www.yna.co.kr/view/AKR20181224000500085)
- 사진 https://news.artnet.com/art-world/banksys-port-talbot-1424842

002 ②

듣기 대본

2번. 이번에는 이야기를 들려 드립니다.
늙은 사자가 병이 들어 굴 안에 누워 있었습니다. 다른 동물은 사자의 병문안을 왔지만 먼 길을 떠났던 여우는 찾아오지 않았습니다. 늑대가 기회를 엿보다가 사자 앞에서 여우에 대해 말했습니다. "사자님, 여우는 사자님을 조금도 존경하지 않나 봅니다. 동물의 왕인 사자님이 이렇게 몸져누워 계신데 문안 인사를 오지 않으니 말입니다." 바로 그때 여우가 도착했고 늑대가 하는 말을 들었습니다. 여우를 본 사자는 여우를 향해 무섭게 으르렁거렸습니다. 그러자 여우가 변명할 기회를 달라고 사자에게 간청했습니다. "여기에 모인 이들 중 저만큼 사자님께 도움을 드린 이가 있나요? 저는 사자님을 위해 백방으로 돌아다니며 사자님의 병을 고칠 수 있는 약을 찾아냈습니다." 그 약이 어떤 것인지 당장 말하라고 사자가 명령하자 여우가 말했습니다. "그건 바로 늑대를 산 채로 껍질 벗겨 사자님의 몸에 두르는 것입니다."

정답 해설

늑대는 사자가 여우에게 악의를 품도록 여우를 모함하는 말을 하였고 이를 들은 여우는 사자가 늑대를 해치도록 꾀를 내었다. 사실을 왜곡하거나 속임수를 써서 여우를 해롭게 하려던 늑대가 여우의 말로 인해 죽임을 당할 위기에 처했으므로 모략에 걸려들었음을 알 수 있다.

오답 해설
① 이야기에서 제시한 상황만으로는 늑대가 겉으로 드러나는 언행과 속으로 가지는 생각이 다르다는 것을 알 수 없으므로 적절하지 않다.
③ 이 이야기에서 늑대는 작은 위험을 피하려는 모습을 보이지 않으므로 적절하지 않다.
④ 적과 친구에 대한 이야기가 아니며 이 이야기의 주제와도 관련이 없어 적절하지 않다.
⑤ 이 이야기에서는 여우의 본성에 대해 언급하고 있지 않으므로 적절하지 않다.

▶ 출처 이솝 지음, 천병희 옮김(2013), 『이솝우화』, 숲, 229쪽.

003 ②

듣기 대본
3번. 이번에는 강연을 들려 드립니다.
식물이 대화를 한다면 어떻게 하며 무엇을 이야기할까요? 한 잎새가 벌레에게 공격을 받으면 그 잎새는 힘없이 먹히고 맙니다. 이런 과정에서 만약 식물이 아무 일도 하지 않는다면 식물은 피해가 막심할 것입니다. 하지만 주변의 숲은 항상 푸르고 건강합니다. 그 이유는 희생되는 잎새가 적의 공격을 주변에 알림으로써 아직 공격을 받지 않은 부위가 이에 대처하도록 하기 때문입니다. 식물은 재스민이라는 향기를 내어 벌레의 공격을 알립니다. 재스민은 벌레의 공격으로 손상되는 부위에서 생산되어 주변으로 쉽게 날아가며, 이 신호를 인식한 식물은 곤충이 싫어하는 물질들을 축적하여 공격에 대비합니다. 곤충을 쫓는 물질 중 가장 대표적인 것은 소화를 억제하는 효소로, 벌레의 입맛을 떨어뜨려 다른 곳으로 가도록 유도합니다. 더욱이 소화 억제제가 들어있는 식물을 계속하여 먹은 벌레는 성장이 늦고 약해져 오래 살지 못합니다. 최근 식물이 방향성 아스피린을 방출하여 주변 식물에 신호를 전한다는 사실이 밝혀졌습니다. 한 식물이 병균의 침입을 받게 되면 주변에 아스피린으로 신호를 보내 병균의 침입에 대비하게 하는 것입니다. 재스민이나 아스피린 외에도 식물은 다양한 향기를 냅니다. 꽃의 향기는 벌과 나비를 부르기 위한 것이지만 다른 대부분의 향기는 잎에서 나온 것으로 숲속의 신선한 냄새는 식물들의 끊임없는 대화일 수도 있습니다. 식물은 다양한 향기를 발산하여 주변을 인식하고 자신을 보호하며 그들 나름대로 이야기를 나누고 있는 것입니다.

정답 해설
"꽃의 향기는 벌과 나비를 부르기 위한 것이지만 다른 대부분의 향기는 잎에서 나온 것으로 숲속의 신선한 냄새는 식물들의 끊임없는 대화일 수도 있습니다. 식물은 다양한 향기를 발산하여 주변을 인식하고 자신을 보호하며 그들 나름대로 이야기를 나누고 있는 것입니다."라고 했으므로 강연의 내용과 부합함을 알 수 있다.

오답 해설
① "재스민은 벌레의 공격으로 손상되는 부위에서 생산되어 주변으로 쉽게 날아가며, 이 신호를 인식한 식물은 곤충이 싫어하는 물질들을 축적하여 공격에 대비합니다."라고 했으므로 강연의 내용과 일치하지 않음을 알 수 있다.
③ "꽃의 향기는 벌과 나비를 부르기 위한 것이지만"이라고 했으므로 강연의 내용과 일치하지 않음을 알 수 있다.
④ "소화를 억제하는 효소로, 벌레의 입맛을 떨어뜨려 다른 곳으로 가도록 유도합니다."라고 했으므로 병균이 아니라 벌레로부터 자신을 보호하기 위함임을 알 수 있다.
⑤ "식물은 다양한 향기를 발산하여 주변을 인식하고 자신을 보호하며 그들 나름대로 이야기를 나누고 있는 것입니다."라고 했으므로 동물들과의 공생이 아니라 자신을 보호하기 위한 대화를 하고 있음을 알 수 있다.

▶ 출처 한선미(2004), '식물끼리는 어떻게 이야기할까?', 『청소년을 위한 유쾌한 과학상식』, 도서출판 하늘아래.

004 ④

듣기 대본
4번. 이번에는 라디오 방송의 일부를 들려 드립니다.
오늘은 가을날에 잘 어울리는 악기에 대해 이야기해 보겠습니다. 바로 첼로입니다. 첼로의 저음은 듣는 이로 하여금 깊은 감정을 끌어내는데요. 첼로를 끌어안은 채 연주하기 때문에 사람의 심장과 가장 가까운 위치에서 연주해서 그런지도 모르겠습니다. 바이올린, 비올라, 콘트라베이스와 같은 바이올린 계열 중에서 첼로는 두 번째로 큰 악기입니다. 지금은 독주 악기로도 많은 사랑을 받고 있지만 18세기 초까지만 해도 기악 합주에 있어 콘트라베이스와 함께 저음을 길게 지속시키는 것이 주된 역할이었습니다. 그러다가 1864년, 첼로계에 마치 혁명과도 같은 사건이 발생합니다. 첼로 연주자였던 세르바스가 엔드핀을 발명한 것이죠. 엔드핀은 우리말로는 받침못이라고 합니다. 첼로의 키 높이를 조절하거나 악기의 몸통을 지지해 주는 장치예요. 이전까지는 첼로를 다리 사이에 끼거나 무릎으로 지탱하면서 연주했기 때문에 음 소실도 컸고 보잉, 즉 활의 움직임도 많은 제약을 받았습니다. 엔드핀의 발명은 첼로의 기량을 한층 발전시키며 독주 악기로서의 위치를 찾는 결정적인 계기가 되었습니다.

https://www.youtube.com/watch?v=c8S5yfcBeYg (처음~1:15)

첼로 연주곡으로 널리 알려진 〈재클린의 눈물〉 앞부분을 들으셨는데요, 묵직한 저음 위로 슬픔과 애잔함이 느껴집니다. 이 곡은 〈캉캉〉 음악으로 익숙한 오펜바흐의 작품인데 〈재클린의 눈물〉이란 제목은 작곡가가 붙인 제목은 아닙니다. 재클린은 오펜바흐가 죽고 나서 65년이 지난 후에 태어났죠. 오펜바흐의 미완성곡을 정리하던 독일의 첼리스트 토마스 베르너가 우연히 이 슬픈 선율의 악보를 발견하고 불꽃같은 삶을 살다 간 비운의 첼리스트 재클린을 추모하여 작품명을 붙였다고 합니다. 방금 들으신 곡은 바로 토마스 베르너가 뮌헨챔버오케스트라와 연주한 버전입니다.

정답 해설
"재클린은 오펜바흐가 죽고 나서 65년이 지난 후에 태어났죠. 오펜바흐의 미완성곡을 정리하던 독일의 첼리스트 토마스 베르너가 우연히 이 슬픈 선율의 악보를 발견하고 불꽃같은 삶을 살다 간 비운의 첼리스트 재클린을 추모하여 작품명을 붙였다고 합니다."라고 했으므로 적절하지 않음을 알 수 있다.

오답 해설
① "첼로를 끌어안은 채 연주하기 때문에 사람의 심장과 가장 가까운 위치에서 연주해서 그런지도 모르겠습니다."라고 했으므로 적절한 내용이다.
② "바이올린, 비올라, 콘트라베이스와 같은 바이올린 계열 중에서 첼로는 두 번째로 큰 악기입니다."라고 했으므로 적절한 내용이다.
③ "엔드핀의 발명은 첼로의 기량을 한층 발전시키며 독주 악기로서의 위치를 찾는 결정적인 계기가 되었습니다."라고 했으므로 적절한 내용이다.
⑤ "엔드핀은 우리말로는 받침못이라고 합니다. 첼로의 키 높이를 조절하거나 악기의 몸통을 지지해 주는 장치예요. 이전까지는 첼로를 다리 사이에 끼거나 무릎으로 지탱하면서 연주했기 때문에 음 소실도 컸고 보잉, 즉 활의 움직임도 많은 제약을 받았습니다."라고 했으므로 적절한 내용임을 알 수 있다.

▶ 출처
- 『클래식 악기 이야기』, 이종윤(2016), 느낌이 있는 책, 35-40쪽.
- 세상에서 가장 슬픈 음악 '자클린의 눈물', 이상순, 기호일보, 2023.6.23.(https://www.kihoilbo.co.kr/news/articleView.html?idxno=1036805)

005 ③
듣기 대본
5번. 이번에는 시 한 편을 들려 드립니다.

아마존 수족관 열대어들이
유리벽에 끼어 헤엄치는 여름밤
세검정 길,
장어구이집 창문에서 연기가 나고
아스팔트에서 고무 탄내가 난다.
열난 기계들이 길을 끓이면서
질주하는 여름밤
상품들은 덩굴져 자라나며 색색이 종이꽃을 피우고 있고
철근은 밀림, 간판은 열대지만
아마존 강은 여기서 아득히 멀어
열대어들은 수족관 속에서 목마르다.
변기 같은 귓바퀴에 소음 부엉거리는
여름밤
열대어들에게 시를 선물하니

노란 달이 아마존 강물 속에 향기롭게 출렁이고
아마존 강변에 후리지아 꽃들이 만발했다.

정답 해설
'수족관'은 삭막한 현대 도시 공간을 상징하고, '열대어'는 생명력을 상실한 현대 도시인을 상징하며, '아마존 강'은 원시적 생명력의 공간을 상징한다. 또 '시'는 생명력을 회복하는 정신적 가치를 상징하고, '노란 달'과 '후리지아 꽃'은 생명력을 가진 존재를 상징하고 있다. 그런 의미에서 볼 때, 이 시는 현대 도시 문명을 비판하면서도 생명력을 회복하기를 바라는 마음을 표현한 시라고 볼 수 있다.

오답 해설
① 이 시에서 '산업사회의 부조리와 가족 해체 현상에 대한 경고'를 알 수 있는 비유 및 상징적 표현이 없으므로 주제와 무관하다.
② 이 시에서 '소외된 존재가 겪는 슬픔과 이를 극복하고자 하는 의지'를 알 수 있는 비유 및 상징적 표현이 없으므로 주제와 무관하다.
④ 이 시에서 '부단한 노력과 반성으로 체득하는 자연 친화적 삶의 중요성'을 알 수 있는 비유 및 상징적 표현이 없으므로 주제와 무관하다.
⑤ 이 시에서 '내면적 존재와의 대화를 통한 자기반성과 달관적인 삶의 태도'를 알 수 있는 비유 및 상징적 표현이 없으므로 주제와 무관하다.

▶ 출처 김혜니 외 편저, '아마존 수족관-문명과 훼손된 인간의 삶'(최승호), 『꼭 읽어야 할 시 369』, 타임기획, 2004.

006 ⑤

듣기 대본

이번에는 진행자와 전문가의 대담을 들려 드립니다. 6번은 듣기 문항, 7번은 말하기 문항입니다.

진행자: 오늘은 온라인게임 '리그오브레전드' 해설위원을 모시고 롤드컵과 이스포츠 이야기를 해보겠습니다. 안녕하세요. 먼저 롤드컵이 뭔지 설명해 주시겠어요?

전문가: '리그오브레전드' 월드컵의 줄임말입니다. '리그오브레전드'를 줄여서 '롤'이라고 하고요. 축구의 챔피언스리그와 같은 개념인데요, 다양한 지역에서 상위권의 팀들을 선발해서 일 년에 한 번 치르는 대회입니다.

진행자: 지난 롤드컵의 인기는 어느 정도였습니까? 수로 설명해 주시면 좋겠습니다.

전문가: 지난 결승전의 동시 시청자 수가 1억 명이고, 또 대회 누적 시청자 수가 4억 명 정도입니다. 결승전 예매가 시작되고 나서 만 8천 석의 좌석이 10분 만에 매진되었습니다.

진행자: 놀랍습니다. 인기를 객관적으로 가늠해 볼 수 있는 척도가 연봉인데 '롤' 선수들의 연봉은 어느 정도입니까?

전문가: 가장 많이 받는 선수는 우리나라 선수인데요, 추정치로는 연 100억 이상이라는 이야기가 있습니다. 일등만 연봉이 높은 거 아니냐 이런 생각도 하실 수도 있지만, 수십억대를 받는 스타 선수가 꽤 여러 명입니다. 우리나라 1부 리그를 뛰면 1억 이상은 받는다고 보시면 될 것 같습니다.

진행자: 이 게임을 모르는 분들은 어떤 게임인지 궁금해하실 것 같습니다.

전문가: 기본적으로 상대의 넥서스라는 중앙 기지를 부수는 게임입니다. 5 대 5로 치러지는 팀 게임이며, 다양한 몬스터들을 잡으면서 캐릭터들을 성장시켜 중앙 기지를 부숴야 합니다.

진행자: 이스포츠라고 하는 것에 여전히 낯설어하는 분들도 계신 것 같습니다.

전문가: 그렇습니다. 신체를 쓰는 것은 아니니까 스포츠로 인정하기 힘들다는 반응도 있지만, 감동을 줄 수 있으므로 스포츠로 인정받고 있습니다.

진행자: 네, 앞으로 한국 이스포츠의 향방이 궁금합니다. 오늘 말씀 고맙습니다.

정답 해설

전문가의 마지막 발화에서 "신체를 쓰는 것은 아니니까 스포츠로 인정하기 힘들다"는 반응도 있지만, 감동을 줄 수 있으므로 스포츠로 인정받고 있다고 했으므로 일치하지 않는 설명이다.

오답 해설

① 전문가의 첫 번째 발화에서 롤드컵이란 '리그오브레전드'와 '월드컵'을 합쳐 줄인 말임을 언급하고 있다.

② 전문가는 롤드컵 결승전 예매가 시작되고 나서 만 8천 석의 좌석이 10분 만에 매진되었다고 언급하고 있다.

③ 전문가는 우리나라 1부 리그를 뛰면 1억 이상은 받는다고 보면 될 것이라고 언급하고 있다.

④ 전문가는 기본적으로 상대의 넥서스라는 중앙 기지를 부수는 게임이라고 언급하고 있다.

▶ 출처 〈CBS 김현정의 뉴스쇼〉, "페이커 연봉 100억, 광화문 응원 5만, 시청자 4억명... 이것이 롤드컵", 고수진 해설가, 2023.11.22. (https://www.youtube.com/watch?v=YmJ_6E_3Li4)

007 ②

정답 해설

진행자는 지난 롤드컵의 인기를 수로 설명해 줄 것을 요청하고 있고, 연봉을 질문하고 있으므로 적절한 내용이다.

오답 해설

① 진행자는 전문가의 설명을 청취자의 입장에서 반박하고 있지 않다.

③ 진행자는 전문가의 설명을 듣고 정보의 출처에 대해 묻고 있지 않다.

④ 진행자는 전문가의 설명을 요약하며 이야기를 마무리하고 있지 않다.

⑤ 진행자는 전문가에게 자신의 경험과 관련된 질문을 하여 답변을 요청하고 있지 않다.

008 ⑤

듣기 대본

다음은 대화의 일부분을 들려 드립니다. 8번은 듣기 문항, 9번은 말하기 문항입니다.

남편: 우리 이번 휴가 때 해외여행 어디로 갈까?

아내: 무슨 해외여행을 또 가? 작년에도 다녀왔잖아.

남편: 1년에 한 번씩은 가야지. 그러려고 우리가 평소에 아낀 거 아니었어?

아내: 절약하는 거는 당연하지. 노후를 위해서 지금은 최소로 필요한 것만 소비하면서 사는 게 맞다고 생각해.

남편: 먼 미래를 위해서 그럼 계속 아끼면서만 살자는 거야? 미래의 행복을 위해 현재의 행복을 포기하자는 말이잖아.

아내: 현재의 행복을 포기한다는 건 아니야. 조금 절제하며 살자는 거지. 지금 우리가 행복하지 않은 건 아니잖아.

남편: 나에게는 현재의 삶을 즐기는 것이 중요해. 여행은 내 삶에서 중요한 의미야. 낯선 곳에 가서 새로운 경험을 하면 지친

몸과 마음이 치유되는 기분이야.
아내: 그런 마음도 충분히 이해해. 당신에게 여행이 그런 의미인지 몰랐어. 하지만 여행이 그런 의미라면 꼭 해외만 고집할 필요는 없잖아. 안 그래? 나는 매년 여행 가는 것도 좋지만 우리의 노후를 위한 준비도 필요하다고 생각해.
남편: 그건 나도 동의해.
아내: 그러면 국내 여행과 해외여행을 매년 번갈아 가는 것도 좋은 거 같은데, 어때?
남편: 좋아. 그러면 해외 여행지도 한 번은 가깝고 비교적 저렴한 곳으로, 한 번은 거리가 멀고 비싸더라도 가보고 싶었던 곳으로 가자.

정답 해설
'그러려고 우리가 평소에 아낀 거 아니었어?'라는 남자의 발화를 통해 부부가 일상에서 절약하기 위해 노력하는 생활을 하고 있음을 추론할 수 있다.

오답 해설
① 남자는 여자에게 어디로 휴가를 갈지 묻고 있다. 대화의 문맥상 홀로 여행을 가고 싶어 하고 있다고 볼 수 없다.
② 남자는 국내 여행과 해외여행을 번갈아 가는 것에 동의하였으므로 매년 해외여행을 다녀오는 것을 고수하고 있다고 볼 수 없다.
③ 여자는 '나는 매년 여행 가는 것도 좋지만'이라는 발화를 통해서 매년 해외여행을 가는 것은 과소비라고 생각하지만 여행 자체를 매년 가는 것을 불가능하다고 생각하고 있지는 않다는 것을 알 수 있다.
④ 여자는 '현재의 행복을 포기한다는 건 아니야. 조금 절제하며 살자는 거지. 지금 우리가 행복하지 않은 건 아니잖아.'라고 했으므로 적절하지 않다.

009   ②
정답 해설
남자는 상대의 발화를 인용하여 자신이 이해한 바가 정확한지 확인하고 있지 않다.

오답 해설
① 남자는 아껴야 한다는 여자의 의견에 동의하면서도 현재의 삶을 즐기는 것이 중요하고, 여행은 삶에 중요한 의미임을 설명하고 있으므로 적절하다.
③ 여자는 남자의 말에 충분히 공감하고 있음을 알 수 있으며 그들의 대화가 원활하게 계속 이어지고 있음을 확인할 수 있다.
④ 여자는 매년 여행 가는 것도 좋지만 노후 준비도 중요하다고 생각하여 이러한 인생관의 차이를 고려하여 국내 여행과 해외여행을 매년 번갈아 가는 방안을 제시하고 있다.
⑤ 여자는 '꼭 해외만 고집할 필요는 없잖아. 안 그래?' '그러면 국내 여행과 해외여행을 매년 번갈아 가는 것도 좋을 거 같은데, 어때?' 등 질문의 형식을 통해 자신의 의견에 대한 상대의 동의를 구하고 있다.

010   ⑤
듣기 대본
이번에는 강연을 들려 드립니다. 10번은 듣기 문항, 11번은 말하기 문항입니다.
오늘은 비상식량을 주제로 이야기해보겠습니다. 비상식량 키트에 들어있는 식량들의 유통기한은 매우 깁니다. 어떻게 가능한 일일까요? 비상식량의 가장 큰 특징은 동결 건조 상태라는 것입니다. 동결 건조는 식재료에서 수분을 제거하는 방법 중 하나입니다. 재료를 얼린 후 기압을 낮춰 고체 상태의 물을 기체로 승화시켜 건조하는 것이죠. 그래서 동결 건조를 할 때는 우선 식재료가 담긴 용기 안의 온도를 0도 이하로 급격하게 낮춥니다. 그러면 식재료가 얼겠죠? 이후 용기 안을 0.006 기압 이하의 진공 상태로 만들면, 재료 속 얼어 있는 수분이 수증기로 바뀌는 승화 현상이 나타납니다.
이렇게 동결 건조를 하면 음식을 오래 보관할 수 있습니다. 음식을 상하게 하는 미생물이 번식하기 어렵기 때문이에요. 미생물의 생존에 꼭 필요한 것이 수분인데요, 동결 건조된 음식이나 식재료에는 수분이 없기 때문에 미생물이 활동할 수 없고 부패가 일어나지 않는 것입니다.
비상식량 등이 인기를 끄는 이유는 재난이나 재해가 갑자기 닥쳐도 생존할 수 있도록 대비를 일상적으로 하는 프레퍼족이 늘고 있기 때문입니다. 프레퍼족 중에서는 '생존 가방'을 준비하는 이들도 있다고 합니다. 이처럼 재난 대비용 생존 가방을 꾸리고, 비상식량을 사는 사람이 많지만 기후 변화나 감염병 등 재난 때문에 이것들이 쓰이는 일이 없길 간절히 바라봅니다.

정답 해설
'재료를 얼린 후 기압을 낮춰 고체 상태의 물을 기체로 승화시켜 건조하는 것'이라고 했으므로 일치하지 않는 내용이다.

오답 해설
① 동결 건조를 하면 수분이 수증기로 바뀌어 수분이 제거되고, 미생물이 번식하기 어렵기 때문에 음식을 오래 보관할 수 있다고 했으므로 적절한 내용이다.
② '재난이나 재해가 갑자기 닥쳐도 생존할 수 있도록 대비를 일상적으로 하는 프레퍼족'이라고 했으므로 적절한 내용이다.
③ 프레퍼족 중에서는 '생존 가방'을 준비하는 이들도 있다고 했

으므로 적절한 내용이다.
④ 수분은 미생물의 생존에 꼭 필요하다고 했으며, 동결 건조된 음식이나 식재료에는 수분이 없기 때문에 미생물이 활동할 수 없어 부패가 일어나지 않는다고 했으므로 적절한 내용이다.

▶ 출처 "수분 빼고 바짝 말린 재난용 밀키트, 25년 동안 멀쩡하대요", 조선일보, 2024.8.20.

011 ⑤
정답 해설
강연 내용의 순서를 따로 제시하고 있지는 않다.

오답 해설
① 도입 부분에서 '어떻게 가능한 일일까요?'라며 질문을 통해 청중이 관심을 가지고 들을 수 있도록 하고 있다.
② '동결 건조'와 '프레퍼족'에 대해 용어의 개념을 정의해 주며 이해를 돕고 있다.
③ 유통기한을 오래 유지할 수 있는 현상을 '동결 건조된 음식이나 식재료에는 수분이 없기 때문에 미생물이 활동할 수 없고 부패가 일어나지 않는 것입니다.'라며 인과관계에 대한 설명을 통해 핵심 원리를 전달하고 있다.
④ 재난 대비용 생존 가방을 꾸리고, 비상식량을 사는 사람이 많은 사회적 상황에 대해 '기후 변화나 감염병 등 재난 때문에 이것들이 쓰이는 일이 없길 간절히 바라봅니다.'라며 강연자의 소망을 담아 강연을 마무리하고 있다.

012 ④
듣기 대본
이번에는 발표를 들려 드립니다. 12번은 듣기 문항, 13번은 말하기 문항입니다.
평범한 중고교 학생들이 공짜 웹툰을 보려다 사행성 게임 마케팅에 속아 온라인 불법 도박에 빠지고 있다는 사실 알고 계신가요? 세계적으로 도박 중독이 감소세를 보이는데, 한국의 경우 오히려 도박 중독이 늘고 있다고 합니다. 또한 도박 중독자의 뇌 사진은 코카인 중독 뇌와 흡사하기에, 도박 중독은 약물 치료가 필요한 질병으로 이해됩니다.
아직까지도 일부 비행청소년의 이야기라고 여겨지시나요? 한국도박문제예방치유원에 따르면, 2022년 학교를 다니는 청소년 100명 중에서 도박 문제 위험 집단이 4.8%로, 100명 중 다섯 명이 온라인 도박에 노출돼 있는 것으로 나타났습니다. 언제 어디서든, 심지어 교실과 학원에서도 스마트폰을 이용해 온라인 불법 도박과 사행성 게임에 쉽게 접근할 수 있게 되면서 청소년 온라인 도박이 급증하고 있습니다.
현실의 수많은 지표들은 청소년 온라인 불법 도박의 심각성을 가리키고 있습니다. 최근 한국도박문제관리센터의 통계 자료를 보면, 10대 도박 중독 치료 서비스 이용자가 3년 만에 여섯 배나 급증한 것을 알 수 있습니다. 2015년에는 168명에 불과했는데, 2018년에는 무려 1,027명으로 늘어났습니다. 빙산의 일각이라는 말처럼 도박 중독이라는 빙산 위로 떠오르지 않은 수많은 도박 문제들을 고려하면 청소년 온라인 불법 도박 문제의 심각성이 어느 정도일지 상상하기 어렵지 않습니다.
청소년 도박 문제를 하루 빨리 근절시켜야 하는 이유는, 재미 삼아 시작한 도박으로 2차 추가 범죄에 쉽게 노출되기 때문입니다. 놀이 문화처럼, 호기심과 사행심으로 시작한 단순 도박이 도박 중독으로 이어지고, 2차 범죄로까지 이어지고 있는 매우 심각한 현실입니다.
성장기의 청소년을 보호할 책임은 어른들에게 있습니다. 청소년들을 온라인 불법 도박으로부터 보호하고, 이미 도박 문제와 중독 문제를 겪고 있는 청소년들을 어떻게 치료할지 대책 마련이 시급합니다.

정답 해설
최근 한국도박문제관리센터의 통계 자료에서 10대 도박 중독 치료 서비스 이용자가 3년 만에 여섯 배나 급증했다고 했으므로 청소년들의 도박 중독 치료 서비스 이용이 줄고 있어 문제라는 내용은 적절하지 않다.

오답 해설
① 공짜 웹툰을 보다가 빠지기도 하고, 놀이 문화처럼, 호기심과 사행심으로 시작하는 경우가 많다고 했으므로 적절하다.
② 도박 중독자의 뇌 사진은 코카인 중독 뇌와 흡사하기에, 도박 중독은 약물 치료가 필요한 질병으로 이해된다고 했으므로 적절하다.
③ 언제 어디서든, 교실과 학원에서도 스마트폰을 이용해 온라인 불법 도박과 사행성 게임에 쉽게 접근할 수 있게 되면서 청소년 온라인 도박이 급증하고 있다고 했으므로 적절하다.
⑤ 놀이 문화처럼, 호기심과 사행심으로 시작한 단순 도박이 도박 중독으로 이어지고, 2차 범죄로까지 이어지고 있는 매우 심각한 현실이라고 했으므로 적절하다.

▶ 출처
• 「유레카」 2024년 5월호, 〈청소년이 도박을? 우리가 모를 뿐이다〉, 18-20쪽.
• 「유레카」 2024년 5월호, 〈불법 도박 사이트 마케팅에 무방비로 노출된 청소년〉, 21-23쪽.
• 「유레카」 2024년 5월호, 〈학교와 교실을 하우스로 만드는 사악한 '학생 총판'〉, 24-27쪽.

• 「유레카」 2024년 5월호, 〈청소년의 뇌, 중독에 취약한데 첫 도박경험 시기는 갈수록 어려져〉, 28-31쪽.

013 ④

정답 해설

질문의 방식을 활용하고는 있지만 이를 통해 도박 중독인 청소년들의 정신적 피해 사례를 제시하고 있지는 않다. 질문의 방식을 활용하여 손쉽게 청소년들이 도박을 접한다는 점, 상당수의 학생들이 도박을 하고 있다는 점을 제시하고 있다.

오답 해설

① '한국도박문제예방치유원에 따르면', '한국도박문제관리센터의 통계 자료를 보면' 등 자료의 출처를 밝히고 있다. 이는 내용의 신뢰성을 더해준다.
② '빙산의 일각'이라는 비유적 표현을 활용하며 '도박 중독이라는 빙산 위로 떠오르지 않은 수많은 도박 문제들을 고려하면 청소년 온라인 불법 도박 문제의 심각성이 어느 정도일지 상상하기 어렵지 않습니다.'라고 문제의 심각성을 강조하고 있다.
③ '2022년 학교를 다니는 청소년 100명 중에서 도박 문제 위험집단이 4.8%', '2015년에는 168명에 불과했는데, 2018년에는 무려 1027명' 등 구체적인 통계 자료를 제시하고 있다. 이는 내용의 객관성을 더해준다.
⑤ 발표의 마무리 부분에서 '성장기의 청소년을 보호할 책임은 어른들에게 있습니다. … 도박 문제와 중독 문제를 겪고 있는 청소년들을 어떻게 치료할지 대책 마련이 시급합니다.'라며 어른들이 책임감 있는 태도를 취할 것을 촉구하고 있다.

014 ③

듣기 대본

끝으로 협상의 한 장면을 들려 드립니다. 14번은 듣기 문항, 15번은 말하기 문항입니다.
담당자: 지금까지의 논의를 정리해보겠습니다. 주민분들께서 인근에 마땅한 체육 시설이 없어 불편함을 호소하고 있다고 하셨습니다. 접근하기 편리한 고가도로 하부나 근처 폐교에 체육 시설을 올해까지 조성해 달라고 요청하셨습니다.
주민 대표: 네, 맞습니다. 특히 현재 역 주변에 있는 고가도로 하부는 매우 어둡고 통행자도 많지 않아 사람들이 지나다니기 무서워하고 있습니다. 이런 공간을 많은 주민들이 이용할 수 있도록 한다면 통행자들도 마음 놓고 다닐 수 있을 것입니다.
담당자: 하지만 고가도로 하부를 생활 체육 시설로 새단장하는 것은 요청하신 것처럼 빠르게 진행될 수 없는 일입니다. 시설 유지 관리에 대한 책임을 어떤 부서가 담당해야 할지 애매한 부분이 있습니다. 하나의 기능으로만 운영되던 장소가 입체적인 성격을 갖게 되었을 때 업무 분담에 대한 논의도 필요한 실정입니다.
주민 대표: 담당자님의 어려움 충분히 알겠습니다. 그러면 주민이 이용하는 공간이니만큼 지자체가 공공 스포츠클럽에 운영을 위탁하는 방식은 어떨까요? 체육 시설을 이용하는 당사자가 개선점이나 향후 과제도 제일 잘 파악할 것 같은데요.
담당자: 네, 좋은 의견이십니다. 협의해 보도록 하겠습니다. 주민분들께서는 구체적으로 어떤 체육 시설들을 원하고 있으신지요?
주민 대표: 대략 배드민턴장과 농구장, 게이트볼장, 풋살장, 스케이트보드장 등을 원하고 있습니다. 공간 개선을 통해 청소년부터 노인까지 모든 주민들이 여가를 보낼 수 있었으면 하는 바람입니다.
담당자: 네, 설치 시설에 대한 의견 적극 수용하도록 하겠습니다. 하지만 요청하신 올해 안으로 설치를 완료하는 것은 무리가 있음을 양해해 주시기 바랍니다.
주민 대표: 네, 그 점 주민분들께 잘 전달하겠습니다. 설치 기간이 길어지는 만큼 진행 과정을 주민분들께 문서로 정기적으로 제공해 주신다면 좋을 것 같습니다.
담당자: 네, 그렇게 하도록 하겠습니다.

정답 해설

주민 대표는 설치 기간이 길어짐에 따라 담당자에게 정기적으로 진행 과정을 알려줄 것을 요구하고 있다. 하지만 이것이 주민들의 관심이 떨어지는 것이 걱정되어서라고 유추할 수 있는 근거는 없다.

오답 해설

① 담당자의 첫 발화 속에서 '주민분들께서 인근에 마땅한 체육 시설이 없어 불편함을 호소하고 있다고 하셨습니다.'라고 언급했으므로 적절하다.
② 주민 대표는 '공간 개선을 통해 청소년부터 노인까지 모든 주민들이 여가를 보낼 수 있었으면 하는 바람입니다.'라며 명확하게 밝히고 있다.
④ 담당자가 '고가도로 하부를 생활 체육 시설로 새단장하는 것은 요청하신 것처럼 빠르게 진행될 수 없는 일입니다. 시설 유지 관리에 대한 책임을 어떤 부서가 담당해야 할지 애매한 부분이 있습니다.'라고 했으므로 적절하다.
⑤ 마지막 담당자의 발화를 통해 주민 대표가 마지막 발화에서 요구한 내용을 수용하고 있음을 확인할 수 있다.

▶ 출처 「유레카」 2021년 1월호, 〈유휴공간을 생활체육시설로 새단장하기〉, 36-39쪽.

015 ①

정답 해설
시설 유지 관리의 책임이 모호해 어려워하는 담당자에게 주민 대표는 지자체가 공공 스포츠클럽에 운영을 위탁하는 방식을 제안하였고, 담당자는 '좋은 의견입니다. 협의해 보도록 하겠습니다.'라고 했으므로 적절한 내용임을 알 수 있다.

오답 해설
② 담당자는 '올해 안으로 설치를 완료하는 것은 무리가 있음을 양해해 주시기 바랍니다.'라며 올해 안으로 설치해 달라는 주민들의 요청에 양해를 구하고 있다. 따라서 주민 대표의 요구를 모두 수용하고 있지는 않다.
③ 담당자와 주민 대표는 설치 시설 종류를 조정하고 있지 않다.
④ 주민 대표는 어려움을 토로하는 담당자의 말에 '어려움 충분히 알겠습니다.'라며 이해하고 있다. 담당자의 의견에 신뢰성이 없다고 판단하는 부분은 찾을 수 없다.
⑤ 담당자와 주민 대표는 원활한 합의를 한 것으로 보이며 다음 협상을 기약하고 있지도 않다.

어휘·어법　016번~045번

기출문제집 p.65

016	⑤	017	③	018	④	019	③	020	②
021	⑤	022	④	023	④	024	⑤	025	③
026	④	027	⑤	028	②	029	①	030	③
031	⑤	032	④	033	②	034	⑤	035	④
036	④	037	⑤	038	⑤	039	④	040	⑤
041	①	042	④	043	③	044	④	045	⑤

016 ⑤

정답 해설
'말이나 행동이 능글맞은 데가 있다.'라는 뜻의 고유어는 '느물스럽다'이다.

오답 해설
① '가살스럽다'는 "말씨나 행동이 되바라지고, 밉상스러운 데가 있다."라는 뜻이다.
② '게염스럽다'는 "보기에 부러워하며 시샘하여 탐내는 마음이 있다."라는 뜻이다.
③ '곰상스럽다'는 "성질이나 행동이 싹싹하고 부드러운 데가 있다."라는 뜻이다.
④ '내숭스럽다'는 "겉으로는 순해 보이나 속으로는 엉큼한 데가 있다."라는 뜻이다.

017 ③

정답 해설
'당돌'은 '서로 맞부딪치거나 맞섬.'의 의미이며, '쳐서 깨뜨려 뚫고 나아감.'은 '돌파(突破)'의 뜻풀이이다.

018 ④

정답 해설
'트레바리'는 "이유 없이 남의 말에 반대하기를 좋아함. 또는 그런 성격을 지닌 사람"이라는 뜻이다. "말과 행동이 거칠고 미련한 사람"은 '데퉁바리'의 뜻풀이이다.

019 ③

정답 해설
'함의하다'는 "말이나 글 속에 어떠한 뜻을 포함하고 있다."라는 의미이다. 이 문맥에는 '능력이나 품성 따위를 길러 쌓거나 갖추다.'라는 의미인 '함양하다(涵養하다)'를 쓰는 것이 적절하다.

오답 해설
① '자자하다'는 "여러 사람의 입에 오르내려 떠들썩하다."라는 의미이므로 적절하게 쓰였다.
② '쌍벽'은 "여럿 가운데 특별히 뛰어난, 우열을 가리기 어려운 둘을 비유적으로 이르는 말"이라는 의미이므로 적절하게 쓰였다.
④ '계륵'은 "닭의 갈비라는 뜻으로, 그다지 큰 소용은 없으나 버리기에는 아까운 것을 이르는 말"이라는 의미이므로 적절하게 쓰였다.
⑤ '사숙하다'는 "직접 가르침을 받지는 않았으나 마음속으로 그 사람을 본받아서 도나 학문을 닦다."라는 의미이므로 적절하게 쓰였다.

020 ②

정답 해설
㉠의 '고사(固辭)'는 "제의나 권유 따위를 굳이 사양함."을 뜻하며, ㉡의 '감상(鑑賞)'은 "주로 예술 작품을 이해하여 즐기고 평가함."이라는 뜻이다. ㉢의 '연패(連霸)'는 "운동 경기 따위에서

연달아 우승함."을 뜻하는 말이므로, 이를 올바르게 짝지은 것은 ②번이다.

> 오답 해설

㉠ 고사(叩謝): 머리를 조아려서 고마운 마음을 나타냄.
㉡ 감상(感想): 마음속에서 일어나는 느낌이나 생각
㉢ 연패(連敗): 싸움이나 경기에서 계속하여 짐.

021 ⑤

> 정답 해설

'비설거지'는 '비가 오려고 하거나 올 때, 비에 맞으면 안 되는 물건을 치우거나 덮는 일'을 뜻한다. 그런데 ⑤의 문맥은 일부러 비를 맞아 청소가 되게 하라는 뜻이므로 '비설거지'의 쓰임이 적절하지 않다.

> 오답 해설

① '당최'는 '도무지' 또는 '영'의 뜻을 나타내는 말이다.
② '댓바람'은 '아주 이른 시간'을 뜻한다. '아침 댓바람'은 아침 일찍이라는 뜻이 된다.
③ '너스레'는 '수다스럽게 떠벌려 늘어놓는 말이나 짓'이라는 뜻이다. '너스레를 떨다'처럼 흔히 '떨다'와 어울려 쓴다.
④ '깜냥'은 '스스로 일을 헤아리거나 헤아릴 수 있는 능력'을 뜻한다.

022 ④

> 정답 해설

'물을 켜다'의 '켜다'는 '갈증이 나서 물을 자꾸 마시다'라는 의미로 ①~③, ⑤의 '켜다'와는 동음이의어 관계이다.

> 오답 해설

① '첼로를 켜다'의 '켜다'는 "현악기의 줄을 활 따위로 문질러 소리를 내다."라는 의미이다.
② '실을 켜다'의 '켜다'는 "누에고치에서 실을 뽑다."라는 의미이다.
③ '엿을 켜다'의 '켜다'는 "엿을 다루어 희게 만들다."라는 의미이다.
⑤ '나무를 켜다'의 '켜다'는 "나무를 세로로 톱질하여 쪼개다."라는 의미이다.

023 ④

> 정답 해설

<보기>에서 '손'은 '사람의 팔목 끝에 달린 부분'이고, '손톱'은 '손가락 끝에 붙어 있는 딱딱하고 얇은 조각'이다. 따라서 이 두 단어의 관계는 전체와 부분의 관계이다. '자동차'는 전체어이고, '바퀴'는 부분을 가리키는 '부분어'이다.

> 오답 해설

① '시'는 '문학'의 종류이므로 두 단어의 관계는 상하 관계이다.
② '채소'는 "밭에서 기르는 농작물"이고, '야채'는 "'채소'를 일상적으로 이르는 말"이므로 두 단어의 관계는 유의 관계이다.
③ '이랑'은 "논이나 밭을 갈아 골을 타서 두두룩하게 흙을 쌓아 만든 곳"을 말하고, '고랑'은 "두둑한 땅과 땅 사이에 길고 좁게 들어간 곳"을 말한다. 따라서 두 단어의 관계는 반의 관계이다.
⑤ '코스모스'는 '꽃'의 종류이므로 두 단어의 관계는 상하 관계이다.

024 ③

> 정답 해설

'생선의 물이 가다'의 '가다'는 "원래의 상태를 잃고 상하거나 변질되다."의 의미이므로, "모양이나 형태가 달라지다."라는 의미의 '변형되다'는 적절한 대응이 아니다.

> 오답 해설

① '군대에 가다'의 '가다'는 "직업이나 학업, 복무 따위로 해서 다른 곳으로 옮기다."라는 의미이므로 '입영하다'와 대응한다.
② '경기가 언제까지 가겠니'의 '가다'는 "어떤 현상이나 상태가 유지되다."라는 의미이므로 '지속되다'와 대응한다.
④ '시간이 가다'의 '가다'는 "시간이 지나거나 흐르다."라는 의미로 '경과(經過)하다'와 대응한다.
⑤ '섬으로 가다'의 '가다'는 "수레, 배, 자동차, 비행기 따위가 운행하거나 다니다."라는 의미로 '운행(運行)하다'와 대응한다.

025 ③

> 정답 해설

<보기>의 '눅다'는 "값이나 이자 따위가 싸다."는 의미이다. 그러므로 반의어는 '비싸다'이다.

오답 해설

① '없다'는 "재물이 넉넉하지 못하여 가난하다."라는 의미이므로 '눅다'의 반의어로 적절하지 않다.
② '금낮다'는 "물건 따위의 값이 낮다."라는 의미이므로 '눅다'의 유의어로 볼 수 있다.
④ '헐하다'는 "값이 싸다."라는 의미이므로 '눅다'의 유의어로 볼 수 있다.
⑤ '어림없다'는 "너무 많거나 커서 대강 짐작조차 할 수 없다."라는 의미이므로 '눅다'의 반의어로 적절하지 않다.

026 ④
정답 해설

'내 건너 배 타기'는 "무슨 일에나 순서가 있어 건너뛰어서는 할 수 없음을 비유적으로 이르는 말"이므로 문맥에 적절하지 않다.

오답 해설

① '자루 베는 칼 없다'는 "아무리 잘 드는 칼이라도 제 자루를 베지는 못한다는 뜻으로, 자기 일을 자기가 처리할 수 없음을 이르는 말"의 의미를 나타내므로 문맥에 맞는 표현이다.
② '누운 소 타기'는 "하기가 매우 쉬운 것을 비유적으로 이르는 말"의 의미이므로 문맥에 맞는 표현이다.
③ '제 논에 물 대기'는 "자기에게만 이롭도록 일을 하는 경우를 비유적으로 이르는 말"을 의미하므로 문맥에 맞는 표현이다.
⑤ '부뚜막의 소금도 집어넣어야 짜다'는 "가까운 부뚜막에 있는 소금도 넣지 아니하면 음식이 짠맛이 날 수 없다는 뜻으로, 아무리 좋은 조건이 마련되었거나 손쉬운 일이라도 힘을 들이어 이용하거나 하지 아니하면 안 됨을 비유적으로 이르는 말"의 의미를 나타내므로 문맥에 맞는 표현이다.

027 ⑤
정답 해설

능력이 출중한 사람이 시험에서 떨어진 것은 생각과 다른 결과가 나온 상황이다. 그런데 '명약관화(明若觀火)'는 "불을 보듯 분명하고 뻔함을 이르는 말"이므로 문맥에 부합하지 않는 표현이다.

오답 해설

① '진두지휘'는 "전투나 사업 따위를 직접 앞장서서 지휘함."을 이르는 말이므로 문맥에 적절하게 쓰였다.
② '무소불위'는 "하지 못하는 일이 없음."을 이르는 말이므로 문맥에 적절하게 쓰였다.
③ '망양지탄'은 "갈림길이 매우 많아 잃어버린 양을 찾을 길이 없음을 탄식한다는 뜻으로, 학문의 길이 여러 갈래여서 한 갈래의 진리도 얻기 어려움을 이르는 말"이므로 문맥에 적절하게 쓰였다.
④ '일촉즉발'은 "한 번 건드리기만 해도 폭발할 것같이 몹시 위급한 상태"를 이르는 말이므로 문맥에 적절하게 쓰였다.

028 ②
정답 해설

'말(이) 굳다'는 "말이 더듬더듬 막히다." 또는 "말의 내용이나 표현이 부드럽지 못하고 거칠다."의 의미이므로 '정직하여 신뢰를 받는' 것과 어울리지 않는 표현이다.

오답 해설

① '말(을) 떼다'는 "말을 하기 시작하다."라는 의미이므로 맥락에 맞게 사용되었다.
③ '말(이) 많다'는 "매우 수다스럽다." 또는 "어떤 대상이나 사건에 논란이 많다."라는 의미이다. 주어진 맥락에서는 후자의 의미로 쓰인 것으로 볼 수 있으므로 그 쓰임이 적절하다.
④ '말(이) 되다'는 "어떤 사실에 대하여 서로 간에 말이 이루어지다."의 의미로 쓰이므로 사전에 논의가 되었다는 맥락에 맞게 적절하게 사용되었다.
⑤ '말(을) 삼키다'는 "하려던 말을 그만두다."의 의미이므로 맥락에 맞게 적절하게 사용되었다.

029 ①
정답 해설

'과오급(過誤給)'에는 '잘못'이라는 의미가 포함되어 있다. 그러므로 '과오급된'이란 표현은 '많이 지급된'이란 의미보다 '잘못 지급된'이란 의미로 순화하는 것이 바람직하다.

030 ③
정답 해설

'실링'의 다듬은 말로 적절한 것은 '한도액' 또는 '상한'이다. 따라서 '차례'는 적절한 순화어로 볼 수 없다.

031 ⑤

정답 해설

"크기, 수효, 부피 따위가 조금 크거나 남음이 있다"의 뜻을 가진 표준어 [낙나카다]는 '낙낙하다'로 표기한다.

오답 해설

① "태도가 정답지 않고 매우 차다"의 뜻을 가진 표준어 [냉:냉하다]는 한자 어근 '冷冷'이므로 두음법칙에 따라 '냉랭하다'로 표기한다.
② "소리가 맑고 또랑또랑하다"의 뜻을 가진 표준어 [낭:낭하다]는 한자 어근 '朗朗'이므로 두음법칙에 따라 '낭랑하다'로 표기한다.
③ "만만하고 상대하기 쉽다"의 뜻을 가진 표준어 [농노카다]는 한자 어근 '碌碌'이므로 두음법칙에 따라 '녹록하다'로 표기한다.
④ "생김새나 태도가 의젓하고 당당하다"의 뜻을 가진 표준어 [늠:늠하다]는 한자 어근 '凜凜'이므로 두음법칙에 따라 '늠름하다'로 표기한다.

032 ②

정답 해설

"상대편이 눈치로 알아차릴 수 있도록 미리 슬그머니 일깨워 줌."이라는 뜻의 표준어 [귀띰]은 '귀띔'이 올바른 표기이다. '귀띔'에서 '띔'은 '띄다'에 '-ㅁ'이 결합한 말이므로 '귀뜸'으로 적지 않고 '귀띔'으로 적는다.

오답 해설

① "자주 수다스럽게 떠드는 사람을 낮잡아 이르는 말"이라는 뜻의 표준어 [떠버리]는 '떠버리'로 표기한다.
③ "'코'를 속되게 이르는 말"이라는 뜻의 표준어 [코빼기]는 한글 맞춤법 제54항의 해설 "[빼기]로 발음되는 것은 '빼기'로 적는다"는 내용에 따라 '코빼기'로 표기한다.
④ "그달의 몇째 되는 날"이라는 뜻의 표준어 [며친날]은 한글 맞춤법 제29항 "끝소리가 'ㄹ'인 말과 딴 말이 어울릴 적에 'ㄹ' 소리가 'ㄷ' 소리로 나는 것은 'ㄷ'으로 적는다."라는 내용에 따라 '며칟날'로 표기한다.
⑤ "얼마 안 되는 자그마한 밭"이라는 뜻의 표준어 [받때기]는 '밭'과 "경계를 지어 놓은 논밭의 구획"이라는 의미의 '떼기'가 결합한 말이므로 '밭떼기'로 표기한다.

033 ②

정답 해설

"물기가 많아서 단단하지 않다."라는 뜻의 표준어는 '무르다'이고 '물러, 무르니'로 활용하므로 '물르니'는 잘못이다.

오답 해설

① "지름길로 가깝게 가다."라는 의미의 '지르다'는 '질러, 지르니'로 활용한다.
③ "말이나 행동 따위가 사회적인 규범이나 사리에 들어맞는다."는 의미의 '바르다'는 '발라, 바르니'로 활용한다.
④ "옷감이나 재목 따위의 재료를 치수에 맞게 자르다."는 의미의 '마르다'는 '말라, 마르니'로 활용한다.
⑤ "상대편이 겁을 먹도록 무서운 말이나 행동으로 위협하다."는 의미의 '으르다'는 '을러, 으르니'로 활용한다.

034 ①

정답 해설

① '가는∨듯'은 관형사형과 의존 명사 구성이므로 띄어 쓴다.

오답 해설

② '-을지라도'가 하나의 어미이므로 띄어 쓰지 않는다.
③ '-ㄹ밖에'가 하나의 어미이므로 띄어 쓰지 않는다.
④ '-을뿐더러'가 하나의 어미이므로 띄어 쓰지 않는다.
⑤ '-ㄹ망정'이 하나의 어미이므로 띄어 쓰지 않는다.

035 ④

정답 해설

'받히-+-어→받혀'에 쓰인 '받히다'는 '받다(머리나 뿔 따위로 세차게 부딪치다)'의 피동사로서 문맥상 쓸 수 없는 표현이다. 이 대신 "물건의 밑이나 옆 따위에 다른 물체를 대다."라는 의미를 지닌 '받치다'의 활용형 '받쳐'를 써야 옳다.

오답 해설

① "밥, 떡, 찌개 따위를 만들기 위하여 그 재료를 솥이나 냄비 따위에 넣고 불 위에 올리다."라는 의미를 지닌 단어를 적을 때는 한글 맞춤법 제57항에 따라 '안치다'로 적는다.
② "시간이나 기간을 길게 하다."라는 의미를 지닌 단어를 적을 때는 한글 맞춤법 제57항에 따라 '늘리다'로 적는다.
③ "나이가 비교적 많아 듬직하게."라는 의미를 지닌 단어를 적을 때는 "'-하다'가 붙는 어근에 '-히'나 '-이'가 붙어서 부사가 되거나, 부사에 '-이'가 붙어서 뜻을 더하는 경우에는 그 어근이나 부사의 원형을 밝히어 적는다."라는 한글 맞춤법

제25항에 따라 '지긋이'로 적는다.

⑤ '밑을 무겁게 하여 아무렇게나 굴려도 오뚝오뚝 일어서는 어린아이들의 장난감'을 적을 때는 "'-하다'나 '-거리다'가 붙는 어근에 '-이'가 붙어서 명사가 된 것은 그 원형을 밝히어 적는다."라는 한글 맞춤법 제23항에 따라 '오뚝이'로 적는다.

036 ④
정답 해설

고유어에 대응하는 한자어를 함께 보일 때 쓰는 문장 부호는 대괄호이다. 따라서 '나이[年歲]', '손발[手足]'이 옳다.

037 ⑤
정답 해설

'버러지'는 '벌레'와 함께 복수 표준어이다.

오답 해설

① '여직'은 '여태'의 비표준어이다.
② '알타리무'는 '총각무'의 비표준어이다.
③ '슴슴하다'는 '심심하다'의 비표준어이다.
④ '덩쿨'은 '넝쿨', '덩굴'의 비표준어이다.

038 ⑤
정답 해설

전라도 방언인 '꼽치다'는 '숨기다'의 의미이다.

오답 해설

① 전라도 방언인 '객광시럽다'는 '객쩍다', '객스럽다'의 의미이다.
② 전라도 방언인 '구질털털허다'는 '구질구질하다'의 의미이다.
③ 전라도 방언인 '각놀다'는 '겉놀다'의 의미이다.
④ 전라도 방언인 '기구망칙허다'는 '기구하다'의 의미이다.

039 ③
정답 해설

"겹받침 'ㄺ, ㄻ, ㄿ'은 어말 또는 자음 앞에서 각각 [ㄱ, ㅁ, ㅂ]으로 발음한다."는 표준 발음법 제11항에 따라 '묽숙하다'는 [묵쑤카다]가 표준 발음이다.

오답 해설

① "겹받침 'ㄺ, ㄻ, ㄿ'은 어말 또는 자음 앞에서 각각 [ㄱ, ㅁ, ㅂ]으로 발음한다."는 표준 발음법 제11항에 따라 '삶기다'는 [삼기다]가 표준 발음이다.

② "받침 'ㄲ, ㅋ', 'ㅅ, ㅆ, ㅈ, ㅊ, ㅌ', 'ㅍ'은 어말 또는 자음 앞에서 각각 대표음 [ㄱ, ㄷ, ㅂ]으로 발음한다."는 표준 발음법 제9항에 따라 '낮추다'는 [낟추다]가 표준 발음이다.
④ 표준 발음법 제10항 다만 규정에서 '넓-'은 '넓죽하다'와 '넓둥글다'의 경우 [넙]으로 발음한다고 했으므로 '넓둥글다'는 [넙뚱글다]가 표준 발음이다.
⑤ "겹받침 'ㄺ, ㄻ, ㄿ'은 어말 또는 자음 앞에서 각각 [ㄱ, ㅁ, ㅂ]으로 발음한다."는 표준 발음법 제11항에 따라 '읊조리다'는 [읍쪼리다]가 표준 발음이다.

040 ⑤
정답 해설

"인재를 물색하고 발탁하는 일"을 의미하는 'scout'는 무성 파열음 [t]가 짧은 모음 다음의 어말이 아니므로 '으'를 붙여 적어 '스카우트'가 바른 표기이다.

오답 해설

① "고압의 가스를 분출하여 반동으로 추진하는 장치"를 의미하는 'rocket'은 무성 파열음 [t]가 짧은 모음 다음에 오는 어말이므로 받침으로 적어 '로켓'이 올바른 표기이다.
② "마루에 깔거나 벽에 거는 모직물"을 의미하는 'carpet'은 무성 파열음 [t]가 짧은 모음 다음에 오는 어말이므로 받침으로 적어 '카펫'이 올바른 표기이다.
③ "팀이 협동하여 행하는 동작, 또는 그들 상호 간의 연대"를 의미하는 'teamwork'는 무성 파열음 [k]가 짧은 모음 다음의 어말이 아니므로 '으'를 붙여 적어 '팀워크'가 올바른 표기이다.
④ "관악기의 하나"인 'trumpet'은 무성 파열음 [t]가 짧은 모음 다음에 오는 어말이므로 받침으로 적어 '트럼펫'이 올바른 표기이다.

041 ①
정답 해설

'선릉'은 발음이 [설릉]이므로 발음법에 따라 'Seolleung'으로 적어야 옳다.

오답 해설

② '속리산'은 발음이 [송니산]이므로 'Songnisan'으로 적는다.
③ '불국사'는 발음이 [불국싸]이나 된소리되기는 로마자 표기에 반영하지 않으므로 'Bulguksa'로 적는다.
④ '광한루'는 발음이 [광할루]이므로 'Gwanghallu'로 적는다.

042 ④

정답 해설

'책임과 의무도 따른다는'에서 서술어 '따른다'의 필수 성분이라 할 수 있는 부사어가 빠져 있다. '따른다'의 의미상 필수 부사어는 '나의 개인적인 선택에(는)'이다.

▶ 출처 중학교 1학년 〈기술·가정〉, 교학사, 2010.

043 ③

정답 해설

'-답니다'는 '화자가 이미 알고 있는 것을 객관화하여 청자에게 일러 줌을 나타내는 종결 어미'로서 하십시오체의 문장에 쓰인다. '-렵니까'는 하십시오체 문장에서 쓰여 상대편의 의사를 묻는 종결 어미이므로 상대 높임법의 등급이 같다.

오답 해설

① '-는가'는 하게체 문장에서 쓰여 무엇을 묻는 뜻을 나타내는 종결 어미이다.
② '-자'는 해라체 문장에서 쓰여 어떤 행동을 함께하자는 뜻을 나타내는 종결 어미이다.
④ '-려무나'는 해라체 문장에서 쓰여 부드러운 명령이나 허락을 나타내는 종결 어미이다.
⑤ '-ㅂ시다'는 하오체 문장에서 쓰여 어떤 행동을 함께하자는 뜻을 나타내는 종결 어미이다.

▶ 출처 이익섭·채완(2000), 『국어문법론 강의』, 학연사.

044 ④

정답 해설

'-면서'는 "두 가지 이상의 움직임이나 사태 따위가 동시에 겸하여 있음을 나타내는 연결어미"이므로 '따뜻하면서 예쁜 옷'은 중의적으로 해석되지 않는다.

오답 해설

① 부정이 어디에 미치는가에 따라 '동생은 밥이 아니라 다른 것을 먹고 갔다.'('밥'을 부정), '동생이 밥을 먹지 않았다'('동생'을 부정), '동생은 밥을 먹고 간 것이 아니라 가지고 갔다.'('먹고'를 부정), '동생은 밥을 먹었지만 가지는 않았다'('가지'를 부정) 등으로 해석할 수 있다.

② '자기'가 지칭하는 대상이 아이와 어머니의 두 가지로 해석될 수 있다.
③ '내일'의 수식 대상이 '내려갈'이 될 수도 있고, '만날'이 될 수도 있다. 전자의 경우, '친구가 고향에 내려가는 것이 내일이다.'라는 의미를, 후자의 경우, '내가 친구를 만나는 것이 내일이다.'라는 의미를 내포한다.
⑤ '할머니의 그림'은 '할머니가 그린 그림'으로 해석될 수도 있고, '할머니를 그린 그림'으로 해석될 수도 있고, '할머니가 소유한 그림'으로 해석될 수도 있다.

045 ⑤

정답 해설

'에서'가 쓰인 자리에 '에 있어서'를 쓰는 경우가 많은데 이는 지양되는 표현이며, '품질 면에서 세계 최고이다.'는 번역 투가 아니다.

오답 해설

① '~중에 있다.'는 번역 투이므로 '배달 중이다'로 바꾸어 쓰는 것이 좋다.
② '~에 위치하고 있다.'는 번역 투 이므로 '미국에 있다'처럼 '있다'로 바꾸어 쓰는 것이 좋다.
③ '~으로 인해'는 번역 투이므로 '지나친 벌목으로 인해'는 '지나친 벌목으로'로 바꾸어 쓰는 것이 좋다.
④ '중요성을 가진다.'는 번역 투이므로 '중요하다'로 바꾸어 쓰는 것이 좋다.

쓰기 046번~050번

기출문제집 p.73

046	047	048	049	050
②	④	③	⑤	④

046 ②

정답 해설

ㄱ: 4문단의 '청소년들이 자신이 겪는 어려움을 진솔하게 이야기하고 도움을 요청할 수 있는 안전한 울타리 같은 환경'에서 비유를 활용하여 독자들에게 깊은 인상을 남기고 있으므로 적절하다.

ㄷ: 1문단에서 '우울증은 슬프고 공허하고 우울한 기분과 무기력감에 빠져서 매사에 흥미와 의욕, 삶의 목표나 의미가 없어지고 더 나아가 인지장애와 신체 증상까지 야기하는 질환'이라고 하며 중심 소재의 개념을 정의하여 문제에 대한 독자의 이해를 돕고 있으므로 적절하다.

오답 해설

ㄴ: 시민 대상 인터뷰 내용을 인용하여 문제 상황의 심각성을 알리는 부분은 찾을 수 없다.

ㄹ: 묻고 답하는 방식은 활용되었지만 이는 청소년 우울증을 유발하는 원인을 설명하기 위한 것이다. 청소년기 우울증의 위험성을 강조하고 있지는 않다.

▶ 출처

- 김지예(2022.09.27.), "[자가진단 시리즈] 종잡을 수 없는 사춘기?, 아니 '소아청소년 우울증'", 헬스인뉴스.
 (https://www.healthinnews.co.kr/news/articleView.html?idxno=32667)
- 김현(2023.11.09.), "[건강칼럼] 소아청소년 우울증에서 나타나는 특징적인 임상 양상들", 비건뉴스.
 (https://www.vegannews.co.kr/news/article.html?no=16528)
- 박정렬(2023.07.21.), "살 쭉쭉 빠지고 "머리 아파"…부모도 놓치는 아이 '우울증' 신호", 머니투데이.
 (https://news.mt.co.kr/mtview.php?no=2023072114524418306)
- 오세중(2019.12.27.), "[칼럼] 청소년 우울증, 그냥 방치하면 안되는 이유", 폴리뉴스.
 (https://www.polinews.co.kr/news/articleView.html?idxno=445953)
- 최진주(2024.03.19.), "갈수록 심각해지는 청소년기의 정신건강 '청소년우울증', 어떻게 해결해야 할까?", 바이오타임즈.
 (https://www.biotimes.co.kr/news/articleView.html?idxno=14331)

047 ④

정답 해설

(라)에서는 어른들의 우울증과 아이들의 우울증의 차이점을 비교하여 설명하고 있다. 따라서 '(라)를 활용하여 청소년 우울증의 증상이 성인 우울증과 다르지 않으므로 동일한 관점으로 접근해야 한다는 내용을 보강한다.'라는 설명은 적절하지 않다.

오답 해설

① (가)는 연령별 아동·청소년 우울증 진료 인원이 증가하고 있음을 구체적 수치와 막대 그래프를 통해서 보여 주고 있다. 따라서 '(가)를 활용하여 최근 청소년 우울증으로 진료받는 인원이 증가하고 있다는 내용을 구체적인 수치로 뒷받침한다.'라는 내용은 적절하다.

② (나)에서는 '청소년 스스로 우울증을 자각하고 병원을 찾는 경우는 드물기 때문에 학교와 가정의 역할이 무엇보다 중요'하다고 설명하고 있다. 따라서 '가정에서는 청소년의 입장을 이해하고, 전문 기관의 상담과 치료를 받을 수 있도록 연계하는 것이 중요함을 강조한다'라는 내용은 적절하다.

③ (다)에서는 전문가 인터뷰를 통해 '청소년 우울증은 자칫 치료 시기를 놓치면 병을 키워 극단적 선택에 다다르게' 되며, '조기 발견과 조기 개입이 중요'하다고 설명하고 있다. 따라서 '(다)를 활용하여 청소년 우울증은 조기에 발견하고 개입하여 해결하는 것이 중요하다는 내용을 뒷받침한다.'는 내용은 적절하다.

⑤ (마)에서는 청소년기 극단적 선택의 원인으로 가정 문제, 학업·진로 문제, 대인관계 문제가 나타남을 설명하고 있다. 이는 윗글에서 설명하는 정신·사회적 요인에 해당하므로, '(마)를 활용하여 청소년 우울증을 유발하는 정신·사회적 요인이 청소년들에게 극단적 선택의 원인으로 이어질 수 있다는 내용을 추가한다.'라는 내용은 적절하다.

▶ 출처

- 노인호(2021.07.06.), "사춘기 탓이라고 치부 마세요…청소년 우울증일 수 있어요", 영남일보.
 (https://www.yeongnam.com/web/view.php?key=20210705010000467)
- 양가희(2023.09.07.), "5년간 아동·청소년 우울증 환자 60% 증가…극단적 선택 초중고생도 822명", 아시아투데이.
 (https://www.asiatoday.co.kr/view.php?key=20230907010003939)
- 임동근(2024.02.11.), "[리빙톡] 사춘기인 줄 알았는데…'우울증'이라고?", 연합뉴스.
 (https://www.yna.co.kr/view/AKR20240208133900797?input=1195m)

048 ③

정답 해설

'Ⅲ-2 청소년기의 우울증이 야기할 수 있는 추가적인 문제'는 글의 주제와 관련성이 있다. 또한 윗글에서 '우울증과 불안장애의 만성화, 불면증 등 다른 정신과 질환의 동반' 등 청소년기 우울증이 야기할 수 있는 추가적인 문제에 대한 내용이 제시되어 있다. 따라서 'Ⅲ-2는 글의 주제와 관련성이 없으므로 삭제한다.'라는 내용은 적절하지 않다.

오답 해설

① 'Ⅰ-1. 청소년 우울증 증가 실태'는 내용의 흐름을 고려하여 'Ⅰ-2. 우울증의 정의'와 순서를 교체하는 것이 자연스러우므로 적절한 설명이다.

② 'Ⅱ. 청소년 우울증의 생물학적 원인'은 하위 항목의 내용을 포괄하지 못하므로 '청소년 우울증의 주요 원인'으로 수정하는 것이 적절하다.
④ 내용의 흐름을 고려하여 Ⅳ의 하위 항목으로 '가정 차원의 해결 방안'을 추가하는 것이 자연스럽다.
⑤ 'Ⅳ-1. 청소년 우울증의 증상'은 상위 항목을 고려하여 'Ⅰ. 청소년 우울증 증가 실태와 증상'의 하위 항목으로 이동하는 것이 적절하다.

049 ⑤
정답 해설
'선발하다'는 '많은 가운데서 골라 뽑다.'를 의미하며, '선별하다'는 '가려서 따로 나누다.'를 의미한다. 윗글에서는 위기 학생을 '선별하는' 것이 더 자연스러우므로 적절하지 않은 설명이다.

오답 해설
① '방종하다'의 사전적 의미는 '제멋대로 행동하여 거리낌이 없다.'로, 해당 문장에서는 '돌보거나 간섭하지 않고 그대로 두다.'를 의미하는 '방치하다'로 수정하는 것이 적절하다.
② 피동 표현이 불필요한 문장이므로 '우울증이 발생할 수 있다.'로 수정하는 것이 자연스럽다.
③ 주어와 서술어의 호응을 위해 '특성 때문이다'로 수정하는 것이 적절하다.
④ 해당 문장에서는 청소년 우울증의 위험성과 심각성으로 인해 조기 개입과 추수 관찰이 필요함을 설명하고 있으므로, 인과의 관계를 나타내는 부사어인 '그러므로'로 연결하는 것이 자연스럽다.

050 ④
정답 해설
윗글의 4문단에서는 청소년 우울증 증가 문제를 해결하기 위해 지역사회, 학교, 가정이 모두 노력해야 한다는 내용을 제시하고 있다.

오답 해설
① 지역사회, 학교, 가정이 모두 노력해야 한다는 내용이 들어가야 하므로 생물학적 요인보다 정신적·사회적 요인을 우선적으로 제거해야 한다는 내용은 적절하지 않다.
② 청소년 개인이 자신의 증상을 스스로 진단하고 도움을 요청해야 한다는 내용은 지역사회, 학교, 가정의 노력에 대한 내용이 아니므로 적절하지 않다.
③ 가족 구성원들이 효과적인 상담 기법을 배우고 생활 속에서 활용해야 한다는 내용은 지역사회, 학교, 가정의 노력을 포괄하지 못하므로 적절하지 않다.
⑤ 지역사회 차원에서 청소년들의 인터넷 및 스마트폰 중독을 예방하기 위해 노력해야 한다는 내용은 학교, 가정의 노력이 포함되지 않으므로 적절하지 않다.

창안 051번~060번

기출문제집 p.77

| 051 | ⑤ | 052 | ③ | 053 | ④ | 054 | ⑤ | 055 | ⑤ |
| 056 | ① | 057 | ④ | 058 | ④ | 059 | ① | 060 | ① |

051 ⑤
정답 해설
㉠은 정보가 '보이는 것'으로 본문에서 설명하는 '인간이 감각 기관으로부터 정보를 얻는 단계'로 볼 수 있으며, 이는 읽기 발달에서 철자, 단어 등을 기초적으로 해독하는 단계에 빗댈 수 있다. 한편 ㉡은 '해석되는 것'으로 본문에서 설명하는 '그림을 인지한 이후 자신이 축적한 경험이나 지식을 바탕으로 정보를 인식하고자 하는 단계'로 볼 수 있으며, 이는 읽기 발달에서 자신의 배경지식을 이용하여 해석하는 단계로 볼 수 있다.
⑤ 특정 단어를 보고 연관된 다른 일화를 떠올리는 것은 단순히 감각 기관으로부터 정보를 얻는 것이 아닌, 자신의 배경지식과 경험을 바탕으로 정보를 인식하고자 한 것이다.

오답 해설
① 반복되는 구절을 필사하는 것은 배경지식과 경험을 활용하여 읽는 행위라고 보기 어렵다.
② 단어의 철자를 소리 내어 읽는 것은 감각 기관으로부터 정보를 얻는 단계로 볼 수 있다.
③ 손으로 글자를 하나씩 짚어가며 읽는 것은 감각 기관으로부터 정보를 얻는 단계로 볼 수 있다.
④ 책장을 넘기며 삽화가 얼마나 있는지 확인하는 것은 감각 기관으로부터 기초 정보를 얻는 행위라고 할 수 있다.

▶ 출처
사진: https://medium.com/@uxdaysseoul/%EC%BB%A8%ED%5%8D%EC%8A%A4%ED%8A%B8-%ED%9A%A8%EA%B3%BC-context-effect-e9060616eb45

052

③

정답 해설

ⓒ에서는 '다른 정보'라는 맥락이 존재할수록 불완전한 정보를 보완하여 완전히 이해할 수 있으며, 나아가 더 많은 정보를 정확하고 빠르게 처리할 수 있게 되는 긍정적인 요소로 보고 있다. 이에 '다른 정보'를 어휘력에 빗대어 유추하면, 어휘력이 높을수록 읽기 양이 많아지고, 더 깊이 이해할 수 있는 선순환의 상황을 기대할 수 있다. 그러나 어휘력이 높다고 해서 글에 대한 흥미가 높은 것은 유추하기 어렵다.

오답 해설

① 어휘력이 높으면 이해가 빠를 수 있으므로 글을 더 빨리 읽을 것으로 유추할 수 있다.
② 어휘력이 높은 사람은 같은 글을 읽어도 이해력이 높을 것임을 유추할 수 있다.
④ 어휘력이 높으면 글을 해석하는 데 용이할 것이므로 적절한 유추이다.
⑤ 알고 있는 어휘가 많으면 모르는 어휘에 대한 추론이 가능할 것임을 유추할 수 있다.

053

④

정답 해설

ⓔ에서는 지나치게 강조되는 맥락으로 인한 선입견이 발생하는 상황을 설명하고 있다. 맥락으로 제시된 정보가, 나중에 들어오는 정보들을 처리하는 기본 지침이 되어버릴 수 있기 때문이다.
④ 두통이 심할 때 진통제를 복용하면 증상이 나아질 것임은 주변 맥락으로 인해 선입견이 나타난 상황이 아닌, 일반적으로 알려진 의학적 사실에 기초한 판단이다. 진통제는 두통을 완화하는 데 효과적일 수 있다는 것이 과학적으로 입증된 사실이기 때문이다. 선입견이나 편견이 작용한 사례가 아닌 합리적이고 타당한 결론을 나타내고 있으므로 ⓔ과 관련된 사례가 아니다.

오답 해설

① '학벌'이라는 주변 맥락이 선입견을 만들고 있다.
② '인기 작가'라는 주변 맥락이 선입견을 만들고 있다.
③ '최신 스마트폰'이라는 주변 맥락이 선입견을 만들고 있다.
⑤ '외국어 구사'라는 주변 맥락이 선입견을 만들고 있다.

054

⑤

정답 해설

가면극과 인형극은 모두 연극의 일종으로, 무대 위 배우의 연기를 통해 특정한 이야기를 생생하게 표현하는 갈래이다. (가) 가면극은 현실의 인물이 배우가 되며, 가면을 착용하여 이야기 속 역할을 표현한다. 가면 착용은 배우가 현실의 배우 자신과 다른 역할을 수행하게끔 하는 기제이다. (나) 인형극은 실제 인물이 아닌 인형이라는 개체를 배우로 활용한다. 무대 후면의 연출가는 실을 통해 무대 전면의 인형을 조종하여 이야기 속 캐릭터의 행위를 표현한다. 인형의 행위는 이야기 속 특정 캐릭터의 행위 재현을 목적으로 하므로, ⓜ은 적절하지 않은 분석이다.

▶ **출처**
(가) https://www.kado.net/news/articleView.html?idxno=819793
(나) https://www.seoul.co.kr/news/editOpinion/2020/01/29/20200129031005

055

⑤

정답 해설

(가)의 배우는 극중에서 자신이 쓴 가면이 상징하는 역할에 맞게 행동한다. 가면은 배우가 수행하는 구체적인 역할이자 정체성으로, 다른 배역과 구분되는 개별성을 일관되게 드러낼 수 있어야 한다. 이를 마케팅에 착안하면 특정한 이미지와 역할을 설정해 특정한 상황에 개별화된 메시지를 전달하는 마케팅 사례를 떠올릴 수 있다. 개별화된 메시지 전달을 위해서는 광고의 타깃이 되는 고객층이나 광고가 유효한 상황을 구체화할 필요가 있으므로, 개별화된 상황이나 역할 설정 없이 모든 연령을 두루 포괄하고자 하는 ⑤는 적절하지 않다.

오답 해설

① 주장하는 정책의 방향과 자신의 행동을 일치시키는 마케팅으로, 역할의 구체성과 일관성을 드러내는 사례에 해당한다.
② 상담을 위해 필요한 공감적 역량을 일상에서도 일관되게 드러내는 마케팅으로, 역할의 구체성과 일관성을 드러내는 사례에 해당한다.
③ 사장의 이미지가 기업의 서비스와 일치함을 강조하는 마케팅으로, 역할의 구체성과 일관성을 드러내는 사례에 해당한다.
④ 공무원의 이미지를 정책과 일치시키는 마케팅으로, 역할의 구체성과 일관성을 드러내는 사례에 해당한다.

056 ①

정답 해설

〈보기〉의 A는 인간의 자유의지를 긍정하는 입장이고, B는 인간의 자유의지를 부정하는 입장(결정론)이다.
① 자유의지를 긍정하는 입장에서 (가)의 가면은 상황에 따라 성격을 선택하는 기제로 해석된다. 인간은 자신의 성격을 상황에 따라 다르게 창조하여 표현할 수 있다. 이는 인간이 자신의 성격을 조절한다는 의미이므로, 인간이 자신의 성격을 알 수 없다는 설명은 부적절하다.

오답 해설

② 자유의지를 긍정하는 입장에서 (나)의 인형을 인간으로 이해할 때, 인형이 모두 다른 인물을 표현하는 것은 인간이 서로 다른 개성을 지니고 있다는 내용으로 이해할 수 있다. A의 입장에서 인간의 개성은 자유의지에 의해 만들어지는 것이므로 적절한 설명이다.
③ 자유의지를 부정하는 입장에서 (가)의 정해진 대본은 정해진 우주의 질서에 대응하여 이해할 수 있다.
④ 자유의지를 부정하는 입장에서 (나)의 인형은 인간에 대응하고, 인형을 조종하는 실은 우주의 질서에 대응하여 이해할 수 있다.
⑤ A와 B 모두 인간이 사회적으로 부도덕한 행위를 보일 수 있다는 점을 전제하고 있으므로 (가)와 (나)에서 모두 악역이 존재함을 대응할 수 있다.

057 ④

정답 해설

직접적으로 물리력을 가하지 않고 언어를 통해서도 폭력이 성립할 수 있음을 보여 주고 있다. 폭력의 가해자가 또 다른 폭력의 피해자일 수 있음을 알리는 메시지는 드러나지 않는다.

오답 해설

① 불특정 다수를 위협하는 메시지를 칼로 형상화함으로써 폭력 예고 또한 범죄임을 알리고 있다.
② 빨간 와인의 색을 활용하여 음주운전에 대한 경각심을 심어 주고 있다.
③ '침묵'과 '감상'이라는 표현을 통해 방관하지 않아야 한다는 내용을 표현하고 있다.
⑤ '메시지라는 칼에 폭력을 당하고 있습니다'라는 비유적 표현을 활용하여 언어 표현도 폭력이라는 것을 강조하고 있다.

▶ 출처 한국방송광고진흥공사(https://www.kobaco.co.kr)

058 ④

정답 해설

(다)는 범죄를 방관하는 것 또한 폭력일 수 있음을 보여 준다는 내용이다.
④ '사랑의 매'라고 인식하며 아동학대를 방관해서는 안 된다는 점을 의문문 형태로 나타내고 있다.

오답 해설

① 의문문을 활용하고 있으나 과속 운전, 위험 운전을 하지 말라는 메시지를 전달하고 있어 폭력을 방관하는 것과는 내용상 거리가 멀다.
② '공범'이라는 표현을 통해 방관하는 것도 범죄라는 사실을 담고 있으나 의문문을 사용하지 않고 있다.
③ 내용상 폭력을 방관하는 것과도 관계가 없고, 의문문을 사용하고 있지도 않다.
⑤ 의문문을 활용하고 있으나 불법 촬영을 하지 말라는 것이므로 범죄를 방관하지 말라는 것이 아니라 범죄 행동을 하지 말라는 메시지를 담고 있다.

059 ①

정답 해설

이야기는 '가는 말이 고와야 오는 말이 곱다'의 속담처럼 먼저 친절하게 행동하는 것의 중요성을 이야기하고 있다. 메뉴판을 통해 손님들이 친절한 말투로 주문하게 되자 좋은 서비스를 받았고, 그 모습을 본 다른 손님들도 친절한 말투로 주문하게 되었으며, 결국 이러한 변화를 통해 친절하고 행복한 카페로 거듭나게 되었다.
이와 같은 상황은 '한 부분의 작은 변화가 긍정적인 선순환'을 만들어 내는 상황과 유사하다고 할 수 있다.

오답 해설

② 타인의 비평과 관련된 이야기는 유추할 수 없기에 오답이다.
③ 손님이 친절하게 주문한 까닭은 낮은 가격으로 음료를 구매하기 위함이었으므로 이타심이 행동의 강력한 동기가 된다고 유추할 수 없다.
④ 이야기의 시사점과 관련 없는 내용이므로 오답이다.
⑤ 카페 사장은 카페의 분위기를 바꾸기 위해 메뉴판을 바꾸는 노력을 선제적으로 했으므로 행운이 우연히 찾아온 것이라고 할 수 없다.

060 ①
정답 해설
윗글과 〈보기〉는 모두 '말 한마디'의 중요성에 대해 이야기하고 있다. 윗글은 손님들의 주문 말투의 변화로 찾아온 카페 분위기의 긍정적인 변화에 대해 이야기하며, 〈보기〉는 아무것도 그리지 못해 실망한 학생에게 따뜻한 말 한마디로 응원한 선생님을 통해 다시 용기를 얻을 수 있었던 학생 일화를 이야기한다. 따라서 말의 중요성, 언어가 가진 힘, 따뜻한 말 등의 주제를 이끌어 낼 수 있으므로 '배려의 언어'가 가장 적절하다.

읽기 061번~090번

기출문제집 p.82

061	③	062	③	063	①	064	③	065	③
066	⑤	067	①	068	②	069	⑤	070	①
071	③	072	④	073	②	074	③	075	②
076	②	077	③	078	③	079	②	080	①
081	①	082	②	083	②	084	②	085	②
086	②	087	④	088	②	089	②	090	②

061 ③
정답 해설
윗글에서는 혁명, 철학 등 '멀리 있는 것들'을 지향하고 동경하는 화자의 모습이 드러난다. 그 과정에서 비교의 의미를 지닌 조사 '보다'가 적극적으로 활용된다.

오답 해설
① 음성 상징어가 쓰인 부분을 찾을 수 없다.
② 어떤 것보다 어떤 것이 좋다는 내용의 나열이 주를 이루므로 섬세한 묘사가 드러나는 시라고 보기 어렵다.
④ 청각적 심상이나 화자의 현실 극복 의지는 드러나지 않는다.
⑤ 시간의 변화에 따라 화자의 심리가 변화하고 있다고 보기 어렵다.

▶ 출처 진은영, 『훔쳐가는 노래』, 창비, 2012.

062 ③
정답 해설
'연필'과 '지우개'는 시적 화자의 가까이에 있는 사물이다. 이 시의 화자가 자신과 멀리 있는 것을 동경한다는 점을 고려할 때, '연필'과 '지우개'가 고고한 삶의 가치를 드러내는 표현이라고는 볼 수 없다.

오답 해설
① '보다' 앞에 오는 시어들은 시적 화자와 가까운 거리에 있는 것들이다. 따라서 '홍대 앞'은 화자의 가까이에 있는 장소를 나타낸다.
② '센베이 과자'는 '가족'과 '어린 날 저녁 매질'이라는 화자의 상처를 환기하는 시어이다.
④ 화자와 떨어진 곳에 있는 '너의 노래'는 가까이에 있는 '상처'나 '분노'와 대조를 이루는 표현이다.
⑤ '혁명'과 '철학'은 시적 화자가 좋아하는 대상이므로 동경하는 대상으로 볼 수 있다.

063 ①
정답 해설
"봉출 씨는 매끼가 풀어지고 사개가 물러날 듯한 기출 씨의 심상치 않은 변모에 일말의 불안감을 떨쳐 버릴 수가 없었던 것이다."라는 대목에서 봉출 씨의 불안감이 잘 드러난다.

오답 해설
② 봉출은 기출과 함께 겪었던 과거의 일을 회상하고 있으나 기출이 모습을 감춘 것에 자신의 책임을 느끼며 자책하고 있지는 않다.
③ 기출과 있었던 일을 묘사하고 있으나 짐작하는 바를 밝히고 있을 뿐 기출이 이후에 트집을 잡는 행동을 하는 것의 이유를 밝히고 있는 것은 아니다.
④ 기출이 큰아들과 겪은 갈등을 언급하고 있지만 이는 기출이 정부로부터 외면 받아 쓸모없어진 농민들의 신세 또는 자녀들로부터 괄시 받는 자신의 처지를 고욤나무에 빗댄 것으로, 나무의 가격 하락을 걱정한 것이라고는 볼 수 없다. 또한 봉출이 기출의 모습을 공감하고 있는 모습은 찾기 힘들다.
⑤ 기출이 본인의 생일 아침에 아들과 언쟁을 벌인 것을 봉출이 회상하고 있다고 볼 수 있으나, 이것이 생일에 땅 거래가 있었음을 설명하거나 비판하고 있는 것은 아니다.

▶ 출처 『한국소설문학대계』55권, 동아출판사, 1995, 504-512쪽.

064 ③
정답 해설
ⓒ에서 경찰관을 친 것을 두고 법을 친 것이라고 주장하는 기출의 언급은 앞에서 경찰관이 "내가 아저씨를 민 게 아니라 법이

민 거예유."라고 한 표현을 흉내 낸 것으로, 경찰관들이 스스로 '법'임을 자처한 것을 빈정대면서 동시에 자신의 행동이 농촌 정책에 대한 불만을 담은 정당한 행동임을 말하고 있다.

오답 해설

① ㉠은 '억'은 돈의 액수를 뜻하는 '억(億)'과 비명을 뜻하는 '억'의 동음이의를 활용하고 있으나 이는 상대방인 경찰관의 말에 응수하고 있는 것이지 입장 변화를 요구하는 것은 아니다.
② 두 대상을 대비하여 말하는 것으로 보기 어렵고, 공감을 요청하는 것도 아니다.
④ ㉠과 ㉡은 모두 풍자적 성격을 띤 어조이기는 하지만 상대방의 행동을 풍자한다고 보기 어렵고, 성찰을 유도하는 것이라 보기도 어렵다.
⑤ ㉠과 ㉡ 모두 반어적 표현이 사용되지 않았으며, 상대방의 논지를 반박하고 있지도 않다. 모두 상대방인 경찰관의 말에 응수하고 있는 것으로 자신의 행동에 대한 핑계에 가깝다고 볼 수 있다.

065 ③

정답 해설

기출 씨가 '고욤나무만이나 쓸다리 읊는 나무도 드물레그려'라고 한 말은 자신의 처지와 고욤나무를 동일시한 것으로 일종의 한탄으로 해석할 수 있다. 그러나 이러한 자신의 삶 전반에 대한 자조 섞인 한탄을 농촌 공동체의 파편화된 현실에 대한 불만으로 해석하기는 어렵다.

▶ **출처**
- 구자황, 「이문구 소설의 전통과 근대」, 2006, 역락, 231-232쪽.
- 김만수, 「땅의 근본과 사람의 도리에 대한 성찰」, 『한국소설문학대계』 55권, 1995, 동아출판사.

066 ⑤

정답 해설

3문단에서 "자유가 가장 중요하기 때문에, 자유를 가져야만 사람들이 독서, 사색, 토론, 선거를 통해서 진정으로 이성과 도덕에 부합하는 신적 법률이 무엇인지 발견할 수 있다는 것"이라고 진술한다. 따라서 이성에 기반한 법률의 가치는 자유를 통해 의미가 상쇄된다는 진술은 적절하지 않다.

오답 해설

① 2문단에서 "주권은 의지가 아닌 이성에서 나오는 것이며, 사회는 이성의 절대 통치 아래 있다"고 진술한다. 따라서 이성이 의지를 지배한다는 진술은 적절하다.
② 4문단에서 "혁명과 공포정치와 파리 민중의 봉기라는 망령이 되살아날 것이라고 그는 경고했다"고 진술한다. 따라서 기조는 민중 봉기에 비판적이라는 진술은 적절하다.
③ 2문단에서 "그는 모든 사회가 자연스럽게 통치 구조를 갖추게 되므로 어떤 사회 계약도 필요하지 않다고 말했다"고 진술한다. 따라서 기조는 사회 계약에 대해 회의적이라는 진술은 적절하다.
④ 1문단에서 "민주주의가 바람직한 사회적 환경을 조성하기보다는 산업주의·실증주의만큼이나 강력한 억압을 만들어 낼 것이라고 우려했다"고 진술한다. 따라서 자유주의자들은 민주주의에 회의적이었다는 진술은 적절하다.

▶ **출처** 김민철, 「프랑스혁명에 대한 결산으로서의 19세기 정치사상」, 『사림』, 78호, 2021, 519-523쪽.

067 ①

정답 해설

2문단에서 "신이 인류에게 내려준 영원불변의 법률이 있다. 이성과 도덕이 그것이다. 이 법률은 주권을 갖는다. 주권은 의지가 아닌 이성에서 나오는 것이며, 사회는 이성의 절대 통치 아래 있다."라고 진술한다. 따라서 '이성의 주권'이라는 진술을 추론할 수 있다.

068 ②

정답 해설

4문단에서 "국회는 대표들이 모여서 토론을 통해 이성의 법칙을 밝히는 곳이었다. 이 원칙을 고수하지 않으면 사회는 민주주의 늪으로 끝없이 빠져들고, 혁명과 공포정치와 파리 민중의 봉기라는 망령이 되살아날 것이라고 그는 경고했다."라고 진술한다. 다시 말해 이성의 법칙을 고수해야지 민주주의 늪에 빠져들지 않는다. 따라서 이성의 원칙을 통해 민주주의를 실현한다는 진술은 적절하지 않다.

오답 해설

① 4문단에서 "우월한 지성을 가진 자들을 선출해서 그들이 이성의 목소리를 듣고 그에 따라 자신을 통치해 주기를 바라며"라고 진술한다. 따라서 뛰어난 지성이 사회를 이끈다는 진술은 적절하다.
③ 3문단에서 "선거인은 반드시 자신이 뽑은 대표들의 계몽된 정신을 신뢰해야 한다."라고 진술한다. 따라서 선거인은 피선거인의 올바른 정신을 신뢰한다는 진술은 적절하다.
④ 4문단에서 "투표는 유권자가 자신의 주권을 행사하는 것도

아니고"라고 진술한다. 따라서 투표는 유권자의 주권 행사를 의미하지 않는다는 진술은 적절하다.

⑤ 3문단에서 "선거인은 대표들에게 어떠한 구체적 의무도 부과하지 않는다."라고 진술한다. 따라서 선거인의 이해관계는 선출된 대표를 압박하지 않는다는 진술은 적절하다.

069 ⑤

정답 해설

4문단에서 소장 부본에 대하여 절차 진행을 위해 소장을 법원과 피고 모두가 받아야 하기 때문에 필요하다고 설명하면서 "소장과 똑같이 작성"되었다고 서술한다.

오답 해설

① 2문단에 따르면 "문서를 복사한 것"을 사본 또는 복사본이라 한다면서 공공기관에서 원본의 내용을 복사하여 발급하는 것을 등본, 초본이라 부른다고 하여, 등본도 사본의 성격을 갖는다는 것을 알 수 있다.
② 2문단에 따르면 초본을 "원본에서 필요한 사항을 추려서 복사한 것"이라 해설한다.
③ 4문단에 따르면 "원고는 피고의 수만큼" 소장 부본을 작성해야 한다고 말한다.
④ 6문단에 따르면 "특히 문서의 위조나 변조 여부가 문제되는 경우에는 원본의 제출이 필수적"이라고 설명한다.

070 ①

정답 해설

3문단에서 "법률상 원본을 보관해야 하는" 법원이 판결서를 내어줄 수 없는 실정이라 설명하고 있으므로 법원의 판결서 보관 의무를 추론할 수 있다.

오답 해설

② 4문단에서 소장 부본에 대하여 "소장과 똑같이 작성한 것이지, 복사한 것이 아니므로 등본이라 할 수는 없다."고 하여 사본으로서의 성격을 갖는 등본이 아니라 밝히기도 하고, "애초부터 소장과 함께 송달용 부본을 따로 만들도록" 한다는 서술도 하여 복사본으로 이해하지 않도록 한다.
③ 원본의 내용에서 일부를 추린 초본이 전체를 베낀 등본을 완전히 대신할 수는 없는 것이 당연하다.
④ 6문단에서 당사자가 원본 대신 사본을 제출하여도 상대방이 그 진위를 문제 삼지 않으면 법원은 증거로 받아들여 그 내용을 다룰 수 있다고 하여 사본이 법원에서 증거로 받아들여지는 경우를 들고 있다.

⑤ 전체 내용을 옮긴 등본과 발췌본인 초본은 그 내용이 서로 다를 수밖에 없지만 복사하여 발급하는 방식은 같다고 볼 수 있다.

071 ③

정답 해설

2문단에 따르면 등본이 법적 효과를 갖는 데 대하여 "공공기관이 발급한 문서라서 공식적인 증명의 효과가 있다"고 설명한다. 지문은 문서가 갖는 공식적 증명의 효과가 공공기관에서 발급한 데 따른 것이라고 밝히면서 "단순한 사본은 원칙적으로 그 자체로는 법적 효력을 갖지 않는다."고 전제하는 것이다. 따라서 공공기관을 상대로 계약을 체결한 내용의 문서를 복사하였을 뿐 공공기관에서 발급한 것이라 할 수 없는 사본에는 그런 효과가 인정되지 않는다.

오답 해설

① 2문단에 따르면 초본도 등본과 마찬가지의 절차로, 다시 말해 공공기관이 보유 원본을 복사하여 발급하는 절차로 만들어진다고 하기 때문에, 행정기관인 주민센터에서 발급한 주민등록표 초본에 지문에서 가리키는 공식적 증명의 효과를 인정할 수 있다.
② 등기소 또한 공공기관이라 할 수 있으므로 효과를 인정할 수 있다.
④ 정부 부처에서 내어주는 문서이므로 효과를 인정할 수 있다.
⑤ 인터넷을 통해 제공받더라도 대법원이라는 국가기관에서 발급한 이상 효과를 인정할 수 있다.

072 ④

정답 해설

3문단에서 판결서를 정본으로 내어줄 수밖에 없다고 하면서, 판결서에 대하여 "증명용에 그치는 게 아니라"고 하여 증명을 위한 성격을 전제하며 설명을 이어간다. 따라서 등본의 증명력을 강화한 인증등본과 마찬가지로 증명을 위한 용도가 확인된다.

오답 해설

① 원본과 같은 효력이 발생하는 것은 정본이다.
② 3문단에서 판결서는 그 자체로써 강제집행 절차를 개시시키기 때문에 원본으로 당사자에게 송달되어야 하는 것이겠지만, 원본을 보관할 의무가 있는 법원은 그 대신 판결서 정본을 제공하여 집행 절차를 실행할 수 있도록 한다고 설명한다.
③ 정본과 인증등본에 대한 서술이 서로 뒤바뀌어 있다.

⑤ 2문단에서 등본에 대해 원본의 내용 전체를 복사한다고 설명하고, 정본에 대해 원본과 내용이 동일하다고 해설하여, 원본의 내용 전체가 반영된다는 것에 대해서는 공통점으로 이해되도록 풀어간다.

073　②
정답 해설
1문단에 따르면 입자의 직영이 2.5μm 이하인 경우는 PM 2.5라 한다. 따라서 반지름이 2μm인 미세먼지는 직경이 4μm이므로 PM 2.5에 포함되지 않는다.

오답 해설
① 미세먼지는 폐의 상피 세포 돌연변이와 관계가 있다.
③ 질소 산화물은 미세먼지를 구성하는 성분 중의 하나이다.
④ 미세먼지의 크기는 미세먼지의 인체 내 체류 시간에 영향을 준다.
⑤ 미세먼지 필터의 포집 효율은 백분율을 이용하여 나타낼 수 있다.

▶ 출처　Chemical Engineering Journal, Volume 450, Part 4, 15 December 2022, 138340

074　③
정답 해설
3문단에 따르면 필터의 성능 지수는 압력 손실이 작고 포집 효율이 높아야 커진다. 그런데 (가)의 앞부분을 보면 포집 효율을 높이고자 섬유를 빽빽하게 하게 만들면 압력 손실이 커진다. 따라서 적절한 말은 상충 관계이다. 섬유를 듬성듬성 적층하면 통상적으로는 포집효율이 작아져야 하지만, '하여도'라는 접속사를 통해 이 뒤에 그렇지 않은 일이 일어남을 추론할 수 있다. 따라서 '큰 포집 효율을 확보할 수 있다'가 문맥상 자연스럽고 적절한 표현이다.

075　③
정답 해설
ㄱ. 2문단에 따르면 압력 손실은 기체 투과도의 역수에 비례한다. 〈보기〉에서 기체 투과도는 필터 A가 필터 B보다 크다. 따라서 필터 A의 압력 손실이 필터 B의 압력 손실보다 작다.
ㄴ. 2문단에 따르면 필터 성능 지수는 미세먼지 포집 효율(E)과 압력 손실(ΔP)에 의해 결정되고 그 값은 1-E에 자연 로그를 취한 값을 압력 손실인 ΔP로 나눈 값이다.

〈보기〉에서 필터 성능 지수는 필터 B가 필터 A보다 크고 압력 손실 또한 필터 B가 크므로 포집 효율은 필터 A가 필터 B보다 작다.
ㄹ. 2문단에 따르면 필터의 미세먼지 포집 효율은 필터를 통과하기 전 기체의 미세먼지 농도에서 필터를 통과한 후의 미세먼지 농도를 뺀 값을 필터를 통과하기 전 미세먼지의 농도로 나눈 값이다. 포집 효율이 0.8이라는 것은 100개의 미세먼지가 있다면 80개가 필터에 포집되는 것을 뜻한다. 따라서 미세먼지의 20%는 필터에서 포집되지 않고 통과하는 것을 의미한다.

오답 해설
ㄷ. 2문단에 따르면 압력 손실은 유입되는 기체의 속력이 커질수록 커진다. 따라서 〈보기〉에서 2m/s로 실험했던 것을 1m/s로 유입 속력을 낮추면 압력 손실이 낮아진다. 2문단에 따르면 미세먼지 필터 성능 지수는 미세먼지 포집 효율(E)과 압력 손실(ΔP)에 의해 결정되고 그 값은 1-E에 자연 로그를 취한 값을 압력 손실인 ΔP로 나눈 값이다. 따라서 포집 효율은 그대로인데 압력 손실(ΔP)이 변하였으므로 성능 지수 또한 변하게 된다.

076　②
정답 해설
1~4문단 전체에 걸쳐 탄소 연대 측정법이 나와 있다. 4문단에 나무의 나이테 분석법이 언급되어는 있으나 이는 경쟁하는 측정법이 아니라 탄소 연대 측정법을 보정하는 측정법으로 소개되어 있다.

오답 해설
① 4문단 마지막 문장에 탄소 연대 측정법의 의미와 가치를 평가하고 있다.
③ 4문단에 따르면 퇴적물에 의한 오염, 지구 자기장이나 태양 흑점 활동 변화 등의 특정 상황에서 탄소-14의 탄소 연대 측정법은 연대 측정에 있어서 왜곡이 발생함을 알 수 있다.
④ 4문단에 탄소 연대 측정법을 보정하는 방법인 나이테 분석이 소개되어 있다.
⑤ 2문단에 탄소 연대 측정법의 근간이 되는 탄소-14의 붕괴 반응이 언급되어 있으며 3문단에 반응의 정도를 나타내는 반감기가 제시되어 있다.

▶ 출처　이일수, 『첨단기술의 기초』, 글고운, 2007.

077 ③

정답 해설

ㄷ. 3문단에 따르면 죽은 생명체는 탄소-14와 탄소-12의 존재 비가 탄소-14가 붕괴함에 따라 달라지는 것을 이용하여 생성연대를 추정한다. 따라서 살아있는 생명체에서는 그 존재 비가 일정해야 하며 이렇게 일정하게 유지되기 위해서는 2문단에 설명되어 있는 우주선에 의한 탄소-14의 생성과 분열에 따른 소멸이 속도가 같아야만 대기 중에 존재 비가 일정하게 유지됨을 추론할 수 있다.

오답 해설

ㄱ. 3문단에 따르면 처음에 있던 원소의 양이 반감기이다. 이는 탄소-14의 양과는 아무런 관련이 없다. 또한 탄소-14의 양은 분석하고자 하는 대상에 따라 다르므로 만약 이것이 처음의 탄소-14의 양과 관련이 있다면 탄소 연대 측정이 불가능함을 추론할 수 있다.

ㄴ. 4문단에 따르면 나이테 분석을 통해 탄소 연대 측정법을 보정한다. 따라서 나이테 분석법이 더 정확하다는 것을 추론할 수 있다.

078 ③

정답 해설

〈보기〉에서 질량수가 14인 탄소 0.2g이 붕괴에 따른 결과로 현재는 0.08g만 남았다는 것으로부터 반감기가 1번 지나고 2번째 반감기까지 도래하지 않은 것을 알 수 있다. 3문단에 따르면 탄소-14는 반감기가 약 5,730년이므로 이 숯은 한 번의 반감기를 지나고 두 번의 반감기까지는 지나지 않은 5,730년 전과 11,460년 전 사이에 만들어진 숯임을 알 수 있다.

〈보기〉에서 탄소-12에 의해 오염되었다고 했으므로 탄소-14의 존재 비가 더 작음을 알 수 있다. 이는 3문단에서 소개하고 있는 반감기는 존재 비로 알아내는 것이므로 실제보다 존재 비가 작게 측정되어 더 오랜 시간 동안 방사성 붕괴가 되었다는 결과가 나옴을 알 수 있다.

079 ②

정답 해설

1문단에서 "그러나 도덕적으로 살아야 하는 이유를 묻는다면 뭐라고 대답할 수 있을까?"라고 말하고 있다.

오답 해설

① 1문단에서 "어떤 행동이 도덕적인가에 대해서는 사람마다 의견이 다를 수 있지만 도덕적으로 살아야 한다는 데는 모든 사람이 동의할 것이다."라고 말하므로, 어떤 행동이 도덕적인가를 묻는 물음은 아니다.

③ 1문단에서 "도덕적이지 못하면 비난이나 처벌을 받기 때문이라는 것이 흔한 대답이다."는 설득력이 없다고 말하므로, 왜 비난이나 처벌을 두려워하는가는 적절한 물음이 아니다.

④ 1문단에서 "그러나 도덕적으로 살아야 하는 이유를 묻는다면 뭐라고 대답할 수 있을까?"라고 말하고 있으므로, 왜 도덕적으로 사느냐가 사람들은 왜 비도덕적 행동을 하는가보다 우선되는 질문이다.

⑤ 기게스의 반지 이야기는 비난이나 처벌이 따르지 않는 상황에서 사람들이 도덕적으로 행동하지 않을 수 있음을 보여준다. 그러나 이 이야기가 중심적으로 제기하는 문제는 '사람들이 왜 비도덕적 행동을 하는가'가 아니라, '비난이나 처벌이 없는 상황에서도 도덕적으로 살아야 할 이유가 있는가'라는 점이다. 따라서 ⑤는 지문의 핵심 문제의식과는 다소 거리가 있다.

▶ 출처 최훈, 『1페이지 철학』, 빅피시, 2022, 171쪽.

080 ①

정답 해설

플라톤은 지문에서 "신이 명령하기에 도덕이 선한 것인가, 아니면 그것이 선하기에 신이 명령하는가?"라는 물음을 던지고, 이를 각각 '전자'와 '후자'로 나누어 설명하고 있다. 전자는 신이 명령했기에 도덕이라는 관점이며, 이 경우 신이 마음만 먹으면 살인조차 도덕적 의무로 만들 수 있다는 비상식적인 결과가 따른다. 반면 후자는 어떤 행위가 선하기 때문에 신이 명령하는 것이라는 관점인데, 이는 도덕이 신보다 우선하여 존재한다는 뜻이 되어 신명론 자체를 무의미하게 만든다. 결국 이 딜레마는 신의 명령이 비도덕적인 것을 정당화할 수 있거나, 도덕이 신의 명령보다 선행한다는 문제를 동시에 보여준다. 따라서 ①이 가장 적절하다.

오답 해설

② 딜레마는 '신이 명령해서 도덕인가' 또는 '도덕이 선하므로 신이 명령하는가'의 문제로, '신의 명령이 비상식적인가' 또는 '신이 우리의 행동을 비상식적으로 보는가'와는 관련이 없다.

③ 지문에서 말하는 딜레마는 신의 명령이 도덕의 근거인지 아닌지에 대한 것이지, 신의 명령이 일관되느냐, 또는 그 해석이 일관되느냐와는 무관하다.

④ 딜레마는 신과 인간 사이의 의사소통 가능성을 다루는 문제가 아니다. 마지막 문단에서 신의 명령을 인간이 제대로 아느냐는 비판이 뒤에 나오긴 하지만, 딜레마의 핵심은 신의 명령과 도덕의 선후 관계이며, 언어적 이해 여부는 아니므로 오답이다.
⑤ 신이 실행하기 어려운 명령을 내린다는 식의 실천 가능성 문제에 초점을 두고 있으나, 딜레마는 실천의 난이도가 아니라 도덕의 근거가 신의 명령이냐 아니냐를 묻는 문제이므로 오답이다.

081 ①
정답 해설

3문단에서는 "신이 마음만 먹으면 어떤 것이든 곧 도덕이 된다"고 하여 도덕이 독단적인 것이 될 수 있다고 비판한다. 이러한 비판에 대해 4문단에서 "살인은 도덕적이지 못하므로 신은 살인을 도덕적 의무로 만들지 않을 것이라고 대답할 것이다."라고 한다. 독단적이라는 비판을 무시하지 않고 비판을 피할 수 있는 답을 하는 것을 보면, 신명론을 옹호하는 사람들도 독단을 피하려고 한다는 것을 확인할 수 있다.

오답 해설

② 2문단에서 신명론은 '도덕을 신의 명령과 동일시하는' 이론이라고 말했다. 그리고 7문단에서 "독실한 사람은 신명론을 받아들여서는 안 된다는 것"을 토마스 아퀴나스는 받아들인다고 말했다. 그 이유는 플라톤의 해석처럼 신명론을 받아들였을 때 도덕과 신이 관련되지 않기 때문이다. 따라서 토마스 아퀴나스는 독실한 사람은 어떻게든 도덕을 설명할 수 있어야 한다고 생각함을 추론할 수 있기에, 독실한 것과 도덕적인 것은 별개라고 생각했다는 것은 적절하지 않다.
③ 2문단에서 "신명론은 특정 종교와 관련 없"다고 말했으므로 신명론에 대한 비판도 당시 그리스 신에게만 해당하지 않는다.
④ 3문단에서 "플라톤은 그의 스승 소크라테스처럼 고대 그리스 신들을 받아들이고 존중했"다고 말하는 것으로 보아 플라톤이 무신론자이기에 신명론을 받아들이지 않았다는 진술은 적절하지 않다.
⑤ 1문단에서 기게스의 반지 이야기는 "도덕적이지 못하면 비난이나 처벌을 받기 때문이라는" 대답이 설득력이 없다고 말한다. 따라서 비난이나 처벌을 받을 일이 전혀 없으면 도덕적이지 않다고 주장한다는 것은 적절하지 못하다.

082 ①
정답 해설

전자는 신이 명령한 것이 곧 도덕이라고 보고, 후자는 신의 명령과 상관없이 도덕이 있다고 봄을 알 수 있다. 따라서 두 견해 모두 도덕의 존재를 전제하고 있음을 알 수 있다.

오답 해설

② 전자는 신의 명령이 곧 도덕이라고 말하므로 신의 존재를 인정하는 것이 맞다. 그러나 후자는 도덕은 신과 독립적으로 있다고 말하는 것일 뿐이므로 신의 존재를 부정하지는 않는다.
③ 3문단의 "신이 마음만 먹으면 어떤 것이든 곧 도덕이 된다"임을 통해 전자에서는 신의 마음먹기에 따라 도덕적 규범이 얼마든지 바뀔 수 있음을 알 수 있다. 한편 후자는 도덕이 신과 독립적으로 있다고 말하고 있을 뿐이지, 도덕적 규범이 바뀌지 않는다고 말하는 것은 아니다.
④ 신의 명령은 도덕과 상관이 없다고 생각하는 것은 전자가 아니라 후자이다.
⑤ 후자는 어떤 행동이 도덕적이기에 신이 명령한다는 것을 인정하지만, 전자는 신이 명령하기에 어떤 행동이 도덕적이라고 주장한다.

083 ②
정답 해설

공모 개요의 공모 분야 설명에 따르면 '공모 분야에 중복 지원 가능하냐'라는 문구가 게시되어 있다.

오답 해설

① 심사 결과는 2024년 11월 초 행정안전부와 자전거 행복나눔 홈페이지에 미리 게시된다.
③ 시상은 사진과 영상 부문으로 나누어 총 17점이 시상된다.
④ 단체명으로 응모·입상한 경우 단체명으로 시상된다.
⑤ 작품과 참가 신청서 모두 자전거 행복나눔 홈페이지에 온라인으로 접수한다.

▶ 출처
행정안전부
(https://www.mois.go.kr/frt/bbs/type013/commonSelectBoardArticle.do?bbsId=BBSMSTR_000000000006&nttId=110069)

084 ③
정답 해설
공모 안내문에 제시된 작품 주제와, 영상 파일 확장자 및 용량에는 적합하나, 촬영 형식이 적합하지 않으므로 오답이다. 영상은 세로 형식으로 촬영해야 한다.

오답 해설
①, ④의 경우 안내문에서 제시하고 있는 영상 파일 확장자와 세로 형식, 용량의 크기가 영상 규격에 적합하다.
②, ⑤의 경우 안내문에서 제시하고 있는 사진 파일 확장자와 가로세로 형식이 사진 규격에 적합하다.

085 ③
정답 해설
보도에서는 '크리덴셜 스터핑'이라는 특정 해킹 용어를 언급하고 있으며, 시각 자료에도 해당 용어의 문구가 등장하고 있다. 그러나 용어의 원어와 뜻풀이를 제시하고 있지 않기에 적절하지 않은 진술이다.

오답 해설
① 시청자들이 보도에 집중할 수 있도록 자막에 '자동 로그인'이라는 핵심 단어와, '8백만 개' 유출이라는 수치를 제시하고 있다.
② 시청자들이 일상에서 많이 이용하는 유명 온라인 쇼핑몰 상품권 도난 사건이 일어난 피해 사이트의 화면을 자료로 제시하고 있다.
④ 국내 계정의 유출 현황을 시각적으로 보여주는 꺾은선 그래프를 통해 시청자들이 사건의 심각성을 인지할 수 있도록 돕고 있다.
⑤ 자동 로그인 기능이 활성화되는 화면을 자료로 보여주어 계정 유출 피해에 대한 경각심을 갖게 하고 있다.

▶ 출처 https://news.kbs.co.kr/news/pc/view/view.do?ncd=7892983

086 ②
정답 해설
시청자2는 정보 분야에서 흔히 다뤄지는 '다크웹'이라는 용어를 그대로 사용하지 않고 과도하게 우리말로 풀이한 것이 오히려 뉴스 보도의 전문성을 낮추고 있다며 비판하고 있다. 따라서 시청자 연령층과 관련지어 부정적으로 평가하고 있다는 진술은 적절하지 않다.

오답 해설
① 시청자1은 특정 온라인 쇼핑몰 피해 사례를 공중파 방송에서 다뤘을 때의 후속 문제를 예상하며 뉴스에서 제공하는 시각 자료의 적절성을 비판적으로 평가하고 있다. 따라서 적절한 진술이다.
③ 시청자3은 최근 3년 사이 유출된 국내 계정이 급격하게 늘었다고 설명하는 보도 내용과 제시된 꺾은선 그래프가 일치하지 않는다고 비판적으로 평가하고 있다. 따라서 적절한 진술이다.
④ 시청자4는 공공 기관의 계정 정보가 유출되었다는 보도 내용에 걱정하고 있으며, 이에 대한 정부의 대응책 보도를 추가로 요구하고 있기에 적절한 진술이다.
⑤ 시청자5는 일상생활에서 손쉽게 실천할 수 있는 사례를 보도에서 제공해 주어 도움이 되었다고 긍정적으로 평가하고 있기에 적절한 진술이다.

087 ④
정답 해설
카드 4에서는 '생활 속 작은 실천을 잊지 마세요'라는 문구를 통해 문제의 예방을 강조하고 있으며, 처벌에 대해서는 언급하지 않고 있다. 따라서 적절하지 않은 진술이다.

오답 해설
① 보도의 핵심인 자동 로그인의 위험성을 직관적으로 보여줄 수 있도록 카드 뉴스에서 큰 제목의 문구와 삽화를 제시하고 있다. 따라서 적절한 진술이다.
② 보도에서는 공용PC와 개인PC에서 자동 로그인 기능을 사용할 때의 위험성을 언급하고 있으며, 카드 뉴스에서 추가적으로 '악성 사이트나 이메일 접속', '웹사이트 해킹' 등의 유형을 제시해 주고 있다. 따라서 적절한 진술이다.
③ 보도에서 전문가가 제시한 일상생활 속 실천 사례를 수정·보완하여 카드 뉴스에서는 '계정 유출 예방법'의 다양한 목록을 제시하고 있다. 따라서 적절한 진술이다.
⑤ 카드 뉴스에서 보도의 마지막 장면에 사용한 자동 로그인 기능이 활성화되는 화면을 재인용하여 무의식적인 저장 기능 사용에 대해 경각심을 주고 있다. 따라서 적절한 진술이다.

088 ②
정답 해설
신청은 주소지 읍·면사무소 또는 동행정복지센터에 방문하여야 한다. 시청 주택경관과는 문의처에 해당한다.

오답 해설

① 신청 기간이 7월이므로, 신청일 기준 행복시 거주자가 아닌 부부는 신청할 수 없다.
③ 어머니 소유의 집에 전세로 살고 있는 신혼부부는 지원제외 대상의 '직계 존속과 임대차 계약을 체결한 자'에 해당하므로 지원받을 수 없다.
④ 금융기관에서 대출을 받지 않은 자는 지원받을 수 없다.
⑤ 2024년에 다자녀 가정 전세자금대출 이자 지원을 받은 부부는 지원제외 대상의 '당해 연도 내 유사 전세자금대출 이자 지원을 받은 가구'에 해당하므로 지원받을 수 없다.

▶ 출처 진주시 공고 제2024-1671호

089 ②
정답 해설
지원금 가산 비율은 자녀 유무 및 자녀 수로 결정되므로, 유자녀인 A와 무자녀인 B는 지원금 가산 비율에 차이를 보인다. 가구원 수와는 관계가 없다.

오답 해설
① ㉠의 1순위 판단 기준은 기준 중위 소득이므로, 기준 중위 소득이 낮은 A가 B에 비해 선순위로 판정된다.
③ B는 무자녀이므로 지원금 기본 한도가 100만 원이지만, A는 1자녀이므로 지원금 기본 한도 100만 원에서 지원금의 20%를 가산한다.
④ A의 대출 잔액은 1억 5천으로, 1.5%는 225만 원이므로 지원금 기본 한도는 100만 원이다. A는 1자녀이므로 지원금의 20%를 가산한 120만 원을 지원받을 수 있다.
⑤ B의 대출 잔액은 3억으로, 1.5%는 450만 원이므로 지원금 기본 한도는 100만 원을 모두 지원받을 수 있다.

090 ②
정답 해설
윗글에는 신청을 위해 필요한 서류에 대한 안내가 누락되어 있다.

오답 해설
① 접수처는 주소지 읍·면사무소 또는 동행정복지센터이다.
③ 지원 대상 요건은 1.에 정리되어 있다.
④ 선정 결과는 2024. 8. 19. (월) 개별 문자로 안내된다.
⑤ 지원금은 지원 대상자의 계좌로 입금된다.

국어 문화 091번~100번

기출문제집 p.100

| 091 | ③ | 092 | ⑤ | 093 | ① | 094 | ④ | 095 | ① |
| 096 | ⑤ | 097 | ③ | 098 | ⑤ | 099 | ② | 100 | ⑤ |

091 ③
정답 해설
〈보기〉에서 설명하고 있는 작품은 〈누항사〉이다. 경기도 용진에 은거하고 있을 때 이덕형이 찾아와 사는 형편을 묻자 작가가 이에 화답하는 뜻으로 지은 가사로, 자연을 벗 삼아 안빈낙도하는 심정을 드러내고 있다.

오답 해설
① 〈태평사〉는 조선 선조 때 박인로가 지은 가사로, 임진왜란 때 성윤문의 막하에서 종군하였던 작가가 성윤문의 명에 따라 사졸들을 위하여 지은 작품이다. 전란의 참상과 종전 후 태평성대를 맞이하게 된 기쁨과 성은에 보답하여 길이 이 태평을 즐기자는 뜻을 노래하고 있다.
② 〈선상탄〉은 조선 선조 때 박인로가 지은 전쟁 가사로, 배 위에서 조국에 대한 충성 및 전쟁의 비애를 읊은 작품이다. 임진왜란 때 통주사(統舟師)로 종군하여 부산에 있을 때 지었다.
④ 〈북천가〉는 조선 철종 때 김진형이 쓴 장편 기행 가사로, 함경도 명천으로 귀양 갔다가 서울로 돌아올 때까지의 생활을 읊은 것이다.
⑤ 〈연행가〉는 조선 고종 때 홍순학이 지은 장편 가사로, 고종 3년(1866) 4월에 주청사 유후조의 서장관으로 중국 청나라 연경에 갔다가 그해 8월 말에 귀국하기까지의 기행·견문을 적은 작품이다.

092 ⑤
정답 해설
채권장사, 수도 파이프 수리공 등으로 한 가족의 생계를 꾸려가는 난장이 아버지와 그의 다섯 명의 가족 이야기가 핵심을 이루는 작품으로 ⑤가 정답이다.

오답 해설
①~⑤ 모두 조세희 작가의 연작소설집 『난장이가 쏘아올린 작은 공』에 수록된 작품의 제목이며, ⑤가 표제작에 해당한다.

093　①

정답 해설

〈보기〉에서 설명하는 작가는 박경리이다. 현대 문학을 대표하는 소설가이며, 주로 사회와 현실을 비판하고 인간성과 생명을 추구하는 작품들을 발표했다.

오답 해설

② 최인훈은 소설가, 시인, 문학평론가, 극작가로서, 대표작으로 장편소설 『광장』이 있다.
③ 이문구는 소설가이자 동시 시인으로서, 1972년 『관촌수필』 연작, 1977년 『우리 동네』 연작으로 농촌사회를 풍자적으로 다루었다. 민중의 삶을 그들의 말과 주체적인 양식으로 그려냈으며, 농촌 현실을 전(傳)의 양식과 충청도 지역어를 풍부하게 활용한 문체로 그려냈다는 평가를 받고 있다.
④ 이청준은 해방 이후 『병신과 머저리』, 『잔인한 도시』 등을 저술한 소설가로서, 형식적 측면에서는 액자 구성과 추리 기법을 자주 차용하며, 주제적 차원에서는 '소설(또는 작가)이란 무엇인가'를 문제 삼는 예술가소설의 성향을 강하게 드러낸다.
⑤ 박완서는 해방 이후 『꿈꾸는 인큐베이터』, 『그리움을 위하여』 등을 저술한 소설가로서, 전쟁으로 인한 사회질서의 붕괴, 자본주의의 이면, 도시인의 삶과 여성문제, 노인의 삶과 죽음에 대한 응시 등을 다룬다.

094　④

정답 해설

〈보기〉는 〈동아일보〉 1920년 8월 2일자에 수록된 것으로서, 세계어협회 조직을 소개하는 기사이다. '졸업생 일동으로 더부러 지난 삼십일일 밤에 장츈관에 모임을 열고 '조선 에스페란토 협회'라는 한 긔관을 발긔하게 되얏다.'라고 서술하고 있기 때문에 정답은 ④이다.

오답 해설

① "지난 삼십일일 밤에 장츈관에 모임을 열고 '조선 에스페란토 협회'라는 한 긔관을 발긔하게 되얏다."에서 '조선 에스페란토 협회'가 6월 강습회를 개최할 수 없었음을 알 수 있다.
② "지난 삼십일일 밤에 장츈관에 모임을 열고 '조선 에스페란토 협회'라는 한 긔관을 발긔하게 되얏다."를 통해 6월에 협회 창립이 구체화된 것이 아님을 알 수 있다.
③ "지난달 이십구일로써 강습을 마치고 뎨일 회의 졸업생으로 이십이 명이 업을 마치게 되얏다."에서 강습회가 7월에 종료되었음을 알 수 있다.

⑤ "'에스페란토'의 창작자 '사메노푸' 선생"을 통해 자연발생적으로 만들어진 말이 아님을 알 수 있다.

▶ 출처 〈동아일보〉, 1920.8.2.

095　①

정답 해설

㉠의 '반반한'은 '지체 따위가 상당한'의 뜻이다.

오답 해설

② ㉡의 '고금'은 예전과 지금을 아울러 이르는 말이다.
③ ㉢의 '사고무친'은 '의지할 만한 사람이 아무도 없음'을 말한다.
④ ㉣의 '천병만마'는 '천 명의 군사와 만 마리의 군마'라는 뜻으로, 아주 많은 수의 군사와 군마를 이르는 말로 쓰인다.
⑤ ㉤의 '시석'은 '예전에, 전쟁에 쓰던 화살과 돌'을 말한다.

▶ 출처 조웅전

096　⑤

정답 해설

'입시울가비야본소리'는 순경음(脣輕音)을 말하는데, ㉤ 수비 중 'ᄫ'은 순경음에 해당하므로 적절하다.

▶ 출처
- 강신항(2019), 『훈민정음 연구』(수정증보), 성균관대학교출판부.
- 이익섭(1992), 『국어표기법연구』, 서울대학교출판부.

097　③

정답 해설

'쑥'의 어두음이 예사소리가 아닌 된소리 'ㅆ'이므로 남한에서는 '해쑥'이 올바른 표기이다. 이에 대해 북한에서는 명사의 어두음과 관계없이 '햇-'으로 적으므로 '햇쑥'이 올바른 표기이다.

오답 해설

남한에서는 명사의 어두음이 예사소리인 경우 '햇-'으로 적고 그 외의 된소리나, 거센소리인 경우에는 '해-'로 적으므로 '햇감자, 햇병아리, 해팥, 해콩'이 올바른 표기이다. 이에 대해 북한에서는 명사의 어두음과 관계없이 '햇-'으로 적으므로 '햇감자, 햇병아리, 햇콩, 햇팥'이 올바른 표기이다.

▶ 출처 『조선말대사전』(2006), 사회과학원 언어학연구소.

098　⑤

정답 해설

'물난리'의 점자는 발음 대로인 ⠿⠿⠿⠿⠿(물날리)가 아니라 묵자(한글)를 그대로 점역해야 하므로 ⠿⠿⠿⠿⠿(물난리)가 옳은 표기이다.

099　②

정답 해설

'이의를 보류하지 아니하고'는 민법 용어로, '이의를 보류하다'는 말은 문자 그대로 보면 "이의를 미뤄두다"는 의미처럼 보이지만, 민법에서 이 표현은 '이의를 제기하다'는 뜻으로 쓰인다.

100　⑤

정답 해설

'-겠-'이라는 미래 시제 선어말 어미를 활용하여 말하는 시점 이후의 사건을 예측하고 있다.

오답 해설

① '시간당 10mm 안팎', '아침 기온이 5도' 등 구체적 수치와 단위를 활용하여 전달하는 정보의 정확성을 높이고 있다.
② 하십시오체 종결 어미인 '-습니다'를 사용하며 '있는데요', '떨어지겠는데요' 등 해요체 종결 어미를 함께 사용하여 친근한 느낌을 주고 있다.
③ '여기 동서로 길게 뻗은 구름대'에서 '여기'라는 지시 대명사를 사용하여 시청자들이 해당 정보에 주목하도록 유도하고 있다.
④ '기온이 뚝뚝 떨어지겠는데요'와 같이 모양을 나타내는 음성 상징어 '뚝뚝'을 활용하여 상황을 생생하게 전달하고 있다.

▶ **출처**　https://imnews.imbc.com/replay/2023/nw930/article/6534911_36191.html

| 2024년 8월 18일 시행 |

제80회
KBS한국어능력시험

정답과 해설

2024년 8월 18일 시행

제80회 정답과 해설

듣기·말하기   001번~015번

기출문제집 p.107

001	③	002	③	003	⑤	004	⑤	005	②
006	⑤	007	④	008	④	009	①	010	②
011	④	012	②	013	①	014	⑤	015	③

001 ③

듣기 대본

1번. 먼저 그림에 대한 설명을 들려 드립니다.
샤갈은 항상 사랑이라는 테마에 매혹되었다. 샤갈의 〈약혼자와 에펠탑〉을 보면 저 멀리 떨어져 있는 줄로만 알았던 대상들이 서로 연결되는 꿈에 사로잡힌다. 약혼자와 에펠탑, 샤갈이 이주해온 파리라는 도시와 샤갈의 고향, 염소와 바이올리니스트, 새하얀 암탉과 아름다운 신부, 보라색 의상을 걸친 신랑과 이 모든 요절복통, 난리법석 속에서도 고요한 미소를 짓고 있는 신부. 이 작품들 속의 다채로운 이미지들은 "이것과 이것이 과연 연결되는가?"라는 질문을 무색하게 만들며, 유쾌하게 서로를 갈구한다. 물론 이 모든 것의 중심에는 사랑이 있을 것이다. 사랑은 이 모든 어처구니없도록 다채로운 이미지들을 당연히, 얼마든지, 아무런 거리낌 없이 연결시킨다. 게다가 이 사랑에는 중력이 작동하지 않는다. 언제 어디서나 날아오를 수 있는 샤갈의 인물들은 우리 앞에 놓인 중력이라는 장애물을 쉽사리 뛰어넘어 버린다.
사랑하는 이가 너무 멀리 떨어져 있다면, 샤갈의 그림을 보라. 당신의 마음은 샤갈의 마음이 되어, 아무리 멀리 떨어져 있는 곳이라도 개의치 않고 사랑이 살아 숨 쉬는 바로 그 자리로 갈 수 있을 테니. 당신은 이 그림 속 주인공처럼 하늘 높이 훨훨 날아서라도 그리운 이에게 반드시 닿을 테니까.

정답 해설

"게다가 이 사랑에는 중력이 작동하지 않는다. 언제 어디서나 날아오를 수 있는 샤갈의 인물들은 우리 앞에 놓인 중력이라는 장애물을 쉽사리 뛰어넘어 버린다."라고 했으므로 중력이라는 장애물을 뛰어넘는 사랑을 보여 준다는 것을 알 수 있다.

오답 해설

① '에펠탑'은 파리를 상징하는데, "샤갈이 이주해온 파리라는 도시"라고 했으므로 적절하지 않은 설명이다.
② "저 멀리 떨어져 있는 줄로만 알았던 대상들이 서로 연결되는 꿈"이라고 했으므로 적절하지 않은 설명이다.
④ "사랑은 이 모든 어처구니없도록 다채로운 이미지들을 당연히, 얼마든지, 아무런 거리낌 없이 연결시킨다."라고 했으므로 다채로운 이미지를 연결하는 중심은 순수함이 아니라 사랑이다.
⑤ "아무리 멀리 떨어져 있는 곳이라도 개의치 않고 사랑이 살아 숨 쉬는 바로 그 자리로 갈 수 있을 테니."라고 했으므로 적절하지 않은 설명이다.

▶ 출처
• 정여울 외(2023), 『오직 나를 위한 미술관』, 웅진지식하우스.
• 사진 https://news.artnet.com/art-world/banksys-port-talbot-1424842

002 ③

듣기 대본

2번. 이번에는 이야기를 들려 드립니다.
한 마부가 하루는 산길을 따라 마차를 몰고 가다 그만 수레가 웅덩이 속에 깊게 빠지고 말았습니다. 마부는 너무 놀라 망연자실해진 나머지 자신의 마차 옆에 서서 멀거니 바라만 보고 있으면서 큰 소리로 소리를 지르며 "신이여, 저를 보살펴 주소서!"라고 말했습니다. 그러자 그 말을 들은 신이 직접 나타났습니다. 그런데 도움을 주기는커녕 이렇게 마부에게 말했습니다.
"저 수레바퀴들을 자네 어깨로 들어 보는 시늉을 하든가, 아님 황소를 끌어 나가려고 해 보든가, 뭐라도 하는 시늉이라도 한 다음에 내 도움을 청해야 하는 게 아닌가? 그러지 않고 기도를 아무리 많이 해도 헛수고라네."

정답 해설

하늘은 스스로 노력하는 사람을 성공하게 만든다는 뜻으로, 어떤 일을 이루기 위해서는 자신의 노력이 중요함을 이르는 말이다. 따라서 스스로 역경을 헤쳐 나가려는 노력이 있어야 한다는 이야기의 주제로 적절하다.

오답 해설

① 얕은수로 남을 속이려 한다는 말이므로 이 이야기와 어울리지 않는 내용이다.
② 쉬운 일이라도 협력하면 훨씬 쉽다는 말이므로 아무 것도 하지 않는 마부의 태도를 볼 때 주제로 적절하지 않다.
④ 무슨 일이든지 두 편에서 서로 뜻이 맞아야 이루어질 수 있다는 말이므로 주제로 적절하지 않다.
⑤ 아무리 훌륭하고 좋은 것이라도 다듬고 정리하여 쓸모 있게

만들어 놓아야 값어치가 있음을 비유적으로 이르는 말이므로 주제로 적절하지 않다.

▶ **출처** 이솝 우화

003
듣기 대본 ⑤

3번. 이번에는 강연을 들려 드립니다.
찌개는 고기나 채소에 고추장, 된장 또는 젓국 등을 넣고 갖은 양념을 하여 바특하게 끓인 반찬입니다. 국에 비하여 국물이 적고 간이 센 편입니다.
찌개라는 말은 조선 시대 문헌에 나타나지 않지만, 조선 시대 궁중에서 맑은 조치와 토장 조치를 임금의 수라상에 항상 올렸다고 하며, 조치라는 말이 바특하게 끓인 찜이나 찌개를 의미하므로 찌개가 꽤 오래전부터 반찬으로 자리하고 있었음을 알 수가 있습니다.
찌개는 어떤 재료를 사용했느냐에 따라 김치찌개, 두부찌개, 명란젓찌개, 생선찌개 등으로 분류하고, 어떤 양념을 사용했느냐에 따라 고추장찌개, 된장찌개, 새우젓찌개, 청국장찌개 등으로 분류합니다.
고추장찌개는 고추장을 양념으로 이용한 찌개로 얼큰하여 식욕을 돋우는 데 좋습니다. 여름에 먹는 민물고기찌개는 고추장찌개로 끓이는데, 비릿한 냄새를 없애 주므로 가장 좋은 맛을 낼 수 있습니다. 겨울에는 생선 대신에 고기를 넣고 찌개를 끓이는데, 쇠고기보다 돼지고기를 더 많이 이용하며, 순살로 된 부위보다는 적당히 기름이 있는 부위를 넣고 끓입니다. 이는 추운 겨울을 이겨 내기 위하여 지방질을 섭취해야 하는 옛 한국인들의 생활 방식에서 나온 것입니다.

정답 해설
"겨울에는 생선 대신에 고기를 넣고 찌개를 끓이는데 … 이는 추운 겨울을 이겨 내기 위하여 지방질을 섭취해야 하는 옛 한국인들의 생활 방식에서 나온 것입니다."에서 겨울에는 고기찌개를 즐겨 먹는다는 것을 알 수 있다.

오답 해설
① "찌개는 … 바특하게 끓인 반찬입니다."를 볼 때 적절하다.
② "조선 시대 궁중에서 맑은 조치와 … 수라상에 항상 올렸다고 하며, 조치라는 말이 … 찜이나 찌개를 의미하므로"를 볼 때 적절하다.
③ "찌개는 어떤 재료를 사용했느냐에 따라 … 명란젓찌개 … 등으로 분류하고"를 볼 때 적절하다.
④ "민물고기찌개는 고추장찌개로 끓이는데, 비릿한 냄새를 없애 주므로"를 볼 때 적절하다.

▶ **출처** 국립국어연구원(2002), 『우리 문화 길라잡이』, 학고재.

004
듣기 대본 ⑤

4번. 이번에는 라디오 방송의 일부를 들려 드립니다.
본격적으로 작곡을 시작한 하이든은 부지런히 곡을 씁니다. 그는 평생 750여 작품을 발표하며 다작왕에 이름을 올립니다. 보통 작곡한 곡이 많으면 자신의 곡을 스스로 표절하기도 하고 질보다는 양으로 승부하면서 곡의 완성도가 떨어지는 상황이 생기곤 합니다. 하지만 하이든은 다른 면모를 보여 줍니다. 그는 '어떻게 곡을 써야 더 재미있을까?'를 항상 고민하는 사람이었습니다. 클래식 음악은 다른 분야보다 공연 시간이 긴 편이라, 공연장마다 꾸벅꾸벅 졸고 있는 청중을 찾기 쉽습니다. 고전 시대에도 딱히 다를 바가 없었습니다. 귀족도 사람인지라 긴 공연을 참지 못하고 조는 경우가 빈번했습니다. 그래서 하이든은 꾀를 냅니다. "여러분, 클래식 공연 중에 졸지 마세요!"라고 직접 말하지 않고, 청중을 깜짝 놀라게 해서 깨우자고 마음을 먹었습니다. 이 아이디어로 탄생한 곡이 〈놀람 교향곡〉입니다.

https://youtu.be/JnNqnBNgHEE

〈놀람 교향곡〉은 1악장을 무난하게 연주한 뒤, 악장이 바뀐지도 모를 정도로 2악장을 시작합니다. 처음에는 멜로디가 '아주 여리게(pp)'의 주법으로 들릴 듯 말 듯 연주되지만, 갑자기 '아주 세게(ff)'의 주법으로 '빵!' 하면서 모든 악기를 동원해서 청중을 깜짝 놀라게 합니다. 이 참신한 공연은 대성공을 거둡니다. 〈놀람 교향곡〉의 공연 영상을 찾아보면 '아주 세게(ff)'의 주법으로 연주할 때 깜짝 놀라 소리 지르는 관객들로 공연장 전체에 웃음소리가 퍼지는 것을 종종 볼 수 있습니다. 고전 시대의 관객들도 항상 이 부분만 나오면 다 같이 박수를 보내면서 좋아했다고 합니다. 하이든의 회고록을 보면 제자와 같은 시기에 연주회가 있어서 그에게 뒤지지 않기 위해 뭔가 새로운 것을 고민하다 〈놀람 교향곡〉을 만들었다는 글이 있습니다. 이미 작곡가로 이름을 날리고 있었는데도 새로움을 위해 끊임없이 고민했다는 점이 대단합니다.

정답 해설
"제자와 같은 시기에 연주회가 있어서 그에게 뒤지지 않기 위해 뭔가 새로운 것을 고민하다 〈놀람 교향곡〉을 만들었다는 글이 있습니다. 이미 작곡가로 이름을 날리고 있었는데도 새로움을 위해 끊임없이 고민했다는 점이 대단합니다."라고 언급한 점을 고려할 때, 적절한 내용이다.

오답 해설

① "보통 작곡한 곡이 많으면 자신의 곡을 스스로 표절하기도 하고 질보다는 양으로 승부하면서 곡의 완성도가 떨어지는 상황이 생기곤 합니다. 하지만 하이든은 다른 면모를 보여 줍니다."라고 언급한 점을 고려해 볼 때, 하이든이 작품의 '질'이나 '양' 어느 한쪽에 치중했다는 근거를 찾을 수 없으므로 적절하지 않다.

② "고전 시대의 관객들도 항상 이 부분만 나오면 다 같이 박수를 보내면서 좋아했다고 합니다."라는 부분을 볼 때 관중들이 불쾌한 반응을 보였다는 내용은 적절하지 않다.

③ 긴 공연을 참지 못하고 조는 관객들이 있어 깜짝 놀라게 해서 깨우기 위해 〈놀람 교향곡〉을 만들었다고 했으므로 공연 시간을 줄이기 위해 작곡되었다는 내용은 적절하지 않다.

④ 1악장은 무난하게 연주한 뒤 2악장에서 '아주 여리게'로 연주하다가 갑자기 '아주 세게'로 바뀐다고 했으므로 적절하지 않다.

▶ 출처 송사비(2021), 『송사비의 클래식 음악 야화』, 1458music.

정답 해설

이 시는 가족과 이웃이 둘러앉아 오순도순 밥을 먹었던 과거와 대비되어 바쁜 일상으로 가족이 얼굴을 보고 밥을 먹을 기회조차 사라지고 있는 현실에 대한 안타까움을 표현하고 있다. 가족 간의 소통 부재에 대한 안타까움이 이 시의 주제로 가장 적절하다.

오답 해설

① 과거 고향의 모습을 떠올리고는 있지만 고향이 달라진 모습을 언급하고 있지는 않다.
③ 화자는 자신의 어린 시절을 현재의 고기반찬과 달리 풀잎 반찬을 먹었지만 가족이나 이웃과 함께하며 즐거웠던 때로 묘사하고 있다.
④ 가족 간의 소통을 말하고 있지 어머니의 부재에 대한 안타까움을 말하고 있지는 않다.
⑤ 현대 문명의 편리에 길들여진 모습에 대한 안타까움은 드러나고 있지 않다.

▶ 출처 공광규(2014), 『얼굴 반찬』, 지식을만드는지식.

005 ②

듣기 대본

5번. 이번에는 시 한 편을 들려 드립니다.

옛날 밥상머리에는
할아버지 할머니 얼굴이 있었고
어머니 아버지 얼굴과
형과 동생과 누나의 얼굴이 맛있게 놓여있었습니다
가끔 이웃집 아저씨와 아주머니
먼 친척들이 와서
밥상머리에 간식처럼 앉아 있었습니다
어떤 때는 외지에 나가 사는
고모와 삼촌이 외식처럼 앉아 있기도 했습니다
이런 얼굴들이 풀잎 반찬과 잘 어울렸습니다

그러나 지금 내 새벽 밥상머리에는
고기반찬이 가득한 늦은 저녁 밥상머리에는
아들도 딸도 아내도 없습니다
모두 밥을 사료처럼 퍼 넣고
직장으로 학교로 동창회로 나간 것입니다

밥상머리에 얼굴 반찬이 없으니
인생에 재미라는 영양가가 없습니다

006 ⑤

듣기 대본

이번에는 진행자와 전문가의 대담을 들려 드립니다. 6번은 듣기 문항, 7번은 말하기 문항입니다.

진행자: 오늘은 전문가를 모시고 '인구 문제와 출산율'에 대해 이야기를 나누어 보도록 하겠습니다. 앞으로 우리나라 인구 전망이 어떤가요? 국내 합계 출산율이 반등할 수 있을까요?

전문가: 1971년까지 100만 명을 유지했던 연간 출생아 수는 2020년 이후 20만 명대로 내려앉은 상태입니다. 앞으로도 현재보다 소폭 더 떨어질 것으로 전망하고 있습니다. 당분간은 출산율 하락세를 멈추기 어려워 보입니다.

진행자: 우리가 '유배우 합계 출산율'에 주목해야 하는 이유는 무엇인가요?

전문가: 결혼을 하면 아이를 낳는다는 인식이 더 이상 먹히지 않기 때문입니다. 과거에는 '유배우 출산율'이 출산율과 크게 다르지 않았기 때문에 중요한 변수가 아니었고, 출산율은 하락해도 '유배우 출산율'은 상승하던 시기도 있었습니다. 하지만 2015년을 정점으로 나타난 합계 출산율 하락은 이전과 다르게 기혼 여성이 아이를 낳지 않는 것에서도 영향을 받고 있습니다.

진행자: 최근 결혼과 출산에 대한 청년들의 인식 조사를 진행하셨지요?

전문가: 조사 결과 청년들은, 스스로 정한 결혼 적령기를 지나면 결혼 의향이 높아지지만, 외부에서 정한 적령기에는 결혼 의

지가 오히려 꺾이는 이들이 많았습니다. 캠페인성 결혼·출산 독려 정책이 성과를 내기 어려운 이유가 바로 여기에 있습니다.
진행자: 청년들이 결혼·출산을 꺼리는 가장 큰 이유는 무엇인가요?
전문가: 미래의 일자리나 소득에 대한 불안감과 함께 아이를 낳고 기르는 것에 대한 걱정, 환경 오염이나 사회 범죄에 대한 것까지, 그 이유는 차고 넘칩니다. 여성들의 경우, 본인의 커리어를 잘 유지하고 싶다는 욕구가 강한데, 주변의 조언은 '참고 버텨라'라는 식이어서 힘들어하는 것 같습니다. 이런 이유들이 쌓여서 결혼 연령이 늦어지고, 결혼을 하고 나서도 아이를 갖기까지 걸리는 기간이 훨씬 길어지고 있습니다.
진행자: 그동안의 저출산 대책들은 별다른 성과가 없었나요?
전문가: 그래서 한때 저출산 대책뿐 아니라 인구가 감소된 미래 사회에 어떻게 적응할 것이냐에 초점을 맞춘 적도 있습니다. 하지만 저출산 대책은 여전히 포기할 수 없는 정책입니다.
진행자: 가장 시급한 과제를 하나만 꼽아 주신다면 뭐가 있을까요?
전문가: 남성의 유급 출산 휴가 한 달을 보장하는 등 남성과 여성이 공동으로 함께하는 육아 시스템을 만들어야 합니다. 출산과 육아에 대한 책임을 어느 한쪽에만 전가하는 구조에서는 진정한 변화를 기대하기 어렵기 때문입니다.

정답 해설
"남성의 유급 출산 휴가 한 달을 보장하는 등 남성과 여성이 공동으로 함께하는 육아 시스템을 만들어야 합니다."라고 하며, "출산과 육아에 대한 책임을 어느 한쪽에만 전가하는 구조에서는 진정한 변화를 기대하기 어렵"다고 했으므로 적절한 내용이다.

오답 해설
① "당분간은 출산율 하락세를 멈추기 어려워 보입니다."라고 언급한 점을 고려할 때 적절하지 않은 내용이다.
② "출산율은 하락해도 '유배우 출산율'은 상승하던 시기도 있었습니다. 하지만 2015년을 정점으로 나타난 합계 출산율 하락은 이전과 다르게 기혼 여성이 아이를 낳지 않는 것에서도 영향을 받고 있습니다."라고 언급한 점을 고려할 때 적절하지 않은 내용이다.
③ "스스로 정한 결혼 적령기를 지나면 결혼 의향이 높아지지만, 외부에서 정한 적령기에는 결혼 의지가 오히려 꺾이는 이들이 많았습니다."라고 언급한 점을 고려할 때 적절하지 않은 내용이다.
④ "여성들의 경우, 본인의 커리어를 잘 유지하고 싶다는 욕구가 강한데, 주변의 조언은 '참고 버텨라'라는 식이어서 힘들어하는 것 같습니다. 이런 이유들이 쌓여서 결혼 연령이 늦어지고, 결혼을 하고 나서도 아이를 갖기까지 걸리는 기간이 훨씬 길어지고 있습니다."라고 언급한 점을 고려할 때 적절하지 않은 내용이다.

▶ 출처 황보연, '한겨레S 인터뷰' 최슬기 한국개발연구원 교수, 〈한겨레〉 2023. 2. 25.(https://www.hani.co.kr/arti/society/society_general/1081155.html)

007 ④

정답 해설
"최근 결혼과 출산에 대한 청년들의 인식 조사를 진행하셨지요?", "청년들이 결혼·출산을 꺼리는 가장 큰 이유는 무엇인가요?"라고 언급한 점을 볼 때, 진행자가 청년들의 결혼과 출산 문화에 대해 궁금해 하고 있으나 결혼 문화에 대한 우려를 표현하고 있지는 않다.

오답 해설
① "앞으로 우리나라 인구 전망이 어떤가요? 국내 합계 출산율이 반등할 수 있을까요?"라고 언급한 점을 고려할 때 적절한 내용이다.
② "우리가 '유배우 합계 출산율'에 주목해야 하는 이유는 무엇인가요?"라고 언급한 점을 고려할 때 적절한 내용이다.
③ "그동안의 저출산 대책들은 별다른 성과가 없었나요?"라고 언급한 점을 고려할 때 적절한 내용이다.
⑤ "가장 시급한 과제를 하나만 꼽아 주신다면 뭐가 있을까요?"라고 언급한 점을 고려할 때 적절한 내용이다.

008 ④
듣기 대본
다음은 대화의 일부분을 들려 드립니다. 8번은 듣기 문항, 9번은 말하기 문항입니다.
아들: (머뭇) 엄마, 저. 할 말 있는데…….
엄마: 뭔데?
아들: 저, 대학교를 연극영화과 가려고요. 거기서 연기랑 시나리오 공부를 하고 싶어서.
엄마: 연기? 시나리오? 너 완전 공부 길로 가는 거 아니었어?
아들: 그건 어쨌든 성적이 좋아야 어디든 골라 갈 수 있잖아요. 그래서 열심히 한 거지, 사실 하고 싶은 건 따로 있었어요.
엄마: 뭐, 나중에 배우가 되고 싶은 거야?
아들: 아뇨. 성우요. 저 중학교 때, 학교에서 서울에 있는 방송국에 견학 갔었는데요. 거기서 성우들이 라디오 드라마를 녹음하는 걸 봤거든요. 그걸 보자마자… 태어나서 처음으로 '하고 싶다.' 그 생각이 나서요.
엄마: 근데, 그걸 꼭 대학교까지 가야 해? 학원 같은 건 없고?

아들: 성우 학원이 있긴 있는데요. 근데, 서울에 있어서.
엄마: 그럼 학원 가서 배워, 나중에. 대학교 졸업하고 취업하고 나서. 그때도 네 마음 변하지 않는다면. 그리고 엄마는 네가 그냥 안정적으로 살 수 있는 그런 일 했음 좋겠다. 공무원이나, 공기업 취직 같은 거.
아들: (한숨) 엄마, 저 지금 공부도 간신히 버티고 있는 거라고요.
엄마: (답답) 아니, 간신히 버텼어도 그만한 성적 받아올 정도면 머리도 좋은 거잖아.
아들: (답답) 알아요, 그치만, 꼭 회사에 들어가야 먹고 사는 건 아니잖아요. 세상에 직업이 얼마나 다양한데…….
엄마: 현실적으로 생각해 보라는 거야. 꿈이 밥 먹여 주는 건 아니잖아. 돈이 있어야 먹고 자고, 뭐라도 배울 수 있는 거고. 그리고 네가 말하는 그 성우라는 거… 단번에 되긴 하는 거니?
아들: 그건. 몰라요.
엄마: (한숨) 꿈이 있는 건 참 좋은 일이긴 한데. 지금 선택 잘못하면 인생 꼬이는 거야. 우리 아들은 똑똑하니까, 엄마 말 이해했지?
아들: 네…….

정답 해설

엄마는 공무원이나 공기업 취직 같은 안정적으로 살 수 있는 일을 했으면 좋겠다고 말하고 있으므로 배우가 되는 것이 성우가 되는 것보다 더 안정적인 생활이 될 것이라고 생각하고 있지는 않다.

오답 해설

① 아들은 성적이 좋아야 어디든 갈 수 있기 때문에 열심히 공부했다고 말하고 있으므로 적절한 내용이다.
② 아들은 중학교 때 방송국 견학을 하면서 처음으로 성우가 하고 싶다는 생각이 들었다고 언급하고 있으므로 적절한 내용이다.
③ 엄마는 돈이 있어야 먹고 자고, 뭐라도 배울 수 있는 것이라고 언급하고 있으므로 적절한 내용이다.
⑤ 엄마는 꿈이 있는 건 좋은 일이지만 현실적으로 선택해야 한다는 취지의 언급을 하고 있으므로 적절한 내용이다.

▶ 출처 "나의 하제를 위해", KBS 무대, KBS, (2024.05.11. 방송).

009 ①

정답 해설

아들은 중학교 때 방송국 견학을 가서 라디오 드라마 녹음 장면을 보고, 성우가 하고 싶다는 꿈을 꾸게 되었다고 이야기하므로, 자신의 결정에 대한 이유로 어릴 때부터 갖고 있던 꿈이라는 내적 동기를 제시하고 있다.

오답 해설

② 아들은 경제적 여건을 이유로 연극영화과에 진학하려고 하거나 성우가 되려고 하는 자신의 결정을 합리화하고 있지 않다.
③ 엄마는 자신의 과거 경험을 언급하고 있지 않다.
④ 엄마는 아들에게 질문을 거듭하고 있지만 아들이 연극영화과에 진학하고자 하는 이유를 알고자 하는 것이지, 아들에 대한 관심을 표하며 공감하고 있지 않다.
⑤ 엄마는 아들에 대한 신뢰를 보이고 있지만 이를 바탕으로 상대방의 의견을 수용하고 있지 않다.

010 ②

듣기 대본

이번에는 강연을 들려 드립니다. 10번은 듣기 문항, 11번은 말하기 문항입니다.

안녕하십니까. 매년 8월 20일은 '세계 모기의 날'입니다. 이날은 1897년 영국의 의사 로널드 로스 경이 모기가 사람에게 말라리아를 옮긴다는 사실을 밝힌 것을 기념해 제정되었습니다. 모기는 인류 역사 내내 사람의 생명을 끈질기게 위협해 왔습니다. '학을 뗀다'라는 속담을 익히 들어 보셨을 것입니다. 이는 몹시 고생한다는 뜻으로, 높은 열이 나는 학질이라는 병과 관련이 있습니다. 학질에 걸리면 무척 괴롭기 때문에 생겨난 속담인데, 이 학질을 대개 말라리아로 추정하고 있습니다.

말라리아는 모기 몸속에 살고 있는 열원충이라는 눈에 보이지 않는 아주 작은 생물이 사람에게 건너오면서 일으키는 병입니다. 하지만 19세기 말까지도 말라리아가 모기 때문에 퍼지는 전염이라는 사실을 모르고 있었습니다. 로널드 로스가 과학 실험으로 말라리아와 모기와의 관계를 증명한 이후에야 사람들은 효과적으로 말라리아를 예방할 수 있게 되었습니다. 우리나라에서도 과거 방역차들이 곤충, 특히 모기를 제거하기 위해 흰 연기 같은 살충제를 뿌려댔습니다. 그 결과 우리나라에서 1970년에 1만 5천여 건에 달했던 말라리아 발생 건수가 1979년에는 0에 도달하기도 하였습니다.

그러나 열원충과 모기도 환경에 적응해 나가면서 2021년 전 세계에 62만 명에 달하는 사람이 말라리아 때문에 사망하고 있습니다. 그러는 사이 1993년부터 한국에서는 다시 말라리아가 출현하고 있고 특히 2019년 자료에 따르면 한국은 OECD 국가 중 말라리아 발생률 1위를 기록했습니다. 말라리아가 더 이상 남의 나라의 일이 아니라는 것을 기억할 필요가 있겠습니다.

정답 해설

'세계 모기의 날'은 로널드 로스 경이 모기가 사람에게 말라리아를 옮긴다는 사실을 밝힌 것을 기념해 제정되었다고 했으며, 로널드 로스 경이 치료법을 밝히지는 않았으므로 일치하지 않는 내용이다.

오답 해설

① '세계 모기의 날'은 모기가 사람에게 말라리아를 옮긴다는 사실을 밝힌 것을 기념해 제정되었다고 했으므로 말라리아와 관계가 있다.
③ 말라리아는 모기 몸속에 살고 있는 열원충이라는 눈에 보이지 않는 아주 작은 생물이 사람에게 건너오면서 일으키는 병이라고 했으므로 일치하는 내용이다.
④ 1979년 말라리아 발생 건수가 0에 도달했다고 했으므로 일치하는 내용이다.
⑤ 2019년 자료에 따르면 한국은 OECD 국가 중 말라리아 발생률 1위를 기록했다고 했으므로 일치하는 내용이다.

▶ 출처
- 곽재식(2021), 『곽재식의 아파트 생물학』, 북트리거.
- 인수공통감염병관리, 질병관리청(https://www.kdca.go.kr/contents.es?mid=a20301 050303)

011 ④

정답 해설

'학을 떼다'라는 표현으로 청중의 관심을 유발하여 말라리아의 심각성을 얘기하고 있으므로 적절한 설명이다.

오답 해설

① 강연에서 청중에게 질문을 던지지 않는다.
② 개인적인 경험을 언급하고 있지 않다.
③ 전문가의 견해를 인용하여 말하고자 하는 내용의 근거로 삼고 있지 않다.
⑤ 치료 방법을 제시하고 있지 않다.

012 ②

듣기 대본

이번에는 발표를 들려 드립니다. 12번은 듣기 문항, 13번은 말하기 문항입니다.
안녕하십니까? 오늘 제가 여러분께 소개하고자 하는 주제는 '휴식의 힘'입니다. 바쁜 현대인들에게 휴식 시간은 반드시 필요한 시간이라기보다는, 걸러도 되는 시간으로 생각되기도 하는데요, 쉬지 않고 업무나 공부에만 몰두하는 것이 과연 효과적일까요? 뇌 역시 다른 신체 기관과 마찬가지로 산소와 포도당을 소모하여 활동하는 기관이므로, 계속 사용할 경우 생산성이 떨어지게 됩니다. 쉴 때는 최대한 외부 자극을 줄이고 뇌를 가만히 두는 것, 그야말로 아무것도 하지 않는 것이 좋습니다.
특히 잠은 최고의 휴식 방법이라고 할 수 있습니다. 잠이 부족할 경우, 심혈관 질환, 뇌졸중 등의 질병으로 이어질 수 있습니다. 또한 잠은 학습, 기억, 논리적 판단 및 선택 능력 등 뇌의 다양한 기능들에 활기를 불어넣고 감정 뇌 회로를 재조정하여 사회적 및 심리적 도전 과제들을 헤쳐 나갈 수 있도록 돕습니다. 잠이 새로운 정보를 보호하여 잊어버리지 않게 하는 과정을 '응고화'라고 합니다. 한 연구에서는 단어 목록의 기억 시간을 추적한 결과, 깨어 있는 경우보다 밤잠을 잔 경우 새로 학습한 정보들을 더 많이 떠올린 것으로 나타났습니다.
이렇듯 휴식이 중요함에도 불구하고 현대인들은 쉴 때조차 휴대 전화를 놓지 못하는 경우가 있는데요, 어떤 정보를 찾아볼지, 메시지에 어떻게 답할지 등을 고민하는 것도 뇌가 인지적 자원을 계속 사용하도록 만드는 일입니다. 오늘부터 가만히 쉬어 보는 연습을 시작해 보시지요.

정답 해설

뇌 역시 다른 신체 기관과 마찬가지로 산소와 포도당을 소모하여 활동하는 기관이라고 했으므로 적절하지 않은 내용이다.

오답 해설

① 뇌는 감정 뇌 회로를 재조정하여 사회적 및 심리적 도전 과제들을 헤쳐나갈 수 있도록 돕는다고 했으므로 적절한 내용이다.
③ 잠이 부족할 경우, 심혈관 질환, 뇌졸중 등의 질병으로 이어질 수 있다고 했으므로 적절한 내용이다.
④ 어떤 정보를 찾아볼지, 메시지에 어떻게 답할지 등을 고민하는 것도 뇌가 인지적 자원을 계속 사용하도록 만드는 일이라고 했으므로 적절한 내용이다.
⑤ 잠이 새로운 정보를 보호하여 잊어버리지 않게 하는 과정을 '응고화'라고 한다고 했으므로 적절한 내용이다.

▶ 출처 매슈 워커 지음, 이한음 옮김(2019), 『우리는 왜 잠을 자야 할까 - 수면과 꿈의 과학』, 열린책들.

013 ①

정답 해설

단어 목록의 기억 시간을 추적하는 연구의 결과를 활용하여 깨어 있는 경우보다 밤잠을 잔 경우 새로 학습한 정보들을 더 많이 떠올린 것으로 나타났다고 얘기하고 있으므로 연구 결과를 활용하여 발표 내용을 뒷받침하고 있음을 알 수 있다.

오답 해설
② 설문 자료를 제시하고 있지 않으며, 예상되는 반론을 반박하고 있지도 않다.
③ 전문가의 인터뷰 내용을 인용하고 있지 않다.
④ 자신의 경험을 바탕으로 한 사례를 제시하고 있지 않다.
⑤ 발표 중에 질문의 방식을 활용하고 있으나, 청중의 실천을 유도하기 위해 질문의 방식으로 발표를 마무리하고 있지 않다.

014 ⑤

듣기 대본

끝으로 협상의 한 장면을 들려 드립니다. 14번은 듣기 문항, 15번은 말하기 문항입니다.
시청 담당자: 주민 대표님, 행복시 공원 조성 중 현재 공원 건설비가 추가로 발생하여 공원 내 수익 사업을 위한 각종 체육 및 공연 시설 설치가 불가피하므로, 변경안에 대해 동의해 주시길 부탁드립니다.
주민 대표: 담당자님, 이렇게 되면 생태 공원의 본래 목적과 달라지는 것이 아닌지요? 변경안과 같이 각종 체육 및 공연 시설이 과도하게 공원에 조성되면, 도시 속 생태 공원을 조성한다는 본래 목적과 달라집니다. 산책로 주변에 공연 시설이 들어서면 녹지의 상당 부분이 훼손될 것으로 보여 동의하기 어렵습니다.
시청 담당자: 물론 각종 시설을 설치할 경우 공원의 일부 공간은 변경이 되겠지만, 전체적으로는 생태 공원의 기능이 유지된다고 생각합니다.
주민 대표: 변경안을 보면, 각종 시설을 조성하기 위한 공간이 상당히 큰 면적을 차지하고 있습니다. 이는 생태 공원의 모습이라고 할 수 없습니다.
시청 담당자: 생태 공원으로서의 본래 목적에 저희도 동의합니다. 하지만 공사 과정에서 여러 어려움이 생겨 추가 건설 비용이 많이 발생하고 있습니다. 공원 내 수익 사업을 추진해야 하는 상황임을 고려해 주시길 바랍니다.
주민 대표: 그렇다면 변경안에 제시된 방법 외에, 다른 방법은 없을까요? 녹지 공간을 훼손하지 않는다면 공원 내 수익 사업에 동의할 수 있습니다.
시청 담당자: 만약 공원 내 수익 사업에 동의해 주신다면, 공원 내 생태 체험장을 무료로 입장할 수 있도록 하려던 계획을 소액의 입장료를 받는 방식으로 변경하는 것에 동의해 주실 수 있을까요?
주민 대표: 지역 주민은 물론 다른 입장객의 입장료 역시 최소화해 주신다면 말씀하신 안에 동의합니다.

정답 해설

주민 대표는 "산책로 주변에 공연 시설이 들어서서 녹지의 상당 부분이 훼손될 것으로 보여 동의하기 어렵습니다."라고 말하고 있다. 따라서 주민 대표가 공원 내에 체육 시설보다는 공연 시설이 설치되는 것이 바람직하다고 주장한다는 진술은 적절하지 않다.

오답 해설

①, ② 시청 담당자는 건설비가 추가로 발생하여 공원 내 수익 사업을 위한 각종 체육 및 공연 시설 설치가 불가피하다고 말하고 있으므로 적절한 내용이다.
③ 주민 대표는 산책로 주변에 공연 시설이 들어서면 녹지의 상당 부분이 훼손될 것으로 보여 변경안에 동의하기 어렵다고 했으므로 녹지 공간이 훼손되지 않아야 한다고 주장하였음을 알 수 있다.
④ 주민 대표는 변경안과 같이 체육 및 공연 시설이 조성되면 도시 속 생태 공원을 조성한다는 본래의 목적과 달라진다고 말하고 있으므로, 생태 공원을 건립하겠다는 본래 목적에 부합해야 한다고 주장하였음을 알 수 있다.

015 ③

정답 해설

시청 담당자와 주민 대표는 생태 공원 건설에 있어 공원 내 수익 사업에 대한 입장의 차이를 보이고 있었으나, 서로의 생각을 조정하며 합의점을 찾아가고 있다.

오답 해설

① 시청 담당자는 생태 공원 건설이라는 본래 목적과 멀어질 수 있는 변경안을 제시하고 있으며, 공원 건설의 본래 목적을 이유로 들어 주민 대표에게 양보를 강요하고 있지 않다.
② 주민 대표는 녹지 공간을 훼손하지 않는다면 공원 내 수익 사업에 대해 동의할 수 있다고 했으므로 적절하지 않다.
④ 시청 담당자와 주민 대표는 공원 내 수익 사업에 대한 쟁점을 해결해 나가고 있으며, 다음 협상에 대한 언급은 하고 있지 않다.
⑤ 시청 담당자는 공원 건설 비용의 증액에 대한 자신의 제안을 철회하고 있지 않다.

어휘·어법　016번~045번

기출문제집 p.111

016	①	017	④	018	④	019	②	020	③
021	②	022	②	023	②	024	⑤	025	⑤
026	①	027	②	028	④	029	④	030	⑤
031	①	032	③	033	③	034	③	035	②
036	①	037	⑤	038	③	039	①	040	①
041	④	042	④	043	⑤	044	⑤	045	④

016　①
정답 해설
"성질이 너그러워 말과 행동을 시원스럽게 하다."라는 의미를 가진 고유어는 '걱실걱실하다'이다.

오답 해설
② '만수받이하다'는 "아주 귀찮게 구는 말이나 행동을 싫증 내지 않고 잘 받아 주다."라는 의미이다.
③ '새물새물하다'는 "입술을 약간 샐그러뜨리며 소리 없이 잇따라 웃다."라는 의미이다.
④ '안다미씌우다'는 "자기의 책임을 남에게 지우다."라는 의미이다.
⑤ '흐리마리하다'는 "말끝을 분명하지 않고 모호하게 하다."라는 의미이다.

017　④
정답 해설
'풍미(風味)'는 "음식의 고상한 맛"이라는 의미이다. "음식에 양념이나 식료품을 더 넣어 맛이 나게 함."의 의미를 가진 말은 '가미(加味)'이다.

018　④
정답 해설
④ '모지락스럽다'는 "보기에 억세고 모질다."라는 의미이다. "모습이나 행동이 모자란 듯하고 바보 같은 데가 있다."라는 의미를 가진 말은 '바보스럽다'이다.

019　②
정답 해설
'흔연(欣然)하다'는 "기쁘거나 반가워 기분이 좋다."라는 의미이므로 참담한 소식이라는 슬픈 문맥에 어울리지 않는 표현이다.

오답 해설
① '함구(緘口)하다'는 "말하지 아니하다."라는 뜻이다. 해당 문맥은 질문에 답변하지 않았다는 내용이므로 한자어의 쓰임이 적절하다.
③ '힐난(詰難)하다'는 "트집을 잡아 거북할 만큼 따지고 들다."라는 뜻이다. 해당 문맥은 잘못을 꾸짖는다는 내용이므로 한자어의 쓰임이 적절하다.
④ '골몰(汨沒)하다'는 "다른 생각을 할 여유도 없이 한 가지 일에만 파묻히다."라는 뜻이다. 해당 문맥은 재활 치료 한 가지에만 몰두하였다는 내용이므로 한자어의 쓰임이 적절하다.
⑤ '해량(海量)하다'는 "바다처럼 넓은 도량으로 잘 헤아리다."라는 뜻이다. 해당 문맥은 답장이 늦은 것을 이해해 달라는 내용이므로 한자어의 쓰임이 적절하다.

020　③
정답 해설
㉠의 문맥과 같이 "잔칫집이나 상가(喪家) 따위에 돈이나 물건을 보내어 도와줌. 또는 돈이나 물건"을 뜻하는 '부조'의 원어는 '扶助'이다.
㉡의 문맥과 같이 "여러 가지 물건을 고루 갖춤. 또는 그런 모양새"를 뜻하는 '구색'의 원어는 '具色'이다.
㉢의 문맥과 같이 "가정하여 말하여."의 뜻을 나타내는 '가령'의 원어는 '假令'이다.

021　②
정답 해설
'물쿠다'는 "날씨가 찌는 듯이 더워지다."의 의미이므로 눈이 펄펄 내린다는 내용의 문맥에 쓰임이 적절하지 않다.

오답 해설
① '보깨다'는 "먹은 것이 소화가 잘 안되어 속이 답답하고 거북하게 느껴지다."라는 의미이므로 문맥에 적절하게 쓰였다.
③ '결내다'는 "못마땅한 것을 참지 못하여 성을 내다."라는 의미이므로 문맥에 적절하게 쓰였다.
④ '가말다'는 "헤아려 처리하다."라는 의미이므로 문맥에 적절하게 쓰였다.

⑤ '달뜨다'는 "마음이 가라앉지 아니하고 조금 흥분되다."라는 의미이므로 문맥에 적절하게 쓰였다.

022 ②
정답 해설

해당 문맥의 '떨다'는 다리를 흔든다는 내용이므로 "몸이나 몸의 일부를 빠르고 잦게 자꾸 흔들다."의 의미를 나타내는 '떨다'이다. 이 '떨다'는 나머지 네 개의 선지에 쓰인 '떨다'와 다의어 관계가 아닌, 동음이의어 관계이다.

오답 해설

① 용돈을 모두 썼다는 내용의 문맥에서의 '떨다'는 "돈이나 물건을 있는 대로 써서 없애다."의 의미로, 다른 선지의 '떨다'와 다의어 관계이다.
③ 먼지를 떤다는 내용의 문맥에서의 '떨다'는 "달려 있거나 붙어 있는 것을 쳐서 떼어 내다."의 의미로, 다른 선지의 '떨다'와 다의어 관계이다.
④ 모두 사간다는 내용의 문맥에서의 '떨다'는 "팔다 남은 것을 모두 팔아 버리거나 사다."의 의미로, 다른 선지의 '떨다'와 다의어 관계이다.
⑤ 생각을 없앤다는 내용의 문맥에서의 '떨다'는 "언짢은 생각 따위를 없애다."의 의미로, 다른 선지의 '떨다'와 다의어 관계이다.

023 ②
정답 해설

〈보기〉는 상의어, 하의어의 관계로 '금속'과 '구리'도 마찬가지로 상하의어 관계에 속한다.

024 ⑤
정답 해설

해당 문맥의 '가다'는 전기 따위가 꺼지거나 통하지 않는다는 의미이다. 반면 '소등(消燈)하다'는 "등불을 끄다."의 의미이므로 이때의 '가다'와 바꾸어 쓸 수 없다.

오답 해설

① "직업이나 학업, 복무 따위로 해서 다른 곳으로 옮기다."의 뜻을 나타내는 '가다'는 '입대(入隊)하다'로 바꾸어 쓸 수 있다.
② "기계 따위가 작용을 받아 움직이다."의 뜻을 나타내는 '가다'는 '작동(作動)하다'로 바꾸어 쓸 수 있다.
③ "가치나 값, 순위 따위를 나타내는 말과 결합하여 어떤 대상을 기준으로 해서 어느 정도까지 이르다."의 뜻을 나타내는 '가다'는 '위치(位置)하다'로 바꾸어 쓸 수 있다.
④ "모임이나 회의 따위의 자리에 참여하다."의 뜻을 나타내는 '가다'는 '참석(參席)하다'로 바꾸어 쓸 수 있다.

025 ⑤
정답 해설

〈보기〉의 '팽패롭다'는 "성질이 까다롭고 별난 데가 있다."의 의미이다. 그 반의어로 가장 적절한 것은 "성질이 너그럽고 수더분하다."를 뜻하는 '무던하다'이다.

오답 해설

① '억세다'는 "마음먹은 바를 이루려는 뜻이나 행동이 억척스럽고 세차다."를 뜻하므로 '팽패롭다'와 반의어 관계가 아니다.
② '과민하다'는 "감각이나 감정이 지나치게 예민하다."를 뜻하므로 '팽패롭다'와 반의어가 아닌 유의어에 가깝다.
③ '괄괄하다'는 "성질이 세고 급하다."를 뜻하므로 '팽패롭다'와 반의어 관계가 아니다.
④ '까다롭다'는 "성미나 취향 따위가 원만하지 않고 별스럽게 까탈이 많다."를 뜻하므로 '팽패롭다'와 반의어가 아닌 유의어에 가깝다.

026 ①
정답 해설

'떡 본 김에 제사 지내다'는 "우연히 좋은 기회에, 하려던 일을 해치운다는 말"이므로 세차했는데 비가 오는 상황에 맞지 않는다.

오답 해설

② '긁어 부스럼'은 "아무렇지도 않은 일을 공연히 건드려서 걱정을 일으킨 경우를 비유적으로 이르는 말"이므로 문맥에 적절하게 쓰였다.
③ '소 갈 데 말 갈 데 가리지 않는다'는 "어떤 목적을 위하여서는 그 어떤 곳은 데나 험한 데라도 가리지 아니하고 어디나 다 돌아다님을 비유적으로 이르는 말"이므로 문맥에 적절하게 쓰였다.
④ '오뉴월 바람도 불면 차갑다'는 "아무리 미약하고 하찮은 것이라도 계속되면 무시할 수 없는 결과를 가져옴을 비유적으로 이르는 말"이므로 문맥에 적절하게 쓰였다.

⑤ '한데 앉아서 음지 걱정한다'는 "자기 일도 못 꾸려 가면서 남의 걱정을 하는 경우를 비유적으로 이르는 말"이므로 문맥에 적절하게 쓰였다.

027　②
정답 해설
'자승자박(自繩自縛)'은 "자기의 줄로 자기 몸을 옭아 묶는다는 뜻으로, 자기가 한 말과 행동에 자기 자신이 옭혀 곤란하게 됨을 비유적으로 이르는 말"이므로 피나는 노력을 했다는 문맥에 쓰기에 적절하지 않다.

오답 해설
① '자중지란(自中之亂)'은 "같은 편끼리 하는 싸움"을 의미하므로 문맥에 적절하게 쓰였다.
③ '호사다마(好事多魔)'는 "좋은 일에는 흔히 방해되는 일이 많음."을 의미하므로 문맥에 적절하게 쓰였다.
④ '고육지계(苦肉之計)'는 "자기 몸을 상해 가면서까지 꾸며 내는 계책이라는 뜻으로, 어려운 상태를 벗어나기 위해 어쩔 수 없이 꾸며 내는 계책을 이르는 말"을 의미하므로 문맥에 적절하게 쓰였다.
⑤ '연목구어(緣木求魚)'는 "나무에 올라가서 물고기를 구한다는 뜻으로, 도저히 불가능한 일을 굳이 하려 함을 비유적으로 이르는 말"을 의미하므로 문맥에 적절하게 쓰였다.

028　④
정답 해설
'발이 익다'는 "여러 번 다니어서 길에 익숙하다."라는 뜻이므로 같이 일을 하는 데 서로 잘 맞는다는 의미의 문맥에 쓰기에 적절하지 않다. 이 경우에는 "함께 일을 하는 데에 마음이나 의견, 행동 방식 따위가 서로 맞다."라는 의미의 '손발이 맞다'가 쓰이는 것이 적절하다.

오답 해설
① '발이 묶이다'는 "몸을 움직일 수 없거나 활동할 수 없는 형편이 되다."라는 의미이므로 문맥에 적절하게 쓰였다.
② '발이 뜨다'는 "이따금씩 다니다."라는 의미이므로 문맥에 적절하게 쓰였다.
③ '발을 구르다'는 "매우 안타까워하거나 다급해하다."라는 의미이므로 문맥에 적절하게 쓰였다.
⑤ '발에 채다'는 "여기저기 흔하게 널려 있다."라는 의미이므로 문맥에 적절하게 쓰였다.

029　④
정답 해설
'불출하다'는 "돈이나 물품을 내어주다."의 의미이므로 '내어주다'로 순화할 수 있다.

오답 해설
① '간헐적'은 "얼마 동안의 시간 간격을 두고 되풀이하여 일어나는 것"의 의미이므로 '이따금'으로 순화할 수 있다.
② '중차대하다'는 "중요하고 크다."의 의미이므로 '매우 중요하다'로 순화할 수 있다.
③ '소요되다'는 "필요로 되거나 요구되다."의 의미이므로 "어떤 일에 돈, 시간, 노력, 물자 따위가 쓰이다."의 의미인 '들다'로 순화할 수 있다.
⑤ '초치하다'는 "불러서 안으로 들이다."의 의미이므로 '불러들이다'로 순화할 수 있다.

030　⑤
정답 해설
'제너럴리스트'는 "모든 분야에 대하여 상당한 지식과 경험을 가진 사람"을 의미하므로 '다방면 인재'로 순화할 수 있다.

오답 해설
① '이지 머니'는 "자금의 공급이 수요에 비하여 원활하여 자금 조달이 쉬운 상태를 이르는 말"이므로 '저리 자금'으로 순화할 수 있다.
② '뱅크 런'은 "거래 은행에서 사람들이 한꺼번에 예금을 인출하는 현상"이므로 '인출 폭주'로 순화할 수 있다.
③ '디지털 디톡스'는 "디지털 기기를 지나치게 사용하는 사람들이 디지털 기기 사용을 중단하고 휴식을 취하는 것"을 의미하므로 '디지털 거리 두기'로 순화할 수 있다.
④ '메디컬 푸어'는 "과다한 의료비 지출로 인하여 경제적인 어려움을 겪는 사람. 또는 그런 계층"을 의미하는 말이므로 '의료 빈곤층'으로 순화할 수 있다.

031　①
정답 해설
'대단찮다'는 '그다지 중요하지 않다'는 의미의 단어로 [대:단찬타]가 표준어이므로 '대단찮다'로 표기한다. '대단하지 않다→대단치 않다→대단찮다'의 과정을 거친 것으로 볼 수 있다.

오답 해설
② '오죽하지 않다'에서 온 말은 '오죽지 않다→오죽잖다'로 표

기되는 것이 원칙이다. '예사 정도도 못 될 만큼 변변하지 아니하다'의 뜻이다.

③ '어쭙지 않다→어쭙잖다'의 과정을 거친 말로 '어쭙잖다'가 옳은 표기이다. '비웃음을 살 만큼 언행이 분수에 넘치는 데가 있다'의 뜻이다.

④ '마뜩하지 않다→마뜩지 않다→마뜩잖다'의 과정을 거친 말로 '마뜩잖다'가 옳은 표기이다. '마음에 들 만하지 아니하다'의 뜻이다.

⑤ '꼴같지 않다→꼴같잖다'의 과정을 거친 말로 '꼴같잖다'가 옳은 표기이다. '생김새나 됨됨이가 자기 수준에 맞지 아니하거나 하는 짓이 제격에 맞지 않고 눈꼴사납다'의 뜻이다.

032 ③

정답 해설

'내걸다'의 명사형은 '내걸-+-(으)ㅁ'의 구성이므로 '내걺'으로 적는 것이 옳다.

오답 해설

① '갈-+-(으)ㅁ'의 구성이므로 '갊'으로 적는 것이 옳다.
② '베풀-+-(으)ㅁ'의 구성이므로 '베풂'으로 적는 것이 옳다.
④ '길-+-(으)ㅁ'의 구성이므로 '긺'으로 적는 것이 옳다.
⑤ ㄷ불규칙 용언인 '붇다'에 명사형 어미 '-(으)ㅁ'이 결합한 구성이므로 '걸음, (음악을) 들음'처럼 '불음'으로 적는 것이 옳다.

033 ③

정답 해설

'주어진 사실에 대한 의문을 나타내며 놀라거나 못마땅하게 여기는 뜻이 섞여 있는 종결 어미'는 '-ㄴ대'이므로 '저러신대'가 옳은 표기이다. '-ㄴ데'가 종결 어미로 쓰일 때는 '나무가 정말 큰데', '옷이 얼만데'처럼 감탄하는 뜻을 넣어 서술하거나 일정한 대답을 요구하는 질문에 쓰인다.

오답 해설

① '내일은 비가 온다고 해'의 '온다고 해'가 줄어든 말이므로 '온대'는 옳은 표기이다.
② '가냐고 해'의 '-냐고 해'가 줄어든 말로 '가내'는 옳은 표기이다.
④ '차가운데'의 '-ㄴ데'는 감탄하는 의미를 넣어 서술하는 경우에 쓰이는 종결어미로 옳은 표기이다.
⑤ '있겠디'의 '-디'는 '해라할 자리에 쓰여, 과거 어느 때에 경험한 일에 대하여 물을 때 쓰는 종결 어미'로 옳은 표기이다.

034 ①

정답 해설

'도와주다'는 보조 용언 구성이 아니라 '남을 위하여 애써 주다'는 의미를 가진 한 단어이므로 띄어 쓰지 않는다.

오답 해설

② '드리다'는 '주다'의 높임말로 보조 동사이므로 '보내∨드리다/보내드리다'가 모두 가능하다.
③ '만하다'는 보조 형용사이므로 '만족할∨만하다/만족할만하다'가 모두 가능하다.
④ '버리다'는 '앞말이 나타내는 행동이 이미 끝났음을 나타내는 말'로 보조 동사이므로 '찢어∨버리다/찢어버리다'가 모두 가능하다.
⑤ '대다'는 '앞말이 뜻하는 행동을 반복하거나 그 행동의 정도가 심함을 나타내는 말'로 보조 동사이므로 '웃어∨대다/웃어대다'가 모두 가능하다.

035 ②

정답 해설

"분량이나 수효 따위가 어떤 범위나 한도에 아주 꽉 찬 모양"을 의미하는 부사는 '그득히[그드키]'가 옳은 표기이다.

오답 해설

① "정성이나 성의가 몹시 대단하고 극진하게."를 의미하는 부사는 '끔찍이[끔찌기]'가 옳은 표기이다.
③ "다소 큰 물건이 보기보다 제법 무겁게."를 의미하는 부사는 '묵직이[묵찌기]'가 옳은 표기이다.
④ "글씨의 획이 꽤 뚜렷하고 크게."를 의미하는 부사는 '굵직이[국찌기]'가 옳은 표기이다.
⑤ "소리가 꽤 낮게."를 의미하는 부사는 '나직이[나지기]'가 옳은 표기이다.

036 ①

정답 해설

마침표(.)는 아라비아 숫자만으로 연월일을 표시할 때에 사용할 수 있으므로 연월일에 모두 마침표를 써야 하며, 물결표(~)는 앞말과 뒷말에 모두 붙여 써야 한다.

오답 해설

② 줄임표는 6개(……) 혹은 3개(…)를 쓸 수 있으며, 줄임표로 문장이 끝나므로 줄임표 뒤에는 마침표나 물음표 또는 느낌표를 쓰는 것이 원칙이다.

③ 줄임표(…… 혹은 …)는 점을 가운데에 찍는 대신 아래쪽에 찍을 수도 있고, 여섯 점을 찍는 대신 세 점을 찍을 수도 있다.
④ 마침표(.)는 직접 인용한 문장의 끝에 쓰는 것을 원칙으로 하되, 쓰지 않는 것도 허용한다.
⑤ 마침표(.)는 특정한 의미가 있는 날을 표시할 때 월과 일을 나타내는 아라비아 숫자 사이에 쓸 수 있으며, 이때는 마침표 대신 가운뎃점을 쓸 수도 있다.

037 ⑤

정답 해설

'삐지다'는 이전에 비표준어였으나 2014년 국어심의회에서 '삐치다'와 뜻이 같은 복수 표준어로 인정되었다.

오답 해설

① '앗아라'는 '아서라'의 비표준어이다. 표준어 규정 제8항에 따르면 '아서라(〈 앗아라)'는 양성 모음이 음성 모음으로 바뀌어 굳어진 말이므로 음성 모음 형태인 '아서라'만 표준어이다.
② "몹시 단단하고 팽팽하게 되다."라는 의미를 가진 말은 '땅기다'이다. '당기다'는 '땅기다'의 비표준어이다.
③ "매우 흥이 나서 즐겁다."라는 의미를 가진 말은 '흥겹다'이다. '흥겨웁다'는 '흥겹다'의 비표준어이다.
④ 표준어 규정 제9항 [붙임 2]에 따르면 기술자는 '-장이', 그 외는 '-쟁이'가 붙는 형태가 표준어이다. '겁이 많은 사람'을 낮잡아 이르는 말은 기술자에 해당하지 아니하므로 '-쟁이'가 붙는 형태인 '겁쟁이'가 표준어이다.

038 ③

정답 해설

'아슴찮다'는 '고맙다'의 함경도 방언이다.

오답 해설

① '씨서리'는 '설거지'의 전라도 방언이다.
② '항꾼에'는 '한꺼번에, 함께'의 전라도, 경상도 방언이다.
④ '굴풋하던'의 원형은 '굴풋하다'로, '배고프다'의 전라도 방언이다.
⑤ '발쿠다'는 '바루다'의 강원도, 평안북도, 함경북도 방언이다.

039 ①

정답 해설

겹받침 'ㄺ'은 어말 또는 자음 앞에서 [ㄱ]으로 발음하므로 '긁다'는 [극따]로 발음하는 것이 옳다.

오답 해설

② '앉다'는 어간의 겹받침의 일부인 'ㅈ'이 탈락하기 전 대표음 'ㄷ'으로 바뀐 후 그 뒤에서 경음화가 일어나 [안따]로 발음한다.
③ 겹받침 'ㄿ'은 어말 또는 자음 앞에서 [ㅂ]으로 발음하므로 '읊다'는 [읍따]로 발음한다.
④ 겹받침 'ㄼ'은 어말 또는 자음 앞에서 [ㄹ]로 발음하므로 [짤따]로 발음하며, 'ㅂ'이 탈락하기 전에 영향을 주어 뒤의 어미 첫소리가 경음화가 된다.
⑤ '핥다'는 어간의 겹받침의 일부인 'ㅌ'이 탈락하기 전 대표음 'ㄷ'으로 바뀌는데 그 뒤에서 경음화가 일어나 어미 첫소리가 된소리로 발음된다.

040 ①

정답 해설

'sash'의 발음은 [sæʃ]이므로 외래어 표기법 제2장 표1에 따라 '새시'로 적는다.

오답 해설

② 외래어 표기법 제3장 제2항 어말과 모든 자음 앞에 오는 유성 파열음은 '으'를 붙여 적는다는 조항에 따라 '애드리브로' 적는다.
③ 외래어 표기법 제3장 제3항 어말 또는 자음 앞의 [f]는 '으'를 붙여 적는다는 조항에 따라 '스태프'로 적는다.
④ 'royalty'는 [rɔ́iəlti]로 발음되므로 외래어 표기법 제2장 표1에 따라 '로열티'로 적는다. '로얄티'로 적지 않도록 주의해야 한다.
⑤ 'recreation'은 [rèkriéiʃən]로 발음되므로 외래어 표기법 제2장 표1에 따라 '레크리에이션'으로 적는다.

041 ④

정답 해설

'사물놀이'는 [사ː물로리]로 발음되는데 유음화는 로마자 표기에 반영하므로 'samullori'로 표기하는 것이 옳다.

042 ④

정답 해설

'태양 필터가 장착된 망원경'과 '일식 관측용 안경'이 병렬적으로 연결되어 있다. 그런데 서술어인 '착용하다'는 '안경'을 목적어로 삼을 수 있지만, '망원경'은 목적어로 삼을 수 없으므로 어법에 맞지 않다. 따라서 목적어와 서술어의 호응을 고려하여 '태양 필터가 장착된 망원경을 사용하거나 일식 관측용 안경을 착용해야 한다'와 같이 수정해야 옳다.

043 ⑤

정답 해설

〈보기〉의 문장에서 '오는구먼'의 '-는구먼'은 하게체 문장에서 쓰여 감탄의 뜻을 나타내는 종결 어미이다. '말하게'에 쓰인 '-게'는 하게체 문장에서 무엇을 시키는 뜻을 나타내는 종결 어미이므로 상대 높임법의 등급이 같다.

오답 해설

① '갑시다'의 '-ㅂ시다'는 하오체 문장에서 쓰여, 어떤 행동을 함께하자는 뜻을 나타내는 종결 어미이다.
② '받았소'의 '-소'는 하오체 문장에서 쓰여 설명의 뜻을 나타내는 종결 어미이다.
③ '일어나시지요'의 '-시지요'는 하십시오체 문장에서 쓰여 정중한 명령이나 권유의 뜻을 나타낸다.
④ '내려놓으렴'의 '-으렴'은 해라체 문장에서 쓰여, 친근하고 부드럽게 명령하거나 허락하는 뜻을 나타내는 종결 어미이다.

▶ 출처 이익섭·채완(2000), 『국어문법론 강의』, 학연사.

044 ⑤

정답 해설

'내가 들어오는 것을 보고 친구가 웃으면서 나를 반겨 주었다.'와 '내가 웃으면서 들어오는데 친구가 나를 반겨 주었다.'의 두 가지 경우로 해석할 수 있다. 중의성이 해소되지 않았다.

오답 해설

① '착한'이 '친구'를 수식하는 경우와 '동생'을 수식하는 경우로 해석될 수 있었으나 '동생'만 수식하도록 중의성이 해소되었다.
② '학생들이 한 명도 도착하지 않은 경우'와 '일부는 도착하고 일부는 도착하지 않은 경우'로 해석될 수 있었으나 '일부는 도착하고 일부는 도착하지 않은 경우'로 해석되도록 중의성이 해소되었다.
③ '운동화를 벗고 있는'이 '운동화를 벗은 채로 있다.'로 상태를 나타내는 경우와 '운동화를 벗는 중이다.'로 동작을 나타내는 경우로 해석될 수 있었으나 '운동화를 벗은 채로 있다.'로 해석되도록 중의성이 해소되었다.

④ '게으른'이 '철수'만을 수식하는 경우와 '철수와 민수'를 수식하는 경우로 해석될 수 있었으나 '철수'만 수식하는 경우로 중의성이 해소되었다.

▶ 출처
• 이익섭(2000), 『국어학 개설』, 학연사.
• 이익섭·채완(2000), 『국어문법론 강의』, 학연사.

045 ④

정답 해설

'~하는 중에 있다', '~하고 있는 중이다'는 영어 'be ~ing'의 번역 투 표현이다. '~하고 있다'로 수정하면 자연스러운 국어 문장이 된다.

오답 해설

① '~로 인하여'는 영어 'by'의 번역 투 표현으로 '~로'로 수정하면 자연스러운 국어 문장이 된다.
② '한 잔의 물'은 영어 'a glass of water'의 번역 투 표현으로 '물 한 잔'으로 수정하는 것이 자연스럽다.
③ '가지고 있다'는 영어 'have'의 번역 투 표현으로 '있다'로 수정하는 것이 자연스럽다.
⑤ '중요한 것 중의 하나'는 영어 'one of the most'의 번역 투 표현으로 '중요한 것'으로 수정하는 것이 자연스럽다.

쓰기 046번~050번

기출문제집 p.120

046	047	048	049	050
②	④	⑤	⑤	⑤

046 ②

정답 해설

ㄱ. '울릉도 기준 남동방향 87.4km', '총면적은 187,554㎡'와 같이 구체적 수치를 활용하여 독도의 위치와 면적을 설명하고 있다.
ㄹ. '그렇다면 독도의 생태계는 어떠할까? 먼저 육상 생태계를 살펴보면,~'과 같이 묻고 답하는 방식으로 독도의 생태계에 관한 내용을 제시하고 있다.

오답 해설

ㄴ. 독도의 가치를 제시하였으나, 전문가의 인터뷰 내용을 직접 인용하고 있지 않다.

ㄷ. 독도 생태계를 설명하고 있지만, 독도와 울릉도를 대조하고 있지 않다.
ㅁ. 독도에 서식하는 식물에 대해 언급하고 있지만, 분류의 방식으로 식물의 유형을 설명하고 있지 않다.

▶ 출처
- 한국해양과학기술원, 독도종합정보시스템(https://www.dokdo.re.kr)
- 동북아역사재단, 독도체험관(https://dokdomuseum.nahf.or.kr)
- 국가기후기술정보시스템(https://www.ctis.re.kr/ko/index.do)
- 금성출판, 티칭허브(https://thub.kumsung.co.kr/dokdo/dokdo_study)

047 ④
정답 해설
(라)는 독도 해역의 표층 수온 상승이 다른 지역에 비해 심각하다는 것을 보여 주는 자료이다. 따라서 이를 활용하여 독도에 다양한 해양생물이 서식하는 이유를 추가한다는 내용은 적절하지 않다.

오답 해설
① (가)는 『고려사』, 『세종실록』, 『신증동국여지승람』에 언급된 독도의 역사와 관련된 자료이다. 따라서 이를 활용하여 독도의 역사와 관련된 내용을 구체화한다는 내용은 적절하다.
② (나)는 독도의 옛 이름인 '우산도'가 우산국에서 유래하였음을 보여 주는 자료이다. 따라서 이를 활용하여 독도가 옛날에 '우산도'라고 불리게 된 이유를 추가한다는 내용은 적절하다.
③ (다)는 '대한제국 칙령 제41호'에 대한 자료로, 독도의 날은 '대한제국 칙령 제41호'가 제정된 날임을 보여 주는 자료이다. 따라서 이를 활용하여 독도의 날이 10월 25일로 지정된 이유를 추가한다는 내용은 적절하다.
⑤ (마)는 독도 연안에 서식하는 다양한 어류를 보여 주는 자료이다. 따라서 이를 활용하여 독도 연안에서 서식하는 어류의 종류를 구체화한다는 내용은 적절하다.

048 ⑤
정답 해설
초고의 4문단을 보면, Ⅳ-1은 글의 주제를 고려할 때 적절한 내용임을 알 수 있다. 따라서 Ⅳ-1은 글의 주제와 어울리지 않는 내용이므로 삭제한다는 내용은 적절하지 않다.

오답 해설
① 초고의 1문단을 보면, 글의 맥락을 고려하여 Ⅰ-1과 Ⅰ-2의 순서를 바꾸어 서술하였음을 알 수 있다.
② 초고의 2문단을 보면, Ⅰ-3은 Ⅱ의 구체적인 내용이므로 Ⅱ의 하위 항목으로 이동하였음을 알 수 있다.
③ 초고의 2문단을 보면, Ⅱ-1은 내용의 흐름을 고려하여 Ⅱ-2와 순서를 교체하였음을 알 수 있다.
④ 초고의 3문단을 보면, Ⅲ-1은 '독도의 생태계'라는 상위 항목을 고려하여 삭제하였음을 알 수 있다.

049 ⑤
정답 해설
문맥을 고려할 때, '물론'이라는 부사어가 적절하므로, '만약'으로 수정한다는 내용은 적절하지 않다.

오답 해설
① '촉발되다'는 '어떤 일을 당하여 감정, 충동 따위가 일어나다.'의 의미이며, '생성되다'는 '사물이 생겨나다.'의 의미이다. 따라서 '생성된'이 적절하므로 문장의 의미를 고려하여 '생성된'으로 수정한다는 내용은 적절하다.
② '우산국이 신라에'라는 문맥을 고려할 때 피동표현이 적절하므로 '정복된'으로 수정한다는 내용은 적절하다.
③ 식물이 자라기에 좋은 환경이 아니라는 앞의 문맥과, 끈질긴 생명력을 가진 야생화가 독도를 장식하고 있다는 뒤의 문맥을 연결하기에 '그리고'는 적절하지 않으므로 '하지만'으로 수정한다는 내용은 적절하다.
④ '독도는'이라는 주어를 고려할 때 문장의 호응이 적절하지 않으므로, '지닌다.'로 수정한다는 내용은 적절하다.

050 ⑤
정답 해설
마지막 문단 첫 문장에 '독도의 생태계가 급변하고 있다.'로 시작하고 있으며, '개인의 힘만으로는 어려우므로'와 '이를 종합해 볼 때,'라는 글의 맥락을 고려해 볼 때, 독도의 생태계를 지키기 위한 사회적 노력이 필요함을 알 수 있다. 따라서 '독도를 지키기 위해서는 독도 생태계 변화의 심각성을 인식하고 환경을 보호하기 위한 공동체적 방안을 마련해야 한다.'는 진술은 적절하다.

오답 해설
① 성게 제거를 위한 노력은 지엽적 노력에 해당하므로 적절하지 않다.
② 수온 온난화 예방은 앞에 언급된 내용이기도 하고, 개인적 노력만으로는 '이를 종합해 볼 때'라는 글의 맥락에 적합하지 않다.

③ 독도를 보호하기 위해서는 '바다 사막화' 현상을 막기 위한 노력이 최우선적으로 요구된다는 내용을 확언할 수 없고 '바다 사막화'는 성게로 인한 것이므로 이 역시 지엽적 노력에 해당한다.
④ 괭이갈매기가 알맞은 시기에 알을 낳을 수 있도록 지역 공동체의 노력이 요구된다는 내용은 새로 언급된 것이므로 '이를 종합해 볼 때'라는 맥락에 적절하지 않다.

창안 051번~060번

기출문제집 p.123

| 051 | ② | 052 | ⑤ | 053 | ③ | 054 | ④ | 055 | ⑤ |
| 056 | ③ | 057 | ⑤ | 058 | ⑤ | 059 | ④ | 060 | ⑤ |

051 ②

정답 해설

'뿌리골무'는 생장점을 감싸서 보호하는 역할을 하므로, 새로운 사업 영역을 개척하는 혁신 부서에 비유하기 어렵다.

오답 해설

① '생장점'은 왕성한 세포 분열을 하여 뿌리를 자라게 하는 역할을 하므로 조직 발전을 위해 적극적으로 활동하는 직원에 비유할 수 있다.
③ '뿌리털'은 뿌리의 표면에서 물과 양분을 흡수하는 역할을 하므로 외부 조직과 직접 상호 작용하는 영업 부서에 비유할 수 있다.
④ '표피'는 가장 바깥쪽에서 뿌리를 보호하는 역할을 하므로 외부 위험으로부터 전체를 보호하는 조직에 비유할 수 있다.
⑤ '관다발'은 뿌리털이 흡수한 물과 양분을 식물체에 공급하는 역할을 하므로 조직 발전을 위해 필요한 정보를 소통하는 체계에 비유할 수 있다.

▶ 출처
- 글: 신학수 외(2008), 『상위 5%로 가는 생물교실1』, 위즈덤하우스.
- 사진: 네이버 지식백과, 「줄기와 뿌리」, 『상위 5%로 가는 생물교실1』 (https://terms.naver.com/entry.naver?docId=3353616&cid=47339&categoryId=47339)

052 ⑤

정답 해설

윗글의 ㉠은 농도가 낮은 쪽에서 높은 쪽으로 물이 이동하는 삼투 현상이며 이는 자연적인 현상이다. 〈보기〉의 '왕자'는 마을 사람들에게 자신의 몸에 치장되어 있는 보석과 금 조각을 나누어 주고 있다. 왕자가 ㉡과 같은 행동을 한 이유를 ㉠과 관련지어 생각해 보면 많이 가진 자가 적게 가진 자에게 베푸는 것은 자연스러운 일이라고 생각했음을 유추할 수 있다.

오답 해설

① ㉡에서 왕자는 가진 것을 저축하고 있지 않으며, ㉠과 관련이 없다.
② ㉠과 ㉡에서 나중에 올 보상을 위한 것임을 유추할 수 없다.
③ ㉠과 ㉡에서 타인과 협력하여 문제를 해결하는 것을 유추할 수 없다.
④ ㉡에서 '제비'가 조력자일 수는 있으나 ㉠에서는 이를 유추할 수 없으며, 성공적인 삶을 위해서인지도 알 수 없다.

053 ③

정답 해설

ⓐ는 식물이 성장할 때 필요한 필수 영양소 중 부족한 요소가 있는 경우 식물이 제대로 자랄 수 없다는 법칙이다. 이를 교육에 비유할 때, 학생의 학습에서 부족한 부분이 있는 경우 올바른 성장이 이루어지기 어렵다는 내용을 도출할 수 있다. 따라서 가장 적절한 교훈은 특정 과목에서의 학습 결손이 발생하지 않도록 보충 학습을 제공해야 한다는 내용이다.

오답 해설

① 학습 과제의 난이도를 단계적으로 높여 제시해야 한다는 내용은 부족한 부분을 보충한다는 내용과 관계가 없다.
② 개인의 소질 계발은 부족한 부분을 보충하는 것과는 관계가 없다.
④ 학습 촉진을 위한 칭찬과 격려는 부족한 부분에 대한 보충과 관계가 없다.
⑤ 협동 학습을 통한 모방 학습은 부족한 부분을 보충하는 것과 관계가 없다.

054 ④

정답 해설

그림 (가)와 (나)는 악취와 미끄럼 사고를 유발하는 은행나무 열매가 거리에 떨어지지 않도록 하는 서로 다른 조치 방법이다. (가)는 열매의 결실 자체를 막는 가지치기 방법이며, 이는 문제가 발생할 수 있는 근본적인 원인을 찾아 본질을 해결하는 방법에 비유할 수 있다. (나)는 열매가 맺히더라도 바닥으로 떨어지지 않도록 하는 그물망 방법이며, 이는 본질을 그대로 두되 앞으로 발생할 문제를 해결할 수 있는 부수적인 요소를 도입하는 방법에 비유할 수 있다.

④ (가)와 관련된 주장으로 원인을 찾기보다 이미 발생한 문제를 해결해 나가는 것이 효과적이라는 내용은 적절하지 않은 진술이다.

> 오답 해설

① (나)는 근본적인 원인인 나무 혹은 가지를 제거하기보다, 이미 발생한 열매를 받칠 그물망을 설치하는 것이므로 적절한 진술이다.
② (가)는 꽃눈이 생긴 가지를 쳐내 열매의 결실 자체를 막아 가을철 은행나무에 열매가 맺히는 것을 방지하므로 적절한 진술이다.
③ (가)와 (나)는 모두 가을철 은행나무의 열매로 인한 불편을 방지하는 것이므로 적절한 진술이다.
⑤ (나)는 본질인 나무를 상하지 않게 하면서도 열매가 떨어지는 문제를 완화하는 방법이므로 적절한 진술이다.

055 ⑤

> 정답 해설

(가)의 방식은 문제의 근본적인 원인을 찾아 제거하여 발생 가능한 문제를 방지하는 방식이라고 할 수 있다. 따라서 수질을 보호하기 위해 샴푸를 사용하지 않는 것은 원인을 제공하지 않는 것이므로 가장 유사한 방식으로 이해할 수 있다.

> 오답 해설

① 하천변의 쓰레기를 주워 담는 것은 이미 발생한 쓰레기를 처리하는 것이므로 (가)와 유사한 방식으로 보기 어렵다.
② 청바지는 이미 발생한 문제이므로 이를 활용하여 청치마를 만드는 것은 (가)와 유사한 방식으로 보기 어렵다.
③ 분리배출을 잘하는 것은 이미 발생한 쓰레기를 잘 처리하는 것이므로 (가)와 유사한 방식으로 보기 어렵다.
④ 전기 사용량을 줄이기 위해 에어컨 대신 선풍기를 사용하는 것은 발생 가능한 문제를 차단하는 것이 아니므로 (가)와 유사한 방식으로 보기 어렵다.

056 ③

> 정답 해설

(나)의 은행나무 그물망은 본질을 해치지 않고 부수적인 요소를 새롭게 도입하여 문제를 해결하는 방식이다. 이를 인간관계에 착안하면 존재를 인정하고 받아들인다는 내용과 연결할 수 있으므로 상대 자체를 존중하고 다름을 받아들일 때, 자신도 존중받을 수 있다는 내용이 적절하다.

> 오답 해설

① 관계에서 벗어나는 것은 문제의 소지를 차단하는 것이므로 (나)와 유사한 방식으로 보기 어렵다.
② 갈등을 무시하는 것은 그물망을 통해 문제를 해결하는 (나)와 유사한 방식이라고 하기 어렵다.
④ 타인의 단점을 보고 비난하기보다 나를 돌아봐야 한다는 내용은 (나)와 유사한 방식이라고 보기 어렵다.
⑤ 인연의 시간에 대한 내용은 (나)의 문제 해결 방법과 관계없는 내용이다.

057 ⑤

> 정답 해설

기사는 층간 소음과 관련된 것이므로 층간 소음과 관련된 광고 사례와 문구가 적절하다. 그러나 '소통'이라는 약이 필요한 '아파트에 사느냐'는 광고 내용은 층간 소음과 관련이 없다. 또한 '아프면 약은 반드시 약사에게'라는 문구는 연결된 문구 또한 기사문과 관련이 없다.

> 오답 해설

①, ②, ③, ④ 모두 층간 소음을 주제로 한 기사와 관련된 광고 사례에 해당하며, 짝지어진 문구도 적절하다.

▶ 출처 "더는 못 참아"…옆집 50대 부부의 노랫소리, 뉴스광장[잇슈 키워드], KBS 뉴스(2024. 2. 6.).

058 ⑤

> 정답 해설

(가)는 층간 소음 문제와 관련된 그림으로, 위층의 피리 부는 사람을 통해 '아름다운 선율'을, 아래층의 절규하는 사람을 통해 '고통'을 나타내고 있으며, (나)는 5호 라인 이웃사촌의 모습을 나타내고 있다. (가), (나)를 통해 공통적으로 제시하고자 하는 메시지는 이웃 간의 층간 소음 문제에 대한 경각심을 가질 수 있는 문구인 ⑤번이 가장 적절하다.

오답 해설

① '뛰는 놈'은 (가), (나)에 제시되어 있지 않다.
② 5호로 맺어진 이웃사촌은 (나)에만 해당된다.
③ 따뜻한 음악이 위로가 된다는 것은 (가)와 관련 있는 것 같지만 아래층의 사람이 절규하고 있으므로 적절하지 않고, 또한 (나)와도 관련이 없다.
④ 감동적인 예술이 남에게는 참기 힘든 폭력이라는 것은 (가)와는 관련이 있는 것 같지만, 5호 라인의 이웃이나 아래층에 피해가 간다는 정보는 나타나지 않으므로 (나)와 관련이 없다.

059 ④
정답 해설
윗글의 ⊙은 압력에 따라 끓는점이 변화한다는 내용을 얘기하고 있고, 〈보기〉의 학생은 예상치 못한 문제가 발생하면 당황해서 실력을 발휘하지 못함을 이야기하고 있다. ⊙에서 '압력'을 '발표 상황'으로, '끓는점'을 '발표'로 이해한다면, 〈보기〉의 학생에게 상황을 고려하여 준비한 내용을 조정하는 전략이 필요하다는 조언을 할 수 있다.

060 ⑤
정답 해설
윗글의 ⓐ를 학습에 비유한다면, '증발'은 '지식의 표면적 이해'로 비유할 수 있으며, '끓음'은 '깊이 있는 학습'으로 비유할 수 있다. 따라서 '단편적 지식의 이해뿐 아니라 개념의 원리까지 습득해야 한다'라는 내용이 가장 적절하다.

오답 해설
① 개별 학습과 협동 학습은 학습의 방식에 관한 내용으로, 학습이 얼마나 깊이 있게 이루어지는지를 판단할 수 있는 기준이 아니다. 따라서 ⓐ의 '표면'과 '내부'에서의 기화 현상을 대비한 설명과 연결되지 않는다.
② 온라인과 오프라인은 학습의 환경에 관한 것으로, 학습 내용의 깊이 또는 원리에 대한 이해 여부와는 무관하다. 따라서 증발과 끓음의 차이를 학습에 비유한 문맥과 적절하게 연결되지 않는다.
③ 능력과 노력은 학습 결과의 평가 기준에 관한 내용으로, 학습이 표면적 수준에서 이루어졌는지, 원리까지 내면화되었는지를 구분하는 기준이 될 수 없다. 따라서 ⓐ의 설명과 직접적인 관련이 없다.
④ 능동적 역할을 수행할 수 있는 과제 부여는 학습자의 참여 방식 또는 태도에 관한 설명이다. 이는 ⓐ의 비교와 부합하지 않는다.

읽기 061번~090번

기출문제집 p.129

061	②	062	②	063	②	064	⑤	065	④
066	①	067	②	068	③	069	③	070	⑤
071	④	072	①	073	①	074	②	075	②
076	④	077	②	078	①	079	④	080	②
081	②	082	④	083	①	084	③	085	②
086	③	087	④	088	②	089	⑤	090	⑤

061 ②
정답 해설
'삶의 티끌만 오래 묵은 포범(布帆)처럼', '시궁치는 열대 식물처럼' 등에서와 같이, 직유법을 활용하여 대상의 특성을 드러내고 있다.

오답 해설
① 수미상관의 방식이 활용되고 있지 않다.
③ 역설적 표현은 나타나 있지 않으며, 화자와 대상의 거리감이 드러나 있지도 않다.
④ 동일한 시구를 반복하여 대상에 대한 그리움을 나타내고 있지 않다.
⑤ 공감각적 심상은 나타나 있지 않으며, 대상에게 느끼는 친밀감도 드러나 있지 않다.

▶ 출처 이육사(2018), 『한국근대문학선 15 이육사』, 달시루.

062 ②
정답 해설
'암초'와 같은 자연물, '흐릿한 밤', '태풍'과 같은 자연 현상을 통해 화자의 고단했던 삶을 표현하고 있다. 또한 비교는 나타나 있지 않으며, 이상향의 모습을 표현하고 있지 않다.

오답 해설
① '소금에 절고', '조수(潮水)에 부풀어 올랐다.'라는 표현을 통해 화자가 세상의 풍파에 시달려 왔음을 드러내고 있다.
③ '남십자성이 비쳐 주도 않았다.'와 같은 삶의 희망이 보이지 않는 화자의 현실을 드러내고 있다.
④ '쫓기는 마음', '지친 몸'이라는 표현을 통해 화자의 고통스러운 삶을 드러내고 있다.
⑤ '열대 식물처럼'에서 비유적 표현이 사용되었으며, '발목을 에워쌌다'는 표현을 통해 고통에서 벗어나기 어려운 일제 강점기의 현실을 드러내고 있다.

063

정답 ②

정답 해설

단편소설인 이 작품은 등장인물로는 관찰자인 '나'와 주인공 'C' 단 둘뿐이며, '나'는 주인공인 'C'가 취업의 과정에서 겪은 사건들을 관찰자의 시각에서 서술하고 있다.

오답 해설

① '나'가 '어떻게 생각해?'라는 'C'의 질문에 대답을 못하고 있지만 이로 인해 두 인물 간의 갈등이 심화되는 것은 아니다.
③ 동시에 일어나는 두 개의 사건이 병치된 부분은 없다.
④ 주인공 'C'가 겪고 있는 상황과 이에 대한 '나'의 심리는 드러나 있지만, 주인공 'C'의 독백을 통해 내적 갈등이 해결되는 과정은 드러나 있지 않다.
⑤ 공간의 이동이 명확하게 드러나 있지 않고 서술자 또한 '나'로 일관되어 있다.

▶ 출처 황정은(2008), 『일곱시 삼십이분 코끼리열차』, 문학동네.

064

정답 ⑤

정답 해설

'이제 치즈맨이 되기 위해 전혀 다른 과정을~', '초콜릿과 치즈의 구조가 완전히 다르다는 것을~'을 보면, ⓐ와 ⓑ가 구조뿐만 아니라 되기 위한 과정도 서로 다르다는 것을 알 수 있다.

오답 해설

① '최근 몇 년 동안 열심히 노력한 끝에~', '어엿한 초코맨이 되기까지도 몇 년이 걸렸는데~'를 보면, 속성 과정을 통해 일 년 만에 ⓐ가 되었다는 진술은 적절하지 않다.
② '카카오의 함량은 팔십육 퍼센트 정도로~'를 보면, 카카오의 함량이 높지 않아서 ⓐ가 고용되지 않았다는 진술은 적절하지 않다.
③ '관련 육성 기관에 거금을 내고~'를 보면, 기관의 도움 없이 독학으로 ⓑ로 재사회화되었다는 진술은 적절하지 않다.
④ '초코가 집중도 면에서 훨씬 뛰어나고, 일 처리도 세련되기 때문에 업무 능률이 좋다는 것이었다.'를 보면, 집중도와 일 처리 면에서 높게 평가받은 것은 ⓐ이다.

065

정답 ④

정답 해설

'시대의 흐름이 바뀌어', '그사이 이 시대의 흐름은 다시 바뀌어서' 등이 언급되며 'C'가 취업에 계속해서 실패하고, 흐름이 바뀌길 기다리는 것과 다시 초코맨으로 트레이닝을 받는 것에 대해 'C'가 '나'에게 묻는데도 '나'가 대답하지 못하는 상황을 보았을 때 '그런 시대'는 변화의 속도가 너무 빨라서 예측하기 어려운 시대로 보는 것이 가장 적절하다.

오답 해설

① 'C'가 학력이 낮아서 취업에 실패한 것은 아니므로 높은 학력이 취업 경쟁에서 우선시되는 시대라고는 볼 수 없다.
② 복고의 바람으로 '초코맨'이 대세가 되긴 했지만 이 또한 바뀔 수 있는 것으로서, '그런 시대'를 과거의 제도나 풍습 따위로 돌아가려는 시대로 단정할 수는 없다.
③ '초코맨'도 복고의 바람으로 대세가 된 것이므로 이전에 없던 새로운 직업의 창출을 요구하는 시대라고는 볼 수 없다.
⑤ 시대의 흐름이 계속해서 바뀌고 그때마다 요구되는 능력이 다른 것을 보았을 때 오랜 기간 한 분야에서 쌓아 온 경력이 인정받는 시대라고는 볼 수 없다.

066

정답 ①

정답 해설

고대 그리스에서 노동은 칭송의 대상이 아니라 반대였다고 하였으며, 고대와 달리 중세에는 과정에 중요한 가치를 부여하기 시작했다고 하였는데, 이 과정에는 노동이 포함된다. 따라서 중세에는 고대에 비해 노동의 가치가 더 크게 인식되었다는 설명은 적절하다.

오답 해설

② 고대 그리스 사회에서는 노동을 노예의 것으로, 그리고 천한 것으로 여겼지만 기독교가 지배하는 서구 중세 사회에서는 노동이 점차 가치 있는 것으로 여겨지기 시작했다는 것을 알 수 있으므로 적절하지 않은 내용이다.
③ 헤겔과 마르크스의 이야기를 통해 인간이 노동을 통해 세계와 합일을 이루고 종국에 자유롭게 되는 이상적 상황이 묘사되고, 그만큼 노동이 신성시되는 가치관과 윤리관이 근대에 이르러 점차 작동하기 시작하였음을 알 수 있다. 하지만 그것이 원인이 되어 인간이 자연을 지배할 수 있게 되었다고 이해할 수는 없다.
④ 고대 그리스에서 토론이나 강연 모임을 개최하는 유일한 목적이 보편적 진리를 추구하는 것이라고 했으므로 적절하지 않은 설명이다.
⑤ 고대 그리스에서 노동은 사람을 필요에 얽매고 부자유스러운 존재로 만든다고 하였으며, 반면에 시민은 어떠한 실용적 목적도 가질 필요가 없다고 했으므로 적절하지 않은 설명이다.

▶ 출처 데니스 뇌르마르크 외, 이수영 옮김(2022), 『가짜 노동』, 자음과모음, 320–322쪽.

067 ②

정답 해설
'달란트 우화'는 받은 달란트를 어떻게 사용했느냐가 중요하다는 얘기를 하고 있으므로 성취를 위한 노력도 중요한 가치가 있다는 내용이 들어가는 것이 적절하다.

오답 해설
① '달란트 우화'는 타고난 본성에 대한 얘기가 아니다.
③ 타고난 재능에 관한 강조는 고대 그리스의 본질주의적 사고와 더 연관이 깊다.
④ 본문에서의 맥락과 어울리지 않은 진술일뿐더러, 성취욕과 재능 계발의 상관관계에 대해 본문에서는 다룬 바가 없다.
⑤ 목적의 성취뿐 아니라 과정이 중요하다는 해석이 들어가야 하므로 탁월한 재능이 있으면 큰 노력을 들이지 않아도 목적을 성취할 수 있다는 내용은 적절하지 않다.

068 ③

정답 해설
고대 그리스 사회에서는 실용적이며 구체적인 사물을 생산하는 노동에서 벗어나 있다는 것이 고귀하며 자유로운 시민임을 의미했으며, 근대 이후 헤겔과 마르크스는 인간과 세계가 노동을 통해 통합됨으로써 비로소 완성되는 추상적인 자유에 관해 주장하게 되었다. 〈보기〉는 모든 노동이 곧 가치가 있다는 것이 아니라 인간이 자기의 본성으로부터 멀어지게 되는 소외를 극복하려면, 곧 자유를 실현하려면 어떤 노동인지가 중요하다는 것을 강조한다. 따라서 어떤 종류의 노동에 참여하는지가 중요하다는 내용이 가장 적절하다.

오답 해설
①, ② 현대의 자유는 노동에서 벗어나는 것이 아니므로 적절하지 않다.
④ 〈보기〉에서는 노동이 필수라면 의미 있는 작업 과정에 참여할 때 안정감을 느낀다고 했으므로 무슨 노동이든 그 과정에 힘써야 한다는 내용은 적절하지 않다.
⑤ '진짜 노동'을 의미 있는 작업 과정으로 본다면 적절할 수 있겠으나, 그것이 구체적 실용성과 무관한 진리를 추구하는 것은 아니다.

069 ③

정답 해설
지문은 법률의 조문이 갖는 기능 가운데 분쟁 해결의 기준이 될 수 있다는 점을 의료 과실의 사례를 들어 해설하면서, 구체적으로 해석과 적용의 모습도 보여준다.

오답 해설
① 이행 보조자의 과실에 대한 사용자의 책임에 관한 서술은 전체 논지 자체가 아니라 그것을 위한 하나의 예시이다.
② 법률 해석은 법관의 독립을 실현하는 수단이 아니라, 독립된 법관이 법률에 따라 사건을 판단하기 위해 수행하는 절차에 해당한다.
④ 모든 분쟁이 법원을 통해 해결되는 것은 아니지만 법률의 조문은 법원 밖에서의 분쟁에서도 해결 지침으로서의 기능을 한다고 설명한다.
⑤ 의료 사고에서 의사와 환자의 분쟁이 있고 그 해결 지침이 결국 법률의 조문에서 도출되어야 하는 것은 당연하지만, 이런 설명 자체는 지문의 논지가 아니라 그를 위한 사례일 뿐이다.

▶ 출처 정종휴(1994), 『역사 속의 민법』, 교육과학사, 326-347쪽.

070 ⑤

정답 해설
피용자가 저지른 실수에 대해 그를 고용하였고 일반적으로 더 큰 자력을 가진 사용자나 기업이 책임을 질 수 있도록 하여 피해자를 더 두텁게 보호할 수 있는 기능에 대해 설명하고 있으므로, 선지는 반대의 서술이라 할 수 있다.

오답 해설
① 지문에서 법률의 해석을 설명하면서 "조문들이 상충해 보일 때도 있다"고 하며, 민법 제391조와 제750조의 예를 들어 해설한다.
② 지문에서 "분쟁을 법률적으로 말하자면, 한쪽에 권리가 있어서 상대방에게 상응하는 의무가 있다는 데 대한 주장들의 다툼이라 할 수 있다"고 서술하므로 적절한 내용이다.
③ 지문에서 "재판의 독립을 선언하는 헌법 제103조는 … 법률에의 구속도 함께 의미한다"고 서술하므로 적절한 내용이다.
④ 지문에서 "이처럼 재판 제도의 존재는 법원 밖에서도 사회적인 분쟁이 법률의 조문에 맞추어 해결되도록 하는 기능을 한다"고 서술하므로 적절한 내용이다.

071 ④

정답 해설

지문에서 "의사로부터 보수를 받고서 그의 일을 도와주는 간호사"라 하여 피용자의 의미를 확인할 수 있고, "의사가 손해 배상의 채무자가 된다"고 하여 의사가 채무자에 해당한다는 것도 알 수 있다. 따라서 조문의 규정에 따라 간호사의 실수는 의사의 과실로 보게 된다.

오답 해설

① 의사의 지시를 이행하는 데 대하여 간호사가 과실을 저지른 경우에도 의사의 과실로 보겠다는 것이 조문의 내용이므로 간호사에게 책임을 물을 수 없다는 원칙을 밝힌다는 것은 적절하지 않다.
② 의사의 책임을 강화하는 기능을 하지만 처방의 적절성 여부에 관한 것이 아니라 간호사의 과실에 관한 규정이다.
③ 의사에게까지 민법 제750조의 적용을 할 수 있도록 하는 기능을 한다고 할 수 있다.
⑤ 간호사의 실수이지만 의사가 배상하여야 한다는 점을 명확히 하는 규정이라 할 수 있다.

072 ①

정답 해설

"이에 따르면,"에 이어지므로 들어진 조문의 내용에 부합하는 설명이 되어야 하고, 그에 대해 예외로서 이어지는 설명과는 맞서는 내용이어야 한다. 또한 상충되어 보인다는 예시라는 것도 문맥상 알 수 있다. 그리하여 "직접적인 과실이 없다는" 데 맞서는, 직접적인 과실로 말미암아 배상하게 된다는 내용이 들어가는 것이 적당하다.

오답 해설

② 법률 해석의 일반론이 아니라 구체적인 사례에 대한 해설이 들어가야 하는 문맥이다.
③ 과실과 대비되는 고의가 아니라 과실이 있고 없는 상충이 나타나야 하는 대목이다.
④ 간호사여서 배상 책임이 있는 것이 아니라 과실을 저지른 이여서 일차적 배상 책임이 문제되는 것이다.
⑤ 지문에서는 '직접적인 과실이 없어도 책임이 발생할 수 있다'는 사용자 책임(민법 제391조)에 대해 설명하고 있으며, 위법 행위인지의 여부와는 관련된 언급이 없다.

073 ①

정답 해설

표면 장력이 클수록 분자 간의 응집력이 크다고 했으므로 일치하는 내용이다.

오답 해설

② 물과 우유 모두에서 왕관 현상이 관찰될 수 있다고 했으므로 적절하지 않다.
③ 다양한 현상에서 나타나는 여러 변수의 상관관계를 간단히 표현할 목적으로 무차원수를 도입한다고 했으므로 적절하지 않다.
④ 코로나는 왕관을 뜻하는 라틴어이고 스플래시는 '액체가 튀기다'라는 영어라고 했으므로 적절하지 않다.
⑤ 표면 장력은 액체의 표면적이 늘어나는 것에 저항하는 응집력을 보여 준다고 했으므로 액체가 튀어 오르는 것을 방해한다.

▶ 출처
- Influence of Weber Number on Crown Morphology during an
- Oblique Droplet Impact on a Thin Wall Film, J. L. Stober et al, Fluids 2023, 8, 301.

074 ②

정답 해설

4문단에 따르면 웨버수는 단위가 없는 무차원수이고 액체의 밀도, 액체 운동의 속도 제곱, 액체의 직경을 모두 곱한 후에 액체 방울의 표면 장력으로 나눈 값이다. 따라서 분자에 해당하는 액체의 밀도, 액체 운동의 속도 제곱, 액체의 직경의 단위를 모두 곱하면 $(kg/m^3) \times (m/s)^2 \times (m) = (kg/s^2)$이다. 뉴턴 단위 N을 이용하기 위하여 분자 분모에 각각 m을 곱하면 $(kg \cdot m/s^2)(1/m)$이 된다. 따라서 N/m이 된다. 따라서 표면장력은 N/m이어야 단위가 없는 무차원수가 된다.

075 ②

정답 해설

ㄴ. 웨버수는 액체의 밀도, 액체 운동의 속도 제곱, 액체의 직경을 모두 곱한 후에 액체 방울의 표면장력으로 나눈 값이다. 액체 A에서 튀어 오른 두 방울은 동일한 액체이므로 표면장력과 밀도가 동일하다. 따라서 속도가 2배가 되면 속도의 제곱인 4배만큼 웨버수가 커지고 직경이 1/4이면 1/4만큼 웨버수가 작아지는 효과가 있으므로 웨버수는 같다.

오답 해설

ㄱ. 액체가 방울이 되어 튀어 나오기 위해서는 충격에 의해 전달된 힘이 표면 장력을 이겨내야 하고, 표면 장력은 응집력을 나타낸다. 〈보기〉에서 액체 A와 B에 충격에 의해 전달된 힘이 같으나 액체 A에서만 왕관 현상이 관찰되었다고 했으므로 액체 A의 응집력은 액체 B의 응집력보다 작다.

ㄷ. 액체 B에서 더 큰 충격을 가하여 왕관 현상이 일어나게 된다면 이때는 2문단에 설명되어 있는 것처럼 관성력이 표면 장력에 비해 더 커진 것이 된다.

076 ①

정답 해설

특정 소자인 다이오드를 1문단에 소개한 후 2문단과 3문단에 다이오드 동작의 과학적 원리를 설명하고 있으며 4문단에 가정에서의 반도체를 기본으로 하는 전자 장치에 응용되는 것과 조명에 응용되는 것을 보여주고 있다.

오답 해설

② 특정 소자인 다이오드의 개발 과정을 통시적으로 보여주는 부분은 없으며 또한 향후 발전 방안도 제시되어 있지 않다.
③ 특정 소자인 다이오드만이 제시문 전체에 걸쳐 거론되고 있으며 다른 소자는 거론되고 있지 않다.
④ 특정 소자인 다이오드는 언급되고 있으나 이의 사용법을 분류하고 있는 내용과 주의점에 대한 언급은 없다.
⑤ 특정 소자인 다이오드의 성능 지표에 대한 설명은 제시문의 어느 부분에도 나타나 있지 않다.

▶ 출처　이일수(2007), 『첨단기술의 기초』, 글고운, 36-38쪽.

077 ④

정답 해설

3문단에 따르면 직류를 교류로 바꾸는 것이 아니라 교류를 직류로 바꾸는 것이 정류작용이다.

오답 해설

① 1문단에 따르면 다이오드는 핵심적인 반도체 소자이다. 따라서 적절한 진술이다.
② 1문단에 따르면 전자는 (−)전하를 갖고 정공은 (+)전하로 간주된다. 따라서 적절한 진술이다.
③ 4문단에 따르면 정공과 전자가 결합하면서 빛을 내는 다이오드가 LED이다. 따라서 적절한 진술이다.
⑤ 1문단에 따르면 p형 반도체와 n형 반도체는 불순물 반도체이다.

078 ④

정답 해설

ㄴ. 1문단에 따르면 잉여전자가 있는 것이 n형 반도체이고 정공이 있는 것이 p형 반도체이다. 따라서 (A)는 n형 반도체이고 (B)는 p형 반도체이다. 3문단에 따르면 p형 반도체에 (−)와 n형 반도체에 (+)가 걸리도록 전압을 걸어주는 것이 역 바이어스라 했으므로 〈보기〉는 역 바이어스의 상황이다. 3문단에 따르면 역 바이어스 상황에서 결핍층의 두께가 더 두꺼워진다고 했으므로 선지는 적절하다.

ㄹ. 전압의 부호를 반대가 되도록 바꾸면 순 바이어스가 된다. 3문단에 따르면 순 바이어스일 때 n형 반도체의 잉여전자와 p형 반도체의 정공은 모두 결핍층 쪽으로 끌리게 된다. 따라서 잉여 전자와 정공의 이동 방향은 서로 반대이다.

오답 해설

ㄱ. 1문단에 따르면 n형 반도체와 p형 반도체 모두 불순물을 첨가하여 만든다. 따라서 〈보기〉의 성질이 다른 두 반도체 (A)와 (B)는 불순물 반도체이므로 적절하지 않은 진술이다.
ㄷ. 1문단에 따르면 전자가 모자라서 비게 되는 공간을 정공이라 한다. 따라서 적절하지 않은 진술이다.

079 ④

정답 해설

본문에서 "ⓐ 이 이름표"는 "예술적" 혹은 "예술"이라는 기호를 의미한다. 이전에는 예술이라 부르지도 않았고 또 미적인 대상으로 취급하지 않았던 생활 요소나 유물들도 예술로 다루어지며 해석과 감상의 대상이 되기도 하는 것이다. 본문에서는 종교적 상징물이나 장식물은 이전 시대에 예술작품으로 여겨지면서 제작된 것은 아니지만 오늘날은 얼마든지 그것들을 예술작품으로 볼 수 있다고 했으므로 적절한 진술이다.

오답 해설

① 예술사회학의 관점에서는 특정한 이해관계를 가진 집단의 합의나 관습 아래 예술이 성립하기 때문에 개인이 아무 사물이나 행위를 골라내 예술이라고 자의적으로 규정할 수는 없다.
② "예술" 관념의 성립은 사회적이고 정치적인 과정을 거쳐서 일어난 것이며 특정한 집단의 이해관계가 반영되어 있기도 하지만, 그렇다고 해서 이 성립 과정이 정밀하게 계획된 의도와 방향성을 갖추고 있는 것은 아니다. 본문에서 "이름표를 붙이는 과정은 상당히 비의도적이고 무의식적일 수도 있다"라고 했으므로 적절하지 않다.

③ "예술" 관념의 성립은 미적인 것에 대한 권위적 해석과 지배적 제도가 함께 만들어지는 정치적인 과정이기도 하다. 본문에는 "서로 다른 사회집단들 사이의 갈등과 투쟁"을 겪어올 수밖에 없었다고 표현하므로 적절하지 않다.
⑤ "예술적 본질을 대상이 본래 지닌, 양도할 수 없는 속성이 아니라 ~ 특정한 사회 집단의 구성원이 붙여놓은 기호로 보는 경향이 있다."라고 했으므로 "이 이름표"를 통해 양도할 수 없는 속성으로 변화시킨다는 내용은 적절하지 않다.

▶ 출처   데이비드 잉글리스 외 엮음, 신혜경 옮김(2023), 『예술사회학』, 이학사, 28-30쪽.

080 ③

정답 해설
"예술사회학은 "예술"이 무엇인지에 관한 상식적 이해와 단절한다. 그 대신에 사회학자들은 어떤 대상도 본래적으로 "예술적" 특질들을 본래 갖고 있지 않다고 주장"한다고 진술하고 있으므로 적절하지 않다.

오답 해설
① 예술도 사회 세계의 일부이므로 항상 상대적인 가치를 지니며, 절대적이지 않다고 얘기하므로 적절한 내용이다.
② 중세 시대의 종교적 가공품은 당대인들이 신의 현존을 감각하고 그러한 감각을 널리 공유하기 위해 만든 것이지 오로지 미적인 것을 구현하기 위해 만든 것이 아니었다.
④ 어떤 대상에 예술이라는 기호를 붙일 것인지 붙이지 않을 것인지를 판단하고 결정하는 한정된 사회집단이 존재한다. 예를 들면 미술관 큐레이터와 예술사학자들은 '문지기' 역할을 자임함으로써 자신들의 권위를 강화하고 이익을 확보하기도 한다.
⑤ 예술사회학자들은 "예술"이라는 용어가 오래전 서구에서 나타난 역사적 발명품이며, 사회적, 역사적 관계 안에서 형성되고 변화한 것이라 여긴다.

081 ②

정답 해설
㉠의 앞에서 사회학이 미학에 반발하는 근거로 예술이 사회를 초월하여 고유의 고상한 영역에 존재한다는 주장을 들고 있으며, ㉠의 뒤에서 미학자가 예술의 본질을 이해하려는 방식은 사회적, 정치적 맥락을 완전히 외면함으로써 가능해진다고 얘기한다. 이에 대해 사회학자들은 그렇게 되면 예술 분석은 너무 심하게 이상화되고 추상적으로 남게 될 것이라고 주장한다고 했으므로 이러한 맥락을 고려할 때 빈칸 ㉠에 어울리는 표현은 미학자들이 예술의 본질을 자기충족적인 것으로 판단하고 있다고 사회학자들이 지적한다는 내용이다.

오답 해설
① 예술 작품의 분석은 미학적 관점에서 내재적으로도 혹은 사회학적 관점에서 외재적으로도 가능하다. 그러므로 딱히 사회학자가 미학자들이 예술 작품 분석에만 골몰한다고 지적한다고 보기에 어렵다.
③ 어떤 미학자들은 예술 작품의 창작자를 미적인 것의 원천으로 보고 그의 천재성을 낭만화하고 우상화할지도 모른다. 그러나 이러한 내용은 모든 미학자들의 태도라 보기 어려우며 본문에서의 맥락과도 상당히 어긋나 있다.
④ 사회학자들은 예술이 역사 및 사회로부터 떠나 자율적이라고 보는 입장에 대해 반대하는 것이지 예술의 자율성을 더 이상 의심해서는 안 된다고 말하는 것이 아니다.
⑤ 선지의 내용대로라면 사회학자와 미학자들의 입장을 서로 바꾸어 진술하게 된다. 본문에 따르면 사회학자들이야말로 예술이란 관념이 사회적, 역사적 맥락과 착종되면서 만들어진 결과물이라고 생각한다.

082 ④

정답 해설
"ⓑ 전용"은 이미 특수한 맥락에서 생산된 산물("예술", "예술 작품", "예술적" 등의 관념)을 특정 대상에 부여하기 위해, 선행해서 존재한 또 다른 특수한 맥락(예컨대 교회 장식물은 신의 현존을 느끼기 위해 만들었다든지 등)을 지워내는 형국이라고 할 수 있다. 한편 "예술", "예술가", "예술 작품" 등 어휘 자체를 분석대상으로 삼는 일은 그러한 어휘가 지시하는 관념들의 유래를 역사적인 맥락에서 살피도록 하는 것이므로 일명 '문지기'들이 하는 '전용'에 해당하는 것이 아니다.

오답 해설
① 옛 왕실의 사당에서 지내던 제사 의례임에도 그것의 본래 성격을 탈각하고, 극장에서의 공연으로 삼아 감상의 대상으로 만드는 것이므로 적절하다.
② 비서구지역의 구시대 물건을 서구적 시각에서 심미화하는 것이므로 적절하다.
③, ⑤ 과거의 창작품을 현재에도 참고해야 할 고전으로 만들고 거기에서 시대와 장소를 뛰어넘는 가치를 발견해내고자 하는 행위도 "예술적" 가치를 재생산하는 의도와 목적 아래 이뤄지며 동시에 예술에 관한 전문 지식과 통제력이 작동하는 일이므로 적절하다.

083 ①

정답 해설
신청 대상을 보면, 보상금 신청은 세대주가 일괄적으로 신청해야 한다고 설명하고 있다. 또한 지급 절차에서 보상금은 신청인 명의의 계좌로 입금된다고 명시되어 있다. 즉 보상금은 신청인(세대주)의 계좌로 지급되므로 일치하지 않는다.

오답 해설
② 신청 대상을 보면, 소음대책지역에 주민등록지를 두고 실제 거주한 사실이 있는 ○○시 주민(미성년자, 외국인 포함)이라고 명시되어 있다. 따라서 외국인도 보상금을 신청할 수 있다.
③ 신청 기간을 보면, 이전(과거) 신청자도 반드시 매년 신청해야 한다고 설명하고 있다. 따라서 2023년에 보상금을 지급받은 사람도 새로 신청해야 한다.
④ 소음 대책 지역 기준 및 보상 금액을 보면, 제3종 구역은 소음 기준이 85웨클 이상이다. 따라서 소음 기준이 85웨클 이상인 경우 소음 대책 지역에 해당한다.
⑤ 신청 기간을 보면, 기한 내에 신청하지 않는 경우 당해 연도 보상금 지급이 제한된다고 설명하고 있다. 따라서 기한 내에 신청해야 보상금을 지급받을 수 있다.

▶ 출처
2024년 군소음 피해보상금 지급 신청 안내(송파구청 홈페이지) (https://www.songpa.go.kr/www/selectBbsNttView.do?bbsNo=92&nttNo=19254787&&pageUnit=10&key=2775&pageIndex=9)

084 ③

정답 해설
<보기>의 가족은 소음 기준 87웨클 지역에 거주하므로 제3종 구역에 해당된다. 또한 미성년자도 보상금 신청 대상에 포함되므로 보상금을 받을 인원은 총 3명이다. 실거주 기간은 10개월이므로 인당 월 3만 원의 보상금이 10개월간 지급되면 가족이 받을 수 있는 보상금 총액은 90만 원이다.

085 ②

정답 해설
[장면 2]에 제시되는 영상은 야구장에 방문한 한 시민이 촬영한 영상임을 보도에서 설명하고 있다. 따라서 문제 장소를 취재하는 기자의 현장 모습을 제시하고 있다는 진술은 적절하지 않다.

오답 해설
① [장면 1]에서 동양하루살이의 실제 모습을 사진 자료로 제시하고 있고, 설명 내용을 자막으로 제시하고 있으므로 적절한 진술이다.
③ [장면 3]에서 박 박사에 대한 소개를 '박○○ 국립생태원 박사'라고 소개하고 있으므로 적절한 진술이다.
④ [장면 4]에서 정보를 보완하기 위해 동양하루살이 떼가 출몰한 여섯 장소를 사진 자료로 제시하고 있으므로 적절한 진술이다.
⑤ [장면 5]에서 모기 활동 지수가 '50'을 넘었다는 보도 내용을 보완 및 전달력을 높이기 위해, 일자별 수치가 구체적으로 나타난 시각 자료를 제시하고 있으므로 적절한 진술이다.

▶ 출처
- KBS뉴스, 5월에 웬 폭설?…야구장 하늘을 수놓은 팅커벨 [오늘 이슈], 2023.05.19.(https://news.kbs.co.kr/news/pc/view/view.do?ncd=7679713)
- KBS뉴스, 도심 습격한 하루살이떼…"그래도 물지는 않아요", 2023.05.28.(https://news.kbs.co.kr/news/pc/view/view.do?ncd=7686185)

086 ③

정답 해설
시청자3은 자신의 팔에 하루살이가 붙었을 때 물린 것처럼 따끔했다는 실제 경험을 근거로, 보도 내용이 정확한지 의문을 제기하고 있다. 이는 보도 내용의 정확성, 사실성에 대해 지적한 것이지 공정성에 대해 지적한 것이 아니다. 또한 다른 인터뷰 자료를 요구하고 있지 않으므로 적절한 진술이 아니다.

오답 해설
① 평소 무슨 벌레인지 궁금했다는 내용과 인체에는 위해가 없다는 사실을 알고 걱정이 줄었다는 반응을 통해, 보도에서 새롭게 알게 된 정보를 긍정적으로 평가하고 있음을 알 수 있으므로 적절한 진술이다.
② 영상 속 야구 경기 현장에 있었던 경험을 밝히며 생태계 이상 현상에 대해 우려를 표하고 있으므로, 보도 내용과 자신의 경험을 연관지어 문제의 심각성에 동의하고 있다는 진술은 적절하다.
④ '모기떼가 순록을 잡아먹는 알래스카 근황' 영상을 언급하며, 이러한 영상의 내용을 후속 보도하면 시청자들이 지구 온난화의 심각성을 더 잘 이해할 수 있을 것이라 말하고 있으므로 적절한 진술이다.
⑤ '모기 활동 지수'에 대한 정보를 안내 문자를 통해 사전에 알게 되었음을 언급하며, 보도에서 언급하는 '주의 단계'의 심

각성을 이야기하고 있다. 따라서 보도 내용을 자신이 기존에 알고 있던 정보와 관련지어 이해하고 있다는 진술은 적절하다.

087 ④
정답 해설

해요체는 비격식체로 뉴스 보도에서는 보통 친근함이나 부드러운 인상을 줄 때 사용된다. 따라서 공식적인 성격에 부합하는 격식체를 사용하고 있다는 진술은 적절하지 않다.

오답 해설

① '가게 앞', '전철', '야구장'과 같은 동양하루살이가 출몰하는 문제의 장소를 보조사 '도'를 통해 나열하고 있다. 따라서 적절한 진술이다.
② '하얀 물체.'와 같이 명사로 문장을 종결하고 있으며, 이는 해당 단어에 초점을 맞추게 하므로 시청자의 집중을 유도하고 있다는 진술은 적절한 진술이다.
③ 하루살이 떼의 모습을 '눈'처럼 내리는 모습에 빗대어 표현하고 있으므로 적절한 진술이다.
⑤ '모기도 벌써 나타났습니다.'의 진술에서처럼 과거 시제를 통해 이른 시기에 모기가 출몰한 사실을 전달하고 있기에 적절한 진술이다.

088 ②
정답 해설

강수량이 적다는 예보는 없으며 강한 바람과 폭우가 예보되어 있다.

오답 해설

① 행복시는 7월부터 현재까지 수 차례의 태풍에 대비 조치를 시행했다고 했으므로 적절하다.
③ 태풍은 2일~4일까지 3일 동안 직접적인 영향을 미칠 것으로 예보되었으므로 적절하다.
④ 지원 부서는 10월 2일 13시까지 주민 센터에 파견되어 동장의 지시를 받아 현장 근무를 한다고 했으므로 적절하다.
⑤ 재난 관련 부서는 조치 사항을 이행하고 결과를 10월 2일 시장 주재 대책 회의에서 직접 보고하게 되어 있으므로 적절하다.

089 ⑤
정답 해설

강풍 관련 긴급 시설 안전 조치 반은 24시간 가동된다고 했으므로 일몰 전 시간으로 한정된다는 내용은 적절하지 않다.

오답 해설

① 침수 상황에 대비한 모래 마대 등이 확보되었으므로 요청하면 지원받을 수 있다.
② 양수기, 펌프 등이 준비되었으므로 필요할 때 요청할 수 있다.
③ 가로등과 같은 전기 시설이 침수되었을 때는 전기 사고에 유의해야 한다.
④ 강풍으로 인한 유리 파손 등의 위험을 방지하는 사전 조치가 시행된다는 것을 알 수 있다.

090 ⑤
정답 해설

본문의 '붙임1'에서 재난별 24시간 긴급 안전 조치 반 3개 운영 계획이 포함된 체크리스트를 제시하고 있으므로 침수에 대비한 '긴급 배수 조치 반', 강풍에 대비한 '긴급 시설 안전 조치 반'을 설치한 것처럼 전기 시설 안전에 대비한 '긴급 전기 시설 조치 반'의 운영이 필요하다는 것을 알 수 있다.

국어 문화 091번~100번

기출문제집 p.146

| 091 | ② | 092 | ③ | 093 | ④ | 094 | ④ | 095 | ④ |
| 096 | ⑤ | 097 | ④ | 098 | ② | 099 | ② | 100 | ② |

091 ②
정답 해설

〈보기〉에서 설명하고 있는 작품은 「오우가」이다. 조선 인조 때에 윤선도가 지은 연시조로, 물, 돌, 소나무, 대나무, 달을 벗에 비유하여 노래했다. 서장(序章)을 포함하여 모두 6수로 되어 있다. 『고산유고』 가운데 「산중신곡」에 실려 있다.

오답 해설

① 「매화사」는 조선 고종 때 안민영이 지은 연시조로, 스승인 박효관이 키운 매화를 제재로 술·달·눈을 배치하여 꽃 피는 모습과 향기 따위를 읊은 작품이며, 모두 여덟 수로 되어 있다.

③ 「훈민가」는 조선 시대에 송강 정철이 지은 16수의 시조로, 작가가 강원도 관찰사로 있을 때 백성을 훈계하기 위하여 지었으며, 『송강가사』에 실려 전한다.
④ 「장진주사」는 조선 선조 때에 정철이 지은 사설시조로, 인생은 덧없는 것이니 술이나 마시자는 권주가이며 이백의 「장진주」에서 영향을 받았다. 『송강가사』와 『문청공유사(文淸公遺詞)』에 실려 있다.
⑤ 「어부사시사」는 조선 후기 윤선도가 지은 연시조로, 강촌에서 자연과 더불어 살아가는 어부의 생활을 노래하였다. 춘·하·추·동 각 10수씩 모두 40수로 되어 있으며, 『고산유고』에 실려 있다.

092 ③

정답 해설

〈보기〉에서 설명하고 있는 전광용의 작품은 「꺼삐딴 리」이다. 이기적 욕망에 의하여 개인의 행위가 세속화되어 가는 과정을 보여주고 있고, 한편으로는 급변하는 사회변동에 대응하여 가는 주체성을 상실하여 버린 근대 우리나라 지식인에 대한 신랄한 비판을 담고 있다.

오답 해설

① 『토지』는 박경리가 지은 장편소설로, 한말의 몰락으로부터 일제 강점기에 이르기까지 새로운 시대에 이르는 과정을 지주 계층이었던 최씨 일가의 가족사를 중심으로 폭넓게 그려낸 작품이다.
② 『무진기행』은 김승옥이 지은 단편소설로, 세속적인 삶을 벗어나려는 고립된 개인의 복잡한 심리를 내용으로 하여, 개인의 삶과 현실 속에 던져진 자기 존재의 파악이라는 주제를 다루었다.
④ 『논 이야기』는 채만식이 지은 단편소설로, 광복이 되자 일제에 의하여 잃어버린 삶의 터전인 논을 되찾으리라는 기대감을 가진 농부가 좌절하는 과정을 통하여 광복 후의 모순적인 현실을 풍자적으로 그린 작품이다.
⑤ 『삼포가는 길』은 황석영이 지은 단편소설로, 두 부랑 노무자의 귀향길을 작품화한 것이다. 도중에서 창부를 만나 떠돌이로 살아가는 처지를 밝히며 삶의 밑바닥에 깔린 슬픔의 근원을 확인하게 되고, 세 사람은 서로의 처지를 이해하게 된다는 내용이다.

093 ④

정답 해설

〈보기〉에서 설명하는 작가는 이용악이다. 암담했던 한 시대사를 고발한 시인으로, 없는 자의 편에 서서 그들의 아픔을 함께 한 시인일 뿐만 아니라 단형서사시(短形敍事詩)의 형식을 실험한 작가로 근대시사에 공적을 남기고 있다.

오답 해설

① 백석은 이야기 구조를 갖춘 서사지향적인 시를 썼으며, 김소월과 한용운, 정지용이 다져놓은 현대 시의 기틀 위에 새로운 시의 문법을 세움으로써 한국 시의 영역을 넓혔다는 평가를 받는다.
② 이상은 1930년대를 전후하여 세계를 풍미하던 자의식 문학 시대에 우리나라를 대표한 자의식 문학의 선구자이다. 초현실주의적 시인으로 무의식 메커니즘을 시세계에 도입하여 시상의 영토를 확장했다는 평가를 받는다.
③ 김기림은 우리나라에서 최초로 모더니즘 문학 운동을 선언하고 그 이론을 소개하는 한편, 그에 입각한 시를 썼다. 6·25 전쟁 때 납북되었다.
⑤ 장만영은 1932년에 「봄노래」로 등단한 후에, 도시의 문명을 떠나 전원적 제재를 현대적 감성으로 읊은 사상파(寫像派) 시인이다. 작품으로는 「마을의 여름밤」, 「병실에서」, 「광화문 빌딩」 등이 있다.

094 ④

정답 해설

"반익으로 관람할 인권을 본지에 박아너엇슨즉 그것을 오려가지고 가면 리익이 잇슬 것이오"라고 했으므로 『매일신보』 독자들에게는 관람권이 반액으로 할인됨을 알 수 있다.

오답 해설

① "요젼번 본보에 게지ᄒ야 대환영을 밧던 장한몽"이라고 했으므로 「장한몽」이 『매일신보』에 게재된 이야기임을 알 수 있다.
② "금 십스일 밤부터 단성사에셔 나흘 동안 흥힝홀 예뎡인되"라고 했으므로 「속편 장한몽」이 단성사에서 4일간 공연될 것임을 알 수 있다.
③ "이 연극을 흥힝홀 이외에는 혁신단이 장춧 경셩을 쩌날 예뎡이라ᄒ즉 나흘 동안 이외에는 다시 장한몽 연극을 구경홀 수 업슬 거것이오"라고 했으므로 이번 공연이 경성에서 하는 「속편 장한몽」의 마지막 공연임을 알 수 있다.
⑤ "일즉이 입장ᄒ여야 조흔 좌셕을 엇겟다더라"라고 했으므로 「속편 장한몽」의 관람 좌석은 입장순으로 정해진다는 점을 알 수 있다.

▶ 출처 대한민국 신문 아카이브(https://www.nl.go.kr/newspaper/).

095 ④
정답 해설

'수간모옥'은 '몇 칸 안 되는 작은 초가'라는 의미이다.

▶ **출처** 경판 24장본 「백학선전」

096 ⑤
정답 해설

'니겨'는 '익히다'라는 의미의 '닉이다'의 활용형이다. '자주 경험하여 능숙하게 하다'의 의미이다.

▶ **출처**
- 강신항(1987), 『훈민정음연구』, 보고사.
- 고영근(2020), 『표준 중세 국어문법론(제4판)』, 집문당.
- 이기문(2006), 『개정판 국어사개설』, 태학사.

097 ④
정답 해설

④ 남에서는 의존 명사, 두 말을 이어 주거나 열거할 때 쓰이는 말들을 모두 띄어 쓰므로 '대'는 앞과 뒤를 모두 띄어 쓰며, 북에서는 불완전명사는 앞 단어에 붙여 쓰지만 '등, 대, 겸'은 앞과 뒤를 모두 띄어 쓴다고 했으므로 남과 북 모두 띄어 쓰는 것이 옳다.

오답 해설

① 남에서는 의존 명사를 띄어 쓰므로 '먹을∨것'으로 띄어 써야 한다.
② 북에서는 불완전명사는 앞 단어에 붙여 쓴다고 했으므로 '그럴줄'로 붙여 써야 한다.
③ 북에서는 불완전명사는 앞 단어에 붙여 쓴다고 했으므로 '먹을만큼'으로 붙여 써야 한다.
⑤ 북에서는 불완전명사는 앞 단어에 붙여 쓰지만 '등, 대, 겸'은 앞과 뒤를 모두 띄어 쓴다고 했으므로 '연필, 지우개∨등'으로 띄어 써야 한다.

▶ **출처** 국어사정위원회(2010), 『조선말규범집』, 사회과학원 출판사.

098 ②
정답 해설

제시된 수형 사진은 [퇴장]에 해당한다. [빨간색]과 [제시]가 합하여 [퇴장]의 의미를 나타낸다.

오답 해설

① [진흙]은 [빨강]과 [흙]이 결합한 것으로 오른 주먹의 1지를 펴서 옆면으로 입술 밑을 오른쪽으로 스쳐 낸 다음, 손등이 안으로 향하게 편 두 손 각각 1·2·3·5지 끝을 맞대고 비빈다.
③ [일요일]은 [빨강]+[휴업]+[날]이 결합한 것이다. 오른 주먹의 1지를 펴서 옆면으로 입술 밑을 오른쪽으로 스쳐 내고, 손끝이 밖으로 손등이 위로 향하게 편 두 손을 양 옆에서 중앙으로 이동시켜 맞댄다.
④ [장미꽃]은 [빨강]+[가시]+[꽃]이 결합한 것이다. 오른 주먹의 1지를 펴서 옆면으로 입술 밑을 오른쪽으로 스쳐 내고, 오른 주먹의 1·5지를 펴서 5지는 코앞에, 1지는 콧등에 댔다가 천천히 약간 아래로 잡아당기며 1·5지 끝 바닥을 맞댄 다음, 약간 구부린 두 손의 손목을 'X'자로 맞댔다가 손목을 천천히 돌려 두 손의 손바닥이 마주 보게 한다.
⑤ [토마토]는 [빨강]과 [감]이 결합한 것이다. 오른 주먹의 1지를 펴서 옆면으로 입술 밑을 오른쪽으로 스쳐 낸 다음, 손끝을 맞대어 끝을 입에 대고 빨아들이는 동작을 한다.

099 ②
정답 해설

'기산일(起算日)'은 '기간을 계산하기 시작한 첫째 날'을 의미하고, '소급(遡及)'은 '지나간 일에까지 거슬러 올라가서 미치게 함'을 의미하므로 '기산일에 소급하여'는 '계산의 기준이 되는 첫날로 돌아가서'의 뜻과 가장 가깝다.

100 ②
정답 해설

〈보기〉의 광고 언어에서 과장된 표현은 사용되지 않았다.

오답 해설

① 장면에 맞는 내레이션을 통해 이해를 돕고 있으므로 적절하다.
③ "그래서 바꿔 보려 합니다. 이제라도 바꿔 보려 합니다.", "우리가 만드는 작은 변화, 우리가 만드는 큰 행복"처럼 길이와 구조가 비슷한 문장을 반복하고 있다.
④ "잊지 말아 주세요", "건네 주세요."처럼 청유문을 반복하면서 권유하고 있다.
⑤ '그래서 – 이제라도', '작은 변화 – 큰 변화'처럼 일부 단어의 교체를 통해 유사한 문장을 나열하고 있다.

▶ **출처** GS칼텍스, 마음이음 연결음 광고

| 2024년 6월 16일 시행 |

제79회 KBS한국어능력시험

정답과 해설

제79회 정답과 해설

2024년 6월 16일 시행

듣기·말하기 001번~015번

기출문제집 p.153

001	⑤	002	⑤	003	①	004	④	005	④
006	②	007	⑤	008	⑤	009	③	010	④
011	④	012	①	013	②	014	③	015	③

001 ⑤

듣기 대본

1번. 먼저 그림에 대한 설명을 들려 드립니다.

미술에서 추상이라는 말을 이해하기 위해서는 수많은 것들의 모양과 색을 단순화해야 합니다. 그 결과 네모, 세모, 동그라미 등의 기하학적 모양과 원색이 남게 되는데 이렇게 가장 본질이 되는 것만 남고 다른 것들을 생략하는 방식으로 그리는 것이 추상화입니다. 추상주의 화가인 피에트 몬드리안의 「꽃 피는 사과나무」를 보면 추상화가 어떻게 그려졌는지를 잘 알 수 있습니다. 사진이 대중화되기 시작한 20세기 초반에는 화단에서 사물을 있는 그대로 그려내는 능력은 그다지 주목받지 못하였고 그렇기에 르네상스 이후 화가들은 사진과는 달리 회화만이 보여 줄 수 있는 어떤 것을 찾아 나서야 했습니다. 이러한 과정에서 몬드리안 역시 자기 작품에 대한 고민을 하게 되었습니다. 그는 자연은 너무 변덕스럽고 무질서하다고 생각하여 자연의 외형을 재현하고 묘사하는 것에서 벗어나 사물의 본질을 보는 것이 바로 화가의 사명이라고 생각했습니다. 따라서 「꽃 피는 사과나무」는 단순한 선과 빨강, 노랑, 파랑의 색만을 사용하여 나무의 본질을 그리려고 했던 몬드리안의 정신이 담긴 작품입니다.

정답 해설

몬드리안은 자연이 변덕스럽고 무질서하다고 생각하여 자연의 외형에서 벗어나 본질을 보고자 추상화를 그렸으므로 적절하지 않은 설명이다.

오답 해설

① 추상화를 이해하기 위해서 사물의 모양과 색을 단순화해야 한다고 했으므로 적절한 설명이다.
② 「꽃 피는 사과나무」 작품을 보면 추상화가 어떻게 그려졌는지 알 수 있다고 했으므로 적절한 설명이다.
③ 「꽃 피는 사과나무」는 추상파 그림의 대표작으로 단순한 선과 빨강, 노랑, 파랑의 색만을 사용하여 그린 그림이므로 적절한 설명이다.
④ 「꽃 피는 사과나무」는 사진이 대중화되기 시작한 이후 회화만이 보여줄 수 있는 것을 찾기 시작한 화가들 중 한 명인 몬드리안의 작품이므로 적절한 설명이다.

▶ 출처
- 피에트 몬드리안 〈브로드웨이 부기우기(Broadway Boogie-Woogie)〉 1943, 반월신문(http://www.banwol.net), 2020.06.24.
- 김영숙(2021), 『미술관에 가고 싶어지는 미술책』, 곰곰, 68-74쪽.

002 ⑤

듣기 대본

2번. 이번에는 이야기를 들려 드립니다.

어느 마을에 밤하늘의 별을 관찰하는 학식이 높은 천문학자가 있었습니다. 천문학자는 자신의 학식을 뽐내며 매일 저녁 별을 관찰하러 밖으로 나갔습니다. 어느 날, 천문학자는 밖에서 밤하늘의 별을 쳐다보면서 다니다가 앞을 보지 못하여 그만 우물에 빠져 버렸습니다. 학자는 살려달라고 허우적댔습니다.
마침 우물 근처를 지나가던 동네 사람 하나가 살려달라는 소리를 듣고 천문학자를 구해 주었습니다. 그리고 천문학자에게 왜 우물에 빠졌는지를 물었습니다. 천문학자는 하늘의 별을 관찰하다가 우물에 빠지게 되었다고 말했습니다. 그러자 그를 구해 준 동네 사람은 이렇게 말했습니다.
"여보시오, 우물 속에 빠진 양반. 발 밑에 있는 우물도 못 찾으면서 하늘에 있는 보이지 않는 별을 어떻게 찾는단 말이오? 당신도 참 한심하구려."

정답 해설

별을 관찰하며 학식이 높은 것을 자랑하면서도 정작 눈에 보이는 우물에 빠지는 것은 자신의 부족함을 모른 채 살아가는 태도를 풍자한 것이라고 할 수 있다.

오답 해설

① 밤하늘의 별을 관찰하는 것 자체를 지나친 욕심이라고 할 수는 없다.
② 천문학자가 별을 관찰하는 것은 분수에 맞지 않는 삶이라 하기 어렵다.
③ 밤하늘의 별을 관찰하는 것을 대의라고 보기는 어려우며, 관찰을 위해 우물에 빠지는 희생이 반드시 있어야 하는 것은 아니다.
④ '좌고우면(左顧右眄)'은 "이쪽저쪽을 돌아본다는 뜻으로, 앞뒤를 재고 망설임을 이르는 말"이다. 천문학자는 우물에 빠

졌지만 밤하늘의 별을 열정적으로 관찰하고 있으므로 좌고우면한다고 할 수 없다.

▶ 출처 이솝 우화

003 ①
듣기 대본

3번. 이번에는 강연을 들려 드립니다.
북은 납작한 원기둥 모양의 타악기로 우리나라에서는 고구려의 고분 벽화에서 북이 처음으로 쓰인 흔적을 찾을 수 있습니다. 왕과 왕비의 행차에 군악대로 보이는 일군의 무리가 그려져 있는데, 여기서 춤을 출 때 쓰이는 북을 찾을 수 있습니다.
한국 전통 음악에 쓰이는 북은 하늘에 제사를 지낼 때나 종묘제례악 등 용도에 따라 또는 장식이나 나무틀의 모양에 따라 이름을 달리할 정도로 종류가 많아서 오늘날까지 전해져 내려오는 것만 약 20여 가지나 됩니다. 한국 고유의 북들은 각각 쓰임에 맞게 개성 있고 세련된 모습을 하고 있습니다. 북을 치는 평평한 면의 한가운데에는 한국 고유의 태극 무늬나 용·호랑이 등의 그림이 있고 옆면에는 화려한 문양과 채색이 곁들여 있는 것이 보통입니다. 북을 올려놓는 나무틀에까지 용이나 호랑이 등을 다채롭고 세밀하게 조각하였습니다. 그림 속의 용은 살아 꿈틀거리는 듯하고 호랑이는 위용을 뽐내려고 울부짖는 듯 생동감이 넘쳐 북의 웅장한 연주와 잘 어우러집니다.
북은 악기지만 음악적 목적 외에도 쓰였습니다. 이 가운데 조선 시대에 국민의 억울한 사연을 듣고자 궁궐 바깥에 설치한 신문고라는 북이 있습니다. 억울한 일을 당한 사람이 이 북을 치면 임금이 이 북소리를 듣고 그의 억울한 사정을 친히 돌보았다고 합니다.

정답 해설

고구려의 고분 벽화에서 북이 처음으로 쓰인 흔적을 찾을 수 있는데 왕과 왕비의 행차에서 춤을 출 때 북을 찾을 수 있다고 했으므로 적절하지 않은 내용이다.

오답 해설

② 한국 전통 음악에 쓰이는 북은 오늘날까지 전해져 내려오는 것만 약 20여 가지나 된다고 했으므로 적절한 내용이다.
③ 옆면에는 화려한 문양과 채색이 곁들여 있는 것이 보통이라고 했으므로 적절한 내용이다.
④ 북은 악기지만 음악적 목적 외에도 쓰였는데, 조선 시대에 국민의 억울한 사연을 듣고자 궁궐 바깥에 설치한 신문고라는 북이 있었다고 했으므로 북이 음악적 목적 외에 쓰였음을 알 수 있다.
⑤ 억울한 일을 당한 사람이 이 북을 치면 임금이 이 북소리를 듣고 그의 억울한 사정을 친히 돌보았다고 했으므로 적절한 내용이다.

▶ 출처 국립국어연구원(2002), 『우리 문화 길라잡이』, 학고재.

004 ④
듣기 대본

4번. 이번에는 라디오 방송의 일부를 들려 드립니다.
오늘은 여러분이 잘 알고 있는 음악가 중 한 명인 베토벤의 이야기를 해 보겠습니다. 베토벤은 청각 장애와 낮은 사회적 계급으로 인한 좌절감, 정서적인 문제들이 결부된 길고 긴 어두운 시기를 겪게 되는데 이 시기를 겪으며 음악적으로 새로운 길을 모색하게 됩니다. 그동안의 음악적 구조는 물론 작품에 대한 개념과 모티프를 새롭게 개척하고자 했던 것이죠.
이제 베토벤은 자신을 더 이상 작품의 주인공이나 영웅으로 대상화하지 않았으며, 인류와 우주를 묘사하기 시작했습니다. 이렇듯 인간과의 관계에서 대자연과의 관계로 작품의 세계가 확장되면서 이전의 작품을 지배하던 정열적이고 개인적인 갈등 대신 인상과 회상, 우주적인 차원의 감정들이 작품 속에 들어서게 됩니다. 베토벤은 '지금 나의 정신은 오로지 자연의 아름다움 속에서만 평온을 느낄 수 있다'라는 글을 남길 정도로 자연을 사랑했습니다. 틈이 날 때마다 산책을 즐겼고, 걷는 도중에도 메모를 하고 작곡을 했으며 때로는 크게 노래하거나 소리를 지르기도 했습니다.
이 시기에 창작된 '피아노 소나타 제15번 D장조 작품 번호 28' 〈전원〉의 제2 악장은 베토벤이 가장 좋아했던 악장으로 알려져 있는데 자연을 사랑했던 사상가 베토벤의 발걸음이 낳은 작품이라고 할 수 있습니다.

https://www.youtube.com/watch?v=oJzoKu36Z18 (2분~3분)

이 악장은 아다지오와 알레그레토의 중간 빠르기를 뜻하는 안단테의 속도로 연주되며, 철학자의 심사숙고하는 어두운 감정이 걸음을 걷는 속도의 리듬으로 나타납니다. 또한 산책자의 멜랑꼴리적 감정과 플루트, 오보에, 클라리넷으로 표현한 무사태평한 새들의 지저귐이 대조됩니다. 결국 인간의 고통은 자연의 평정에 영향을 주지 못한다는 것이죠. 곡에 내재된 전원의 평온함은 인간에게 주는 달콤한 교훈이자 위안이 됩니다.

정답 해설

아다지오와 알레그레토의 중간 빠르기를 뜻하는 안단테의 속도로 연주된다고 했으므로 철학자의 어두운 감정은 안단테의 빠르기로 연주되었음을 알 수 있다.

오답 해설

① 베토벤은 청력 장애와 낮은 사회적 계급 등의 이유로 암울한 시기를 보냈다고 했기 때문에 적절한 내용이다.
② 베토벤은 긴 어두운 시기를 겪으며 음악적 구조, 작품에 대한 개념과 모티프를 새롭게 개척하여 인간과의 관계에서 대자연과의 관계로 작품의 세계가 확장되었다고 했으므로 적절한 내용이다.
③ 〈전원〉은 자연을 사랑하며 자연의 아름다움 속에서만 평온을 느낀다던 베토벤이 창작한 곡이라고 했으므로 적절한 내용이다.
⑤ 〈전원〉은 플루트, 오보에, 클라리넷으로 표현한 무사태평한 새들의 지저귐이 연주되고, 결국 인간의 고통은 자연의 평정에 영향을 주지 못한다는 전원의 평온함을 표현한 곡이므로 적절한 내용이다.

▶ 출처 임현정(2020), 『당신에게 베토벤을 선물합니다』, 페이스메이커, 130–132쪽.

005 ④

듣기 대본

5번. 이번에는 시 한 편을 들려 드립니다.

버스가 지리산 휴게소에서 십 분간 쉴 때
흘러간 뽕짝 들으며 가판대 도색잡지나 뒤적이다가
자판기 커피 뽑아 한 모금 마시는데
버스가 떠나고 있었다.

종이컵 커피가 출렁거려
불에 데인 듯 뜨거워도
한사코 버스를 세워야겠다는 생각밖에 없었다.

가쁜 숨 몰아쉬며 자리에 앉으니
회청색 여름 양복은 온통 커피 얼룩.
화끈거리는 손등 손바닥으로 쓸며
바닥에 남은 커피
입 안에 털어 넣었다.

그렇게 소중했던가, 그냥 두고 올 생각 왜 못 했던가.
꿈 깨기 전에는 꿈이 삶이고
삶 깨기 전에 삶은 꿈이다.

정답 해설

위 시는 커피 한 잔을 마실 새도 없이 떠나간 버스를 좇느라 뜨거운 커피를 손에 흘린 채 자신의 여유가 없던 삶을 돌아보고 반성하는 주제를 담은 작품이다. 따라서 정답은 ④이다.

▶ 출처 경상매일신문, 2020.12.20., 〈詩境의 아침〉, 「그렇게 소중했던가」, 이성복(http://www.ksmnews.co.kr/news/view.php?idx=318366)

006 ②

듣기 대본

이번에는 진행자와 전문가의 대담을 들려 드립니다. 6번은 듣기 문항, 7번은 말하기 문항입니다.

진행자: 오늘은 인간의 언어와 동물의 언어가 어떻게 다른지 전문가를 모시고 자세히 알아보겠습니다. 안녕하십니까?
전문가: 안녕하십니까?
진행자: 인간의 언어와 동물의 언어는 어떻게 다르다고 할 수 있습니까?
전문가: 먼저 언어의 기능을 보통 여섯 가지로 나눌 때 그중 하나인 지시 기능에 대해 말씀드리겠습니다. 지시 기능은 눈에 보이지 않는 사물이나 사람을 떠올리게 함으로써 정보를 제공하는 것으로 이를 테면 '냉장고에 사과가 있다'와 같은 것입니다. 물론 동물들의 의사소통에서도 그런 기능이 있습니다. 원숭이는 '저기 표범이 한 마리가 있다'와 같이 표현할 수 있고 꿀벌의 경우도 '남쪽에 꽃밭이 있다'와 같은 의사를 전달할 수 있습니다.
진행자: 그러면 인간의 언어와 동물의 언어가 다르지 않아 보이기도 하는데요?
전문가: 그렇지 않습니다. 근본적인 차이가 있습니다.
진행자: 어떤 점에서 근본적으로 다른 건가요?
전문가: 동물에게는 현재와 구체적인 것만 있는 반면에 인간의 언어는 추상과 미지의 것, 과거, 미래 등을 표현할 수 있습니다. 인간의 언어에는 창조력이 있기 때문에 상상의 세계나 신화적인 존재에 대해 말할 수 있고, 거짓을 꾸며낼 수도 있습니다.
진행자: 그렇군요. 말씀을 듣고 보니 인간의 언어와 동물의 언어는 분명한 차이가 있군요. 오늘 말씀 감사합니다.

정답 해설

인간의 언어는 추상과 미지의 것, 과거, 미래 등을 표현할 수 있고, 인간의 언어에는 창조력이 있기 때문에 상상의 세계나 신화적인 존재에 대해 말할 수 있다고 했으므로 인간의 언어는 존재하지 않는 것을 표현할 수 있음을 알 수 있다.

오답 해설

① 지시 기능은 눈에 보이지 않는 사물이나 사람을 떠올리게 함으로써 정보를 제공하는 것으로 동물들의 의사소통에도 그런 기능이 있다고 했으므로 인간과 동물 모두 '지시 기능'이라는 공통점을 가지고 있음을 알 수 있다.
③ "동물에게는 현재와 구체적인 것만 있는 반면에"에서 동물은 존재하지 않는 것을 지어내서 표현할 수 없다는 것을 알 수 있다.
④ 꿀벌의 경우도 '남쪽에 꽃밭이 있다'와 같은 의사를 전달할 수 있다고 했으므로 꿀벌이 의사소통의 능력을 갖추고 있음을 알 수 있다.

⑤ 인간의 언어는 동물과 달리 상상의 세계를 말할 수 있다고 했으므로 원숭이와 꿀벌 모두 지시 기능 외에 상상의 세계를 표현 할 수는 없음을 알 수 있다.

▶ 출처 파스칼 피크 외 지음, 조민영 옮김(2011), 『가장 아름다운 언어 이야기』, 알마.

007   ⑤
정답 해설

"그렇군요. 말씀을 듣고 보니 인간의 언어와 동물의 언어는 분명한 차이가 있군요. 오늘 말씀 감사합니다."에서 전문가의 말에 호응하면서 대담을 마무리하고 있음을 알 수 있다.

오답 해설

① 전문적인 개념에 대해 전문가에게 추가적으로 설명을 요구하는 부분이 나타나지 않는다.
② 청취자의 궁금증을 소개하는 부분이 나타나지 않는다.
③ 전문가에게 정보의 출처를 확인하는 내용이 나타나지 않는다.
④ "그러면 인간의 언어와 동물의 언어가 다르지 않아 보이기도 하는데요?"에서 전문가의 답변 내용을 반박하는 것처럼 보이는 부분이 있으나 이를 통해 학술적인 쟁점을 제시하고 있지 않다.

008   ⑤
듣기 대본

다음은 대화의 일부분을 들려 드립니다. 8번은 듣기 문항, 9번은 말하기 문항입니다.

남자: 지수야, 이번 출장은 다시 생각해 보지 않을래? 너무 위험한데, 왜 꼭 네가 가야만 해? 우리 함께 시간을 보내며 삶을 즐기는 것도 중요하지 않아?
여자: 준호야, 종군 기자로서의 역할을 완수하는 것은 내가 사회에 기여할 수 있는 방법이면서 나를 행복하게 하는 일이야.
남자: 지수야, 나는 너와 함께하는 평범한 일상이 행복이야. 너도 그럴 수 없니? 나는 함께 영화를 보고, 여행을 가고, 매일 같이 저녁을 먹는 그런 삶을 원해. 위험한 곳에 뛰어드는 너를 지켜보는 일은 내게 너무 큰 스트레스인 걸 모르겠어?
여자: 나에겐 더 중요한 일이 있어. 내가 하고 있는 일이 많은 사람에게 영향을 미칠 수 있다는 걸 알기 때문에, 나는 그 길을 선택해야만 해.
남자: 하지만 그 사명감이 널 너무 멀리 데려가. 너는 내가 얼마나 널 기다리는지, 네가 떠날 때마다 내가 얼마나 외로워하는지 알기나 해?
여자: 알아. 그리고 정말 미안해. 하지만 나에게는 이것이 내 인생에서 해야 할 일이라는 확신이 있어. 난 너와의 시간을 소중히 여기지만, 동시에 나는 내가 믿는 일을 계속 추구해야 해.
남자: 나는 왜 항상 기다리는 사람이어야만 해? 나는 네게 아무것도 아니야? 네가 없는 동안 내 삶은 텅 빈 듯 허전해.
여자: 준호야, 내가 하는 일이 우리 관계에 부담을 주는 건 알고 있어. 하지만 이것이 나중에는 너와 나 모두를 위한 것이 될 거야.
남자: 지수야, 너도 내가 느끼는 걸 생각해 줬으면 해. 네가 내 옆을 너무 오래 비워둔다면 낙엽이 떨어진 나뭇가지처럼 내 마음에서 너의 자리가 영영 사라질 수도 있어.

정답 해설

여자는 "난 너와의 시간을 소중히 여기지만, 동시에 나는 내가 믿는 일을 계속 추구해야 해."라면서 이 일을 선택하고 있으므로 적절하지 않은 내용이다.

오답 해설

① 남자는 여자와 '함께하는 평범한 일상이 행복'이라고 하였다.
② 남자는 "네가 없는 동안 내 삶은 텅 빈 듯 허전해."라며 여자가 없는 삶이 정말 큰 공백이라고 말하였다.
③ 남자는 위험한 곳에 뛰어드는 여자를 만류하고 있지만 여자는 "나에겐 더 중요한 일이 있어. 내가 하고 있는 일이 많은 사람에게 영향을 미칠 수 있다는 걸 알기 때문에, 나는 그 길을 선택해야만 해."라고 하며 종군 기자로서 위험한 지역으로 가는 길을 선택해야만 한다고 하였다.
④ 여자는 "이것이 나중에는 너와 나 모두를 위한 것이 될 거야."라며 자신의 결정이 결국에는 남자와 자신 모두를 위한 것이 될 거라고 하였다.

009   ③
정답 해설

남자가 말한 "네가 내 옆을 너무 오래 비워둔다면 낙엽이 떨어진 나뭇가지처럼 내 마음에서 너의 자리가 영영 사라질 수도 있어."에서 남자는 여자의 부재가 가져오는 영향을 설명하면서, 여자의 물리적인 부재가 자신과 여자의 관계에 어떤 영향을 미칠 수 있는지를 비유적으로 표현하고 있다.

오답 해설

① 남자는 여자가 약속을 번복했다는 것을 근거로 여자를 설득하는 방식을 사용하지 않았다.
② 남자는 공통점보다는 여자와 자신이 서로 행복에 대해 갖는 생각의 차이점을 말하고 있다.
④ 여자는 주로 자신의 직업적 사명감에 대해 말하고 있으며,

상반된 감정이나 불안에 대해 솔직하게 표현하는 부분은 없다.
⑤ 여자는 남자에게 질문하여 정보를 확인하는 방식을 사용하지 않았다.

010 ④
듣기 대본

이번에는 강연을 들려 드립니다. 10번은 듣기 문항, 11번은 말하기 문항입니다.

오늘은 기억을 주제로 이야기하겠습니다. 우리가 무언가를 기억하기 위해서는 정보를 부호로 바꾸는 과정이 필요합니다. 이를 부호화라고 하죠. 부호화가 제한적이고 피상적으로 이루어질 때보다 정교하고 심층적으로 이루어질 때 기억을 훨씬 잘하게 됩니다. 이 사실을 보여 주는 실험이 있는데요, 영어 단어 열 개를 두 집단에 제시하고 각 집단이 단어를 얼마나 기억하는지 봤습니다. 한 집단에게는 각 단어에서 직선으로만 된 철자가 몇 개인지 세라고 했습니다. 예컨대 A, E, H와 같은 알파벳이죠. 그리고 다른 집단에게는 각 단어의 의미를 생각하면서 자신이 그 단어를 얼마나 좋아하는지 1에서 5까지의 점수로 표현하라고 했습니다. 몇 분 후에 두 집단에게 기억하는 단어를 써 보라고 했습니다. 단어의 의미에 집중한 이들이 철자 모양에 집중한 이들보다 두 배는 많은 단어를 기억해 냈습니다. 이런 결과는 당연해 보일 수 있지만 학습에 관한 보편적이고 근본적인 원리를 보여 줍니다. 즉, 새로운 정보를 더 세밀하게 처리할수록 더 잘 기억한다는 거죠. 이를테면 공부할 이유가 더 많고, 공부를 더 좋아하고, 공부의 몰입도가 높을수록 기억은 향상됩니다. 그리고 기억은 우리가 그것을 관심 있어 하느냐 그렇지 않느냐와도 관련됩니다. 무언가에 관심을 기울일 때, 심층적이고 정교한 부호화와 되새김이 자발적으로 이루어지기 때문입니다. 여기서 되새김이란 기억된 사건을 거듭해서 정신적으로 재현하는 활동을 말합니다. 이 같은 원리가 소설가이자 나비 연구자였던 나보코프의 자서전에도 나타나는데요, "평범한 사람이 나비에 얼마나 신경을 쓰지 않는지는 참으로 놀랍다. 나와 함께 길을 내려온 등산객에게 나비 떼를 보았느냐고 묻자 그는 전혀 보지 못했다고 대답했다." 이 구절은 나비에 대한 관심이 없는 사람은 그 순간을 기억하지 못할뿐더러 애당초 나비를 부호화하지 않음을 보여 줍니다. 이렇듯 관심과 선호는 산출되는 기억의 특성과 기억력의 정도에 영향을 미칩니다.

정답 해설

강연의 내용에 따르면 부호화가 정교하고 심층적으로 이루어질 때 기억을 훨씬 잘하게 되며, 단어의 의미에 집중한 이들이 철자 모양에 집중한 이들보다 두 배는 많은 단어를 기억해 냈다고 했으므로 모양보다 의미에 집중할 때 보다 정교한 부호화가 일어나므로 적절하지 않은 내용이다.

오답 해설

① 단어 기억 실험의 결과는 사소해 보일 수 있지만 학습에 관한 보편적이고 근본적인 원리를 보여준다고 했으므로 맞는 진술이다.
② 우리가 무언가에 관심을 기울일 때, 심층적이고 정교한 부호화와 되새김이 자발적으로 이루어진다고 했으므로 맞는 진술이다.
③ 나보코프 자서전의 일부를 인용하며 나비에 대한 관심이 없는 사람은 나비를 부호화하지 않음을 보여준다고 하였으므로 맞는 진술이다.
⑤ 한 집단은 철자 모양에만 집중하도록 하고 다른 집단은 단어의 의미에 집중하도록 했으므로 맞는 진술이다.

▶ **출처** 에릭 캔델, 래리 스콰이어 지음, 전대호 옮김(2016), 『기억의 비밀: 정신부터 분자까지』, 해나무, 160-123쪽.

011 ④
정답 해설

부호화가 제한적이고 피상적으로 이루어질 때보다 정교하고 심층적으로 이루어질 때 기억을 잘하게 된다고 하면서, 이 사실을 보여주는 실험이 있다고 말하고 있으므로 적절한 설명이다.

오답 해설

① '부호화'와 '되새김'의 개념을 정의하고 있을 뿐 청중이 이를 아는지 확인하고 있지는 않으므로 적절하지 않다.
② '부호화'에 대한 통념을 반박하지도 않고 이에 대한 새로운 주장을 제시하지도 않으므로 적절하지 않다.
③ 강연자의 경험을 예로 들고 있지 않으므로 적절하지 않다.
⑤ 소설가이자 나비 연구자가 쓴 자서전의 일부를 인용하고 있으므로 적절하지 않다.

012 ①
듣기 대본

이번에는 발표를 들려 드립니다. 12번은 듣기 문항, 13번은 말하기 문항입니다.

안녕하십니까, 오늘 제가 여러분에게 소개하고자 하는 주제는 '바이오필릭 디자인'입니다. 바이오필릭 디자인은 1980년대 하버드대 사회 생물학자 에드워드 윌슨이 주장한 바이오필리아의 개념을 후대에서 디자인에 접목하여 만든 디자인 개념입니다.

윌슨에 따르면, 우리 유전자에는 생명을 사랑하는 본능이 새겨져 있어 인간은 자연과 친밀한 관계를 유지하고 싶어 한다고 합니다. 이렇게 자연을 가까이하고자 하는 인간의 욕구를 충족시키는 건축 및 인테리어 디자인을 바이오필릭 디자인이라고 합니다.

바이오필릭 디자인은 자연과의 연결을 통해 건강, 스트레스 감소, 생산성 향상을 도모하는 디자인 철학입니다. 연구에 따르면, 자연적 요소를 포함하는 환경에서 시간을 보낸 사람들은 그렇지 않은 사람들보다 더 높은 수준의 정신 건강을 경험하며, 일상 스트레스에서 빠르게 회복하는 것으로 나타났습니다.

바이오필릭 디자인은 식물, 물, 자연광, 자연에서 유래한 형태와 패턴을 포함하여 다양한 방식으로 구현될 수 있습니다. 예를 들어, 사무실 또는 주거 공간에 실내 식물을 배치하거나, 자연광이 풍부하게 들어오도록 설계하는 것도 이에 해당합니다. 전 세계 많은 현대 건축물에서 바이오필릭 디자인 원칙이 적용되고 있습니다. 사진을 보시지요. 지금 보시는 싱가포르의 창이 공항은 내부 정원과 폭포가 있어, 마치 자연과 연결되어 있는 느낌을 줍니다. 이는 방문객에게 편안함을 주며, 동시에 공항의 미학적 수준을 높이고 있습니다.

지속 가능한 건축과 디자인을 중시하는 사람들이 늘어나면서 바이오필릭 디자인이 더욱 각광받고 있습니다. 자연과 인간의 건강을 연결하는 이러한 접근 방식은 미래 도시와 건축물에 근본적인 변화를 가져오고 있습니다. 이제 바이오필릭 디자인을 어떻게 우리의 일상과 작업 환경에 적용할 수 있을지 고민해 볼 시간입니다. 감사합니다.

정답 해설
바이오필릭 디자인은 하버드대 사회 생물학자 에드워드 윌슨이 주장한 바이오필리아에서 확산된 개념이라고 하였다. 즉 바이오필릭 디자인은 에드워드 윌슨이 주장한 바이오필리아를 후대의 사람들이 다양한 영역에 확산한 개념으로, 에드워드 윌슨이 제안한 디자인이 아니다.

오답 해설
② 바이오필릭 디자인은 자연과의 연결을 통해 건강, 스트레스 감소, 생산성 향상을 도모하는 디자인 철학이라고 하였으므로 적절한 내용이다.
③ 자연적 요소를 포함하는 환경에서 시간을 보낸 사람들은 더 높은 수준의 정신 건강을 경험하며, 일상 스트레스에서 빠르게 회복하는 것으로 나타났다고 하였다.
④ 바이오필릭 디자인은 식물, 물, 자연광, 자연에서 유래한 형태와 패턴을 포함하여 다양한 방식으로 구현될 수 있다고 하였으므로 적절한 내용이다.
⑤ 지속 가능한 건축과 디자인을 중시하는 사람들이 늘어나면서 바이오필릭 디자인의 역할은 더욱 각광받고 있다고 하였으므로 적절한 내용이다.

▶ 출처
- 정훈규, 태영건설, '데시앙' 신규 CF서 차별화된 조경디자인 강조, 서울경제(2022.8.19.)(https://www.sentv.co.kr/news/view/628134)
- 김보라, [김보라의 공간] 레옹의 화분과 바이오필릭, 한경(2020.8.17.)(https://www.hankyung.com/opinion/article/2020081758921)

013 ②

정답 해설
"예를 들어, 사무실 또는 주거 공간에 실내 식물을 배치하거나, 자연광이 풍부하게 들어오도록 설계하는 것도 이에 해당합니다."라고 하였으며, "지금 보시는 싱가포르의 창이 공항은 내부 정원과 폭포가 있어, 마치 자연과 연결되어 있는 느낌을 줍니다."라고 하였다. 즉 주변 환경과 창이 공항에 적용된 바이오필릭 디자인을 예로 들어 청중의 이해를 돕고 있다.

오답 해설
① 청중의 참여를 유도하는 질문은 사용되지 않았다.
③ 문제 해결 구조는 사용되지 않았다.
④ 설문 자료를 활용하지 않았다.
⑤ 전문가의 말을 인용하여 반론에 대한 반박을 제시하는 부분은 없다.

014 ③

듣기 대본
끝으로 협상의 한 장면을 들려 드립니다. 14번은 듣기 문항, 15번은 말하기 문항입니다.

주민 대표: 지금 시청에서 계획하고 있는 자원 회수 시설의 위치는 주거 지역과 너무 가깝습니다. 이로 인해 주변 공기와 땅이 오염될 것이며, 이는 주민들의 삶의 질을 심각하게 저해할 것입니다. 따라서 시청 측에서 자원 회수 시설의 위치를 변경해 주시기를 강력히 요청합니다.

시청 직원: 네, 주민 대표님의 우려를 이해합니다. 하지만 우리 지역의 쓰레기를 소각하기 위해서는 새로운 자원 회수 시설이 반드시 필요하고, 현재 위치는 교통과 접근성 측면에서 최적의 장소입니다. 우리는 최신 기술을 도입하여 환경 오염을 최소화할 계획입니다.

주민 대표: 환경 오염을 최소화한다고 해도, 위치 자체가 문제입니다. 먼지와 소음이 상당할 텐데 처리 시설이 주거 지역에서

떨어진 다른 곳에 설치되어야 합니다.

시청 직원: 네, 이해합니다. 그러나 현실적으로 새로운 위치를 찾는 것은 시간과 자원을 많이 요구하는 일입니다. 대신, 우리는 시설 주변에 방음벽을 설치하고 녹지 공간을 확충하겠습니다. 자원 회수 시설을 오히려 주민들이 사용할 수 있는 복합 문화 공간으로 만들 예정입니다.

주민 대표: 그 제안만으로는 충분하지 않습니다. 주민들이 직접 참여하는 환경 영향 평가 과정을 포함시켜야 합니다. 또한, 시설이 완공되기 전에 모든 조치가 효과적임을 증명할 독립적인 감사가 필요합니다.

시청 직원: 네, 주민 참여를 환영합니다. 독립적인 감사에 대해서도 동의하며, 시설 설계에 주민 의견을 반영하기 위한 정기적인 회의를 개최하는 것도 약속하겠습니다. 이를 통해서 주민들의 우려를 해소하고, 더 나은 해결책을 모색하겠습니다.

주민 대표: 그 약속을 서면으로 확보하고, 주민들과 상의한 후 다시 논의하겠습니다. 투명하고 개방적인 접근이 필요합니다.

시청 직원: 네, 모든 논의 사항을 문서화해서 주민들께 제공하겠습니다. 주민들의 의견을 존중하며, 함께 나아갈 수 있는 방향을 찾아 가겠습니다.

정답 해설
복합 문화 공간을 제안한 것은 주민 대표가 아니라 시청 측 담당자이다. 오히려 주민 대표는 복합 문화 공간을 제안한 시청 측 담당자에게 "그 제안만으로는 충분하지 않습니다."라고 하였다.

오답 해설
① 주민 대표는 시청에서 계획하고 있는 자원 회수 시설의 위치는 주거 지역과 너무 가까워서 위치를 변경해야 한다고 하였다.
② 주민 대표는 최신 기술을 도입하여 환경적 영향을 최소화할 계획이어도 그것만으로 부족하다고 하였다.
④ 시청 측 담당자는 현재 위치가 교통과 접근성 측면에서 최적의 장소라고 하였다.
⑤ 시청 측 담당자는 시설 설계에 주민 의견을 반영하기 위한 정기적인 회의를 개최할 것이라고 하였다.

015 ③
정답 해설
시청 측 담당자는 주민들의 의견을 듣고 주민이 우려하는 문제를 해결하기 위해 방음벽, 녹지 공간, 복합 문화 공간 등을 설치할 것을 제안하였으며, 주민들이 제안한 독립적인 감사와 환경 영향 평가 제안을 수용하였다.

오답 해설
① 시청 측 담당자는 주민들의 의견을 최대한 수용하려는 태도를 보였으며, 협상을 유예하지도 않았다.
② 시청 측 담당자는 주민들에게 양보를 강요하지 않았으며 주민에게 이익이 될 수 있는 방안을 제안하고 있다.
④ 양측은 정기적인 회의를 약속했으며 시간이 촉박하다는 내용은 찾아볼 수 없다.
⑤ 주민 대표는 시청 담당자와의 관계를 고려하기보다 주민의 입장에서 문제를 최대한 해결하고자 하였으며, 자신의 주장을 철회하지도 않았다.

어휘·어법 016번~045번

기출문제집 p.157

016	②	017	⑤	018	④	019	③	020	②
021	⑤	022	⑤	023	①	024	②	025	②
026	③	027	⑤	028	③	029	⑤	030	①
031	③	032	⑤	033	④	034	③	035	⑤
036	④	037	⑤	038	②	039	②	040	⑤
041	①	042	④	043	④	044	⑤	045	⑤

016 ②
정답 해설
"조건, 규정 따위가 복잡하고 엄격하여 적응하거나 적용하기에 어려운 데가 있다."를 의미하는 어휘는 '가탈스럽다'이다.

오답 해설
① '가살스럽다'는 "말씨나 행동이 되바라지고 밉살스러운 데가 있다."는 의미이다.
③ '간살스럽다'는 "보기에 간사스럽게 아양을 떠는 태도가 있다."는 의미이다.
④ '거쿨스럽다'는 "보거나 듣기에 거쿨진 데가 있다."는 의미이다.
⑤ '귀살스럽다'는 "일이나 물건 따위가 마구 얼크러져 정신이 뒤숭숭하거나 산란한 느낌이 있다."는 의미이다.

017 ⑤
정답 해설
'책동'은 '좋지 않은 일을 몰래 꾸미어 시행'하거나, '남을 부추기어 일정한 방향으로 행동'하게 하는 것을 의미한다. 문제에 제시된 '계획이나 방책을 세워 결정함.'은 '책정(策定)'의 뜻풀이이다.

018 ④
정답 해설

'우세스럽다'는 "남에게 놀림이나 비웃음을 받을 듯하다."는 뜻이다. "자기만 생각하고 남의 사정을 돌볼 마음이 거의 없다."는 '야멸차다' 또는 '야멸치다'의 뜻풀이이다.

019 ③
정답 해설

'일별(一瞥)하다'는 "한번 흘깃 봄."을 의미하는 말로, 출품작의 옥석을 가리기 위해 '꼼꼼히' 보는 것과는 어울리지 않는다.

오답 해설
① '송영(送迎)하다'는 "가는 사람을 보내고 오는 사람을 맞다."는 뜻으로 문맥에 적절하게 쓰였다.
② '무마(撫摩)하다'는 "타이르고 얼러서 마음을 달래다."는 뜻으로 문맥에 적절하게 쓰였다.
④ '작파(作破)하다'는 "어떤 계획이나 일을 중도에서 그만두어 버리다."는 뜻으로 문맥에 적절하게 쓰였다.
⑤ '영락(零落)하다'는 "세력이나 살림이 줄어들어 보잘것없이 되다."는 뜻으로 문맥에 적절하게 쓰였다.

020 ②
정답 해설

㉠의 '전통(傳統)'은 '어떤 집단이나 공동체에서, 지난 시대에 이미 이루어져 계통을 이루며 전하여 내려오는 사상·관습·행동 따위의 양식'을 뜻하며, ㉡의 '계승(繼承)'은 '조상의 전통이나 문화유산, 업적 따위를 물려받아 이어 나감.'이라는 뜻이다. ㉢의 '전수(傳授)'는 '기술이나 지식 따위를 전하여 줌.'을 뜻하는 말이므로, 이를 올바르게 짝지은 것은 ②번이다.

오답 해설
㉠ 전통(傳通): '전언 통신(상급 기관에서 하급 기관에 공적인 일을 전화 따위의 통신 수단으로 긴급히 알림. 또는 그런 통신)'을 줄여 이르는 말
㉡ 계승(繼乘): 열차나 배를 타고 가다가 내려서 다른 열차나 배로 옮겨 탐.
㉢ 전수(傳受): 기술이나 지식 따위를 전하여 받음.

021 ⑤
정답 해설

'드레'는 '인격적으로 점잖은 무게'이므로 '드레 없는' 사람이 '인격자로 존경받는다'는 것은 문맥상 적절하지 않다.

오답 해설
① '더덜이'는 '더함과 덜함'의 의미이므로 적절하게 쓰였다.
② '게염'은 '부러워하며 시샘하여 탐내는 마음'이므로 적절하게 쓰였다.
③ '노박이로'는 '줄곧 한 가지에만 붙박이로'의 의미이므로 적절하게 쓰였다.
④ '늦마'는 '제철이 지난 뒤에 지는 장마'이므로 적절하게 쓰였다.

022 ⑤
정답 해설

㉠의 '풀'은 '초본 식물을 통틀어 이르는 말'이고, ㉡의 '풀'은 '세찬 기세나 활발한 기운'을 뜻한다. 두 단어는 다의어 관계가 아니라 동음이의어 관계이다.

오답 해설
① ㉠의 '다리'는 '사람이나 동물의 몸통 아래 붙어 있는 신체의 부분'이고, ㉡의 '다리'는 '물체의 아래쪽에 붙어서 그 물체를 받치거나 직접 땅에 닿지 아니하게 하거나 높이 있도록 버티어 놓은 부분'으로 이들의 관계는 다의 관계이다.
② ㉠의 '해'는 '태양을 일상적으로 이르는 말'을 뜻하며, ㉡의 '해'는 '지구가 태양을 한 바퀴 도는 동안'으로 이들의 관계는 다의 관계이다.
③ ㉠의 '차'는 '바퀴가 굴러서 나아가게 되어 있는, 사람이나 짐을 실어 옮기는 기관'인 자동차를 뜻하고, ㉡의 '차'는 '차에 화물을 실어 그 분량을 세는 단위'로 이들의 관계는 다의 관계이다.
④ ㉠의 '배'는 '사람이나 동물의 몸에서 가슴과 엉덩이 사이의 부위'를 말하고, ㉡의 '배'는 '긴 물건 가운데의 볼록한 부분'을 이르는 말로 두 단어는 다의 관계이다.

023 ①
정답 해설

<보기>의 '나무'와 '나뭇잎'의 의미 관계는 전체-부분 관계이므로, 전체-부분 관계인 '몸-다리'가 정답이다. '몸'이 전체이고, '다리'가 몸의 부분이 된다.

오답 해설

② '얼굴'과 '낯'은 '눈, 코, 입이 있는 머리의 앞면'과 '눈, 코, 입 따위가 있는 얼굴의 바닥'의 의미이다. 따라서 두 단어의 관계는 유의 관계이다.
③ '동물'과 '사람'은 '사람'도 동물의 일종이므로 '사람'은 동물에 포함된다. 따라서 두 단어의 관계는 상위어와 하위어 관계이다.
④ '부모'와 '자식'은 각각 '아버지와 어머니', '부모가 낳은 아이를 그 부모에 상대하여 이르는 말'이라는 뜻으로 서로 반대되는 뜻을 가지고 있다. 따라서 두 단어의 관계는 반의 관계이다.
⑤ '서점'과 '책방'은 '책을 갖추어 놓고 팔거나 사는 가게'를 뜻하는 말이다. 두 단어는 같은 의미를 가진 단어이다. 따라서 두 단어의 관계는 유의 관계이다.

024 ②
정답 해설

②의 '부르다'는 "구호나 만세 따위를 소리 내어 외치다."의 의미이므로, '호령하다'와 대응할 수 없다. '호령하다'는 "부하나 동물 따위를 지휘하여 명령하다."를 의미한다.

오답 해설

①의 '부르다'는 "어떤 행동이나 말이 관련된 다른 일이나 상황을 초래하다."는 의미이므로 '초래하다'와 대응할 수 있다.
③의 '부르다'는 "말이나 행동 따위로 다른 사람의 주의를 끌거나 오라고 하다."는 의미이므로 "어떤 대상을 가리켜 이르다."는 뜻의 '지칭하다'와 대응할 수 있다.
④의 '부르다'는 "값이나 액수 따위를 얼마라고 말하다."의 의미이므로 "팔거나 사려는 물건의 값을 부르다."는 의미의 '호가하다'와 대응할 수 있다.
⑤의 '부르다'는 "이름이나 명단을 소리내어 읽으며 대상을 확인하다."의 의미이므로 "이름을 부르다."는 의미의 '호명하다'와 대응할 수 있다.

025 ②
정답 해설

〈보기〉의 '낙낙하다'는 "크기, 수효, 부피 따위가 조금 크거나 남음이 있다."의 의미이므로 그에 대한 반의어는 "꼭 끼거나 맞아서 헐겁지 아니하다."는 의미가 있는 '빡빡하다'라고 할 수 있다.

오답 해설

① '넘넘하다'는 "물이 넘칠 듯이 그득히 괴어 있다."는 의미가 있다.
③ '팍팍하다'는 "음식이 물기나 끈기가 적어 목이 멜 정도로 메마르고 부드럽지 못하다."는 의미가 있다.
④ '편편하다'는 "아무 불편 없이 편안하다."는 의미가 있다.
⑤ '헐헐하다'는 "숨이 몹시 차서 숨을 고르지 아니하게 쉬다."는 의미이다.

026 ③
정답 해설

'곧은 나무는 가운데 선다'는 '곧고 좋은 나무는 한가운데 세우게 된다는 뜻으로, 재간 있고 훌륭한 사람을 기둥으로 내세우게 됨을 이르는 말'이므로 무능하거나 분수를 모르는 사람을 나타내는 속담으로 적절하지 않다.

오답 해설

① '야윈 말이 짐 탐한다'는 '제격에 어울리지 않게 욕심을 냄을 비유적으로 이르는 말'이므로 무능하거나 분수를 모르는 사람을 나타내는 데 쓰일 수 있다.
② '선무당이 사람 잡는다'는 '의술에 서투른 사람이 치료해 준다고 하다가 사람을 죽이기까지 한다는 뜻으로, 능력이 없어서 제구실을 못하면서 함부로 하다가 큰일을 저지르게 됨을 비유적으로 이르는 말'이므로 무능하거나 분수를 모르는 사람을 나타내는 데 쓰일 수 있다.
④ '송충이가 갈잎을 먹으면 죽는다'는 '솔잎만 먹고 사는 송충이가 갈잎을 먹게 되면 땅에 떨어져 죽게 된다는 뜻으로, 자기 분수에 맞지 않는 짓을 하다가는 낭패를 봄을 비유적으로 이르는 말'이므로 무능하거나 분수를 모르는 사람을 나타내는 데 쓰일 수 있다.
⑤ '하룻강아지 범 무서운 줄 모른다'는 '철없이 함부로 덤비는 경우를 비유적으로 이르는 말'이므로 무능하거나 분수를 모르는 사람을 나타내는 데 쓰일 수 있다.

027 ⑤
정답 해설

'순망치한(脣亡齒寒)'은 '입술이 없으면 이가 시리다는 뜻으로, 서로 이해관계가 밀접한 사이에 어느 한쪽이 망하면 다른 한쪽도 그 영향을 받아 온전하기 어려움을 이르는 말'이므로 경쟁사의 부도로 우리 회사 매출이 늘어난 상황에 쓰기에 적절하지 않다. '두 사람이 이해관계로 서로 싸우는 사이에 엉뚱한 사람이 애쓰지 않고 가로챈 이익을 이르는 말인 '어부지리(漁夫之利)' 정도를 쓰는 것이 적절하다.

오답 해설
① '마이동풍(馬耳東風)'은 '동풍이 말의 귀를 스쳐 간다는 뜻으로, 남의 말을 귀담아듣지 아니하고 지나쳐 흘려 버림을 이르는 말'의 의미이므로 적절하게 쓰였다.
② '만시지탄(晩時之歎)'은 '시기에 늦어 기회를 놓쳤음을 안타까워하는 탄식'의 의미이므로 적절하게 쓰였다.
③ '공평무사(公平無私)'는 '공평하여 사사로움이 없음'의 의미이므로 적절하게 쓰였다.
④ '문전약시(門庭若市)'는 '대문 안 뜰이 시장 같다는 뜻으로, 집에 드나드는 사람이 많음을 이르는 말'의 의미이므로 적절하게 쓰였다.

028 ②
정답 해설
'속이 마르다'는 '생각하는 것이 답답하고 너그럽지 못하다'는 의미이므로 차 시간에 늦을까 봐 걱정이 되는 상황에 쓰기에 적절하지 않다. 이 경우에는 '속이 타다' 정도를 쓸 수 있다.

오답 해설
① '속을 차리다'는 '자기의 실속을 꾸리다'의 의미이므로 적절하게 쓰였다.
③ '속이 내려가다'는 '화를 냈거나 토라졌던 감정이 누그러지다'의 의미이므로 적절하게 쓰였다.
④ '속을 쓰다'는 '걱정하거나 염려하다'의 의미이므로 적절하게 쓰였다.
⑤ '속을 뜨다'는 '남의 마음을 알려고 넘겨짚다'의 의미이므로 적절하게 쓰였다.

029 ⑤
정답 해설
'수탁(受託)'은 '남의 물건 따위를 맡음'의 의미이므로 순화로 적절한 표현은 '접수' 또는 '받음'이다.

오답 해설
① '경구 투여(經口投與)'는 '입을 통하여 약을 투여함'의 의미이다.
② '개찰(改札)'은 '승차권이나 입장권 따위를 들어가는 어귀에서 확인함'의 의미이다.
③ '노정(露呈)'은 '겉으로 다 드러내어 보임'의 의미이다.
④ '나대지(裸垈地)'는 '지상에 건축물이나 구축물이 없는 대지'의 의미이다.

030 ①
정답 해설
'킬러 아이템(killer item)'은 '우선순위가 높고 핵심적인 상품'이므로 다듬은 말은 '핵심 상품'이다.

031 ③
정답 해설
'물체의 모양이 넓죽하면서 둥글다.'라는 의미의 [넙뚱글다]로 발음되는 말의 올바른 표기는 어간의 원형을 밝혀 적은 '넓둥글다'이다.

오답 해설
① [널따라타]로 소리 나고 '꽤 넓다'의 의미를 가진 말은 겹받침의 끝소리가 드러나지 않으므로 '한글맞춤법 제21항'에 따라 소리대로 적어 '널따랗다'가 올바른 표기이다.
② [널찌카다]로 소리 나고 '꽤 너르다'의 의미를 가진 말은 겹받침의 끝소리가 드러나지 않으므로 '한글맞춤법 제21항'에 따라 소리대로 적어 '널찍하다'가 올바른 표기이다.
④ [넙쭈카다]로 소리 나고 '길쭉하고 넓다'의 의미를 가진 말은 어간의 원형을 밝혀 적어 '넓죽하다'가 올바른 표기이다.
⑤ [넙쩌카다]로 소리 나고 '펀펀하고 얇으면서 꽤 넓다'의 의미를 가진 말은 어간의 원형을 밝혀 적어 '넓적하다'가 올바른 표기이다.

032 ⑤
정답 해설
'자동차의 지시 방향등'을 가리키는 말은 '깜빡이'가 올바른 표기이다.

오답 해설
① 눈에서 나오는 진득진득한 액을 의미하는 [눈꼽]의 올바른 표기는 '눈곱'이다.
② '농사짓는 일을 생업으로 삼는 사람'을 의미하는 말은 '농군(農軍)'이다.
③ '두 눈썹 사이에 잡히는 주름'을 의미하는 [눈쌀]의 올바른 표기는 '눈살'이다.

④ '소란스럽게 떠드는 모양'을 의미하는 [법썩]의 올바른 표기는 '법석'이다.

033 ④
정답 해설

'좋으네요'에서 '-네요'는 '이다'의 어간, 용언의 어간 또는 어미 '-으시-', '-었-', '-겠-' 뒤에 붙어 지금 깨달은 일을 서술하는 데 쓰이는 종결어미 '-네' 뒤에 청자에게 존대의 뜻을 나타내는 보조사 '요'가 붙은 것으로, 어간과 종결어미 '-네' 사이에는 모음 '으'가 개입하지 않는다.

오답 해설

① '-느냐'는 '있다', '없다', '계시다'의 어간, 동사 어간 또는 어미 '-으시-', '-었-', '-겠-' 뒤에 붙어 물음을 나타내는 종결 어미이다.
② '-으냐'는 'ㄹ'을 제외한 받침 있는 형용사 어간 뒤에 붙어 물음을 나타내는 종결 어미이다.
③ '-으니'는 'ㄹ'을 제외한 받침 있는 형용사 어간 뒤에 붙어 물음을 나타내는 종결 어미이다. '-으냐'에 비해 친밀하고 부드러운 느낌을 준다.
⑤ '-네요'는 '이다'의 어간, 용언의 어간 또는 어미 '-으시-', '-었-', '-겠-' 뒤에 붙어 지금 깨달은 일을 서술하는 데 쓰이는 종결어미 '-네' 뒤에 청자에게 존대의 뜻을 나타내는 보조사 '요'가 붙은 것이다.

034 ③
정답 해설

'생계를 유지하다'는 의미의 [먹꼬살다]는 한 단어이므로 '먹고∨살다'로 띄어 쓰지 않고 '먹고살다'로 붙여 쓴다.

오답 해설

① '책임을 지고 살다'는 의미로, '지고 살다'는 한 단어가 아니므로 띄어 쓰는 것이 올바르다.
② '비난을 안고 살다'는 의미로, '안고 살다'가 한 단어가 아니므로 띄어 쓰는 것이 올바르다.
④ '속으며 살다'는 의미로, '속고 살다'는 한 단어가 아니므로 띄어 쓰는 것이 올바르다.
⑤ '믿으며 살다'는 의미로, '믿고 살다'는 한 단어가 아니므로 띄어 쓰는 것이 올바르다.

035 ⑤
정답 해설

'옆에 있는 것'의 의미로 [여페껃]으로 소리 나는 말은 '옆의 것'으로 표기하는 것이 올바른 표기이다. '옆엣것'은 한 단어로 사전에 올라 있지 않으므로 합성어에 표기하는 사이시옷을 표기하지 못하고, 조사가 결합한 구인 '옆의 것'으로 표기해야 한다.

오답 해설

① '마음속에 품고 있는 말'의 의미로 [소:겐말]로 소리 나는 말은 '속엣말'이 한 단어로 등재되어 있으므로 '속엣말'로 표기할 수 있다.
② '같은 솥에서 푼 밥'의 의미로 [한소테빱]으로 소리 나는 말은 '한솥엣밥'이 한 단어로 등재되어 있으므로 '한솥엣밥'으로 표기할 수 있다.
③ '눈에 거슬리는 사람'의 의미로 [누네까시]로 소리 나는 말은 '눈엣가시'가 한 단어로 등재되어 있으므로 '눈엣가시'로 표기할 수 있다.
④ '앞에 있는 것'의 의미로 [아페껃]으로 소리 나는 말은 '앞엣것'이 한 단어로 등재되어 있으므로 '앞엣것'으로 표기할 수 있다.

036 ④
정답 해설

'물결표'는 거리나 기간을 나타낼 때 앞말과 뒷말에 붙여 쓰는 것이 올바른 띄어쓰기이다.

오답 해설

① 시의 행이 바뀔 때 쓰는 빗금표는 앞뒤를 띄어 쓴다.
② 항목을 설명할 때 쓰는 쌍점은 앞은 붙이고 뒤는 띄어 쓴다.
③ 밀접한 관계를 나타내는 붙임표는 어구에 붙여 쓴다.
⑤ 할 말을 줄였을 때 쓰는 줄임표는 앞말에 붙여 쓴다.

037 ④
정답 해설

'거짓말'을 속되게 이르는 '거짓부리'의 준말은 '거짓불'이다. 준말과 본말이 다 같이 널리 쓰이면서 준말의 효용이 뚜렷이 인정되는 것은, 두 가지를 다 표준어로 삼는다.

오답 해설

① "재산이나 돈을 함부로 써서 몽땅 없앤다."는 뜻의 '털어먹다'는 표준어이고 '떨어먹다'는 비표준어이다. 일부 단어의 경우, 거센소리를 가진 형태를 표준어로 삼는다는 규정(표준어

사정 원칙 제3항)에 따른다.

② '짚이 아무렇게나 엉킨 북데기'를 뜻하는 '짚북데기'가 표준어이고 '짚북더기', '짚북세기'는 비표준어이다. 비슷한 발음의 몇 형태가 쓰일 경우 그 의미에 아무런 차이가 없고 그중 하나가 더 널리 쓰이면 그 한 형태만을 표준어로 삼는다는 규정(표준어 사정 원칙 제17항)에 따른다.

③ "갑자기 힘 있게 밀어 버리다."는 뜻의 '밀뜨리다'가 표준어이고 '미뜨리다'는 비표준어이다. 어원적으로 원형에 더 가까운 형태가 아직 쓰이고 있는 경우에는 그것을 표준어로 삼는 규정에 따라 '밀-'에 '-뜨리다'가 붙은 '밀뜨리다'도 언중이 '밀다'의 뜻을 의식하고 있으므로 '밀뜨리다'가 표준어이다.

⑤ '뻗정다리'는 구부렸다 폈다 하지 못하고 늘 벋어 있는 다리를 뜻하는 '벋정다리'의 센말로 '뻗정다리'가 표준어이고 '뻗장다리'는 비표준어이다. 양성 모음이 음성 모음으로 바뀌어 굳어진 단어는 음성 모음 형태를 표준어로 삼는다는 규정(표준어 사정 원칙 제8항)에 따른다.

038

②

정답 해설

소설가 이문구의 작품에 나오는 말로 '깜뭇'은 '깜빡'에 해당하는 방언이다.

오답 해설

① 소설가 이문구의 작품에 나오는 말로 '건지루'는 '재미로'에 해당하는 방언이다.
③ 소설가 이문구의 작품에 나오는 말로 '뎁세'는 '도리어'에 해당하는 방언이다.
④ 소설가 이문구의 작품에 나오는 말로 '질래'는 '끝내'에 해당하는 방언이다.
⑤ 소설가 이문구의 작품에 나오는 말로 '해톤'은 '양식'에 해당하는 방언이다.

039

②

정답 해설

'무늬'의 표준 발음은 [무니]만 인정한다. 자음을 첫소리로 가지고 있는 음절의 'ㅢ'는 [ㅣ]로 발음한다는 '표준 발음법' 제5항의 규정에 따른다.

오답 해설

① '계, 몌, 폐, 혜' 등의 'ㅖ'는 [ㅖ](원칙), [ㅔ](허용) 발음을 인정하므로 [개폐]와 [개페]가 모두 표준 발음이다.

③ 단어의 첫음절 이외의 '의'는 [ㅣ]로 발음함도 허용한다는 원칙에 따라 [서릐]와 [서리]가 모두 표준 발음이다.
④ '계, 몌, 폐, 혜' 등의 'ㅖ'는 [ㅖ](원칙), [ㅔ](허용) 발음을 인정하므로 [지혜]와 [지혜]가 모두 표준 발음이다.
⑤ 단어의 첫음절 이외의 '의'는 [ㅣ]로 발음함도 허용한다는 원칙에 따라 [혀븨]와 [혀비]가 모두 표준 발음이다.

040

⑤

정답 해설

쌀로 만든 이탈리아의 요리 'risotto'를 흔히 '리조토'로 쓰나 이는 잘못이다. 규범 표기는 '리소토'이다.

오답 해설

① [ʤu]는 '주'로 적으므로 맞는 표기이다. '쥬스'로 적는 것은 잘못이다.
② [ʃo]는 '쇼'로 적으므로 맞는 표기이다. '워크샵'으로 적는 것은 잘못이다.
③ [ʃu]는 '슈'로 적으므로 맞는 표기이다. '수퍼마켓'으로 적는 것은 잘못이다.
④ 짧은 모음 다음의 어말 무성 파열음 [t]는 받침으로 적는다. '로보트'로 적는 것은 잘못이다.

041

①

정답 해설

로마자 표기에서 된소리되기는 표기에 반영하지 않으므로 '잡곡밥'의 로마자 표기는 'japgokbap'으로 적어야 한다.

오답 해설

② 로마자 표기는 소리대로 적으므로 [계란마리]의 발음대로 적은 'gyeranmari'는 올바른 표기이다.
③ 로마자 표기에서 된소리되기는 표기에 반영하지 않으므로 'nakjijeongol'은 올바른 표기이다.
④ 로마자 표기는 소리대로 적으므로 [순대보끔]을 발음대로 적은 'sundaebokkeum'은 올바른 표기이다.
⑤ [시금치나물]의 로마자 표기는 'sigeumchinamul'로 올바른 표기이다.

042 ④

정답 해설

'김치찌개는 삶의 지혜가 들어 있다', '김치찌개는 의미가 있는 음식이다'의 의미가 연결되어 있는데 문장이 '김치찌개에는'으로 시작하고 있어서 두 번째 의미의 경우 '*김치찌개에는 더욱 의미가 있는 음식이다'와 같이 연결이 되지 않는다. '김치찌개에는'을 '김치찌개는'으로 수정해야 한다.

043 ④

정답 해설

〈보기〉의 '반갑구려'는 하오체의 감탄형이므로 하오체의 청유형인 '-(으)ㅂ시다'를 쓴 '기다립시다'가 동일한 등급의 상대 높임법이다.

오답 해설

① '-아요'는 '해요체'의 설명, 의문, 명령, 청유형 종결 어미이다.
② '-ㄴ가'는 '하게체'의 의문형 종결 어미이다.
③ '-네'는 '해체'의 감탄형 종결 어미이다.
⑤ '-구먼'은 '하게체'의 감탄형 종결 어미이다.

▶ 출처 민현식(1999), 『국어 문법 연구』, 역락.

044 ⑤

정답 해설

⑤는 중의적인 문장이 아니다.

오답 해설

① 학생이 한 명도 오지 않은 것인지, 모든 학생 중 몇 명이 오지 않은 것인지에 따라 중의적 해석이 가능하다.
② 모든 남학생이 각자 좋아하는 여학생이 한 명씩 있는지, 모든 남학생이 좋아하는 한 명의 여학생이 있는지에 따라 중의적 해석이 가능하다.
③ 비교 구문으로 '나보다'가 비교의 대상인지, 비교의 주체인지에 따라 중의적 해석이 가능하다. 즉 '어머니는 나와 아버지를 사랑하는데, 그중에서 아버지를 더 사랑한다는 것'과 '어머니와 내가 아버지를 사랑하는데, 나보다 어머니가 아버지를 더 사랑한다는 것'으로 해석이 가능하다.
④ 빵 두 개와, 우유 두 개인지, 빵 한 개, 우유 한 개로 총 두 개인지에 따라 중의적 해석이 가능하다.

▶ 출처
• 이익섭, 채완(2015), 『국어 문법론 강의』, 학연사.
• 윤평현(2011), 『국어 의미론』, 역락.

045 ⑤

정답 해설

'솔직한 해명이 있었다.'와 같이 일본어의 영향을 받은 번역 투의 문장이 나타나는 경우가 많으나 '솔직하게 해명을 하셨다.'는 우리말다운 자연스러운 문장이다.

오답 해설

① '필요로 한다'는 번역 투 사용으로 '방식이 필요하다'로 고쳐 쓰는 것이 좋다.
② '아무리 강조해도 지나치지 않다'는 번역 투 사용으로 '항상 마스크를 착용하자', '마스크 착용은 중요하다' 등으로 고쳐 쓰는 것이 좋다.
③ '모든 경기에 있어'는 일본식 번역 투 사용으로 '모든 경기에'로 고쳐 쓰는 것이 좋다.
④ '가장 필요한 것 중의 하나는'은 번역 투 사용으로 '시험을 잘 치려면 무엇보다 독서가 필요하다'로 고쳐 쓰는 것이 좋다.

쓰기 046번~050번

기출문제집 p.166

046	047	048	049	050
②	⑤	①	④	⑤

046 ②

정답 해설

ㄱ. '그렇다면 1인 미디어가 이렇게 확산된 배경은 무엇일까?', '이러한 문제를 해결하기 위해서는 어떻게 해야 할까?'와 같이 질문의 방식으로 앞으로 이어질 내용을 제시하고 있다.
ㄷ. '1인 미디어는 TV와 같은 단방향 소통과는 달리 쌍방향 소통이 가능하며'와 같이 1인 미디어와 TV를 대조하여 1인 미디어의 특징을 드러내고 있다.

오답 해설

ㄴ. 1인 미디어의 유형을 설명하고 있지 않다.
ㄹ. 1인 미디어의 장점은 제시하였으나, 전문가의 인터뷰 내용을 인용하고 있지 않다.
ㅁ. 1인 미디어의 확산 배경은 제시하였으나, 통계 자료의 수치를 활용하고 있지 않다.

▶ 출처
• 2022 언론수용자 조사(한국언론진흥재단, 2022)
• 2022 10대 청소년 미디어 이용 조사(한국언론진흥재단, 2022)
• 1인 미디어에 대한 규제 논란과 해외 주요 사례(한국방송통신전파진흥원, 2017)
• 국내 1인 미디어시장 현황 및 발전 가능성(KIET 산업 경제, 2017)

047 ⑤

정답 해설

(마)는 연령대가 낮을수록 온라인 동영상 플랫폼에 대한 신뢰도가 높음을 보여 주는 자료이다. 따라서 (마)를 활용하여 청년층에 비해 고령층의 1인 미디어에 대한 신뢰도가 높음을 밝혀, 연령별 차등 규제의 필요성에 대한 근거로 제시한다는 내용은 적절하지 않다.

오답 해설

① (가)는 초등학생이 중·고등학생에 비해 동영상 업로드 경험률이 높음을 보여 주는 자료이다. 따라서 이를 밝혀, 1인 미디어 제작이 용이하다는 내용을 보충한다는 진술은 적절하다.
② (나)는 1인 미디어에서는 콘텐츠의 다양성이 중요함을 보여 주는 자료이다. 따라서 이를 활용하여 1인 미디어의 확산에는 콘텐츠의 다양성과 관련이 있음을 강조한다는 진술은 적절하다.
③ (다)는 영국과 미국에서의 1인 미디어와 관련된 규제 사례를 보여 주는 자료이다. 따라서 이를 활용하여 1인 미디어 규제와 관련된 사례를 추가한다는 진술은 적절하다.
④ (라)는 1인 미디어가 청소년에게 미치는 영향력이 크다는 점을 보여 주는 미국의 사례이다. 따라서 이를 활용하여 1인 미디어가 청소년에게 미치는 영향력이 크다는 점을 추가한다는 진술은 적절하다.

048 ①

정답 해설

초고의 1문단을 보면, Ⅰ-2는 글의 주제를 고려할 때 적절한 내용임을 알 수 있다. 따라서 Ⅰ-2는 글의 주제와 어울리지 않는 내용이므로 삭제한다는 진술은 적절하지 않다.

오답 해설

② 초고의 2문단을 보면, Ⅰ-3은 상위 항목을 고려하여 Ⅱ의 하위 항목으로 이동하여 제시하였음을 알 수 있다.
③ 초고의 2문단을 보면, 1인 미디어의 확산 배경으로 Ⅱ-1이 내용의 흐름상 Ⅱ-2와 순서가 바뀌어 제시되어 있음을 알 수 있다.
④ 초고의 3문단을 보면, Ⅱ-3은 Ⅲ의 구체적인 내용이므로 Ⅲ의 하위 항목으로 이동하여 제시하였음을 알 수 있다.
⑤ 초고의 4문단을 보면, 글의 맥락을 고려하여 Ⅳ-1과 Ⅳ-2의 순서를 바꾸어 서술하였음을 알 수 있다.

049 ④

정답 해설

'늘이다'는 '본디보다 더 길어지게 하다.'의 의미이며, '늘리다'는 '수나 분량 따위를 본디보다 많아지게 하거나 무게를 더 나가게 하다.'의 의미이다. 따라서 '늘리기'가 적절하므로, 문장의 의미를 고려하여 '늘이기'로 수정한다는 내용은 적절하지 않다.

오답 해설

① ㉠: '1인 미디어란'을 고려할 때 문장의 호응이 적절하지 않으므로, '공유하는 것을 말한다.'로 수정한다.
② ㉡: 2문단은 1인 미디어의 확산 상황을 설명하고 있으며, 3문단은 1인 미디어의 문제점을 얘기하고 있으므로 두 문단의 맥락을 고려할 때 '그런데'로 수정하는 것이 적절하다.
③ ㉢: '1인 미디어가'라는 주어를 고려할 때 피동표현이 적절하므로 '제작되기도'로 수정한다.
⑤ ㉤: '비록'이라는 부사어와 서술어 '한다면'의 호응이 맞지 않으므로 '만약'으로 수정한다.

050 ⑤

정답 해설

'이들을 종합해 볼 때,'와 앞뒤 맥락을 고려해 볼 때, 1인 미디어의 확산으로 인한 문제를 해결하기 위해서는 사회적 측면과 개인적 측면의 노력이 모두 필요함을 알 수 있다. 따라서 '1인 미디어의 확산으로 인한 문제를 해결하기 위해서는 1인 미디어에 대한 적절한 규제와 함께, 제작자나 이용자의 책임감과 윤리 의식이 필요하다.'는 진술은 적절하다.

오답 해설

① '이들을 종합해 볼 때,'와 앞뒤 맥락을 고려해 볼 때, '청소년에게 유해한 1인 미디어를 선별하여 강력하게 규제해야 한다.'는 사회적 측면의 노력에만 해당하므로 적절하지 않다.
② '이들을 종합해 볼 때,'와 앞뒤 맥락을 고려해 볼 때, '1인 미디어에 대한 좀 더 다양한 정책적 해결 방안이 모색될 필요가 있다.'는 사회적 측면의 노력에만 해당하므로 적절하지 않다.
③ '이들을 종합해 볼 때,'와 앞뒤 맥락을 고려해 볼 때, '1인 미디어의 내용을 정확히 판단하여 자신에게 필요한 정보를 획득하기 위한 노력이 요구된다.'는 개인적 측면의 노력에만 해당하므로 적절하지 않다.
④ '이들을 종합해 볼 때,'와 앞뒤 맥락을 고려해 볼 때, '1인 미디어의 확산은 전 세계적으로 자연스러운 현상이므로, 문제 해결을 위한 인위적인 개입은 적절하지 않다.'는 글의 주제와 관련되지 않으므로 적절하지 않다.

창안 051번~060번

기출문제집 p.169

| 051 | ⑤ | 052 | ② | 053 | ② | 054 | ④ | 055 | ① |
| 056 | ② | 057 | ③ | 058 | ② | 059 | ④ | 060 | ⑤ |

051   ⑤
정답 해설

융털은 분해된 영양소를 흡수하는 역할을 담당하는 소화 기관이다. 이를 학습 과정에 비유하면 학습 내용을 자신의 것으로 재구성하는 학습자의 인지 과정 등을 떠올릴 수 있다. 교사의 시범은 이해의 주체인 학생의 행동에 해당하지 않으므로 적절하지 않다.

오답 해설

① 소화 과정은 음식물을 완전히 소화하는 것을 목표로 한다. 이를 학습 과정에 비유하면 음식물은 학습 내용에 해당한다고 볼 수 있다.
② 소화 효소는 고분자 영양소를 흡수가 용이한 저분자 영양소로 분해하는 역할을 담당한다. 이를 학습 과정에 비유하면 학생이 이해하기 쉽도록 돕는 요소에 비유할 수 있다.
③ 분자의 크기가 클수록 흡수가 어렵다는 내용을 볼 때, 이를 학습 과정에 비유하면 고분자 영양소는 한 번에 학습하기 어려운 과제에 해당한다고 볼 수 있다.
④ 소화 효소들에 의해 흡수가 가능한 더 작은 저분자 영양소들로 분해되어 몸으로 흡수된다는 내용을 볼 때, 저분자 영양소는 이해가 용이한 수준의 내용에 해당한다고 볼 수 있다.

▶ 출처   https://m.blog.naver.com/kalenorae/222075832195

052   ②
정답 해설

㉠ '유산균'은 대장에 유입된 소화 찌꺼기를 먹고 사람에게 유익한 영양분을 만드는 작용을 한다. 이는 가치가 없는 쓰레기로부터 가치를 창출해 내는 작용에 해당하므로, 폐자전거라는 쓰레기를 재료로 활용해 가방이라는 새로운 물건을 만드는 사례와 유사하다.

오답 해설

① ㉠의 작용은 물리학적 원리와 무관하므로 적절하지 않다.
③ ㉠은 물질의 형태와 관련된 작용이 아니므로 적절하지 않다.
④ ㉠은 물질의 형태와 관련된 작용이 아니며, 다른 물질의 작용을 모방한 것이 아니므로 적절하지 않다.
⑤ ㉠은 과거의 감성을 다시 살린다고 했으나, 찌꺼기를 먹고 유익한 영양분을 만드는 작용과 관련이 없으므로 적절하지 않다.

053   ②
정답 해설

윗글의 내용을 참고할 때, 소화 과정에서는 크기가 큰 분자의 크기를 작게 만들어 흡수한다는 점을 파악할 수 있다. 이에 착안하여 삶의 지혜를 떠올리면 큰일을 이루기 위해 작은 목표들을 설정해 차근차근 수행하는 자세를 논할 수 있다. 이와 가장 유사한 내용을 담고 있는 것은 '등고자비'이다.

오답 해설

① 용두사미(龍頭蛇尾)는 처음은 좋지만 끝이 좋지 않음을 이르는 말로 윗글의 내용과 무관하다.
③ 실패와 좌절, 성장 등의 진술은 윗글의 내용과 무관하다.
④ 성공을 위한 고난 감내는 윗글의 내용과 무관하다.
⑤ 낭중지추(囊中之錐)는 뛰어난 재능을 가진 사람은 남의 눈에 띔을 비유하는 말로, 문제에서는 그 뜻을 잘못 풀어 사용하고 있으며, 윗글의 내용과도 무관하다.

054   ④
정답 해설

밀 키트는 해당 요리에 필요한 재료를 미리 손질하여 제공함으로써, 이용자가 많은 시간과 노력을 들이지 않으면서도 맛있는 음식을 먹게 하는 데 목적이 있다. 그러나 ㉣에서는 창의적인 결과물을 위해 업무의 절차를 다양화한다고 설명하고 있다. 밀 키트는 창의적인 결과물을 위한 것이 아니며, 절차를 다양화한 방식도 아니므로 적절하지 않은 내용이다.

▶ 출처
• https://images.app.goo.gl/eD3jJsmgHfYDUbtu8
• https://images.app.goo.gl/BT6HtWGbd3o5kYfh7
• https://images.app.goo.gl/DRBaGiXGZ4J1i2dQA

055   ①
정답 해설

(가)는 밀 키트로, 미리 구성된 재료와 정해진 조리법에 따르기만 한다면 효율적으로 요리를 완성할 수 있는 방식이다. 이를 학습 전략에 적용한다면, 목표 학습량을 달성하기 위해 학습 교재와 계획을 미리 정해 두고 실천하는 것과 같다.

오답 해설

② 단순 암기보다는 학습 내용을 응용을 통해 심화하는 것은 정해진 조리법에 따르는 것과는 다른 내용이므로 적절하지 않은 내용이다.
③ 학습 습관을 돌아보는 일기를 작성하는 것은 정해진 조리법에 따라 완성된 요리를 할 수 있는 것과 관련 있는 내용이 아니므로 적절하지 않다.
④ 해설을 참조하지 않고 끝까지 탐구하여 스스로 문제를 해결하는 것은 정해진 조리법에 따르는 밀 키트와 관련이 없으므로 적절하지 않다.
⑤ 다른 학생들과 만나 진도를 확인하는 것은 공부의 동기 부여가 될 수 있지만, 정해진 조리법에 따라 요리를 할 수 있는 밀 키트의 특성과는 관련이 없으므로 적절하지 않다.

056 ②

정답 해설

② (나)는 냉동식품으로, 냉동식품의 핵심은 완성된 결과물(요리)을 효과적으로 전달하여 이용자가 다른 조리 과정 없이 음식을 먹을 수 있도록 하는 데 있다. 따라서 완성된 결과물을 조리 과정 없이 바로 받아볼 수 있는 방식을 골라야 한다. 추가 조작 없이 한 번에 펼쳐지는 원터치 텐트의 경우 다른 절차를 필요로 하지 않으면서도 완성된 결과물을 제공한다는 점에서 냉동식품의 문제 해결 방식과 유사하다.

오답 해설

①, ③ 이용자가 직접 재료를 고르거나 필요에 따라 부품을 추가하므로 완성된 결과물을 제공하는 냉동식품의 문제 해결 방식과는 거리가 있다.
④ 재료를 포함해서 제공한다는 특징이 있지만 이용자가 직접 조립해야 하므로 완성된 결과물을 제공하는 것이 아니며, 냉동식품보다는 밀 키트의 문제 해결 방식과 유사하다.
⑤ 재료를 포함해서 제공한다는 특징이 있지만 이용자가 식물을 심어야 하므로 완성된 결과물을 제공하는 것이 아니며, 냉동식품보다는 밀 키트의 문제 해결 방식과 유사하다.

057 ③

정답 해설

그림 (가)와 (나)는 원재료-가공품의 관계이다. ③의 (A)는 바위, (B)는 석상을 나타낸다. 바위를 재료로 가공하여 석상을 만들 수 있으므로 (가)와 (나)의 관계와 가장 유사한 그림은 ③이다.

오답 해설

① (A)는 거푸집, (B)는 청동검을 나타낸다. 청동검을 만들 때 거푸집을 재료로 활용하는 것은 아니므로 (가)와 (나)의 관계와 유사하게 파악하기 어렵다.
② (A)는 설계도면, (B)는 건축물을 나타낸다. 건축물을 지을 때 설계도면을 재료로 활용하는 것은 아니므로 (가)와 (나)의 관계와 유사하게 파악하기 어렵다.
④ (A)는 눈, (B)는 얼굴을 나타낸다. 눈은 얼굴의 일부분이지만 눈을 가공하여 얼굴을 만드는 것이 아니므로 (가)와 (나)의 관계와 유사하게 파악하기 어렵다.
⑤ (A)는 기왓장, (B)는 기와지붕을 나타낸다. 기왓장은 기와지붕의 재료이지만 기왓장의 형태를 바꾸어 기와지붕을 만드는 것이 아니므로 (가)와 (나)의 관계와 유사하게 파악하기 어렵다.

▶ 출처
(가) (https://m.blog.naver.com/choidjo/221051052786)
(나) (https://m.health.chosun.com/svc/news_view.html?contid=2022051901898)

- 거푸집 (https://www.google.com/imgres?imgurl=https%3A%2F%2Fimages.gettyimageskorea.com%2Ft500%2F00%2F139%2Fimimg22000139.jpg&tbnid=IrfABCurN9ZLzM&vet=1&imgrefurl=https%3A%2F%2Fmbdrive.gettyimageskorea.com%2Fcreative%2F%3Fq%3D%25EA%25B1%25B0%25ED%2591%25B8%25EC%25A7%2591%26wq%3D&docid=rxKl_Eor7AStwM&w=391&h=440&hl=ko-kr&source=sh%2Fx%2Fim%2Fm1%2F3&kgs=1621900300043e32&shem=abme%2Ctrie)
- 청동검 (https://www.plasedu.org/plas/bbs/board.php?bo_id=cmu_student_so&page=6&wr_id=28299&pcode=&cate1=&code=&nno=)
- 설계도 (https://blog.naver.com/cnt_reporter/221351508449)
- 집 (https://kr.freepik.com/premium-vector/house-flat-icon-houses-vector-illustration-little-house-colourful-house-flat-houses-illustration_70005378.htm)
- 바위 (https://kr.freepik.com/premium-vector/stone-with-plant-boulders-vector-illustration_20226905.htm)
- 석상 (https://www.11st.co.kr/products/3012971283)
- 사람 얼굴 (https://pixabay.com/ko/illustrations/%EB%82%A8%EC%84%B1-%EB%82%A8%EC%9E%90-%EC%82%AC%EB%9E%8C-%EC%96%BC%EA%B5%B4-%EC%A0%8A%EC%9D%80-6206549/)
- 기왓장 (https://images.app.goo.gl/Uwf6WgJW83XEchoY7)
- 기와지붕 (https://images.app.goo.gl/2y9y6iwJZbkL4eXHA)

058

②

정답 해설

위 그림을 일의 과정에 착안하면 원재료 (가)를 기술적으로 가공하여 가공품 (나)를 만들어내는 과정을 떠올릴 수 있다. ②는 부모의 특성이 자녀에게 그대로 유전됨을 이야기하고 있다. (가)에 대응하는 것은 '키가 큰' 부모의 특성이며, 자녀의 특성 발현에 있어 부모의 특성을 중시하므로 (가)의 중요도를 높게 판단한 경우이다. 반면 ①, ③, ④, ⑤는 (가)의 중요도를 낮게 판단한 경우이다.

오답 해설

① (가)에 대응하는 것은 '체형'이다. 체형 자체보다 그것을 다루는 스타일링을 중시하므로 (가)의 중요도를 낮게 판단한 경우이다.
③ 농사의 방법에 따라 효과가 달라진다는 주장으로, (가)에 대응하는 것은 '같은 작물'이다. 작물의 특성보다 작물을 다루는 방식을 더욱 중시하므로 (가)의 중요도를 낮게 판단한 경우이다.
④ 교육에서 환경의 중요성을 설명하고 있다. (가)에 대응하는 것은 선천적 요인인 '지능'이다. 후천적인 환경을 더욱 중시하므로 (가)의 중요도를 낮게 판단한 경우이다.
⑤ 요리사의 능력에 따른 요리에 대해 말하고 있다. (가)에 대응하는 것은 '평범한 식재료'인데, 식재료보다 요리사의 능력이 중요하다고 보고 있으므로 (가)의 중요도를 낮게 판단한 경우이다.

059

④

정답 해설

한 지역에서 다른 지역으로 문화를 옮겨 수용하면서 기성의 문화적 산물을 뒤섞는 번안은, 특정 문화를 정형화하여 고정시키는 일, 문화의 고유성을 확인하고 정착시키려는 일과는 거리가 멀다.

오답 해설

① 외국의 작품을 자국의 사정에 맞추어 그 배경과 형태를 바꾸는 것처럼 서양 요리를 변용하여 일본 현지의 식재료와 입맛에 맞춰 '양식'이라는 이름으로 소개한 것도 일종의 '번안'이라 할 수 있다.
② 외국 곡의 멜로디에 새롭게 자국의 노랫말을 붙여 불렀던 사례는 '작품의 배경과 인물을 바꾼다'는 번안 관념의 구조에 대응한다.
③ 외국의 방언을 한국의 방언으로 바꾸어 표현하는 일은 일정한 지역에서 방언이 표준어 내지는 공용어에 대해 갖는 정서나 느낌을 표현하는 적당한 방법이 될 수 있으므로 일종의 '번안'이라 할 수 있다.
⑤ 최남선이 『플랜더스의 개』의 인물명들을 한국식으로 바꾼 것은 '작품의 배경과 인물을 바꾼다'는 번안 관념의 구조에 부합한다.

▶ 출처   백욱인(2018), 『번안 사회』, 휴머니스트, 10쪽.

060

⑤

정답 해설

윗글에서 번안은 특정 장르의 작품을 다른 작품으로 바꾸거나 배경과 인물을 바꿔 시공간의 차이를 수용하는 작업이라고 하였으므로, 자막 없이 원어로 상영되는 프랑스 영화는 번안이 적용되지 않은 사례이다.

오답 해설

① 서양에서 들어온 '아파트'라는 주거 공간에 전통 난방 방식인 '온돌'을 설치한 것은 주거의 번안 사례로 볼 수 있다.
② 서양의 '햄버거'라는 음식에 우리나라 음식인 '불고기'를 넣은 것은 음식의 번안 사례로 볼 수 있다.
③ '양복 재킷'에 우리 옷을 만드는 재료인 '삼베' 원단을 사용한 것은 패션의 번안 사례로 볼 수 있다.
④ 서양의 '클래식' 음악에 '국악기'를 사용한 것은 음악의 번안 사례로 볼 수 있다.

읽기 061번~090번

061	⑤	062	⑤	063	⑤	064	⑤	065	④
066	②	067	②	068	②	069	③	070	②
071	⑤	072	①	073	③	074	④	075	①
076	④	077	①	078	①	079	⑤	080	①
081	①	082	⑤	083	③	084	③	085	③
086	⑤	087	③	088	②	089	③	090	④

061 ⑤

정답 해설

시적 화자는 나타샤와 함께 '흰' 당나귀를 타고 산골로 가서 살고 싶다고 말한다. 또한 '눈' 내리는 밤에 나타샤를 기다리는 화자의 모습 또한 순백의 이미지로 낭만적인 분위기를 자아낸다.

오답 해설

① "가난한 내가 / 아름다운 나타샤를 사랑해서" 밤에 눈이 내린다는 진술은 논리적 전개와 거리가 멀다.
② '출출이', '마가리', '고조곤히' 등 각각 '뱁새'와 '오막살이', '고요히'를 나타내는 방언이 활용되고는 있으나, 이 시의 지배적인 정취는 토속적이라기보다는 이국적이다.
③ 반어법이 사용되지 않았으며, 풍자적 태도를 드러내지 않는다.
④ 시적 배경의 계절은 계속 겨울로 계절의 변화가 드러나지 않는다.

▶ 출처 백석 지음, 고형진 엮음(2007), 『정본 백석 시집』, 문학동네.

062 ⑤

정답 해설

'산골'은 시적 화자가 나타샤와 함께 흰 당나귀를 타고 도달하고자 하는 이상향으로 그려진다. 화자가 부정적으로 생각하는 공간은 '산골'이 아니라 '세상'이다.

오답 해설

① 이 시에서 '나타샤'는 낭만적 사랑의 대상으로 그려진다.
② 밝고 깨끗한 '눈'은 이 시의 배경인 겨울밤의 쓸쓸하고도 환상적인 정취를 극대화하는 표상으로, 부재하는 나타샤와 그로 인한 쓸쓸함의 정서를 드러낸다.
③ '소주'는 혼자 쓸쓸히 마시며, 나타샤를 생각하게 하는 매개가 되므로 화자의 외로움을 드러내는 소재이다.
④ '흰 당나귀'는 동화적인 색채와 신비롭고 이국적인 분위기를 풍기는 도피의 매개체이다. '응앙응앙' 하는 당나귀의 울음소리는 작품 전체에 지속되던 시적 긴장을 동화적인 분위기 속에서 해소해 주고 있다.

063 ⑤

정답 해설

서술자는 특히 '필용'의 시선, 감정, 생각에 초점을 두고 진술한다. 대조적으로 '양희'에 관한 정보는 '필용'이 그녀를 대하면서 관찰하는 모습이나 듣게 되는 말들로만 내용이 제한된 채로 독자에게 주어진다. 이러한 조건에서는 '필용'의 이기적이고 몰염치한 생각과 내적 발화가 독자에게 여과 없이 전달되고 있다.

오답 해설

① 서술의 초점을 '필용'에 맞추어 '필용'의 입장에서 진술하고 있으므로 사건을 객관적으로 묘사하고 있지 않다.
② 본문의 문장은 주로 과거형으로 쓰였다.
③ '필용'과 '양희'의 갈등(이별) 상황을 서술하고 있으므로 서정적 분위기를 드러내고 있지 않다.
④ 본문에서 장면 전환은 드러나지 않는다.

▶ 출처 김금희(2016), 「너무 한낮의 연애」, 『너무 한낮의 연애』, 문학동네, 29–32쪽.

064 ⑤

정답 해설

'필용'은 '양희'의 이별 통보를 당황스러워 하면서 양희가 햄버거집에서 나간 뒤에 자신이 저지른 짓을 깨닫고 양희를 붙들기 위해 거리로 뛰쳐나갔다고 하고 있으므로 더 이상 사랑할 수 없음을 알고 있었다는 것은 적절하지 않다.

오답 해설

① '양희'는 여전히 대본을 썼고 옷차림이나 머리 모양도 그대로였다고 했으므로 적절한 내용이다.
② 두 작중 인물은 주로 햄버거로 점심 식사를 해결해 왔고, 만남의 시간 대부분도 햄버거집에서 보낸 것을 짐작할 수 있다. 이때 그 비용을 '필용'이 부담해 왔음을, '양희'의 "가난"에 대한 언급이나, '필용'의 "밥벌이는 하고 살아", "받아먹은 거 다 내놔" 등의 야유를 통해 짐작할 수 있다.
③ 본문의 진술상 두 작중 인물은 9개월 전에 어학원에서 마주쳤다는 것을 알 수 있다.

④ '양희'가 '필용'에게 '사랑 없음'을 선언한 이후에 '필용'은 '양희'의 외모, 생기, 재산 등에 대해서 그가 품은 불만을 나타내게 된다.

065 ④
정답 해설

'밥벌이는 하고 살아.'는 배려가 아니라 그 동안 드러내지 않았던 '가난'에 대한 불만을 드러내는 표현이다.

오답 해설

① 본문에서는 필용이 "양희의 사랑을 확인하기 위해 종로에 나오는 사람처럼 햄버거집에서의 만남에 집중"했다고 이야기하고 있다. 즉 '필용'에게 '양희'와의 만남의 자리는 자기 자랑이 아니라 '필용'을 향한 '양희'의 사랑을 확인하는 게 목적이었다.
② 본문의 표현 "괴상한 애정전선"은 바로 앞의 "장마"라는 표현과 함께 '장마전선'을 연상하기에 충분하다. 장마가 찾아올 때면 대기가 불안정하여 날씨가 궂게 되는 것처럼 시일이 흘러 두 사람의 관계 양상도 악화할 것을 암시한다고도 볼 수 있다.
③ '필용'은 그가 이미 가졌던 것을 잃게 되리라는 예감에 곧 두려움과 불안감을 느꼈으며, 그래서 그것은 떨리는 신체의 반응으로도 나타나게 되었다고 볼 수 있다.
⑤ '필용'은 '양희'의 애정에 대해 미련을 갖지만 '양희'를 오히려 힐난함으로써 스스로 "파탄"을 불러오고 말았으며, 이내 둘 사이의 관계를 되돌릴 수 없을 정도로 망가뜨렸다는 사실을 알아차린다.

066 ②
정답 해설

'자유'는 자연적 경향성을 제압하고 당위적 명령을 준행할 수 있는 능력을 가지고 있음이 전제되어야 한다고 했으므로 적절하지 않다. '자유'는 도덕 규범이나 예의범절에 구속되어서는 안 되는 것이 아니라 오히려 이를 지킬 수 있는 힘이다.

오답 해설

①, ③ 덕이론은 윤리학의 이칭(異稱)이다. 윤리학은 인간들 사이에서 인간이 갖추어야 할 윤리가 존재한다고 전제하고 그러한 윤리의 근거, 즉 선(善)에 관해 탐구한다. 또한 명령의 형태로 나타나 규범이 된 "윤리는 곧 선의 표현"이라고도 할 수 있다.

④ 본문에서는 윤리가 '동류의 사물적 조리'를 뜻하다가 어느 틈엔가 차츰 동류의 사물이 아닌 인간이라는 좁은 범주에 국한하여 쓰이게 되면서 곧 '도덕'과 동일한 의미로 이해되고 있다고 밝히고 있다.
⑤ 무릎을 꿇고 하는 인사, 손으로 하는 인사, 목으로 하는 인사, 눈짓으로 하는 인사 등 인사는 어느 것이든 상대에 대한 공경의 마음을 드러내려는 예의범절 형식이다. 도덕성이 사람의 진실한 마음에 있다고 한다면 그 참된 마음은 몸가짐과 행동 양식을 통해 드러난다고도 할 수 있다.

▶ 출처 백종현(2004), 『철학의 주요개념 1·2』(『철학사상』 12호, 2004, 별책), 서울대학교 철학사상연구소, 243-246쪽(https://philinst.snu.ac.kr/html/menu6/extra_number.php).

067 ②
정답 해설

본문에 따르면 참된 도덕성은 마음에 놓여 있다고 말할 수 있다. 인간이 도덕성을 드러내기 위한 형식으로서 예의범절을 일정하게 만들어내기도 했지만, 예의범절의 외양과 그 수행 양상만으로는 각 수행과 실천에 참된 도덕성이 있는지 없는지는 알 수 없다. 예의범절이 가진 외양의 차이는 결국 인간의 풍속과 역사가 만들어낸 차이에 불과하다.

오답 해설

① 본문에서 논한 것처럼 어떤 반듯한 예의범절에는 윤리성이 깃들지 않을 수도 있으므로 예의범절의 구체적 형식을 가지고 도덕성의 가치를 비교할 수 없다.
③ 도덕은 절대적이어야 하므로 예의범절 간 도덕성의 비교가 불가능하거나 무가치하다고 주장한다. 그러나 '예의범절의 외양에 따라 도덕성도 다르다'라고 주장하는 내용은 도덕의 상대성을 내포하고 있어서 그것에 정반대된다.
④ 예의범절이 윤리성을 외적으로 표현하려는 행동 양식이라는 것은 맞지만 예의범절의 수행을 통해 윤리성이 항상 발현되는 것이라고 보기는 어렵다. "도덕성과 예의범절이 부합하지만은 않는다"라고 언급하고 있다.
⑤ 외적 형식으로서의 예의범절은 풍속의 영향을 받아 형성되는 것이지만 도덕성은 진실한 마음에 놓여 있다는 사실을 고려한다면, 풍속에 대한 가치평가로써 예의범절의 도덕성 유무 및 정도에 대한 평가가 가능하다는 주장은 맥락상 적절하지 않다.

068 ②
정답 해설

본문은 도덕이 누구에게나 내적 규범으로 작동하기 위해서라면 절대적이고 보편적이어야 한다고 강력하게 주장한다. 거꾸로 도덕적 가치가 상대적이라면 가치가 아예 없는 것과 마찬가지라고도 말한다. 따라서 상대적 가치는 '가치 없음'을 곧 '가치'라고 일컫는다는 점에서 모순이다. 이러한 논리적 관계를 고려했을 때 빈칸 ⓒ에 가장 어울리는 표현은 '둥근 사각형'과 '자가당착'이다.

오답 해설

① 저마다 다른 모서리나 각도를 가지고 있는 임의의 다각형으로 '상대적 도덕'을 비유한 것으로 볼 수 있지만, 상대적 도덕을 어떻게 다룰 수 있는가가 아니라 도덕의 상대성이 성립 불가능하다는 내용이 들어가야 하므로 적절하지 않다.
③ 인간의 상호 존중을 위해 사례별로 합당한 상대적 도덕이 마련되어야 한다는 것은 도덕의 상대성이 존립할 수 없다는 내용과 상충한다.
④ 상대적 도덕은 '정서' 및 '함축'과 관련짓기 어렵다.
⑤ '개념적 정의에 부합한 예'는 '상대적 도덕'이라는 표현이 애초에 성립할 수 없다는 것과 관련이 없다.

069 ③
정답 해설

3문단에서 대리 출산을 허용하는 나라에서는 의뢰모만 친모가 될 수 있도록 규정하고 있다고 했으므로, 일치하지 않는 진술이다.

오답 해설

① 1문단에서 재산 관계나 가족 관계에 대해 적용되는 법을 민사법이라고 했다.
② 2문단에서 부동산 매매에 대해서는 그 부동산의 '소재지'법이 적용된다고 했다.
④ 2문단에서 저촉법에 규정된 '연결점'에 해당하는 나라의 실질법이 적용된다고 했다.
⑤ 1문단에서 동일한 사실 관계에 대해 어느 나라 법이 적용되느냐에 따라 결론이 달라질 수 있다고 했다.

070 ②
정답 해설

2문단에서, 공서 원칙은 저촉법이 지정한 외국법 대신 우리나라 법이 적용될 수 있게 해 준다고 했다. 따라서 공서 원칙은 외국법이 실질법이 될 수 없게 하는 기능을 수행한다.

오답 해설

① 2문단에서, 공서 원칙은 일단 저촉법을 적용하여 외국법이 실질법으로 지정된 후 적용된다고 했다.
③ 2문단에 의하면, 저촉법과 실질법의 내용이 다르다는 것은 공서 원칙 적용과 무관하다.
④ 2문단에 의하면, 공서 원칙은 도덕과 사회 질서 모두와 관련된다.
⑤ 2문단에 의하면, 공서 원칙은 여러 나라의 민사법 관계가 문제될 때만 적용될 수 있다.

071 ⑤
정답 해설

4문단에서 대리 출산이 합법화된 나라에서 대리 출산을 일반적인 계약처럼 다루고 있다고 했을 뿐, 구체적인 계약 체결 방법에 대해서는 언급하고 있지 않다.

오답 해설

① 4문단에서 어떤 사람이 국적을 가진 나라의 법을 본국법이라고 했다.
② 3문단에서 난자 제공자와 아이를 임신·출산한 사람이 서로 다른 경우라고 했다.
③ 1문단에서 개인 간 재산 관계나 가족 관계에 적용되는 법을 민사법이라고 했다.
④ 2문단에서 저촉법과 실질법의 개념을 설명하고 있다.

072 ①
정답 해설

2문단에서 공서 원칙이 적용되면, 외국 실질법의 적용이 배제된다고 했다. 따라서 의뢰모의 본국법에 의하면 의뢰모를 모로 인정하는 외국법이 사회질서와 저촉되는 것으로 인정되면, 그 외국법의 적용이 배제되고 의뢰모의 본국법이 실질법으로 적용된다.

오답 해설

② 자녀의 법적 모자관계를 결정하는 법은 실질법이므로, 의뢰모의 본국법이 '저촉법'으로 정해지기 때문이라는 것은 ㉠에

들어갈 말로 적절하지 않다.
③ 공서원칙이 적용되면 출산모의 본국법의 적용이 배제되므로 ㉠에 들어갈 말로 적절하지 않다.
④ 자녀의 법적 모자관계를 결정하는 법은 실질법이므로, 출산모의 본국법이 '저촉법'으로 정해지기 때문이라는 것은 ㉠에 들어갈 말로 적절하지 않다.
⑤ 실질법은 의뢰모의 본국법과 출산모의 본국법 중 하나만 지정되므로 옳지 않은 진술이며, ㉠에 들어갈 말로 적절하지 않다.

073 ③
정답 해설
2문단에 따르면 카르노 기관의 한 순환 과정에는 단열 팽창, 단열 압축의 두 개의 단열 과정과 등온 팽창, 등온 압축 두 개의 등온 과정이 있다는 것을 알 수 있다.

오답 해설
① 4문단에 따르면 카르노 기관은 이론상으로 가장 열효율이 높은 열기관이다. 따라서 카르노 기관보다 열효율이 높은 열기관은 존재하지 않는다.
② 1문단에 따르면 카르노 기관은 과학자 사디 카르노의 이름을 딴 것이다.
④ 2문단에 따르면 이상 기체가 팽창하는 과정에서 외부에 일을 한다. 따라서 외부에서 카르노 기관에 일을 해주는 과정이 아니다.
⑤ 4문단에 따르면 고온에서 받은 열에너지를 모두 역학적 에너지로 100% 전환할 수 없다.

▶ 출처 P. Atkins 외 지음, 양민오 외 옮김(2004), 『앳킨스의 물리화학 제12판』, 108–110쪽.

074 ④
정답 해설
〈보기〉에서 엔트로피(S)는 출입한 열의 양을 온도로 나눈 값이다. 2문단에 따르면 a→b는 등온 팽창 과정이고 Q_H의 열을 받는다. 따라서 이 과정에서 온도는 일정하게 유지되고 엔트로피는 증가하게 된다. b→c 과정은 단열 팽창 과정이므로 열의 출입이 없으므로 엔트로피는 변하지 않는다. c→d 과정은 등온 압축의 과정이고 열이 Q_C 만큼 빠져나간다. 따라서 온도는 일정하게 유지되면서 엔트로피가 감소한다. d→a 과정은 단열 압축 과정이다. 단열이므로 열의 출입이 없어 엔트로피는 변하지 않고 원래의 상태로 돌아가기 위해 온도가 증가한다.

075 ①
정답 해설
3문단에 따르면 열기관의 열효율은 받은 열 대비 한 일로 정의되며 이 값은 고온과 저온 열원의 온도차를 고온 열원의 온도로 나눈 값과도 같다. 〈보기〉의 카르노 기관 A의 열효율을 구하면 (600K-300K)/600K = 1/2이다. 이를 받은 열 대비 한 일로 생각하면 고온 열원에서 1000J의 열을 받아 500J의 일을 해야 열효율이 1/2이 된다. 이때 나머지 500J의 열을 방출해야 하므로 방출한 열의 양과 수행한 일의 양은 같다.

076 ④
정답 해설
4문단에 따르면 마법수를 만족시키는 핵은 양성자나 중성자가 특정한 짝수를 갖는 핵을 지칭한다. 또한 이 중에서 양성자와 중성자가 모두 마법수에 해당하는 핵이 이중 마법 핵이라고 했다. 따라서 마법수를 만족시키는 핵의 부분 집합이 이중 마법 핵임을 알 수 있다. 따라서 적절한 진술이다.

오답 해설
① 1문단에 따르면 질량수는 양성자 수와 중성자 수의 합이다. 따라서 양성자 수가 질량수보다 큰 경우는 있을 수 없다.
② 1문단에 따르면 동위 원소는 양성자 수는 같으나 중성자 수가 다른 원소를 지칭한다. 따라서 중성자 수는 같으나 양성자 수가 다른 것은 동위 원소가 아니다.
③ 2문단에 따르면 핵력은 모든 핵자 간에 작용하는 힘이다. 중성자는 핵자이므로 핵자 간에 작용하는 힘인 핵력은 중성자 간에 존재한다.
⑤ 2문단에 따르면 원자핵 내에서 척력은 양성자 간에 생기는 힘이고 양성자는 (+) 부호의 전하를 갖는다. 따라서 원자핵 내에서 척력은 반대 부호를 갖는 핵자 간에 생기는 힘이 아니다.

▶ 출처 A. Raymond 외 지음, 대학 물리학 교재 편찬 위원회 옮김(2018), 『최신 대학 물리학』, 북스힐, 1008–1011쪽.

077 ①
정답 해설
2문단에 따르면 핵을 쪼개려는 힘으로 작용하는 양성자 간의 척력이 있음에도 핵력이 원자를 쪼개지지 않고 안정하게 해주는 힘으로 작용하여 원자를 안정하게 만들어 준다. 따라서 안정한 핵에서 핵력은 핵 내에서 척력보다 더 지배적임을 이해할 수 있다. 따라서 ㉠에 적절한 말은 '강하다'이다. 3문단에서 Z가 83

이상일 때는 중성자가 더 많아져도 척력이 상쇄되지 않는다고 설명하였다. 따라서 ⓒ에 들어갈 적절한 말은 '안정된 핵을 가질 수 없다'임을 알 수 있다.

078 ③

정답 해설

ㄱ. 〈보기〉에서 자연계에 산소는 $^{16}_{8}O$ 의 형태로 존재한다고 했다. 1문단에 따르면 이러한 형태의 산소는 양성자 수가 8이고 질량수가 16이므로 중성자 수가 8이다. 따라서 양성자의 수와 중성자의 수가 같다. 또한 3문단에서 양성자 수와 중성자 수가 같을 때 핵은 안정된다고 했으므로 적절한 이해이다.

ㄴ. 4문단에 따르면 이중 마법 핵은 양성자와 중성자의 수가 모두 마법수에 해당하는 경우이고 이러한 경우 핵은 매우 안정하다. 〈보기〉의 산소-28은 질량수가 28이고 양성자 수가 8이므로 중성자 수가 20이다. 이중 마법 핵은 양성자 수와 중성자수가 모두 마법수에 해당하는 핵을 지칭한다. 8과 20 모두 마법수이므로 〈보기〉에서 과학자들은 산소-28이 안정적으로 존재한다고 예측했다.

오답 해설

ㄷ. 〈보기〉의 질량수가 20인 산소의 경우에도 양성자가 존재한다. 2문단에 따르면 핵의 양성자 간에는 척력이 작용한다. 따라서 적절하지 않은 이해이다.

079 ⑤

정답 해설

6문단에서 "현대에 들어 컴퓨터에 의해 가상 현실이 점점 가능해짐에 따라 … 전지전능한 악마가 우리를 속이는 것이 … 실제로 가능할지도 모른다."라고 말하고 있다. 따라서 "실제로 불가능한 것을 상상한 실험"인 데카르트의 악마 사고 실험이 실제로 가능하게 될 수도 있다.

오답 해설

① 1문단에서 가상의 상황은 논리적으로 가능한 것이라면 무엇이든지 허용한다고 했는데, 실제로 가능한 것은 논리적으로 가능한 것에 포함되므로, "감각과 경험을 통해 증명되는 실험은 포함될 수 없다."라는 진술은 적절하지 않다.

② 1문단에서 사고 실험은 "논리적으로 가능한 것이라면 무엇이든지 허용한다"라고 말하고 있다. '실제로 가능한 것'도 '논리적으로 가능한 것'에 포함되므로, "실제로 가능하지 않다면 특정 이론을 지지할 수 없다."라는 말은 적절하지 않다.

③ 1문단에서는 "법칙적으로 가능하지 않더라도 상상하는 데 논리적으로 모순이 없으면 '논리적으로 가능하다'고 말한다"라고 설명하며, 사고 실험에서는 논리적으로 불가능하지 않다면 무엇이든 가상의 상황이 될 수 있다고 말한다. 따라서 자연법칙에 어긋나더라도 논리적으로 가능하다면 사고 실험의 가정으로 허용되며, "자연법칙에 어긋나면 합당한 근거로서 받아들일 수 없다"는 진술은 적절하지 않다.

④ 1문단에서 "가상의 상황은 논리적으로 가능한 것이라면 무엇이든지 허용한다."라고 말하고 있고, "상상하는 데 논리적으로 모순이 없으면" 논리적으로 가능하다고 했으므로, "논리적으로 불가능한 것이라도 가상의 상황이 될 수 있다."라는 진술은 적절하지 않다.

▶ 출처 최훈(2015), 『라플라스의 악마, 철학을 묻다』, 뿌리와이파리.

080 ①

정답 해설

1문단에서 실제로 일어나지 않더라도 자연법칙에 어긋나지 않으면 '법칙적으로 가능하다'고 말했으므로 ㉠은 ㉡에 포함된다. 그리고 법칙적으로 가능하지 않더라도 상상하는 데 논리적으로 모순이 없으면 '논리적으로 가능하다'고 말했으므로 ㉡은 ㉢에 포함된다.

081 ①

정답 해설

3문단에서 감각적 지식이 꿈속에서 의심받는 상황을 말하고 있다. 따라서 꿈속의 지식에는 감각적 지식과 수학적 지식 모두 있다. 다만 4문단에서 말하듯이 수학적 지식은 꿈속에서 의심받지 않을 뿐이다.

오답 해설

② 2문단에서 데카르트는 의심이 전혀 불가능한 확실한 지식을 찾는다고 말했다. 따라서 어떤 지식을 상상만으로 의심할 수 있다면 그 지식은 확실하지 않다.

③ 2문단에서 데카르트는 의심이 전혀 불가능한 확실한 지식을 찾기 위해 체계적으로 의심하는 방법을 만들었다고 말했다. 따라서 이 의심이 성공한다면 회의론이 타당한 이론일 수 있음을 보여 줄 것이다.

④ 4문단과 5문단에 따르면 전지전능한 악마는 감각적 지식도 의심하고 수학적 지식도 의심한다. 따라서 전지전능한 악마가 가능하다면 우리가 믿는 어떤 지식도 속일 수 있다.

⑤ 6문단에서 컴퓨터가 발전하면 "전지전능한 악마가 우리를 속이는 것이 한때는 논리적으로만 가능했지만 실제로 가능할지도 모른다."라고 말했다. 따라서 데카르트의 사고 실험의 전지전능한 악마 역할을 컴퓨터가 대체할 수 있다.

082
⑤

정답 해설

6문단에 따르면 슈퍼컴퓨터는 전지전능한 악마를 대체한다. 그리고 4문단에 따르면 전지전능한 악마는 실제로 2 더하기 3이 4인데 5라고 속인 것이지, 그 세계에서는 2 더하기 3이 4라고 할 수 없는 것은 아니다.

오답 해설

① 슈퍼컴퓨터는 전지전능한 악마를 대체한다. 2문단의 체계적인 의심으로 4문단의 전지전능한 악마에 도달한 것이므로, 슈퍼컴퓨터와 같은 상황은 우리가 체계적으로 의심한 끝에 도달할 수 있는 것이다.
② 슈퍼컴퓨터는 전지전능한 악마를 대체한다. 그리고 2문단에 따르면 회의론은 우리의 지식이 정당화되지 않는다는 주장이다. 따라서 슈퍼컴퓨터의 세계에서 보고 듣고 느끼는 것은 실재하지 않을 수도 있다.
③ 슈퍼컴퓨터는 전지전능한 악마를 대체한다. 따라서 슈퍼컴퓨터를 조작하는 컴퓨터는 데카르트가 말한 '악마'에 해당한다.
④ 슈퍼컴퓨터는 전지전능한 악마를 대체한다. 그리고 2문단에 따르면 회의론은 우리의 지식이 정당화되지 않는다는 주장이다. 따라서 우리가 사는 세계도 그런 슈퍼컴퓨터의 세계가 아니라고 확신할 수 없다.

083
③

정답 해설

나. 지원 내용의 '설치비' 항목의 공통 영역에 '교재·교구비'가 포함되어 있으므로 지원 대상 어린이집이 교구를 구매할 경우 그 비용을 지원받을 수 있다.

오답 해설

① 나. 지원 내용의 '운영비' 항목에서는 월 200만 원~520만 원 범위에서 매월 보육 현원을 기준으로 운영비가 차등 지원됨을 밝히고 있으므로, 지원 대상 어린이집이 트랙 기준으로 같은 금액의 운영비를 지원받는다는 설명은 적절하지 않다.
② 나. 지원 내용의 '시설 매입비' 항목 각주를 참고하면 토지 매입비는 제외되는 금액임을 알 수 있으므로, 토지 매입비를 지원받을 수 있다는 설명은 적절하지 않다.
④ 우선 지원 대상 기업 2개소인 사업주 단체의 어린이집은 '트랙A'에 해당하므로, 나. 지원 내용의 설치비 '공통' 항목에 의거하여 시설 임차비를 지원받을 수 있다.
⑤ 운영비 중 인건비는 1인당 월 최대 138만 원 한도에서 이루어지므로, 원장이 138만 원을 초과한 인건비를 지원받을 수 있다는 설명은 적절하지 않다.

▶ **출처**
노원구청 공지사항
https://www.nowon.kr/www/user/bbs/BD_selectBbs.do?q_bbsCode=1001&q_bbscttSn=20240423173852235&q_estnColumn1=11

084
③

정답 해설

〈보기〉의 사업주는 우선 지원 대상 기업 5개소 이상인 사업주 단체의 공동직장어린이집을 보유하고 있으므로, 신청 대상 분류 중 트랙B에 해당한다. 트랙B의 설치비 지원 한도는 20억 원이며, 시설 건립비 10억 원의 90%인 9억 원과 시설 매입비 1억 원의 40%인 4000만 원을 지원받을 수 있다. 시설 개·보수비는 한도가 1억 원이므로 2억 원 중 1억 원을 지원받을 수 있다. 이상을 합산하면 설치비 지원금 총액은 10억 4천만 원임을 알 수 있다.

085
③

정답 해설

장면3에 '라니냐'와 관련된 수치는 제시되고 있지 않다.

오답 해설

① '호우', '폭염'이라는 자막과 이를 나타낼 수 있는 사진 자료를 제시하고 있으며 이는 보도 내용의 핵심 제재라고 할 수 있다.
② 비가 많이 와서 물이 발목 넘게 차오른 시각 자료는 시청자들이 강수량이 높았다는 내용을 체감할 수 있도록 하고 있다.
④ 달라지는 지구 표면 기온과 지구 해수면 온도를 각 월에 따라 그래프를 통해 제시하고 있다. 이는 지구 기온과 해수면 온도가 올해도 나날이 최고 기록을 넘어서고 있다는 발화 내용에 신뢰성을 더해준다.

⑤ 해수면의 온도 편차에 따라 지도에서 음영을 달리하고 있다. 이를 통해 시청자는 해수면의 온도 편차를 한눈에 파악할 수 있다.

▶ 출처 https://youtube.com/live/o7ltKPKbd0s?si=kGClvOKZ-UUy6pvk

086 ⑤

정답 해설

설명에 부족한 점이 있음을 지적하고 라니냐에 대한 설명을 보충해 줄 것을 요청할 뿐, 보도의 신뢰성을 비판하며 출처 정보를 요구하고 있지는 않다.

오답 해설

① 보도 내용에서 언급한 '온열 질환'에 대한 추가적인 보도를 요구하고 있다.
② 시청자들이 역대 강수량에 대해 이해하고 체감하기에는 제시하고 있는 자료가 부족함을 지적하고 있다.
③ '슈퍼 엘니뇨' 현상에 대해 본인이 다큐멘터리에서 본 내용을 설명하며 엘니뇨에 따른 폭우, 태풍 등 기후 변동성에 대해 걱정하고 있으므로 폭넓게 보도 내용을 이해하고 있다고 볼 수 있다.
④ 작년 집중 호우로 인한 피해의 심각성에 대해 새롭게 알게 되었으며, 부모님께 서운했던 자신을 반성하고 있다.

087 ③

정답 해설

'포착되다'는 자동사로, 목적어를 필수적으로 요구하는 동사가 아니다. 그러므로 수정할 필요가 없다.

오답 해설

① 해요체는 비격식체로 상대에게 격식체보다 친근감을 드러낸다.
② '하다'의 어간 '하-'에 선어말 어미 '-었-'이 붙어 '하였-'이 되고 이가 줄어든 것이 '했-'이다. 따라서 '-었-'을 활용하여 과거에 일어난 일임을 드러내고 있다는 내용은 적절하다.
④ '이미 있던 것을 고쳐 새롭게 하다.'라는 의미를 지닐 때에는 '경신'과 '갱신'을 모두 사용할 수 있지만, ㉣처럼 문맥상 '어떤 분야의 종전 최고치나 최저치를 깨뜨리다.'의 의미일 때에는 '경신하다'를 사용해야 한다.
⑤ '폭우'는 '갑자기 세차게 쏟아지는 비'를 의미하므로 '세차게'라는 표현을 굳이 중복해서 사용할 필요가 없다. 그러므로 삭제하는 것이 표현의 명료성과 간결성을 더해준다.

088 ②

정답 해설

지원 연령은 만 19~45세이고, 신청일 기준 일을 하고 있더라도 정부 일자리 참여자는 지원 가능하다고 했으므로 만 20세의 정부 일자리 참여자는 지원 대상이다.

오답 해설

① 지원 연령은 만 19~45세이며, 주 26시간 이하 단기 근로자는 신청 가능하므로 지원 대상에 포함된다.
③ 신청일 기준 미취업이어야 하며, 근로 중일 경우 주 26시간 이하 단기 근로자여야 하므로 일반 기업에서 주 40시간 근로하는 자는 지원 대상이 아니다.
④ 신청 기간은 5월 1일~31일까지이며, 신청일 기준 미취업인 자는 지원 대상이므로 6월 취업 예정자는 지원 대상이다.
⑤ 이 사업은 2023년 7월부터 시행된 시험에 한해서만 지원되므로, 2023년 6월에 응시한 사람은 지원 대상에 포함되지 않는다.

▶ 출처 2024년 2분기 도봉구 청년 어학 및 자격증 시험 응시료 지원사업 공고

089 ③

정답 해설

〈보기〉에서는 시험 접수만으로는 지원이 불가하며, 응시 사실 확인이 증빙되어야 하므로 수험표나 접수 확인서로는 대체 불가하다고 되어있다.

오답 해설

① 〈보기〉에서는 성적표, 응시 확인서 등 실제 시험을 응시했다는 증빙 서류를 제출해야 인정받는다고 설명하고 있다.
② 본문에서 지원 대상을 보면 ○○구에 거주 중인 청년이라고 했으므로, 〈보기〉의 제출 서류 중 주민등록 초본이 있는 것은 ○○구에 거주하고 있다는 사실을 증빙하는 용도임을 알 수 있다.
④ 〈보기〉에서 주민등록 초본은 신청일 기준 30일 내 발급본이라고 했으므로 5월 17일에 신청할 경우 5월 7일에 발급받은 주민등록 초본은 사용 가능하다.
⑤ 〈보기〉에서 주 26시간 이하 단기 근로자일 경우 근로 계약서를 제출하라고 했으며, 근로 계약서가 없을 경우 근로 시간을 증명할 수 있는 증명서를 제출하도록 되어 있다.

090   ④
정답 해설
위 공고문에서 지원 대상 국가 자격증 시험 목록은 제시되어 있지 않으므로 추가로 제시되어야 할 정보이다.

오답 해설
① 신청 후 30일 이내에 선정 여부를 문자 통보하며, 선정 후 15일 이내에 응시 지원금을 지급하는 것으로 안내하고 있다.
② 선정 여부는 개인별 문자 통보한다고 안내하고 있다.
③ 1년에 1인당 최대 10만 원의 한도 내에서 지원 가능한 것으로 안내하고 있다.
⑤ 서류 오제출 시 보완 요청을 할 예정이며, 보완 요청 다음 날 17시까지 서류를 재제출해야 하는 것으로 안내하고 있다.

국어 문화   091번~100번

기출문제집 p.192

091	②	092	②	093	①	094	⑤	095	③
096	④	097	③	098	④	099	⑤	100	①

091   ②
정답 해설
「양반전」은 무능력하게 무위도식(無爲徒食)하면서 평민들에게 횡포를 부리는 양반을 통렬하게 비판·풍자하고 있다. 이와 더불어 양반의 특권 의식을 선망하여 신분 상승을 노리는 평민 계급에 대한 비판 의식도 드러내고 있다.

오답 해설
① 「호질」은 '북곽선생'과 '동리자'의 이중적 행동을 의인화된 '범'을 통해 직접적으로 비판하고, 당시 양반 계층의 부패한 도덕 관념과 허위의식, 짐승만도 못한 인간의 부도덕성을 풍자한 작품이다.
③ 「허생전」은 '허생'이라는 영웅적 면모를 지닌 인물을 통해 당대 사회의 경제적·사회적 제도의 취약점과 모순, 지배 계층인 사대부의 무능력과 허위의식을 풍자한 소설이다.
④ 「광문자전」은 재자가인(才子佳人) 주인공이 아닌 신분이 미천하고 외모가 추한 거지 광문을 주인공으로 한 소설이다. 광문의 인간적인 모습을 통해 권모술수가 판치는 당대의 위선적인 양반 사회를 풍자하고 있다.
⑤ 「예덕선생전」은 자기의 분수를 알고 그 속에서 삶의 즐거움을 찾는 엄 행수(예덕선생)를 통해, 진실된 사귐의 의미와 참다운 인간상을 제시한 작품이다. 다른 소설들과 달리 선귤자와 자목의 대화를 중심으로 한 문답 형식을 통해 주제를 구현하고 있다.

092   ②
정답 해설
「동백꽃」은 농촌을 배경으로 순박한 소년, 소녀의 사랑을 해학적이면서 서정적인 필치로 그린 소설이다. 다양한 소재를 활용한 서정적 장치들로 인해 소작농과 마름 사이의 계층적 갈등을 넘어서 사춘기 두 남녀가 사랑에 눈뜨는 과정을 해학적으로 묘사하고 있다.

오답 해설
① 「떡」은 김유정의 작품으로 1930년대 농촌의 가난한 생활고를 그리고 있다. '옥이'가 굶주림 속에서 잔칫집에 갔다가 너무 허기진 나머지 떡을 너무 많이 먹어 죽을 뻔한 이야기를 담고 있다.
③ 「만무방」은 김유정의 작품으로 응칠과 응오 형제의 삶을 통해 일제 강점기 농촌 사회의 참상을 고발하고 있다. 식민지 농촌 사회의 구조적 모순을 작가는 아이러니한 상황을 통해 해학적으로 그려낸다.
④ 「소낙비」는 김유정의 작품으로 원명에는 '따라지 목숨'이라는 부제가 붙어 있다. 돈을 구하기 위해 '춘호'는 아내에게 돈을 구해 오라고 하고, 아내는 '이주사'에게 몸을 맡기고 돈을 받기로 한다. 이를 안 '춘호'는 돈을 받기 위해 아내를 곱게 치장시켜 '이주사'에게 보낸다. 식민지 농촌 사회의 구조적 모순으로 인한 빈곤을 반어적으로 그려낸 작품으로 평가된다.
⑤ 「금따는 콩밭」은 김유정의 작품으로 가난한 소작인 부부가 금을 캐기 위해 콩밭을 파헤치는 내용이다. 탐욕의 무망함을 깨우치고, 어리석음을 희극적으로 제시하고 있다.

093   ①
정답 해설
기형도는 구체적 이미지들을 통해 우울한 사진의 과거 체험과 추상적 관념들을 독특하게 표현하는 시를 썼다.

오답 해설
② 김광균은 시적 감수성을 세련된 감각으로 노래한 기교파를 대표하고 있다. 1930년대의 사회현실로서 도시적 비애의 내면공간을 제시하여 인간성 상실을 극복하고자 하였다.

③ 박재삼은 한(恨)이라는 한국의 전통적인 정서를 어학적, 예술적으로 묘사한 작품을 주로 창작하였다.
④ 하종오는 이주노동자와 다문화 가정이 증가하고 있는 사회 변화를 반영해 이주노동자들의 삶의 모습을 포괄한 시편들을 선보이고 있다.
⑤ 황동규는 현대 지식인들이 느끼는 섬세한 감정을 이미지즘적인 기법을 빌려 표현하는 데 초점을 맞추고 있다.

094 ⑤

정답 해설

관람자들의 편의를 도모하기 위해서는 가족석과 예약석을 준비한다고 했으므로 일치하지 않는 내용이다.

오답 해설

① 창립한 지 일 주년이 되어 이를 기념하기 위한 것이라고 하고 있다.
② '조선예제와 서양예제 삼십여 가지를 준비하고'를 통해 알 수 있다.
③ '오는 십삼 일부터 오랫동안 닫아 두엇든 조선극장을 열고'를 통해 알 수 있다.
④ '이십일을 이틀에 한 번식 예제를 갈기로'를 통해 알 수 있다.

▶ **출처** 시대일보

095 ③

정답 해설

③ '불근'은 '붉은'을 의미한다.

오답 해설

① '넉이고'는 '마음속으로 그러하다고 인정하거나 생각하다'의 의미인 '여기고'를 의미한다.
② '긔엄긔엄'은 '기엄기엄'으로 자꾸 기어가거나 기는 듯이 움직이는 모양을 일컫는다.
④ '닐은'은 '무엇이라고 말하다'의 의미인 '이른'을 의미한다.
⑤ '앙화'는 '지은 죄의 앙갚음으로 받는 재앙'을 의미한다.

▶ **출처** 이해조, 「화의 혈」

096 ④

정답 해설

'쁘디라'는 현대국어로 쓰면 '뜻이라'로 쓸 것이므로 현대국어와 달리 연철 표기되었음을 알 수 있다.

오답 해설

① 한자 아래 동국정운식 한자음을 훈민정음으로 표기하여 '초성, 중성, 종성'을 밝혀 쓰고 있다. 동국정운식 한자음은 '초성, 중성, 종성'을 모두 갖추어 표기한다.
② 원문 '國之語音이'와 언해문 '나랏말ᄊᆞ미'가 함께 제시되고 있다.
③ 높여야 할 대상인 '황제' 앞에 한 칸을 띄어 문자에서 공손함을 표시하고 있다.
⑤ '·와·로'에서 글자 왼쪽에 한 점을 찍어 거성임을 나타내고 있다. 점을 찍지 않은 것은 평성이고 두 점(:)을 찍은 것은 상성을 나타낸다.

097 ③

정답 해설

③ '머리+말'이 합쳐진 합성어의 경우 남에서는 [머리말]이 표준 발음이므로 '머리말'로 적고, 북에서는 [머린말]이 문화어 발음이지만 사이시옷 규정에 의하여 '머리말'로 적는다.

오답 해설

① '내+물'의 경우 남에서는 [낸:물]이 표준 발음이므로 '냇물'로 적고, 북에서는 사이시옷 규정에 의해 '내물'로 적는다.
② '고기+국'의 경우 남에서는 [고기꾹/고긷꾹]이 표준 발음이므로 '고깃국'으로 적고, 북에서는 사이시옷 규정에 의해 '고기국'으로 적는다.
④ '모기+불'의 경우 남에서는 [모:기뿔/모:긷뿔]이 표준 발음이므로 '모깃불'로 적고, 북에서는 사이시옷 규정에 의해 '모기불'로 적는다.
⑤ '나무+가지'의 경우 남에서는 [나무까지/나묻까지]가 표준 발음이므로 '나뭇가지'로 적고 북에서는 사이시옷 규정에 의해 '나무가지'로 적는다.

▶ **출처** 국어사정위원회(2010), 『조선말규범집』, 사회과학원 출판사.

098　④

정답 해설

'이것'의 경우, '이'에서는 초성 'ㅇ'이 생략되어 'ㅣ'만 표기하고, '것'은 '것'을 의미하는 약자를 표기해야 하는데, '것'을 'ㄱ', 'ㅓ', 'ㅅ'에 해당하는 점자를 각각 표기하고 있으므로 틀린 선지이다.

오답 해설

① '인어'의 경우, '인'은 초성 'ㅇ'을 생략하고 'ㅣㄴ'에 해당하는 약자를 표기하고, '어'에서는 초성 'ㅇ'을 생략하고 'ㅓ'만을 표기한다.
② '온도'의 경우, '온'은 초성 'ㅇ'을 생략하고 'ㅗㄴ'에 해당하는 약자를 표기하고, '도'에서는 초성 'ㄷ'과 'ㅗ'를 표기한다.
③ '거인'의 경우, '거'는 초성 'ㄱ'과 'ㅓ'를 표기하고, '인'에서는 초성 'ㅇ'을 생략하고 'ㅣㄴ'에 해당하는 약자를 표기한다.
⑤ '오리온'의 경우, '오'는 초성 'ㅇ'을 생략하고 'ㅗ'를, '리'는 초성 'ㄹ'과 'ㅣ'를, '온'은 초성 'ㅇ'을 생략하고 'ㅗㄴ'에 해당하는 약자를 표기한다.

099　⑤

정답 해설

'공작물(工作物)'은 "재료를 기계적으로 가공하고 조립하여 만든 물건"이라는 뜻으로, '인공 구조물'로 정비하였다.

▶ 출처　법제처(2022), 『알기 쉬운 법령 정비 기준(제10판)』

100　①

정답 해설

등장인물의 말과 내레이션의 내용으로 두 사람이 부부인 것을 짐작할 수 있으나 내레이션으로 인물 간의 관계에 대한 정보를 제시하고 있지는 않다.

오답 해설

② "희아 씨는 자신도 잊은 듯 몰입한다.", "이를 보고 있는 지훈 씨" 등 화면에 나오는 주인공의 모습을 묘사하고 있다.
③ "4~5년 동안 활동한 극단의 연습실이 여기로 자리를 옮겼는데 와 보는 건 이번이 처음이다."에서 알 수 있다.
④ "(장면 전환) 서울의 번화가. 4~5년 동안 활동한 극단의 연습실이 여기로 자리를 옮겼는데 와 보는 건 이번이 처음이다."를 통해 옮긴 극단의 연습실 장면이 이어질 것이라는 정보를 제시한다.
⑤ "몰입한다.", "모양이다.", "놀았다." 등 의도적으로 경어를 사용하지 않음으로써 시청자에게 친숙한 느낌을 준다.

| 2024년 4월 21일 시행 |

제78회 KBS한국어능력시험

정답과 해설

2024년 4월 21일 시행

제78회 정답과 해설

듣기·말하기 001번~015번

기출문제집 p.199

001	③	002	⑤	003	⑤	004	④	005	③
006	⑤	007	①	008	⑤	009	②	010	④
011	③	012	⑤	013	⑤	014	③	015	②

001 ③

듣기 대본

1번. 먼저 그림에 대한 설명을 들려 드립니다.
네덜란드의 황금시대에 활동했던 정물 화가 윌렘 클라스존 헤다는 독특한 그림을 남긴 것으로 유명합니다. 이 작품은 〈블랙베리파이가 있는 아침 식탁〉으로 부유층 가정의 상차림을 난잡하게 어질러진 모습으로 표현하고 있습니다. 작품을 보면 맨 왼쪽에 깨진 유리잔이 있습니다. 이는 수명을 다한 잔을 통해 인간의 삶이 유한하다는 것을 암시하고 있습니다. 그리고 블랙베리파이에는 누군가 먹은 흔적이 남아있습니다. 식탁도 어질러진 모습인 것으로 보아 누군가 허둥지둥 자리를 뜬 것 같은 느낌입니다. 먹다 남은 파이는 인생의 달콤하고도 기름진 순간은 언제든지 사라질 수 있고 대신 죽음이나 재난, 고난이 돌발적으로 닥쳐올 수 있음을 암시합니다. 작품 맨 오른쪽에 쓰러져 있는 화려한 은빛 잔은 찬란해 보이지만 물질적 안락에만 기댄 삶은 한순간에 고꾸라질 수 있다는 뜻을 전합니다. 껍데기만 화려한 삶은 내실이 없다는 것을 전해 주듯 이 잔에는 아무것도 담겨 있지 않습니다. 화가 헤다가 사람은 반드시 죽는다는 이야기를 늘어놓는 이유는 인생이란 무대는 언젠가 막을 내리는 만큼, 살아있는 동안 스스로에게 충실한 시간을 보내야 하고 그러려면 부에 취해 남은 삶을 의미 있게 보내지 못하는 실수를 저지르면 안 된다는 것을 일러 주기 위해서입니다. 이 작품은 인생에서 진정 중요한 것이 무엇인지 다시 한번 생각하게 만드는 그림입니다.

정답 해설

먹다 남은 파이는 인생의 달콤한 순간은 언제든 사라질 수 있고 고난은 돌발적으로 올 수 있음을 암시한다고 했으므로 파이를 통해 사람들의 다양한 대응 방식을 보여 주고 있는 것은 아님을 알 수 있다.

오답 해설

① 부유층 가정의 상차림을 난잡하게 어질러진 모습으로 표현하고 있다고 했으므로 적절하다.

② 깨진 유리잔은 수명을 다한 잔을 통해 인간의 삶이 유한하다는 것을 암시하고 있다고 했으므로 적절하다.

④ 물질적 안락에만 기댄 삶은 한순간에 고꾸라질 수 있으며, 껍데기만 화려한 삶은 내실이 없다는 것을 전해 준다고 했으므로 적절하다.

⑤ 인생이란 언젠가 막을 내리는 만큼, 살아있는 동안 스스로에게 충실한 시간을 보내야 하고 그러려면 부에 취해 남은 삶을 의미 있게 보내지 못하는 실수를 저지르면 안 된다는 것을 일러주기 위해 이 그림을 그렸다고 했으므로 적절하다.

▶ 출처 〈유레카〉 2022년 10월호, 65쪽.

002 ⑤

듣기 대본

2번. 이번에는 이야기를 들려 드립니다.
옛날에 똑똑한 형과 아둔한 동생이 있었습니다. 매우 영특한 형은 책을 한 번 훑기만 해도 금세 외웠지만 동생은 몇 날 며칠을 붙잡고 씨름했습니다. 그러자 형이 동생에게 말했습니다.
"너는 학자가 될 수 없으니 일찌감치 포기하고 다른 일을 하는 게 어떠냐?"
형의 말에 동생은 이렇게 답했습니다.
"형은 송곳으로 종이를 뚫는 것과 같고, 나는 주먹으로 벽을 뚫는 것과 같아서 내가 뚫은 구멍으로는 쉽게 바깥을 볼 수 있지만 형의 구멍에는 눈을 갖다 대야 겨우 볼 수 있습니다."

정답 해설

세상은 한 번 훑기만 해도 금세 외우는 형이 똑똑하다고 할 것이나 동생은 주먹으로 벽을 뚫을 만큼 열심히 자신의 길을 가고자 한다. 주먹으로 벽을 뚫으려면 멈추지 않고 수없이 주먹질을 해야 할 것이므로 열심히 자신만의 길을 만들어 나가야 한다는 내용이 가장 적절하다.

오답 해설

① 형과 아우의 대화에서 노력하는 사람과 즐기는 사람을 유추하기 어렵다.

② 배움이 지식에 그치는 것이 아닌 실천으로 이어져야만 완성되는 것이라는 내용은 형제의 대화 요지에 적절하지 않다.

③ 동생이 주먹으로 벽을 뚫는다는 것에서 포기하지 말아야 한다는 내용을 포착할 수는 있으나 동생의 상황을 절망이라고 볼 수 없으므로 절망의 끝에서 희망을 볼 수 있다는 내용은 적절하지 않다.

④ 동생은 형보다 부족한 자신의 상태를 이해하고 있지만 그것에 순응하거나 만족하지 않고 있으며 동생의 이러한 태도를 부정적으로 바라볼 여지도 없다. 따라서 한계를 인정하고 다른 사람의 조언에 귀 기울여야 한다는 내용은 적절하지 않다.
▶ 출처 권경자(2022), 『내 일생에 힘이 되는 고전 명언』, 원앤원북스, 210쪽.

003 ⑤
듣기 대본

3번. 이번에는 강연을 들려 드립니다.
혈액 순환의 주역인 모세혈관은 혈액의 영양분과 산소를 온몸 세포에 전달하고 불필요한 이산화탄소나 노폐물을 회수하는 역할을 합니다. 노화로 모세혈관의 수가 줄어들면 불필요한 노폐물이 제대로 배출되지 못하고 체내에 쌓이게 됩니다. 그 결과 주요 장기의 신진대사가 정체되고, 이는 다양한 질병과 증상을 초래하게 됩니다.
혈관 건강은 산화질소의 역할과 깊은 관련이 있습니다. 산화질소는 신체에서 자연적으로 생성되는 기체 분자로 심혈관계, 신경계, 면역계의 조절에 관여하며, 노화를 예방하고 개선하는 기적의 물질이자 생명 물질로 알려져 있습니다. 산화질소는 혈관 내피세포에서 주로 생성되어 즉각적으로 혈관을 확장시키고 혈액순환을 촉진하는 역할을 합니다. 세포에 산소와 영양소를 효율적으로 공급해줌으로써 세포 내 에너지 대사가 효율적으로 일어나게 합니다. 이러한 산화질소는 혈관 내피세포에서만 생성되는 것이 아니라 뇌와 폐의 신경세포에서도 생성이 되어 뇌 질환이나 기관지 및 폐 질환 치료에 활용되고 있습니다. 혈관은 나이와 함께 노화하고 기능도 저하되므로 노화는 혈관 내피세포에서 생성되는 산화질소의 생성량도 감소시킬 수밖에 없습니다. 인체 내에 산화질소 생성을 촉진하는 가장 좋은 방법은 규칙적인 운동입니다. 모세혈관을 늘리는 가장 효과적인 방법도 유산소 운동과 근육 운동을 병행하는 것입니다.

정답 해설

모세혈관을 늘리는 가장 효과적인 방법은 유산소 운동과 근육 운동을 병행하는 것이라고 하였으므로 근육 운동이 모세혈관을 늘리는 효과가 없다는 것은 일치하지 않는 내용이다.

오답 해설

① 모세혈관은 혈액의 영양분과 산소를 온몸 세포에 전달한다고 하였으므로 일치한다.
② 산화질소는 기체 분자로 면역계의 조절에 관여한다고 하였으므로 일치한다.
③ 산화질소는 신체에서 자연적으로 생성되며, 즉각적으로 혈관을 확장시키고 혈액순환을 촉진하는 역할을 한다고 하였으므로 일치한다.
④ 노화로 모세혈관의 수가 줄어들면 불필요한 노폐물이 제대로 배출되지 못하고 체내에 쌓이게 된다고 하였고, 노화는 혈관 내피세포에서 생성되는 산화질소의 생성량도 감소시킬 수밖에 없다고 하였으므로 일치한다.
▶ 출처 〈브레인〉 2022년 7월호 94호, 12-15쪽.

004 ④
듣기 대본

4번. 이번에는 라디오 방송의 일부를 들려 드립니다.
예술의 역사는 '아름다움'을 담보하는 깊이를 얻기 위한 예술가들의 투쟁기에 가깝습니다. 예술 작품에서 '깊이'가 있다는 것의 의미는 형식과 내용을 아우르고 미학과 철학을 가로지르는 매우 모호한 용어입니다. 파트리크 쥐스킨트는 그의 단편소설 〈깊이에의 강요〉에서 예술가에게 '깊이'가 어떤 의미인지를 알려줍니다. 평론가로부터 막연히 '깊이가 부족하다'라고 평가받은 한 화가가 작품의 깊이를 얻기 위해 노력하지만, 한 줄의 선도 그리지 못하고 절망 끝에 자살로 삶을 마감합니다. 예술계의 냉혹한 현실입니다.
고전 음악, 특히 교향곡의 역사에서 수많은 작곡가가 작품을 시작하고 마무리하는 데 '깊이에의 강요'로 수없는 고뇌와 번민의 밤을 보내야 하는 시기가 있었습니다. 베토벤이 교향곡 9번을 완성하면서 하이든으로부터 시작된 교향곡의 역사를 사실상 완성한 이후입니다. 베토벤은 모차르트와 하이든이 남겨 놓은 우아하고 조화로운 고전주의 형식을 극한까지 탐색했고, 18세기 독일 문학의 '질풍노도' 정신 및 프랑스 혁명의 '공화주의' 이념과 같은 낭만주의 사상을 무한까지 표현하는 등 고전주의 양식의 완성자이자 낭만주의 정신의 개척자가 되었습니다. 이후의 작곡가들에게 교향곡을 작곡한다는 것은, 베토벤이 보여준 '깊이'라는 유령과의 절망적인 투쟁과 같았습니다. 브람스의 교향곡 1번이 잘 알려진 실례입니다. 브람스는 21살에 시작한 교향곡 1번을 22년이 지난 43세에 완성하였습니다. 브람스가 "등 뒤에서 들려오는 거인의 발소리를 의식하면 도저히 교향곡을 쓸 엄두가 나지 않았다."라고 고백했듯이 베토벤이라는 거인과 비교될 수밖에 없는 '깊이에의 강요' 때문이었습니다. 브람스는 베토벤의 깊이를 극복하거나 회피하려 하지 않고 시작부터 마무리까지 베토벤의 형식과 정신을 그대로 수용한 후 그만의 것으로 재창조하는 방식으로 교향곡 1번을 작곡했습니다.
(배경음: 브람스 교향곡 1번

https://youtu.be/XmgjzDvAZvA?si=lML-WxIatklqqnWC)

정답 해설
교향곡 1번을 22년 만에 완성한 이유에 대해 베토벤이라는 거인과 비교될 수밖에 없는 '깊이에의 강요' 때문이라고 했으므로 적절한 내용이다.

오답 해설
① 평론가는 화가의 작품에 대해 '깊이가 부족하다'고 평가했다고 했으므로 적절하지 않은 내용이다.
② 베토벤이 교향곡 9번을 완성한 이후 "작곡가들에게 교향곡을 작곡한다는 것은, 베토벤이 보여준 '깊이'라는 유령과의 절망적인 투쟁과 같았습니다."라고 했으므로 적절하지 않은 내용이다.
③ 베토벤이 낭만주의 사상을 무한까지 표현하였으며 낭만주의 정신의 개척자가 되었다고 하는 것으로 보아 낭만주의 정신을 담아냈다는 내용은 적절하다고 볼 수 있으나 '모차르트와 하이든이 남겨 놓은 우아하고 조화로운 고전주의 형식을 극한까지 탐색했다'고 했으므로 낭만주의 정신을 담아내는 것에 더 주력했다는 것은 적절하지 않은 내용이다.
⑤ '브람스는 베토벤의 깊이를 극복하거나 회피하려 하지 않았다'고 했으며, '베토벤의 형식과 정신을 그대로 수용한 후 그만의 것으로 재창조하는 방식으로 교향곡 1번을 작곡했'다고 했으므로 적절하지 않은 내용이다.

▶ **출처** 〈음악저널〉 2023년 10월호, 56-57쪽.

005 ③
듣기 대본

5번. 이번에는 시 한 편을 들려 드립니다.

모든 것은 등 뒤에 있다.

몇 개의 그림자, 그리고
거리의 나무들은 침묵을 지키거나 아무도
알아차릴 수 없을 만큼만 몸을 떨었다.
곧 네거리에 서 있는 거대한 주유소를 지나야
할 테지만 나는 아무래도 기나긴 페이브먼트,
이 낯선 거리의 새벽 공기가 다만 불안하였다.
천천히 붉은 구름이 하늘을 흐르기 시작했으며
흐릿한 전화 부스에는 이미 술 취한 사내들
어디론가 가망 없는 통화를 날리며 한량없었으므로
나는 길 끝에 눈을 둔 채 오 분 후의 세계를
다만 생각할 수 있을 뿐. 어느 단단한 담 안쪽
으로부터 흘러나오는, 믿을 수 없는 고음역의
레퀴엠, 등 뒤를 따라오는 몇 개의 어두운
그림자, 쉽게 부러지는 이 거리의
난간들, 나는 온 힘을 다해 아주 오래된 멜로디를
떠올렸으나 네거리의 저 거대한 주유소,
그리고 붉은 불빛의 편의점 앞에서
결국 뒤돌아보게 되리라, 결국 뒤돌아
보는 그 순간 나는 어떤 눈빛을 지니게 되는지
두 손으로 두 귀를 막고 어떻게
소리 없는 비명을 지를는지
다만 몇 개의 그림자, 그리고

등 뒤의 세계.

정답 해설
이 시는 뭉크의 명작 〈절규〉를 현대적 의미로 재해석한 작품으로 현대 도시 사회의 불안과 두려움을 감각적으로 표현한 작품으로 제목은 '절규'이다.

▶ **출처** 이장욱(2011), 「절규」, 『내 잠 속의 모래산』, 민음사.

006 ⑤
듣기 대본

이번에는 진행자와 전문가의 대담을 들려 드립니다. 6번은 듣기 문항, 7번은 말하기 문항입니다.

진행자: 우리가 거의 매일 사용하는 샴푸와 린스는 환경을 오염시키는데요, 그 주범은 합성 계면 활성제라고 합니다. 이에 대해 자세하게 알아보겠습니다. 안녕하세요, 선생님. 합성 계면 활성제가 환경을 오염시킨다는 것이 맞나요?

전문가: 네. 합성 계면 활성제는 물과 기름이 잘 섞이도록 도와주는 역할을 합니다. 샴푸, 바디 워시, 린스 등에 모두 들어 있는데, 자연 분해가 거의 안 됩니다. 따라서 샴푸와 린스가 섞인 물에는 미생물이 살 수 없고, 미생물이 없으니 분해되지 않은 채 그대로 강이나 바다로 흘러들어 토양과 수질을 오염시키고, 생태계를 위협합니다.

진행자: 네, 지금 말씀해 주신 것처럼 환경 오염을 시키고 생태계 위협까지 한다면, 우리의 건강과도 관련이 있지 않을까요?

전문가: 합성 계면 활성제는 분해도 안 되지만 입자가 너무 작아 하수 처리도 안 된 채 그대로 강과 바다로 흘러듭니다. 강이나 바다에 사는 플랑크톤과 물고기 등의 생물이 이 합성 계면 활성제를 먹게 되고, 다시 우리가 이 생물을 잡아 식탁에 올리니, 결국 머리를 감을 때 흘려보낸 합성 계면 활성제가 다시 우리 몸 속으로 돌아오는 셈인 것입니다.

진행자: 합성 계면 활성제가 우리 몸에 어떤 영향을 미치게 되는

지 좀 더 자세하게 설명해 주실 수 있을까요?
전문가: 합성 계면 활성제는 장기적으로 몸 안에 쌓여 간 기능 장애를 일으킬 가능성도 있고, 아토피, 천식, 비염 등의 원인이 될 수도 있습니다.
진행자: 환경 문제뿐만 아니라 건강과도 연관이 매우 깊은 것 같습니다. 샴푸와 린스 이외에도 합성 계면 활성제가 활용되는 제품들이 더 있을까요?
전문가: 우리가 일상적으로 사용하는 치약, 비누, 주방용 세제, 세탁 세제 등에 거의 들어 있어 큰 문제입니다. 그래서 최근에는 합성 계면 활성제가 없는 친환경 샴푸바와 린스바를 쓰는 소비자가 늘고 있습니다. 건강도 지키고 환경 오염도 줄일 수 있으니 일석이조인 셈입니다.
진행자: 친환경 샴푸바와 린스바 사용이 어떻게 환경 오염을 줄이는 데 도움이 될까요?
전문가: 우선 친환경 샴푸바와 린스바를 사용하면 기존 샴푸 제품처럼 플라스틱통 쓰레기가 나오지 않습니다. 고체 상태라서 종이 상자에 포장하기 때문입니다. 또한 건강에도 도움이 됩니다. 합성 계면 활성제가 없는 친환경 샴푸와 린스를 쓰면 머리를 감을 때 두피의 모공으로 합성 계면 활성제가 흡수되는 것을 방지할 수 있습니다.
진행자: 네, 오늘 말씀 잘 들었습니다. 감사합니다.

정답 해설

친환경 샴푸와 린스를 쓰면 머리를 감을 때 두피의 모공으로 합성 계면 활성제가 흡수되는 것을 방지할 수 있다고 했으므로 피부를 통해서 합성 계면 활성제가 흡수될 수 있다는 것을 알 수 있다. 따라서 적절하지 않은 내용이다.

오답 해설

① 샴푸와 린스 안에는 합성 계면 활성제가 들어있고 그런 샴푸와 린스가 섞인 물에는 미생물이 살 수 없다고 했으므로 적절한 내용이다.
② 입자가 너무 작아 하수 처리가 안 된 채 강이나 바다에 흘러든 합성 계면 활성제를 물고기가 먹는다고 했으므로 적절한 내용이다.
③ 합성 계면 활성제는 장기적으로 몸 안에 쌓여 간 기능 장애를 일으킬 가능성이 있다고 했으므로 적절한 내용이다.
④ 합성 계면 활성제는 우리가 일상적으로 사용하는 치약, 비누, 주방용 세제, 세탁 세제 등에 거의 들어 있다고 했으므로 적절한 내용이다.

▶ 출처 〈유레카〉 2023년 12월호, 76-77쪽.

007 ①

정답 해설

진행자의 두 번째, 세 번째, 네 번째 대화를 보면 각각 건강과의 관련성에 대해 질문을 던지며 관련 설명을 유도하고, 몸에 미치는 영향에 대해 구체적인 설명을 요구하고 있으며, 합성 계면 활성제가 들어가는 다른 제품들이 있는지 질문하며 설명을 요구하고 있다. 따라서 더 알고 싶은 내용에 대해 질문하고 있다는 것을 알 수 있다.

오답 해설

② 전문 용어에 대한 개념 설명을 요구하고 있지 않다.
③ 자신이 이해한 바가 맞는지 확인하고 있는 부분은 찾을 수 없다.
④ 감사 인사만 전할 뿐, 다음 대화 주제를 소개하며 인터뷰를 정리하지 않고 있다.
⑤ 전문가가 친환경 샴푸바와 린스바의 사용에 대해 이야기하고 있지만 이것은 진행자가 요구한 것이 아니다.

008 ⑤

듣기 대본

다음은 대화의 일부분을 들려 드립니다. 8번은 듣기 문항, 9번은 말하기 문항입니다.
여자: 여보, 지민이 숙제 안 봐 줄 거야?
남자: 나 지금 식사 준비하고 있는데…….
여자: 오늘은 자기가 같이 해 주기로 약속했잖아.
남자: 밥은 먹어야지. 당신이 숙제 봐 주고 있길래 난 밥 한 거지.
여자: 그럼 나한테 식사 준비를 해 달라고 해. 나도 식사 준비가 더 편해.
남자: 당신이 지민이 숙제 시키고 있으면서 나한테 "숙제 안 봐 줄 거야?"라고 하면 나한테 어떻게 하라고 하는 거야?
여자: 어제 자기가 봐 주기로 약속했으니까 자기가 할 줄 알았어.
남자: 오전에 지민이한테 계속 숙제하자고 했어. 근데 애가 안 하는 걸 어떡해.
여자: 왜 아이 탓을 해.
남자: 애가 숙제를 해야지 봐줄 거 아니야. 지금까지 같이 책상에 앉아서 하자고 얘기했는데 애가 말을 안 들어.
여자: 자기처럼 하면 숙제 못 시켜.
남자: 숙제를 안 했으니까 내가 지금까지 노력한 건 아무것도 아니란 말이야?
여자: 결과적으로 그렇지.
남자: 당신은 과정은 중요하지 않고 결과가 중요하다는 거야?
여자: 어, 숙제를 하나도 안 했잖아.

정답 해설
남자는 아이한테 숙제를 하자고 했고, 해야지 봐줄 것 아니냐고 한 것으로 보아 숙제를 도와주지 않으려고 한 것은 아니다. 따라서 숙제를 부모가 도와주는 것이 잘못됐다고 생각하는 것은 적절하지 않다.

오답 해설
① 여자는 식사 준비가 더 편하다고 했으므로 적절한 내용이다.
② 여자는 남자가 아이에게 "같이 책상에 앉아서 하자고 얘기했는데 애가 말을 안 들"었다고 하자 "자기처럼 하면 숙제 못 시켜"라고 했으므로 적절한 내용이다.
③ 남자는 "당신이 지민이 숙제 시키고 있으면서 나한테 "숙제 안 봐 줄 거야?"라고 하면 나한테 어떻게 하라고 하는 거야?"라고 한 것으로 보아 여자의 말에 마음이 상한 상태임을 알 수 있다.
④ 남자는 아이가 "숙제를 안 했으니까 내가 지금까지 노력한 건 아무것도 아니란 말이야?"라고 한 것으로 보아 충분히 노력했다고 생각함을 알 수 있다.

▶ 출처 〈오은영 리포트: 결혼 지옥〉 "결과가 중요 vs 과정도 중요... 부부 싸움 된 자녀 교육 문제"
(https://www.youtube.com/watch?v=dSAGElGpqsc&t=457s)

009 ②

정답 해설
남자는 "숙제 안 봐 줄 거야?"라는 여자의 말을 직접 인용하며, "나한테 어떻게 하라고 하는 거야?"라고 했으므로 적절한 내용이다.

오답 해설
① 남자는 여자의 말을 부분적으로 수용하는 부분을 찾을 수 없다.
③ 여자는 상대방과 갈등 상황에서 대화하고 있지만 다른 사람과의 비교를 하고 있지는 않다.
④ 여자는 과거의 사례를 들고 있지 않다.
⑤ 남자의 행동에 불만이 있는 것은 맞지만 불만의 감정을 직접적인 표현으로 드러내는 부분을 찾을 수 없다.

010 ④

듣기 대본
이번에는 강연을 들려 드립니다. 10번은 듣기 문항, 11번은 말하기 문항입니다.
여러분, 최근 떠오르는 키워드인 '도파밍'에 대해서 들어 보셨나요? 도파밍은 '도파민'에 '수집'이라는 뜻을 가진 '파밍'을 결합한 말로, 도파민이 분출되는 행동을 통해 도파민을 모으듯이 쾌락을 최대화하려는 행위를 의미합니다. 전문가들은 '도파밍'의 대표적인 사례로 '숏폼' 콘텐츠의 유행을 제시하고 있습니다.
숏폼은 1분 이내의 짧은 영상을 말하며, 호흡이 긴 영상인 '롱폼'에 비해 자극적인 콘텐츠를 반복적으로 빠르게 전달하는 특징이 있습니다. 자극적인 콘텐츠를 보면 뇌에서 신경 전달 물질인 도파민이 분비되면서 행복감이나 쾌락이 느껴지고, 짧은 시간에 받는 고강도 자극에 익숙해진 이용자들은 숏폼을 쉽게 끊을 수 없게 됩니다. 작년 8월 국내 이용자 1인당 숏폼 사용 시간은 46시간 29분으로 집계되기도 했습니다. 숏폼은 20대와 30대 시청자를 중심으로 유행하기 시작했지만, 점차 중장년층으로 이용자층이 확대되고 있습니다.
숏폼은 마약에 비해 약한 자극으로 분류되지만, 짧은 시간에 높은 빈도로 도파민 분비를 유도한다는 점에서 중독 현상을 일으킬 수 있습니다. 그렇다면 숏폼 중독에서 벗어나기 위해 시청자들은 무엇을 할 수 있을까요? 잦은 숏폼 시청은 뇌를 망가뜨리고 노화를 촉진할 수 있기에, 영상을 볼 때 시간을 미리 정해놓고 즐기거나 디지털 기기와 당분간 거리를 두고 뇌에 휴식 시간을 주는 것이 필요합니다.

정답 해설
강연자는 숏폼이 '짧은 시간에 높은 빈도로 도파민 분비를 유도한다는 점에서 중독 현상을 일으킬 수 있다'라고 설명했지만, 숏폼이 마약에 비해 약한 자극으로 분류된다고 설명하고 있으므로 적절하지 않다.

오답 해설
① 강연자는 도파민의 무분별한 수집을 뜻하는 '도파밍'의 사례로 숏폼 콘텐츠의 유행을 들고 있다. 따라서 적절한 내용이다.
② 강연자는 '숏폼은 20대와 30대 시청자를 중심으로 유행하기 시작했지만, 점차 중장년층으로 이용자층이 확대되고 있다'라고 설명하고 있다. 따라서 숏폼이 청년층뿐 아니라 중장년층 사이에서도 유행하고 있다는 설명은 적절한 내용이다.
③ 강연자는 숏폼이 호흡이 긴 영상인 롱폼에 비해 자극적인 콘텐츠를 반복적으로 빠르게 전달한다고 설명했으며, 짧은 시간에 받는 고강도 자극에 익숙해질 경우 중독성이 생긴다고 설명하고 있다. 따라서 적절한 내용이다.
⑤ 강연자는 숏폼 중독에서 벗어나기 위한 방법으로 디지털 기기와 거리를 두고 뇌에 휴식 시간을 줄 것을 권유하고 있다. 따라서 적절한 내용이다.

▶ 출처
• 문영훈(2024.02.20.), "'지금 당장 도파민 디톡스를 시작해야 하는 이유' '호르몬 박사' 안철우 교수", 여성동아.

(https://woman.donga.com/people/article/all/12/4731937/1)
- 정다빈(2024.02.25.), "하루 11시간 본다⋯연예인도 빠진 '이것', 뉴욕시는 소송", MBN뉴스.
  (https://www.mbn.co.kr/news/society/5005163)
- 최연두(2024.02.20.), "하루 11시간.. 도파밍 못 멈춰 숏폼, 정말 중독될까", 이데일리.
  (https://www.edaily.co.kr/news/read?newsId=02427206638792488&mediaCodeNo=257&OutLnkChk=Y)

011 ③

정답 해설

강연자는 강연의 마무리 부분에서 숏폼 콘텐츠 중독 문제를 해결할 수 있는 방안을 제시하고 있지만, 제시된 해결 방안의 장단점을 균형 있게 다루어 설명하고 있지는 않다.

오답 해설

① 강연자는 '작년 8월 국내 이용자 1인당 숏폼 사용 시간은 46시간 29분'이라고 하며 구체적인 수치를 언급하고 있다. 이를 통해 숏폼 유행 실태에 대해 정보의 객관성을 높이고 있으므로 적절한 내용이다.
② 강연자는 발표의 마무리 부분에서 '그렇다면 숏폼 중독에서 벗어나기 위해서 시청자들은 무엇을 할 수 있을까요?'와 같이 질문을 던졌으며, 시간을 정해 놓고 즐기거나 디지털 기기와 거리를 두는 방법 등 스스로 답하고 있다. 이를 통해 청중의 주의를 집중시키는 효과가 있으므로 적절한 내용이다.
④ 강연자는 중심 개념인 '숏폼'과, 대조되는 개념인 '롱폼'을 영상의 길이를 기준으로 비교하여 설명하고 있으므로 적절한 내용이다.
⑤ 강연자는 '도파밍'과 '숏폼'의 의미를 풀어서 설명하며 강연 내용에 대한 청중의 이해를 돕고 있으므로 적절한 내용이다.

012 ⑤

듣기 대본

이번에는 발표를 들려 드립니다. 12번은 듣기 문항, 13번은 말하기 문항입니다.

안녕하십니까. 여러분은 '가사 노동'의 가치에 대해 어떻게 생각하십니까? 가사 노동이란 가정생활을 영위하는 데 필요한 일반 가사 및 가정 관리에 꼭 필요한 노동으로 육아, 요리, 청소, 교육, 간호, 세탁 등의 여러 가지 일을 말합니다. 최근 통계청의 연구 결과에 따르면 연간 가사 노동 서비스의 가치가 약 500조 원에 달한다고 합니다. 이는 국내 총생산(GDP)의 약 25.5%에 달하는 수치입니다. 연령대별로 살펴보면 가사 노동을 소비하는 연령대는 0세가 1인당 3,638만 원으로 가장 많았고, 성년이 되는 20세가 되면 390만 원으로 가장 낮았습니다. 0세에서 20세까지 급격히 서비스 소비가 하락한 후 20세를 저점으로 다시 완만하게 오르는 구조를 보입니다.

가사 노동을 다른 가족 구성원에게 베푸는 것을 '생산', 다른 구성원으로부터 가사 노동을 제공 받는 것을 '소비'라 볼 때, 0세에서 14세까지의 유년층은 131조 6,000억 원의 이익을 누린 것으로 나타났고, 15세에서 64세까지의 노동 연령층은 128조 1,000억 원의 손해를, 노년층도 3조 5,000억 원의 손해를 본 것으로 나타났습니다. 특히 38세 때 자녀 양육 등으로 인해 생애 주기 중 가장 큰 손해를 본 후, 75세에 이익을 보기 시작하는 것으로 나타났습니다. 그럼에도 노년기에는 가사 노동이 소폭 증가하는 현상이 나타나는데 이는 손자녀의 돌봄을 맡는 경우가 많기 때문인 것으로 보입니다.

이처럼 일생 동안 이루어지는 가사 노동의 가치를 제대로 알고 실효성 있는 가사 수당 제도가 마련되어야 한다는 인식이 높아지고 있습니다.

정답 해설

75세에는 이익을 보기 시작한다고 했으므로 손자녀의 돌봄으로 인해 가사 노동의 소비보다 생산이 증가한다는 것은 적절하지 않다.

오답 해설

① 가사 노동을 소비하는 연령대는 0세가 1인당 3,638만 원으로 가장 많다고 했고, 다른 구성원으로부터 가사 노동을 제공 받는 것을 '소비'라고 했으므로 적절한 내용이다.
② 성년이 되는 20세에 가사 노동을 소비하는 정도가 390만 원으로 가장 적다고 했으므로 적절한 내용이다.
③ 0세에서 14세까지의 유년층은 이익을 누렸다고 했고, '이익'은 소비가 생산보다 많은 경우를 말하므로 적절하다.
④ 38세 때 자녀 양육 등으로 인해 생애 주기 중 가장 큰 손해를 본다고 했고, '손해'는 생산이 소비보다 많은 경우를 말하므로 생애 주기 중 가사 노동 부담이 가장 큰 연령대라는 것은 적절하다.

▶ 출처
1. 오정화, 배수진, 김지현(2023), "무급 가사 노동 가치의 세대 간 이전 - 국민 시간 이전 계정 심층 분석", KOSTAT 통계 플러스 vol.24, 통계청 통계개발원.
2. 김현주(2023. 12. 6.), "가사노동 서비스 가치 500조 육박⋯여성이, 남성보다 2.6배↑", 세계일보.
3. 이종태(2023. 6. 28.), '한국 여성, 84세까지 더 많이 가사 노동', 시사IN.
4. 기술 사랑 연구회, 『Basic 중학생을 위한 기술·가정 용어 사전』, 신원문화사.

013 ⑤

정답 해설

가사 수당 제도에 대해서 발표의 마지막에 언급하였으나 비유적 표현을 활용하여 강조하고 있지 않으므로 적절하지 않다.

오답 해설

① 발표의 도입부에서 주제인 가사 노동의 개념을 설명하기 위해 육아, 요리, 청소, 교육, 간호, 세탁 등의 여러 가지 일을 열거하고 있으므로 적절하다.
② 연령대별로 가사 노동을 소비하는 정도를 비교하여 설명하고 있으므로 적절하다.
③ 공신력 있는 기관인 통계청의 연구 결과를 근거로 가사 노동의 가치를 말하여 신뢰성을 높이고 있으므로 적절하다.
④ 가사 노동 서비스의 가치를 객관적 수치로 제시하고 있으므로 적절하다.

014 ③

듣기 대본

끝으로 협상의 한 장면을 들려 드립니다. 14번은 듣기 문항, 15번은 말하기 문항입니다.

박 고문: 김 대표님, 지금까지 우리가 공유하고 있는 사실을 정리해 보죠. 제가 운영했던 업체를 김 대표님이 2억 1천 600만 원에 인수하기로 하고, 3년간 매달 600만 원씩 나눠서 지급하기로 계약했습니다. 계약 조건대로 지금까지 총 20개월을 지급하였고요. 그런데 지금부터는 매달 당초 금액의 50%를 삭감해 달라는 것은 무리한 요구입니다.
김 대표: 박 고문님, 지난번에 말씀드렸다시피 지금 저희 업체 사정이 많이 나쁩니다. 고문님과 제가 알고 지낸 시간이 얼만데 저희 사정이 얼마나 안 좋으면 이런 말씀을 드리겠습니까.
박 고문: 회사의 사정과 인수 계약 건은 별개의 문제로 생각해야 합니다. 이렇게 상황에 따라 달라진다면 계약서 작성이 무슨 의미가 있습니까. 계약 조건에 양측이 합의하고 계약서를 작성했는데 계약 내용에는 지금 상황과 관련된 조건이나 내용이 없어요.
김 대표: 네, 하지만 고문님께서는 저희 업체의 고문직을 맡고 계심에도 불구하고 사업체 운영에 아무런 지원도 해주지 않으셨습니다. 이 역시 계약을 위반한 것입니다.
박 고문: 고문이라는 직책은 인수 대금을 매월 지급하기 위한 방편으로 김 대표 측에서 제안한 것입니다. 인수 계약 이행과 고문으로서의 역할은 관련이 없습니다. 계약서 공증 당시에도 담당 변호사가 제가 고문으로서의 직책을 맡는다는 조항은 삭제하지 않았습니까.
김 대표: 네, 하지만 저희 측에서 요청할 때에는 업무 지원에 적극 협조한다는 조항이 있습니다. 작년 여름에 일주일간은 연락이 어렵지 않으셨습니까. 그 여파로 협력 업체와의 갈등이 생겼습니다.
박 고문: 연락이 안 됐던 건 미안하게 생각합니다. 일전에 말했듯이 병세가 급작스레 안 좋아져서 어쩔 수 없었습니다. 그때 내가 업무 지원을 못 한 게 지금 업체 상황과 관련성이 있다고 판단되면 남은 인수 대금을 25%로 삭감하는 거 어떠십니까.
김 대표: 네, 좋습니다. 해당 건과 관련된 자료를 빠른 시일 내에 준비하겠습니다.

정답 해설

박 고문은 업무 지원을 못 한 게 지금 업체 상황과 관련성이 있다고 판단되면 남은 인수 대금을 25% 삭감하겠다고 했으므로 인수자가 요청할 때 업무를 지원하는 것과 인수 대금 지급은 관련이 있다고 생각함을 알 수 있다.

오답 해설

① 박 고문은 계약서에 업체 운영난에 따라 인수 대금이 변동될 수 있다는 내용이 없음을 근거로 남은 인수 대금의 50%를 삭감해달라는 요구를 거부하고 있으므로 적절한 내용이다.
② 박 고문은 변호사의 의견을 제시하며 자신이 고문으로서의 직책을 맡는다는 조항을 삭제했다는 내용을 들며 계약을 위반한 것이 아님을 주장하고 있으므로 적절한 내용이다.
④ 김 대표는 박 고문이 연락이 되지 않아 업무 요청을 할 수 없었고 이로 인해 협력 업체와 갈등이 생겨 업체의 사정이 악화되었다고 주장하고 있으므로 적절한 내용이다.
⑤ 김 대표는 업체 사정이 나쁜 것을 이유로 남은 인수 대금 삭감을 요구하고 있으므로 적절한 내용이다.

015 ②

정답 해설

박 고문은 자신의 잘못을 사과하고 있고, 그때 지원 요청한 업무가 현 경영난과 관련이 있는 것으로 보이면 남은 인수 대금을 25% 삭감할 것을 제안함에 따라 상대방이 요구한 내용의 절충안을 제시했으므로 적절한 내용이다.

오답 해설

① 박 고문은 김 대표의 요구를 거절하기 위해 개인의 사정과 김 대표와의 관계에 호소하고 있지 않다.
③ 김 대표는 알고 지낸 시간을 언급하며 사적인 관계를 들어 사정이 나쁘니 지급 금액을 삭감해 달라고 하고 있으므로 공적인 관계를 우선시하는 태도를 보이고 있지 않다.

④ 김 대표는 협력 업체와 갈등이 발생했음을 이야기할 뿐 자신의 업체가 입은 손실 금액을 제시하고 있지는 않다.

⑤ 현 상황에서 김 대표는 전문 기관의 도움을 받아 상대방을 압박하고 있지 않다.

어휘·어법 016번~045번

기출문제집 p.203

016	④	017	①	018	④	019	③	020	①
021	⑤	022	①	023	②	024	①	025	②
026	⑤	027	①	028	④	029	③	030	④
031	①	032	②	033	⑤	034	③	035	④
036	⑤	037	④	038	⑤	039	④	040	⑤
041	③	042	②	043	④	044	①	045	④

016 ④
정답 해설
"태도나 마음 씀씀이가 마음에 들게 부드럽고 사근사근하다"는 '삽삽하다'의 의미이다.

오답 해설
① '구순하다'는 "서로 사귀거나 지내는 데 사이가 좋아 화목하다."라는 의미이다.
② '납신하다'는 "윗몸을 가볍고 빠르게 구부리다." 또는 "입을 빠르고 경망스럽게 놀려 말하다."라는 의미이다.
③ '부숭하다'는 "얼굴이 부어오른 듯한 느낌이 있다."라는 의미이다.
⑤ '찬찬하다'는 "성질이나 솜씨, 행동 따위가 꼼꼼하고 차분하다."라는 의미이다.

017 ①
정답 해설
'각주(脚注)'는 '본문의 어떤 부분을 보충하거나 쉽게 풀이한 글을 본문의 아래쪽에 단 것'의 뜻이다. '책의 첫머리에 그 책의 내용이나 쓰는 방법 따위에 관한 참고 사항을 설명한 글'은 '범례(凡例)'이다.

오답 해설
② '감상(鑑賞)'은 '주로 예술 작품을 이해하여 즐기고 평가함.'의 뜻이다.

③ '강횡(強橫)'은 '세력이 강하고 횡포함.'의 뜻이다.
④ '망념(妄念)'은 '이치에 맞지 아니한 망령된 생각을 함. 또는 그 생각'의 뜻이다.
⑤ '적폐(積弊)'는 '오랫동안 쌓이고 쌓인 폐단'이라는 뜻이다.

018 ④
정답 해설
'뜨내기'는 '일정한 거처가 없이 떠돌아다니는 사람.'을 이르는 말이다. '가난한 사람을 낮잡아 이르는 말은 '가난뱅이'의 뜻이다.

오답 해설
① '가납사니'는 '쓸데없는 말을 지껄이기 좋아하는 수다스러운 사람'이라는 뜻이다.
② '늦깎이'는 '나이가 많이 들어서 어떤 일을 시작한 사람'을 뜻하는 말이다.
③ '더펄이'는 '성미가 침착하지 못하고 덜렁대는 사람'을 뜻하는 말이다.
⑤ '살살이'는 '간사스럽게 알랑거리는 사람'이라는 뜻이다.

019 ③
정답 해설
'곡진(曲盡)하다'는 '매우 정성스럽다.'는 뜻이다. '무성의'한 행동과 '마음에 들지 않았다.'는 문맥과 맞지 않는 표현이다.

오답 해설
① '전가(轉嫁)하다'는 '잘못이나 책임을 다른 사람에게 넘겨씌우다.'라는 뜻이므로 문맥에 맞게 쓰였다.
② '생산(生産)하다'는 '인간이 생활하는 데 필요한 각종 물건을 만들어 내다.'라는 뜻이므로 문맥에 맞게 쓰였다.
④ '망막(茫漠)하다'는 '넓고 멀다.'는 뜻이므로 문맥에 맞게 쓰였다.
⑤ '약진(躍進)하다'는 '힘차게 앞으로 뛰어 나아가다.'는 뜻이므로 문맥에 맞게 쓰였다.

020 ①
정답 해설
㉠의 '착상(着想)'은 '어떤 일이나 창작의 실마리가 되는 생각이나 구상 따위를 잡음. 또는 그 생각이나 구상'을 뜻하며, ㉡의 '자멸(自滅)'은 '스스로 자신을 망치거나 멸망함.'을 뜻한다. 그리고 ㉢의 '유감(遺憾)'은 '마음에 차지 아니하여 섭섭하거나 불만

스럽게 남아 있는 느낌'을 뜻하는 말이므로, 이를 올바르게 짝지은 것은 ①번이다.

오답 해설

㉠의 '착상(着床)'은 '포유류의 수정란이 자궁벽에 접착하여 모체의 영양을 흡수할 수 있는 상태가 됨. 또는 그런 현상'을 뜻하며, ㉡의 '자멸(自蔑)'은 '스스로 자신을 멸시함.'을 뜻하며, ㉢의 '유감(有感)'은 '느끼는 바가 있음.'을 뜻한다.

021 ⑤
정답 해설

'설면하다'는 '자주 만나지 못하여 낯이 좀 설다.' 또는 '사이가 정답지 아니하다.'의 의미로 초면임에도 정답게 웃고 떠들었다는 문맥에 맞지 않는 표현이다. '여러 번 보아서 눈에 익거나 친숙하다.'의 의미를 가진 '낯익다'와 같은 표현을 쓰는 것이 적절하다.

오답 해설

① '놀리다'는 '기구나 도구를 사용하다.'는 의미가 있으므로 적절하게 쓰였다.
② '놀면하다'는 '보기 좋을 만큼 알맞게 노르스름하다.'는 의미이므로 적절하게 쓰였다.
③ '그느르다'는 '돌보고 보살펴 주다.'는 의미가 있으므로 적절하게 쓰였다.
④ '호비다'는 '좁은 틈이나 구멍 속을 갉거나 돌려 파내다.'는 의미가 있으므로 적절하게 쓰였다.

022 ①
정답 해설

①의 '먹다'는 '귀나 코가 막혀서 제 기능을 하지 못하게 되다. 또는 그렇게 되게 하다.'의 의미로, 나머지 ②~⑤의 '먹다'와 다의어 관계가 아닌 동음이의어 관계에 있는 '먹다'이다. 따라서 정답은 ①번이다.

오답 해설

②~⑤의 '먹다'는 **2**「2」바르는 물질이 배어들거나 고루 퍼지다.', **2**「1」날이 있는 도구가 소재를 깎거나 자르거나 갈거나 하는 작용을 하다.', **2**「3」벌레, 균 따위가 파 들어가거나 퍼지다.', **1**「4」어떤 마음이나 감정을 품다.' 등의 의미를 가진 '먹다2'의 용례들이다. ②~⑤는 다의어 '먹다2'의 예문인데 비하여, ①은 이들과 동음이의어 관계에 있는 '먹다1'의 용례이다.

023 ②
정답 해설

〈보기〉의 '예술'과 '음악'의 의미 관계는 상하 관계이므로, 상하 관계인 '② 새 - 독수리'가 정답이다. ②번에서 '새'가 상의어이고, '독수리'가 이에 포함되는 '하의어'이다.

오답 해설

① '단오'와 '수릿날'은 '음력 5월 5일인 우리나라 명절'을 뜻하는 말이다. 두 단어는 같은 의미를 가진 한자어와 고유어이다. 따라서 두 단어의 관계는 유의 관계이다.
③ '신장'과 '키'는 '사람이나 동물이 똑바로 섰을 때에 발바닥에서 머리끝에 이르는 몸의 길이'의 의미인 한자어와 고유어이다. 따라서 두 단어의 관계는 유의 관계이다.
④ '얼굴'은 '눈, 코, 입이 있는 머리의 앞면'이고, '손'은 '사람의 팔목 끝에 달린 부분'이다. 따라서 이 두 단어는 상의어와 하의어 관계라고 볼 수 없다.
⑤ '열다'와 '닫다'는 각각 '닫히거나 잠긴 것을 트거나 벗기다.', '열린 문짝, 뚜껑, 서랍 따위를 도로 제자리로 가게 하여 막다.'라는 뜻으로 서로 반대되는 뜻을 가지고 있다. 따라서 두 단어의 관계는 반의 관계이다.

024 ①
정답 해설

'벌이 꿀을 치다'의 '치다'는 '벌이 꿀을 만들어 내다'의 의미이므로 '떨어지지 아니하게 붙다'의 의미인 '부착하다'로 바꾸는 것은 적절하지 않다. '생산(生産)하다'로 바꾸어 쓸 수 있다.

오답 해설

② '연주하다'는 '악기를 다루어 곡을 표현하거나 들려주다.'의 의미이므로 '기타를 치다'의 '치다'를 바꾸어 쓰기에 적절하다.
③ '가격하다'는 '손이나 주먹, 몽둥이 따위로 때리거나 치다.'의 의미이므로 '망치로 손을 치다'의 '치다'를 바꾸어 쓰기에 적절하다.
④ '설치하다'는 '어떤 일을 하는 데 필요한 기관이나 설비 따위를 베풀어 두다.'의 의미이므로 '천막을 치다'의 '치다'를 바꾸어 쓰기에 적절하다.
⑤ '사육하다'는 '어린 가축이나 짐승이 자라도록 먹이어 기르다.'의 의미이므로 '돼지를 치다'의 '치다'를 바꾸어 쓰기에 적절하다.

025

정답 ②

정답 해설

〈보기〉의 '맵다'는 '결기가 있고 야무지다.'의 의미로 쓰였으므로 ②번의 '신속하게'와는 유의 관계로 보기 어렵다. '신속하다'는 '매우 날쌔고 빠르다.'의 의미이므로 야무지게 일을 처리하는 것과는 의미상 거리가 있다.

오답 해설

① '빈틈없다'는 '허술하거나 부족한 점이 없다.'는 의미가 있으므로 '맵다'와 유의 관계로 볼 수 있다.
③ '야무지다'는 '사람의 성질이나 행동, 생김새 따위가 빈틈이 없이 꽤 단단하고 굳세다.'는 의미이므로 '맵다'와 유의 관계로 볼 수 있다.
④ '다부지다'는 '일을 해내는 솜씨나 태도가 빈틈이 없고 야무진 데가 있다.'는 의미이므로 '맵다'와 유의 관계로 볼 수 있다.
⑤ '물샐틈없이'는 '조금도 빈틈이 없이.'의 의미이므로 '맵다'와 유의 관계로 볼 수 있다.

026

정답 ⑤

정답 해설

'계란에도 뼈가 있다'는 '늘 일이 잘 안되던 사람이 모처럼 좋은 기회를 만났건만, 그 일마저 역시 잘 안됨을 이르는 말'이란 뜻이므로 단단한 정신력을 지니고 있다는 문맥에 사용하기에 적절하지 않다.

오답 해설

① '외삼촌 산소에 벌초하듯'은 '일에 정성을 들이지 아니하고 마지못하여 건성으로 함을 비유적으로 이르는 말'이므로 문맥에 맞게 사용되었다.
② '개밥에 도토리'는 '따돌림을 받아서 여럿의 축에 끼지 못하는 사람을 비유적으로 이르는 말'이므로 문맥에 맞게 사용되었다.
③ '빛 좋은 개살구'는 '겉만 번지르르하고 실속이 없음을 이르는 말'이므로 문맥에 맞게 사용되었다.
④ '냉수 먹고 이 쑤시듯'은 '실속은 없으면서 무엇이 있는 체함을 이르는 말'이므로 문맥에 맞게 사용되었다.

027

정답 ①

정답 해설

'면종복배'는 '겉으로는 복종하는 체하면서 내심으로는 배반함.'의 의미이므로 '충성을 다하는 강직한 신하'의 자세를 설명하는 문맥에 사용하기에 적절하지 않다.

오답 해설

② '문과수비'란 '잘못된 허물을 잘못이 아닌 것처럼 꾸미어 고치지 아니함.'을 말하므로 적절하게 사용되었다.
③ '누란지세'란 '층층이 쌓아 놓은 알의 형세라는 뜻으로, 몹시 위태로운 형세를 비유적으로 이르는 말'이므로 적절하게 사용되었다.
④ '고장난명'이란 '외손뼉만으로는 소리가 울리지 아니한다는 뜻으로, 혼자의 힘만으로 어떤 일을 이루기 어려움을 이르는 말'이므로 적절하게 사용되었다.
⑤ '견리망의'란 '눈앞의 이익을 보면 의리를 잊는다.'는 말이므로 적절하게 사용되었다.

028

정답 ④

정답 해설

'간이 뒤집히다'는 '까닭 없이 웃음을 나무라는 말'이므로 문맥에 적절하지 않다. 이 문맥에는 '겁이 없고 매우 대담하다.'는 의미인 '간이 크다'를 쓰는 것이 적절하다.

오답 해설

① '간에 바람 들다'는 '하는 행동이 실없다.'는 의미이므로 문맥에 맞게 사용되었다.
② '간이 콩알만 해지다'는 '몹시 겁이 나서 기를 펴지 못하다.'는 의미이므로 문맥에 맞게 사용되었다.
③ '간을 빼 먹다'는 '겉으로는 비위를 맞추며 좋게 대하는 척하면서 요긴한 것을 다 빼앗다.'는 의미이므로 문맥에 맞게 사용되었다.
⑤ '간을 졸이다'는 '매우 걱정되고 불안스러워 마음을 놓지 못하다.'는 의미이므로 문맥에 맞게 사용되었다.

029

정답 ③

정답 해설

'대부(貸付)하다'는 '주로 은행 따위의 금융 기관에서 이자와 기한을 정하고 돈을 빌려주다.'의 의미이다. 따라서 '대신 갚아 주었다.'로 순화하는 것은 적절하지 않다.

오답 해설

① '계류(繫留)하다'는 '일정한 곳을 벗어나지 못하도록 밧줄 같은 것으로 붙잡아 매어 놓다.'는 의미이므로 적절한 순화 표현이다.

② '상신(上申)하다'는 '윗사람이나 관청 등에 일에 대한 의견이나 사정 따위를 말이나 글로 보고하다.'는 의미이므로 적절한 순화 표현이다.
④ '절사(切捨)하다'는 '잘라서 없애다.'는 의미이므로 적절한 순화 표현이다.
⑤ '명문화(明文化)하다'는 '문서로써 명백히 하다.'는 의미이므로 적절한 순화 표현이다.

030 ④
정답 해설
'유비쿼터스'는 '때와 장소에 상관없이 자유롭게 네트워크에 접속할 수 있는 통신 환경'을 의미하며, 순화어는 '두루누리'이다.

031 ①
정답 해설
[건:넌마을]로 소리 나는 표준어를 맞춤법에 따라 표기하면 '건넛마을'로 표기한다. 순우리말로 된 합성어로서 뒷말의 첫소리 'ㅁ' 앞에서 'ㄴ' 소리가 덧나므로 사이시옷을 받치어 적는다. '건넌마을' 또는 '건너마을'은 잘못된 표기이다.

오답 해설
② [십쌍]은 맞춤법에 따라 표기하면 '십상'이다. '쉽상'은 '쉽다'에 이끌린 잘못된 표기이다.
③ [노피다]는 맞춤법에 따라 표기하면 '높이다'이다. '높히다'는 잘못된 표기이다.
④ [객쩍따]는 맞춤법에 따라 표기하면 '객쩍다'이다. '객적다'는 잘못된 표기이다.
⑤ [드립따]는 맞춤법에 따라 표기하면 '들입다'이다. '드립다'는 잘못된 표기이다.

032 ①
정답 해설
사이시옷은 합성어에서 나타나는 현상인데 음운론적으로 뒷말의 첫소리가 된소리로 나는 경우 모음으로 끝나는 앞말의 아래에 받쳐 적는다. 또한 합성어를 이루는 구성 요소 중 적어도 하나는 고유어이어야 하고 구성 요소 중 외래어가 없어야 한다는 조건이 덧붙는다. '앞엣것'은 [아페껃/아펟껃]으로 소리 나므로 사이시옷을 받쳐 적어 '앞엣것'으로 적는다.

오답 해설
② '물건의 수효'를 의미하는 '개수(個數)'는 고유어가 들어 있지 않으므로 '갯수'로 적는 것은 잘못이다.
③ '피잣집'에는 '피자'라는 외래어가 들어 있기 때문에 사이시옷을 쓰지 않아야 하므로 '피자집'으로 적어야 한다.
④ '나랏님'은 합성어가 아니라 명사 '나라'에 접미사 '-님'이 결합한 파생어이다. 따라서 '나랏님'이 아니라 '나라님'이 되어야 한다. 이와는 달리 합성어인 '나랏일'은 사이시옷이 들어간다.
⑤ '윗층'은 뒷말의 첫소리가 된소리로 나거나 'ㄴ' 소리가 덧나는 경우가 아니기 때문에 사이시옷이 들어가지 않는다. 따라서 '위층'으로 써야 한다.

033 ⑤
정답 해설
밑줄 친 부분의 기본형은 '되뇌다'이다. 어간 모음 'ㅚ' 뒤에 '-어/-었-'이 결합하여 'ㅙ/ㅙㅆ'으로 줄어드는 경우 'ㅙ/ㅙㅆ'으로 적기 때문에 '되뇌었다'는 줄여서 쓰면 '되뇄다'로 써야 한다.

오답 해설
① 'ㅚ' 뒤에 '-어'가 결합하여 'ㅙ'로 될 경우 준 대로 적으므로 '괴다'의 '괴-'에 어미 '-어'가 결합하여 '괘'로 적은 것은 옳은 표기이다.
② 어미 '-지' 뒤에 '않-'이 어울려 '잖-'이 될 적에는 준 대로 적으므로 '시답지-'에 '않-'이 어울린 '시답지 않게'는 '시답잖게'로 적는다.
③ '띄다'는 본말이 두 가지인데, 하나는 '감았던 눈이 벌려지다' 등의 의미가 있는 '뜨이다'이며 다른 하나는 '공간적으로 거리를 꽤 멀게 하다' 등의 의미가 있는 '띄우다'이다. 밑줄 친 부분은 '뜨이다'의 준말인 '띄다'에 '-었다'가 결합한 것으로 옳은 표기이다. 본말인 '뜨이다'에 '-었다'가 결합한 '뜨이었다'는 '띄었다' 이외에 '뜨였다'로도 줄 수 있다.
④ 어간의 끝음절 '하'가 아주 줄 적에는 준 대로 적는다는 규정이 적용되는 경우이다. '하' 앞에 오는 받침의 소리가 [ㄱ, ㄷ, ㅂ]이면 '하'가 통째로 줄고 그 외의 경우에는 'ㅎ'이 남는데, 여기서는 '넉넉하지 않다'가 줄어든 것이므로 '하'가 통째로 준다.

034 ③

정답 해설

'거리, 사이, 관계'를 나타내는 '간'은 의존 명사로 앞말과 띄어 쓰는 것이 원칙이므로 '지역∨간'의 띄어쓰기는 올바르다.

오답 해설

① '그 사이'를 의미하는 '그간'은 한 단어이므로 띄어 쓰지 않는다.
② '동안'을 의미하는 '간'은 접미사이므로 앞말과 띄어 쓰지 않는다. '며칠간'이 올바른 띄어쓰기이다.
④ '동안'을 의미하는 '간'은 접미사이므로 앞말과 띄어 쓰지 않는다. '얼마간'이 올바른 띄어쓰기이다.
⑤ '동안'을 의미하는 '간'은 접미사이므로 앞말과 띄어 쓰지 않는다. '삼주간'이 올바른 띄어쓰기이다.

035 ④

정답 해설

'-느라고'는 앞 절의 사태가 뒤 절의 사태에 목적이나 원인이 됨을 나타내는 연결 어미로 '숙제를 하느라고 밤을 새웠다'와 같이 쓰인다. 위의 경우는 '자기 나름대로 꽤 노력했음'을 나타내는 '-노라고'를 써서 '나름대로 하노라고 했는데 결과가 좋지 않다'로 수정해야 올바른 문장이 된다.

오답 해설

① '다하-+-ㅁ'에 조사 '으로써'가 결합한 구성이므로 옳은 표기이다.
② '졸-+-므로'의 구성으로 '졸-'의 'ㄹ'이 탈락하지 않는다.
③ '어떤 문제를 다른 곳이나 다른 기회로 넘기어 맡기다'의 의미일 때는 '붙이다'가 아닌 '부치다'를 써야 하므로 옳은 표기이다.
⑤ '우산이나 양산을 펴다'의 의미일 때는 '받치다'가 옳은 표기이다.

036 ⑤

정답 해설

외래어의 원어 표기가 소리가 같을 경우에는 '유네스코(UNESCO)'처럼 소괄호를 사용한다.

오답 해설

① 외래어와 원어 표기가 소리가 같을 때에는 소괄호를 사용하므로 올바른 쓰임이다.
② 생략될 수 있는 요소를 나타낼 때 소괄호를 사용하므로 올바른 쓰임이다.
③ 열거된 항목 가운데 하나가 선택될 수 있음을 나타낼 때 중괄호를 사용하므로 올바른 쓰임이다.
④ 괄호 안에 또 괄호를 써야 할 때 바깥쪽의 괄호에 대괄호를 사용하므로 올바른 쓰임이다.

037 ④

정답 해설

④ '털다'는 "달려 있는 것, 붙어 있는 것 따위가 떨어지게 흔들거나 치거나 하다."라는 뜻으로 '옷, 곰방대' 등과 같이 먼지, 재 따위가 붙어 있는 대상을 목적어로 취한다. 반면 '떨다'는 "달려 있거나 붙어 있는 것을 쳐서 떼어 내다."라는 뜻으로 '먼지, 재' 등과 같이 떨어져 나가는 대상을 목적어로 취한다. 따라서 '먼지떨이, 재떨이'가 표준어이다.

오답 해설

① "모음의 발음 변화를 인정하여, 발음이 바뀌어 굳어진 형태를 표준어로 삼는다."라는 규정에 따라 '나무라다'만을 표준어로 인정하고 '나무래다'는 표준어로 인정하지 않는다. 따라서 밑줄 친 부분은 '나무랐다'와 같이 써야 한다.
② "너저분하게 흐트러지거나 흩어지다."라는 의미로 '널부러지다'는 규범에 어긋난 표기이다. "비슷한 발음의 몇 형태가 쓰일 경우, 그 의미에 아무런 차이가 없고, 그중 하나가 더 널리 쓰이면, 그 한 형태만을 표준어로 삼는다."라는 규정에 따라 '널브러지다'를 표준어로 삼는다.
③ "비슷한 발음의 몇 형태가 쓰일 경우, 그 의미에 아무런 차이가 없고, 그중 하나가 더 널리 쓰이면, 그 한 형태만을 표준어로 삼는다."라는 규정에 따라 '감쪽같다'를 표준어로 삼는다.
⑤ "어원적으로 원형에 더 가까운 형태가 아직 쓰이고 있는 경우에는, 그것을 표준어로 삼는다."라는 규정에 따라 '적이'를 표준어로 인정하고 '저으기'는 표준어로 인정하지 않는다.

038 ⑤

정답 해설

윤흥길(1997), 〈빛 가운데로 걸어가면〉에 나오는 문장이다. '고 닥새'는 '시간적인 간격을 두지 아니하고 곧'의 의미를 갖는 전라도 방언으로 '고닥'이라는 어형으로도 많이 쓰인다. 표준어로 '바로, 금방'에 해당하는 말이다.

오답 해설

① 이문구(1977), 〈으악새 우는 사연〉에 실린 것이다. 충청도 방언인 '내둥'은 화자가 말하는 기점을 중심으로 그 이전부터

이때까지의 뜻으로 쓰이는 말이다. 또 어떤 행동이나 상태가 지금까지 이어져 오던 것에서 변화가 일어날 때도 쓰인다. 표준어 '여태껏, 이제껏, 지금껏' 등에 대응한다.
② 현기영(1978), 〈순이 삼촌〉에 나오는 문장이다. '하영'은 제주도 방언으로 '수효나 분량, 정도 따위가 일정한 기준보다 넘게'라는 뜻으로 쓰이며 표준어 '많이'에 해당한다.
③ 김원일(1997), 〈불의 제전〉에 나오는 문장으로, 여기서 '따가리'는 표준어 '뚜껑'에 해당하는 경상 방언이다.
④ 조정래(1995), 〈아리랑〉의 한 대목이다. '달브다' 또는 '달부다'는 전라도, 충청도, 경기도 등에서 쓰는 말로 표준어로 '다르다'라는 뜻이다.

039 ③
정답 해설
합성어 및 파생어에서, 앞 단어와 접두사의 끝이 자음이고 뒤 단어나 접미사의 첫 음절이 '이, 야, 여, 요'인 경우에 'ㄴ' 소리를 첨가하여 발음하는 경우가 있는데, '절약'은 이에 해당하지 않는다. '절약'의 표준 발음은 [저략]이다.

오답 해설
① 담요, ② 맨입, ④ 색연필, ⑤ 설익다는 합성어 및 파생어에서, 앞 단어와 접두사의 끝이 자음이고 뒤 단어나 접미사의 첫 음절이 '이, 야, 여, 요'인 경우 'ㄴ' 소리를 첨가하여 발음하는 'ㄴ' 첨가 현상이 일어나는 어휘로 각각 [담ː뇨], [맨닙], [생년필], [설릭따]로 발음한다.

040 ⑤
정답 해설
'counselor'는 '개인의 생활이나 적응 문제 따위에 관하여 개별적으로 지도하고 조언하는 사람'의 의미를 가진 말로 '카운슬러'가 옳은 표기이다.

오답 해설
① '보고서'를 뜻하는 'report'는 '리포트'로 표기하는 것이 옳다.
② '눈을 가리는 물건'이라는 뜻의 'blind'는 '블라인드'로 표기하는 것이 옳다.
③ '구운 과자'라는 뜻의 'biscuit'은 '비스킷'으로 표기하는 것이 옳다.
④ '공개 발표' 등을 의미하는 'presentation'은 '프레젠테이션'으로 표기하는 것이 옳다.

041 ③
정답 해설
'호박엿'은 [호ː방녇]으로 발음된다. 국어의 로마자 표기법에 따르면 'ㄴ'이 덧나는 음운 변화가 일어날 경우 변화한 대로 적는다. 따라서 '호박엿'은 첨가된 'ㄴ'을 반영하여 'hobangnyeot'으로 적어야 한다.

오답 해설
① '설렁탕'은 [설렁탕]으로 발음되므로 'seolleongtang'으로 표기한다.
② '청국장'은 [청국짱]으로 발음되는데, 국어의 로마자 표기법에 따르면 된소리되기는 표기에 반영하지 않으므로 'cheonggukjang'으로 표기한다.
④ '고등어구이'는 [고등어구이]로 발음되므로 'godeungeogui'로 표기한다.
⑤ '동태찌개'는 [동ː태찌개]로 발음되므로 'dongtaejjigae'로 표기한다.

042 ③
정답 해설
'욕심 많은 개'가 주어이므로 서술어 '참을 수 없었다'와 호응하려면 '욕심 많은 개는'으로 수정해야 한다.
▶ 출처 남기심 외 3명(2019), 『표준국어문법론』, 한국문화사.

043 ④
정답 해설
〈보기〉의 '-나'는 하게체의 종결어미이므로 하게체의 종결어미 '-게'가 쓰인 ④가 정답이다.

오답 해설
①의 '-군'은 해체, ②의 '-니'는 해라체, ③의 '-오'는 하오체, ⑤의 '-십시오'는 하십시오체의 종결어미이다.

044 ①
정답 해설
부정문에 쓰인 부사어 '다'로 인해 생긴 중의성으로, 간식을 전혀 먹지 못한 것인지 일부는 먹고 일부는 먹지 못한 것인지 두 가지 의미로 해석된다. 이때 부사어 '다'를 '모두'로 수정해도 중의성이 해소되지는 않는다.

045 ④

정답 해설

'~을 필요로 한다'를 마찬가지의 번역 투 표현인 '~이 요구된다'로 수정한 것은 적절하지 못하다. '~이 필요하다'로 수정하는 것이 자연스럽다.

오답 해설

① '~으로 인해'는 번역 투 표현으로 '~으로'로 수정하는 것이 자연스럽다.
② '~에 다름 아니다'는 번역 투 표현으로 '~과 다름없다'로 수정하는 것이 자연스럽다.
③ '회의를 가지다'는 번역 투 표현으로 '회의를 했다'로 수정하는 것이 자연스럽다.
⑤ '~에도 불구하고'는 번역 투 표현으로 '~데도'로 수정하는 것이 자연스럽다.

쓰기 046번~050번

기출문제집 p.212

| 046 | ② | 047 | ⑤ | 048 | ② | 049 | ⑤ | 050 | ③ |

046 ②

정답 해설

ㄴ: 2문단 '혈액과 헌혈은 왜 중요한가.', 3문단 '현재, 혈액 보유량은 양호한가.' 등의 물음과 그에 대한 답이 각각 제시되어 있으므로 적절하다.
ㅁ: 3문단 '적혈구제제 보유량은 평균 4.3일분이다.', 'AB형이 3.9일분, A형이 3.2일분, O형이 3.1일분이다.' 및 5문단 '10대 헌혈 건수는 2021년 513,107건에서 2022년 433,991건으로 이미 79,116건이 감소했다.'에서 혈액 부족, 헌혈 건수 감소 등의 문제 현상을 객관적 수치를 들어 언급하고 있으므로 적절하다.

오답 해설

ㄱ: 전문가의 말은 인용되어 있지 않다.
ㄷ: 주제와 관련된 핵심 개념의 정의는 제시되어 있지 않다.
ㄹ: 4, 5문단에 제시된 '고령화 및 저출생'과 '10대의 헌혈 참여도' 내용은 문제 현상의 원인보다는 전망에 가깝다. 또한 두 내용이 서로 상반되지도 않는다.

▶ 출처
- 대한적십자사 혈액사업보고서(2020~2022년)
- 대한민국 정치 브리핑–대입제도 공정성 강화방안
- 2023학년도 학교생활기록부 기재요령(고등학교)
- 국민 헌혈 인식도 조사 결과 보고서(보건복지부)
- (세계일보 2023.12.11) 봉사점수 입시 미반영되자 고교생 헌혈·자원봉사 반토막
- (이데일리 2022.01.19) 혈액수급 비상…대한적십자사, 혈액보유량 4일분 불과
- (헬스조선 2021.10.26) 국민 10명 중 7명 "헌혈, 불편 감수할 만한 가치 있는 일"
- (논문) 김소미 외, 「COVID-19 팬데믹으로 인해 감소된 헌혈율의 해결 방안」, 경운대학교, 2023.
- (두산백과 두피디아) 코로나19

047 ⑤

정답 해설

(마)에는 헌혈을 하게 된 동기로 '의미 있는 행동이라서'가 제시되어 있고, 6문단에는 '공공시설·지자체·민간 시설 이용료 감면(82.7%), 지역상품권 증정(82.0%) 등의 사업에 설문 참여자들이 높은 호응'을 보였다는 내용이 있다. 따라서 두 내용을 종합하여 헌혈 홍보 활동을 한다면 물질적 보상과 헌혈의 긍정적 의미와 가치 둘 모두를 강조할 필요가 있다.

오답 해설

① (가)의 2019, 2020년 자료를 통해 헌혈 건수가 178,691건 감소했음을 확인할 수 있다. 따라서 이 내용으로 1문단의 '2020년 1월 코로나19 확산으로 헌혈 건수가 급감'했다는 내용을 뒷받침할 수 있다.
② (나)의 생산 연령 인구 나이대는 실질적으로 헌혈에 참여할 수 있는 나이대와 거의 일치하며, 향후 지속적으로 감소하는 것을 확인할 수 있다. 따라서 이를 통해 '헌혈에 실질적으로 참여할 수 있는 연령대의 인구가 줄어든다는 내용'을 보충할 수 있다.
③ (다)의 헌혈의 집 관계자의 말을 통해 2023년 고등학생들의 헌혈 건수가 낮아졌음을 확인할 수 있다. 따라서 이를 활용하여 10대의 헌혈 참여도가 낮아진 실태를 부각할 수 있다.
④ (라)의 '헌혈을 할 시간이 없음', '헌혈 장소에 대한 접근이 불편함 및 시설 낙후' 등의 문제를 해결하기 위해서는 6문단의 '인프라 확충'에 더해, 기반 시설을 늘리고 보수해야 한다는 내용을 보강할 수 있다.

048

정답 ②

정답 해설
2문단에는 혈액의 특성 및 헌혈의 중요성이 서술되어 있다. '헌혈과 의료 기술'이라는 상위 항목은 이 같은 내용을 포괄하기에는 거리가 멀다.

오답 해설
① '혈액 순환의 중요성'은 윗글의 주제인 '헌혈의 중요성 및 필요성'과는 관련이 없으므로 삭제하는 것은 적절하다.
③ '헌혈 과정 및 헌혈의 유형'은 상위 항목인 '혈액 보유 실태'와는 어울리지 않으므로 삭제하는 것이 적절하다.
④ '적정 혈액 보유량 기준'은 '혈액 보유 실태'의 하위 항목에 어울리므로 해당 하위 항목으로 이동하는 것이 적절하다.
⑤ '봉사활동' 자체가 의미하는 바가 포괄적이고 불명확하므로 '봉사활동 실적 대입 미반영'으로 수정하는 것은 적절하다.

049

정답 ⑤

정답 해설
㉤ '보인'은 앞에 나온 '호응을'이라는 목적어와 호응하는 서술어로서 적절하므로 이를 '보여지는'으로 수정하는 것은 적절하지 않다.

오답 해설
① ㉠ '그에 따라'는 앞에서 말한 일이 뒤에서 말할 일의 원인, 이유, 근거가 됨을 나타내는 표현이다. ㉠의 자리에는 '그 위에 더' 정도의 표현이 쓰여야 하므로 '또한'으로 수정하는 것은 적절하다.
② ㉡ '저해한'은 '막아서 못 하도록 해치다'의 의미이다. 따라서 문맥에 맞지 않기에 '능률이나 성적이 낮다'의 의미인 '저조한'으로 수정하는 것은 적절하다.
③ ㉢ '걱정스러운'은 '걱정이 되어 마음이 편하지 않은 데가 있다'의 의미이다. 이는 '근심하거나 걱정함'의 의미를 지닌 '우려'와 의미가 중복되므로 '우려'로 수정하는 것은 적절하다.
④ ㉣ '참여하기'는 '어떤 일에 끼어들어 관계하다'의 의미로 부사어를 요구한다. 따라서 부사어 '헌혈에'를 추가하여 '헌혈에 참여하기'로 수정하는 것은 적절하다.

050

정답 ③

정답 해설
ⓐ가 포함된 문단의 핵심 내용은 향후 우리 사회의 헌혈률을 높이기 위한 방안으로, 인프라 확충, 참여자에 대한 합당한 예우, 헌혈 홍보 활동 등 세 가지가 제시되어 있다. 윗글을 마무리하기 위해서는 윗글 전체 또는 문단의 핵심 내용을 정리, 요약하는 것이 필요하므로 '헌혈률 제고를 위한 다양한 방안이 지속적으로 논의되고 추진되어야 한다.'는 내용이 가장 적절하다.

오답 해설
① 고령자의 헌혈 참여 기준은 본문에 제시되어 있으나, 완화 내용은 본문에 제시되어 있지 않다. 또한 이 내용은 윗글의 핵심 및 문단의 주요 내용과도 거리가 멀다.
② 본문 내용을 통해 청년 및 장년층의 참여가 필요함을 추론해 낼 수는 있으나 문단의 주요 내용과는 거리가 멀다.
④ 헌혈 홍보 대사 내용은 바로 앞 내용과 이어질 수는 있으나 윗글의 핵심 및 문단의 주요 내용이라고 보기는 어렵다.
⑤ 글의 끝부분에 해외의 정책 및 사례 내용을 추가로 서술하는 것은 윗글 전체 또는 문단의 핵심 내용을 정리, 요약하는 것과는 거리가 멀다.

창안 051번~060번

기출문제집 p.215

| 051 | ⑤ | 052 | ④ | 053 | ② | 054 | ④ | 055 | ② |
| 056 | ④ | 057 | ③ | 058 | ④ | 059 | ③ | 060 | ① |

051

정답 ⑤

정답 해설
㉠ 열에너지의 차이를 '부의 불균형'으로 이해할 때, '열'은 곧 부유함에 대응한다. 윗글에 따르면 저위도인 적도 부근에는 많은 태양열이 축적되며 고위도인 극지방은 열에너지가 부족한데, 태풍은 적도 부근의 열을 극지방으로 옮겨 주어 지구의 온도 균형을 유지시키는 작용을 함을 알 수 있다. 열이 많은 쪽의 열을 적은 쪽으로 옮기는 작용의 특성에 착안하면 부유층에게 세금을 더 부과하여 복지 재원을 확보한 후 이를 통해 저소득층을 지원하는 정책을 떠올릴 수 있다.

오답 해설
①, ② 지문에서는 열에너지의 차이를 기준으로 고위도 지방과 저위도 지방의 역학 관계를 논하고 있으므로, 이러한 차이를 고려하지 않은 보편성에 대한 서술은 내용상 유사성이 낮다.
③ 지문에서는 적도와 극지방 간의 열에너지 이동과 균형을 논하고 있으며, 적도와 극지방의 에너지는 양자가 동시에 상승하지 않으므로 부유층 소득과 저소득층 소득의 동시 증대를

나타내기 어렵다.
④ 열에너지가 부족한 극지방을 저소득층에 비유할 수는 있으나 기업이 일자리를 늘리는 것과 부의 불균형에 따른 복지 정책은 관련짓기 어렵다.

052 ④
정답 해설
ⓒ은 태풍을 통해 해수가 섞임으로써 해조류, 어족 자원 등 바다가 지닌 자원이 점차 풍부해지는 변화를 논하고 있다. 태풍을 인간사의 고난에 비유한다면 고난을 겪은 인간의 내면이 풍부해지는 변화를 이끌어낼 수 있으므로, 이와 가장 유사한 의미를 담은 진술은 ④이다.

오답 해설
① 고난의 본질에 관한 내용이 드러나지 않으므로 적절하지 않다.
②, ⑤ ⓒ은 고난의 극복에 대해 논하고 있지 않으므로 적절하지 않다.
③ ⓒ은 고난의 가치 판단에 대한 내용과 무관하므로 적절하지 않다.

053 ②
정답 해설
ⓐ는 강한 바람과 폭우 등 부정적인 상황을 겪는 중 오염 물질이 섞여 내리면서 대기가 맑아지는 긍정적인 결과가 도출되는 변화를 드러내고 있다. 이를 심리 기제에 착안하면 부정적 상황에서 떠오르는 감정을 직면하고 솔직하게 풀어냄으로써 감정의 정화(카타르시스)를 겪는 모습을 떠올릴 수 있다. 이러한 상황을 가장 잘 표현한 문구는 ②이다.

오답 해설
① 타인의 좋은 것을 자신의 좋은 것으로 동일시하는 기제이다.
③ 실현될 수 없는 욕구나 목표를 의도적으로 폄하함으로써 자기만족을 얻고자 하는 합리화 기제이다.
④ 자신의 성향, 태도, 특성을 타인에게서 찾아내는 투사 기제이다.
⑤ 자신의 욕구를 직접 충족할 수 없을 때 대체 가능한 요소로 바꾸어 충족하는 환치 기제이다.

054 ④
정답 해설
(가)는 땅에서는 새의 형상을 알 수 없는 거대한 규모의 지상화이며, (나)는 맹인들이 코끼리의 일부를 만져서는 전체 생김새를 알 수 없는 상황을 보여주는 사자성어이다. (가)와 (나)는 공통적으로 대상의 미시적, 부분적 요소만으로는 전체의 본질을 파악할 수 없다는 의미를 전달하고 있다. 즉 전체의 본질을 파악하기 위해서는 거시적이고 통합적으로 바라보는 자세가 필요하다. 따라서 ⓔ에서 '코끼리의 부분적 관찰을 통해 전체 모습을 파악할 수 있다.'는 진술은 적절하지 않다.

▶ 출처
- 나스카 지상화 그림
(https://namu.wiki/w/%EB%82%98%EC%8A%A4%EC%B9%B4%20%EC%A7%80%EC%83%81%ED%99%94)
- 군맹무상 그림
(https://webzine.daesoon.org/m/view.asp?webzine=38&menu_no=513&bno=677&page=1)

055 ②
정답 해설
(가)는 땅에서는 단순한 선만 보여 그림의 전체적인 형상을 알 수 없기에, 높은 하늘과 같이 거시적으로 대상을 바라보는 방식이 필요함을 보여 주고 있다. 이에 (가)를 이해하는 방식과 유사한 사례는 대상을 거시적으로 바라볼 때 대상의 본질이나 형상이 드러나는 사례와 연관된다. ②는 대상에 대한 거시적 관점이 드러나지 않고 있기에 적절한 사례로 볼 수 없다.

오답 해설
①의 '작은 점', ③의 '개별 그림 조각', ④의 '다양한 크기와 간격의 사각형', ⑤의 '작은 색유리 조각'은 모두 미시적이고 부분적인 대상에 해당하며, 이들이 모여 전체를 이루었을 때 대상의 온전한 본질이나 형상이 드러나게 된다. 따라서 (가)를 이해하는 방식과 유사한 사례라고 할 수 있다.

056 ④
정답 해설
(나)는 대상을 개인의 좁은 소견과 주관으로 잘못 판단하는 어리석은 상황을 보여 준다. 따라서 자신의 식견만으로 사태를 판단하는 것에 대한 경계의 내용이 적절하다. 따라서 정답은 ④이다.

오답 해설
① 대상에 대한 추측이 효율적이기보다는 관찰된 사실에 대한 통합적 사고가 필요하다는 진술이 올바르다.
② 개인의 수양으로 진리에 도달하는 내용은 그림과 관련이 없다.
③ 주어진 환경에 적응하는 내용은 그림과 관련이 없다.
⑤ 자신의 신념에 갇히기보다 넓은 관점과 통합적 사고가 필요하다.

057 ③
정답 해설
쉼터는 목표를 향해 가는 길에 잠시 쉬는 곳이므로 새로운 목표 설정에 비유하기에는 적절하지 않다. 목표 도달을 위한 재정비의 시간 정도로 이해할 수 있다.

오답 해설
① 등산은 어느 한 장소에만 국한되지 않고 다양한 위치에서 정상을 향해 출발할 수 있다. 이에 다양한 출발 위치는 각자마다 다양한 삶의 양상을 나타낸다고 비유할 수 있다.
② 등산 코스는 코스마다 경사도, 길이 등이 다르기에 개인의 기초 체력에 적절한 코스를 선택할 필요가 있다. 이에 수준에 맞는 목표를 설정해야 한다는 비유는 적절하다.
④ 등산의 기본적인 목표는 완등이라고 할 수 있다. 이에 완등을 목표 이행과 달성에 비유할 수 있다.
⑤ 등산을 목표로 본다면 등산 소요 시간은 목표 달성에 걸리는 시간에 비유할 수 있다.

058 ④
정답 해설
둘레길에 대한 안내문에서는 둘레길을 이용하는 사람들이 종주에 대한 과한 욕심을 버리고, 자신만의 속도로 여유를 즐기며 둘레길 자체를 만끽하길 바라고 있다. 이에 대해 비유적 표현과 청유문의 조건을 모두 충족한 문구로는 ④가 가장 적절하다.

오답 해설
① '한번 시작한 일을 끝맺음까지 잘하라'는 뜻인 유종지미(有終之美)는 〈보기〉의 내용과 관련이 없다.
② 친구와 함께 떠난다는 내용은 〈보기〉의 내용과 관련이 없다.
③ 둘레길 종주에 욕심내지 않아도 된다는 내용은 적절하나, 비유적 표현과 청유형을 사용하지 않아 적절하지 않다.
⑤ 쉬엄쉬엄 둘레길을 즐기길 바라는 〈보기〉의 내용과 상충되기에 적절하지 않다.

059 ③
정답 해설
'골디락스 존'이란 뜨겁지도 차갑지도 않은 온도의 영역을 의미하는 말로, 상반되는 두 지점 사이에서 균형과 조화를 이룬 상태를 의미하는 것으로 해석할 수 있다. 그런데 고가 제품과 저가 제품 중 선호하는 디자인을 선택한 경우는 고가와 저가라는 상반된 지점 사이에서 균형을 이룬 것이 아니라 제3의 조건을 기준으로 선택을 한 경우이므로 '골디락스'와 유사한 사례로 보기 어렵다.

오답 해설
① 쉬운 문제와 어려운 문제라는 상반되는 두 지점 사이에서 균형을 이루어 적절한 사례로 볼 수 있다.
② 정부의 규제와 시장의 자유를 균형 있게 추구하는 것은 규제와 자유라는 상반되는 두 지점 사이에서 균형을 이루어 적절한 사례로 볼 수 있다.
④ 정해진 일정과 자유 일정이 혼합된 여행 상품은 두 지점 사이의 균형을 추구하고 있으므로 적절한 사례로 볼 수 있다.
⑤ 혼자 보내는 시간과 타인과 함께하는 시간을 적절히 계획하는 것은 혼자와 함께라는 상반되는 두 지점 사이에서 균형을 이루어 적절한 사례로 볼 수 있다.

▶ 출처
• 백옥경(2019.07.08.), "[과학둘레] 골디락스 세상만사", 매일신보. (https://www.imaeil.com/Satirical/2019070716254933039)
• 정우택(2023.06.22.), "[시사용어] '골디락스'는 성장과 안정의 조화", 아시아투데이. (https://www.asiatoday.co.kr/view.php?key=20230622001610312)

060 ①
정답 해설
윗글의 ⓐ는 너무 뜨겁지도 차갑지도 않은 온도 사이에서 균형을 이루어야 생명체가 살아갈 수 있다고 설명하고 있으며, 〈보기〉는 인간관계에서 적절한 속도로 정보를 제공하는 것의 중요성에 대해 설명하고 있다. ⓐ와 〈보기〉를 동시에 고려할 때, 적절한 거리와 속도로 인간관계를 발전시키는 것이 중요하다는 교훈을 얻을 수 있다. 따라서 '서로가 수용 가능한 적절한 거리를 두고 인간관계를 발전시켜야 한다'라고 설명하는 ①번이 정답이다.

오답 해설
② 상대방에 대한 정보가 충분할수록 자신의 이야기를 하기 어려워진다는 것은 〈보기〉의 내용과 맞지 않는다.

③ 〈보기〉에서 친밀감을 위해 자신에 대한 정보를 제공하는 것이 필수적이라고는 했으나 이때 과도하게 할 경우 오히려 역효과가 날 수 있다고 하고 있으므로 최대한 많이 제공해야 한다는 것은 적절하지 않다.

④ 친밀감 형성을 위해 자신에 대한 정보를 제공해야 한다고 했으므로 친밀한 관계일 때 자신의 사적인 정보를 공유할 필요가 없다는 것은 〈보기〉에서 이끌어 낼 수 있는 내용으로 적절하지 않다.

⑤ 자신의 정보를 개방하는 순서에 대해서는 〈보기〉의 핵심 주제와 관련이 없다.

읽기 061번~090번

기출문제집 p.221

061	①	062	②	063	⑤	064	④	065	③
066	②	067	①	068	⑤	069	③	070	④
071	②	072	②	073	③	074	①	075	③
076	④	077	①	078	①	079	④	080	②
081	⑤	082	④	083	②	084	③	085	②
086	③	087	③	088	②	089	②	090	②

061 ①

정답 해설

'배를 한껏 밀어내듯이 슬픔도 / 그렇게 밀어내는 것이지'에서 관념적인 대상 '슬픔'을 구체적인 실체를 가진 대상 '배'에 빗대어 밀어낼 수 있는 대상으로 표현하고 있다.

오답 해설

② 5연에서 영탄적 어조가 드러나기는 하나 현실 극복 의지를 드러내고 있다고 보기 어렵다.

③ 반어적 표현을 사용하지 않았으며, 대상에 대한 비판적 태도를 드러내고 있지도 않다.

④ 공간의 이동이 드러나지 않는다.

⑤ 색채 이미지의 활용이 드러나지 않는다.

▶ 출처 장석남(2001), 『왼쪽 가슴 아래께에 온 통증』, 창비.

062 ②

정답 해설

'밀던 힘을 한껏 더해'는 상대를 떠나보내는 이별을 의미하는 것으로 이별을 거부하는 화자의 의지라고 보기 어렵다.

오답 해설

① 이 시는 '배'를 '연인'에 대응시켜 유추 구조를 만들고 있다. '배를 민다'는 사랑하는 사람을 떠나보내는 상황으로 해석할 수 있다.

③ '순간 환해진 손'은 배를 밀어내며 허공에 닿게 된 손으로, 이는 상대의 부재로 인해 화자가 느끼는 허전함을 드러낸다고 해석할 수 있다.

④ '빈 물 위의 흉터'는 배가 나가고 남은 것으로, 이별 후 화자에게 남은 상처를 드러내는 표현으로 해석할 수 있다.

⑤ 화자가 배를 '밀어내는' 행위는 의지적으로 이별을 택한 것으로 해석되지만, '밀려 들어오는 배'는 화자의 의지와 무관하게 발생하는 그리움의 감정으로 해석할 수 있다.

063 ⑤

정답 해설

'도는 방 안에 갇힌 나방처럼 긴 선을 그리며 오래오래 날아다녔다.'에서 피아노 소리인 '도' 음(청각적 대상)을 '날아다녔다'고 표현함으로써 시각적인 대상으로 나타낸 공감각적 서술을 통해 피아노 소리에 대한 '나'의 인상을 강조하고 있다.

오답 해설

① 서술을 통한 대상의 희화화가 드러나지 않는다.

② 시간적 배경이 명시되어 있지 않다.

③ 시간의 역전적 구성이 드러나지 않는다.

④ 과거형 어미를 통해 서술되고 있다.

▶ 출처 김애란(2007), 『침이 고인다』, 문학과지성사.

064 ④

정답 해설

㉠과 같은 주인집의 소음이 있음에도 세입자인 '나'는 눈치를 보느라 피아노를 칠 수 없는 상황이다. ㉠을 들은 '나'가 '문득 피아노를 치고 싶은 마음이 들었다'는 점에서 이러한 상황에 대한 반발심이 들었음을 알 수 있으며, 결국 피아노를 친 '나'가 주인 남자의 눈치를 보게 되는 상황에서 ㉡의 소리를 내는 것은 대안적인 연주를 통해 반발심을 표출하는 것으로 해석할 수 있다.

오답 해설

① ⓒ은 피아노 소리에 비해 잘 들리지 않은 작은 소리로, '주인 남자'의 불편을 유발한다고 보기 어렵다.
② ㉠에 대한 '주인 남자'의 반응이 제시되어 있지 않아 ㉠을 통해 '주인 남자'가 자부심을 느낀다고, 보기 어렵다.
③ ⓒ이 '주인 남자'에게 수치심을 유발하고 있다고 보기 어렵다.
⑤ '주인 남자'가 상대적 약자인 '나'를 연민하고 있다고 보기 어려우므로 부적절한 서술이다.

065 ③
정답 해설
〈보기〉에 따르면 ⓐ는 '나'가 어린 시절부터 쳐 온 악기로, 가세가 기욺에 따라 변두리 반지하 셋방으로 이사를 오면서도 애써 옮겨 온 것이다. 윗글의 '나'가 주인집으로부터 겪는 사회적 억압 상황에서 피아노 연주에 큰 의미를 부여하고 있다는 점에서, ⓐ는 가난으로 인해 고단해진 삶에서도 지키고자 하는 '나'의 자존감을 상징한다고 해석할 수 있다.

오답 해설
① 전통문화와 무관하다.
② 경제적 무능으로 생계가 위태로운 상황이 드러나지만 ⓐ가 이를 상징한다고 보기는 어렵다.
④ 가족 간의 유대와 무관하다.
⑤ 도덕적 가치와 무관하다.

066 ②
정답 해설
아야무스는 기존 음악 작품들을 학습하여 그 기법을 모방하는 대신, 주어진 주제를 다양한 방식으로 진화시키면서 독창적인 작곡 방식을 찾는 인공지능 시스템이기 때문에 적절하지 않은 설명이다.

오답 해설
① 아야무스는 주어진 주제에 대해 무작위로 진화시키기 때문에 적절한 설명이다.
③ 인공지능 자체 스타일로 첫 현대 클래식 음악 'Opus one'을 작곡했다고 했으므로 적절한 설명이다.
④ 인간은 실제 연주 가능한 음악을 만들기 위해 필요한 악기 선택과 기술적 가이드라인 제공의 역할 정도만을 한다고 서술하기 때문에 적절한 설명이다.
⑤ 아야무스가 사용하는 멜로믹스의 컴퓨터 클러스터는 멜로디를 유전학적으로 재해석하여 진화시킨다고 했으므로 적절한 설명이다.

▶ 출처 임효성(2019), 「인공지능을 활용한 음악창작과 저작물성」, 『계간 저작권 32(2)』, 한국저작권위원회논집, 47–63쪽.

067 ①
정답 해설
기술 발전에 따른 음악 창작 환경의 변화를 인정하고, 인공지능 음악 창작물의 특성을 고려한 새로운 저작권 범주의 필요성을 인식하는 것이므로 필자가 생각할 법한 적절한 변화 방향으로 볼 수 있다.

오답 해설
② 기술 발전이 음악 산업을 변화시킨다고 볼 수는 있으나 윗글의 필자가 저작권법이 음악 시장을 축소하므로 사라져야 한다고 생각한다고는 보기 어렵다.
③ 인공지능의 등장으로 음악의 작곡 방법과 범위 등이 다양해짐에 따라 저작권 문제의 주요 논의의 대상이 될 것이라고 했으므로 저작권 설정의 단일한 기준을 마련한다는 것은 적절하지 않다.
④ 필자는 인공지능의 기술이 음악 창작의 본질을 저해한다고 보고 있지 않으며, 저작권자는 누구인지, 저작권이 누구에게 귀속되어야 하는지 등의 문제를 언급하므로 인공지능의 권한을 인정해서는 안 된다고 보고 있지 않다.
⑤ 인공지능이 음악을 창작하면서 대두된 저작권에 대한 논의거리를 언급하고 있으므로 현재 저작권 정의를 유지해야 한다고 생각하는 것은 적절하지 않다.

068 ⑤
정답 해설
인간의 지식, 창의력 및 기술적 노력이 반영된 알고리듬을 통해 아야무스가 음악을 창작한다고 제시하고 있어, 인간의 직접적인 창작 활동과 동등한 가치를 인정받을 수 있는 근거를 제공한다. 저작권법은 창작자의 지적 노동을 보호하는 것을 목적으로 하며, 이 경우 알고리듬의 개발자나 해당 기업이 창작 과정에 기여한 바가 크기 때문에, 그 결과물에 대한 저작권을 인정하는 것이 타당하다.

오답 해설
① 아야무스가 자동화된 작곡 과정을 거친다는 점에서 잘못된 설명이다.

② 인공지능이 생성한 음악으로 인간의 사상과 감정을 표현하고 있지 못하기 때문에 잘못된 설명이다.
③ 아야무스가 무한정 반복해서 음악을 생성하는 것이 저작권을 인정받는 이유가 되기 어려우므로 적절하지 않다.
④ 인간이 설정한 창작 가이드라인을 따랐다는 점에서 인간의 역할이 반영되어 있지만 인간의 창작물로 저작권을 인정받기에는 충분한 근거가 되지 못한다.

069 ③
정답 해설
법학적 의미로서의 법전 개념을 이해시키기 위하여, 법령집 내지는 법규집으로 시중에 출간되는 법전에만 익숙한 일반적 인식을 바로잡는 소개로 글을 시작하면서, 우리 민법전의 사례를 들고 다른 양식의 법전과도 비교한다.

오답 해설
① 개념을 이해시키려 상술하지만 단계적 추론의 형식이라기보다는 예시의 방식으로 설명한다.
② 법전에 대한 구별되는 시각을 서술하지만, 그에 관한 주장들을 얘기하지도 않고, 그들의 공통점과 차이점을 대비하지도 않는다.
④ 법전이라는 한 가지 개념에 대한 자세한 설명을 바탕으로 그에 관한 다른 이해를 예시하긴 하지만 하나의 이론으로 통합하지는 않는다.
⑤ 법전에 대해 책으로서의 개념과 법으로서의 개념의 차이를 설명하지만 이를 이론적으로 분리하여 이 둘이 공유하는 특성의 존재를 부정하지는 않는다.

070 ④
정답 해설
지문에서는 판덱텐식의 법전에 관하여 "독일 민법이 탄생할 때 창안된 방식"이라 하였고, "판덱텐식이 나오기 전에 이미 성립된 법전인 프랑스 민법전"이라 하여 판덱텐식이 있기 전에 이미 프랑스 민법전이 만들어졌다고 설명한다. 따라서 프랑스 민법이 독일 민법보다 먼저 성립되었음을 알 수 있다.

오답 해설
① 지문에서 법전은 책이 아니라 법이고 법들 가운데서도 매우 중요한 법이라 하면서 육법을 따로 드는 까닭으로 법전이기 때문이라 설명한다.
② 지문에서 판덱텐식의 법전 편제의 성격을 설명하면서 "오랜 법학 연구 전통의 결실이기도 하다"는 말을 붙인다.
③ 지문에서 민법전을 설명하면서 "개인의 권리와 의무, 계약, 소유, 거래에 관한 것뿐 아니라 혼인, 양육, 상속 신분상 이루어지는 사항까지 망라되어, 사람이 일상에서 생활하는 전반을 규율하는 모양새"라고 하였다.
⑤ 지문에서 사회일반에서는 법전을 법령을 모아 놓은 책, 법규집으로 이해된다고 지적하면서, 법전의 전문적의 의미를 소개하고 그에 해당하는 법률을 한정적으로 나열한다. 노동법전이나 세법전은 법전으로 명기된 법에 들지 않기 때문에 법규집으로 보아야 할 것이다.

071 ②
정답 해설
지문의 해당 문단에서는 '이런 총칙'의 사례로 민법 총칙을 들고 있다. 그리고 '이런'에 대한 설명은 "다양한 구체적 사안을 포괄할 수 있는 추상적 규정"이라는 것이며, 빈칸이 있는 문장에 이어서는 "법학에 대한 접근성을 떨어뜨리는 한 원인"이라는 부정적인 표현이 뒤에 붙어 이것과도 문맥상 연결되어야 한다. 따라서 '관념적'이라는 '추상적'에 상응하는 기술과 '접근성을 떨어뜨리는' 이유가 될 수 있는 '난해한'을 담은 서술인 ②번 선지가 가장 적절하다.

오답 해설
① 민법 총칙이 민법 전반을 규율하는 일반 원칙의 조항들을 담고 있는 것은 사실이지만, ㉠의 앞뒤 문맥상 그것이 법학에 대한 접근성을 떨어뜨리는 요인이어야 하는데 ①에서는 명료하게 설명했다고 했으므로 적절하지 않다.
③ 민법을 정의하는 구절에 지나지 않아 문맥을 만족시키지 못한다.
④ 체계적이라는 이유는 추상적이라거나 접근성을 떨어뜨리는 요인이라는 데에 직접 연결되지는 않는다.
⑤ 민법 총칙 안에 있는 규정들은 이후의 모든 편목에서도 적용이 된다는 설명을 반복하는 것일 뿐이어서 문맥에 상응하지 않는다.

072 ①
정답 해설
같은 조문이 중복하여 실리는 데에 제한이 있는 것은 판덱텐식의 특징이며, 조문이 중복하여 실리지만 그 나름대로 접근성과 이해도를 높일 수 있다는 ㉡의 인스티투오네스식에 대한 설명과는 반대의 내용이다.

오답 해설
② 인스티투티오네스식은 설사 판덱텐식처럼 "총체적으로 체계를 갖춘 짜임새를 추구한다는 느낌"을 주지 못하더라도 "편목 안에서 이해를 완결할 수 있도록 하는 데 추구한다"고 해설하므로 적절한 내용이다.
③ 인스티투티오네스식 또한 나름의 훌륭한 체제로서 읽기 좋을 수 있다는 것을 장점으로 지적하므로 적절한 내용이다.
④ 중복을 감수하는 인스티투티오네스식의 특성이 '다시 가서 뒤적거려야 하는' 불편을 줄이는 이점으로 될 수 있음을 예시하고 있으므로 적절한 내용이다.
⑤ 총칙이 법학에 대한 접근성을 떨어뜨리는 점을 지적하고 인스티투티오네스식에는 총칙이 없다는 게 장점일 수 있다고 설명하므로 적절한 내용이다.

073 ③
정답 해설
2문단의 "사람의 후각 수용체 가운데 가장 민감한 것은 분자 한 개에 대해서도 반응한다. ~ 민감할 수는 없으므로"를 통해 동물이나 사람의 수용체가 '최고' 민감할 때는 분자 한 개에 반응할 때이다. 따라서 '최저'는 잘못 이해한 것이 된다.

오답 해설
① 사람 수용체는 동물의 수용체보다는 훨씬 둔감한 편이라고 했으므로 일치하는 내용이다.
② 냄새를 느낄 수 있는 분자의 최저 농도는 냄새를 일으키는 분자의 종류에 따라 큰 차이를 보인다고 했으므로 일치하는 내용이다.
④ 사람들이 구별할 수 있는 냄새의 종류는 10만 가지가 넘는다고 했으므로 일치하는 내용이다.
⑤ 사람의 수용체 성능이 다른 동물의 것에 비해 결코 낮다고 할 수 없다고 했으므로 일치하는 내용이다.
▶ 출처 E. BRUCE GOLDSTEIN 지음, 김정오 외 옮김(2008), 『감각과 지각』, 시그마프레스.

074 ①
정답 해설
사람의 후각 능력이 동물에 비해 떨어지는 이유는 가지고 있는 수용체의 개수가 적기 때문이라고 했으므로 동물의 수용체가 많아 사람에 비해 ㉠이, 즉 '최저 농도'가 낮음을 알 수 있다.

오답 해설
② 냄새의 세기의 차이를 느끼려면 우선 냄새를 맡을 수 있어야 하므로 농도가 ㉠보다 높아야 함을 추론할 수 있다.
③ ㉡은 냄새의 정체를 알아채는 데 필요한 최저의 분자 농도이므로 냄새의 종류를 알아채려면 냄새의 분자 농도는 ㉡ 이상이어야 한다.
④ 같은 냄새에 대해 냄새를 느끼는 최저 수준인 ㉠보다 냄새의 정체를 알아채기 위한 최저 분자 농도인 ㉡이 3배 이상은 되어야 한다고 했으므로 옳은 설명이다.
⑤ ㉠과 ㉡의 차이는 3배 정도이어야 하며, ㉠에 대한 차이를 느끼려면 ㉢은 ㉠의 10%이므로 ㉠과 ㉡의 차이가 더 큼을 알 수 있다.

075 ③
정답 해설
마지막 단락의 내용 "사람이 냄새를 느끼는 능력이 부족해서가 아니라 냄새의 특성을 표현할 구체적인 단어가 부족해서 여러 냄새의 실제 이름을 기억하고 그 냄새를 다시 느꼈을 때 표현할 단어를 떠올리지 못하기 때문이다."를 통해 이름과 단어의 관계를 기억하는 것이 필요하고 실험에서 이름을 알려 줌으로써 냄새를 기억하게 만들었으므로 가장 적절한 것은 ③이다.

오답 해설
① 실험은 냄새를 내는 물질과 이름과의 연결성에 대한 것으로, 반응할 수 있는 냄새의 종류와는 관련이 없다.
② 실험에 사용한 냄새는 물질의 특성과는 관계없이 모두 맡을 수 있음을 전제하고 있다.
④ 보기의 실험에서 수용체 개수에 대한 언급은 나타나지 않고 있다.
⑤ 실험에서 냄새의 감지여부를 판단하지는 않고 있다.

076 ④
정답 해설
2문단 "이 기둥이 안정되게 서 있도록 기둥 사이에 수평으로 놓이는 부재를 설치하는데, 기둥의 상부에 두는 것을 창방이라고 하며 하부에 설치하는 것을 하방이라고 한다."의 서술을 통해 하방이 창방보다 아래쪽에 설치됨을 알 수 있다.

오답 해설
① 처마선은 흙과 기와로 구성돼 엄청난 하중을 갖고 있는 지붕을 가볍게 보이게 하는 착시 현상을 보정하기도 한다고 했으므로 일치하는 내용이다.
② 처마의 선을 만들어주는 부재는 평고대이고 평고대가 입체적인 곡선을 되도록 하는 것이 추녀라고 했으므로 일치하는

내용이다.
③ 추녀는 서까래가 만드는 처마보다 더 길게 밖으로 나오게 설치된다고 했으므로 일치하는 내용이다.
⑤ 모서리 기둥이 긴 시간 동안 큰 하중을 계속 받으면 다른 기둥보다 많이 가라앉는 부동 침하 현상이 생긴다고 했으므로 일치하는 내용이다.

077 ①
정답 해설
창방이 만드는 수평선은 양쪽 끝이 올라간 것처럼 보이는 착시 현상이 생기는데, 기둥의 높이를 건물 중앙에서 양쪽 건물의 끝으로 가면서 점차 높아지도록 만들어 창방이 수평으로 놓인 것처럼 보이게 만드는 귀솟음 기법을 사용한다고 했다. 이는 ㉠ 눈의 착시 현상을 보정하는 기법이다. 또한 모서리 기둥이 긴 시간 동안 큰 하중을 계속 받으면 다른 기둥보다 많이 가라앉는 부동 침하 현상이 생기는데 귀솟음 기법은 이러한 구조적 변형에도 모서리 기둥이 다른 기둥보다 높거나 최소한 같은 높이를 유지할 수 있도록 한다고 했으므로 ㉡ 구조적 안정성도 향상시킬 수 있음을 알 수 있다. 따라서 이 기법이 모두 적용될 수 있는 부재는 '기둥'이다.

오답 해설
② 창방은 기둥이 안정되게 서 있도록 수평으로 놓이는 부재로 눈의 착시 현상을 일으키는 원인 부재이다.
③ 추녀는 모서리 기둥에 걸리는 부재로 모서리 기중의 하중을 더 많이 받게 하여 부동 침하를 일으키고 구조적 안정성을 떨어뜨린다.
④ 하방도 창방과 마찬가지로 기둥이 안정되게 서 있도록 수평으로 놓이는 부재이지만 착시를 일으키지는 않고 착시 개선 효과도 없다.
⑤ 평고대는 처마의 곡선을 만드는 부재로 구조적 안정성과는 관련이 약하다.

078 ①
정답 해설
ⓐ와 ⓑ는 평고대와 추녀에 의해서 만들어지며 모두 지붕의 처마선이 곡선이 되도록 만든다.

오답 해설
② ⓐ는 평고대에 의해 만들어지는데, 평고대는 지면에 수평으로 놓이는 부재이고 ⓒ는 모두 지면에 수직인 기둥에 적용된다.
③ ⓓ는 기둥에 적용되므로 4단락의 마지막 문장을 통해 모두 건물의 구조적 안정을 향상시킬 수 있음을 알 수 있지만 ⓐ는 건물의 구조적 안정성과는 관련이 약하다.
④ ⓑ는 위에서 지붕을 볼 때 처마가 안으로 들어오는 정도를 조절하므로 지면과 수평면에 적용되고, ⓒ는 기둥의 높이를 조절하므로 수직인 평면에 적용된다.
⑤ ⓒ와 ⓓ는 모두 기둥의 높이나 기울기에 적용되는 기법으로 지붕의 부재와는 관련성이 약하다.

079 ④
정답 해설
윗글에서 이미지를 평가하는 데 있어 주된 개념이 되는 것은 미학과 취향이다. 칸트가 대표하는 이전 세대의 미학에서 아름다움은 본래 순수하고 보편타당한 것으로 이해되곤 했는데, 오늘날의 미학은 아름다움에 대한 기준이 문화적 특수성과 취향에 따라 변화될 수도 있음을 감안한다. 이 지점을 강조함으로써 윗글에서는 시대에 따라 미학에 대한 이해가 변화하였음을 설명한다.

오답 해설
① '미학'이라는 개념을 설명하기 위해 예시를 들고 있지는 않다.
② '미학'에 대한 개념이 시대에 따라 변화됨을 설명하므로 역순에 따라 서술하고 있지 않다.
③ 비유적 표현으로 대상의 특성을 부각하는 부분은 찾기 힘들다.
⑤ 찬반 의견이나 장단점을 얘기하고 있지 않다.

▶ 출처 마리타 스터르큰·리사 카트라이트 지음(2006), 윤태진 외 옮김, 『영상문화의 이해』, 커뮤니케이션북스.

080 ②
정답 해설
[A]는 아름다움을 보편적인 특성으로 생각하지 않는 오늘날의 미학에 대해 서술한 부분이다. 이에 따르면 여러 사람이 아름답다거나 추하다고 느끼는 이미지를 우월하다거나 열등하다고 단정하기 어렵다.

오답 해설
① 오늘날의 미학은 이미지의 의미가 가변적일 수 있음을 보여 준다. 이미지의 의미는 수용자가 누구인지에 따라 달라질 수 있다.
③ 정전으로 평가되는 예술 작품의 목록은 불변하지 않는다.

④ 아름다움에 대한 감각은 개개인의 경험에 따라 달라질 수 있다.
⑤ 이미지에 대한 의미는 어떤 문화권 내에서 수용되었느냐에 따라 달라질 수 있다.

081　⑤
정답 해설
'칸트의 미학'은 아름다움은 자연과 예술에서 발견할 수 있는 것이며, 특정한 문화나 개별적 약호에 의해서 의미를 지니는 것이 아니라고 했으며, '오늘날의 미학'은 문화적인 특수성과 취향에 따라 변화될 수도 있다고 했으므로 ⑤번은 서로 바뀌어 있음을 알 수 있다.

082　④
정답 해설
오늘날 미학은 보편적인 특성으로 생각되지 않으며, 개인적 해석에 따라 달라질 수 있음을 얘기한다. 또한 '취향은 계급, 문화적 배경, 교육, 기타 정체성에 관련된 경험으로부터 파생된다고 했으므로 사람들의 취향이 좋고 나쁨을 판단하는 기준이 보편 타당하다는 내용은 적절하지 않다.

083　②
정답 해설
사회 초년생 계층으로 지원하기 위해서는 만 19세 이상 만 39세 이하이거나 초기 경력자 조건을 만족시키면 된다. 따라서 만 39세를 넘었더라도 초기 경력자 조건에 해당하면 사회 초년생 계층으로 지원할 수 있다.

오답 해설
① 대학생 계층은 대학에 재학 중이거나 다음 학기에 입학 또는 복학할 예정인 경우이다. 따라서 1년 후 복학 예정이라면 대학생 계층으로 지원할 수 없다.
③ 예비신혼부부의 경우 2인 1주택 신청이라고 했으므로 적절하지 않다.
④ 고령자는 만 65세 이상이라고 했으므로 적절하지 않다.
⑤ 신청 자격에 따라 임대 조건이 다르게 적용된다고 했으므로 적절하지 않다.

▶ 출처 https://apply.lh.or.kr/lhapply/apply/wt/wrtanc/selectWrtancInfo.do의 공고문 "24.03.08인천남동구행복주택예비입주자모집(자격완화)"파일

084　③
정답 해설
신혼부부는 혼인 기간이 10년을 넘었더라도 태아를 포함하여 만 6세 이하의 자녀를 두었다면 지원 가능하다. 따라서 현재 출산을 앞두고 있는 경우 지원 조건에 해당된다.

오답 해설
① 대학생 계층의 취업 준비생은 대학 또는 고등학교를 졸업한 지 2년 이내여야 하므로 신청 자격이 되지 않는다.
② 사회 초년생 계층은 소득이 있는 업무에 종사 기간이 총 7년 이내여야 하는데, 예술인이더라도 소득이 있는 업무의 종사 기간이 7년 7개월이므로 지원 자격이 되지 않는다.
④ 예비신혼부부는 입주 전까지 혼인사실을 증명할 수 있어야 하므로 입주 후 한 달 이내에 증빙할 수 있는 경우 지원 자격이 되지 않는다.
⑤ 한부모가족에 해당하기 위해서는 만 9세 이하의 자녀를 둔 한부모인 사람이어야 하므로 만 13세 자녀를 둔 한부모인 사람은 지원 자격이 되지 않는다.

085　②
정답 해설
뉴스 보도와는 다른 인터넷 기사문의 매체적인 특징과 인터넷 기사문 중에서도 문화·예술 분야의 기사문에 대한 특징을 묻는 문제이다.
② 위 기사문은 영화에 대한 줄거리와 시사 문제와 연계한 '가스라이팅' 단어의 유래에 대해 설명하는 데 초점을 두고 있다. 여러 비평가의 의견을 종합적으로 제시하고 있지 않으므로 적절하지 않다.

오답 해설
① 표면에 직접적으로 드러나지 않는 기자가 정보를 전달하고 있다.
③ 이○○ 살인 사건이라는 시사 사건을 소개하고 있기는 하지만, 중심을 이루는 것은 가스라이팅의 어원과 관련된 영화에 대한 소개이다.
④ [인터넷 화면1]을 통해 기사문의 미리 보기 화면이 제공된다는 것을 알 수 있다.
⑤ 시공간적 제약이 있는 뉴스 보도와 달리 인터넷 매체에서는 정보 전달의 양과 시간에 제약이 없다.

▶ 출처 KBS 뉴스 (https://news.kbs.co.kr/news/pc/view/view.do?ncd=5457920)

086 ③
정답 해설

스마트폰 환경에서도 편하게 읽을 수 있는 적절한 양의 기사문이 되기를 바라고 있다. 즉 인터넷 기사문의 정보 제시 양이 보완되어야 한다고 평가한 까닭은 독자의 연령층 때문이 아닌, 독자의 기사문 수용 환경 때문이다.

오답 해설

① '가스라이팅'이라는 단어의 의미를 제대로 모르고 사용했던 자신의 경험을 되돌아보며, 단어의 유래와 사용 상황을 알게 된 지점에 대해 긍정적으로 평가한다.
② 이○○ 살인 사건을 뉴스 보도로도 보고 인터넷 기사문으로도 보게 된 상황을 설명하며, 시사와 영화를 함께 다루는 뉴스 코너를 긍정하고 있다.
④ 인터넷 기사문에 영상 자료, 카드 뉴스, 링크 등 매체의 접근성이 편한 만큼 더욱 다양한 매체 자료가 사용되어야 한다고 평가한다.
⑤ 인터넷 동영상 서비스 플랫폼에 대한 현황을 설명하며, 해당 영화를 어느 플랫폼에서 시청할 수 있는지 정보를 제공하고 있는 기사에 대해 긍정적으로 평가한다.

087 ③
정답 해설

인터넷 기사문은 시공간적 제약에서 자유로워 상대적으로 수정 게시에 대한 부담이 적은 편이다. 본 기사문에는 최초 입력과 수정이 존재하고, 실제로 입력 후 수정이 이루어진 기록이 있으므로 수정을 제한하고 있다는 진술은 적절하지 않다.

오답 해설

① '클릭 주의' 문구를 통해 본 기사가 영화의 스포일러가 될 수 있음을 사전에 안내하고 있기에 적절하다.
② 왼쪽 배너에는 기사문을 타인에게 공유하거나, 글씨 크기를 키우거나, 기사문을 인쇄하거나, 어두운 화면을 사용하는 등의 인터넷 상황에서의 추가적인 기능을 제공하고 있으므로 적절하다.
④ 기사문에 대한 음성 읽기 기능을 제공하여 이용자에게 편의를 제공하고 있으므로 적절하다.
⑤ '좋아요, 응원해요, 후속 원해요'와 같이 기사문에 대해 독자가 평가할 수 있는 기능이므로 적절하다.

088 ②
정답 해설

정기 휴관일을 제외하고 주5일 근무라고 했으므로 정기 휴관일에 근무해야 한다는 것은 적절하지 않은 내용이다.

오답 해설

① 결원에 대한 인사발령 시 계약이 종료된다고 되어있으므로 계약 기간은 인사 발령 상황에 따라 달라질 수 있다.
③ 기본급은 월 1,918,000원이고 수당은 각종 수당의 업무 처리 기준에 따라 제공되나 공무직원 고용안정 및 처우개선 등 계획에 따라 변경될 수 있다고 제시되어 있다.
④ 징계로 해고 처분을 받은 날로부터 5년이 지난 사람은 지원 자격을 충족한다. 따라서 징계로 해고 처분을 받은 지 6년이 지난 경우 지원이 가능하다.
⑤ 공공 도서관 근무 경력이 우대 조건이기는 하나 지원 자격이 사서 자격증 소지자이므로 준사서 이상 자격이 있어야 지원 가능하다.

▶ 출처
국채보상운동기념도서관
국채보상운동기념도서관 > 열린공간 > 공지사항 (daegu.go.kr)
(https://library.daegu.go.kr/gukbo/board/view.do?menu_idx=36&manage_idx=179&board_idx=507379&viewPage=5&category1=)

089 ②
정답 해설

모든 전형의 합격자는 홈페이지 공지 사항에 접수 번호로 공고한다고 했으므로 적절한 반응이다.

오답 해설

① 접수가 완료되면 접수 번호를 지원자에게 메일로 통보한다고 했으므로 적절하지 않다.
③ 타 지원서 양식은 접수 불가하다고 했으므로 [붙임1]의 지원서 파일의 양식을 지켜야 한다.
④ 파일 제목은 '지원직종명-성명'으로 하고, 출신 학교명 기재의 경우 접수 불가라고 했으므로 적절하지 않다.
⑤ 모든 전형의 합격자는 홈페이지 공지 사항에 접수 번호로 공고한다고 했으므로 적절하지 않다.

090 ②

정답 해설

공고문에 제시된 근무 형태는 주5일(월~금)이며 주40시간 근무라는 것은 제시되어 있으나 출근과 퇴근 시간은 안내되지 않았으므로 추가로 제시되어야 할 정보로 적절하다.

오답 해설

① 채용은 운영실무원 1명을 채용한다고 되어 있다.
③ 정기 휴관일은 매월 첫째, 셋째 주 월요일이라고 제시되어 있다.
④ 접수 이메일 주소는 원서 접수 방법에 제시되어 있다.
⑤ 최종 합격자 발표는 2023년 12월 22일 오전 10시로 제시되어 있다.

국어 문화 091번~100번

기출문제집 p.238

| 091 | ① | 092 | ⑤ | 093 | ⑤ | 094 | ② | 095 | ③ |
| 096 | ① | 097 | ② | 098 | ③ | 099 | ④ | 100 | ⑤ |

091 ①

정답 해설

〈보기〉에서 설명하고 있는 작품은 〈구운몽〉이다. 인간의 부귀영화가 한낱 꿈에 지나지 않는다는 불교적 인생관을 주제로 하고 있다.

오답 해설

② 〈옥루몽〉은 조선 후기에 남영로가 지은 몽자류 소설로, 주인공 양창곡이 만국(蠻國)을 토벌한 공으로 연왕(燕王)으로 책봉되어 두 명의 처와 세 명의 첩을 거느리고 호화로운 생활을 누리다가 하늘로 올라가 선관(仙官)이 되었다는 내용이다.
③ 〈조침문〉은 조선 순조 때에 유씨 부인이 지은 수필로 바늘을 의인화하여 쓴 제문(祭文) 형식의 글이다.
④ 〈용궁부연록〉은 조선 전기 김시습이 지은 한문 소설로 《금오신화》에 실려 있으며, 주인공 한생이 용왕의 초대를 받고 용궁에서 극진한 대접을 받고 돌아온다는 내용이다.
⑤ 〈이생규장전〉은 조선 전기 김시습이 지은 한문 소설로 《금오신화》에 실려 있으며, 이생이 부모의 허락을 얻어 몰래 만나던 최랑과 혼인을 하지만 홍건적의 무리가 최랑을 죽이는 바람에 현세에서의 사랑을 다하지 못하여 최랑을 지극히 생각하다가 병이 들어 죽는다는 내용이다.

092 ⑤

정답 해설

보기에서 설명하는 작품은 〈쉽게 쓰여진 시〉로, 식민지 시대를 고뇌하며 살다 간 지식인의 순수한 마음을 부끄러움의 정서와 자아 성찰의 태도를 통하여 노래한 작품이다.

오답 해설

① 〈서시〉는 윤동주가 지은 시로, 시인의 생애와 시의 전모를 단적으로 암시해 주는 상징적인 작품이다. 이 작품은 '하늘'–'바람'–'별'의 세가지 심상이 서로 조응되어 있다.
② 〈자화상〉은 윤동주가 지은 시로, 화자는 세 차례 우물로 찾아가며 자아 성찰을 보여 준다. 끊임없는 자아 성찰을 통해 비극적 현실을 극복하고자 하는 의지적 행위를 보여 주는 작품이다.
③ 〈별 헤는 밤〉은 윤동주가 지은 시로, 담화체 형식으로 어머니에게 이야기하듯 애틋한 서정을 담고 있는 작품이다. 이 시에는 타향에서 겪는 극한의 고독과 자기모멸을 순열한 시심으로 견뎌내며 새날을 기약하는 시인의 면모가 잘 담겨 있다.
④ 〈또 다른 고향〉은 윤동주가 지은 시로, 그의 대표작 중 하나이다. 어두운 밤의 상황과 새로운 이상 세계, 곧 현실과 이상과의 상반되는 모순의 역설적 구조를 통해 시인의 시대 인식과 삶의 의지를 드러내고 있다.

093 ⑤

정답 해설

〈보기〉에서 설명하는 작가는 하근찬이다. 〈수난 이대〉, 〈흰 종이수염〉 외에, 〈남한산성〉, 〈산에 들에〉, 〈임진강 오리떼〉 등의 작품이 있다. 그의 문학은 고통과 슬픔 속에서 솟아오르는 희망과 의지를 품고 있는 문학으로 평가 받고 있다.

오답 해설

① 박태원은 구인회(九人會)의 일원으로서 예술파적 소설을 지향하였다. 독특한 문체를 시도하였으며 주로 소시민의 생활을 소재로 한 심리 소설과 세태 소설을 썼다. 작품에 〈사흘 굶은 봄 달〉, 〈소설가 구보 씨의 일일〉, 〈천변 풍경〉 따위가 있다.
② 손창섭은 월남민들의 비참한 부산 피난 생활을 '비가 새는 방'을 매개로 그려낸 〈비 오는 날〉로 일약 평단의 주목을 받았으며, 특유의 비관적이고도 냉소적인 인간관을 드러내어 전후 문단의 주요 작가로 부상하였다.
③ 이태준은 내관적(內觀的)인 인물 성격 묘사로 토착적인 생활의 단면을 부각하고, 완결된 구성법을 사용하여 한국 현대

소설의 기법적인 바탕을 이룩하였다. 8·15 광복 이후 월북하였으며 작품에 〈그림자〉, 〈까마귀〉, 〈복덕방〉 따위가 있다.
④ 전광용은 정확한 문장과 치밀한 작품 구성을 특징으로 하는 소설을 발표하였으며, 신소설 연구에 큰 업적을 남겼다. 작품에 〈흑산도〉, 〈사수(射手)〉, 〈꺼삐딴 리〉 따위가 있다.

094 ②
정답 해설
단성사는 "경영 곤란으로 명치좌(明治座) 관수 석교(石橋) 씨에게로 넘어가서"라고 했으므로 새 이름을 공모한 것은 맞지만, 새 주인을 공모하지는 않았다.

오답 해설
① "사십여 년이란 오랜 역사를 가진 북촌의 유수한 영화와 연극의 전당"이라고 했으므로 적절하다.
③ "일반으로부터 단성사의 새 이름을 현상을 내걸고 모집하엿던 바 드디어 지난 십팔일 정오에 추첨으로 새 이름을 결정하고"라고 했으므로 적절하다.
④ "전조선 각지로부터 들어온 투표 총수는 이만사천여 표로서"라고 했으므로 적절하다.
⑤ "『대륙극장』이라 결정하고 … 상금은 오십 원이라 한다."라고 했으므로 적절하다.

▶ 출처 조선일보 1939년 7월 19일 광고

095 ③
정답 해설
ⓒ '차일'은 '햇볕을 가리기 위하여 치는 포장'이라는 뜻이다. '여러 가지 기예를 닦아 남에게 보이는 일을 직업으로 하는 사람'은 '예인'의 의미이다.

▶ 출처 춘향전

096 ①
정답 해설
한글로 표기된 한자음은 동국정운식 한자음 표기로 현실 한자음과는 거리가 있는 표기이다.

오답 해설
② '제'는 '저+-의'라는 의미로 앞에 나온 '백성'을 의미한다.
③ '하다'는 현대국어의 '많다'에 해당하는 말로 '하니라'는 '많으니라'에 해당한다.
④ '내'는 '나+-이'로 문장에서 주어의 역할을 하며, 현대국어의 '내가'에 해당한다.
⑤ '뿌다'는 현대국어의 '쓰다'에 해당하는 말이며, 현대국어에서는 '씀에'로 분철 표기를 할 것을 당시에는 현대국어와 달리 이어적기를 하고 있음을 알 수 있다.

▶ 출처
• 이승희 외(2021), 『개정판 국어사 자료 강독』, 사회평론아카데미.
• 장요한·김수정(2023), 『국어의 역사를 품고 있는 한글 문헌 자료 읽기』, 계명대학교 출판부.

097 ②
정답 해설
남한에서는 'ㅖ' 소리가 들어있는 말로 '계, 례, 몌, 폐, 혜'를 인정하고 이를 모두 'ㅖ'로 적는다. 그러나 북한에서는 'ㅖ'가 들어있는 소리로 '계, 례, 혜'만 인정을 하고 있음을 알 수 있다. 따라서 남한의 '분몌'는 북한에서는 '분메'로 적어야 한다.

▶ 출처
• 국어사정위원회(2010), 『조선말규범집』, 사회과학원 출판사.
• 겨레말큰사전남북공동편찬사업회(2019), 『한눈에 들어오는 남북 사전의 올림말 표기 차이』, 맵씨터.

098 ③

정답 해설
문제의 수어는 양손으로 언니와 여동생을 나타내고 있다. 새끼손가락을 펴서 한 손은 올리고, 한 손은 내리고 있으므로 각각의 손으로 언니와 여동생을 의미하고 있기 때문이다. 〈보기〉의 설명처럼 양손으로 두 단어의 복합어를 나타낼 수 있기 때문에 문제의 수어는 '자매'를 의미한다.

오답 해설
① '오빠'는 왼 주먹의 4지와 오른 주먹의 2지를 펴서 등이 밖으로 향하게 나란히 세웠다가 오른손을 위로 올린다.
② '누나'는 왼 주먹의 2지와 오른 주먹의 4지를 펴서 나란히 세웠다가 오른손만 약간 위로 올린다.
④ '형제'는 두 주먹의 2지를 펴서 등이 밖으로 향하게 세워 상하로 엇갈리게 움직인다.
⑤ '가족'은 두 손의 손끝을 맞대어 좌우로 비스듬히 세운 다음, 왼손은 그대로 두고, 오른손은 주먹을 쥐고 4·5지를 펴서 세워 손목을 좌우로 약간 흔들며 오른쪽으로 약간 이동시킨다.

099 ④

정답 해설
'개산(概算)'은 '대강 어림잡아 계산함.'의 뜻으로 풀이되므로 적절하다.

오답 해설
① '유예(猶豫)'는 '일을 망설여 결행하지 않음.' 또는 '소송 행위의 효력을 발생시키기 위하여 일정한 기간을 둠.'의 뜻이다.
② '게기(揭記)'는 '기록하여 내어 붙이거나 걸어 두어서 여러 사람이 보게 함.'의 뜻이다.
③ '인용(認容)'은 '인정하여 받아들임.'의 뜻이다.
⑤ '면탈(免脫)'은 '~으로부터 벗어남.' 또는 '죄를 벗음.'의 뜻이다.

100 ⑤

정답 해설
선수의 기술과 관련된 전문 용어가 사용되고 있으나 용어에 대한 자세한 설명을 하고 있지는 않다.

오답 해설
① 김○○ 선수의 나이, 키, 코치 등 선수의 신상과 현재까지의 점수 현황을 제시하고 있으므로 적절하다.
② '아름다운 연기가 시작되고 있습니다', '출발이 성공적이네요'와 같이 선수의 경기 진행 상황을 중계하고 있으며, '긴장감도 더 이상 보이지 않습니다'처럼 선수의 모습 역시 중계하고 있으므로 적절하다.
③ '한 마리의 나비가 춤을 추는 듯한 정말 완벽한 연기'라며 비유적인 표현을 사용하여 평가하고 있으므로 적절하다.
④ '트리플 러츠, 깊은 에지, 부드럽게 3회전'과 같이 선수가 보이는 기술 속도에 따라 짧은 어구를 나열하며, 빠른 호흡으로 속도감 있게 분석하고 있으므로 적절하다.

| 2024년 2월 24일 시행 |

제77회
KBS한국어능력시험

정답과 해설

제77회 정답과 해설

2024년 2월 24일 시행

듣기·말하기 001번~015번

기출문제집 p.245

001	③	002	②	003	③	004	③	005	②
006	④	007	②	008	④	009	④	010	④
011	①	012	⑤	013	③	014	②	015	②

001 ③

듣기 대본

1번. 먼저 그림에 대한 설명을 들려 드립니다.
현재 런던 테이트 브리튼 미술관에 소장된 이 그림은 윌리엄 셰익스피어의 비극 『햄릿』에서 주인공 햄릿이 사랑했던 여인 오필리아를 그린 작품입니다. 화가 존 에버렛 밀레이의 대표작인 「오필리아」는 셰익스피어의 원작에서 햄릿의 어머니 거트루드 왕비가 오필리아의 죽음을 알리는 대사를 바탕으로 그린 그림입니다. 이 작품의 대표적인 특징은 오필리아의 주변에 수십 종의 다양한 식물과 꽃들이 섬세하게 묘사되어 있다는 것인데, 이들은 각각 상징적인 의미를 함축하고 있습니다. 밀레이가 활동했던 영국 빅토리아 왕조 시대에는 꽃말이 상당히 유행하였는데 오필리아의 처절한 상황과 심정을 꽃말을 통해 드러낸 것이지요. 예를 들어, 제비꽃은 신의, 순결 등을 의미하고, 팬지는 허무한 사랑을, 수선화는 깨진 희망을 상징합니다. 죽음을 상징하는 붉은 양귀비는 유난히 강조되어 있지요. 화가가 풍부한 문학적 상상력을 발휘하여 원작에는 없는 장면을 화폭에 담아낸 것입니다.

정답 해설

오필리아 주변에 그려진 꽃들은 당시 유행했던 꽃말을 통해 오필리아의 상황과 심정을 상징하고 있다고 말하고 있으므로 적절한 설명이다.

오답 해설

① 햄릿이 사랑했던 여인 오필리아를 그린 것이라고 설명하고 있으므로 오답이다.
② 화가 밀레이는 영국 빅토리아 왕조 시대에 활동했다고 설명하고 있으므로 오답이다.
④ 붉은 양귀비는 죽음을 상징하고 있다고 설명하고 있으므로 오답이다.
⑤ 화가의 문학적 상상력을 발휘하여 원작에는 없는 장면을 그린 것이라고 설명하고 있으므로 원작의 장면 그대로 묘사하고 있다는 것은 적절하지 않은 설명이다.

▶ 출처 정연은(2023), 『친절한 미술관』, 북클로스, 168-173쪽.

002 ②

듣기 대본

2번. 이번에는 이야기를 들려 드립니다.
옛날 어떤 사람이 왕의 명을 받아 싸움닭을 길렀습니다. 열흘이 지나 왕이 물었습니다. "닭이 다 자랐는가?" 그가 말했습니다. "아직 멀었습니다. 지금은 괜히 허세를 부리며 자신의 기운만 믿고 있습니다." 다시 열흘이 지나 왕이 상황을 물었습니다. "아직도 멀었습니다. 이제는 다른 닭의 울음소리나 그림자에 반응하여 덤벼들려고 하는 정도입니다." 다시 열흘이 지나 왕이 상황을 물었습니다. "아직도 멀었습니다. 지금은 다른 닭을 노려보며 성을 내는 정도입니다." 다시 열흘이 지나 왕이 상황을 물었습니다. "이제 거의 다 되었습니다. 이제는 다른 닭이 울어도 반응하지 않고 바라보아도 그저 나무로 조각해 놓은 닭처럼 굳건히 자리를 지킬 뿐입니다. 이제 싸움닭으로서의 덕을 온전히 갖추었으니, 다른 닭들이 감히 싸우려 하지 않고 달아나 버릴 것입니다."

정답 해설

허세를 부리거나, 다른 닭에 덤벼들거나 노려보는 등의 행동을 하지 않고, 다른 닭이 울어도 반응하지 않으며 나무로 조각해 놓은 닭처럼 굳건히 자리를 지킬 경지에 이르러야 싸움닭으로서의 덕을 온전히 갖추었다는 이야기를 통해 '주변 상황에 흔들리지 않는 마음'을 갖는 것이 중요하다는 교훈을 주고 있음을 알 수 있다.

오답 해설

① 싸움닭을 기르며 싸움닭으로서의 덕을 온전히 갖추기를 기다린다는 점에서 본성과는 관련이 없다.
③ 상황이 변하고 있는 것은 아니며 각각의 방법을 찾는 것과도 관련이 없다.
④ 싸움닭이 일시적으로 괴로움을 겪는다고 보기 어려우며, 그 괴로움의 고착화와도 관련이 없다.
⑤ '다른 닭이 울어도 반응하지 않는다'는 점에서 주위의 환경보다는 자신을 수양하는 것이 중요함을 말한다는 점에서 적절하지 않다.

▶ 출처 장자 지음, 오현중 옮김(2021), 「달생」, 『장자-외편』, 홍익.

003 ③

듣기 대본

3번. 이번에는 강연을 들려 드립니다.
건축물의 구조는 크게 벽식 구조와 기둥식 구조로 나누어집니다. 지붕을 벽으로 받치느냐 기둥으로 받치느냐의 차이에 의해서 나누어진 구분법이지요. 일반적으로 성 베드로 대성당과 같은 서양 건축은 벽, 경회루와 같은 동아시아 건축은 기둥으로 지붕을 받치고 있는데, 대부분의 아파트는 벽으로 지붕을 받치고 있는 벽식 구조입니다. 그 이유는 기둥식 구조의 아파트를 만들 경우, 집 여기저기에 기둥이 있어서 평면을 효율적으로 사용하지 못하기 때문입니다. 벽보다 기둥의 폭이 넓기 때문에 기둥을 벽에 숨겨도 어딘가에는 기둥이 절반 정도 튀어나오게 됩니다. 이 때문에 좁은 아파트에 여러 명의 가족이 살 수 있도록 벽을 구조체로 방을 나누어 실내 면적을 최대한 사용할 수 있도록 벽식 구조를 선택하게 된 것입니다.
그러나 벽식 구조는 크게 두 가지 문제점이 존재합니다. 첫 번째는 층간 소음입니다. 우리나라는 신을 벗고 생활하는 데다가 바닥이 딱딱한 온돌로 되어 있어 걸을 때의 진동이 고스란히 벽으로 전달되기 때문에 층간 소음을 크게 느낄 수밖에 없습니다. 두 번째는 벽을 부수는 순간 집이 무너지기 때문에 다양한 디자인에 맞게 변형이 어렵다는 점입니다.

정답 해설

실내 면적을 최대한 효율적으로 사용하기 위해서 대부분의 아파트가 벽식 구조를 선택하였음을 설명하고 있으므로 기둥식 구조가 적절하다는 내용은 일치하지 않는다.

오답 해설

① 경회루는 기둥이 지붕을 받치고 있는 기둥식 구조라는 설명과 일치한다.
② 대부분의 아파트는 지붕을 벽으로 받친 벽식 구조라는 설명과 일치한다.
④ 벽식 구조로 인해 층간 소음을 더 심하게 느낄 수 있다는 설명과 일치한다.
⑤ 벽식 구조는 벽을 부수면 건물이 무너질 수 있어 변형이 어렵다는 설명과 일치한다.

▶ 출처 유현준(2021), 『공간의 미래』, 을유문화사.

004 ③

듣기 대본

4번. 이번에는 라디오 방송의 일부를 들려 드립니다.
오늘은 참 신기하고 재미있는 노래를 소개하려고 합니다. 한국인이라면 누구나 다 아는 노래, 한국을 대표하는 노래지만, 한국인이 한자리에서 동시에 이 노래를 부른다면 모두 똑같은 곡을 부르진 않을 겁니다. 그리고 곡이 같다고 해도 저마다 다른 가사를 부르다가 후렴 쯤 되는 곳에서 또 같은 가사로 부르겠지요. 이 노래는 바로 곡은 다른데 모두 '아리랑'이라는 같은 이름을 가진 곡입니다. 〈밀양아리랑〉, 〈정선아리랑〉, 〈진도아리랑〉 등 각 지역마다 불리는 아리랑의 수는 약 60여 종 3,600여 수에 이른다고 합니다. 그중 한 아리랑을 들려드리겠습니다.

본조 아리랑
https://youtu.be/ahv-6beXFLY?si=a4jjmxFJ2bUwmqRg
(0:20~0:28 또는 0:20~0:37)

방금 들은 곡은 오늘날 우리가 가장 많이 알고 있는 아리랑입니다. 아리랑의 대표라 할 수 있는 이 곡은 경기민요로 불렸던 〈아리랑〉입니다. 이 곡은 1926년 나운규 감독의 영화 「아리랑」의 주제곡으로 만들어지며 유명해졌습니다. 다른 아리랑 노래와 구별하기 위해 〈본조아리랑〉이란 이름이 붙여진 곡이기도 합니다. 나운규는 어린 시절 철도노동자들이 작업을 할 때 부른 아리랑이 잊히지 않아 이를 영화에 사용했다고 하는데, 영화가 흥행에 성공하며 전국민에게 우리 민족의 역사적 고난을 상징하는 노래로 거듭나게 됩니다.
아리랑은 태어난 순간부터 지금까지 거듭나기를 계속해 왔습니다. 아리랑이 정확하게 언제, 어디서, 누구로부터 시작되었는지 정확한 기록은 없지만, 신기하게도 아리랑은 아직까지 만들어지고 있고, 악보 없이도 계속 전해지는 살아있는 노래입니다. 이러한 아리랑의 가치를 인정받아 〈아리랑〉은 2012년 유네스코 무형문화유산으로까지 등재되었습니다.

정답 해설

방송에서 들려준 아리랑은 다른 아리랑과 구별하기 위해 〈본조아리랑〉이란 이름이 붙여졌다고 했으므로 방송의 내용과 일치하지 않는 설명이다.

오답 해설

① 각 지역마다 60여종 약 3,600여 수에 달하는 아리랑이 존재한다는 내용과 일치한다.
② 나운규 감독의 「아리랑」의 주제곡에 쓰였다고 했으므로 일치하는 내용이다.
④ 아리랑은 아직까지 만들어지고 있고, 악보 없이도 계속 전해지는 살아있는 노래라는 설명과 일치한다.
⑤ 아리랑이 2012년 유네스코 무형문화유산으로까지 등재되었다고 했으므로 일치하는 내용이다.

▶ 출처 박소영(2018), 『우리가 몰랐던 우리음악 이야기』, 구름서재.

005

②

듣기 대본

5번. 이번에는 시 한 편을 들려 드립니다.
주어와 서술어만 있으면 문장은 성립되지만
그것은 위기와 절정이 빠져 버린 플롯 같다.
'그는 우두커니 그녀를 바라보았다.'라는 문장에서
부사어 '우두커니'와 목적어 '그녀를'을 제외해 버려도
'그는 바라보았다.'는 문장은 이루어진다.
그러나 우리 삶에서 '그는 바라보았다.'는 행위가
뭐 그리 중요한가.
우리 삶에서 중요한 것은
주어나 서술어가 아니라
차라리 부사어가 아닐까.
주어와 서술어만으로 이루어진 문장에는
눈물도 보이지 않고
가슴 설렘도 없고
한바탕 웃음도 없고
고뇌도 없다.
우리 삶은 그처럼
결말만 있는 플롯은 아니지 않은가.
'그는 힘없이 밥을 먹었다.'에서
중요한 것은 그가 밥을 먹은 사실이 아니라
'힘없이' 먹었다는 것이다.
역사는 주어와 서술어만으로도 이루어지지만
시는 부사어를 사랑한다.

정답 해설

우리 삶에서 중요한 것은 주어나 서술어가 아니라 부사어라고 이야기하면서 부사어가 없으면 눈물, 가슴 설렘, 웃음, 고뇌도 없다고 이야기하고 있다. 따라서 부사어가 있는 문장으로 표현되는 삶이 우리의 삶의 본질임을 고찰하고 있음을 알 수 있다.

오답 해설

① 눈물, 가슴 설렘, 웃음, 고뇌 등 다채로운 감정에 대해서 말하고 있지만 삶의 허무에 대해 말하는 작품은 아니다.
③ 눈물, 고뇌 등을 부분적으로 언급하고 있지만 고통스러운 삶에 대해서 말하는 것이 아니라 웃음, 설렘 등을 포함한 다양한 삶의 모습을 말하고 있다.
④ 현대 문명의 폐해가 작품에 드러나지 않는다.
⑤ 정의롭고 순수한 삶을 소망하는 것이 아니라 삶의 다양성과 다채로움을 말하고 있다.

▶ 출처　박상천(1997), 『5679는 나를 불안케 한다』, 문학아카데미.

006

④

듣기 대본

이번에는 진행자와 전문가의 대담을 들려 드립니다. 6번은 듣기 문항, 7번은 말하기 문항입니다.

진행자: 우리나라 성인 3명 중 1명이 매일 하는 일이 있는데요, 혹시 뭔지 아십니까? 바로 고혈압 약을 먹는 겁니다. 고혈압은 환자 스스로 증상을 알아채기 어려워 침묵의 살인자로도 불립니다. 특히 기온이 내려가는 겨울철에 주의를 요한다고 하는데요, 전문가를 모시고 함께 자세히 알아보겠습니다. 기온이 내려가면 혈압이 올라가나요?

전문가: 네, 기온이 1도 내려가면 수축기 혈압이 약 1.3수은주밀리미터 정도 올라갑니다. 체온이 떨어지는 것을 막기 위해 피부 혈관이 수축하기 때문입니다.

진행자: 수축기 혈압과 수은주밀리미터는 뭔가요?

전문가: 심장이 수축하여 동맥 혈관으로 혈액을 내보낼 때 혈압이 가장 높은데, 이때 혈압을 수축기 혈압이라고 합니다. 수은주밀리미터는 압력의 단위인데요, 대기압은 760수은주밀리미터에 해당합니다.

진행자: 고혈압을 침묵의 살인자라고 부르는데요, 그 정도로 위험한가요?

전문가: 고혈압은 특별한 증상이 없습니다. 또 주변에 고혈압을 진단받은 사람이 흔하다 보니 심각하게 느껴지지 않습니다. 그런데 협심증, 심근경색의 약 60%가, 뇌졸중의 약 90%가 고혈압으로 인해 발생합니다. 이런 고혈압으로 인한 사망이 10월부터 늘어나 2월에 가장 많이 나타납니다.

진행자: 고혈압이 이렇게 무서운 병이었군요. 그런데 고혈압이 질병으로 알려지기 시작한 것이 한참 늦었다고 들었습니다.

전문가: 고혈압은 대표적인 생활습관병인데요, 20세기 중반에야 질병으로 알려지기 시작했습니다. 자각 증상이 거의 없고 혈압을 제대로 측정할 수 있는 기기도 없었기 때문이지요.

진행자: 생활습관병이라니 젊은 사람도 피하기 어렵겠네요.

전문가: 고혈압은 젊은 세대도 피해 가지 않습니다. 20세에서 39세까지 고혈압 진단 환자가 21년에 약 25만 명인데, 이는 17년 대비 약 30% 증가한 수치입니다. 원인을 보면 유전, 스트레스, 짜고 자극적인 식생활, 운동 부족, 흡연과 음주가 있습니다. 대부분은 우리가 정말 바꾸기 힘든 생활 습관이지요. 더군다나 젊은 층은 건강에 자신이 있어서 혈압을 잘 측정하지 않습니다. 그래서 숨어 있는 환자는 더 많을 것으로 예상됩니다.

진행자: 네, 혈압을 종종 측정해보는 게 좋겠네요. 오늘 말씀 감사합니다.

정답 해설

20세기 중반에야 고혈압이 질병으로 알려지기 시작했다고 했으

므로 일치하지 않는 설명이다.

> 오답 해설

① 고혈압으로 인한 사망은 10월부터 늘어나 2월에 가장 많이 나타난다는 사실을 말하고 있다.
② 고혈압은 생활습관병이고 더군다나 젊은 층은 건강에 자신이 있어서 혈압을 잘 측정하지 않는다는 점에서 숨어 있는 젊은 환자는 더 많을 것임을 설명하고 있다.
③ 기온이 내려가면 체온이 떨어지는 것을 막기 위해 피부 혈관이 수축하여 수축기 혈압이 올라간다는 것을 설명하고 있다.
⑤ 심장이 수축하여 동맥 혈관으로 혈액을 내보낼 때 혈압이 가장 높다는 사실을 설명하고 있다.

▶ 출처
"슬기로운 라디오생활", YTN라디오, 2023년 12월 21일 방송
(https://radio.ytn.co.kr/program/?f=2&id=93243&s_mcd=0433&s_hcd=01)

007 ②

> 정답 해설

"수축기 혈압과 수은주밀리미터는 뭔가요?"라며 앞서 전문가의 설명에 등장하는 낯선 전문 용어의 의미를 질문하고 있음을 알 수 있다.

008 ④

> 듣기 대본

다음은 대화의 일부분을 들려 드립니다. 8번은 듣기 문항, 9번은 말하기 문항입니다.
아들: 학교 다녀왔습니다.
엄마: 아들, 오늘 시험은 잘 봤니?
아들: 네, 시험지는 잘 봤어요.
엄마: 그게 무슨 말이야? 오늘 본 시험 성적을 묻는 거잖아.
아들: 시험지를 이동 교실에 두고 와서 채점을 못 했어요.
엄마: 그렇게 정신이 없어서 학교에는 어떻게 다니니?
아들: 네, 걸어서 다닙니다.
엄마: 지금 엄마를 놀리는 거니? 그리고 평소에 방 정리 좀 하라고 몇 번을 이야기했니? 이렇게 방이 지저분한데 공부가 되겠어?
아들: 이 정도는 심하지 않다고 생각해요. 그리고 지저분해도 공부에는 전혀 방해되지 않아요.
엄마: 어이구! 저기 아무렇게나 벗어 놓은 옷도 좀 봐 봐. 빨래도 빨래통에 넣으라고 했잖아.
아들: 아빠도 그냥 거실 의자에 걸쳐 놓으시던데요. 왜 저한테만 뭐라고 하세요?
엄마: 아빠 핑계를 왜 대니? 그리고 머리가 그게 뭐야? 시험 보기 전에 이발 좀 하라고 했잖아.
아들: 제 머리가 왜요?
엄마: 남자애가 그렇게 머리카락이 길어서 공부를 어떻게 해? 앞머리가 눈을 다 가리고 있잖아.
아들: 머리가 길면 공부를 못 하나요? 그러면 머리 긴 여학생들도 다 공부를 못 하겠네요. 그리고 남자도 머리 기를 수 있죠. 우리 어머니께서는 남녀 차별을 하시네요.
엄마: 남녀 차별? 여기서 갑자기 그 말이 왜 나와? 아주 이 엄마를 나쁜 사람으로 만드는구나.
아들: 그게 아니라…….
엄마: 이발 좀 하라고 했다가 남녀 차별까지 하는 사람이 되어 버렸네. 어이가 없다. 엄마는 우리 아들이 학교 갈 때 제발 단정하고 말끔하게 하고 갔으면 하네요. 알겠어요?
아들: 네, 이 소자 어머니 말씀 감탄고토하겠습니다.
엄마: 이 녀석이 엄마가 하는 말에 한마디도 안 지는구나.

> 정답 해설

아들은 오늘 채점을 하지 못했다는 내용이 있으므로 채점 결과가 좋지 않았는지는 알 수 없다.

> 오답 해설

① "평소에 방 정리 좀 하라고 몇 번을 이야기했니? 이렇게 방이 지저분한데 공부가 되겠어?"라는 엄마의 말에서 아들이 평소에 방 정리를 잘 하지 않는다는 것을 알 수 있다.
② "이발 좀 하라고 했다가 남녀 차별까지 하는 사람이 되어 버렸네. 어이가 없다."라는 엄마의 말에서 남녀 차별을 한다는 아들의 말에 어이없어하는 것을 알 수 있다.
③ "남자애가 그렇게 머리카락이 길어서 공부를 어떻게 해? 앞머리가 눈을 다 가리고 있잖아."라는 엄마의 말에서 앞머리가 눈을 가릴 정도로 아들의 머리가 길다는 것을 알 수 있다.
⑤ "엄마는 우리 아들이 학교 갈 때 제발 단정하고 말끔하게 하고 갔으면 하네요."라는 엄마의 말에서 아들이 단정하게 하고 학교에 다니기를 원한다는 것을 알 수 있다.

009 ④

> 정답 해설

엄마는 '놀리는 거니?', '어이구!', '어이가 없다.' 등의 언급을 통해 아들의 의견에 불만을 표시하고 있다. 그러므로 아들의 의견을 수긍한다는 진술은 적절하지 않다.

오답 해설

① 아들은 시험 성적을 묻는 엄마의 질문에 시험지를 잘 봤다고 대답하고, 정신없는 아들을 나무라는 의미의 '학교에는 어떻게 다니니?'라는 엄마의 질문에 걸어서 다닌다고 대답하는 등 엄마의 질문에 담긴 의도와 다르게 대답하고 있다.
② 아들은 아빠도 빨래통에 빨래를 넣지 않고 거실 의자에 걸쳐 놓는다는 언급을 통해 자신의 문제점을 회피하려는 의도를 보이고 있다.
③ 엄마의 말을 모두 수용하지 않고 자신의 마음에 드는 것만 받아들이겠다는 마음을 '감탄고토'라는 사자성어로 표현하고 있다.
⑤ 엄마는 '~몇 번을 이야기했니?', '~공부가 되겠어?' 등 계속되는 질문을 통해 본인이 바라는 점을 아들에게 전달하고 있다.

010 ④
듣기 대본

이번에는 강연을 들려 드립니다. 10번은 듣기 문항, 11번은 말하기 문항입니다.
오늘은 마약 중독을 주제로 이야기해 보겠습니다. 우리 뇌에는 '보상 회로'라는 것이 있습니다. 몸에 필로폰이나 코카인 같은 성분이 들어오면 보상 회로에서 도파민이 과도하게 분비되는데, 이게 투약자에게 쾌락과 행복감을 느끼게 해 주는 것입니다. 그런데 이때 분비되는 도파민의 양은 일반인에게서 평생 나오는 도파민의 총량보다 더 많은 수치입니다. 이렇게 되면 당연히 뇌세포와 보상 회로에 문제가 생기게 됩니다. 결국 뇌세포와 보상 회로가 파괴되면 도파민의 분비가 점점 줄어들고 투약하지 않았을 때 더 큰 우울감을 느끼게 되는 것입니다. 그러다 보니 점점 더 많은 용량을 투약하거나 중독에 빠지게 되고, 그때부터는 사실 고통을 잊기 위해 마약을 찾게 됩니다.
마약 중독으로 인한 금단 현상도 심각합니다. 금단 현상의 구체적인 증상은 호흡이 제대로 되지 않고 심장 박동이 지나치게 빨라지는 것입니다. 또한 온도 감각과 통증 감각 등을 제대로 느끼지 못하거나 환각을 보이기도 합니다. 필로폰 중독자가 보이는 행동을 예로 들면, 투약 시 초반에는 각성 증세로 오랫동안 잠을 자지 않고 밥도 먹지 않은 채 있다가, 약의 기운이 떨어져 가면서 우울감이 몰려들고 감정 조절에 어려움이 생겨 작은 자극에도 쉽게 흥분하고 공격적으로 변하게 됩니다.
투약을 막는 최선의 예방법은 무엇보다 마약 투약의 폐해에 대해 잘 이해하는 것입니다. 그 약물이 본인의 정신과 육체에 어떤 영향을 미치고, 향후 치료에 실패할 경우 어떤 끔찍한 일이 벌어지는지를 자세히 안다면 선뜻 빠지지 않을 것입니다. 한번 마약에 빠지게 되면 끊기가 어려워 본인뿐 아니라 주변 가족들까지 모두가 힘든 시간을 보내기에 처벌만큼이나 근본적인 치료가 필요합니다. 절대 혼자 이겨 내려고 하지 말고 전문가의 도움을 받아 올바른 치료 방법을 찾기 바랍니다.

정답 해설

금단 현상의 구체적인 증상은 호흡이 제대로 되지 않고 심장 박동이 지나치게 빨라지는 것이라고 했으므로 적절하지 않다.

오답 해설

① 마약 투약으로 뇌세포와 보상 회로가 파괴되면 도파민의 분비가 줄어들어 투약하지 않았을 때 더 큰 우울감을 느끼게 된다고 하였으며, 필로폰 중독자의 예에서도 우울감이 몰려든다고 언급하였다.
② 뇌세포와 보상 회로가 파괴되면 도파민의 분비가 점점 줄어든다고 언급하고 있다.
③ 마약 투약을 막는 최선의 예방법은 마약 투약의 폐해에 대해 잘 이해하는 것이라고 언급하고 있다.
⑤ 마약에 빠지게 되면 끊기가 어렵기 때문에 절대 혼자 이겨 내려고 하지 말고 전문가의 도움을 받으라고 언급하고 있다.

▶ 출처 "KBS 아침마당", 몸과 마음을 망가뜨리는 '마약 중독', KBS 1TV, 2023년 12월 14일 방송.

011 ①
정답 해설

마약 중독으로 인한 금단 현상의 이해를 돕기 위해 "필로폰 중독자가 보이는 행동을 예로 들면"이라면서 필로폰 중독 증세를 예로 제시하고 있다.

오답 해설

② 강연에서 신문 기사 내용을 제시한 부분은 없다.
③ 강연 내용과 관련된 전문가의 말을 인용한 부분은 없다.
④ 강연 내용과 관련된 여러 통계 자료를 제시하고 있지 않다.
⑤ 문제에 대한 예방법과 올바른 방법을 찾기를 바란다는 언급으로 마무리를 하고 있지 청중에게 강연을 들은 감상에 대해 질문하지 않는다.

012 ⑤
듣기 대본

이번에는 발표를 들려 드립니다. 12번은 듣기 문항, 13번은 말하기 문항입니다.
오늘은 동물권에 대해 발표하고자 합니다. 동물권이란 동물도 인간과 같이 인권에 비견되는 생명권을 지니며 고통을 피하고 학대당하지 않을 권리를 지니고 있다는 것을 의미합니다. 이 개념은 동물 보호를 기본으로 동물 실험, 가축 도살, 동물 학대 등을 반대합니다. 따라서 동물권은 동물을 가두고 키우는 행위 자체를 반대하고 자연 상태 그대로 두는 것을 추구합니다.

동물 복지와 동물권 사이에는 조그만 관점의 차이가 있습니다. 동물 복지의 관점에서 공장식 축산은 그 자체로는 문제가 되지 않습니다. 공장식 축산이 동물을 건강하게 유지시키고 안락한 장소를 제공하며 심신 안정을 취할 수 있게 한다면 문제로 보지 않습니다. 그러나 동물권의 관점에서는 동물의 행동권과 자유권을 침해한다고 보기 때문에 어딘가에 가두고 인간의 의지대로 다루는 공장식 축산을 반대합니다.

하지만 동물 복지와 동물권 사이에 의견 일치를 보이는 관점도 있습니다. 바로 동물원 폐지입니다. 동물원의 우리 안에서 정형 행동을 하는 동물을 볼 때가 있는데 정형 행동이란, 사육되는 동물에게서 주로 나타나는 반복적이고 지속적이며 목적이 없는 행동으로, 동물이 극심한 스트레스를 받을 때 보이는 이상 행동입니다. 정형 행동은 사육장의 넓이, 개체 수, 먹이 상태, 사회화 상태 등 여러 가지 요소들에 원인이 있다고 보고 있습니다. 이러한 문제를 지적하며 동물 복지와 동물권을 강조하는 사람들은 인간을 전시하는 행위를 하지 않는 것처럼 동물도 마찬가지로 대해야 한다는 입장을 취하고 있습니다.

이제는 진정으로 동물과 사람이 함께 살아갈 수 있는 삶을 위해 고민하고 행동해야 할 때입니다.

정답 해설
동물권은 동물 복지와는 달리 인간의 마음대로 가두고 키우는 공장식 축산에 대해 반대하고 있다고 언급하고 있으므로 적절하지 않은 내용이다.

오답 해설
① 동물권은 동물을 가두고 키우는 행위를 반대하고 자연 상태 그대로 두는 것을 추구한다고 언급하고 있다.
② 정형 행동에 대해 언급한 후 동물권과 동물 복지가 이러한 문제를 지적하며 동물원 폐지 입장을 취하고 있다고 언급하고 있다.
③ 동물권은 동물 보호를 기본으로 동물 실험, 가축 도살, 동물 학대 등을 반대한다고 언급하고 있다.
④ 동물권과 동물 복지는 인간을 전시하는 행위를 하지 않는 것처럼 동물도 마찬가지로 대해야 한다는 입장이라고 언급하고 있다.

▶ 출처
나무위키, '동물권', 발췌 재구성
(https://namu.wiki/w/%EB%8F%99%EB%AC%BC%EA%B6%8C)

013 ③

정답 해설
공장식 축산에 대해 동물권과 동물 복지의 관점의 차이점을 대조의 방법을 활용하여 설명하고 있다.

오답 해설
① 청중의 공감을 얻기 위한 자신의 경험담은 제시되어 있지 않다.
② 내용의 신뢰성을 얻기 위한 전문가의 견해는 인용하고 있지 않다.
④ 청중의 이해를 돕기 위한 다양한 영상 자료는 제시되어 있지 않다.
⑤ 동물과의 공존을 위해 청중의 행동을 촉구하는 언급은 있지만 문제 해결을 위해 정부의 행동을 촉구하는 내용은 없다.

014 ②

듣기 대본
끝으로 협상의 한 장면을 들려드립니다. 14번은 듣기 문항, 15번은 말하기 문항입니다.

담당자: 별빛 아파트 주민 대표님, 지금까지의 논의를 정리하겠습니다. 새로 입주한 별빛 아파트에서 셔틀버스를 자체 운영하는 것은 관리비 상승 등의 부담이 있고, 지자체 공영 버스의 승객이 줄어 공공의 이익에도 부정적인 면이 많다는 것에 양쪽 모두 동의하였습니다. 그래서 저희는 별빛 아파트에서 자체 셔틀버스 운영 계획을 철회하고, 공영 버스를 이용해 줄 것을 제안합니다.

주민 대표: 공영 버스 담당자님, 신규 아파트 단지인 우리 아파트는 현재 버스 정류장도 제대로 갖추어지지 않아서 맞은편 아파트 단지까지 한참을 걸어가서 버스를 타야 하는 실정입니다. 특히 중·고등학생들이 등교할 때 버스가 바로 가면 10분이면 갈 거리를 엉뚱한 노선으로 돌고 돌아 30분 정도나 걸려서 갑니다. 이게 무슨 어처구니없는 일입니까? 이런 이유로 셔틀버스 운영을 추진하려는 것입니다. 게다가 공영 버스는 배차 간격도 너무 길어서 자칫하면 시간을 맞추지 못해 택시를 타는 일이 다반사입니다.

담당자: 그런 힘든 일들이 있으셨군요. 그렇다면 지자체에서 우선 별빛 아파트 단지 앞에 버스 정류장을 신설하면 셔틀버스 운영 계획을 철회해 주실 수 있나요?

주민 대표: 기존의 버스 노선이라면 짧은 거리를 두고 돌고 돌아서 가야 하는데 누가 공영 버스를 타려고 할까요? 아마 셔틀버스를 운영하지 않더라도 공영 버스는 타지 않을 겁니다. 시간이 단축될 수 있도록 공영 버스 노선을 정리하고 배차 간격을 줄여

주신다면 셔틀버스 운영 계획을 철회할 생각이 있습니다.
담당자: 네, 그럼 버스 정류장 신설과 노선 정리는 적극 수용하도록 하겠습니다. 하지만 버스 운영의 현실을 감안하여 배차 간격은 지금과 동일하게 운영할 수밖에 없습니다. 이점 양해 부탁합니다.
주민 대표: 네, 좋습니다. 말씀하신 조건 받아들이고 주민들에게 전달하겠습니다.

> 정답 해설

공영 버스 담당자의 마지막 발언을 보면, 버스 운영의 현실을 감안하여 배차 간격은 지금과 동일하게 운영할 수밖에 없다고 말하고 있다.

> 오답 해설

① 공영 버스 담당자의 첫 번째 발언을 보면, 공영 버스의 승객이 줄어 공공의 이익에도 부정적인 면이 많다는 것에 양쪽 모두 동의하였다고 말하고 있다.
③ 공영 버스 담당자의 첫 번째 발언을 보면, 별빛 아파트에서 셔틀버스를 자체 운영하는 것은 관리비 상승 부담이 있다는 것에 양쪽 모두 동의하였다고 말하고 있다.
④ 아파트 주민 대표의 첫 번째 발언을 보면, 중·고등학생들이 등교할 때 바로 가면 10분이면 갈 거리를 버스가 엉뚱한 노선으로 돌고 돌아 30분 정도가 걸린다고 말하고 있다.
⑤ 아파트 주민 대표의 두 번째 발언을 보면, 기존의 버스 노선은 돌고 돌아서 가야 하므로 셔틀버스를 운영하지 않더라도 공영 버스는 타지 않을 것이라고 말하고 있다.

015 ②

> 정답 해설

공영 버스 담당자는 버스 정류장 설치 외에 버스 노선 정리를 수용하였고, 아파트 주민 대표는 배차 간격 조정을 제외하고 버스 정류장 신설과 노선 정리를 수용하였다.

> 오답 해설

① 양측 모두 상대방의 입장을 고려하여 원만히 합의하였으며 자신의 입장을 시종일관 고수하지는 않았다.
③ 협상 결렬의 대안으로 상급 기관에 조정을 신청하자는 발언은 양측 모두 하지 않았다.
④ 양측은 상대방의 요구안을 조정하여 수용하였으며, 협상 타결에 따른 피해 보상의 내용은 언급하지 않았다.
⑤ 양측은 상대방의 요구안을 조정하여 수용하였으며, 일방의 요구안을 그대로 수용한 것은 아니다.

어휘·어법 016번~045번

기출문제집 p.249

016	⑤	017	④	018	⑤	019	③	020	②
021	②	022	④	023	①	024	①	025	②
026	④	027	②	028	①	029	④	030	①
031	②	032	⑤	033	①	034	⑤	035	④
036	④	037	②	038	⑤	039	③	040	③
041	⑤	042	④	043	②	044	⑤	045	③

016 ⑤

> 정답 해설

'도리깨'는 '곡식의 낟알을 떠는 데 쓰는 농기구'로 긴 막대기 한 끝에 가로로 구멍을 뚫어 나무로 된 비녀못을 끼우고, 비녀못 한끝에 도리깻열을 맨다. 도리깻열은 곧고 가느다란 나뭇가지 두세 개로 만들며, 이 부분으로 곡식을 두드려 낟알을 떤다.

> 오답 해설

① '가래'는 '농업'에서 '흙을 파헤치거나 떠서 던지는 기구'이다.
② '따비'는 '풀뿌리를 뽑거나 밭을 가는 데 쓰는 농기구'로 쟁기보다 조금 작고 보습이 좁게 생겼다.
③ '써레'는 '갈아 놓은 논의 바닥을 고르는 데 쓰는 농기구'로 긴 각목에 둥글고 끝이 뾰족한 살을 7~10개 박고 손잡이를 가로 대었으며 각목의 양쪽에 밧줄을 달아 소나 말이 끌게 되어 있다.
④ '고무래'는 곡식을 그러모으고 퍼거나, 밭의 흙을 고르거나 아궁이의 재를 긁어모으는 데에 쓰는 'T'자 모양의 기구이다. 장방형이나 반달형 또는 사다리꼴의 널조각에 긴 자루를 박아 만든다.

017 ④

> 정답 해설

'갈채(喝采)'는 '외침이나 박수 따위로 찬양이나 환영의 뜻을 나타냄.'이다. '무대의 앞쪽 아래에 장치하여 배우를 비추는 광선'은 '각광(脚光)'의 뜻풀이이다.

018 ⑤

> 정답 해설

'가살'은 '말씨나 행동이 되바라지고, 밉상스러움. 또는 그런 짓'이라는 뜻의 단어이다. '아픔이나 괴로움 따위를 거짓으로 꾸미거나 실제보다 보태어서 나타내는 것'을 의미하는 단어는 '엄살'이다.

019 ③
정답 해설

'참척(慘慽)'은 '자손이 부모나 조부모보다 먼저 죽는 일'이므로 아버지를 잃은 아들의 마음을 표현하기에 적절하지 않은 한자어이다.

오답 해설

① '추호(秋毫)'는 매우 적거나 조금인 것을 의미하므로 문맥에 맞게 사용되었다.
② '내홍(內訌)'은 '집단이나 조직의 내부에서 자기들끼리 일으킨 분쟁'의 의미이므로 문맥에 맞게 사용되었다.
④ '와중(渦中)'은 '일이나 사건 따위가 시끄럽고 복잡하게 벌어지는 가운데'라는 뜻이므로 문맥에 맞게 사용되었다.
⑤ '온상(溫床)'은 '어떤 현상이나 사상, 세력 따위가 자라나는 바탕'이라는 뜻이므로 문맥에 맞게 사용되었다.

020 ②
정답 해설

㉠ '만물을 창조하고 기르는 대자연의 이치. 또는 그런 이치에 따라 만들어진 우주 만물'을 의미하는 '조화'의 원어는 '造化'이다.
㉡ '남을 복종시키거나 지배할 수 있는 공인된 권리와 힘'을 의미하는 '권력'의 원어는 '權力'이다.
㉢ '남의 마음이나 사정을 미리 살펴보다.'의 의미인 '타진하다'에서 '타진'의 원어는 '打診'이다.

오답 해설

'조화(調和)'는 '서로 잘 어울림.'이라는 뜻이고, '권력(勸力)'은 '알아듣도록 타일러서 힘쓰게 함.'이라는 뜻이다. '타진하다(打盡하다)'는 '모조리 잡다.'라는 의미이다.

021 ②
정답 해설

'끌끌하다'는 '마음이 맑고 바르고 깨끗하다.'는 뜻이다. 선지의 문맥은 그 사람이 바르지 못한 성격이라는 뜻이므로 '끌끌하다'와 어울려 쓰기에 적절하지 않다.

오답 해설

① '두텁다'는 '신의, 믿음, 관계, 인정 따위가 굳고 깊다'는 뜻이므로 적절하다.
③ '시망스럽다'는 '몹시 짓궂은 데가 있다.'는 뜻이므로 사람을 잘 놀린다는 문맥에 쓰기에 적절하다.
④ '비끼다'에는 여러 뜻이 있는데 그중의 하나로 '얼굴에 어떤 표정이 잠깐 드러나다.'라는 뜻이 있다. 여기서는 이 뜻의 '비끼다'가 쓰인 것으로 선지의 문맥에 적절하다.
⑤ '그슬리다'는 '불에 겉만 약간 탄다'는 뜻이므로 선지의 문맥에 쓰기에 적절하다.

022 ④
정답 해설

앞에 나오는 '부르지'는 행동이나 말이 관련된 다른 일이나 상황을 초래한다는 뜻이고 뒤에 나오는 '부르지'는 구호나 만세 따위를 소리 내어 외친다는 뜻으로, 말이나 행동으로 다른 사람의 주의를 끌거나 오라고 하는 뜻에서 파생된 다의 관계에 있는 단어이다.

오답 해설

① 앞의 '고르기'는 '여럿이 다 높낮이, 크기, 양 따위의 차이가 없이 한결같다.'는 의미의 형용사 '고르다'의 활용형이며, 뒤의 '고르기'는 '여럿 중에서 가려내거나 뽑다.'를 의미하는 동사 '고르다'의 활용형이다.
② 앞의 '지긋한'은 '나이가 비교적 많아 듬직하다.'는 뜻이고 뒤의 '지긋한지'는 '진저리가 나도록 싫고 지겹다.'는 뜻으로 둘 사이의 의미가 멀어 동음이의 관계에 있는 단어들이다.
③ 앞의 '그만하면'은 '상태, 모양, 성질 따위의 정도가 그러하다.'는 뜻의 형용사의 활용형이고 뒤의 '그만하고'는 '하던 일을 그만 멈춘다.'는 뜻의 동사의 활용형이다.
⑤ 앞의 '걸게'는 '말씨가 거칠고 험하다.'는 뜻의 형용사의 활용형이고, 뒤의 '걸지'는 '기계 장치가 작동되도록 한다.'는 뜻의 동사의 활용형이다.

023 ①
정답 해설

'동글다 – 둥글다'는 모음의 교체에 의한 내적 파생으로 '작은 말'과 '큰 말' 관계의 예이다. 표준국어대사전에서는 이런 관계를 '참고 어휘'에 제시하였다.
선지에 있는 다른 예들은 모두 '작은 말'과 '큰 말'의 관계이나 '곪다 – 굶다'의 경우에는 의미상 서로 관련이 없어 '작은 말'과 '큰 말'의 경우에 해당하지 않는다.

오답 해설

② '바수다'는 '여러 조각이 나게 두드려 잘게 깨뜨리다.'이며, '부수다'는 '단단한 물체를 여러 조각이 나게 두드려 깨뜨리다.'로 둘은 '작은 말'과 '큰 말'의 관계임을 알 수 있다.
③ '옴키다'는 '손가락을 오그리어 물건 따위를 놓치지 아니하도록 힘 있게 잡다.'이며, '움키다'는 '손가락을 우그리어 물건 따위를 놓치지 않도록 힘 있게 잡다.'로 둘은 '작은 말'과 '큰 말'의 관계이다.
④ '까칠하다'는 '야위거나 메말라 살갗이나 털이 윤기가 없고 조금 거칠다.'이며, '꺼칠하다'는 '여위거나 메말라 살갗이나 털이 윤기가 없고 거칠다.'로 둘은 '작은 말'과 '큰 말'의 관계이다.
⑤ '알알하다'는 '맵거나 독하여 혀끝이 약간 아리고 쏘는 느낌이 있다.'이며, '얼얼하다'는 '맵거나 독하여 혀끝이 몹시 아리고 쏘는 느낌이 있다.'로 둘은 '작은 말'과 '큰 말'의 관계이다.

024 ①
정답 해설

'톱니바퀴가 맞물려 돌자'에서 '돌다'는 물체가 일정한 축을 중심으로 원을 그리면서 움직인다는 뜻이다. 반면에 '공전(空轉)하다'는 '기계나 바퀴 따위가 헛돌다.'는 뜻이므로 톱니바퀴가 맞물려 도는 상황에 사용하기에 적절하지 않다.

오답 해설

② '국도로 돌아서 가시면'에서 '돌다'는 가까운 길을 두고 멀리 비켜 간다는 뜻이다. '우회하다'는 곧바로 가지 않고 멀리 돌아서 간다는 뜻이므로 서로 뜻이 통한다.
③ '자금이 돌지 않아'에서 '돌다'는 돈이나 물자 따위가 유통된다는 뜻이므로 적절하게 사용된 단어이다.
④ '우리 편으로 돌았다'에서 '돌다'는 생각이나 노선을 바꾼다는 뜻이다. '전향하다'도 비슷하여 '종래의 사상이나 이념을 바꾸어서 그와 배치되는 사상이나 이념으로 돌린다'는 뜻이다.
⑤ '기계가 정상적으로 돌고'에서 '돌다'는 기능이나 체제가 제대로 작용한다는 뜻이다. '작동하다'는 기계 따위가 작용을 받아 움직인다는 뜻이므로 역시 '돌다'와 뜻이 통한다.

025 ②
정답 해설

<보기>에 쓰인 '가멸다'는 '재산이나 자원 따위가 넉넉하고 많다.'는 뜻이다. 따라서 반의어로 가장 적절한 것은 '살림살이가 넉넉하지 못하여 몸과 마음이 괴로운 상태에 있다.'는 뜻의 '가난하다'이다. 따라서 정답은 ②이다.

오답 해설

① '어질다'는 '마음이 너그럽고 착하며 슬기롭고 덕이 높다.'는 뜻이다.
③ '다정하다'는 '정이 많다. 또는 정분이 두텁다.'는 뜻이다.
④ '무던하다'는 '정도가 어지간하다' 또는 '성질이 너그럽고 수더분하다.'는 뜻이다.
⑤ '엄격하다'는 '말, 태도, 규칙 따위가 매우 엄하고 철저하다.'는 뜻이다.

026 ④
정답 해설

'조자룡이 헌 칼 쓰듯'은 돈이나 물건을 헤프게 쓰는 경우를 이르는 말이다. 이 문맥은 단지 낡은 도구를 쓴다는 것이므로 이 속담이 사용될 문맥이 아니다.

오답 해설

① '대장장이 집에 식칼이 놀다'에서 '놀다'는 '드물어서 구하기 어렵다'는 뜻이다. 즉, '칼을 만드는 대장장이의 집에 오히려 식칼이 없다'는 뜻으로, 어떠한 물건이 흔하게 있을 듯한 곳에 의외로 많지 않거나 없을 때 사용하는 속담이다. 따라서 목공소라면 흔히 톱이 있을 것으로 기대하는데 없음을 비유한 것이므로 적절하게 속담을 사용했다.
② '가문 논에 물 대기'는 일이 매우 힘들거나 힘들여 해 놓아도 성과가 없을 때 쓰는 속담이다. 빚이 많아 돈을 벌어도 빚을 갚느라 허덕임을 비유한 것이므로 적절하게 속담을 사용했다.
③ '원님 덕에 나팔 분다'는 남의 덕으로 당치도 아니한 행세를 하게 되거나 그런 대접을 받을 때 쓰는 속담이다. 남, 즉 친구 덕에 융숭한 대접을 받음을 비유한 것이므로 적절하게 속담을 사용했다.
⑤ '양반은 얼어 죽어도 겻불은 안 쬔다'는 아무리 궁하거나 다급한 경우라도 체면을 깎는 짓은 하지 아니한다는 뜻으로 쓰는 속담이다. 구걸해 온 음식은 먹지 않는 사람을 비꼬는 뜻으로 사용한 것이므로 적절하게 속담을 사용했다.

027 ②

정답 해설

'화사첨족'은 '뱀을 다 그리고 나서 있지도 아니한 발을 덧붙여 그려 넣는다는 뜻으로, 쓸데없는 군짓을 하여 도리어 잘못되게 함을 이르는 말이다. 이 문맥은 소설의 마지막 부분이 아주 훌륭하여 이 작품의 백미라는 뜻이므로 '화사첨족'이라는 말을 쓰기에 적절하지 않은 문맥이다.

오답 해설

① '위편삼절'은 '공자가 주역을 즐겨 읽어 책의 가죽끈이 세 번이나 끊어졌다는 뜻으로, 책을 열심히 읽음을 이르는 말'이므로 적절하게 사용되었다.
③ '오매불망'은 자나 '깨나 잊지 못한다는 뜻'으로 적절하게 사용되었다.
④ '새옹지마'는 '인생의 길흉화복은 변화가 많아서 예측하기가 어렵다는 말'이므로 적절하게 사용되었다.
⑤ '낭중지추'는 '주머니 속의 송곳이라는 뜻으로, 재능이 뛰어난 사람은 숨어 있어도 저절로 사람들에게 알려짐을 이르는 말'이므로 적절하게 사용되었다.

028 ①

정답 해설

'코가 우뚝하다'는 '잘난 체하며 거만하게 굴다'는 뜻이므로 소심하고 겸손한 동생에게 쓰기에 적절하지 않은 표현이다.

오답 해설

② '코가 꿰이다'는 '약점이 잡히다'는 뜻이므로 적절하게 사용되었다.
③ '코를 빠뜨리다'는 '못 쓰게 만들거나 일을 망치다'는 뜻이므로 적절하게 사용되었다.
④ '코가 납작해지다'는 '몹시 무안을 당하거나 기가 죽어 위신이 뚝 떨어지다'는 뜻이므로 적절하게 사용되었다.
⑤ '코가 세다'는 '남의 말을 잘 듣지 않고 고집이 세다'는 뜻이므로 적절하게 사용되었다.

029 ④

정답 해설

'맹지'는 '도로 없는 땅'의 뜻으로 '쓸모없는 땅'으로 순화하는 것은 적절하지 않다.

030 ①

정답 해설

'메타팜'은 '확장 가상 세계(메타버스)에서 작황을 예측하는 등 다양한 농업 방식을 모의 실험하여 농사에 적용하는 것'으로 '가상 농장'으로 순화하는 것이 적절하다.

031 ②

정답 해설

'남을 단단히 윽박질러서 혼을 내다.'의 뜻을 가진 [닥딸하다]는 '닦달하다'로 표기하는 것이 옳다.

오답 해설

① '어디에다'가 줄어든 말이므로 '얻다'로 표기하는 것이 옳다.
③ '손으로 한 줌 움켜쥘 만한 분량'은 '움큼'으로 표기하는 것이 옳다.
④ '이리저리 뒤섞이다'는 의미의 [얼키고설키다]는 '얽히고설키다'로 표기하는 것이 옳다.
⑤ '뒤에서 일을 보살펴서 도와주는 일'은 '뒤치다꺼리'로 표기하는 것이 옳다.

032 ③

정답 해설

'두루마리'는 '길게 둘둘 만 물건'을 뜻하는 명사로, 소리 나는 대로 '두루마리'로 표기하는 것이 옳다. 따라서 '두루말이'는 틀린 표기이다.

오답 해설

① '배앓이'에서 '앓이'는 '앓다'에 '-이'가 결합한 말이므로, 어간에 '-이'가 붙어서 명사로 된 것은 그 어간의 원형을 밝혀 적는다는 한글 맞춤법 제19항에 따라 '배앓이'로 적어야 한다.
② '살림살이'에서 '살이'는 '살다'에 '-이'가 결합한 말이므로, 어간에 '-이'가 붙어서 명사로 된 것은 그 어간의 원형을 밝혀 적는다는 한글 맞춤법 제19항에 따라 '살림살이'로 적는다.
④ '미닫이'의 '닫이'는 '닫-' 뒤에 '-이'가 결합된 형태로, 어간에 '이'가 붙어서 명사로 된 것은 그 어간의 원형을 밝혀 적는다는 한글 맞춤법 제19항과 'ㄷ, ㅌ' 받침 뒤에 종속적 관계를 가진 '-이(-)'나 '-히-'가 올 적에는 그 'ㄷ, ㅌ'이 'ㅈ, ㅊ'으로 소리 나더라도 'ㄷ, ㅌ'으로 적는다는 한글 맞춤법 제6항에 따라 '미닫이'로 표기해야 한다.
⑤ '물받이'에서 '받이'는 '받다'에 '-이'가 결합한 말이므로, 어간에 '이'가 붙어서 명사로 된 것은 그 어간의 원형을 밝혀 적는

다는 한글 맞춤법 제19항과 'ㄷ, ㅌ' 받침 뒤에 종속적 관계를 가진 '-이(-)'나 '-히-'가 올 적에는 그 'ㄷ, ㅌ'이 'ㅈ, ㅊ'으로 소리 나더라도 'ㄷ, ㅌ'으로 적는다는 한글 맞춤법 제6항에 따라 '물받이'로 표기해야 한다.

033 ①

정답 해설

'누런빛이 나도록 조금 타다'의 의미를 가진 말은 '눋다'이고 '눋고, 눋지, 눌어, 눌으니, 눋는'으로 활용한다. 따라서 '눌지'는 옳지 않고 '눋지'가 옳은 표기이다.

오답 해설

② '물을 바가지로 떠내다'는 의미의 말은 '긷다'로 '길어, 길으니, 긷는'으로 활용한다. '길어'는 옳은 표기이다.
③ '물에 젖어서 부피가 커지다'는 의미의 말은 '붇다'로 '불어, 불으니, 붇는'으로 활용한다. '불었다'는 옳은 표기이다.
④ '말이나 행동이 규범에 들어 맞다'는 의미의 말은 '바르다'로 '발라, 바르니'로 활용한다. '발라서'는 옳은 표기이다.
⑤ '불에 태워 없애다'는 의미의 말은 '사르다'로 '살라, 사르니'로 활용한다. '살라'는 옳은 표기이다.

034 ⑤

정답 해설

'오랜만'은 '오래간만'의 준말이므로 띄어 쓰지 않는다.

오답 해설

①, ②, ③ 시간을 나타내는 '만'은 의존 명사로 앞말과 띄어쓰기한다.
④ 앞말이 뜻하는 동작이나 행동에 타당한 이유가 있음을 나타내는 '만'은 의존 명사로 앞말과 띄어쓰기한다.

035 ④

정답 해설

해당 문맥은 어떤 일을 거론하거나 문제 삼지 아니하는 상태에 있게 한다는 의미로, '붙이다'로 적지 않고 '부치다'로 적어야 옳다. 이는 용언의 어간에 '-이-, -히-, -우-'가 붙어서 된 말이라도 본뜻에서 멀어진 것은 소리대로 적는다는 한글 맞춤법 제22항과 한글 맞춤법 제57항에 따른 것이다.

오답 해설

① '든'은 어느 것이 선택되어도 차이가 없는 둘 이상의 일을 나열함을 나타내는 조사이고, '던'은 과거 어느 때에 직접 경험하여 알게 된 사실을 현재의 말하는 장면에 그대로 옮겨 와서 전달한다는 뜻을 나타내는 어미 '-더-'에 관형사형 어미 '-ㄴ'이 결합된 형태이다.(한글 맞춤법 제56항) 해당 문맥에서는 국내와 해외 중 어떤 것을 선택해도 차이가 없다는 뜻을 나타내는 나열의 의미이므로 '든'으로 써야 옳다.
② '뻗히다'는 오므렸던 것이 펴진다는 의미이고, '뻗치다'는 길이나 강, 산맥 따위의 긴 물체가 어떤 방향으로 길게 이어져 간다는 의미의 '뻗다'를 강조하여 이르는 말이다. 해당 문맥에서는 태백산맥이 길게 이어져 있다는 의미이므로 '뻗쳐'로 써야 옳다.
③ '맞히다'는 문제에 대한 답을 틀리지 않게 한다는 의미이고, '맞추다'는 어떤 기준에 틀리거나 어긋남이 없이 조정한다는 의미이다. 해당 문맥에서는 카메라의 초점을 조정하는 것이므로 '맞추다'를 써야 옳다.
⑤ '달이다'는 약재 따위에 물을 부어 우러나도록 끓인다는 의미이고, '다리다'는 옷이나 천 따위의 주름이나 구김을 펴고 줄을 세우기 위하여 다리미나 인두로 문지른다는 의미이다. (한글 맞춤법 제57항) 해당 문맥에서는 보약을 지어 먹는다는 내용이므로 '달여'로 써야 옳다.

036 ④

정답 해설

중괄호({ })는 같은 범주에 속하는 여러 요소를 세로로 묶어서 보일 때 또는 열거된 항목 중 어느 하나가 자유롭게 선택될 수 있음을 보일 때 쓴다. 그러나 이 경우는 고유어에 대응하는 한자어를 한자로 쓴 경우이므로 대괄호([ ])를 써야 한다. 대괄호는 고유어에 대응하는 한자어를 한자로 쓸 때뿐만 아니라 한자로 쓰지 않고 한글로 써서 함께 보일 때에도 쓸 수 있다.

오답 해설

① 마침표(.)는 장, 절, 항 등을 표시하는 문자나 숫자 다음에 쓸 수 있으므로 해당 용례에서 'Ⅰ-가'항의 뒤에 쓴 마침표의 쓰임은 적절하다.
② 붙임표(-)는 두 개 이상의 어구가 밀접한 관련이 있음을 나타낼 때 쓰는 기호이다. 따라서 '한국', '미국', '일본'이 함께 한 정상 회의를 나타낼 때 국가명 사이에 붙임표를 사용한 것은 적절하다.
③ 숨김표(○, ×)는 비밀을 유지해야 하거나 밝힐 수 없는 사항임을 나타낼 때 쓸 수 있으므로, 해당 용례에서 이름을 밝힐 수 없어 사용한 숨김표의 쓰임은 적절하다.
⑤ 홑낫표(「 」)는 그림이나 노래와 같은 예술 작품의 제목 등을

나타낼 때 쓰이므로, 해당 용례에서 모네의 그림 작품명을 나타내기 위해 사용한 홑낫표의 쓰임은 적절하다.

037 ④
정답 해설
'너저분하게 흐트러지거나 흩어지다'는 의미의 말은 '널브러지다' 이다.

오답 해설
① '나누지 아니한 덩어리 전부'를 의미하는 말은 '통째'가 표준어이다.
② '조금만 잘못하였더라면'의 뜻을 나타내는 말은 '하마터면'이 표준어이다.
③ '말을 하는 상대가 없이 혼자서 하는 말'은 '혼잣말'이 표준어이다.
⑤ '얼굴에 핏기가 없고 파리하다'의 뜻을 나타내는 말은 '핼쑥하다'가 표준어이다.

038 ③
정답 해설
'꼽꼽하고'는 '꼼꼼하고'에 해당하는 전라도 방언이다.

오답 해설
① '나차막하다'는 '나지막하다'에 해당하는 전라도 방언이다.
② '갱기찮다'는 '괜찮다'에 해당하는 전라도, 함경도 방언이다.
④ '고수우하다'는 '고소하다'에 해당하는 전라도 방언이다.
⑤ '꼬아먹다'는 '속이다'에 해당하는 전라도 방언이다.

039 ③
정답 해설
'공권력'은 [공꿘녁]이 표준 발음이고 [공꿜력]은 표준 발음이 아니다.

040 ③
정답 해설
원어 'target'은 발음이 ['tɑːrgɪt]이므로 '짧은 모음 다음의 어말 무성 파열음([p], [t], [k])은 받침으로 적는다'는 원칙에 따라 '타깃'으로 표기하는 것이 옳다.

오답 해설
① 원어 'carol'은 발음이 ['kærəl]이므로 외래어 표기법의 국제 음성 기호 표기 일람표에 따라 '캐럴'로 표기하는 것이 옳다.
② 원어 'license'는 발음이 ['laɪsəns]이므로 강세 없는 모음 [ə]는 '어'로 적는다는 원칙에 따라 '라이선스'로 표기하는 것이 옳다.
④ 원어 'consortium'은 발음이 [kənˈsɔːrtiəm]이므로 외래어 표기법의 국제 음성 기호 표기 일람표에 따라 '컨소시엄'으로 표기하는 것이 옳다.
⑤ 원어 'badge'는 발음이 [bædʒ]이므로 외래어 표기법의 국제 음성 기호 표기 일람표에 따라 '배지'로 표기하는 것이 옳다.

041 ⑤
정답 해설
'꽹과리'는 'ㅙ'를 'wae'로 적는 로마자 표기법 규정에 따라 'kkwaenggwari'로 적어야 한다. 'we'는 'ㅞ'에 해당한다.

042 ④
정답 해설
ⓒ '통나무의 흔들림 없는 자리는 개구리들에게 쉴 곳이 되어 주며 왕으로서 품위를 잃지 않았지만 개구리들은 멋지게 헤엄치는 다른 왕으로 바꿔 달라고 불평했다.'에서 주어인 '통나무의 흔들림 없는 자리'와 서술어 '품위를 잃지 않다'가 호응하지 않으므로 '통나무는 흔들림 없는 자리로~' 정도로 수정하는 것이 적절하다.

▶ 출처 남기심 외(2023), 『표준국어문법론』, 한국문화사.

043 ②
정답 해설
'왔습니다'는 주어인 '아버지'가 아니라 청자인 '할아버지'를 높이고 있다. '아버지'를 높이기 위해서는 '-시-'를 사용해 '오셨습니다'로 써야 한다.

오답 해설
① '-아라'는 해라체의 종결어미이며, '해라'는 상대편을 아주 낮추는 종결형이다. 따라서 '앉아라'는 청자를 낮추고 있다.
③ '드리다'는 객체 높임의 어휘로 부사어인 '선생님'을 높이고 있다.

④ '크시다'의 '-시-'는 주체 높임의 선어말어미로 주어인 '(아버지의)키'를 높임으로서 '아버지'를 간접적으로 높이고 있다.
⑤ '좋아하셔'의 '-시-'는 주체 높임의 선어말어미로 주체인 할머니를 높이고 있다.

044　③
정답 해설
이미 외투를 입은 상태로 서 있는 아이를 의미하므로 동작상의 중의성에 해당하지 않는다.

오답 해설
①, ②, ④, ⑤는 수식 범위의 모호함으로 인해 중의적으로 해석될 수 있다.
① '반장과 함께 있는 내가 선생님을 마주쳤다'는 의미일 수도 있고, '내가 반장과 선생님 두 사람을 마주쳤다'는 의미일 수도 있다.
② '편지를 하나도 읽어보지 못했다'는 의미일 수도 있고, '다는 읽어보지 못했다'는 의미일 수도 있다.
④ 주스를 마시는 것이 엄마일 수도 있고, 아이일 수도 있다.
⑤ '친구가 재미있다'는 의미일 수도 있고, '친구의 이야기가 재미있다'는 의미일 수도 있다.

045　③
정답 해설
'으로 인해'는 번역 투 표현으로서 '으로'로 수정하여 '소음으로'로 쓰는 것이 자연스럽다.

오답 해설
① 번역 투인 '에게 있어서'를 '에게'로 고친 것은 적절하다.
② '에 다름 아니다'는 번역 투 표현으로서 '와 다름없다'로 고친 것은 적절하다.
④ 번역 투인 '많은 관심 있으시기 바랍니다'를 '많이 관심 가져 주십시오'로 고친 것은 적절하다.
⑤ '아무리 강조해도 지나치지 않다'는 번역 투 표현으로서 '매우 중요하다'로 고친 것은 적절하다.

쓰기　046번~050번

기출문제집 p.257

| 046 | ② | 047 | ③ | 048 | ④ | 049 | ⑤ | 050 | ⑤ |

046　②
정답 해설
ㄱ. 일회용 플라스틱 용기의 배출량이 늘어난 사회적 배경으로 배달 플랫폼의 발달과 사회적 거리 두기의 확산이 제시되어 있으므로 적절하다.
ㄷ. 일회용 플라스틱 용기의 재활용률이 낮은 이유와 제고 방안을 모두 제시하였으므로 적절하다.

오답 해설
ㄴ. 소비자가 일회용품을 제대로 분리배출하지 않는 이유에 대해서는 제시되어 있지 않으므로 적절하지 않다.
ㄹ. 일회용 플라스틱 폐기물 저감화 방안에 대한 전문가의 의견은 인용되어 있지 않으므로 적절하지 않다.
ㅁ. 일회용 플라스틱 용기의 재활용률은 제시되어 있으나, 다회용기와 재활용률을 비교하여 수치로 제시하지는 않았으므로 적절하지 않다.

▶ 출처
- '코로나19 영향 생활폐기물 배출량 증가', 이기준, 금강일보, 2023.04.27.
  (https://www.ggilbo.com/news/articleView.html?idxno=971985)
- '코로나19로 택배·배달 폐기물 급증...'다회용기'로 해결될까', 김솔아, 오피니언뉴스, 2022.12.14.
- '한국의 사회동향 2022', 통계청. 2022.12.13.
- '일회용품 대신 다회용기로 배달시켜요!', 전자정부 누리집, 정책기자단 이재형, 2022.02.04.
- 변대호·전홍대(2023), '친환경 음식배달을 위한 정책대안의 평가', 산업혁신연구, 39(1), 84-98쪽.

047　③
정답 해설
(다)에는 일회용품 사용보다 다회용기 사용이 어려운 이유가 나타나 있으므로, 다회용기 사용 확산을 위해 개선되어야 할 문제점의 예로는 제시할 수 있으나 배달 플랫폼의 사회적 책임을 구체적으로 보충한다는 것은 적절하지 않다.

오답 해설
① (가)에서 코로나19 이전 대비 쓰레기와 폐기물, 자원순환 문제가 악화되었다고 응답한 비율이 49.3%로 높게 나타났기

때문에, 윗글의 1문단에서 일회용품 플라스틱 용기의 배출량이 늘어난 것에 대해 소비자의 문제의식이 높아졌다는 것을 뒷받침하기에 적절하다.
② (나)에서 일회용 플라스틱 용기가 배출하는 온실가스가 기후 변화의 위협 요인이 된다는 것을 알 수 있으므로, 윗글에서 말한 전문가들의 우려의 내용으로 추가하는 것은 적절하다.
④ (라)에서 소비자들이 다회용기를 선택할 때 포인트를 적립해 준다는 정책을 알 수 있으므로, 이를 환경 보호를 위한 소비자의 실천을 독려하기 위한 정책으로 소개하는 것은 적절하다.
⑤ (마)에서 기업에서 배달 플랫폼과 함께 다회용기 사용을 권장한다는 것을 알 수 있으므로, 이를 활용하여 기업의 환경 보호 사업 실천 사례로 배달 플랫폼과의 협업 사례를 제시한다는 것은 적절하다.

048 ④
정답 해설
Ⅲ-4는 윗글에 반영되지 않았으므로 Ⅲ-4를 삭제하고, Ⅲ-3 앞에 '소비자가 일회용기 사용을 줄일 수 있는 방안'을 추가하는 것으로 수정해야 한다.

오답 해설
① Ⅰ-2는 일회용 플라스틱 사용 실태라는 상위 항목의 내용을 벗어나 윗글에서 삭제하였으므로 적절하다.
② Ⅱ-3은 Ⅰ의 하위 항목으로 어울리는 내용이며 윗글의 1문단에서 제시하고 있으므로 적절하다.
③ Ⅲ은 하위 항목을 포괄할 수 있도록 '일회용 플라스틱 폐기물 저감화 방안'으로 수정하는 것은 적절하다.
⑤ 윗글의 주제를 고려할 때 윗글의 마지막 문단에서 비대면 배달 음식 소비 지양이 아니라 플라스틱 폐기물 저감 실천을 촉구하고 있으므로 적절하다.

049 ⑤
정답 해설
㉤은 주어와 서술어의 호응이 맞지 않아 '나가는 것이다'로 수정하는 것이 적절하므로, '나가야 한다'로 수정한다는 것은 적절하지 않다.

오답 해설
① '늘이다'는 '본디보다 더 길어지게 하다.', '늘리다'는 '물체의 넓이, 부피 따위를 본디보다 커지게 하다.', '수나 분량 따위를 본디보다 많아지게 하거나 무게를 더 나가게 하다.' 등의 의미이므로, 일회용품 배출량의 경우 '늘리고'로 수정하는 것이 적절하다.
② 앞뒤 문장이 모두 일회용 플라스틱 용기를 분리 배출해도 재활용률을 높이기 어렵다는 내용이므로, '일반적인 기준이나 예상, 짐작, 기대와는 전혀 반대가 되거나 다르게'를 의미하는 부사인 '오히려'가 아닌 '단어, 구, 절, 문장 따위를 병렬적으로 연결할 때 쓰는 접속부사'인 '그리고'로 수정하는 것이 적절하다.
③ '한 번' 뒤에 의미가 중복된 표현인 '일회적으로'가 또 나오므로 '한 번'을 삭제하는 것은 적절하다.
④ '잊히다'는 이미 피동사이므로 이중 피동 표현이 쓰인 '잊혀지지'를 '잊히지'로 수정하는 것은 적절하다.

050 ⑤
정답 해설
마지막 문단에서 지속 가능한 삶을 위해 일회용 플라스틱 용기의 사용을 줄이자는 내용이 나와 있으므로, 주장의 설득력을 높이기 위해서는 일회용 플라스틱 용기의 사용을 줄였을 때 얻을 수 있는 기대 효과에 대해 보다 구체적으로 제시하는 것이 적절하다.

오답 해설
① 윗글의 주제는 일회용 플라스틱 용기 사용에 관한 것이므로, 첫 문장에서 비대면 방식의 소통이 가져오는 불편함에 대해 환기하는 질문을 제시하는 것은 적절하지 않다.
② 글의 논리적 전개를 위해 윗글과 같이 문제 현상의 원인을 먼저 설명하고 해결 방안을 제시하는 순서가 적절하므로, 일회용 플라스틱 폐기물을 줄일 수 있는 방안을 먼저 제시한 후 문제의 원인에 대해 설명하는 순서로 수정한다는 것은 적절하지 않다.
③ 국내 기업의 탄소 배출량 수준을 비교하여 수치로 제시하는 것은 윗글의 근거의 타당성을 확보하는 데 기여하지 못하므로 적절하지 않다.
④ 배달 음식을 주문할 때 다회용기를 사용해 본 필자의 경험에 대해 추가할 수는 있으나, 이는 필자의 주관적 경험으로 근거의 객관성을 높이는 방안이 아니므로 적절하지 않다.

창안 051번~060번

기출문제집 p.260

051	④	052	⑤	053	③	054	④	055	③
056	⑤	057	④	058	⑤	059	⑤	060	⑤

051 ④

정답 해설

지문은 보이지 않는 음악이 악보의 언어를 통해 전달되는 내용을 다루고 있다. 음악적 곡조인 '악곡'은 오선지와 같은 악보 위에 '음자리표, 조표, 박자표, 마디, 셈여림표, 빠르기말' 등의 여러 음악적 악상 기호가 공존할 때 온전히 완성될 수 있다. 이에 따라 ㉠(여러 악상 기호)을 '지역(국가)'에 빗대고 ㉡(악곡)을 '세계'에 빗대면, 여러 개별 지역(국가)이 어우러져 공존하는 것이 세계라고 유추할 수 있다. 따라서 어우러진 공존이 아닌 세계의 주류인 어떤 한 문화로 개별 지역을 통합해야 한다는 ④의 진술은 적절하지 않다.

오답 해설

① 세계는 단순히 개별 지역의 합이 아닌 어우러지는 공존이 필요하므로 '국경을 초월한 협력과 실천적 자세'가 필요함을 유추할 수 있다.
② 각 지역이 공존하여 세계를 이루고 있으므로 '상호 연관성이 높아지고 있다는 것'을 유추할 수 있다.
③ 세계는 여러 지역이 어우러져 공존하고 있으므로 개별 국가의 국민을 넘어 세계 속의 시민임을 유추할 수 있다.
⑤ 세계의 지속 가능한 발전을 위해 각 지역이 어우러져 공존하는 '연대'가 요구됨을 유추할 수 있다.

▶ 출처 음표 정의 참고: 임광빈(2018), 『무림고수 화성학 1 : 악보 보는 법(음악 왕초보를 위한 화성학 입문서)』, 페이퍼타이거.

052 ⑤

정답 해설

㉢은 악보와 여러 악상 기호가 조화될 때 아름다운 하모니를 이룰 수 있는 악곡에 대해 나타내고 있다. 이에 따라 이끌어 낼 수 있는 사례는 '조화, 어우러짐, 공존'이 나타난 사례라고 할 수 있다. 따라서 올림픽이라는 하나의 목표를 위해 여러 나라가 참여하는 ⑤는 적절한 사례이다.

오답 해설

① 지역의 이름을 상품화하여 지역 경쟁력을 높이는 사례는 단일 지역의 가치를 높이는 사례라고 할 수 있다. 지역들의 조화가 이루어진 세계화로 나아간 사례가 아니기에 적절하지 않다.
② 사하라 사막을 무대로 하는 낙타 경주는 지역의 자연 환경을 활용한 사례라고 할 수 있다. 개별 지역에 한정되는 사례이기에 적절하지 않다.
③ 삼대가 가업을 계승해 나가는 도예 공방은 개인에 한정된 사례라고 할 수 있다. 조화와 어우러짐이 나타난 사례가 아니기에 적절하지 않다.
④ 문화 유적지를 관광지로 운영하는 페루 관광청은 지역의 문화유산을 활용한 사례라고 할 수 있다. 개별 지역에 한정되는 사례이기에 적절하지 않다.

053 ③

정답 해설

ⓐ에 따르면 음표의 등분이 많아질수록 박자가 더욱 짧아진다. 문제에 제시된 그림에 사용된 음표는 '온음표, 2분음표, 4분음표, 점4분음표, 8분음표'의 다섯 종류이며, 이 중 박자가 가장 긴 '온음표'를 기준으로 '2분음표'는 상대적으로 박자가 길고, '4분음표, 점4분음표, 8분음표'는 상대적으로 박자가 짧다고 유추할 수 있다. 이에 따라 3, 4마디를 구성하는 '2분음표, 온음표'가 비유하는 것은 '노년층'이라고 할 수 있다. 따라서 노년층 세대가 많은 사회 상황과 관련하여 발휘할 수 있는 지혜는 고령화 사회 대비책과 연결되며, 이에 따라 ③이 적절한 진술이다.

오답 해설

[A]는 노년층 세대가 많은 사회이므로 고령화 사회라고 할 수 있다. ①은 과소비 문제, ②는 청소년 문제, ④는 성평등 인식 문제, ⑤는 청년층의 취업난 문제를 나타내므로 고령화 사회 상황과 무관한 선지이다.

054 ④

정답 해설

그림 (가)는 퍼즐 형태가 새겨진 판에 퍼즐 조각을 맞추는 놀이를 나타낸다. 주어진 퍼즐 조각을 맞물리는 홈대로 끼워야 하며, 모든 조각을 맞춰 특정 그림을 완성하는 퍼즐이기에 조각의 정해진 위치가 있다. 반면 그림 (나)는 블록 조각을 자유롭게 활용하여 원하는 작품을 완성하는 놀이를 나타낸다. 완성하고자 하는 작품에 따라 주어진 블록 조각을 모두 활용할 필요가 없으며, 조각의 정해진 위치 역시 존재하지 않는다. 이에 따라 그림 (가)는 전체를 위해 부분을 정해진 모양에 따라 맞춰야 하므로 '부분을 변형하여 전체를 창조하는 사고력'이 필요하다는 ④는 적절하지 않은 진술이다.

▶ 출처
- (가) 이미지:
  (https://sstar.biz/product/detail.html?product_no=51719&cate_no=454&display_group=1&cafe_mkt=naver_ks&mkt_in=Y&ghost_mall_id=naver&ref=naver_open&n_media=11068&n_query=%ED%8C%90%ED%8D%BC%EC%A6%90&n_rank=2&n_ad_group=grp-a001-02-000000031044814&n_ad=nad-a001-02-000000247866447&n_campaign_type=2&n_mall_id=sciencestarshop&n_mall_pid=51719&n_ad_group_type=2&n_match=3&NaPm=ct%3Dlqxgufcw%7Cci%3D0yO000383DjzKtoK%5FKZs%7Ctr%3Dpla%7Chk%3Dfd6ef70474ee47c0981db74984d3ba06f0cc3855)
- (나) 이미지:
  (https://smartstore.naver.com/hyunshop01/products/9475855954?&frm=NVSCIMG)

055

정답 해설 ③

(가)의 놀이 전략에서는 직소 퍼즐을 잘 맞출 수 있는 다섯 가지 놀이 전략을 제시하고 있다. ③에 따르면 퍼즐 조각을 맞출 때 퍼즐의 완성 그림(전체)과 비교하며 맞추면 보다 쉽게 맞출 수 있다. 이를 공부 방법과 연계한다면 학습해야 하는 내용의 전체 목차를 그려보고, 전체 목차를 지속적으로 인지하는 것에 비유할 수 있다. 따라서 ③은 적절한 진술이다.

오답 해설
① '적정 개수와 난이도의 퍼즐 선택하기'는 현재 수준에 맞는 적절한 학습 목표를 설정하는 것에 비유할 수 있다. '영역별로 범주화하여 공부하는 방법'에 비유하는 것은 적절하지 않다.
② '색상이 비슷한 조각끼리 모아서 맞추기'는 학습 내용을 유사한 영역별로 범주화하여 공부하는 방법에 비유할 수 있다. '휴식 시간보다 공부 시간을 점차 늘려 나가기'와는 비유가 어울리지 않기에 오답이다.
④ '그림 특징이 뚜렷한 조각부터 맞추기'는 맞추기 쉬운 조각부터 맞추는 것이므로 난도가 낮은 쉬운 내용부터 공부하는 방법에 비유할 수 있다. '난도가 높은 학습 내용부터 선택하여 공부하기'는 반대 상황이기에 오답이다.
⑤ '형태가 간단한 가장자리 조각부터 맞추기'는 학습의 특정 부분부터 공부하는 등의 학습 순서를 조정하는 방법에 비유할 수 있다. '이해가 어려운 부분에 대해 동료나 교사에게 도움 받는 방법'과는 비유가 어울리지 않으므로 오답이다.

056

정답 해설 ⑤

(가)와 (나)는 조각을 맞춰 퍼즐 그림과 블록 작품을 완성하는 과정이다. 이를 모둠 활동 과정에 착안하면 완성된 그림과 작품은 모둠 활동의 결과물이라고 할 수 있다.
⑤에서 (나)는 여러 조각을 활용하여 하나의 작품을 완성하는 것이므로 모둠원이 함께 모둠 활동에 참여하는 것에 비유할 수 있다. 창의적인 학생이 주도하여 모둠 활동을 하는 것은 적절하지 않다.

오답 해설
① (가)에서 퍼즐 형태가 새겨진 판을 제공하는 것은 퍼즐 조각을 보다 쉽게 맞출 수 있는 비계에 해당한다. 따라서 모둠 활동에 대한 '도움 자료를 제공'해야 한다는 진술은 적절하다.
② (가)는 새로운 그림을 창작하는 것이 아니라 미리 결정된 그림을 완성하는 과정이다. 따라서 '모둠이 달성해야 하는 필수 공동 과제'를 제시해야 한다는 진술은 적절하다.
③ (나)에서는 정해진 작품을 순서에 따라 조립하는 것이 아니라 조각을 자유롭게 활용하여 원하는 작품을 창작하는 과정이다. 어떤 작품을 만들지에 대한 고민이 필요하므로 모둠의 공동 목표를 설정하기 위한 논의가 필요하다는 진술은 적절하다.
④ (나)에서는 주어진 조각을 활용하는 개수, 조립하는 방식에 따라 완성하는 작품이 달라질 수 있다. 완성하는 과정에 따라 작품이 다양하고 조립 난이도 역시 다양할 수 있는 것처럼, 이를 고려하여 모둠 활동뿐 아니라 '과정' 역시 평가해야 한다는 진술은 적절하다.

057

정답 해설 ④

해당 광고는 부모를 수용자로 설정하여 아이의 성장에 따른 부모의 역할 변화를 얘기하고 있으므로 아동학대의 목격자를 수용자로 설정하고 있지 않으며, 신고 기관과 방법에 대한 안내도 아니므로 적절하지 않은 사례이다.

오답 해설
① '누구든 널 때리거나 괴롭히면 꼭 전화해'라는 문구를 통해 피해 아동을 수용자로 설정하고 있으며, 아동학대 피해 사실을 관련 기관에 신고할 것을 안내하고 있다. 따라서 광고 사례가 적절하게 짝지어졌다.
② '신고하는 당신이 아이들의 영웅'이라는 문구와 슈퍼맨의 이미지를 활용함으로써, 아동학대의 목격자를 수용자로 설정하여 긍정적 감정에 호소해 설득하고 있다. 따라서 광고 사례가 적절하게 짝지어졌다.

③ 푸른 멍과 도장의 이미지를 활용하여 훈육의 주체인 부모를 수용자로 설정하고 있으며 훈육과 학대에 대한 올바른 인식을 가져야 함을 의문문으로 강조하고 있다. 따라서 광고 사례가 적절하게 짝지어졌다.
⑤ '아이를 존중하는 당신의 마음과 행동이 모두 긍정양육입니다'라는 문구를 통해 부모를 수용자로 설정하고 있으며, 행복한 가족의 이미지를 통해 올바른 양육 방법이 가져다줄 결과를 밝고 따뜻한 이미지로 제시하고 있다. 따라서 광고 사례가 적절하게 짝지어졌다.

▶ 출처
- 김향미, "지난해 아동 50명이 '학대로 목숨을 잃었다'", 경향신문, 2023.08.31.
  (https://m.khan.co.kr/national/health-welfare/article/202308311201001#c2b)
- 최장섭(2011), 「아동학대 방지를 위한 장기적 공익광고 캠페인 전략 연구」, 『디지털디자인학연구』 제11권 4호, 디지털디자인학연구.

058 ⑤
정답 해설
사랑의 매가 아동에게 상처가 될 수 있음을 언급하여 부모를 수용자로 하여 훈육과 학대에 대한 올바른 인식을 가져야 함을 강조하고 있으며, '지워지지 않는 멍처럼'이라는 직유법을 활용했으므로 〈조건〉을 모두 만족하고 있다. 따라서 답은 ⑤번이다.

오답 해설
① 훈육의 기본이 존중과 이해임을 언급하여 첫 번째 조건은 만족하지만, 직유법이 쓰이지 않았으므로 오답이다.
②, ③ (다)가 아닌 (마) 유형에 해당하는 내용이며, 직유법이 쓰이지 않았으므로 오답이다.
④ '별빛 같은'에서 직유법이 나타나므로 두 번째 조건은 만족하지만, (다) 유형에 해당하지 않으므로 오답이다.

059 ⑤
정답 해설
지문의 ㉠은 '돌민정음'의 사례를 한국어의 단어가 영어의 단어로 편입되는 '문화적 확장'이다. '배송 대행 서비스로 수입한 해외 의류'는 단순히 해외 의류를 가지고 들어온 것이지 문화적 확장으로 볼 수는 없으므로 적절한 사례로 보기 힘들다.

▶ 출처 "돌민정음', '한류어'를 아시나요", 헤럴드경제, 2023.1.31.
(https://news.heraldcorp.com/view.php?ud=20230131000526&pos)

060 ⑤
정답 해설
지문에서는 기존에 알고 있는 지식(영어 표기)을 활용해서 한국어 단어를 영어로 그대로 표기하는 현상을 보여주고, 〈보기〉에서는 사람들이 새로운 정보를 받아들일 때 이미 알고 있는 지식을 활용한다는 점을 드러내고 있다. 이 내용으로 미루어 본다면, 미디어의 전달 방식과 관련하여 이끌어낼 수 있는 내용은 '수용자의 배경지식을 환기'하여 '정보의 전달력'을 높이는 것으로 볼 수 있다.

오답 해설
① 정보의 출처를 제시하여 진실성을 확보하는 것은 배경 지식을 통한 정보의 이해와 무관하다.
② 시청자의 의견을 수용하여 이끌어 낸 정보의 다양성은 알고 있는 지식을 바탕으로 새로운 정보를 수용하는 것과 거리가 멀다.
③ 정보의 공공성 제고는 배경 지식을 통한 정보 이해와 무관하다.
④ 전달하는 정보와 반대되는 의견의 언급으로 인한 공정성과 배경 지식을 통한 지식의 이해와는 관련이 없다.

읽기 061번~090번

061	①	062	④	063	④	064	⑤	065	④
066	③	067	④	068	⑤	069	⑤	070	①
071	③	072	②	073	②	074	⑤	075	④
076	③	077	⑤	078	②	079	②	080	①
081	①	082	④	083	③	084	①	085	③
086	④	087	③	088	⑤	089	②	090	②

061 ①
정답 해설
시적 화자는 청력이 예전만 못하여 다른 사람의 말소리를 잘 인지하지 못하는 경험을 반복하고 있다. 시적 화자는 청각이 감퇴하였음에도 조급함을 내려두고 한 발자국 물러나서 타인의 처지를 짐작하고 그들의 뜻을 헤아리자, 자신의 마음이 한결 너그러워졌음을 발견한다. 즉 신체적 능력의 쇠퇴가 진행되고 있지만 그것과 대비되는 마음의 성장을 경험하고 이를 시로 표현한 것이다.

오답 해설

② 시에서 역동적인 행동 묘사는 찾기 어려우며, 격렬한 정서도 나타나지 않는다.
③ 비슷한 음절을 규칙적으로 배치하고 있지 않으며, 리듬감이 드러나는 시가 아니다.
④ 시적 화자가 과거에는 그 이유를 알지 못해 의문을 품었던 일들을 몇몇 시행이 담아내고 있으나 의문형 표현을 활용하여 강경한 태도를 완곡하게 드러내는 것은 아니다.
⑤ 각 시행은 마침표나 쉼표를 전혀 사용하고 있지 않다. 하지만 이는 연상들의 연속이나 고찰들의 유기적인 연결을 드러내는 데 기여하고 있다고 보아야 하며, 그 내용과 흐름이 다급하다고 보기는 어렵다.

▶ 출처 손택수(2022), 「귀의 가난」, 『어떤 슬픔은 함께할 수 없다』, 문학동네.

062 ④
정답 해설

시적 화자는 감각 능력이 예전과 같지 않게 되었음을 깨닫고 소리에만 의존하는 것이 아니라 마주 대하는 이의 표정과 눈빛으로 그의 말뜻을 보충해보려고 애쓴다. 이러한 모습은 상대를 최대한 온전히 이해해보기를 시도하는 '경청'에 해당하는 것이기도 하겠지만 '되묻지 않기 위한다'라는 말과 함께 시의 맥락 속에서 강조되는 내용이 곧 '예의'에 관한 것이라고는 할 수 없다.

오답 해설

① 한 가지 일에 정신을 쏟는다는 뜻을 지닌 '골똘하다'는 말은 '소리 쪽으로 기운다'는 바로 앞 행의 표현과 함께 타인의 말뜻과 타인이 변화해가는 모습을 헤아리고자 하는 시적 화자의 내적 행위를 가리킨다.
② 나이 든 사람이 큰 목소리를 내는 이유, 어머니 음식 맛이 더욱 짜게 된 이유가 신체적 능력의 쇠퇴에 있다는 것을 시적 화자는 자신의 신체적 쇠퇴를 겪은 이후에야 깨닫고 있음을 드러낸다. 즉 이전에 경험한 것들의 내용을 새로운 맥락 속에서 이해하게 된 것이다.
③ 애초에 말한 이가 자신의 의도를 담았던 말소리였으나 그 내용이 시적 화자에게는 닿지 않은 사태가 '흐려진' 소리, '소리가 되지 못한 것' 등의 시어로 표현되고 있다.
⑤ 귀가 가진 듣기 능력이 쇠퇴/감퇴하였음을 '귀의 가난'(=가난해진 귀)이라는 표현으로 비유한다.

063 ④
정답 해설

'부장'은 '그'가 퇴사하기를 종용하는 처지이면서도 자기 신세를 한탄하며 '그'의 동정을 사려하고, 거꾸로 '그'가 가해를 하는 듯한 심리적인 압박을 느끼게 만든다. '그'는 '부장'의 그러한 셈을 꿰뚫어 보면서 못마땅하게 여기기도 한다. 그러나 '그'는 속말을 삼키고 대체로 정중하고 공손한 태도를 유지한다. 이러한 본문의 진술은 인물 간의 서로 다른 이해를 조용히 드러냄으로써 긴장감을 유발하고 있기도 하거니와 '그'의 내면과 외면 사이의 불일치에서도 긴장감이 느껴지도록 만든다.

오답 해설

① '그'와 '부장' 사이의 대화는 '그'가 병원에 다녀온 일, 그리고 '그'의 교육 성과에 관한 이야기, '그'에 대한 퇴사 압박, 그리고 '부장'의 신변에 관한 이야기 등으로 이어지고 있기 때문에 사변적이거나 추상적이라고 하기보다는 매우 구체적이다.
② '그'는 '부장'의 발화와 행동에 대해 불만을 품고 있지만 이를 내색하지는 않으므로 발화와 행동 사이에 모순되는 점이 있다고 지적할 수는 있을 것이나 서술자는 이러한 불일치를 풍자하는 방식이 아니라 담담하고 정제된 어조를 유지하면서 전달하고 있다.
③ '그'와 '부장'의 대화 사이에는 '그'의 회고와 서술자의 진술이 끼어들어 있다. 이 때문에 각 장면이 실제로 사건이 발생한 순서대로 배치된 것은 아니라고 볼 수 있지만 사건의 인과를 파악할 수 없는 것은 아니다.
⑤ 두 인물이 등장하지만 서술상에서 시점이 교차하지는 않는다. 오히려 '그'의 시선과 내면을 초점화하는 방식으로 일관되게 진술하고 있으며 '부장'은 '그'에 의해 관찰되는 것처럼 그려진다.

▶ 출처 김혜진(2019), 『9번의 일』, 한겨레출판, 58-63쪽.

064 ⑤
정답 해설

정황상 '부장'이 '그'에게 요구한 것은 '그'의 퇴사이지 실적 개선이 아니다. 이때 세 종류의 문건으로 제시된 '그'의 저조한 실적은 '퇴사'를 종용하는 근거로 사용되고 있다.

오답 해설

① '그'는 그가 익숙한 직능과 무관한 교육을 받거나 업무 지시를 받았으며 그 결과로 저조한 성과를 보여 이에 대해 지적받고 있다는 점에 대해, 그리고 '부장'이 제 몫만 우선시하는 모습에 대해 분노를 느끼지만 마침내 고개를 들고 차분하게 "거절하면 저는 어떤 업무를 맡게 됩니까?"라고 되물었다는

것으로 보아 잔류하려는 마음을 알 수 있다.
② '그'는 월차나 반차를 내지 않고 아내가 아파서 병원에 다녀왔다는 것을 알 수 있다.
③ '그'는 수십 년간 통신 설비의 가설, 수리 등 업무를 맡아 왔으나 최근 판매 및 영업을 맡았고 직전까지 사무와 시사, 교양 등을 교육받고 있었다.
④ '부장'은 '그'처럼 성과가 저조한 사람을 퇴사하도록 하여 인력을 관리하는 일이 자신이 맡은 과업이지만 이를 스스로 원해서 하는 것은 아니라고 하며 또 가족의 생계를 위해 어찌 할 수 없노라고 하소연한다.

065 ④
정답 해설

㉠에서의 '이해'는 동의 및 수락의 뜻이 강하며, ㉡에서의 '이해'는 연민이라는 표현과 함께 쓰인 것으로 미루어 짐작할 수 있는 것처럼 동정의 뜻이 강하다.

066 ③
정답 해설

포스트모더니즘은 대중문화, 페미니즘, 제3세계의 예술(서구 중심적 제국주의나 오리엔탈리즘에 저항하는 주변적인 것들)에 지대한 관심을 가진다. 그만큼 기존에 절대적 가치나 진리라고 여겨진 것들이 마땅하지 않은 듯이 기성의 권위나 질서를 무너뜨리려는 것이 포스트모더니즘의 자세이기도 하다. 포스트모더니즘의 관점에서 보자면 절대적 권위와 가치는 없으며, 권위나 가치는 하나의 토대나 체계에 의해 지지되는 것이 아니라 분산적이다.

오답 해설
① 포스트모더니즘은 모더니즘을 비판하고 상대화하고 있지만 본문의 설명에서처럼 모더니즘과 연속선상에서 놓여 공유하는 지점도 아예 없지 않다. 그러므로 포스트모더니즘이 모더니즘과 이어지는 면이 없다고 보기는 어렵다.
② 포스트모더니즘은 모더니즘을 비판하고 상대화하려는 시도이지만 포스트모더니즘이 모더니즘으로부터 파생된 아류라고 볼 수는 없다.
④ 본문에서는 유기성 및 자기 목적성이라는 점에 관해 포스트모더니즘은 모더니즘과 대립하는 입장임을 명시하고 있다.
⑤ 예술 창작의 힘은 고유한 상상력에 있다고 믿는 것은 포스트모더니즘이 아닌 모더니즘의 관점이다.

▶ **출처** 최연희·정준영(2015), 『문화비평과 미학』, 한국방송통신대학교 출판문화원, 171-173쪽.

067 ④
정답 해설

빈칸을 전후로 하여 나타나는 문장은 "그들은 태양 아래 새로운 것이 없듯이 이제 예술에도 더 이상 새로운 것이 존재하지 않는다고 주장"한다는 것과 "작품에서 어떤 독창성이나 창조성과 같은 것은 아예 기대도 하지 않는다"라는 것이다. 이를 통해 ㉠에 들어갈 내용은 작품 창작의 과정에서 이미 존재했던 다른 작품들의 부분과 요소들을 차용한다는 내용이 적절함을 알 수 있다.

068 ⑤
정답 해설

정전(正典)은 사람들 사이에서 흔히 고전이라고 여겨지며 그만큼 권위 있는 가치를 내장한 것으로 사람들이 믿는 텍스트들의 묶음을 의미한다. 포스트모더니즘은 이처럼 권위를 부여하는 과정에서 특정 집단과 계급의 이데올로기가 반영되어있다는 점을 의심·비판하였고 정전의 집합과 그것을 유지하는 제도들에 대해 반대한다. 이러한 현상을 가장 직접적으로 가리킬 수 있는 개념어는 ⓔ'탈정전화'이다.

오답 해설
① '저자의 죽음'은 후기구조주의나 해체주의에 강한 영향을 받은 개념으로 작품의 뒤편에서 강한 영향력을 행사하며 작품의 형태, 내용, 의미, 가치를 결정한다고 보는 전통적인 저자가 이제 더는 그 역할을 다할 수 없다고 보거나, 심지어는 작품의 내용과 형식을 결정하는 데 있어 저자가 아닌 다수의 독자, 대중이 그 역할을 차지하고 있다고 바라보는 시각과 연관된다.
② '상호 텍스트성'은 창작 과정에서 저자가 다른 선행한 텍스트를 참고하고 변형할 수 있다는 점, 그리고 독자가 어떤 텍스트를 해석할 때는 늘 다른 선행한 텍스트에 관한 이해에 기대어서 출발한다는 점을 가리키는 개념이다.
③ '혼성모방'은 여러 작품들에서 각각의 일부를 옮겨와서 모아 하나의 작품으로 만드는 방식을 의미하는데, 포스트모더니즘은 이러한 모방과 혼합에서 새롭고 임의적인 의미가 형성된다고 본다.
④ '탈중심화'는 전체를 규율하는 핵심이 애초에 존재하지 않으며 또한 그럴 수 없다는 것을 전제로 한 지적 태도이기도 하다. 특히 이성, 인간, 서구 등 이전까지 현대적인 가치를 집약한 것들에 대한 회의가 여기에 작동한다.

069 ⑤

정답 해설

배심제 도입 주장의 근거로 "사법에 대한 민주적 정당성"을 들면서 "마침내 이 요청들을 수용하면서" 국민참여재판을 시행하게 되었다고 설명한다.

오답 해설

① "합리적 의심을 넘어서는 정도"의 입증이 "확신에 이를 정도의 고도의 개연성을 가진 증명"과 그리 다르지 않은데도, 우리 형사소송법에 "합리적인 의심이 없는 정도의 증명"이 들어가게 되었다고 설명한다.
② '국민참여재판에서도 시민들이 이(합리적 의심)를 법관들보다 오히려 더 활용한다고 한다.'고 지적한다.
③ 배심제의 우연적 요소에 관하여 무작위로 배심원을 선정하여 배심원단을 구성하는 것을 들고 있다.
④ "합리적 의심을 넘어서는 정도"의 입증이 "확신에 이를 정도의 고도의 개연성을 가진 증명"과 그리 다르지 않다고 설명한다.

070 ①

정답 해설

중세 유럽의 신판에서는 신이라는 초자연적 존재의 개입을 상정하고 있어서, 악어라는 자연적 존재를 개입시키는 악어 재판에서보다 초자연적인 요인을 배제하려는 경향을 찾기 어렵다.

오답 해설

② "시련의 상황을 거치도록 하여 우연이나 신에게 판정을 맡기는" 것이 신판이며, "중세 유럽에서의 신판은 이런 전형성을 가지면서도 방식이 잔혹"했다고 지적한다.
③ "무고한 사람을 지키려는 신성한 의지가 개입할 것이라는 믿음에 터 잡"아 시련으로 신이 개입할 수밖에 없는 상황을 만드는 것처럼 서술한다.
④ 신판에 관해 "공동체의 참여로 사법 과정에 대한 신뢰를 부여하는 방식이기도 했다."고 하면서, 배심제에 대해서는 "자기가 속한 사회의 구성원인 동료들이 합리적 검증을 거쳐 만장일치로 결정된 판단이라면 받아들일 수 있다는 믿음이 바탕"이라고 서술한다.
⑤ 중세의 신판의 바탕에 신의 의지를 두므로 유·무죄를 결정하는 악어의 행위는 곧 신의 개입으로 이해되는 것이다.

071 ③

정답 해설

"미국은 일반 형사사건에서 배심 재판의 신청을 헌법상의 기본권으로 보장한다."고 전제한 뒤, "영화에서 배심원단에게 지시하는 판사의 말에는 미국 배심제의 특징이 잘 나타난다."고 하면서 "배심원단이 유죄로 결정할 경우 재판부는 감형을 하지 않습니다."는 판사의 말을 통해 유죄의 평결을 하면 감형이 되지 않는다는 것을 알 수 있다.

오답 해설

① "여러분은 평결을 만장일치로 해야 합니다."라고 하는 판사의 말을 통해 알 수 있다.
② 배심제에 대해 "무작위로 선발된 배심원단"이라 하여 구성에서의 우연적 요소를 인정하면서도, "하지만 합리적인 증거 판단에 의존하여 평결을 내"린다는 점을 들어 신판과 대비한다.
④ 유죄의 평결을 하는 것은 배심원단의 몫으로 설명한다.
⑤ 미국에서는 일반 형사사건에서 배심 재판의 신청을 헌법상의 기본권으로 보장한다고 하였으므로 중대한 형사 사건에 한정한다는 것은 적절하지 않다.

072 ②

정답 해설

국민참여재판을 "한국적 특성에 맞게 수정된 배심제"라 한 것은, 배심제의 성격을 보이면서도 전형적인, 특히 미국의 제도와 다른 점을 갖는 경우를 말한다고 할 수 있다. 배심원을 무작위 추첨으로 선발하는 것은 미국의 제도와 동일하여 한국적 특성이라 할 수 없다.

오답 해설

① 미국 배심제에서의 형량에 관하여 "유죄로 결정할 경우 재판부는 감형을 하지 않습니다. 다시 말해 이 사건에서는 사형이 될 수밖에 없다는 것입니다."라고 하여 배심원단의 판정 사항이 아님을 뚜렷이 하므로, 형량의 판정은 한국적 수정이라 할 수 있다.
③ 국민참여재판에서의 평결은 "만장일치가 되지 않으면 법관의 의견을 듣고서 다수결로 정할 수 있다."고 하여 법관 개입의 여지를 지적하지만, 미국의 제도에 대해서는 "평결 과정에는 법관이 전혀 개입하지 않는다."고 설명한다.
④ 국민참여재판의 "평결은 법관에게 권고하는 효력만이 인정"된다고 하여, "또 한 사람도 목숨이 여러분에게 걸려 있습니다. … 배심원단이 유죄로 결정할 경우 … 이 사건에서는 사형이 될 수밖에 없다는 것입니다."라고 하는 미국의 경우와

다름을 알 수 있다.
⑤ 국민참여재판이 "중대한 범죄 사건에 한정하여 시행"한다고 하여, 형사사건 일반에 대해 가능하다고 하는 미국보다 좁은 범위에서 이루어진다는 것을 알 수 있다.

073 ②
정답 해설
1문단에서 라그랑주 점이라는 특정 개념을 설명하고 2문단에서 달의 기원을 라그랑주 점의 이론에 기반한 예인 거대 충돌 가설을 설명하고 있다.

오답 해설
① 2문단에서 특정 대상인 달의 기원을 거대 충돌 가설로 설명하고 있지만 이에 대한 이론들을 공시적으로 보여 주고 있지는 않다.
③ 1문단과 2문단에 각각 라그랑주 점 이론과 달의 기원의 이론은 나와 있으나 이의 내용이 후대에 증명되는 과정에 대한 진술은 없다.
④ 1문단에 과학자 라그랑주의 이론은 나와 있으나 이와 관련된 다른 과학자의 이론은 인용되지 않았다.
⑤ 실험에 대해 얘기하고 있지 않으며 두 가지 이론이 소개되어 있지도 않다.

▶ **출처**
- (https://namu.wiki/w/%EB%9D%BC%EA%B7%B8%EB%9E%91%EC%A3%BC%EC%A0%90)
- Origin of the Moon in a giant impact near the end of the Earth's formation, NATURE, VOL 412, 16 AUGUST 2001.

074 ⑤
정답 해설
1문단에 따르면 태양과 지구를 포함한 삼체의 라그랑주 점 L4와 L5를 트로이 점이라 부르고 이는 태양과 목성을 포함한 삼체의 라그랑주 점에 위치한 트로이 소행성에서 따온 이름이다. 따라서 태양과 지구를 포함한 3체의 라그랑주 점에 트로이 소행성 군이 있는 것이 아니다.

오답 해설
① 1문단에 따르면 태양과 목성을 포함한 3체에 L4와 L5에 라그랑주 점이 있다.
② 1문단에 따르면 태양과 지구에 의한 중력과 위성의 원심력이 상쇄되는 지점이 라그랑주 점이다.
③ 2문단에 따르면 달은 우주 공간으로 분출된 상당량의 지구 맨틀과 테이아의 맨틀이 고리를 형성하고 이후 뭉쳐서 생성되었다. 따라서 테이아에는 맨틀이 존재하였음을 알 수 있다.
④ 2문단에 따르면 달의 기원을 설명하는 데 거대 충돌 가설이 가장 널리 받아들여지고 있다.

075 ④
정답 해설
(나) 1문단에 따르면 태양, 지구, 위성의 3체에서 태양과 지구에 의한 중력과 위성의 원심력이 상쇄되는 지점이 라그랑주 점이다. 2문단에 따르면 테이아는 질량이 커지면서 안정적으로 라그랑주 점에 존재할 수 없게 되었다. 따라서 (나)의 진술은 적절한 진술이다.
(다) 1문단에 따르면 L4, L5는 태양과 지구를 이은 선을 밑변으로 하는 정삼각형의 꼭짓점에 위치한다. 2문단에 따르면 라그랑주 점에 있는 테이아는 지구에서 태양과 지구의 일직선과 60°를 이루는 지점에 있다. 따라서 A 지점은 L4나 L5 중 한 지점이며, 지구와 태양을 잇는 선을 대칭으로 하여 A의 반대쪽에도 라그랑주 점이 존재한다.

오답 해설
(가) 2문단에 따르면 지구 맨틀 상당량도 우주 공간으로 분출되고 고리를 형성하였고 이것이 뭉쳐서 달을 형성하였다. 따라서 달에는 지구의 물질도 존재해야 한다.

076 ③
정답 해설
2문단에 광학활성 물질로 설탕과 캠퍼가 제시되었고 그 이외의 광학활성 물질은 이 글에 제시되어 있지 않다.

오답 해설
① 1문단에 따르면 입체 화학은 원자의 공간적인 배치나 입체 이성질 현상 등을 연구하는 분야이다.
② 1문단에 따르면 프랑스 과학자 비오(Biot)의 편광 연구에서 비롯되어 입체 화학 분야가 생겼다.
④ 2문단에 따르면 편광계라는 기기를 이용하여 광학활성 물질의 편광을 측정한다.
⑤ 4문단에 따르면 고유 광회전도의 단위는 ocm^2/g이지만 일반적으로 단위가 없는 숫자로 표시한다.

▶ **출처** 맥머리(2012), 『맥머리의 유기화학 제8판』, 화학교재연구회 옮김, 사이플러스, 150-151쪽.

077 ⑤

정답 해설

3문단에 따르면 분석기의 편광체는 시료를 통하여 나온 빛의 회전한 각을 측정함으로써 시료의 편광 성질을 측정한다. 따라서 분석기 편광체의 편광 축의 방향이 첫 번째 편광체의 편광 축 방향과 같을 때 빛이 관측된다면 편광이 일어나지 않은 것이므로 시료는 광학활성이 아니다.

오답 해설

① 2문단에 따르면 편광계는 광학활성 물질을 비활성인 용매에 녹인 용액을 사용하여 광학활성 물질의 편광을 측정하는 기계이다. 따라서 용매는 광학활성 물질이 아니라 비활성 물질이 사용되어야 한다.
② 1문단에 따르면 빛은 진행 방향에 대해 수직인 수많은 진동면을 갖는다. 이러한 수많은 진동면 중에서 편광계의 첫 번째 편광계를 통해 특정 면을 갖는 평면 편광을 얻는 것이다. 따라서 첫 번째 편광체는 빛의 진동면을 수직으로 만들어 주는 역할을 하지 않는다.
③ 2문단에 따르면 시료관의 광학활성인 시료를 통해 편광 평면이 회전하게 된다. 따라서 빛은 시료관을 통과하고 나서 여러 진동면이 아니라 하나의 진동면을 갖는다.
④ 3문단에 따르면 분석기의 편광체를 돌려서 시료관을 통과하여 나온 빛이 얼마나 회전이 일어났는지를 관측한다. 따라서 시료관을 회전시키지 않고 고정해야만 분석기에서 편광 면의 회전 정도를 측정할 수 있다.

078 ②

정답 해설

(나) 4문단에 따르면 시료에 의해 빛의 편광 면이 회전하는 각도는 시료의 농도와 시료관의 길이에 각각 정비례한다. 따라서 농도를 두 배로 하고 시료관의 길이를 반으로 줄이면 결국 편광되는 각도는 변하지 않고 동일하다.

오답 해설

(가) 3문단에 따르면 우회전성은 (+) 부호로 표시한다고 했으며 회전의 방향은 분석기를 통과하고 나서 관측자의 입장에서의 방향이다. 따라서 시료관 입구 쪽의 관점에서는 반대 방향의 회전이 일어나므로 시료관 입구 기준으로는 시계 방향으로 회전하는 것이다.
(다) 3문단에 따르면 광학활성 물질은 편광 면을 시계 방향으로 회전시키는 좌회전성 물질과 이와 달리 반시계 방향으로 회전시키는 우회전성 물질이 있다. 따라서 좌회전성 젖산도 광학활성을 가지고 있다.

079 ②

정답 해설

1문단에서 "서로 다르고 독립적으로 존재한다는 이원론"을 받아들이면서 그것들 간의 상호 작용을 설명하는 이론을 소개하겠다고 말했다. 그리고 나서 '평행론', '기회 원인론', '예정 조화론', '부수 현상론'을 소개하고 있으므로 이 이론들은 정신이 신체와 독립적으로 존재한다는 것을 인정한다는 것을 알 수 있다.

오답 해설

① 2문단에서 평행론은 정신은 정신끼리, 신체는 신체끼리 상호 작용이 이루어진다고 주장하지만, 정신과 물질인 신체 사이에는 어떤 상호 작용도 이루어지지 않는다고 주장한다.
③ 4문단에서 부수 현상론은 정신 현상이 신체 현상의 부수 현상일 뿐이기에, 정신 현상은 신체 현상의 원인은 되지 못한다고 주장한다.
④ 4문단의 부수 현상론에 따르면 정신은 신체에 동반되는 부수 현상일 뿐 아무런 역할도 하지 못한다. 따라서 정신 현상은 또 다른 정신 현상의 원인이 될 수 있다는 것을 인정하지 않는다.
⑤ 2문단에서 평행론은 정신은 정신끼리, 신체는 신체끼리 상호 작용이 이루어진다고 주장한다. 따라서 신체 현상은 정신 현상의 원인이 되지만, 정신 현상은 신체 현상의 원인이 되지 않는다.

▶ 출처 최훈(2021), 『1페이지 철학』, 빅피시, 353쪽.

080 ①

정답 해설

각 신체 현상에는 정신 현상이 부수적으로 따라 나오므로 점선으로 연결된다. 그리고 신체 현상끼리는 인과 관계이므로 실선으로 연결된다.

081 ①

정답 해설

ⓒ 진술 바로 다음에 "부수 현상론이 이 기본 전제를 받아들인다는 점에서는 평행론과 마찬가지"라고 했다. 그러므로 부수 현상론과 평행론이 ⓒ을 받아들인다.

오답 해설

3문단 마지막에서 "기회 원인론이나 예정 조화론은 정신과 신체 이외에 그 실체가 의심스러운 신을 또 도입한다"고 했으므로 기회 원인론과 예정 조화론은 ⓒ을 받아들이지 않는다.

082 ④
정답 해설
5문단에 따르면 "부수 현상이 비유하는 연기는 뿌옇게 보이고 숨 막히게 하는 일이라도" 한다고 말한다. 연기는 아무런 역할도 하지 못하는 것이 아니라는 뜻이다. 따라서 정신 현상과 마찬가지로 부수적으로 따라 나오기도 하고 아무런 역할도 하지 못한다는 것은 적절하지 않은 설명이다.

오답 해설
① 3문단에서 두 시계가 똑같이 작동하는 이유를 기회 원인론에서는 신이 그렇게 한 것이라고 설명한다. 그런데 자연의 변화에 따라 두 시계가 똑같이 작동한다면 자연의 변화가 곧 신에 해당할 것이라는 말은 적절하다.
② 1문단에서 정신과 신체는 서로 다른 종류라고 말했다. 따라서 시계로 비유하면 똑같은 종류이므로 정신과 신체는 그 특성이 다르다는 것을 보여 주지 못한다는 말은 적절하다.
③ 3문단에서 정신과 신체 이외에 그 실체가 의심스러운 신을 또 도입한다는 점에서 문제를 해결하는 것이 아니라 더 어렵게 만든다고 말했다. 그리고 5문단에서 물질로 이루어진 세상의 모든 현상은 물질세계 안에서 설명해야지 물질세계 밖으로 나가면 안 된다는 것이 근대 과학의 기본 전제라고 말했다. 시계는 물질로 이루어졌으므로 시간을 가리키는 이유가 시계의 부품으로 설명이 가능하다. 그러므로 신에 의해 움직인다고 설명할 필요가 없는데, 신을 도입한다는 점에서 문제를 더 어렵게 만든다는 것은 적절하다.
⑤ 4문단에서 증기 기관차의 연기를 부수 현상에 비유했으므로, 기관차가 신체에 해당하고 연기가 정신에 해당한다. 그리고 정신 현상은 신체 현상의 부수 현상일 뿐이기에, 정신 현상은 신체 현상의 원인은 되지 못한다고 말했다. 따라서 연기는 기관차 때문에 생기지만 기관차를 움직이게 할 수 없다는 점에서 부수 현상이라는 것은 적절하다.

083 ④
정답 해설
시설물을 관리하는 업체에서 해당 시설물 점검, 안전 점검 등 시설물 관리를 위해 항공촬영을 할 때는 동일 목적의 사업에 대해 1년 이내의 기간을 허가할 수 있다고 하였으므로 역시 허가가 필요하다.

오답 해설
① 공익 목적이나 국가 이익상 촬영이 필요한 경우에만 드론 촬영을 할 수 있으므로 상업 목적의 촬영은 할 수 없다.
② 항공촬영을 위해서는 허가 기관인 ○○항만공사에 '항공 촬영 허가 신청서'를 제출하고 허가를 받아야 한다.
③ 공공기관이 국익 또는 공공 목적을 위해 항공 촬영을 할 때는 동일 목적의 사업에 대해 1년 이내의 기간을 허가할 수 있다.
⑤ 임대 부두에서 항공촬영을 하기 위해서는 안전·보안 협조 공문이 필요하다.

▶ 출처
부산항만공사 누리집, "부산항 內 드론 항공 촬영 신청 안내"
(https://www.busanpa.com/kor/Board.do?mode=view&mCode=MN1439&idx=24795)

084 ①
정답 해설
드론 촬영 신청 절차는 공문 본문에 포함되어 있으므로 별도의 붙임 자료가 필요하지 않다.

085 ③
정답 해설
[장면3]은 북극 한파의 위치를 나타내는 위성 영상 자료를 제시하고 있다. 영상 자료를 통해 북극 한파의 위치 정보와 범위를 파악할 수 있으나, [장면3]의 자료 정보만으로는 개념을 파악하기 어려우며, 이에 대한 자막 역시 드러나지 않으므로 적절하지 않다.

오답 해설
① [장면1]은 '내일도 맹추위… 서해안·제주 많은 눈'의 자막을 통해 기상 예보의 핵심 정보를 전달하고 있으므로 적절한 진술이다.
② [장면2]는 '전국 대부분 지역에 한파 특보가 내려진 가운데'의 기자의 보도 내용을 지도 자료를 통해 상세화하고 있다. '한파 경보'와 '한파 주의보'가 내려진 지역을 지도에 음영을 달리하여 표시하고 있으므로 적절한 진술이다.
④ [장면4]는 보도에서 언급한 '서울' 이외에 전국적인 기온 정보를 지도에 종합하여 제시하고 있으므로 적절한 진술이다.
⑤ [장면5]는 얼어붙은 빙판길을 이동하는 시민의 모습을 직접적으로 제시하여 빙판길 안전에 대한 시청자의 주의를 요구하고 있으므로 적절한 진술이다.

▶ 출처
KBS뉴스[날씨], 2023년 12월 20일 방송
- https://news.kbs.co.kr/news/mobile/view/view.do?ncd=7848336
- https://youtu.be/GBn4Qf8dl_0?si=sVt2lRKF5OQA4SSs

086 ④
정답 해설
'시청자4'는 기상 예보의 정확성을 신뢰하여 토요일 모임 장소를 실내로 변경하고 있다. 따라서 기상 예보의 신뢰성에 의문을 제기하는 것이 아니라 신뢰하고 있고, 예보 정보 역시 선택적으로 수용하고 있지 않으므로 적절하지 않다.

오답 해설
① '시청자1'은 기상 예보를 통해 '한파 특보'에 대한 새로운 정보를 알게 되었고, 세부 기준을 더 찾아보겠다고 반응하고 있으므로 적절한 진술이다.
② '시청자2'는 '북극발' 용어가 시청자의 다양한 연령 계층에 적합하지 않은 용어임을 비판적으로 검토하고 있으며, 용어를 쉽게 푸는 대안을 제시하고 있으므로 적절한 진술이다.
③ '시청자3'은 '오늘 아침 출근길'이 추웠던 자신의 경험을 언급하며, 예보 정보를 바탕으로 '내일 출근길'의 복장을 점검하고 있으므로 적절한 진술이다.
⑤ '시청자5'는 예보 정보를 삼촌에게 전달하여 폭설에 대비할 수 있도록 정보를 전달하고 있으므로 적절한 진술이다.

087 ③
정답 해설
'기록하다'는 '「2」【…을】 운동 경기 따위에서 세운 성적이나 결과를 수치로 나타내다.'의 표제 정보를 가지고 있으며, '전국 곳곳에서 이번 겨울 들어 최저기온을 기록했습니다'는 문법적으로 이상이 없는 문장이다. 수정 방안에서 '최저기온이 기록되었습니다'와 같은 피동 표현은 가능할지라도, 한파 상황을 강조하기 위해 사동 표현인 '최저기온을 기록시켰습니다'로 수정해야 한다는 진술은 적절하지 않다.

오답 해설
① '분포하다'는 '일정한 범위에 흩어져 퍼져 있는'의 의미로 장소 부사어를 함께 제시하는 것이 일반적이다. 따라서 많은 눈이 분포한 구체적인 장소를 예보에 추가하여 언급하거나, 많은 눈과 자연스럽게 호응하는 '내리다'의 서술어로 수정할 수 있다.
② '모자'는 '둘러보다'라는 서술어와 호응하지 않는다. 따라서 '시민들은 칼바람을 막기 위해 모자를 쓰고, 두꺼운 목도리를 꽁꽁 둘러봅니다'처럼 모자와 호응하는 서술어를 추가하는 것은 적절하다.
④ '춥겠습니다.'의 주어가 없으며, '서울에서'가 뒤의 '내려가면서'와 '춥겠습니다.'와 적절히 호응하지 못하므로 '서울은'으로 수정하는 것은 적절하다.
⑤ '낙상'은 '떨어지거나 넘어져서 다침. 또는 그런 상처'를 의미하기에 '넘어지다'의 의미와 중복된다. 예보문의 불필요한 의미 중복을 줄이기 위해 수정할 필요가 있다.

088 ⑤
정답 해설
이 사업은 거주지 상관없이 지원 가능하나 ○○구에서 유기 동물을 입양한 사람만 지원받을 수 있다. 따라서 ○○구 주민이더라도 다른 지역에서 유기 동물을 입양한 경우 지원 대상에서 제외된다.

오답 해설
① 질병 진단비, 치료비, 예방 접종, 중성화 수술비, 미용비, 펫보험 가입비는 지원 대상이지만 사료 및 간식, 용품 구입비는 지원 대상에서 제외된다.
② 신청 기간은 2024년 12월 18일까지이나 예산 소진 시 조기 마감된다고 안내되어 있다. 따라서 신청하더라도 신청 받지 못할 수 있다.
③ 마리 당 최대 15만 원까지 지원되므로 2마리를 입양한 경우 최대 30만 원까지 지원 받을 수 있다.
④ 이 사업은 입양 후 6개월 이내에만 신청할 수 있다. 2023년 6월에 유기 동물을 입양한 경우 신청 기간 시작 시점에 이미 6개월이 넘었으므로 지원 받을 수 없다.

▶ 출처 성북구청 홈페이지 공지사항, "2023년 유실·유기 동물 입양비 지원"

089 ②
정답 해설
내역서에서 '영수증 붙이는 곳'에 '원본 첨부 필수'라고 되어 있으므로 예외 없이 영수증은 원본을 첨부해야 한다.

오답 해설
① 세부 지출 내역서의 〈주의 사항〉 1을 보면 영수증마다 1장씩 작성해야 한다고 하였으므로 지원 금액 내에서 지출한 영수증이 2건이라면 서식을 2장 작성해야 한다.
③ 영수증에 날짜, 내역, 금액이 명시되지 않은 경우 반드시 서명란 기입이 필요하다고 했으므로 적절한 내용이다.
④ 〈주의 사항〉에서 고양이를 입양한 경우에도 동물 등록을 시행해야 한다고 안내되어 있다.
⑤ 펫보험 가입비 단일 항목으로 신청할 경우 펫보험에 가입한 지 90일이 지나야 한다고 하였으므로 가입한 지 30일이 경과했을 경우 보험 가입비로는 지원을 받을 수 없다.

090 ②
정답 해설
② 신청 방법은 ○○구 홈페이지를 통한 온라인 접수 또는 우편 접수만 가능하며, ○○구청 지역 경제과에는 문의만 가능하다.

오답 해설
① 지원 조건 중 '유기 동물 입양 예정자 교육 수료'가 포함되어 있다.
③ 구비 서류 중 입양 확인서가 포함되어 있으며, 입양 확인서는 ○○구 동물 보호센터에서 발급 받을 수 있다.
④ 신청자 통장 사본이 필요하며, 입양비 신청자와 입양자가 동일인이어야 한다고 안내되어 있다.
⑤ 동물 등록이 완료된 경우에만 지원을 받을 수 있다. 따라서 내장형 마이크로칩으로 동물 등록이 완료되었는지 확인해야 한다.

국어 문화 091번~100번

기출문제집 p.282

| 091 | ② | 092 | ④ | 093 | ③ | 094 | ④ | 095 | ⑤ |
| 096 | ⑤ | 097 | ① | 098 | ② | 099 | ② | 100 | ② |

091 ②
정답 해설
〈보기〉의 내용은 1795년에 혜경궁 홍씨가 지은 회고록인 「한중록」에 대한 설명이다.

오답 해설
① 「임진록」은 조선 시대의 역사 소설로 임진왜란을 배경으로 하여 영웅적 과장을 덧붙인 작품이다. 이순신, 곽재우, 사명당을 비롯한 많은 영웅들이 등장하여 곳곳에서 도술 등을 이용한 활약으로 왜적을 굴복시킨다는 내용이다.
③ 「계축일기」는 조선 광해군 때 궁녀가 쓴 것으로 추정되는 한글 수필이다. 광해군이 아우 영창 대군을 죽이고 영창 대군의 어머니 인목 대비를 서궁에 가두었을 때의 정경을 일기체로 적은 것으로 「인현왕후전」, 「한중록」과 함께 궁중 문학의 대표적 작품이다.
④ 「산성일기」는 조선 인조 때 궁녀가 쓴 일기체의 수필로 병자호란 때 인조를 모시고 남한산성으로 피난하면서 생긴 일과 인조반정 때의 일 등을 생생하게 기록하고 있다.
⑤ 「창선감의록」은 조선 숙종 때의 문인 조성기가 쓴 소설로 명나라를 배경으로 한 '화진'에 대한 내용이다. 부모에 대한 효도와 형제간의 우애를 유교적 도덕관에 입각하여 그린 작품이다.

092 ④
정답 해설
〈보기〉에서 설명하고 있는 황순원의 작품은 「독 짓는 늙은이」이다. 송 영감이 어린 자식과 독에 대하여 가지는 애착과 고통을 감내하는 생명력·외로움 등은 존재의 아름다움이나, 외로움에 대한 섬세한 지각으로 나타나는 황순원의 초기 단편들의 미학과도 결부된다.

오답 해설
① 「일월」은 황순원이 지은 장편소설로, 인간의 숙명적 존재 양식의 탐구라는 장편작가로서의 황순원의 중심적 과제를 정면으로 추구하고 있는 작품이다.
② 「소나기」는 황순원이 지은 단편소설로, 이성에 눈떠가는 사춘기 소년 소녀의 아름답고 슬픈 첫사랑의 경험이 서정적으로 그려진 작품이다.
③ 「카인의 후예」는 황순원이 지은 소설로, 광복 전후의 토지 개혁을 제재로 하여 이 과정에서 벌어지는 다양한 인간들의 행동 양상과 심리를 객관적으로 그려낸 작품이다.
⑤ 「나무들 비탈에 서다」는 황순원이 지은 소설로, 비탈에 선 나무처럼 시련과 위기에 처한 젊은이들의 삶을 전쟁의 후유증으로 겪는 공포, 고독, 상처 따위에 초점을 맞추어 형상화하였다.

093 ③
정답 해설
박재삼은 김소월 이후, 한국 서정시의 전통적 음색을 재현한 독보적인 시인으로 평가된다. 그의 시 세계에서는 자연에 의지할 때 얻을 수 있는 위로와 지혜뿐만 아니라, 자연의 완벽한 아름다움과 인간과의 거리 때문에 야기되는 절망감을 드러내기도 한다. 그는 〈보기〉에서 언급한 「춘향이 마음」, 「추억에서」, 「울음이 타는 가을 강」 외에도 『햇빛 속에서』, 『가을 바다』 등의 저서를 남겼다.

오답 해설
① 곽재구는 현실의 억압에서 비롯되는 분노를 아름다운 시어들을 통해 가슴에 와닿도록 절절하게 깊이 있는 정조로 노래한 시인이다. 주요 저서로는 『사평역에서』, 『서울 세노야』

등이 있다.
② 김영랑은 시를 예술의 경지로 끌어올리는 데 중요한 역할을 한 시인으로 잘 다듬어진 시어와 섬세한 운율을 바탕으로 내면 세계의 슬픔과 고독을 작품에 담아냈다. 섬세한 언어적 감각과 그것을 시적 율조로 살려내는 리듬 의식이 작품의 특징이다. 대표작으로는 「돌담에 속삭이는 햇발」, 「모란이 피기까지는」 등이 있다.
④ 송수권은 재래의 무력하고 자조적인 한의 정서가 아니라 한 속에 내재한 은근하고 무게감 있는 남성적인 힘을 강조한 시인이다. 주요 작품으로는 「산문에 기대어」, 『꿈꾸는 섬』등이 있다.
⑤ 최승호는 환경 문제와 밀접한 관련성을 맺고 있는 비극적 현실 인식으로 인해 생태 시인으로 분류된다. 주요 작품으로는 『대설주의보』, 「북어」 등이 있다.

094 ④

정답 해설
〈보기〉는 〈동아일보〉 1920년 4월 19일자에 수록된 것으로서, 청년 운동회를 소개하는 기사이다.
④ 3월 7일 경주는 거리가 왕복 약 5리였으며, 3월 20일 경주는 왕복 16리였으므로 두 번째 마라톤 경기의 거리가 첫 번째 보다 더 길다.

오답 해설
① 영광청년회에서 "삼월 칠일", "삼월 이십일일", "사월 삼일" 행사를 개최하였다고 서술하고 있다.
② 첫 번째 마라톤 대회는 "약5리", 두 번째 대회는 "16리"라고 서술하고 있다.
③ 두 번의 마라톤 대회 모두 "삼파(三派)에 난워", "삼파(三派)로 난워"라고 서술하고 있기 때문에 세 조로 나누었음을 알 수 있다.
⑤ "특지가(特志家) 제씨(諸氏)의 물품(物品) 혹은 금전(金錢)의 의연(義捐)이 잇섯다더라"를 통해 외부에서 현물과 금전의 지원을 받았음을 알 수 있다.

▶ 출처 『동아일보』, 1920년 4월 19일자.

095 ⑤

정답 해설
㉤의 '편주'는 '화려하게 치장한 배'가 아니라 '작은 배'라는 뜻이다.

096 ⑤

정답 해설
'ㅱ'은 고유어 표기에는 사용하지 않았고, 한자어를 표기하는 데만 사용되었다.

오답 해설
① 본문에 등장하는 한자마다 그 아래 훈민정음으로 한자음을 적었다.
② 번역 과정에서 구결을 대신하여 한문 원문에 훈민정음으로 토를 달았다.
③ 우리말 어휘 왼쪽에 점을 추가하여 성조를 밝혔다.
④ 지금은 사용되지 않는 초성의 합용병서 'ㅳ', 'ㅄ' 등이 사용되었다.

▶ 출처 이상혁(2021), 『훈민정음과 한글의 세계』, 박이정.

097 ①

정답 해설
북한에서는 '암, 수'와 결합되는 동물의 이름이나 대상의 형태를 밝혀 적는다고 하였으므로 '암기와'로 적지만, 남한에서는 'ㅎ' 소리가 덧나는 것은 소리대로 적는다고 하였으므로 '암기와'가 아니라 '암키와'로 적어야 한다.

오답 해설
② 남한에서는 소리대로 '암캉아지'로 적고, 북한에서는 형태를 밝혀 '암강아지'로 적는 것이 적절하다.
③ 남한에서는 소리대로 '수평아리'로 적고, 북한에서는 형태를 밝혀 '수병아리'로 적는 것이 적절하다.
④ 'ㅎ' 소리가 덧나지 않는 단어이므로 남북에서 모두 '수고양이'로 적는 것이 적절하다.
⑤ 남한에서는 소리대로 '수톨쩌귀'로 적고, 북한에서는 형태를 밝혀 '수돌쩌귀'로 적는 것이 적절하다.

▶ 출처
• 국어사정위원회(2010), 『조선말규범집』, 사회과학원 출판사.
• 겨레말큰사전남북공동편찬사업회(2019), 『한눈에 들어오는 남북 사전의 올림말 표기 차이』, 맵씨터.

098 ②
정답 해설

'눈보라'의 올바른 점자 표기는 ⠸⠍⠠⠺⠐⠣ 가 되어야 한다. 'ㅏ'를 생략하고 첫소리 글자로 약자 표기하는 것은 '나, 다, 바' 뿐이므로 마지막 음절 '라'는 'ㅏ'를 생략하지 않고 ⠐⠣으로 적어야 하기 때문이다.

오답 해설

① '나들이'에서 '나'는 모음 'ㅏ'를 생략하고 첫소리 글자 'ㄴ'으로 약자 표기하며, '들'은 약자를 이용하여 적고, 첫소리 'ㅇ'은 표기하지 않으므로 올바른 점자 표기이다.
③ '물바다'에서 '물'은 약자를 이용하여 적고, '바'와 '다'는 모음 'ㅏ'를 생략하고 첫소리 글자 'ㅂ'과 'ㄷ'으로 약자 표기하므로 올바른 점자 표기이다.
④ '물오리'에서 '물'은 약자를 이용하여 적고, 첫소리의 'ㅇ'은 표기하지 않으므로 올바른 점자 표기이다.
⑤ '바나나'에서 '바'와 '나'는 모음 'ㅏ'를 생략하고 첫소리 글자 'ㅂ'과 'ㄴ'으로 약자 표기하므로 올바른 점자 표기이다.

099 ②
정답 해설

'부기(附記)하다'는 '원문에 덧붙이어 적다'는 뜻으로 '덧붙여 적다'로 순화한다.

오답 해설

① '일부인(日附印)'은 '서류 따위에 그날그날의 날짜를 찍게 만든 도장'이라는 뜻으로 '날짜 도장'으로 순화한다.
③ '부의(附議)하다'는 '토의에 부치다'는 뜻으로 '회의에 부치다', '심의에 부치다'로 순화한다.
④ '불입(拂入)'은 '돈을 내는 것'이라는 뜻으로 '납입', '납부', '냄'으로 순화한다.
⑤ '병과(倂科)하다'는 '동시에 둘 이상의 형벌에 처하다'는 뜻으로 '동시에 부과하다'로 순화한다.

▶ 출처 법제처(2022), 『알기 쉬운 법령 정비 기준(제10판)』

100 ②
정답 해설

〈보기〉는 다큐멘터리 방송 내레이션 대본의 일부이다. 다큐멘터리는 '실제로 있었던 어떤 사건을 사실적으로 담은 영상물이나 기록물'로 영화나 드라마와 같은 예술 작품이나 시청자와 소통하는 방송 프로그램과는 그 성격이 다르다. 〈보기〉에서는 황제펭귄이 바다로 사냥을 떠나는 모습, 황제펭귄들이 무리 지어 있는 모습, 갈매기에게 공격당하는 황제펭귄의 모습과 같은 장면들에 대해 장외에서 해설하고 있다. 따라서 정답은 '관찰자의 자세로 대상이 놓인 상황 장면을 해설하고 있다'의 ②번이다.

잘 시작하는 것은 중요합니다.
잘 마무리하는 것은 더 중요합니다.

– 조정민, 『사람이 선물이다』, 두란노

에듀윌 KBS한국어능력시험 1년 6회분을 다 담은
통기출 600제 ❸ + 무료특강

발 행 일	2025년 8월 22일 초판
저　 자	KBS한국어진흥원
펴 낸 이	양형남
개　 발	정상욱, 허유진
펴 낸 곳	(주)에듀윌
등록번호	제25100-2002-000052호
주　 소	08378 서울특별시 구로구 디지털로34길 55
	코오롱싸이언스밸리 2차 3층
I S B N	979-11-360-3861-6 (13370)

* 이 책의 무단 인용 · 전재 · 복제를 금합니다.

www.eduwill.net
대표전화 1600-6700

여러분의 작은 소리
에듀윌은 크게 듣겠습니다.

본 교재에 대한 여러분의 목소리를 들려주세요.
공부하시면서 어려웠던 점, 궁금한 점,
칭찬하고 싶은 점, 개선할 점, 어떤 것이라도 좋습니다.

에듀윌은 여러분께서 나누어 주신 의견을
통해 끊임없이 발전하고 있습니다.

에듀윌 도서몰 book.eduwill.net
- 부가학습자료 및 정오표: 에듀윌 도서몰 → 도서자료실
- 교재 문의: 에듀윌 도서몰 → 문의하기 → 교재(내용, 출간) / 주문 및 배송

KBS한국어능력시험

기 록 란 (DATA SHEET)

성 명	

응시일자 : 20 년 월 일

수 험 번 호

⓪	⓪	⓪	⓪	⓪	⓪
①	①	①	①	①	①
②	②	②	②	②	②
③	③	③	③	③	③
④	④	④	④	④	④
⑤	⑤	⑤	⑤	⑤	⑤
⑥	⑥	⑥	⑥	⑥	⑥
⑦	⑦	⑦	⑦	⑦	⑦
⑧	⑧	⑧	⑧	⑧	⑧
⑨	⑨	⑨	⑨	⑨	⑨

생 년 월 일

						–
⓪	⓪	⓪	⓪	⓪	⓪	
①	①	①	①	①	①	
②	②	②	②	②	②	
③	③	③	③	③	③	
④	④	④	④	④	④	–
⑤	⑤	⑤	⑤	⑤	⑤	
⑥	⑥	⑥	⑥	⑥	⑥	
⑦	⑦	⑦	⑦	⑦	⑦	
⑧	⑧	⑧	⑧	⑧	⑧	
⑨	⑨	⑨	⑨	⑨	⑨	

감독관 확인

수험생이 지켜야 할 일

1. 답안지에는 반드시 연필을 사용하여 표기해야 합니다.
2. 표기란에는 "●"와 같이 바르게 표기해야 합니다. (잘못된 표기 예시 → ◐ ⊘ ⊙ ◑)
3. 표기란 수정은 지우개만을 사용하여 완전(깨끗)하게 수정해야 합니다.

KBS 한국어진흥원
Korean Broadcasting System Korean Language Center

답 안 란 (ANSWER SHEET)

문항	1 2 3 4 5	문항	1 2 3 4 5	문항	1 2 3 4 5	문항	1 2 3 4 5	문항	1 2 3 4 5
1	① ② ③ ④ ⑤	21	① ② ③ ④ ⑤	41	① ② ③ ④ ⑤	61	① ② ③ ④ ⑤	81	① ② ③ ④ ⑤
2	① ② ③ ④ ⑤	22	① ② ③ ④ ⑤	42	① ② ③ ④ ⑤	62	① ② ③ ④ ⑤	82	① ② ③ ④ ⑤
3	① ② ③ ④ ⑤	23	① ② ③ ④ ⑤	43	① ② ③ ④ ⑤	63	① ② ③ ④ ⑤	83	① ② ③ ④ ⑤
4	① ② ③ ④ ⑤	24	① ② ③ ④ ⑤	44	① ② ③ ④ ⑤	64	① ② ③ ④ ⑤	84	① ② ③ ④ ⑤
5	① ② ③ ④ ⑤	25	① ② ③ ④ ⑤	45	① ② ③ ④ ⑤	65	① ② ③ ④ ⑤	85	① ② ③ ④ ⑤
6	① ② ③ ④ ⑤	26	① ② ③ ④ ⑤	46	① ② ③ ④ ⑤	66	① ② ③ ④ ⑤	86	① ② ③ ④ ⑤
7	① ② ③ ④ ⑤	27	① ② ③ ④ ⑤	47	① ② ③ ④ ⑤	67	① ② ③ ④ ⑤	87	① ② ③ ④ ⑤
8	① ② ③ ④ ⑤	28	① ② ③ ④ ⑤	48	① ② ③ ④ ⑤	68	① ② ③ ④ ⑤	88	① ② ③ ④ ⑤
9	① ② ③ ④ ⑤	29	① ② ③ ④ ⑤	49	① ② ③ ④ ⑤	69	① ② ③ ④ ⑤	89	① ② ③ ④ ⑤
10	① ② ③ ④ ⑤	30	① ② ③ ④ ⑤	50	① ② ③ ④ ⑤	70	① ② ③ ④ ⑤	90	① ② ③ ④ ⑤
11	① ② ③ ④ ⑤	31	① ② ③ ④ ⑤	51	① ② ③ ④ ⑤	71	① ② ③ ④ ⑤	91	① ② ③ ④ ⑤
12	① ② ③ ④ ⑤	32	① ② ③ ④ ⑤	52	① ② ③ ④ ⑤	72	① ② ③ ④ ⑤	92	① ② ③ ④ ⑤
13	① ② ③ ④ ⑤	33	① ② ③ ④ ⑤	53	① ② ③ ④ ⑤	73	① ② ③ ④ ⑤	93	① ② ③ ④ ⑤
14	① ② ③ ④ ⑤	34	① ② ③ ④ ⑤	54	① ② ③ ④ ⑤	74	① ② ③ ④ ⑤	94	① ② ③ ④ ⑤
15	① ② ③ ④ ⑤	35	① ② ③ ④ ⑤	55	① ② ③ ④ ⑤	75	① ② ③ ④ ⑤	95	① ② ③ ④ ⑤
16	① ② ③ ④ ⑤	36	① ② ③ ④ ⑤	56	① ② ③ ④ ⑤	76	① ② ③ ④ ⑤	96	① ② ③ ④ ⑤
17	① ② ③ ④ ⑤	37	① ② ③ ④ ⑤	57	① ② ③ ④ ⑤	77	① ② ③ ④ ⑤	97	① ② ③ ④ ⑤
18	① ② ③ ④ ⑤	38	① ② ③ ④ ⑤	58	① ② ③ ④ ⑤	78	① ② ③ ④ ⑤	98	① ② ③ ④ ⑤
19	① ② ③ ④ ⑤	39	① ② ③ ④ ⑤	59	① ② ③ ④ ⑤	79	① ② ③ ④ ⑤	99	① ② ③ ④ ⑤
20	① ② ③ ④ ⑤	40	① ② ③ ④ ⑤	60	① ② ③ ④ ⑤	80	① ② ③ ④ ⑤	100	① ② ③ ④ ⑤

✂ 자르는 선

기출을 제대로 끝내는
오답노트

어휘 영역

문제 정리

밑줄 친 고유어의 기본형이 지닌 의미를 바르게 풀이하지 못한 것은?

① 집 안에는 간장을 <u>달이는</u> 구수한 냄새가 가득 차 있었다. → 액체 따위를 끓여서 진하게 만들다.
② 나는 잠자는 시간을 <u>쪼개서라도</u> 반드시 논문을 완성하겠다고 다짐했다. → 시간이나 돈 따위를 아끼다.
③ 해가 넘어가자 할머니는 저녁 준비를 위해 군불을 <u>지피셨다</u>. → 아궁이나 화덕 따위에 땔나무를 넣어 불을 붙이다.
④ 초등학생인 동생은 자기를 <u>제쳐</u> 두고 여행 계획을 짜는 것을 못마땅해 했다. → 받아들이지 아니하고 물리쳐 제외하다.
⑤ 그는 도시에서 가난하게 살고 있으면서도, 고향에 돌아가면 출세했다고 <u>뻐기기</u>에 바빴다. → 얄미울 정도로 매우 우쭐거리며 자랑하다.

문항 번호

16번

틀린 영역

☐ 듣기·말하기　☐ 창안
☑ 어휘·어법　　☐ 읽기
☐ 쓰기　　　　☐ 국어 문화

틀린 유형

고유어의 사전적 의미

개념 정리

① 달이다: 액체 따위를 끓여서 진하게 만들다.
② 쪼개다: 시간이나 돈 따위를 아끼다.
③ 지피다: 아궁이나 화덕 따위에 땔나무를 넣어 불을 놓다.
④ 제치다: 「1」 거치적거리지 않게 처리하다. 「2」 일정한 대상이나 범위에서 빼다. 「3」 경쟁 상대보다 우위에 서다. 「4」 일을 미루다.
⑤ 뻐기다: 얄미울 정도로 매우 우쭐거리며 자랑하다.

하나. KBS한국어능력시험은 문항마다 출제 영역이 고정되어 있습니다. 어느 영역에서 자주 틀리는지 확인하세요!
둘. KBS한국어능력시험은 출제 영역마다 유형이 패턴화되어 있습니다. 자주 틀리는 유형을 확인하세요!
셋. 오답 노트로 틀린 문제 복습과 함께 개념도 정리하세요!
넷. 오답 노트는 틈새시간 복습, 시험 막판 정리에 활용하세요!

제 ___ 회 기출문제 오답노트

영역	오답 개수	약점 체크	
[1~15] 듣기 · 말하기	15문항 중 ____개		
[16~45] 어휘 · 어법	30문항 중 ____개		
[46~50] 쓰기	5문항 중 ____개		
[51~60] 창안	10문항 중 ____개		
[61~90] 읽기	30문항 중 ____개		
[91~100] 국어 문화	10문항 중 ____개		

문제 정리		**문항 번호** **틀린 영역** ☐ 듣기 · 말하기 ☐ 창안 ☐ 어휘 · 어법 ☐ 읽기 ☐ 쓰기 ☐ 국어 문화 **틀린 유형**
개념 정리		

문제정리		문항 번호	
		틀린 영역	
		☐ 듣기·말하기	☐ 창안
		☐ 어휘·어법	☐ 읽기
		☐ 쓰기	☐ 국어 문화
		틀린 유형	
개념정리			

문제정리		문항 번호	
		틀린 영역	
		☐ 듣기·말하기	☐ 창안
		☐ 어휘·어법	☐ 읽기
		☐ 쓰기	☐ 국어 문화
		틀린 유형	
개념정리			

문제정리		문항 번호
		틀린 영역
		☐ 듣기·말하기　☐ 창안 ☐ 어휘·어법　☐ 읽기 ☐ 쓰기　☐ 국어 문화
		틀린 유형
개념정리		

문제정리		문항 번호
		틀린 영역
		☐ 듣기·말하기　☐ 창안 ☐ 어휘·어법　☐ 읽기 ☐ 쓰기　☐ 국어 문화
		틀린 유형
개념정리		

문제정리		문항 번호	
		틀린 영역	
		☐ 듣기·말하기	☐ 창안
		☐ 어휘·어법	☐ 읽기
		☐ 쓰기	☐ 국어 문화
		틀린 유형	

| 개념정리 | |

문제정리		문항 번호	
		틀린 영역	
		☐ 듣기·말하기	☐ 창안
		☐ 어휘·어법	☐ 읽기
		☐ 쓰기	☐ 국어 문화
		틀린 유형	

| 개념정리 | |

문제 정리		문항 번호	
		틀린 영역	
		☐ 듣기·말하기	☐ 창안
		☐ 어휘·어법	☐ 읽기
		☐ 쓰기	☐ 국어 문화
		틀린 유형	

개념 정리	

문제 정리		문항 번호	
		틀린 영역	
		☐ 듣기·말하기	☐ 창안
		☐ 어휘·어법	☐ 읽기
		☐ 쓰기	☐ 국어 문화
		틀린 유형	

개념 정리	

✂ 자르는 선

문제정리		문항 번호	
		틀린 영역	
		☐ 듣기·말하기	☐ 창안
		☐ 어휘·어법	☐ 읽기
		☐ 쓰기	☐ 국어 문화
		틀린 유형	
개념정리			

문제정리		문항 번호	
		틀린 영역	
		☐ 듣기·말하기	☐ 창안
		☐ 어휘·어법	☐ 읽기
		☐ 쓰기	☐ 국어 문화
		틀린 유형	
개념정리			

✂ 자르는 선

문제정리		문항 번호	
		틀린 영역	
		☐ 듣기·말하기 ☐ 어휘·어법 ☐ 쓰기	☐ 창안 ☐ 읽기 ☐ 국어 문화
		틀린 유형	
개념정리			

문제정리		문항 번호	
		틀린 영역	
		☐ 듣기·말하기 ☐ 어휘·어법 ☐ 쓰기	☐ 창안 ☐ 읽기 ☐ 국어 문화
		틀린 유형	
개념정리			

문제정리		문항 번호	
		틀린 영역	
		☐ 듣기·말하기	☐ 창안
		☐ 어휘·어법	☐ 읽기
		☐ 쓰기	☐ 국어 문화
		틀린 유형	
개념정리			

문제정리		문항 번호	
		틀린 영역	
		☐ 듣기·말하기	☐ 창안
		☐ 어휘·어법	☐ 읽기
		☐ 쓰기	☐ 국어 문화
		틀린 유형	
개념정리			

문제정리		문항 번호	
		틀린 영역	
		☐ 듣기·말하기 ☐ 어휘·어법 ☐ 쓰기	☐ 창안 ☐ 읽기 ☐ 국어 문화
		틀린 유형	
개념정리			

문제정리		문항 번호	
		틀린 영역	
		☐ 듣기·말하기 ☐ 어휘·어법 ☐ 쓰기	☐ 창안 ☐ 읽기 ☐ 국어 문화
		틀린 유형	
개념정리			

문제정리		문항 번호	
		틀린 영역	
		☐ 듣기·말하기	☐ 창안
		☐ 어휘·어법	☐ 읽기
		☐ 쓰기	☐ 국어 문화
		틀린 유형	

개념정리	

문제정리		문항 번호	
		틀린 영역	
		☐ 듣기·말하기	☐ 창안
		☐ 어휘·어법	☐ 읽기
		☐ 쓰기	☐ 국어 문화
		틀린 유형	

개념정리	

자르는 선

문제정리		문항 번호	
		틀린 영역	
		☐ 듣기·말하기	☐ 창안
		☐ 어휘·어법	☐ 읽기
		☐ 쓰기	☐ 국어 문화
		틀린 유형	
개념정리			

문제정리		문항 번호	
		틀린 영역	
		☐ 듣기·말하기	☐ 창안
		☐ 어휘·어법	☐ 읽기
		☐ 쓰기	☐ 국어 문화
		틀린 유형	
개념정리			

✂ 자르는 선